The
Selected
Works
of

EDWARD SAID

萨义德精读本

1966—2006

〔美〕爱德华·萨义德　著
〔美〕穆斯塔法·巴尤米　编
〔美〕安德鲁·鲁宾
叶安宁　译

著作权合同登记号　图字 01-2023-2367

THE SELECTED WORKS OF EDWARD SAID 1966–2006
Copyright © 2000, 2019 by Edward Said
Preface copyright © 2019 by Mariam C. Said
Introduction, headnotes and bibliography copyright © 2000, 2019 by Moustafa Bayoumi and Andrew Rubin
All rights reserved.

图书在版编目（CIP）数据

萨义德精读本：1966–2006 /（美）爱德华·萨义德著；（美）穆斯塔法·巴尤米，（美）安德鲁·鲁宾编；叶安宁译. —北京：人民文学出版社，2023
ISBN 978-7-02-018124-7

Ⅰ.①萨… Ⅱ.①爱… ②穆… ③安… ④叶… Ⅲ.①萨义德（Said, Edward Wadie 1935–2003)-哲学思想-研究 Ⅳ.①B712.6

中国国家版本馆 CIP 数据核字（2023）第 140895 号

| 责任编辑 | 胡司棋　何炜宏　邰莉莉 |
| 封面设计 | 钱　珺 |

出版发行　人民文学出版社
社　　址　北京市朝内大街 166 号
邮　　编　100705

印　　刷　上海盛通时代印刷有限公司
经　　销　全国新华书店等

字　　数　520 千字
开　　本　889 毫米×1194 毫米　1/32
印　　张　19.125
版　　次　2023 年 8 月北京第 1 版
印　　次　2023 年 8 月第 1 次印刷

书　　号　978-7-02-018124-7
定　　价　99.00 元

如有印装质量问题，请与本社图书销售中心调换。电话：010-65233595

致　谢

本书编辑在此向赞妮布·伊斯特拉巴迪博士、金·奥胡、黛安娜·塞克·泰斯代尔、雪莉·万格、杰奎琳·寇致谢；特别致谢玛利安姆·C.萨义德，她使本书出版成为可能。

目 录

序　言　玛利安姆·C.萨义德　i
引　言　穆斯塔法·巴尤米　安德鲁·鲁宾　i

第一部分　开　端

1　个性的主张（1966）　3
2　巴勒斯坦人的经历（1968—1969）　13
3　叙事小说中的干扰和权威（1971）　37

第二部分　《东方学》及其后

4　东方学（1978）　61
5　从其受害者立场看犹太复国主义（1979）　109
6　作为新闻的伊斯兰（1980）　164
7　旅行的理论（1982）　188

8　世俗批评（1983）　209

9　叙述的许可（1984）　232

10　内部（1986）　256

11　叶芝与去殖民化（1988）　280

12　作为极致场合的表演（1989）　303

13　简·奥斯汀与帝国（1990）　331

14　知识分子的流亡：放逐者与边缘人（1993）　352

15　中东"和平进程"：误导的意象和残酷的现实（1995）　364

第三部分　晚期风格

16　论注定失败的事业（1997）　383

17　关于撰写回忆录（1999）　409

18　定义的冲突（2000）　425

19　作为知识分子的演技大师（2000）　445

20　巴伦博伊姆和瓦格纳禁忌（2002）　460

21　弗洛伊德与非欧洲人（2003）　468

22　尊严与团结（2003）　492

23　回归历史语言学（2004）　502

24　适时与晚期（2006）　523

注释　541

附录　爱德华·萨义德作品　568

序　言

玛利安姆·C. 萨义德

对于使人类历史变得丑陋的那些残暴行径和不义之举，人文主义是我们唯一的——我甚至斗胆说——最后的抵抗。

——爱德华·萨义德，《人文主义与民主批评》

在翻阅这本新版文选的内容时，我与爱德华·萨义德共同生活了近三十五个春秋的往事历历在目。即时映入眼帘的，是他问我有没有读过约瑟夫·康拉德《黑暗之心》的场景。彼时爱德华和我相识未久，我说康拉德的书我只读了《吉姆爷》，他便坚持要我读一读康拉德的那部杰作。我后来的确读了，是我怀上了我们第一个孩子瓦迪时读的。当时我在哥伦比亚大学注册了爱德华讲授的"现代英国文学"的本科课程。其他学生不知我有身孕，也不知我是爱德华的妻子。但那个学期行将结束时，我们的儿子瓦迪出生了。有爱德华的无限精力和无尽知识作为养分，我们这个年轻的家庭散发着某种独特的智识的生机。我的幸运自不待言：在我周围，思想观念和讨论交流触手可及，学术同人成为家庭日常生活的一个重要部分。

我还记得婚后数月，爱德华就接到了某出版社的一份撰书合约。我本以为写作内容与他推崇备至的英国讽刺作家乔纳森·斯威夫特有关。可是出乎我意料，爱德华选择了另一完全不同的主题。此书题为《开

i

端：意图与方法》，是在我们的女儿娜杰拉出生几天后付梓的，爱德华因此将书献给了他的三位家人。那时我帮他整理手稿，孰知《开端》一书在某种意义上亦成了爱德华新的开端，从此他便踏上了文学理论和文化批评的创新之路。

《开端》一书出版未几，爱德华和诺姆·乔姆斯基开始讨论合著一本关于中东问题的书，可惜他们这么做时间实在不够。然而与诺姆的讨论间接触发爱德华着手《东方学》的研究和写作，是时他正以研究员的身份在斯坦福大学行为科学高级研究中心研修。我作为他的研究助理，日日泡在斯坦福大学图书馆，浏览一排排书架并查阅所有那些精妙卷帙。到1976年秋，他已经撰写了《东方学》中足够的篇幅，得以在普林斯顿大学的高斯研讨会（Gauss Seminars）上发表。听众的反应非常激烈。爱德华受到批评、质疑，有时还受到严厉指责。但他回顾那些研讨会的经历，总将它们看作他通过的某种测试，并说他从中获益良多。

研讨会的经历与《东方学》公开出版后大众的反应相比，我们才知道那真叫小巫见大巫。爱德华对此书在各个学科引发的天量评论大为惊讶。评论者似乎泾渭分明，或是庆祝《东方学》问世，或是对这本书的存在反感厌恶，鲜见中间立场。仿佛一夜之间，爱德华就成了一个世界闻名的公共知识分子。

《东方学》与爱德华作为一个生活在美国的巴勒斯坦人的流亡经历有着深切关联。他对巴勒斯坦问题的政治参与，很大程度上是经1967年的那场战争形成的，当年我们在纽约各自见证这场战争。目睹以色列对巴勒斯坦人的重创对我们造成了深刻影响；此事促使爱德华前往约旦访问，1970年"黑色九月"冲突前数日，他还和许多直接参与这场解放斗争的人士见面。在美国，他在一种人们对巴勒斯坦人或视而不见，或按成见把他们视作恐怖分子的文化氛围中，成为巴勒斯坦人的一个重要声音。爱德华不知疲倦地为巴勒斯坦事业奔走，1974年亚西尔·阿拉法特在联合国大会上的发言就是爱德华翻译的，他还撰写了部分发言。这些经历使爱德华最终写出《巴勒斯坦问题》，一本研究透彻而亟需的关于巴勒斯坦人悲剧性遭遇犹太复国主义的书。《巴勒斯坦问题》出版于1979年，是年稍后相继发生伊朗革命和人质危机，未几伊斯兰成了大众挂在口边的话题。爱德华的下一个写作项目《报道伊斯兰》也日渐明朗，该书以批判眼光审视西方媒体描绘的伊斯兰和穆斯林，于1981年出版。

《最后的天空之后》是爱德华与瑞士摄影师让·摩尔的一个合作项目，其主题围绕如何再现以色列军事占领下巴勒斯坦人的生活经历展开。摩尔拍摄了巴勒斯坦人在军事占领区日常生活的大量照片，我清楚记得那段时间爱德华面对这些黑白摄影，反复掂量应该选用哪些作为写作素材。

1986年出版的《最后的天空之后》并非爱德华与他人合作的唯一作品。九十年代初，他与举世闻名的以色列钢琴家兼指挥丹尼尔·巴伦博伊姆相遇，凭着对西方古典音乐的共同爱好，二人克服了文化上将他们区隔的各种障碍，成了莫逆之交。2001年，爱德华和丹尼尔录制了一组生动的音乐对话系列，以《平行与悖论：在音乐和社会中探寻》的标题出版。他们将此书献给西东合集（West-East Divan）乐坊的一群音乐家，该乐坊是一个他们共同创办的项目，使以色列和阿拉伯的青年音乐家在一起交流。

爱德华在事业鼎盛期的1991年意外诊断出慢性淋巴细胞白血病。这是个令人难以承受的消息，但出乎所有人意料，爱德华决定公开谈论自己的病情。他的坦诚无忌使他得以"承压前行"，每当他情绪低落时，他都经常以此自励。在家中的书房独自伏案写作，是他对死亡判决唯一真实的挣脱，而且成果惊人。从1993年到2003年去世，他写了十三本书和几十篇文章。

这一切为之不易。1998年他接受了一项实验性治疗，该疗法产生的副作用堪称酷烈。但在疗程间隙，他仍振作精神，撰写并完成了他的回忆录《格格不入》（1999）。之后到2003年9月25日去世，他又完成两本书：为在伦敦的弗洛伊德博物馆讲座而作的《弗洛伊德与非欧洲人》（2003）；为哥伦比亚大学莱昂内尔·特里林讲座而作，和为剑桥大学的艺术、社会科学与人文科学研究中心系列讲座而作的《人文主义与民主批评》(2004)。

爱德华去世时,他正在写一本关于晚期风格的书,这个题材从他诊断出白血病时就已经形成且从未中断思考。直觉告诉我爱德华是写不完这本书的。迈克尔·伍德,我们的好友,也是爱德华的同事,编辑和汇总了我们能找到的爱德华《论晚期风格》的手稿,显而易见,在这个主题上爱德华留下的只是一部分,未竟之言要多得多。我记得他说起有意撰写莎士比亚、索福克勒斯、马哈茂德·达尔维什等人的晚期风格,以及约瑟夫·康拉德最后一部小说《胜利》。但这个写作项目终究未能如愿以偿。

如同他的另一本书《音乐的极境》,《论晚期风格:反本质的音乐与文学》也是在他身后出版的,前一部出版于2008年,后一部2006年。目前这部《萨义德精读本》与2000年出版的第一个选本相比,增加了后续出版之书的内容,还增加了几篇未包括在第一个选本中的内容。我很高兴看到此书收录了《论注定失败的事业》,这是我偏爱的爱德华的随笔之一,该文成了哥伦比亚大学理查德·福尔克(Richard Falk)纪念爱德华·萨义德讲座的基石。在《适时与晚期》一文中(该文最初为纽约哥伦比亚长老会医院的一个讲座而作),爱德华就病疾之于时间推移这个概念可谓与之苦苦缠斗不已。

2000年《萨义德读本》首次出版时爱德华还活跃在世,两位编辑穆斯塔法·巴尤米和安德鲁·鲁宾得以从他那里寻求对缀辑的建议和影响。他们二人都是爱德华的博士生,安德鲁也是他的研究助理。感谢他们二人为承担此读本更新所付出的时间和努力。他们为保持爱德华观点鲜明所做的一丝不苟的工作本身说明了一切。

爱德华留下的诸多遗产之一是西东合集管弦乐团,它一直在茁壮成长,巡演地点包括世界上一些享有极高声誉的音乐厅和音乐节。去年,一所从事高等音乐教育的新机构,位于柏林的巴伦博伊姆-萨义德学校(Barenboim-Said Akademie)正式成立。这所学校本身即是一种对位法——一个音乐术语——的实验产物,爱德华在《文化与帝国主义》(1993)中首次用这个词来描述某种文学解释的形式,即强调未言之言很可能与既言之言同样重要。对位法指两个或两个以上声部的配合，它们之间的关系是和谐的、相互依存的，但在旋律和节奏上又是独立的；爱德华常用该词及其概念讨论流亡者的文化视角。他在《关于流亡的思考》（2000）中写道："大多数人主要都会意识到至少一种文化、一个环境、一处家园；流亡者则会意识到至少两种，这一视野多重性唤起他们对同时并存之各维度的意识，这种意识——借用一个音乐术语——是对位的。"

对位法在爱德华眼中远非一个生硬的音乐譬喻，相反，他视其为一个机会：我们必须相互作用影响，拆除那些将我们分隔的高墙和藩篱，质疑我们的臆断，回应我们的恐惧，倾听我们周围的世界。我们现在成立了这所学校，这个对位的家园，在此学生们可以在室内乐中演奏不同的对位声部，可以在哲学课堂里讨论不同的对位观点，也可以通过他们之间人与人的互动，以一种对位的方式去生活。

《开端》开启了爱德华通向世界的学术创新之旅。《人文主义与民主批评》则是最后的总结。两者之间的所有篇章，有如对位声部，都是相互关联的。

2018年5月于纽约

引　言

穆斯塔法·巴尤米　安德鲁·鲁宾

2003年9月25日，爱德华·W.萨义德与世长辞，世界随之失去了活跃在二十世纪后期一位重要的知识分子。对他的悼念遍及全球。联合国秘书长科菲·安南罕见地决定就此事发表一份声明，称萨义德的去世对中东地区的共处和谅解是一重大损失。声明中说"秘书长向来乐于与之［萨义德］交往，欣赏他的智慧，钦佩他谋求以色列人和巴勒斯坦人之间实现和平愿景的热情"，并称"失去他的独特声音，中东和美国都将更其困乏"。[1]

萨义德的去世，对不少人而言最初的感受是失去了某种锚定力量。因为他的离去，人们常常喟叹，重新定义抵抗的政治疆域时萨义德不能再为我们提供亟需的那种政治上的坐标。哈佛大学的历史学家罗杰·欧文写道："这位卓越的知识分子和政治人物的缺席……使世界不但失去一种独特的声音，更是少了一个身影，他对世界的亲身参与为当前许多重大问题提供了不可多得的实时道德评议。"[2] 在萨义德去世五年后哥伦比亚大学举办的纪念爱德华·萨义德的讲座上，诺姆·乔姆斯基发表讲话，称萨义德的离世不仅对贫穷和苦难之人，而且对深刻清晰理解这个世界，都是不可弥补的损失。[3] 哥伦比亚大学教授阿基尔·比尔格拉米在萨义德去世后不久也表述过类似的观点。"他是英语世界中极少数能吸引成千上万人的知识分子，堪与伯特兰·罗素、E.P.汤普森、诺姆·乔姆斯基比肩，"比尔格拉米写道，"人们追随他们，是希望在拥有正义和人道的本能上不会感到处于边缘。"4

尽管萨义德的去世意味着巨大的缺失,他的著述则继续回应着今日环境。此书的第一版经受岁月洗礼,以其清晰和完整一如既往地发挥作用。对我们当代危机提供某种敏锐且关键的理解而言,他的文字和思想之功力未见稍减。事实上,它们承担着与时俱进的适用性,构成了有效传统中不可或缺的一部分。萨义德著作有着不屈的和流亡的自觉,至今仍是一个极其重要的方法——揭露大权在握的利益方以各种手段操纵、文饰、歪曲语言从而阻止社会边缘民众对外证实他们被迫接受的悲惨生存状况,萨义德曾将这种势力上占优一方祭出的闷烧慢耗战略称之为对"看不见的力量的常态化噤声"。5

萨义德的作品具有反世袭王朝的、严谨的、博学的、引发争议的特色,而且总是受一种对世俗正义的追求所推动,他的贡献是以鲜明的观点和道德的能量,将灾难转化为伦理道德的挑战,将学术转化为知识分子的义务。当然,这意味着他常常站在权力的对立面,在一个因冲突而分裂的世界、在一个由傲慢的压迫所驱策的世界中诘问现状和我们的批评良知。正是这种为受压迫人民代言的品质,使萨义德加入了具有悠久传统的介入社会型知识分子阵容,与让-保罗·萨特、西蒙娜·德·波伏瓦、安吉拉·戴维斯、弗朗兹·法农、诺姆·乔姆斯基、C.L.R.詹姆斯、詹姆斯·鲍德温、马尔科姆·艾克斯、胡达·萨拉维为伍——这些人所追寻的,一如马克思曾经指出,不仅要解释世界,而且要改变世界。萨义德笃志问学,不负天资,使他成为了有可能是二十世纪下半叶最重要的一位知识分子。

二十世纪板荡波折,如同生活在这个时期的许多知识分子,萨义德亦不得不将自己的生活放在一个流亡者的位置考量,流亡的苦难成为他所有作品的一个基础理念。1935年,萨义德出生于耶路撒冷一个富裕的巴勒斯坦家庭,像绝大部分巴勒斯坦人一样,在1948年的领土剧变中,丧失了家园和祖国,被迫远走他乡。他最终在1951年来到美国,但流亡生活其实是某种与时间不断产生冲突关系的生活。然而,萨义德与时间的失谐并不停留在哲学层面。他不懈地站在弱者和被遗忘者一边,成了西方世界中巴勒斯坦人的主要代言人；他著书立说，在电视广播节目中露面，向美国和西方世界的公众演讲，为巴勒斯坦人遭受的不公不义陈情。

这样的曝光是有代价的。萨义德一次次在大众新闻舆论中蒙受谣言诽语之构陷。他曾被人封为"恐怖教授"和"阿拉法特驻纽约使节"。他在哥伦比亚大学的办公室遭洗劫，他收到过无数死亡威胁，纽约市警署一度认为他的处境已经危险到要在公寓里安装一个"紧急按钮"的地步。然而他对他的理念不舍不弃，亦不受权势劝诱。1993年9月，白宫致电萨义德，要求他出席《奥斯陆协议》的签字仪式（他因几项理由对此协议持反对意见，包括协议只字不提被遗忘的大多数居住在加沙和西岸之外的巴勒斯坦人），萨义德拒绝了，他说签署日应被视为巴勒斯坦人的"哀悼日"。

对萨义德最粗鄙的攻击从1999年刊登在《评论》杂志上的一篇文章可见一斑。[6]《评论》是一本小型的新保守派杂志，文章的整个叙述充斥着大量省略和杜撰，它攻讦萨义德作为巴勒斯坦流亡者的生活，伴称他不是真正的巴勒斯坦人，从未生活在巴勒斯坦，他家庭也不曾于1947年在巴勒斯坦受到驱离。《评论》文章不仅诋毁萨义德作为知识分子和流亡者的身份，而且是更大的综合文化政治策略的一部分，以色列和美国的犹太复国主义者意欲通过这个策略瓦解巴勒斯坦人的存在范畴甚至本体范畴，否认巴勒斯坦人在被占领、被剥夺、被驱逐事件中作为人的主体和历史的主体。"事实是，"萨义德在1979年写道，"今天巴勒斯坦已不存在，它只存在于记忆里，或进一步说，它只作为一种观念，一种政治和人的经历，以及一种经久不衰的民众意志的行为而存在。"

这种将强权势力遮蔽、压制、歪曲的真相大白于天下的动力不仅反映在萨义德作为巴勒斯坦活动家的作品里，也反映在他几乎所有的作品里，从文学评论、音乐评论到政治小品文都能发现。1978年问世的《东方学》讨论了穆斯林的中东在西方世界的种种象征，正是由于此书指出宗主地位和殖民统治的政治观念可以令其在文化知识的产生中找到优势和正当性，迫使人们对文化活动的作用进行一次重要的再思考。当时，美国大部分文学课题都依高度专业的、独门秘籍的文本解读方式来发现"普遍真理"，《东方学》就此掀起的风暴逼着各类学术人士重新评估他们工作的政治本质和后果。《巴勒斯坦问题》则是一部学术性和争议性都极强的著述，融汇同样的动力，揭示欧洲殖民主义、犹太复国主义，以及美国地缘政治如何向来系统地排斥和剥夺巴勒斯坦人拥有家园的权利并以非人性手法对付他们，将他们置于几乎不能呈示自己存在的境地。在《文化与帝国主义》一书中，萨义德阐释了帝国主义思想体系与文化活动之间一种更普遍的关系，认为即便人们珍视为文学偶像的简·奥斯汀所描绘的小世界，也是深深盘根错节于欧洲殖民主义的物质事实之上的。

从批评的方法看，萨义德并未将巴勒斯坦仅仅视作一个地域，而是视作一种不容否认的观念、一种经历、一种难以压制的人类意志行为——与一个民族紧密相连。巴勒斯坦观念是一片基础，在此基础上，他将对人文主义的理解发展为《东方学》中解释殖民主义及其宗主统治战略的一个主题，恰好这也形成了他知识分子担当的概念。欧洲对东方的研究，在萨义德看来，最终是一种"知识分子的"（也是人的）失败。[7] 在《世界，文本，批评家》中，他坚称"批评应将自身视为有助于改善生活之事，与专制、霸凌、暴虐的所有形式在本质上都势不两立；批评的社会目的是为了人类自由的利益而产生的非胁迫性的知识"，他设想与批评结合之最实用的形容词可能是反对的。[8] 在《反对派、观众、选民及社区》一文中他写道："与不干涉和专业壁垒相反，必须要有干涉，跨越边界和障碍，坚定地尝试在那些看似完全不可能作出概括的点上归纳出一般规律。"[9] 另在《知识分子论》中，他再次提出这一观点："知识分子最不应该做的事就是一味令他／她的观众感觉良好；[作为一个知识分子的]全部意义在于令人感到窘迫，感到对立，甚至不快。"[10] 对萨义德而言，他的一生都恪守两项原则：信奉一个坚不可摧、牢不可破的理念，即所有民族都享有尊严，每个人都享有人类公正的待遇；实现一个毕生的追求，凭着至为严谨的治学态度，挖掘、揭示、评述、诠释人类经历的所有方面，特别是那些在权力架构中遭到忽略的部分。因这两项承诺，萨义德的反对立场不仅成为一个根本姿态，而且成为一种生活方式。

萨义德对权威的决意反对态度，应置于他对流亡长期深入思考的背景下解读。德国哲学家西奥多·阿多诺有言，"在家而无归家之感，是为道德的一部分",[11] 而萨义德自身的道德规范极大程度上亦正来源于这种"无家可归"之感。作为一个流亡者，且因此身处两种彼此相异的文化（美国文化和阿拉伯文化）中，萨义德与它们的关系可以说是暧昧的，两者中任何一种都不会令他完全舒适自在，对此他多有描述。但萨义德对此并不惋惜——二十世纪许多人都会对这种错置的环境有所怨艾——相反，他为该境遇提供多种可能性表示出一种有保留的庆祝。"大多数人主要都会意识到至少一种文化、一个环境、一处家园；流亡者则会意识到至少两种，这一视野多重性唤起他们对同时并存之各维度的意识，这种意识——借用一个音乐术语——是对位的。……此类领悟自有某种独特乐趣，尤其当流亡者意识到与其他削弱正统判断、提升会心同情的对位形成并置。另外，一个人无论流落何处，都能认他乡作故乡，倒也不失为一种特别的成就感。"[12]

从错位和不适中，萨义德编织出一套处理我们时代重大问题的作派，既不自我放纵，又不自我怜悯。萨义德的流亡生活并没有发展为沉默或机巧；相反，它发展的是批评意识的养育，也许如玛丽·麦卡锡所言，流亡是"忧郁和欣喜之间的来回摆动"。[13] 与那些从未离开过熟悉环境的人相比，萨义德的流亡使他能够以轻微偏离的视角观察周遭事物。他曾对我们说："一个人即便现实中不属于移民或移居海外工作者，仍有可能越过障碍以一种移民身份去想象和调查研究，总是背离权力中心走向边缘，你在边缘看到的，正是那些从未脱离习惯思维和舒适地带的头脑常常视而不见的。"如果说流放带来的异化是该世纪上半叶的范式模型，萨义德的"流放之乐"则为人们超越异化、拥抱创造性和批判性开辟了一条道路。

诺姆·乔姆斯基描述萨义德以此方式作出的知识分子的贡献："他学术研究的精力一直倾注在解密我们自身的神话和我们对他人的阐释

v

上,重新塑造着我们关于'世界其他人是什么'和'我们是什么'这些认知。第二个认知更艰巨;照镜子是最难的。"在媒体战中千锤百炼的乔姆斯基接着又说:"爱德华与媒体和主流文化的关系是阴晴不定的:他的贡献受到肯定,而他又是一个饱尝中伤暗箭的靶子。如果你将自己与占统治地位的文化划清界限,随之而来的就是这种势力范围的地盘之争。"14

乔姆斯基之所言,某种意义上描述了对萨义德工作的潜在嘲讽。在学术界,萨义德取得了某种至高的成就和骄人的荣誉。他是哥伦比亚大学一位正职教授;是二十多本书的作者,作品译成了至少三十五种文字;接受过来自芝加哥大学、密歇根大学、爱丁堡大学、华威大学、埃克塞特大学等学府授予的十七个荣誉学位;获得过诸多有尊荣的奖项,如美国艺术暨文学学会颁发的莫顿·道文·扎贝尔文学奖,2001年莱南文学终身成就奖,2002年阿斯图里亚斯亲王和平奖;以及在世界最负盛名的几个讲座系列中多次作为主讲人,这些讲座包括剑桥大学的燕卜荪讲座,哥伦比亚大学的莱昂内尔·特里林讲座,加利福尼亚大学尔湾分校的勒内·韦勒克讲座,普林斯顿大学的亨利·斯塔福·利特尔讲座,以及南非开普敦大学的T.B.戴维学术自由讲座。然而,尽管取得了这些非凡的知识学术成就,他依然逃脱不了各种形式的公开的诅咒,从另一侧面表明他的作品有着持续不断的影响。在美国,他的作品不断提及巴勒斯坦人的民族自决权,而在一个与以色列长期享有专属军事外交盟友关系且在此事上不容置喙的国度,即便讨论这个主题,以及讨论导致他从英属巴勒斯坦托管地踏上流亡之途的历史环境,仍几乎全都属于禁区(虽然此现象渐渐有所缓解)。

论及这一明显的矛盾——一位反对派批评家的成功——首先,无论他社会地位如何,萨义德反复受到某些特定群体诽谤和拒绝(特别因他持续为巴勒斯坦利益代言),看到这点很重要。但更重要的是,萨义德的接受有着启迪作用,它揭示了知识分子工作的含义和为所有人创造公平正义之未来的各种可能性。"不存在纯私人属性的知识分子,"萨义德在《知识分子论》中解释,"在你写下文字并将它们发表之际,你已进入了公共领域。但一个人也不可能仅仅作为公共知识分子而存在，不可能仅仅作为某项事业、运动或立场的傀儡、发言人或象征而存在。总有个人的变调和隐秘的情感，以及那些对既说之言或既写之言赋予意义的东西。"[15] 萨义德自身"个人的变调"的风格——其激越而达理的智性，其宏博而民主的精神，其文笔和谈吐的优雅——在重要的方法上，有助于他作为知识分子所服膺的公义与共存的理念在一个日益分裂的世界能够被接受。

而且，更大的意义在于这项工作的尊严以及他对弘扬基本人权之普世应用的承诺，得到了世界范围的重视。我们对阅读爱德华·萨义德此类作家的大规模需求有着双重指征。一方面，它揭示各处都存在政治势力继续否定民众基本人权的统治方式。世界范围内，民众希望接触各种观念，以对抗和取代欧洲为中心的殖民主义常胜思维或本土文化保护主义意识形态的防御反应。出于此愿望而了解萨义德也许于今愈发显见，因为全球化的各种不痛不痒的宣言常常只表示美国的军事和经济地域在扩大，而对全球势力作出的各种杂乱反应又被"我们"和"他们"的简单二元对立观念所害。萨义德的学说永远专注于彼此共存和普世认知的诸多可能性，因此帮助人们摸索穿越各种雷区——不仅有巴勒斯坦斗争中需谨慎对待的问题，更惠及解决世界其他许多类似的冲突纷争。另一方面，萨义德拥有一个庞大读者群这样的事实，本身不但表现出他思想观点的能量，还表现出其中蕴含着未来实现正义和尊严的可能。

爱德华·萨义德1935年11月出生在他家族位于塔尔比亚（Talbiyeh）一幢二层楼房里，这是西耶路撒冷的一个地区，当时那里的居民几乎清一色是信奉基督教的巴勒斯坦人。他是家中长子，下面有四个妹妹。萨义德的母亲之前曾在开罗产下一子，但婴儿产后即夭折，所以她决定下一个孩子必须生在耶路撒冷，于是原本主要住在开罗的萨义德夫妇那年夏天返回耶路撒冷，在这个孩子姑父姑母的屋子里等待他的降生。萨义德日后成为生活在他乡的巴勒斯坦人，同时也是世界知名的知识分子，迁徙的生活模式成为了他的印记，说起来，这种模式他出生前就建立了。

萨义德的父亲瓦迪是耶路撒冷居民，他在1929年为成立标准文具公司搬去开罗，这家公司是巴勒斯坦教育公司的埃及分部，总部由瓦迪的堂兄布洛斯·萨义德创建，他也是瓦迪姐姐纳比哈的丈夫。1932年瓦迪与希尔妲·穆萨结婚，爱德华的母亲生于拿撒勒，早前是贝鲁特美国女子学校的年轻学生，很有天分（她的母亲祖籍黎巴嫩）。萨义德的父亲严格周密，像是维多利亚时代之人；他笃信教育价值，对美国推崇备至。他的性格中有着"某种绝对的、无可争议的矛盾，压制和解放相互贯穿"。[16] 萨义德与母亲的关系中则充满了温存和孝顺，他需要得到她疼爱，常常享受个中呵护的宁静，生怕这些疼爱会无端消失。他称母亲为"我生命头二十五年中最亲密友好的同伴"，[17] 虽然父亲从未间断地资助他的艺术追求——从萨义德六岁起就供他上钢琴课，带他看歌剧，给予他丰富的藏书——但年轻的萨义德仍然是通过母亲培育自己的审美情趣的。在开罗公寓的前客厅，母子一同阅读《哈姆雷特》，那时爱德华只有九岁。

有意思的是，他父母家庭都分别与美国有些历史上的关联。希尔妲·萨义德的父亲是拿撒勒一位浸礼会牧师，曾在得克萨斯州学习过一段时日。萨义德的父亲，被其父敦促离开巴勒斯坦以免成为奥斯曼帝国兵丁，去利物浦待了半年。在利物浦，他和一巴勒斯坦朋友在一条美国班轮上当乘务，后于1911年到达美国，在纽约下了船，身上并无有效证件。最终他去了克利夫兰一家颜料公司做销售，并在凯斯西储大学读书；第一次世界大战期间听闻加拿大正在派一个战斗营"到巴勒斯坦与土耳其人打仗"，[18] 他越过边境入了伍。但后来发现这个传说中的战斗营子虚乌有，便又逃离加军回到美国，这次他参加了美国远征军。先驻扎在佐治亚，后被派往法国代表美国部队作战。战争结束后，他又回到克利夫兰，开办了自己的颜料公司。但他母亲希望儿子回来，一再催促后，瓦迪·萨义德以美国公民身份于1920年返回巴勒斯坦。

对希尔妲·萨义德来说，尽管自己父亲有美国关系，且丈夫还是美国公民,她却从未取得美国国籍。1948年后,她成了一个无国籍的巴勒斯坦人,这为萨义德一家带来不少麻烦。因为要获得美国身份,必须在美国住满两年,她不愿这么做,只是1956年后,在黎巴嫩驻埃及大使帮助下,她获得了黎巴嫩的护照。过了二十年,黎巴嫩爆发内战,即便这本护照也成了问题。她曾持游客签证来美国治疗乳腺癌,超过了官方规定的出境期限,而她当时在医院正处于昏迷状态,美国移民局竟对她启动驱逐出境的程序。该案被一名愤怒的法官驳回,直斥移民局麻木不仁。

萨义德一家在当地不同国家间旅行很频繁,也很方便,这就当时有财力的家庭而言乃寻常之举。开罗是他们家族企业的所在地,耶路撒冷是家族和亲友聚集中心,黎巴嫩的山地翠薇小镇(Dhour el-Shweir)则是他们每年夏天度假处所。在开罗,萨义德受到一套严格却难言快乐的殖民地教育。开始他进的是没有埃及教师的吉齐拉(Gezira)预备学校,萨义德将学校中的殖民地氛围描述成"一种不加提问的唯唯诺诺,衬出可恨的奴性,老师和学生半斤八两"。[19]是时萨义德一家住在开罗的扎马莱克(Zamalek)地段,该地区当时是一个"殖民地前哨,其基调都是由欧洲人一早定下来的,我们与欧洲人很少接触或根本没有接触:我们只是在这个环境中营造出一个自己的小天地"。1947年前,萨义德一家在开罗可谓举目无亲,只有萨义德的姨母,后来还有他的外祖母与他们一起生活过。

1946年萨义德过渡到开罗的美国学校读书(开罗美国人子弟学校;1946—1949)。与吉齐拉相比,美国学校的环境显得宽松和民主,但萨义德依然感到与来自美英家庭的同学有极大疏离感,他在回忆录中自述从未体验到"某种志同道合的瞬间"。[20]1947年大部分时间萨义德一家是回耶路撒冷度过的,萨义德遂就读于他父亲的母校圣乔治学校。是时的耶路撒冷城气氛紧张,但爱德华在家庭庇护下,生活基本与外部世界隔绝,他对周遭日益严重的局势少有感受。萨义德一家在耶路撒冷待到1947年的12月才重返开罗。到了1948年3月,他的大家族亲戚中的每个人都被战争驱离耶路撒冷,萨义德一家算是先行一步。萨义德再度踏上这片土地已是四十五年后的事了。

回到开罗,十二岁的萨义德显得有些迷茫地观察到"过去在巴勒斯坦我觉得是普通中产阶层的那些人的脸上和生活中流露出凄楚和失落,但我并不真正理解降临在他们身上的悲剧,也不能将所有不同故事的片段拼缀起来,去弄清巴勒斯坦究竟发生了什么事"。[21] 萨义德的姑妈纳比哈,是"一位有着几近无限精力和慈善心的妇女",[22] 在不幸的驱逐灾难(Nakba)之后来到埃及,并开始她自己为之献身的运动——帮助在埃及的巴勒斯坦难民纾解苦难。萨义德屡屡语气感动地写到他姑妈的努力,并从中学会理解"回不到任何一个国家或地区、不受任何国家权力或机构保护的那种悲凉"。[23] 他似乎还从她的工作中汲取了共情和奉献的宝贵教益。纳比哈不停地收容走投无路的巴勒斯坦人,只要人们前来求助,她总是要求每个朋友和她认识的人在他们的办公室或学校给无家可归的难民腾出一席安置之地,她还走访肮脏的贫民窟派发药品和食物。这些付出,使她在许多受助的民众中赢得了"巴勒斯坦母亲"的称誉。

但总体而言,萨义德作为青少年时期的生活仍是相对封闭的,他以服从校方的态度继续着学业,很少去想自己是谁,只是有时被一种总是与周围环境格格不入的感觉缠扰。1949年他从美国学校毕业,上了开罗的维多利亚高中。这是一所沉闷的殖民地名校,阿拉伯人在此不受法律保护,校方费尽心机教育和强化的都是英国的道德习惯和制度风俗。

1951年萨义德家人将他送去美国,就读于新英格兰的黑门山中学(Mount Hermon)——一所具有清教徒遗风的寄宿学校。在那里,萨义德首次遇到了助他开拓好奇心的启智教师,他们还助他重拾对钢琴的热情。俟其两年学业完成时,他已成为一个小有名气的钢琴家,并在学业上稳居班级前二。虽表现不俗,萨义德依然觉得此环境中自己是个局外人;毕业典礼上他未能选任致辞代表,也证实了他的感受。他后被普林斯顿和哈佛录取,萨义德次年去了普林斯顿。

二十世纪五十年代普林斯顿苛刻严格的俱乐部制仍使萨义德有压迫之感,他对学校的寡头统治颇为不屑,但他在记述这段时期也注意到:

"一套新的教职机制，降低老朽俱乐部的作用，当然还有女性和少数族裔的加盟，已将我所在 1953—1957 年间那所地方主义盛行、思想偏狭的院校［普林斯顿］，转化成一所真正的大学。"[24] 在校期间的确有两位教授对萨义德产生过深刻影响，文学批评家 R.P. 布莱克穆尔（教导一种缜密细致、阐释明辨的读解方法，萨义德的大部分写作，特别是文学和音乐的写作，都能看到这种效力），以及哲学家亚瑟·扎特马利教授，萨义德承继了他的批判性观点。在普林斯顿，萨义德终于体会到与机械的死记硬背相比，按章法严谨治学给他带来的莫大乐趣，而以美国大学优等生之荣誉毕业后，他又获得哈佛大学研究生的奖学金，但他推迟了一年才报到。

这一年，他主要在开罗的家中度过，他父亲的生意进入了一个困难时期，因为当时埃及的贾迈勒·阿卜杜·纳赛尔发起了"阿拉伯社会主义"运动。家族企业最终卖给了纳赛尔政府，而整个家庭也因外侨居民身份在纳赛尔的埃及不断受到排挤，不得不收拾行箧，搬去黎巴嫩。萨义德回到美国，在哈佛度过此后五年时间，受业于哈里·列文和门罗·恩格尔，潜心撰写关于约瑟夫·康拉德的论文；而在开罗的日子，他仍继续在伊格纳茨·蒂格曼门下学钢琴。萨义德的哈佛岁月中，政治生活是处于休眠状态的，他全身心都投入在文学研究上。

1959 年，萨义德一位世兄法里德·哈达德（Farid Haddad）——开罗的一名医生，与萨义德的姑妈纳比哈密切合作的"一个有着强烈政治意识的人"[25]——因积极参与埃及共产党活动而遭埃及保安部队监禁、毒打、杀害。这次谋杀对萨义德造成深远影响："法里德的生与死在过去四十年都是我生活的一个暗中出现的主题，并不是所有时段我都有这种政治意识，也不是所有时段都能积极参与政治斗争的。"[26] 他后来将《巴勒斯坦问题》献给了法里德·哈达德（和巴勒斯坦诗人拉希德·胡赛因）。1963 年萨义德论文完成，接受了哥伦比亚大学的讲师职位。浩博的知识分子生涯就此展开。

萨义德的第一本书《康拉德与自传的虚构》(1966) 细致而有章法地探究了康拉德的小说和通信之间的相互作用。若说此书揭示了萨义德内心处境及其困惑，也纯粹指抽象意义和存在意义上，重点围绕着康拉德的疏离感。六十年代，萨义德只是哥伦比亚大学一名年轻的文学教员，身边云集了莱昂内尔·特里林和F.W.杜佩（Dupee）这类大师级人物，所处环境几乎难以令人想起他的过去和身份。这一切在1967年后将彻底改变。

1967年，阿以战争打破了巴勒斯坦人返乡的希望。是年的七日时间内，以色列击败了埃及、叙利亚、约旦的军队，并占领了约旦河西岸、加沙、戈兰高地和西奈半岛。萨义德在《格格不入》中回忆1967年的战争"似乎象征着包含其他一切损失的那种错乱，我青年时代消殒了的世界，我受教育中对政治不闻不问的日子，在哥伦比亚任上清闲的教职……1967年后，我再也不是同一个自己；战争的震撼驱使我重返来时的起点"。[27] 正是出于1967年作为生活在美国的巴勒斯坦人的经历，萨义德构思了《东方学》的中心主题。1968年他应易卜拉欣·艾布-卢霍德（Ibrahim Abu-Lughod）之请撰写了《被画像的阿拉伯人》一文，对媒体将阿拉伯人只是简单摹画为酋长或恐怖分子的方式进行了抨击。这是萨义德首次在文化表现形式中显示出对政治的兴趣；他在文中说："如果阿拉伯人占领的地域足以引发注意，那是个负面的价值。他被视作对以色列和西方生存的一个破坏因素，或……对1948年以色列立国的一个应予克服的障碍。巴勒斯坦被想象为一片空旷的荒漠，等待出现一夜繁荣，现有居民是些无足轻重的游牧人，对土地没有固定的所有权，因而也没有文化根基。"[28]

这场战争也使萨义德与在安曼和贝鲁特的巴勒斯坦政治团体的亲友恢复联系。他写道："我开始感到阿拉伯世界发生的事情引起了我的切身关注，从前那种消极的与政治脱节的态度再不能持续下去了。"[29] 1969年，他与卡迈勒·纳赛尔（Kamal Nasser）见面——纳赛尔是他的远房亲戚，也是一位诗人，一直到1973年在贝鲁特遭到以色列恐怖小分队刺杀，纳赛尔都是巴勒斯坦的官方发言人——萨义德开始和联合国在纽约的外交官接触，他的交往圈子扩大。他原本计划写一本关于乔纳森·斯威夫特的书，但他的关注点转移到了另一个议题，最终形成他的第二本书《开端》。"《开端》其实是一个危机应激的项目，它促使我重新思考手头上做的事，是不是应该更多地与生活中被压制、被拒绝或被遮蔽的事发生关联，"萨义德回忆道，"这是1967年战争的产物。"

就萨义德而言，《开端》是在其政治觉醒条件下以文学术语创作的尝试。在约瑟夫·康拉德、马塞尔·普鲁斯特、托马斯·曼等现代主义全盛期小说中，他看到了开端对于理解某些个人（或叙事者）如何与权威、传统势力、常规手法的约束支配，尤其是与叙述形式的限制进行周旋的关键意义。正如海登·怀特评论的，《开端》是一个政治寓言，[30]一部几乎是内省式的作品，抽象地切入此问题，即如何开始理解既往与目前的环境及迫切要求之间的关系。

十八世纪意大利历史语言学家詹巴蒂斯塔·维柯的文字赋予《开端》政治和哲学的协调。维柯几乎与康拉德一样，其重要性对萨义德是不可撼动的象征标杆。在《开端》一书中，萨义德将维柯称作"一位原型的现代思想家"，他"把开端看作一种活动，需要作家对实际的现状与同情的想象两者间维持一种不迷失的义务，保证两者具有同等的重要性"。[31]维柯详细阐述了使文学艺术作品处于一切世俗关系中并亦在其中展开的一套方法。再者，他挑战了对知识作专门和区隔的分类。萨义德写道："维柯的《新科学》对于学者们掩蔽、忽略或错误对待人类活动的总体有形证据，包括他们本身的活动，无论在哪里都是一帖警示。"[32]

萨义德对维柯的《新科学》心悟神解。到七十年代初，他越来越多地以公共知识分子身份积极参与社会活动。他开始面对更广泛的读者写作，包括英语、阿拉伯语和法语读者。他为《纽约时报》《新闻周刊》《外交世界》撰写关于巴勒斯坦问题的特稿文章。他作为一个活跃的巴勒斯坦知识分子开始崭露头角。在《纽约时报》一篇社论中，萨义德发表这样的观点："犹太人不是一个单独被选中的民族，而是犹太人和阿拉伯人一起，一方作为压迫者，另一方作为被压迫者，共同选择了对方参与一场根深蒂固的缠斗，年复一年，不但积怨似乎愈演愈烈，未来也似乎愈发难以想象和解决。如果有一方持续骚扰、嘲弄、争衅，任何另一方都不可能发展……每一方和对方都是我中有你，你中有我。"[33] 1975年，他在美国国会国际关系小组委员会上作证。"各位试想，"他对李·汉密尔顿议员主持的委员会陈词道，"由于某种恶意的捉弄，你们发现你们在自己国家被宣布为外国人了。这就是巴勒斯坦人在二十世纪命运的本质。"[34]

《东方学》出版前两年，即1976年，萨义德的《开端》获哥伦比亚大学莱昂内尔·特里林奖，次年他被擢升为英语和比较文学系的帕尔教席教授（Parr Professor）。对于巴勒斯坦民族委员会，萨义德在美国的存在和瞩目程度是极为需要的。1977年，萨义德与他的朋友易卜拉欣·艾布-卢霍德都以独立会员身份当选巴勒斯坦民族委员会成员，这一身份使他保持不与任何成员党派结盟。据沙菲克·胡特说（胡特是巴勒斯坦解放组织执委会成员，也是萨义德一位长期的朋友），萨义德在任巴勒斯坦民族委员会会员的十四年间，只参加过该组织不到六次会议，也不听从任何人的指令。而萨义德自己认为，他的会员身份大部分意义在于"一个团结协作的举措"，使其确当地以巴勒斯坦人身份代表巴勒斯坦自决的政治立场行事。[35]

在斯坦福大学度过的1975—1976年公休期间，萨义德又回到了他在《被画像的阿拉伯人》中提出的问题并完成了《东方学》。如果《开端》只是从关于语言和叙事的文学辩论角度涉及权威与权力，《东方学》则以直截了当得多的方法深入探讨知识和权力这些主题。该书检视了十九世纪一系列法国和英国的小说家、诗人、政治家、历史语言学家、历史学家、旅行家，以及帝国行政官员的文字。这些文字加总起来组成一个学科（东方学），欧洲文化就此制造并左右着"东方"概念。这些文字表述"一种意志……不但要了解属于非欧洲的东西，而且要控制和操纵其中明显相异的部分"。[36] 它们形成了一套建构权力的媒介，并通过这套媒介行使权力。

当代的东方学者行会及其辩护人对萨义德的辩题表现出激烈的回应。莱昂·维瑟提耶在反驳文章中说《东方学》散布的"左不过是阿拉伯宣传的卑劣胡言"。37 另一篇由伯纳德·刘易斯发表在《纽约时报书评》上的快速还击指控萨义德"毒害"了"东方学的"研究领域。他把萨义德形容为"轻率的""武断的""漠然的"以及"过分的",列数了萨义德如何与其他阿拉伯人、穆斯林、马克思主义批评家一道"污染"了"东方学"这个词语。刘易斯辩称萨义德意在贬低有善意而无偏见的东方学者的工作,且将一门无辜的学问政治化了。38 但来自萨义德批评者的这些高声抗议与其说暴露了萨义德著述中的问题,倒不妨说暴露了批评者本身的伪善。在"学问"和"客观性"的语言面纱之下,他们的义愤恰是,如塔拉尔·阿萨德所言,"萨义德所描述的东方学者态度的一个指征"。39 萨义德指出刘易斯只是在以"学术争议为名,发表与历史无关的、任性的政治断言,这种做法完全沿袭了旧式殖民主义东方学的最不值得称道的方面"。40

到七十年代后期,萨义德的著作开始获得更大范围的公众认可和赞誉。1979年,《东方学》在美国国家书评人协会奖的"批评"类奖项中排名第二。那一年,萨义德为《时代周刊》写了几篇文章,又为《纽约时报》写了更多的特稿,在这些文章中他推广了不少在《东方学》中讨论过的主题,并将这些主题与巴勒斯坦问题联系起来。1979年他出版《巴勒斯坦问题》一书,从传统文学学术出发,对巴勒斯坦人遭受驱离剥夺进行更多政治、文化和历史的探究。若说《东方学》在再现的层面定义了帝国主义理论,《巴勒斯坦问题》则挖掘了巴勒斯坦人经受的不同类型的殖民主义之无情治理。美国的出版人认为该书有滋事之虞,灯塔出版社和万神殿出版社都拒绝了稿件。而且,不少巴勒斯坦人对萨义德支持的两国方案也不赞同。贝鲁特一家出版社倒是愿意以阿拉伯文出版,但要求萨义德删除对叙利亚和沙特阿拉伯的批评,被萨义德回绝。虽说书后来在以色列出版,但仍不能以阿拉伯文出版。

时报书局(Times Books)于1979年出版了《巴勒斯坦问题》,次年复古书局(Vintage Books)出版了这部重要作品的平装本。萨义德在《巴勒斯坦问题》中提出,犹太复国主义和巴勒斯坦人之间的政治僵局形成的历史和文化根源,在于犹太复国主义不愿意承认巴勒斯坦人的现实和经历。"一个不人道的铁环"箍住了双方。即便大部分巴勒斯坦人"充分意识到以色列犹太民族……是一个具体现实",萨义德指出,以色列否认巴勒斯坦人的存在妨碍了避免冲突方案的达成。萨义德由此支持一个两国解决方案,这一立场与巴解组织的方针政策也是相左的,虽然亦有不少巴解组织的人士意识到其实该选项与解放巴勒斯坦历史上的领土相比,具有更大的可行性。的确,到了1980年,以色列直接控制了大部分的西岸和加沙,基于殖民原因强行推进军事管制并使之合法化,这是根据1936年英国用以镇压阿拉伯人罢工的《紧急情况管理法》的一个界定模糊的沿用。犹太复国主义的视角是建立在英国殖民统治的遗产上的。萨义德写道:"犹太复国主义在加入西方普遍热衷获取海外领土的过程中,从不明确证实自己在进行一场犹太人的解放运动,他们会说这是一场犹太人在东方的殖民定居运动。"[41]

1979年萨义德开始撰写他的《东方学》三部曲中的第三部《报道伊斯兰》。1979年11月4日,伊朗学生强占美国驻德黑兰大使馆,要求美国交出穆罕默德·礼萨·巴列维并令其回国受审,美国随即陷入了一场人质危机。媒体几乎没有一天不把新闻的特别报道放在"伊斯兰复兴"这样的话题上。萨义德拓宽了《东方学》中的论点,揭示报道中潜在的种族中心论的预设,即把"伊斯兰"看作对美国霸权构成威胁的一个同质化的整体。他呼吁新闻记者和批评人士加深国际观和"入世"观,以掌握发生在伊朗各类事件中的更大背景,即美国卷入推翻摩萨台的行动,以及美国训练的伊朗秘密警察萨瓦克(Savak)的暴虐无道。

萨义德参与国际事务的同时,使自己继续处于文学专业的精进状态。他的第六本书《世界,文本,批评家》集结了如《旅行的理论》《反思美国"左派"文学批评》等论文,在这些文章中,萨义德所抨击的是他认为正在危害文学研究和解释的另一种褊狭和出世。他注意到相当多文学理论都有一种自我封闭的倾向,将专业主义推上神坛,学人因而变为目光短浅的专家。他鼓励学术界"打破学科间画地为牢……的据点"。[42]即使在他早先推重的后结构主义者中间,他也慨叹培养了"有腐蚀作用的反讽"。言及文学批评大腕保罗·德·曼,萨义德写道:

"德·曼总是热衷展示当批评家或诗人自信他们正在陈述某些见解,他们其实显露出……不可能陈述任何事物的各种前提,这也是德·曼认为所有伟大的文学作品都会返回的所谓思想困境。"[43] 在萨义德看来,左派的批评做得亦无甚高明:"我们在理论上为之辩护的事物在实践中从不施行,我们所施行的与我们所反对的其实相差无几。"[44] 他认为,文学批评的关键是必须看清自己在世界所处环境以及要求批评关注的政治局面。

以色列1982年入侵黎巴嫩,萨义德深感忧虑,他担心彼地家人和亲友的安全。是年夏天,以色列分别从海空无情轰炸了贝鲁特,发射集束炸弹、真空炸弹、磷光火箭和迫击炮。[45] 1982年9月16日夜,在以色列国防军预先知报且支持的情况下,黎巴嫩长枪党民兵屠杀了在萨布拉和夏蒂拉难民营内的两千零六十二名巴勒斯坦人和黎巴嫩人。[46] 该屠杀是以色列入侵的一次配合行动。但在西方,几乎无人对以色列的行动提出顾虑。"如何解释,"萨义德在为《伦敦书评》撰写的一篇题为《叙述的许可》的文章中追问,"西方支持以色列基于的那些前提,即便无法证明它们有现实的、事实的依据,却仍依然故我?"[47] 因为以色列和西方一向为巴勒斯坦人贴上恐怖分子标签,萨义德解答,他们已经系统地压制了巴勒斯坦人遭受剥夺的现实。在《拉里坦季刊》中,理查德·波里尔重申了萨义德的这项指控:"同情[在贝鲁特]围困中的死难者并不足以上升到为巴勒斯坦人创建家园的重要观念,因为……这个观念在……[美国]公认为'理性'的政治语境中,尚未摸索出一套可行的词汇表。"[48] 在《外交世界》中,以色列记者阿姆农·卡佩里奥克对此提供了证据,表明在七十年代中期,以色列的政策就是要通过将巴解组织——巴勒斯坦民族解放运动的代表——定义为恐怖分子,以此削弱巴勒斯坦民族主义概念。"最好是,"萨义德写道,"对[巴勒斯坦人]向以色列提出的不可否认的要求能够充耳不闻。"[49]

如萨义德所意识到的,在各方面为巴勒斯坦人的经历代言变得日益重要。1984年春,这一重要性又面对新的紧迫感:哈珀与罗(Harper and Row)出版了琼·彼得斯的《自古以来》(*From Time Immemorial*),

一本充满历史虚构的手册，此书令人难以置信地设法否认巴勒斯坦人的历史存在。尽管此书基于虚假和伪造的证据，却仍然获得广泛好评。为其叫好的有芭芭拉·塔奇曼、埃利·维瑟尔、索尔·贝娄、白修德，以及其他知名作家。在美国，极少有评论质疑书的真实性。只有普林斯顿大学当时一名在读研究生诺曼·芬克尔斯坦将此书揭露为彻头彻尾的骗局。[50] 萨义德在《国家》杂志的撰文中有言，"对巴勒斯坦人来说，阅读彼得斯和她的支持者有如经历一次延伸范围的种族文化灭绝行为，此类种族文化灭绝是由伪学术一手操办的。汤姆·索耶参加自己的葬礼是一场嬉闹，而我们则在获准降生之前就经受着死亡的威胁。"[51]

巴勒斯坦人在西方想象中果真有一分存在意识的话，他们也只是作为"一道战斗号令而非一个民族"存在着。[52] 为了公开巴勒斯坦民众日常生活中不为人知的一面，作为联合国巴勒斯坦问题国际会议顾问的萨义德，建议为瑞士摄影师让·摩尔的摄影作品——记录巴勒斯坦人日常现实经历的摄影作品——举办一个联合国展览。萨义德将展览目的看作"否定长期以来那种简单的甚至是有害的再现巴勒斯坦人的方式，并以能够全面反映他们复杂现实的生活经历取而代之"。[53] 联合国虽然认可这些图片，但觉得萨义德附加的说明文字会"引发争议"，决定若展出图片，萨义德的文字便不能出现。有几个阿拉伯国家似乎对摩尔和萨义德的意图不以为然。萨义德回应道："巴勒斯坦在某种意义上变成了他们的用具——用来攻击以色列、讨伐犹太复国运动、帝国主义、美国……至于巴勒斯坦人作为一个民族的迫切需求，或许多巴勒斯坦人在阿拉伯国家和在以色列生活的悲惨境遇，则超出了他们关心的范围。"[54] 这些图片和说明文字后以名为《最后的天空之后》（1986）的图书出版，这是萨义德第一本带有自传体形式的重要作品。

在《最后的天空之后》中，萨义德详细落实了丧失与流亡这两个主题，与他第一本关于约瑟夫·康拉德的书中论述的主题相呼应。对萨义德来说，流亡是一种存在意义上的现实，作为巴勒斯坦民族委员会成员，他被禁止访问以色列。"我们最真切的现实，"他写道，"就表现在我们［巴勒斯坦人］经由一个场域去往另一个场域的生存方式。我们在能够身处的环境中迁徙，也许还会混合，但我们不属于这个环境。对一个永远在路上的漂泊的民族而言，这是我们生活的至深延续。"[55] 萨义德将流亡视作具有符号般影响力又难免悲剧色彩的前提时，他的作品便获得了一种更为悲怆的调性。在《对流亡的反思》一文中，他评论道："思考流亡这件事令人有种奇特的强烈兴致，但流亡本身的经历却很糟糕……流亡生活习惯失去了既有秩序。它是游牧的，去中心的，对位的；……一旦稍稍适应了新生活，那种动荡不安的力量又会将它连根拔起。"[56]

在丧失与流亡面前，萨义德将越来越多精力放在音乐写作上——音乐于他永远有一种寻回失去的时间和空间的普鲁斯特式的能量。作为一位有才华的钢琴家，萨义德在1987年就开始为《国家》杂志撰写音乐专栏。在评论过的演奏家中，他对钢琴家格伦·古尔德最为褒赏，古尔德表现在技巧上和智性上的恢奇令萨义德回忆起他对维柯和奥尔巴赫历史语言学方法的兴趣。"你听［古尔德的］音乐时，"萨义德在《名利场》杂志的一篇文章中写道，"你就像是看着一件包装得密密匝匝的作品正在徐徐展开，几乎分解成一套错综交缠的环节，将它们连接起来的不仅是两只手，而是十根手指，每根手指都与所有其他手指发生呼应，还与两只手发生呼应，与这一切背后的心绪发生呼应。"[57] 萨义德的音乐评论一直持续着。1989年，他在加州大学尔湾分校著名的勒内·韦勒克图书馆讲座中，一边讲课一边在钢琴上演奏。课程以文字形式保留下来，集结成《音乐的阐释》（1991）出版，此书将他对音乐在社会中处境的反思又拓展了一步。

萨义德在古尔德对位技巧上的反思，与他的文化和文学批评有着深远的关涉。在《文化与帝国主义》（1993）一书中，他将一个音乐术语应用在文学批评上，提出文学作品应该以对位的手法来研判。应用"对位批评法"，萨义德指的是欧洲文化需要与帝国的地理和空间关系联系起来解读，还要对位地与被殖民者本身回应殖民统治而产生的各种活动联系起来解读。比如在他广受争议的《简·奥斯汀与帝国》一章中，萨义德认为："在赋予《曼斯菲尔德庄园》所有重要意义之后，我们就不应该……把世界的地理划分看作中立的，而是带着政治意味恳求得到相当于同等比例所需的关注和说明。问题因此不仅是如何理解奥斯汀的道德性，以及用什么与奥斯汀的道德性和社会基础相联系，而是从奥斯汀的道德性中究竟解读出什么。"

《文化与帝国主义》的评论家都将目光集中在萨义德对简·奥斯汀的小说《曼斯菲尔德庄园》的解释上，几乎无一例外。《纽约时报》，《伦敦书评》，《国家》杂志，《异见》杂志，发表文章强调的都是萨义德对《曼斯菲尔德庄园》的批评。[58] 约翰·利奥纳德在《国家》杂志中写道："看简端坐在曼斯菲尔德庄园的平静和秩序中，几乎没怎么让自己的聪明脑袋被某个事实烦扰，即这个和谐的'社交空间'，托马斯·伯特兰的乡间宅邸，是由奴隶劳工维持的。"[59] 萨义德的论点其实是，奥斯汀所想象的范妮·普莱斯的道德进步，其机理是庄园依赖在安提瓜拥有的奴隶的财产在运作着，这在曼斯菲尔德庄园精致而井然的场所内部是完全看不见的。很多批评家误解了萨义德的论点。例如欧文·豪伊就将萨义德的论文说成是对奥斯汀小说家地位的征讨。但萨义德完全没有贬损奥斯汀文学价值的意思；他只是在提请读者就欧洲小说之于十九至二十世纪殖民事业及帝国企划的关系培养一种批评意识。

由于他辩才无碍，频频为巴勒斯坦人吁求正义，加之他以创新手法发表的人文主义学术研究作品，到九十年代初，萨义德已在国际舞台上声誉鹊起。《东方学》被移译成法文、德文、西班牙文、加泰罗尼亚文、阿拉伯文、波斯文、土耳其文、日文、韩文、瑞典文等，在人文和社会科学领域都产生了极为深远的影响。围绕萨义德的著述开始形成一个完整的后殖民理论研究领域。就在年轻一代学者积极探索萨义德著述中的文化和权力批判意义之际，萨义德本人则花更多精力将巴勒斯坦人的斗争与世界上其他国家和地区——越南、阿尔及利亚、拉丁美洲、加勒比海地区、爱尔兰、南非——的民族解放运动形势联系起来。以批评和比较的目光看待其他殖民地反抗运动，体现了萨义德作为一个巴勒斯坦流亡者和一个公共事务学者作品适用性的自身不断拓宽的视野。《文化与帝国主义》旨在发掘"文化和帝国之间的普遍关系"，它是萨义德在文化和系统上将比较的观点理论化的一次尝试。

美国知识分子已经放弃将批评和披露美国势力的海外过度扩张视为己任,萨义德从1991年海湾战争中证实了这一点。此战之后的一次访谈中,萨义德疾呼:"知识分子阶层并未树立原则,亦未使自己承担起达成社会共同福祉的义务。……美国知识分子大体上仍是偏安一隅的,他们只是将专业造诣视作美德。"[60] 他的文字中越来越侧重表达这样一种必要性,即不结盟的知识分子追求学术成就时,应该远离学术权威的腐蚀和各种专业主义的滥权行为。1991年9月,萨义德辞去巴勒斯坦民族委员会成员的职位。辞职的理由是他诊断出白血病,其实促使他真正下决心的是巴勒斯坦领导人在海湾战争中支持萨达姆·侯赛因。1992年,萨义德在睽隔四十五年后首次返回巴勒斯坦。

罹病并未阻挡他的信守和热情。面对诊断,他意识到进入了生命的退潮期,但他的奋争变得更为激烈和主动。1992年他升为冠名大学教授(University Professor),这在哥伦比亚大学教授职务中地位是最高的。尽管化疗和放疗的副作用令他身体虚弱,但他仍坚持授课,笔耕不辍。1993年在享有盛誉的英国广播公司瑞思讲座系列(Reith Lectures)演讲,萨义德抓紧时机强调开展独立批评活动的重要性:"尽管任何开宗明义支持巴勒斯坦权利和自决的人都会令自己蒙受谩骂和毁谤,但真相仍值得由无畏而悲悯的知识分子言说、表达。……[《奥斯陆协议》]给人们带来的快慰遮蔽了这样的事实,即此文件远远未及保障巴勒斯坦人的权利,反倒是保障了以色列人延长对被占领土的控制。批评此事意味着实际站在同'希望'与'和平'相对的立场上。"[61]

从一开始,萨义德就将巴解组织和以色列政府在《奥斯陆协议》上的高调看得很透。很长一段时期以来,他都是该协议本身、讨论进程、缔约各方的唯一的主要批评者。这套协议在1993年暗中商议而成,按萨义德的说法,相当于一个巴勒斯坦版的《凡尔赛条约》。协议不提以色列占领的结束,并对以色列在西岸和加沙大部分地区的最终管辖权作了让步。即便在巴勒斯坦人控制的地区,巴勒斯坦人也没有被赋予实质上的国家主权。"克林顿在那里,"萨义德挑明了说,"就像罗马皇帝把两个附庸国的国王叫到他的宫廷,强迫他们当着自己的面握了握手。"[62]

此前巴解组织在海湾战争中支持伊拉克,阿拉法特的威望受到极大削弱,此协议即阿拉法特为保存巴解组织力量以及提升他本人的威望所作的一次努力。萨义德呼吁阿拉法特辞职,换来的却是巴勒斯坦当局对他的书实行禁售。萨义德的锐利批评一如既往,大部分发表于他在《生活》和《金字塔报》的每半月一次的专栏上。这些文字在争取清晰愿景和正义方面表现出强悍和不妥协的风格,强调如果和平有任何实质意义,是不能在胁迫的环境下实现的。萨义德认为,帝国年代在印度、巴基斯坦、塞浦路斯、爱尔兰等地实行区隔分治的历史正是暴力之源,而非解决方案。他看到《奥斯陆协议》推行的政策无非在两个民族之间实行人口统计学意义上的分离,其实他们的生活是不可避免交织在一起的;1999年萨义德在《纽约时报杂志》的一篇文章中提出了建立以色列-巴勒斯坦双民族国家的建议。[63] 他认为真正而持久的和平只有在公民身份以民主方式惠及每一个人的条件下方能实现,而非基于种族或宗教差异的原则。

为配合这一目的,萨义德利用他的音乐优势鼓励以色列人和巴勒斯坦人之间增加共同理解。1999年1月,他在比尔宰特大学组织了一场以色列著名钢琴家兼指挥丹尼尔·巴伦博伊姆的演奏会。九十年代初巴伦博伊姆和他就成了莫逆之交,部分是因为他们对音乐的深爱,部分是因为他们经历的1967年事件。这场演奏会之前,两人已经有过合作。1998年萨义德为贝多芬的歌剧《菲岱里奥》写了一套新的唱词,替代了原来的对白,巴伦博伊姆在芝加哥交响乐团指挥了这部歌剧。在比尔宰特大学的演奏会上,巴伦博伊姆演绎的贝多芬《悲怆》和第109号作品使现场观众极受震撼。

萨义德满腔热情投身有拯救意义的文化交流期间,他也意识到他的生命开始进入倒计时,因此默默加紧完成他从1994年就动笔的回忆录。1999年9月,《格格不入:一部回忆录》出版,这本书"以一己之见记录了一个实质上消失或遗忘的世界,也记录了我的早年生活"。1999年,萨义德还担任了现代语言协会会长。

就在1993年9月《奥斯陆协议》在白宫草坪签署后不久，萨义德开始对西奥多·阿多诺的文字表现出一种知性上的痴迷。他于九十年代后半期归至阿多诺麾下，主要因他在这位德国流亡知识分子的音乐论述中找到了新的兴趣点，即证明音乐之于社会，存在着一种永恒的、矛盾的乃至辩证的张力。作为意识到音乐处于阿多诺理解文化的核心这样一个较有影响力的美国知识分子，萨义德亦相信音乐对于文学和文化批评具有一种被忽略了的概念的适用性——极少文化和文学评论家有此后一种意识，萨义德是其中之一。文化象征的政治学批评研究并不只是发问底层人能不能言说，如佳亚特里·斯皮瓦克之著名探索。[64] 萨义德在对哥伦比亚大学刚入学的一班研究生讲述他对歌剧的兴趣时，语气中带着一丝反讽地说："我感兴趣的不止是大众因何言说，而是大众因何歌唱。"而最终，萨义德对阿多诺的兴趣落在贝多芬的晚期风格以及阿诺德·勋伯格的十二音技法上，这也是托马斯·曼《浮士德博士》的中心主题。

许多评论家都觉得萨义德对阿多诺晚期风格这一概念的兴趣既引人入胜又令人淆惑。晚期风格的艺术——其特征为不和谐音、碎片化，以及缺乏真正意义的结尾——和抵抗的政治策略之间的关联，并非一目了然。他在1995年开办过"现代比较文学研究"的研讨会，藉索福克勒斯、莎士比亚、托马斯·曼、萨缪尔·贝克特、让·热内、康斯坦丁·卡瓦菲斯的文本，集中讨论晚期风格问题，一些研究生觉得深奥莫名。对一个将批判的主张建立在对位批评和世俗批评的知识分子来说，萨义德在晚期风格研究上的兴趣究竟源头何在，多年来都是一个令人困扰的难题，常常被简单解释为出于他对白血病的持续抗争——他曾在接受我们采访时说过这是"悬在头上的达摩克利斯之剑"。[65]

萨义德对晚期风格的第一次重要涉及是1994年关于巴勒斯坦诗人马哈茂德·达尔维什的一篇随笔，他和达尔维什1974年相识，两人遂成挚友。这篇随笔出现的场合，是萨义德将达尔维什首次介绍给琼·斯

xxiii

坦因主办的《大街》杂志的读者；他翻译了达尔维什题为《安达卢西亚上方的十一颗星》的盖绥达（qasida）诗赋。[66]该诗作于《奥斯陆协议》签署前不久在马德里举行的一系列会谈期间，对《奥斯陆协议》几乎作出了某种预言般的解释；萨义德的兴趣点则在于达尔维什脱离了他早期诗作的熟悉主题——达尔维什先前一直将重点放在探讨属于一个人的时代和场域之后的生活是一种什么样的生活。在1984年的一首诗中，达尔维什问道："在最后的边界之后我们将向何处去？在最后的天空之后鸟儿将向何处飞？"几年后诗人的问题变成了萨义德与让·摩尔合作图书的标题《最后的天空之后》。萨义德注意到达尔维什的"十一颗星"仿佛标识了他的作品进入了一个新的或晚期的阶段：《奥斯陆协议》之后，用诗的语言表达政治压制下巴勒斯坦人被迫生活在灾难过后落伍的、流浪的地域（"最后的天空之后"）不再是达尔维什眼中的焦点。那些剥夺、流亡、错位的历史体验隐没了，诗本身成了诗的焦点，一如勋伯格的十二音技法成了曼在其流亡作品《浮士德博士》中以流亡方式解释纳粹主义的焦点。

在这个意义上，有一点很清楚，晚期风格绝不纯然是一个审美上的考虑因素，而是因政治失败和沦丧等各种力量塑造而成。正如《奥斯陆协议》的溃败对知识分子提出新的要求——要求他们抵制屈从和撤退的政治，不在世间畏首畏尾，非和解性的晚期艺术作品也成为知识分子不屈不挠展示否定态度的一方领地。换言之，萨义德将阿多诺晚期风格的描述重新进行构设，以满足他在写作过程中采取多种不同形式重新定义批评框架的目的：世俗批评、人文主义，以及对位式批评。

到了2000年，萨义德对阿多诺的转向愈见明显，这为他执意坚守的某种人文主义提供了一条回避潜在陷阱的途径。作为哥伦比亚大学2000年莱昂内尔·特里林讲座系列的一部分，萨义德在谈到这个主题时，将他的研究工作用三条主线贯穿了起来：由来已久的对历史语言学的兴趣（尤其是对埃里希·奥尔巴赫著述的兴趣），日益加深的对阿多诺作品的信奉，以及不断发展的对人文主义的承诺。三场讲座部分回应了对他的批评，即有人认为萨义德对人文主义的支持并没有认识到欧洲殖民主义和帝国主义的历史是非常依赖文明的等级体系的，而这种文明的等级体系一直以来都是欧洲人文主义历史中不可分割的一部分。但萨义德并未准备轻易放弃人文主义。他认为欧洲的人文主义是非常特别的历史事物，而一种根植于批评实践、关注度大体置于社会生活的人文主义不仅是可能的，而且是必要的。在世界格局发生重大变化的情况下，从不断加深的思想同质化到日益增长的世界贫困人口边缘化，人文主义者面临的是一系列新的责任，他们不能将头埋在沙子里。"人文主义，"萨义德写道，"必须挖掘出那些沉默的声音，记忆的世界、季节打工者和三餐难继这些群体的世界，排外的和隐蔽的地方，那种进入不了报道内容的证据，但越来越关系到某种过度开发的环境、可持续的小型经济体和弱小民族、大都市中心巨大区域外部和内部的边缘化人群是否能够在磨损、碾平和置换这些全球化最显著的特征中生存下来。"[67]

在"9·11"攻击事件的余波中，对萨义德的攻击也迅速升温，这大概是强权的反人文主义表现得最淋漓尽致之时。2003年，斯坦利·库尔茨，《国家评论》杂志的一名特约编辑，在众议院一个专责教育小组委员会上就调查中东研究项目中的"偏见问题"作证，他呼吁国会通过3077号决议案，成立一个顾问委员会来"研究、监督、评估"中东研究承担的活动，他的理由是《东方学》是对西方"邪恶的"仇视，以及妨碍布什政府打击恐怖主义势力的幕后黑手。库尔茨的证词说《东方学》对联邦政府赞助的中东研究项目纲要作了定义：

> 在学术领域研究中（尤其在中东研究中），占支配地位的知识范式叫作"后殖民理论"。后殖民理论是哥伦比亚大学比较文学教授爱德华·萨义德建立的。萨义德在1978年因为出版了这本《东方学》爆得大名。在那本书里，萨义德把支持美国外交政策的教授等同于十九世纪支持种族主义的殖民帝国的欧洲知识分子。后殖民理论的核心假设是，一个学者用他的外国语言和文化的知识服务于美国势力是不道德的。[68]

这些对萨义德西方文化观点漫画式的解读变得越来越明显，尤其在 2003 年萨义德去世之后，几乎有如处心积虑，每隔一段时日，就会冒出一批低俗误解的读物假学术之名，称《东方学》"诋毁西方"，是"邪恶的"，是仇恨西方之源。[69] 这些论点——其中有的写于《东方学》1978 年出版三十年后——与早期的批评在语气上很不同。在一些政治活动家和公共知识分子如菲利斯·本尼斯（Phyllis Bennis）等人看来，对萨义德《东方学》这些有毒的反应类似美国犹太复国主义的周期性复发，过去这段时期这种表达中的恶意是历史上从未有过的。[70] 但从日益高涨的抵抗运动，如萨义德曾鼓励本尼斯组织的美国支持巴勒斯坦权利运动，以及号召对以色列采取抵制、撤资和制裁（BDS）以抗议其不断推进军事占领的运动，都显示相反的迹象：对《东方学》迟来的攻击表明一套意识形态已经到了瓦解前的最后阶段，这套意识形态自身很难作为解释世界的共享理念维持下去。

美国犹太复国主义已经丧失了把公开批评以色列列为禁忌的霸权，但它未必丧失政治话语的主导权。萨义德的随笔《尊严与团结》（我们将此文辑入本书）说得明白，新一代的美国学生，他们读了萨义德的书或听了他的演讲，在很大程度上已经不再认同父母那一辈的神话，因为萨义德的作品帮助带来了意识形态的偏移。对《东方学》的攻击，换言之，正是《东方学》重新塑造公众理解产生的症候。

对于读过《东方学》的任何人，几乎没有必要再去论证萨义德对西方人或欧洲文化是毫无仇恨可言的。萨义德在《弗洛伊德与非欧洲人》（2003）中强调，就他们如何看待其他民族而言，过去的所有人物都受限于他们自身的眼光和文化的重要时刻。但他同时也强调："对现今非欧洲和非西方读者，[这些西方文化的著述]必须当作有内在价值的作品来阅读，这类读者常常或觉得西方作品不把被殖民的民族当人，或对被殖民的民族没有足够意识而对其全盘拒绝。"[71] 萨义德提出的另一种思路，是以对位的方式理解这些欧洲作家："即是说，这些人物的作品以未可预见的方式跨越了历史的、文化的、意识形态的畛域，与晚近历史一同作为新的合奏曲的一部分出现。"[72]

从这个意义上说，萨义德晚期论述的关于西奥多·阿多诺、埃里希·奥尔巴赫以及最后西格蒙德·弗洛伊德的流亡作品——这几位都是逃离了纳粹占领之欧洲的犹太裔德国人——或可视作他开始以一种对位方式去理解欧洲犹太人历史和巴勒斯坦人历史，谋求学术上更广阔的发展。在他的随笔《重新思考东方主义》中，萨义德感叹太少批评家对《东方学》的这个论点展开讨论，即现代东方主义和欧洲反犹主义可以从十九世纪欧洲历史语言学的语言分类中找到共同根源——在这种按亲缘度划分的体系中，印欧语系或雅利安语支是一边，闪米特语支（阿拉伯语、希伯来语以及阿拉姆语）是另一边，后者被历史语言学家认为是退化的或不能摆脱原语根而拓展的。[73]如果欧洲历史语言学是欧洲人文主义的基础，欧洲人文主义，便可以这么说，是一种非人性的人文主义，因为历史语言学家，如欧内斯特·勒南，不遗余力地证明闪米特语族永远不具备语言学的拓展能力，扩而言之，使用那些古语新说的人，在文化上低于使用具备拓展能力的印欧语言或雅利安语言的人。

只有极少数人知道萨义德在此质疑的，其实是米歇尔·福柯在《事物的秩序》（福柯称之为"语言的发现"）中对欧洲历史语言学解释的弦外之音，他认为福柯的论述忽略了十九世纪欧洲历史语言学对表述闪米特语族时的那种种族主义的暗涉。按福柯之说，欧洲的历史语言学"发现了语言"，因它主张语言的起源是人之所为而非神之所为。[74]然而，正是由于发现人类创造了他们各自的语言，欧洲的历史语言学能够向现代东方主义和欧洲反犹主义提供世俗的和科学的论据，使其作为推进文明话语的基础，而欧洲的帝国主义、种族主义以及种族的优越感通过这种话语兴风作浪，于十九和二十世纪——在欧洲的中心以及欧洲以外——酿成了灾难性的后果。

在萨义德试图将欧洲反犹主义历史与后殖民主义历史二者关系的重叠部分梳理得更清晰的努力中，最精彩的当属他为弗洛伊德学会撰写的演讲材料，该讲座定于2001年5月6日弗洛伊德诞辰纪念日在维也纳举行，萨义德起初是受邀的演讲嘉宾，但在讲座前夕，弗洛伊德学会以不足凭信的理由取消了萨义德的演讲——他们认为萨义德的演讲可能促使奥地利反犹的自由党在即将到来的选举中获得议会胜利。作为驳斥此举的回应,伦敦的弗洛伊德博物馆以他们自己的名义向萨义德发出演讲邀请。这一题为《弗洛伊德与非欧洲人》的讲座材料后以书的形式出版,包括了杰奎琳·罗斯的一篇响应文字;讲座材料融合了萨义德晚期风格和对位批评两者的思考,论证了弗洛伊德在伦敦流亡时所作的《摩西与一神教》如何引介一种方法去理解犹太教的海外起源,以及犹太教的非犹太人起源。在对弗洛伊德探索摩西的埃及祖先的解释中,萨义德将弗洛伊德关于摩西的埃及身份之论断作了延伸,正是为了说明欧洲人的犹太身份如何与非欧洲人的身份缠结在一起。萨义德指出,弗洛伊德通过着重讨论犹太教的非犹太人祖先,详尽阐释了犹太人的身份如何叠覆地与另一种特定身份——即阿拉伯人——发生关系,而以色列国正是从历史上、人口统计上、领土上、军事上都急于与阿拉伯人切割并用高墙阻断。如果古代犹太教的起源历史对将两种身份强行切割的挑战成立,萨义德对弗洛伊德《摩西与一神教》的解读就提供了一种身份理解的新思路,使以色列国在此理解上进行再度自我想象。藉弗洛伊德的这部晚期著作,萨义德认为《摩西与一神教》为双民族国家提供了基底,以色列和巴勒斯坦都是此基底的组成部分,在对方历史中并非不共戴天的敌人。

他对弗洛伊德再现摩西既作为族群内人又作为族群外人的地位的洞见,展示了一切民族的、集体的、共有的身份赖以最终形成的内在结构。在萨义德眼中,摩西并非一个简单的背井离乡的人物;摩西代表着归属的新模式、天下一家的理解以及一个流亡者体认世界所形成的重要意识之间的连结。萨义德写道:"我们这个人口迁移的年代,这个难民、流亡者、驻外工作者和移民的年代,我们也可以识别出某个人身上〔像摩西一样〕四海为家的、漂泊流浪的、无法决定的、世界主义意识的潜质,他之于自己的社群,既在其内,又在其外。"[75] 习焉不察的文化惯性思维让许多人穿上民族或宗教群体身份的紧身衣,以乖戾甚至常常是暴力的方式将本族的优越感凌驾于他族之上,萨义德将弗洛伊德对摩西的读法看作与这种现象叫板的一条路径,它清晰展现"将一个共有身份合并成一个单一身份的内在局限性"。76 身份认同，萨义德认为，总被定义为与原始的缺席、丧失或破裂相对立的东西。身份认同难以独自起作用，它必得想象与某种"本原性的断裂或缺陷"有关。在这一点上，萨义德藉弗洛伊德在《摩西与一神教》中对欧洲反犹主义历史的解读，将弗氏立论与其他受到围攻身份的现象联系起来，铺陈出欧洲反犹主义和欧洲殖民主义共同具有和部分重叠的历史，而这两者此前几乎一直被认为风马牛不相及，仿佛出自不同的欧洲史。77

爱德华·萨义德属于著述面广而量丰那一类重要的知识分子，将其毕生作品浓缩在单卷本的纸页中绝非易事。作品总量本就难以压缩，而每一选篇亦都需要比我们在此所能提供的更多的说明。但即便如此，《萨义德精读本》仍是一个尝试，使读者有机会一窥萨义德作品与众不同的范围、批评节奏、智识的亲和力，以及他身兼国际知名文学批评家和积极参与公共事务的知识分子所发之声的纯粹力量。本书从爱德华·萨义德的著述中选出——始于1966年修订的博士论文《康拉德与自传的虚构》，一直到他逝世后出版的《论晚期风格》——我们秉持这样的编辑理念，即一本单独涵盖萨义德职业生涯的书，对新读者寻求理解萨义德批评究竟关乎何事，以及对学者研究萨义德本人谱系基础和按年代顺序的发展，都是有助益的。78

《萨义德精读本》分三个主要部分："开端""《东方学》及其后"和"晚期风格"。"开端"就萨义德的早期探索画出一条弧线，既包括文学批评，也包括初现端倪的巴勒斯坦事务介入。早期的萨义德总离不开康拉德，他花了大量时间精力穷尽当时的文学和哲学潮流，并设法役其为己用。"《东方学》及其后"确认了该著述对萨义德生活以及人文学科总体上造成的巨大影响。萨义德的语调转变成完全投身社会事务的知识分子，时常流露愤怒，更多体现深刻，而总能令他人惊叹其博洽。在"晚期风格"部分，萨义德对于知识分子生活、音乐和文化关系、政治和信守，以及自己诊断出白血病以来的生活都给予了深层思考。

很难找到与爱德华·萨义德相类的人。他的批判性介入逼得西方文化不但必须正视它看待非欧洲人世界的观念，而且必须认真评估它看待自己的观念。他扩展了文学和文学研究范式，同时保持了一种对欧洲文学和艺术的忠诚态度。若非他的辩才和精力，巴勒斯坦人民的境遇和抱负仍可能在西方的笼罩下未见天日，被成见和压迫的历史掩蔽。而且他为所有人争取正义的承诺丝毫也不减弱他在强烈抨击当代和平进程的弄虚作假或巴勒斯坦当局的腐败时笔头的辛辣气息。

哲学家朱迪丝·巴特勒（Judith Butler）在纪念萨义德逝世十周年时作的一番评论很值得记取，"我们应该用现在时来谈论萨义德的文字"。她说："他的文字，不仅就是我们当今时代的文字，而且对我们当今时代可能向何处去赋予了新的意义。这些文字告诉我们应该如何讲述现在发生的故事，如何在日后理解现在。向他表达敬意是纪念他。"她接着又说："但也许另有一种反纪念，这种反纪念不是降低敬意，而是我们将他的论述继续下去，并在我们自己的时代，或在我们不同的时代，对他的论述进行重新思考。"[79]

《萨义德精读本（1966—2006）》，使读者——老读者和新读者——有机会接触萨义德作品，包括我们在编辑 2000 年版读本时尚未撰写的文字。[80] 新读者会发现萨义德的文字并不提供那种即时满足感，比如专家权威的一锤定音、简易快速的电视节目标准答案，或旨在解释一切事物的宏大哲学理论，也不屈从于那些阿多诺归为各种世界观的魔咒。正因为他思想那种深刻的不妥协，读者能在产生重大影响的《东方学》出版四十余年后继续重新发现萨义德作品的力量和现代性。萨义德的文字为我们提供的是用以重新定义日常生活政治领域、不断探索知识、勇敢追求正义所需的批判性能力，直到或许有朝一日，我们能够集体地将自己从知识的各种殖民主义形式中解放出来，而它们的运行一如既往地以世界各地被压迫者的生活与经历为巨大代价。

第一部分

开 端

1

个性的主张

（1966）

萨义德曾说："多年来，我发现自己写康拉德就像一段固定旋律，一个沉稳的基础低音，我的诸多体验与之相仿。"[1]康拉德的生活中有许多令萨义德认出自己的地方：康拉德的成长环境落在帝国征占的阴影里；他青少年时离开出生地祖国，最终发现自己在西欧的文化中生活和写作，他从未对这种文化感到得心应手，也未感到水乳交融。

出版于1966年的《康拉德与自传的虚构》为萨义德的第一本书，从其哈佛大学研究论文修订，该论文在门罗·恩格尔（Monroe Engel）和哈里·列文（Harry Levin）指导下完成。如萨义德所言，此书"对康拉德的意识作了现象学意义上的探索"。它依凭的文学批评方法当时称之为日内瓦学派，主要由乔治·普莱（Georges Poulet）、让·鲁塞（Jean Rousset）、让·斯特罗宾斯基（Jean Starobinski）等文学批评家组成。日内瓦学派的批评家推举一种基于胡塞尔和梅洛-庞蒂学说的文学观和批评观，认为文学作品是作者意识的具体表现。如 J. 希利斯·米勒（J. Hillis Miller）所评，日内瓦学派将文学批评视作"意识的意识"。

在《康拉德与自传的虚构》中，萨义德对康拉德的八卷书信进行了大量繁复的仔细查阅，庶几重新构建康拉德对其自身身份的认定：有才艺的作家，侨居他国者，波兰人。但如果说萨义德因阅读康拉德的信件而看到康拉德生活的沧桑，他同时还看到康拉德的散文体表达有着某种不自然的成分，看到这个作家与英国语言和文化的关系始终不曾完全稳固。

虽然批评家F. R. 利维斯认为康拉德的散文体由于措辞不够精准和对别具风格的英语掌握得不够到位而显得美中不足，萨义德却将康拉德之与英语的关系视为其流亡经历的一种表述方式。在萨义德眼中，康拉德的文字传达的是一种"错位的、不稳的、陌生的氛围"。萨义德后来这样写道："就再现失落和迷茫的命运而言，无人堪与［康拉德］比肩，而他对试图以安排和迁就手法替换这种环境的冷嘲热讽，亦无人能出其右。"

1906年11月1日，亨利·詹姆斯在收到康拉德的一本题词颇为亲切的《大海如镜》(*The Mirror of the Sea*) 后，写信给他的这位乖俗的英籍波兰人同行："无人知晓——就智识的运用而言——您知晓的那些情事，作为此整个领域的行家里手，您的权威地位当之无愧。"[2]康拉德对自己所擅胜场，恐怕很难期望听到比这更有说服力的赞誉了，在这本为大海写生的小书里，他有意识地调和了记忆和技法各自的要求。不过《大海如镜》的确是一件讨人喜欢的作品，是康拉德从被詹姆斯称之为"您既往经历之奇迹"中塑造而成。对走马观花的看客而言——詹姆斯当然不属于此等看客——康拉德的经历大多不外乎船艇、番港、海洋、风暴；总之《大海如镜》里描写的似乎就是这些景物。然而对康拉德，以及对他那位常驻海外的作家同道詹姆斯而言——同属"备受磨难的存在"这个群体——人的经历是一场精神的缠斗，充满被福楼拜称为艺术生活必备的持久耐心。在《大海如镜》中，康拉德将他有着深切感受的经历隐藏在一个表层之下，几乎看不出他的生活对他有什么实质损害；他就像自己笔下的人物阿尔迈耶，抹去女儿留在沙滩上的脚印，以此否认她对他造成痛苦。

即便在康拉德最好的小说里，也经常出现令人分神的修辞夸张、情节剧式的散文表层，一些批评家对此大加贬抑，因这些批评家，如F. R. 利维斯，对用语是否准确和文辞是否精炼极为敏感。但我认为，仅

4

将这类不精准看作一个作家引起关注的表现而加以批评，其实没有说到点子上。相反，康拉德是想将自己隐匿在这套词藻里，利用它满足个人需求而不必考虑日后的作家希望他能做到的语调和风格上的雅驯。他是一个自我意识很强的异乡人，用的是陌生的语言，写的是无名的经历，他对这一切心知肚明。因此他的铺张或闲聊式的散文体——在它们最抢眼的时候——恰是一个彷徨的盎格鲁-波兰人试探不显得笨拙、富有"风格"的表达形式。这也是最方便的手法，不动声色地掩盖了某些窘迫和困境，即一个说法语的、自我放逐的、能言善道的波兰人极为杂乱的生存背景，再加上他曾做过水手，现在出于连他自己都道不明的理由，当上了一名写所谓历险故事的作家。康拉德的散文体并非一个漫不经心的作家随意写就的冗赘之作，而是他与自我苦苦较量的具体而独特的结果。如果有时他依赖太多形容词，那是因为他找不到更好的方法清楚描述他的经历。在他早期作品里，这种词不达意是他小说的真正题旨。在将词语变成白纸黑字的过程中，他无法从未受规训的经验中拯救出意义。他也不能从生活的困境中拯救他自己：这就是为什么他的书信——所有这些问题都得到明确的处理——对完整理解他的小说是十分必要的补充。

痛苦和卓绝的努力是康拉德心灵史的深邃基调，他的书信印证了这一点。在此回忆一下纽曼（Newman）在《辩护书》（*Apologia*）里的激越论点大有裨益。纽曼认为，任何自传性的文件（书信当在此类文件之列）不仅记录了思想状态的编年史，而且试图展现出此人生命中的个性能量。自从1927年让-奥布里（Jean-Aubry）出版了《约瑟夫·康拉德：人生与书信》（*Joseph Conrad, Life and Letters*）以来，那种能量日见昭彰，并着人瞩目。

然而弥漫在书信中的大量困厄，实则是康拉德精神生活的困厄，因此评论家几乎不得不将他生活中的问题与他小说中的问题联系起来；这里的任务，乍看另出一脉，实则交织甚深，先要弄清楚康拉德的书信与他本人的关系，其次要弄清楚书信与他作品的关系。每封信都是康拉德个性的一次施展，通过锤锻新的自我意识之链，将他当下状态与既往经历接续起来。将康拉德的既有信札作为一个整体，可以发现关于他心智、脾性、品格的徐徐展开——概言之，发现康拉德本人书写的一部自己的心灵史。

准确掌握他人心灵深处的关切向来不是一件容易的事。但即使像康拉德这种自我关切意识如此强烈的作家，也是有可能从一些基本的甚至简单的、反映其内在倾向的词语来分析这些信件。比如援引"痛苦"和"努力"作为康拉德经历的标识，虽然只能表明这个人总是允许自己遭遇会造成痛苦并需要努力的事件外，几乎没有揭示其具体特征。但是有一种途径，借勾画出康拉德典型的和一以贯之的立场或处世态度，能使我们切实感知他究竟在与什么东西搏击，而这种途径就是运用理查德·柯尔（Richard Curle）有见地的观察，他认为康拉德"全神贯注于……整个存在机制之中"[3]。用这样的术语，人们不仅有可能领会康拉德痛苦和努力的程度和类型，更有可能发掘导致痛苦和努力的直接原因。假定柯尔的措辞也许不经意道出了睿见，并假定这些信件是率性的和私人的，而不是正式的或系统的，但是一种独特的"全神贯注"在康拉德的手札中比比皆是，尤其因为他一心信奉的存在之道给他带来如此磨人的考验。依我理解，康拉德的全神贯注是他在意识层面感到对生活的错综复杂有种很大程度的不安分的归顺，这是一方面；另一方面，他依然保持着对此归顺的关注，并未将它当作一个既成事实，而是当作一个常在常新的生活行为，当作一个人性化的状况（condition humanisée），而非人的状况（condition humaine）。"整个存在机制"进一步解释了康拉德的聚精会神，使他推定生活本身就是一系列具体事件的总和。他确信其中一些具体事件，特别是关乎他自身福祉的具体事件，与某种刻板的、乖悖的必然性联系在一起且渗透着这种必然性；没有什么能像宇宙乐观主义那样归因于这类事件的结构。他觉得他本人注定要经受数番折磨，他总是一而再再而三地返回这种在劫难逃的情境中，且这一事实对他有股奇怪的影响力。正是此类恒久再现的情境中的动力紧紧控制着他，几乎贯穿着康拉德有记录的文字始终。而且这批书信对情境本身和它们展现的方式（它们的隐喻性表达）两者都记录得巨细靡遗。

关于"整个存在机制"这一让人欲罢不能的短语，的确还有话可说。站在康拉德的立场——该短语在书信中不时响起令人触景生情的回声——这一陈述道出了某种特定的意识心理学。乍一看，人们会想到十八世纪机械论的心理学，比如想到哈特利（Hartley）的联想理论和初级的决定论。但在当代人眼里，该短语又很容易引向弗洛伊德或荣格心理学之类的老生常谈，引向无意识的"机制"，引向在某种程度上可以将每个个体都牵扯进去的情结、神话、原始意象、仪式种种。然而，让-保罗·萨特在他卓著的研究《情绪：理论纲要》中着重指出了局限于无意识心理学的固有矛盾。他在论述中写道："在研究的现象之间既引入一种因果关系又引入一种理解关系，是一切精神分析法的深刻矛盾。此二者关系的类型是不能兼容的。"[4]萨特将因果和理解两者作出区分，藉此方法有效说明了分析一个假想的原因并不能从逻辑上使结果变得可以理解。如果最终能够说无意识决定意识——此非争论的问题——我们依然未能进而理解呈现在我们面前的意识。文学批评家，我认为，最感兴趣的应该是理解，因为批评的行为首先是一个理解的行为：这里具体理解的是既成的作品本身，而不是作品在无意识一般理论中的各种源头。再者，理解是一种意识的现象，批评家和作家正是在开放的思想意识中相遇，共同参与获知和关注某种经验的活动。只有这种忠实于文学和历史的参与活动，康拉德"我正经历着一场噩梦"的说法才不会被认定为（或贬斥为）某种夸大其词，而是真实和深刻的经验事实。

身为作家，康拉德的任务就是有智识地运用他所知晓之事，"运用"一词，在詹姆斯的语境里，意味着以艺术形式呈现、昭示。詹姆斯的称许无论如何不会被过度解读，如果我强调康拉德已经意识到将个人经历用艺术形式表现出来供大众消遣，与将个人经历仅让几位知心朋友寓目——这两者是有差异的。康拉德的书信，以及我随后的讨论之关切，正是这个他为了知友们的理解而将经历描述得非常直白明晓的过程。首先我们应该探究康拉德再现其经历时的惯用语（idiom）：那些用于自我表达时选的词汇和意象。按哲学术语说，此研究旨在对康拉德的意识进行现象学上的探索，由是，他所拥有何种心智——从其特征和能量两方面——都会渐次清晰。这些书信的宝贵价值，在于我们因此有可能揭开强化小说艺术效果的那个思辨和洞见的背景。[5]

　　当"知晓"和"就智识运用而言知晓"两者相提并论时，当被描述之物和用以描述的惯用语作为不可或分的整体一起出现时，康拉德本人作为一种长足发展之智识的和精神的现实从书信中浮现。他描述的各种存在机制以及他描述它们的方式正是康拉德本人的存在机制和方式。在他那些修辞极甚的表达中（无疑书信在这方面常常超过小说），有一种显见的思维习惯在起作用，虽然这么写可能比平时少花力气。更多时候，他笔下突如其来的一堆"大"词——如生活、不可领悟之事、灵魂——承载的是欧洲经验道德传统中那种自恃的阳刚孔武，此时一再出现的重要试金石是康拉德的"真切"（vécu）感：他所描述的都是亲身经历过的。他还常常会让连续的思想活动进入一个短暂而紧张的休止状态，有如一个人正就一个论点娓娓道来却突然顿住，因为他觉得有必要对自己刚才的说法反思清理一下。停顿之后他的思路便又恢复它的行云流水。康拉德看到在特定小说中，比方说，轻描淡写的简单处理有着这样的特征，即它背后的更为幽深的隐密处——一如他自己在信中每每出现的扼要停顿——藏起的是一种亲历知识的重要机制。但一段丰足的叙述过于流畅同时抑制了内在的运作机理，他便会对这种雍容闲雅感到不安。无怪乎莫泊桑是一位令人灰心的大师："我恐怕受莫泊桑影响太深。我研究过《皮埃尔与让》（*Pierre et Jean*）——思路、笔法、所有元素——感到万分沮丧。表面上并不觉得有什么厉害，其实写作的技术性细节极为复杂机巧，我都快把头发揪下来了。你读的时候，简直恼得想哭。事实如此！"[6]

　　然而，除了修辞艺术及其制造的停顿，若谈论康拉德的精神和智识现实，还必须认识到在他持续的关切中有种悠久的、令人惊叹的一致性。这种极为醒目地带着康拉德印记的一致性，正是他不断彰显的个性，亦是他全神贯注于整个存在机制的举措，以及对整个存在机制的认知。康拉德的个性寓于从感知他本人是什么到感知他本人不是什么的不断暴露过程，即把自己放在与动态的、畅顺的生活相对的笨拙的、问题迭出的位置。正因如此，康拉德生活的强大的人性吸引力和卓越，是他本人与外部世界的一种戏剧性的合作伙伴精神，无论他的典型生活显示这种合伙有多么别扭或进退失据。我所说的是他的灵魂的详尽剖释，面向它觉察到自身以外的那幅恢弘的生存全景画。他有勇气冒险全面迎战一个在他看来更多是充满威胁和无愉悦可言的世界。进而言之，这一辩证法的结果是在最深刻的抉择和潜能层面，即心智的真实写照层面的一种存在意义上的现实经历。而这种经历的语汇和修辞（我将它们称作经验的惯用语）正是书信给予我们的，其程度之深足以使我们在康拉德与生存环境建立伙伴关系的磨合中发现他的心智轮廓。盖心智和灵魂的"暴露"自有其文学范式：它是一种日常的言辞演练（惯用语的由来），目的是对一个成问题的主体与动态的客体之间的关系作出仲裁。心智越是卓尔不群，就越需要根据源自个人经验之严肃的、满意的道德准绳使这种习惯性演练得到规训、调整。当然，我在这里基本上将心智的卓越与心智的个性等同起来了。毋庸置疑，康拉德具备这样一种心智，而规训的问题，无论作为普通人还是作为艺术家，都令他念兹在兹。

所有这一切，我认为都理应如此。因为康拉德既然能够在他写得最细致入微的随笔中将詹姆斯誉为"有着敏锐良知的史学家"[7]并尊奉为导师，康拉德本人想必清楚，撰写良知的历史、记录赋予一个人行止的道德意识之能力的养成，这些都意味着什么。除了在他自己的心智，难道还有什么地方可以开始他的实习生涯？他在关于詹姆斯的随笔中写道：

> 小说家的创作艺术，其行为在本质上，也许堪比顶着横切阵风在黑暗中开展影响众人行为的拯救工作。它是拯救工作，在赏心悦目的词语掩饰下攫取素流即将消逝的阶段，置其本原的朦胧状态于光天化日，这样抗争的形式就能看见、能采用，并能在这个奉行相对价值的世界上赋予它们唯一可能的永久形式——记忆的永久。众人对

此也会朦胧地有所感受;因为实际上,个人对艺术家的要求是那声呐喊:"把我从我的自身救出来吧!"真正的意思是说,从我终将腐朽于世的活动中救出来……。可凡事都是相对的,意识之光——几乎是尘世万物中最持久之物——也只是在与我们勤劳双手创造但旋生旋灭的作品相比,才是不朽的。[8]

正是靠着小说人物赢得某种"真相的意识,必然的意识,尤其是行止的意识",作家实际掌控他的主题——良知的历史。当作家的价值体系本身都必须从某种过于黯淡和淆乱乃至难以接受的"本原的朦胧状态"中被拯救,这项任务就变得更其艰巨。康拉德生活的真正历险是尝试做这样一种努力,即从他本身的生存内部拯救各种"抗争形式"的重要意义和价值。正如他必须拯救自己的经历以满足意识的需要,确信自己业已将目睹真相的重要部分记录在案,他的批评者也必须重温这个拯救,鸣呼,英雄气概就免了,但得有同等的决心。

康拉德当然一点儿也不让这项任务变得轻松。他既有闪烁其词的一面,又有自传式的声明中看似拙朴坦诚的一面,两者的杂糅为研究他小说的学生设下了重重迷障。他善于修改、有时甚至任意解释其生活的倾向,找个想起的最简单的例子即可见一斑。R.L. 梅格罗兹(R.L.Megroz)转述过康拉德妻子和康拉德之间对话的一则轶事:"那是在他还很刺儿头的日子,他说《黑大副》(*The Black Mate*)是他的第一部作品,我〔杰茜〕说,'不啊,《阿尔迈耶的愚蠢》(*Almayer's Folly*)才是你的第一部作品',他脱口就嚷:'如果我想说《黑大副》是我的第一部,我就得这么说。'"[9] 康拉德对自己作品和生活这种常常带着任性的不确记忆——刚才引述的几乎肯定仅是一个例子而已——变成了一种难以掩饰的积习。康拉德看待他生活中的事实,用的是赫伊津哈(Huizinga)所说的那种历史学家看待他研究课题的眼光,仿佛既成事实都还没到定论似的。赫伊津哈这么说:

历史学家……对他的研究课题必须总是维持某种不确定论者的观

点。他必须不断将自己置于过去的某个点位，此点位上各种既知因素仍然可以产生不同结果。如果他谈的是萨拉米斯海战，那么他就得假设波斯人仍然可能打赢；如果他谈论雾月政变，那么他应该看到拿破仑说不定会输得很狼狈。只有通过不断认识难以穷尽的可能性，历史学家才能判断世事的完整性。[10]

康拉德在每封信（我先前提到的那些信）中锻造的自我意识之链，实际上描述了他将既往之我与当下之我这两种存在联系起来观照而演绎的理解之精神。赫伊津哈提及的非决定论者的观点是康拉德回忆往事的一个常见特征，同时很必要地成为激励小说家-史学家进行判断的那种备受困扰的不确定性的一项功能。在康拉德的生活和他的小说之间，于是亦存在与上述两者分野（既往之生活与当下之生活）大略相同的关系。批评家的任务，就是要找出两套关系的公分母。如同比对康拉德的既往历史之于当下历史，也比对他作为历史中人之于作为小说中人。清晰解读这种关系的唯一方法，正如我先前所言，是辨别出某一类经历（机制）的动态运行和结构，这是浮现在书信中的。格奥尔格·卢卡奇（György Lukács）早期的著作中有一本《历史与阶级意识》(*History and Class Conciousness*)，他在其中描述的结构与此有异曲同工之处：吕西安·戈德曼（Lucien Goldmann）把它们叫作有重要意义的动态结构，因为它们维系了一套语境，其中每个人的行为都保存了这个人过往的演化路径，以及驱策他走向未来的内在趋势。[11] 当然，马克思主义的结论，即阶级意识，并不适合本研究的侧重。因我更关心个人，我将集中在康拉德个人处境的关键问题上。

康拉德在他创造的经验结构中投注了绝对重要的利害关系，因为它根植于人的这种欲望，要将自己塑造成某种品格的人并将这种品格作为自己的标识。品格使个人在世上安身立命，这是一种理性的自持功能，调节着世界和自我之间的交往；个人特征愈真切，行动的过程就愈确定。历史有一种奇妙的事实，比起止步于行动边缘者，那些有着行动强迫症的人对树立品格有着更强烈的需要。T.E. 劳伦斯几乎算与康拉德同时代暴得大名的人，R.P. 布莱克穆尔将劳伦斯描述成其能力只限于为自己营造一种个人特质（personality）；布莱克穆尔认为，无法塑造一种个人品格（character），是劳伦斯生活和写作的隐秘部分。[12] 在我看来，康拉德的困境与劳伦斯不无相似，他也是一个善于行动的人，迫切需要扮演一个角色，庶几将自我牢牢安置在生存环境一隅。但劳伦斯未能做到的，康拉德做到了，虽然代价不菲。这是康拉德生活的另一个历险部分。对康拉德而言，他仿佛需要进行一番自我拯救，不出意料，这正是他短篇小说的主题之一。以马洛和法尔克这两个小说人物为例，他们面临进退维谷的麻烦是，如果不让自己消失在"本原的朦胧状态"中，就得承担起同样沉重的任务，以有伤令名的自我主义的欺诈来拯救自己：一边是虚无，一边是难堪的自负。也即是说，要么放弃一个人的自我认同感，陷入时光流逝的浑沌、无差别、匿名的不断变动，要么过分坚持自己的判断，最终变成一个顽固而难以理喻的自我主义者。

将康拉德经验结构的主导模式区分出来因此显得很重要：不妨简单地用一种可以称为极端的非此即彼手法。我说的是一种看待经历的常见手法，一头是对混沌甘拜下风；如果追求有序，那就到了相对令人害怕的自我中心的另一头。没有中间状态，也没有其他提出问题之计。一个人要么允许无意义的混乱对人的行为造成绝望的限制，要么必须承认秩序和意义只取决于一个人不计代价地生活的意志。这当然也是叔本华的两难，康拉德的解决方案总是面向其中的一端——成就自己的品格——他的小说遂成为他不断发展品格的重要反映。书信中可辨识的存在机制是康拉德在生活过程中的自画像。它们是一部漫长剧作的一些片段，其中的背景设置、表演和表演者，都是康拉德在通向品格平衡的挣扎中的自我意识。

选自《康拉德与自传的虚构》

2

巴勒斯坦人的经历

（1968—1969）

《巴勒斯坦人的经历》于1970年首次在欧洲刊发（后收录于《流离失所的政治》），此文为萨义德从事政治分析和报道初试啼声的作品之一。萨义德曾在其他多处文字中提到，直至1967年6月战争前，他的工作和生活与政治几乎是毫不沾边的，但这次战争的破坏力令阿拉伯世界和他本人都落入了某种碎裂状态。"离家赴美以来，我第一次在情感上重新倒向广义的阿拉伯世界，尤其是巴勒斯坦"，[1]这种结合了民族苦难和他本人在此集体范围内身份认同的初期意识，使他尽其所能施展自己的才华，假以时日，成为了巴勒斯坦事业中最重要的发言人。

有几个原因令《巴勒斯坦人的经历》成为萨义德早期文字中一个值得关注的案例。首先，我们一眼就能辨认出他面对读者时将个人和政治置于同一层面处理的坦率风格。在之后很多年中，萨义德都会用同样的方式去叙述政治，将读者带进那些憋屈的故事、隐秘的历史和具有自传色彩的重要时刻——这一手法在《最后的天空之后》中发挥得尤为突出。按此手法展开对巴勒斯坦人处境的叙事，是有着迫切的政治需要的。为巴勒斯坦人作为一个民族（和作为人民）的真实存在本身作证，证明他们有着历史、文化和自决权，这在否认上述一切、甚至拒绝给他们自我表达机会的文化氛围下是一项激进和引起轩然大波的举动。

其次，尽管行文上有着轻微的艰涩，语调较为节制，有时还冒出个别大词（如"巴勒斯坦主义"），《巴勒斯坦人的经历》却是极好的例证，表明萨义德起始设定的政治和道德的观点如何一以贯之。他笔下的巴勒斯坦人的历史始终是多种族和多宗教的。这里没有排外主义的立足之地;而且,我们看到促发萨义德后来大部分作品中提倡的共生共存的同一种驱动力在此文中已初现端倪。我们还发现萨义德意识到巴勒斯坦人的苦难其实由那些身受大屠杀创伤之人造成(这个观点后来发展成为另一篇重要文章《从其受害者立场看犹太复国主义》),以及他对美国自由派组织拒绝承认巴勒斯坦人的艰难处境表达的义愤。萨义德严厉批评民族主义的失败——阿拉伯人和以色列人均存在这个问题,但仍维持支持巴勒斯坦人自决的立场。他对西方文化形象(如T.E.劳伦斯)的简要分析也预示了《东方学》的论点。

最后,这篇文字非常引人注目的一点也许在于——《巴勒斯坦人的经历》通过分析手段和个人经验具体讲述一个当地的、巴勒斯坦人的抵抗运动逐渐浮现的同时,实际上向我们讲述了萨义德自身作为一个参与公共事务的巴勒斯坦裔知识分子的浮现。

一个人但凡试图认真研究当代的近东,常常不由自主得出结论,这件事会棘手到难以进行。五花八门的干扰都会成为拦路虎;一段时间之后,其中某项干扰似乎与某种本质一样会成为内在必然。然而若一个人相信今日近东的症结是以色列与被驱散的或曰被占领的全体巴勒斯坦阿拉伯人之间的冲突,就有可能看到比较清晰的问题脉络。因为对该地区作一详尽审视的最主要干扰来自每个人都不愿考虑某种巴勒斯坦人的在场。甚至巴勒斯坦人本身,都不比其他阿拉伯人或以色列人,对这一真相认识更深。我的论题是1967年以降,这种迷乱状态在某种程度上已经减低,因巴勒斯坦人不得不认识这个真相,并开始逐渐按此认识行事。我以为这种认识是我称之为巴勒斯坦主义(Palestinianism)的一股源流。巴勒斯坦主义是一项政治运动,出自一种对巴勒斯坦多种族、多宗教历史的再度确认,旨在全面地将阿拉伯巴勒斯坦人与土地,以及更重要的,与政治进程完全合为一个整体考虑,二十一年来,这些政治进程或者系统地排斥他们，或者将他们变成越来越倔强的囚徒。

有人断言——这也是论辩中反对巴勒斯坦人一方的多数人所断言——巴勒斯坦针对犹太复国主义排外行为发起的民众抵抗运动就是一个阿拉伯版本的反犹运动，或说是又一个针对犹太人的种族灭绝威胁；在我看来，这是站不住脚的托词。我感到证明这种观点为错的最好方法，是同时在个人的和公众的层面向读者说出巴勒斯坦人的经历。我认为无论个人还是公众，我都竭尽所能开诚布公，这需要一种方法，借由其他阿拉伯国家（特别是黎巴嫩和埃及）之路抵达巴勒斯坦主义。一个欣慰的巧合是，这两个国家对西方读者都熟悉，我能够接近，地理上和意识形态上也是合乎逻辑的抵达巴勒斯坦主义及其临时指挥部约旦的途径。这一方法还有另一优势，有助于降低不用严格意义上的自身语言撰写巴勒斯坦人经历所带来的不便。因为他要通过、现在还要拆除一道道设在他周围的屏障，走向巴勒斯坦人，就在他继续流亡之际，使用英语来记录整个过程会使巴勒斯坦人遭受的真正困难，如边缘性、沉默、错置，产生戏剧性效果。巴勒斯坦主义于是成为一种归国的努力，但目前阶段所提到的巴勒斯坦人的经历（即本文力图作出的描述），是一个问题重重的早期过渡：从已存在于流亡状态之中，到再度成为巴勒斯坦人。

贝鲁特最老的两处沙滩设施一处叫圣西蒙，一处叫圣米歇尔；它们合起来另有一个阿拉伯名字 Al-Ganah'[①]，这与它们法语名称的翻译浑然不搭。人们对这一奇特的法语和阿拉伯语共栖现象颇为宽容，见怪不怪；最近，毗邻两处又新辟了第三片沙滩：圣皮科。1969 年 6 月，我当时在贝鲁特，这个新设施和新名字在我眼中有着一种强烈的符号价值，就像所有构成贝鲁特的"以冲突谋和谐"（discordia concors）一样。显

[①] 当地人对沙滩所在区域的俗称，从阿拉伯语 Ginh（羽毛）而来，意谓附在这座城市的羽毛。——译注

然,有人认为"圣"相当于"沙滩",而乔治·皮科(Georges Picot)总归是一个可以考虑的名字,有什么比圣皮科更好的联袂呢。然则其中的矛盾和嘲讽可以不受限制地蔓延开去。黎巴嫩正经历着近年来最糟糕的国内危机,这场危机的尺度——取决于你在和谁讨论——似乎既迫在眉睫,又可以无休止地分析下去。事实是,只有一个看守政府在临时执政,因为任何内阁班子都组建不成。造成这种情况的一个伴生原因是黎巴嫩国家主权尚缺乏一个有效定义:人数不详的一众巴勒斯坦阿拉伯突击队员(fedayin)在南部(靠近以色列边境)安营扎寨,虽然他们作为参加正当的反以斗争的阿拉伯兄弟被"承认",但这些人的存在,如果还不到破坏黎巴嫩良好的经济运行的话,至少也在某些非常基础的层面破坏了黎巴嫩的身份认同。这些人按兵不动,危机在持续,黎巴嫩的悬而未决亦持续了几个星期。贝鲁特包容这种令局面瘫痪的观点碰撞,一如它过往包容近东阿拉伯人的几乎所有矛盾,实实在在暴露于这种矛盾之下,且成为了这种矛盾的化身。如此说来,皮科的名字(阿拉伯人实在没有理由对这个名字报以感激之情)以一种不足道的方式封了圣,又取得了黎巴嫩沙滩的冠名权(冠之以如此突兀的一个欧洲人的名字),倒像是内阁危机的某种折射,折射出的还有来自叙利亚、约旦、以色列、埃及、美国、俄国产生动荡的余韵,当然最重要的是折射出贝鲁特作为一个区域的特殊的地位:它是西方了解阿拉伯世界轮廓不清的现代地形学的一个天然入口。

黎巴嫩人一向纠缠在这种叹为观止的历史多样性中,他们习惯发现自己分裂成不同部分,这些部分大多自相矛盾,且如我一直暗示,他们作决定的几近乖谬的状态为黎巴嫩人所独有。(此文贝鲁特和黎巴嫩这两个词是可互换的,这么做难免会混淆两者的细微差别。但要处理的细微差别实在太多,就暂且不计较了。)所谓黎巴嫩人独有,是一个蕞尔小国每日都能公开和直接地接触到这些矛盾。这些矛盾就是黎巴嫩,且它们存在了至少一个世纪。黎巴嫩的秩序令人感到不可思议的地方,是它对一切都能兼收并蓄,它的国民对很可能伤及其他每个人的这种包容性恬不为意。生活在贝鲁特意味着对处事、感受、思维、言说,其至存在，首先是有选择的，得从下列一大堆混杂的可能性中挑出它们的组合：基督教的（新教的、马龙派的、希腊东正教的、阿拉伯天主教的、罗马天主教的，等等），穆斯林的（逊尼派或什叶派），德鲁兹派的，亚美尼亚人的，犹太人的，法国人的，美国人的，英国人的，阿拉伯人的，库尔德人的，腓尼基人的，部分为泛伊斯兰主义的，部分为阿拉伯民族主义的，家族部落的，世界主义的，支持纳赛尔的，共产主义的，社会主义的，资本主义的，享乐主义的，清教徒清心寡欲的，富有的，贫穷的，或两者都说不上的，参与阿拉伯人抗议以色列的（即支持阿拉伯突击队员，支持攻击以色列机场作为一种参与标志），不参与阿拉伯人抗议以色列的（即反对阿拉伯突击队员，只是在展示黎巴嫩的和平立场的意义范围支持攻击以色列机场，因袭击者没有遭遇任何抵抗），等等，这个清单还可以继续列。一眼扫过去就知道缺了像左派和右派这样的标签。

于是黎巴嫩成为一种迁就、包容，尤其是象征。不同现象共冶一炉也不意外，比如阿拉伯民族主义理念、阿拉伯语作为一种现代语言的复兴、埃及出版业各种基金会、良好生活的现实可能性和存续性、发端于黎巴嫩的商业创新精神（至少对二十世纪的阿拉伯人而言），等等。然而，1969年的危机来自这个国家包罗万象的象征，而缺乏合适的黎巴嫩手段去提炼出哪怕一次最好的可能性组合以造福黎巴嫩命运。因为如果过去、现在以及将来都得随时准备与重要利益相关者协商，就如我在贝鲁特感受的那样，那么危机必然会接踵而至。即便势均力敌，仍有可能处于千钧一发。在我看来，贝鲁特成为某种牺牲品，是因其开放心态和文化上的长袖善舞，亦因其缺乏某种能借以清晰表达的基础。

可资比较的是几乎隐身的大马士革。个人历史的一个意外使我难以访问这座城市：它不允许任何美国人踏足，而我尽管出生在耶路撒冷的一个巴勒斯坦阿拉伯人家庭，就因为有一个美国公民身份，连驾车去安曼途经叙利亚也不行。不过搭乘航班去安曼会飞越大马士革上空，鸟瞰这座城市证实了我对它的印象，这是我所知的一座最琢磨不透的阿拉伯城市。它像是被自己与外界隔绝的内卷性壅塞了。叙利亚政权使得复兴社会党（Baath）政治语言风格的扑朔迷离与阿拉维派（Alawite）宗教秘密错综关系纠缠在一起，国家封闭，观察人士无从参透其生活况味。

安曼自1967年6月以来对于巴勒斯坦人的重要地位有增无减，这个城市的一切都显示一种简朴和代用的性质。1948年前它只勉强算个城镇，仓促发展成一座城市仿佛是大家默认的。当然它外围有很多难民营，但它与贝鲁特不同，但凡安曼与国际主义有任何沾边的东西，最多也就是人们时不时遇到零零落落的英伦规训的遗风而已。街道上行人和车辆拥挤不堪，所有活动都弥漫着某种非正式的军事气息。刚到时我不断猜测并询问别人哪些是巴勒斯坦人哪些是约旦人。提这个问题是因为很多男人穿着制服或绿色的士兵工作服，但几小时后我便不再问了。我明显感到虽然这是哈希姆王朝的天下，但约旦整个国家已经变成了一个阿拉伯人巴勒斯坦的临时替身。就我的判断而言——当然我本人也持同感——巴勒斯坦人在安曼并不像在巴勒斯坦那么安适，但比起其他任何地方，这是目前最让他们具有安适感的城市了。除了山上几处普通人冷眼相望的新贵们造起的豪华别墅外，安曼是一座携带着巴勒斯坦人坚定能量的城市。周遭气氛看不到特别明显的英雄主义，也没有神色不自然的事业吹鼓手：安曼贫困的生活背景和谋生手段一目了然，那些大而无当的行为没有存在的空间。这座城市商业活动相当繁忙，但仍有一种令人印象深刻的对阿拉伯的巴勒斯坦的忠诚盖过了商业活动。在安曼，人们无法逃避这场事业的必然性（这就是为什么这座城市显得简朴）：你感觉到每个人都以某种具体方式受到"巴勒斯坦问题"的影响。咖啡馆、电视、电影、社交聚会——所有这些活动设施永远笼罩在一种有力量的体验中。

今日安曼，两种生活方式包含了其他所有生活方式，即各种方式最终都会与主要的两种方式连接。这两种方式一是作为难民营中的难民，二是作为某一抵抗组织的活跃成员。人们探访难民营之际，目睹低劣搭建得既划一又丑陋的一排排帐篷，是难得想起这些地方本不是为了给人参观的，甚至不是为了给人以贫困和肮脏的印象，从而让人产生悲悯情绪。每一处营地都全然只在最低限度地使难民过上一种社群的共有生活，因为难民都相信他们必须以这种逼仄方式继续下去，只为捱到他们有朝一日返回故土。我和一位联合国难民救济及工程局（UNRWA）的巴勒斯坦籍官员聊天时听他说，有一点他一直感到很神奇，难民们总有办法这么纯粹活着。他对描述难民生活的质量感到难以启齿，我注意到他在描述中千方百计要回避"被动"这个词。他又说虽然每处营地收容了约三万五千名难民，竟然没有犯罪报告，没有"伤风败俗"的事例，没有社会骚乱。我明白他的工作所系——他本人也是一名难民——即保护营地居民的安全，或者说保护这些居民目前时期内自有的生存权利。我认为，他要人们理解一个难民在营地度过的时日，是一个难以言表其意涵的道德事实：支持心照不宣的忍耐的某些深层定力，以及相信难民状态必将在恰当时机终结的某种信念，都证明了这点。

营地随处都是妇女儿童，但罕见成年或青少年男性。他们如果不是作为劳动力在古尔（Ghor）（即安曼与约旦河之间的谷地）参加日间劳作，就是参加某一支游击队了，男孩则参加"幼狮"童子军（Ashbal），其日课包括一套标准教育和军事训练。在肥沃的古尔流域上空几乎每天都有来自以色列的空袭（这类空袭事件在美国是无从得知的）。袭击的借口是军事目标，但实际上摧毁的都是庄稼以及仅存的寥寥数处有居民的村落。然而那儿的生活，如同在难民营的生活，也得继续下去，因为一些证据让他们相信希望不完全是水月镜花。我和三位刚经历了空袭的法塔赫男人有过交谈；最初的团队中有五人遇害了，但这三位幸存者对这惨烈的损失并不意外。三个人的妻子和母亲都生活在难民营里。西岸还有他们活着的和死去的同袍和亲友：这种付出是能够带来差异的，而其他那些令人生厌的行话，说他们变成不能与其他阿拉伯人相处的难民，或不能被其他阿拉伯人安顿的难民，又或变成"卒子"，或"足球"，或"恐怖分子"，则不会为他们带来任何改变。

其他阿拉伯城市当然也涉及过去二十年的经历，但今天看来，没有一座城市如安曼那么急切地使这份经历保持鲜活。这倒并非1948年以来一直如此，但目前这是确实的，理由关乎每个阿拉伯国家。我在下文会谈到这些理由。对于巴勒斯坦的阿拉伯人来说，约旦与以色列接壤的国境线就是那道边界：精神上离得最近的边界，也是跨越得最痛苦的边界，这一边界淋漓尽致地体现人们何以身处异乡而又向它接近。因此安曼作为一个地域，已经变成了一个毋需其他存在理由的终端，它只为保存暂时的错置而存在着；这座城之外，无论在物理意义上还是在心灵意识里，都是荒漠与凋零。在安曼，巴勒斯坦人或尽其所能地活着，或自我遣返为游击队员。他实在无法遥想科威特，或贝鲁特，或开罗。他只能思考当下的自己，无论运用何种手段，他的发现都是他如何作为巴勒斯坦人而存在——或毋宁说，他如何已经再度成为了巴勒斯坦人，以及这对他究竟意味着什么。最近几次抵达安曼，这变成了一个必须的思考，这种必要性刺激着从1948年以来就在安曼住下的居民。简言之，渐次浮现的，是巴勒斯坦主义。

我明白，民众精神的状态几乎是经不起科学方法检验的，连用话语方法检验也很困难。比如我不是故作矜持，说我感到现在走笔之所述，与巴勒斯坦主义发展中的命运已经隔了太过遥远的一代。现实中巴勒斯坦人的经历不但复杂而且飘忽不定，且达到某种程度，以至于有些连看似一系列事后追加想法的描述法则也应用不上去。但这种认识——我当然持这种认识——正可比拟巴勒斯坦人经历的一个意义深远的新面向。姑且这么说，关于经历的写作，与试图书写的直接经历两者之间的断裂，如同巴勒斯坦人转变意识的基本条件。就像他意识到安曼不是耶路撒冷，贝鲁特不是安曼，开罗也不是安曼——这些城市本是阿拉伯人集体梦想中可以相互置换的部分，它们串在一起好比一根线上一颗颗相同的珠子——现在他意识到一个巴勒斯坦人虽然可以生活在安曼以及生活在军事占领下的耶路撒冷、加沙、纳布卢斯、耶利哥，但他们彼此并不一致。反过来，他感受的断裂情形又不再是一个空白——他曾经通过去贝鲁特或来美国的方式力图将它忘记。该空白过往一直是一道充满惰性的沟堑，代表与以色列实际对抗的缺席。

自1967年6月后，巴勒斯坦人和以色列之间的确有过一场重大对抗，它适得其所地集中反映在——并因此象征着——民众抵抗一个政治敌人的可能性（尽管之前也一直存在系列的不定期游击队行动，但缺乏连贯性）。这场对抗就是 1968 年 3 月发生在卡拉梅（Karameh）的战役。就在一队进犯的以色列武装力量与一批本地防卫人员——防卫退无可退的领地——相遇之际，上述空白变成了真正政治断裂的直接经历：即遭遇犹太复国主义与巴勒斯坦主义之间面对面的真正敌意。冲突于是变成了事件，而不仅仅是一篇修改得足以引发广泛争议的广播新闻稿。

所有发生之事在它们发生之后成为了事件。部分原因是，事件总带有神话色彩，但如同一切效力卓著的神话，它们记录了真实经历的某个重要方面。类似卡拉梅战役的事件构成一个决定性时刻，对巴勒斯坦人而言，这一刻颇堪当作某种分野，将事件前和事件后的状态一分为二。在卡拉梅——不同于毫无阻力地被以色列夷为平地的西岸村庄萨穆伊（Al-Sammu'i）——对立双方明显进入斗争状态。以色列一支正规武装部队采取行动攻击巴勒斯坦一队非正规武装，后者以拒绝态度回应，仅仅是阻止对方进犯而使卡拉梅（一个由难民建起的村落：因此意义非同寻常）遭受摧毁；以拒绝态度回应，遂成为了一种真正流行的冲突激活方法，在此之前这类冲突大体都是由阿拉伯人自行消化的。因此，卡拉梅将巴勒斯坦人的经历划分为两个不同状态：之前，拒绝碰撞，也就意味着接受那种针对巴勒斯坦阿拉伯人的回溯到过去的法令，而之后，则表现为巴勒斯坦人参与、适应、努力引人注目地表达 1948 年前和 1948 年后他在巴勒斯坦周围的历史之间的明显分裂。从这个意义上说，每个巴勒斯坦人之前感受到的某种空白，被一个事件改变了，进入某种断裂状态。空白和断裂之间的差别是极为关键的：一种是无生气地缺席，另一种是断开连接（dis-connection），它要求重新连接（re-connection）。

背井离乡的巴勒斯坦人欲与他的土地和广被征服的同胞重新连接，成功几率的确小得可怜，这场战役才刚刚开始。以色列的一贯政策都是要断然否认巴勒斯坦民族的现实，这类政策自赫茨尔以降就完全呼应犹太复国主义者的观点。然而生活在西岸的阿拉伯人的士气也许会高过西岸以外的阿拉伯人，因为在西岸，一个人至少是居民（虽然是三等公民），在西岸以外，巴勒斯坦人极其痛苦地意识到，过往二十一年他的生存是如此空洞贫乏。更好的表达方式是，人的独有权利——他对流亡、苦难、丧失、死亡进行反抗的权利——在背井离乡的巴勒斯坦人那里是一直从他的政治斗争中被褫夺的。他的压迫者是一个沉溺于这种独有权利的政治宿敌。但犹太人遭受的苦难折磨能够最大限度为其所用，巴勒斯坦阿拉伯人遭受的苦难折磨却鲜为人知。比如以色列和阿拉伯国家之间的外交摩擦，常被以色列及其支持者描述成一方是向往和平的"犹太人"，只在争取一个属于他们自己的立足之地，另一方则是既不让对方得到和平又不让对方得到土地的"阿拉伯人"。但人们几乎从来听不到反过来的说法，比如以色列与整个阿拉伯世界相比已经完全占了上风，或以色列现在的占地已经扩张到原先占地的三倍，或更重要的，巴勒斯坦阿拉伯人是真实存在的，他们受西方反犹主义之累，一直以来都过着难以估量的悲惨生活，他们过去存在，将来仍继续存在，他们构成以色列高昂代价的一部分；人们能听到的，最多也只是不痛不痒抱怨一下缺乏公道和理性，以及需要和平云云。

巴勒斯坦人越来越确信一点：以色列在目前军国主义勃然兴起的态势下，根本不需要和平。如果它的确需要和平，那也是为了在紧张的经济形势下喘口气，或修复一下"对外形象"。大多数巴勒斯坦人担心被阿拉伯国家统筹出卖，他们自己对这种不平等的斗争已经疲惫不堪。因为有此恐惧，突击队员和阿拉伯诸政府之间的关系也存在很大问题：各方都不相信对方利益受损，受损当然是无疑的。另一问题是巴勒斯坦各组织大有使自己陷入本地阿拉伯人冲突的危险。但在更大的世界范围，巴勒斯坦人期望得到（亦正在得到）关注，不过似乎也仅此而已。他从那些对越南农民、美国黑人、拉美劳工轻而易举地产生同情心的西方慈善思想家那里并未得到实际助益。而真正原因是他是个"阿拉伯人"，这个身份与"犹太人"势不两立。生活在比如美国而看清这一真相，那种特殊痛苦自不待言。在这个地方，因世界史上那个罕见的肮脏章节造成的情绪积淀，无论出于被研究的哪一方，对阿拉伯人都是不利的。即便是"阿拉伯人"这个词，都很容易成为某种侮辱。从"最终解决方案"，到美国不情愿地批准欧洲犹太人进入美国，到莫恩勋爵（Lord Moyne）被暗杀，到英国人的龌龊角色，到拉冯事件（Lavon affair），到索罕（Sirhan）暗杀罗伯特·肯尼迪（新闻避而不谈其政治含义），再到伯纳多特（Bernadotte）被斯特恩帮（Stern Gang）暗杀：这些轨迹是杂乱的，但几乎不会出现在有如《评论》杂志这种干净的页面上。

如果考虑我个人经历有明显可资观照之处，我可以将上述想法以几个例子说明。1948年我十二岁，在开罗一所英国学校读书。除了最直接的家庭成员外，其他亲戚都在巴勒斯坦。出于各种原因，他们大部分都搬迁到约旦、埃及或黎巴嫩重新安居；有少数留在以色列。我当时最好的朋友是个手持西班牙护照的犹太男孩。那年秋天我记得他对我说六个国家被迫一起对付一个国家是件多么丢人的事；我相信他是因为我在板球和足球运动中培养了一种体育精神而作出这个指控的。我当时一言未发，但感觉很不舒服。多年后类似的场合中我仍没有说话（事实上我说我来自黎巴嫩，但这和不说话同样窝囊，因为这等于专门说了些避免挑衅对方的话）。我在耶路撒冷出生，我父亲也是，父亲的父亲也是，祖祖辈辈都是；我母亲生在拿撒勒。这些事实很少触及。我获得学位，当了教授，写与欧洲文学相关的书和文章。又因近东政治出现的震荡所限，我偶尔会在假期中与家人见面的地点有时在埃及，有时在约旦，最后在黎巴嫩。1967年我"来自"黎巴嫩。

但那个六月的可怕一周，这类说法对我没有任何好处。我是阿拉伯人，而我们——对我许多神情尴尬的朋友而言，变成了"你们"——正在遭遇鞭笞。我给《时代周刊》写过一两封辞旨畅晓的信，但杂志未予刊登，又和其他几个阿拉伯人有过几次聚会思考，毋宁是一种团体疗伤；之后我便不由自主开始从报纸杂志剪辑素材。一年半后从这些郁积的集萃，加上一剂自怜，写成了《被画像的阿拉伯人》的随笔，我在此文中喟叹并记录了在美国刻画阿拉伯人的种种方式，它们与刻画以色列人截然不同。这种我称之为粗俗的贬抑，正是美国报道六月战争中反阿拉伯主义所体现如此不公正和不名誉的典型。但我同时也说（我几乎没有意识到自己这么说），阿拉伯人自我奉行的一种过于一体化的民族主义，对他其实没有起到作用，甚至以色列人也没把这概念当回事，1967年6月后连续数月，连"阿拉伯人"的识别也被剥夺了。其间，我继续我的工作,而"阿拉伯人"则从事着他们的工作。

我说的阿拉伯人的工作,大体上是指阿拉伯国家抨击由于六月战争给他们的民族生存环境带来的后果(当然我说的只是笼统的印象)。阿拉伯人最近所做的大部分工作都有还原的倾向。这不全是坏事,而且我甚至认为这是必要的。阿拉伯人的独立,过去是一个西方的建构,在某种情况下现在依然如此。我非政治科学家,亦非社会心理学家,但我力图说明的是我有这样的意识,即阿拉伯人的独立,与其说通过自身赢得,不如说以符合前殖民者利益的各种形式获得准予。举个经典例子,如果你读过《智慧七柱》(*The Seven Pillars of Wisdom*),你就会对此有特别认识:此书逐渐显露出劳伦斯成功利用了阿拉伯人不甚清晰的民族抱负,借此得以雕琢他本人骑士的、中世纪的、浪漫的梦想。即便劳伦斯和阿拉伯人双方都醒悟到梦想的背叛,阿拉伯人仍然需要用更长的时间来摆脱其对自身产生的难以消弭的影响。因此谋求独立的民族主义,当最终听任其发展时,有部分是舶来的、堂皇的、目标涣散的、为自己利益服务的,相对真实,但颇为廉价。还原过程很昂贵,因为这些不足都成为现实,更有人试图将阿拉伯人的民族主义分解为对真正独立的实际代价高度敏感的各个不同的单元。如今在大多数阿拉伯国家(埃及、叙利亚、伊拉克,尤其在黎巴嫩),还原论已经以左翼批评的雏形出现在很多(当然远非全部)思想家中间:因此会显示那些社会的传统阶级结构还有待经历革命性变化。此言或许有理,但每个人头脑中都潜伏着以色列势力存在的强大事实,该势力存在的诸多代价仍有待从各个角度全面感受。此为巴勒斯坦人当今突出的重点,因为他正被迫以一种务实态度去建立他的身份认同,庶几与他遭受的现实冲击匹配。

上文谈到1967年后一种悄然作用的心理变化是,与以往相比,安曼和约旦占据了整个巴勒斯坦问题更中心的位置。这一重新聚焦的原因不仅是巴勒斯坦人造成的,而且——让我们坦白承认——是因为其他阿拉伯国家有一种普遍的感觉,认为就增益阿拉伯民族主义而采取行动的意义而言,巴勒斯坦既无法对这些行动提供帮助,又无法从这些行动中得到足够的帮助。我不想在这里详细展开这个话题,因为如同我对阿拉伯人独立的话题一样，充其量是在一个普遍意义上对阿拉伯世界整体（为讨论方便还排除了利比亚、苏丹、阿尔及利亚、突尼斯、摩洛哥）的极其复杂的运动做的相当冒昧的推测；此外，事物仍处于不断变动过程中，所能做的只能是试探地假设一些原因而已。首先，当然是军事上的失败，也是激情澎湃的预测和溃败的后果之间令人羞辱的落差。无论道德立场有多正确，都难以与它执行和表达的方法完全分开，而现在看出这些方法正处于灾难性地匮缺的状态。其次，阿拉伯民族主义显然不是铁板一块；其信念由各种附属的意识形态培育而成，因此扮演的角色也各各不同。阿卜杜拉·拉鲁伊（Abdallah Laroui）的《当代阿拉伯意识形态》（*L'Idéologoe arabe contemporaine*），就是近期的一部出色著作，所论既涉及构成阿拉伯民族主义的元素，亦涉及阿拉伯民族主义与其他第三世界运动之间的不同。我没必要在这里重复他已经阐述得非常透彻的论点了。

关于阿拉伯民族主义看似最一致的论点，即对抗以色列，也可能从来不是真实的思想，因为诚如萨特和塞西尔·霍拉尼（Cecil Hourani）分别注意到的，一个人如果既不了解，也不与一个事物正面相遇，是很难真正对抗它的。阿拉伯人异口同声宣称，妨碍阿拉伯团结的裂隙是以色列；但既是裂隙，如同其他断裂的情形，是不能通过回避而自行得到解决的。我所指的意思是，以色列的问题总是停留在阿拉伯人集体所为的另一边——无论在实际意义上还是隐喻意义上。以色列总是被搁置于一个概而论之的领域（毫不奇怪，阿拉伯民族主义也在类似概论的表述中运作），此时人们希望犹太复国主义会被当作某种干扰物，可以忽略或可以通过某种全体协同发声、协同行动来将它淹没。这种协同动作就是阿拉伯主义的任务，一如在其他层面，是军队的任务、情报部门的任务、阿拉伯国家联盟的任务，总之，是阿拉伯世界的任务。而既然过去以色列是一个"他者"，现在当然依旧是，人们会有一种期望，那就是其他机构会代表我们处理这件事的。人们总是陷入反犹太复国主义的情绪，而采取行动者倒像是与这种情绪保持一定距离的代理人。1967年正暴露了这种类型的分裂。

对于六月战争造成的浩劫，比如在这个主要例子中，埃及的思想开明的知识分子通过重新发现他们自身的民族利益的范围来认识战前心理的局限，就是一种可以理解的反应。出兵也门更刺激了他们的上述意识。这些知识分子不受关于六月战争只是一场使这些宣言受挫的迷惑，注意到他们中有人称之为"唯民族国家主义"（"nationalitarianism"）的东西其实是损害埃及自身利益的。从上述观点发展出一个看似不起眼但很有吸引力的现象，是重新唤起对某一类著述的兴趣，如侯赛因·法济（Hussein Fawzi）的优秀作品、最初于1961年问世的《埃及的辛巴达》（*Sinbad Misri*），此书有一个副标题：跨越历史长河的航行。法济这本书可以说是过去二十年中埃及出版的最具原创性的著作，它把埃及历史的绝对连续性当作主题——从法老到现代时期。

虽然此书主题并不新鲜，但法济的思想中那种带着确信的敏锐使他建构了一系列生动的历史场景，从中发展出一套具有埃及独特风格的历史，他认为这一历史展示埃及人民是"文明缔造者"。书中的潜台词由其他埃及学者如刘易斯·阿瓦德（Lewis Awad）挑明了，即埃及肩负自己要完成的使命，它与阿拉伯人的使命有所不同，埃及原初最重要的使命是不包含暴力的。以色列对西奈的占领，在某种程度上很不幸地令这一论点失效了。

在其他阿拉伯国家中也出现阿拉伯主义和本地民族主义之间关系的一些有可比意义的重新定义，它们的发展形式各异，并不都以标准的左翼批评方式出现。我当然不是说这类重新评估更早之前没有出现；它们其实一直都在发生——随机举几个例子，在康斯坦丁·祖莱克（Constantine Zurayk）、拉伊夫·霍里（Ra'if Khouri）、易卜拉欣·阿米尔（Ibrahim Amer），以及萨拉玛·穆萨（Salama Musa）的早期著作中都能见到。只是当下的重新定义拥有一种蓄势的推力，使民族自知的地平线变得清晰并向外延伸。如同黎巴嫩内阁1969年的僵局，近来的重新定义和自我批评也可以用某些心理学术语来理解，即埃里克·埃里克森（Erik Erikson）叫作身份认同危机的东西，当然我也清楚在个人身份认同和集体身份认同之间做类比有风险。另一种风险是埃里克森高度巧妙地使用他自设的概念，而我对这种概念的粗放沿用难免显得笨拙和牵强。但我仍相信有借鉴意义，试将埃里克森以下这段话应用到1967年后的时期：

> 我将青春期的重大危机叫作身份认同危机；它发生在生命周期的那个阶段，彼时每个年轻人都——带着自身童年尚在起作用的残留和他对即将成年的期盼——必须为自己打造某种重要的前景和方向，某种有效的统一体；他在如何逐渐看待自己，与敏锐地留心别人如何判断和期望他的作为这两者之间，必须辨识出某种有意义的相似度。这听上去几乎像是司空见惯的常识；但就像所有的健康，只有那些拥有健康的人才会将健康看得理所当然，对另一些饱尝疾病之苦的人而言，获得健康好似一种高难度的成就。人们只有在生病的情况下，才会意识到身体的机巧复杂；也只有在危机的情况下，无论个人危机抑或历史危机，才能明显看出个人性格原来是各种相互关联因素的敏感组合——该组合包括很久以前生成的能力与眼下凭直觉预感到的机会，又包括在个人成长中发展的完全无意识的先决条件与在代际不稳定的相互作用下创立和再次创立的社会环境。在某些年轻人、某些阶层、某些历史时期中，这类危机的影响微乎其微；但在其他人，其他阶层，其他时期，这类危机则清楚标志出一个重要阶段，类似人的"二次出生"，很容易因蔓延的神经过敏症或穿透力强的意识形态动荡而变得恶化。[2]

"青春期"之说完全不应该理解为以傲慢态度对待最近这段明显令人痛苦的历史：这也是为什么说当今身份认同危机并非只造成微乎其微的影响，而是造成极为深远的影响。埃里克森的定义很关键一点，是以经历者的角色去意识危机，在我看来，这就是如今那些共同组成阿拉伯头脑的先驱人士要面对的新形势。有参照意义的是雅克·贝尔克（Jacques Berque），这位在一些人心目中研究阿拉伯人最杰出的的西方思想家，专门将他一本关于阿拉伯人论著的第一章标题定为《传统人的瓦解》，可阿拉伯人自己对这一概念并不普遍认同,因此也没有在他们身上发生作用。

身份认同危机首先要求认识到瓦解。而对此有所认识,人们又需要有一个极为清晰的观念,即有些东西已经弃之不顾了,目的是使基于更强的身份认同而谋求新发展成为可能。我在此再次作出推测,当下弃之不顾的,很可能就是阿拉伯-伊斯兰的现实观念,毫无疑问它有着惊人的盘根错节之处,但正如贝尔克的中肯之言,它的确是当前方方面面的写照。迄今为止,这位研究阿拉伯人的天才理解的是世界的完全性和即时性;因此即便是无意识和潜在物,也通通立刻反映在观点、信仰、传统,尤其是语言中。那种状况下的任何变化都只能是对自信产生扰动的忧喜参半,而从阿拉伯民族独立(与犹太复国主义的肇始和发展大致重合)的背景看,至1948年的这一阶段不妨看作是青少年期,是一个开启新历史的时期。1967年之后,人们才渐渐明白那段时期究竟意味着什么。

为了指出我适才讨论的变化所带来的各种创伤,将阿拉伯人的民族主义道路与犹太人的民族主义道路作一比较是可取的。在本世纪初,有如一切新兴的民族意识形态,这两个民族主义似乎都只是规划中的现象。它们各自有其目的,有其待实现之计划,有其哲学和修辞的风格。阿拉伯的版本已经在诸如乔治·安东尼乌斯(George Antonius)的著作《阿拉伯的觉醒》(*The Arab Awakening*)和阿尔伯特·霍拉尼(Albert Hourani)的著作《自由主义时代的阿拉伯思想》(*Arabic Thought in the Liberal Age*)中被细致地一再研究过了。但阿拉伯人觉得,他们在目标上逐渐收缩,至1967年达到了顶峰;而且他们眼中的犹太复国主义——不再是一个观念,而变成了一个扩张到他们大部分领土的国家——已经实现了它最初的目标。每一方都被自身问题困扰,每一方都无法慈悲地意识对方遭受的苦难。阿拉伯人于是认为,某个外来的势力无视他的存在,在他的地盘扩张,迫使他的前途从泛阿拉伯主义向集体和个人的失败、错置、丧失过程中逐步变窄。他认为以色列人在一个精心策划的宣传和扩张项目中要求世界支持并如愿以偿。但是目前涌现的巴勒斯坦运动，我倒觉得，不仅仅是一个阿拉伯的民族主义观点消退的迹象，而且是一个有希望的迹象，显示阿拉伯人和犹太人两种民族主义之间的反差趋于缓和。在回应巴勒斯坦人诉求的过程中，犹太复国主义必然也要经历它迫使阿拉伯人总体上经历的那种收缩，如果犹太民族主义者与巴勒斯坦人之间在未来有任何调和，则应是这一趋势发生逆转的结果。

还可以这么说，1967年之前且包括1967年在内，相信绝对权利在他们一边，从来都没给阿拉伯人带来太大帮助。我这么说不意味犹太复国主义过去是件消极容忍的事，而是说将政治冲突提高到某种大而无边的道德框架有两种可见的损害作用。首先它使阿拉伯人在辩论中依靠自我征信的道德力量，如我前述，它将以色列人隔绝在外，也使阿拉伯人与冲突中最主要的政治本质无缘。情绪和修辞从来都不能完全从政治分离（在一个内忧外患的地区如巴勒斯坦，这个道理尤为真切，下文我还会涉及），但正是在情绪和修辞被用来取代政治时，它们造成的伤害最大。最坏的情形，是它们令对手求之不得，本来对手在政治辩论中最拿手的就是明显脱离历史和政治，这是第二个损害作用。而犹太复国主义，或犹太人的民族主义，在对它支持或反对两极对立仅取排他的一极的论点和行为中得益最多，无论将它看作正面的善，还是从阿拉伯人立场，看作反面的恶。

这其实不像表面看似那么悖谬。只要犹太复国主义被它的支持者们遵奉为等同于犹太教的宗教，或至少是犹太教的一个逻辑延伸，具有排斥世俗和不可同化的特点，那么犹太复国主义在历史上与任何一种自由主义都是不相称的。这不是说每一个犹太复国主义者都是赫茨尔、亚博廷斯基（Jabotinsky）或达扬（Dayan）；亦有持某种淡化了的极端主义观点的人如布伯（Buber）、马格耐斯（Magnes），以及美国的I.F.史东（I.F.Stone）。总体而言，温和派的地盘不大。两极对立的辩证关系对他们已经深入骨髓。以色列为其民族生存做的一次次巩固，所代表的犹太教都越来越体现出不仅地域上独立，而且代表犹太教的集结行动。而犹太教，在两个维度上，每一维按常识理解，都与另一维难以兼容；即普救的（永恒的）与现世的（暂时的）。因此以色列能够宣称它的历史存在是基于对一个地域的永恒归附，并以有形的军事武力支持它的普救说，断然拒绝任何历史的或暂时的（在这个例子里是阿拉伯巴勒斯坦人）的反诉。无论对以色列人或对阿拉伯人，说双方各以各的方式使这场排斥对方的漩涡愈演愈烈，我并不认为此言有失公允。阿拉伯人对犹太教的面貌表述亦不遑多让，如亚瑟·库斯勒（Arthur Koestler）在《恐龙的审判》(The Trial of the Dinosaur) 中所形容，"不同于其他［宗教］，种族上歧视，民族上分离，社会上制造紧张。"因为全然拒绝与以色列打交道，阿拉伯人只能使犹太教中的自我隔离倾向得以强化，而以色列承担着对其世俗责任。

第二次世界大战中犹太人的经历对当今犹太复国主义造成的显著影响怎么高估都不为过。但即便在那一点上，举例而言，从汉娜·阿伦特在《艾希曼在耶路撒冷》中敏感地暴露出的议题看，非以色列的犹太人，特别是在美国以极其保守著称的犹太复国主义者，也一直是有问题的。我不准备在这里探讨既是一个犹太复国主义者，又留在美国，并只将阿拉伯人看作以色列的对手这种含糊的关系，除了说美国的犹太复国主义象征了范围很广的犹太复国主义目标，反过来象征了阿拉伯主义的萎缩凋敝：这两种民族主义都已经走到了它们各自的极端。但因巴勒斯坦运动复苏，该冲突压缩到它最简约的本地形式，即当前以色列征服者和巴勒斯坦抵抗者之间的对峙。这种冲突形式，固然有其困难和暴力，但与那种把所有想象得出的混乱都搅扯进来的思想泥淖相比，仍使我感到更为清晰和富有希望。然而许多无疑是无法估算的力量也在冲突的重要节点上交集，包括从一望而知实力显赫的权势竞争，到同样非理性，甚至更咄咄逼人的原始宗教情绪、神话的种族主义、最糟的意识形态创意等带来的潜意识力量。且永远不要忘记——这也许是整个乱象的线索——巴勒斯坦人承受着堪与人间任何一地相比最沉重的一神论极权主义负担。虽说假想超自然的争议会在某种自然的背景下发生和解这种乐观心态难免有危险之嫌，但若记得直到1948年巴勒斯坦似乎都一直同时出现着"一与多""个人与社群"等相互间产生关联的思想，当起某种鼓励作用。

1948年后，阿拉伯巴勒斯坦人不得不忍受政治上的"活死人"状态，他现在某种程度上能体验活力，是因为自从1967年，为避免走向彻底灭绝，他的思想开始复苏，亦因为阿拉伯主义之梦在他遭遇的剧变中已经破碎。这两个原因是同一硬币的两面。1948年后阿拉伯巴勒斯坦人生活的主要特征可谓边缘、孤隔、沉默——这些都是他被迫移居异乡和蒙受损失的处境造成的。（顺笔一提，巴勒斯坦人不可能不注意到他现在的处境与大离散中的犹太人开始变得何其相似。）边缘性，与上述其他两种特性一样，一旦超过了某种境况就变得难以忍受，比如被迫移居异乡（不能待在你原本应该待的地方）意味着其实也不能待在其他的地方，意味着不能站在你命运的中心，意味着感到所有本属你专有的权利都被篡夺。如果你将主动权让与一个更大的主体，如果你将自己的命运依附于其他人的命运，当你发现你生活的重要排序已被颠覆，你就倾向从这种被动性中醒悟。莫里斯·勒·兰诺（Maurice Le Lannou）将巴勒斯坦人描述为和其他每个地中海人一样，他首先属于他的村庄、他的土地、他的部族，在这之后带着重重疑虑，他才属于更大的群体。1967年后，情况变得明显：巴勒斯坦人生活面对的第一个事实是以色列人的占领，第二是他在其他阿拉伯人中间的流散，第三才是他的阿拉伯主义，这些排序自行找到它们的合理之处。边缘性承担了它几乎同等的字面意义，变得难以忍受。

政治沉默，在巴勒斯坦人的情形，意味着不知向谁言说以及为了什么言说，这时虽然有很多声音在表达，但没有一个是他自己的。这种沉默在1967年新一轮更具压迫感的占领中被打破。此处出现的排序同样变得更明确：现在巴勒斯坦人首先必须向以色列人言说，像一个倔强的囚徒有话对他的狱卒说，或像对协迫势力提出某种挑战。正因为生活在巴勒斯坦被占领土上的阿拉伯人表现出焦虑不安，至少在外部世界看来1967年之前的沉默显得不那么真实。一整套巴勒斯坦人话语由此爆发，全都出自那个源头——巴勒斯坦被占领土上的阿拉伯人——从而将此涓流向世界传导。无论怎么称这些话语，叫它谣言、神话、准文学、宣传或随便什么：它们取代了沉默，虽然它们现在只是政治表达的一个替身（正如安曼是政治中心的一个替身），但这个政治表达替身至少出自一个客观上是（因为直接经历的）强制沉默的环境。我的这篇文字，我感到，因其以英语表达，亦沾了一丝我适才试图描述的边缘性和有口难开之沉默的色彩。

巴勒斯坦人的孤隔比其他任何状况都更可能造成定位迷失。至少现在看似如此。之前他是一个不分阶级的"难民"，1967年后，他的政治意识告诉他，除了难民身份，他已经失无可失；难民身份实在不是什么"财产"，而现在这变成了他唯一的政治财富。阿拉伯计划的式微，或阿拉伯潜力的去神秘化，使巴勒斯坦人又回到他当初出发的原点，借用杰拉德·曼利·霍普金斯（Gerard Manley Hopkins）的说法，"一个孤独的过去时的开始"：这个事实是他属于来自巴勒斯坦的一个被连根拔起的难民。卡拉梅为难民呈示出另一种新的选择机会，使边缘、孤隔、沉默的根埋在抵抗行动中。如果巴勒斯坦人过去一度对阿拉伯人、以色列人甚至全世界所有人不能完全理解他的困境感到一种普遍的恼怒和怨怼，现在他就只能靠解放巴勒斯坦人民阵线、法塔赫甚至贝鲁特巴勒斯坦研究院这样的组织来理解自己和他的困境了。

在深入讨论巴勒斯坦运动的意义之前，也许值得简单评论一下关于巴勒斯坦问题来自外部关注的两种同情。一种是某些犹太复国主义者和许多非犹太复国主义者持有的所谓现实主义观点。这种观点中，"悲剧"这个词出现的频率太高以致生腻。其论点是，犹太人捍卫他们千辛万苦赢得的权利固然无可争辩，但并未参与欧洲反犹的一百五十万阿拉伯人不得不成为整件事的代价之一，乃是一场悲剧。这是悲剧的素材，但生活仍应继续。现在要倡导的是理性以及谈判。这一论点的问题在于它将西方的审美模式强加于一个很大程度上非西方的政治局面上，与"四方安置协议"（Four Power settlement）如出一辙。悲剧，如雅斯贝斯在另一场景中直言不讳地说的那样，是不足够的。对住在安曼城外帐篷中的一个难民，要他相信他每天都是一场悲剧中的受害者，这与告诉一个以色列人他是一个悲剧英雄同样愚蠢。悲剧并非闪语里的理念，更不是一个天下固有的理念。而且悲剧观看到的是一个静态的事件，不适合目前上演和经历的政治行为的动态场景。如果它是一场悲剧，也是整个闪族人由西方一手制造的苦难过去的一部分：无论是二战期间犹太人的遭遇，还是巴勒斯坦领地上阿拉伯人被由西方支持的犹太复国主义势力的驱逐。而巴勒斯坦的现实依然如故，这要求行动，不是悲剧的痛苦忍受。

第二种同情来自国际上的激进左派。虽然巴勒斯坦人（我本人在内）希望能接受这种同情，但亦有几点保留。一是左派总是过多从外部因素着手反对以色列，而目前需要的是从内部局面予以纠偏。过去兴许能指出以色列最初如何成为西方殖民主义的产物（马克西姆·罗丹森［Maxime Rodinson］此说效力甚佳），但它不能改变这个事实，即目前存在一个以色列帝国主义：与西方殖民主义相比，以色列帝国主义才是影响全体巴勒斯坦人生活的更直接因素。西方殖民主义为以色列带来当下的增益，终将显现其流弊，它既有功能是帮助以色列人坐实那种偏颇得不可思议的情境，领土上享有主权地位，面对巴勒斯坦的阿拉伯居民时又能在历史和政治上保持不理会和采取高压态势。对巴勒斯坦人而言，目前困扰他们的是以色列人令人不安的直接存在，不是欧洲和美国殖民主义的固有矛盾。

左派言论的另一点也使我心存怵惕（在这点上我只代表自己，不代表他人），在我小心试探地引用埃里克森时，或对悲剧观点持不同意见时，都会有所困惑。我全然不知基于西方语境的政治分析究竟如何应用于别处。比方说有以色列左派，也有阿拉伯左派：他们双方持对立观点时应用的直接根据要比理论根据多得多。对此问题我没有答案，而我提出这个问题只是把它看作所谓国际主义者概观——无论政治的、心理的、审美的概观——引发的某种困难症候。最后一点，关于左派，有三件事令巴勒斯坦人耿耿于怀：其一，苏俄及其阵营在隔离计划和1948年联合国同意建以色列国这些事上都是和美国站在一起的；其二，近来左派无论加入还是取代阿拉伯人反以的反犹支持者（这些人制造了数不清的麻烦），所用手法惊人地异曲同工；其三，西方左派对巴勒斯坦新的意识形态几乎全无贡献——西方左派深受门阀之忧，且要面对他们与种族主义的冲突，以及/或者其他冲突，以及/或者他们自身的国际主义问题，对1967年战争期间的巴勒斯坦人少有助益。

目前阶段的巴勒斯坦人经历，是通过紧贴与巴勒斯坦关切的问题，使这一体验变得敏锐清晰，使在实际层面和思想层面将巴勒斯坦从长期制约它的隔离和困顿中解放出来。此项努力面临名目繁多的障碍，尤其来自以色列的障碍。每个我读到的、听到的，或有过对话的犹太复国主义者，无论是以色列人还是美国人，他们的公分母都在坚守一个理念，即以色列必须维持现状以保护犹太人的生活节奏，这种说法可想而知是为了将生活在以色列的欧洲人、东方人、东正教信徒、世俗犹太教徒之间广泛的社会差异统统遮蔽起来。这一点我相信在许多犹太人眼中是有道理的：我说不准。但一个巴勒斯坦人就难以接受"生活节奏"一说，他会理解为两种情况：一是这种说法可能代表对大屠杀再次发生的恐惧，这使得以色列（在颇为耀武扬威的独立的二十一年后）觉得要为仍散落在外的每一个犹太人提供英国人所说的"防空洞"；二是这种说法保护以色列免于面对同样真实的场景，即犹太人的节奏已经取代一个更为包容的巴勒斯坦人的节奏，后者一直并仍将允许基督徒、穆斯林以及犹太人一起，作为对位的各个部分共同生存。

也许妨碍细致公正地对巴勒斯坦主义进行政治检视的最严重的心理障碍，如前所述，来自大屠杀引发的沉重情感压力。当然，所有文明人士都应该从属于这一压力，只要它不禁止任何人的政治权利，鉴于大屠杀完全是发生在欧洲人中的共谋，它更不应该禁止与此罪行可绝对分开的那些人的权利。我认为应该重点强调的是，对于历史上那个恐怖章节，每个欧洲人（明显怀有）的各种负罪感或羞耻感，阿拉伯人并没有同等感受，或无法驱策他表现这种感受。对一个巴勒斯坦的阿拉伯人来说，以下的表达不是禁忌：将"犹太人"与以色列及其支持者联系在一起，把以色列人与德国人的占领作比较，抨击新闻报道只关心犹太人的遭遇而完全漠视或低调处理以色列对阿拉伯人家园和村落的突袭、以色列人投掷的凝固汽油弹、以色列人对巴勒斯坦抵抗战士和平民的折磨、以色列蓄意抹除巴勒斯坦阿拉伯人的做法、以色列利用它对"阿拉伯心理学"的理解去冒犯阿拉伯人的人之地位、以色列随意祭出耶路撒冷各种"计划"无情地利用犹太人的苦难来讹诈基督徒和穆斯林，等等。

现今活跃的巴勒斯坦组织都具有巴勒斯坦主义的共同之处。他们并没有提出向所有巴勒斯坦人开放巴勒斯坦全部土地这样一些听上去很长远的规划。尽管以色列拒绝承认，但他们对被占领土的渗透以及在这些领土上阿拉伯居民罕见的强硬抵抗，仍使巴勒斯坦的可能性维持在非常活跃的状态。过去这个春季有几周，法塔赫声称在以色列实行了一百六十八次袭击。这对阿拉伯人和犹太人都造成损伤，但因以色列坚持那种适得其反的顽固态度，这种损伤就不是无意义的。巴勒斯坦人据理力争，如果犹太人留在这里，基督徒和穆斯林就必须享受同等权利。有意思的是，在巴勒斯坦人中间，阿拉伯基督徒和穆斯林之间过去的紧张关系一直在得以克服。法塔赫执行委员会中有多位基督教人士，人民阵线的领导人就是基督徒。我在安曼时曾与积极参加西岸抵抗运动的一位牧师有过交谈——他被以色列人关押、凌辱，后又被驱逐出境；在他看来，村子里的穆斯林和基督徒面对的是完全一致的利益和敌人。但在被占巴勒斯坦领土上，阿拉伯人陷入了一种道德的悖谬困境：他们相信一个民主、进步、多宗教的巴勒斯坦，却仍被迫在以色列主宰下"配合地"生活，这不是一个容易忍受的局面。只有那些商人阶层觉得生活不错，他们知道不论和谁，配合才能谋取最大利益；这些人不会被特别高看。

至于实现巴勒斯坦的各种方法，仍隐藏在一片尚未完全可知的环境中。重要的是设立的目标必须不折不扣地达成。如果以色列仍继续进一步扩张，也可能意味着将更多的阿拉伯人（约旦人、黎巴嫩人、叙利亚人，等等）变成"巴勒斯坦人"。阿拉伯世界各政体现阶段处于一种微妙的平衡状态，但巴勒斯坦人目前还极力避免使自己在阿拉伯各种政治纷争中卷入太深。大部分阿拉伯国家领导人现只要公开与亚西尔·阿拉法特磋商，就能赢得相当多的群众拥护和所需的聚焦。而法塔赫仍在单打独斗，独立于比如纳赛尔、侯赛因，或叙利亚人。在何种程度上这一切仍能持续，美国人和俄国人又在何种程度上（或将来在何种程度上）参与巴勒斯坦事务，都是难以回答的问题。最关键的是巴勒斯坦人把他的苦难经历作为一项重要的政治武器用于他的各项诉求，只要这个经历仍是他的亲身经历，因他对故乡故土之依恋发展而来，所付代价就不会过高。

选自《流离失所的政治》

3

叙事小说中的干扰和权威

（1971）

《叙事小说中的干扰和权威》最早出版于1971年，收录于J.希利斯·米勒编辑的一本论文选集，[1]这是萨义德着意参与关于文学小说类作品中权威问题的讨论所撰写的最早一批论文中的第一篇，这个问题在他日后的《东方学》中有更全面的阐述。此文后来又经扩充和修订，变成了《开端》（1975）一书的第三章，它也是萨义德将欧洲小说和阿拉伯文学发展并列讨论的最初几篇论文之一。虽然萨义德日后对"干扰和权威"最初形成的许多提法都进行过重新思考，此文仍标识了萨义德一个方法论上的转变，即从乔治·普莱、让·鲁塞和梅洛-庞蒂的现象学批评，转向如茨维坦·托多罗夫（Tzventan Todorov）和罗兰·巴特等结构主义者的叙事理论。

纵观萨义德的早期批评著作，如对康拉德的研究，以及发表在《党派评论》和《国家》[2]等期刊杂志上的评论文章，可以看出他对日内瓦学派（主要以乔治·普莱、让·鲁塞、让·斯特罗宾斯基等人为中心）理论的强烈兴趣。日内瓦学派赞同的文学和批评观是基于哲学家胡塞尔和梅洛-庞蒂关于现象学的论述，认为文学作品是作家意识的体现。直至六十年代中期，日内瓦学派都向文学批评家提供着一条现世的、严肃的哲学途径，与之相对的是大萧条后和战后时期以南方重农派（southern agrarian）和精神意蕴为特征的美国新批评的各个分支。

然而到了1966年，法国结构主义冒头，对现象学批评中的诸多假设提出挑战。人类学家克劳德·列维-斯特劳斯在《忧郁的热带》（*Tristes Tropiques*）中指控现象学批评"将私人耽想提升至哲学问题的高度"。梅洛-庞蒂虽以《知觉现象学》（*Phenomenology of Perception*）启迪了日内瓦学派，却也承认现象学批评中很多地方实际上是唯我论的。结构主义于是成为，用萨义德导师哈里·列文的话来说，"我们时代的亚历山大学派"。萨义德写道："结构主义者像那些站在一个新时代肇始并沐浴旧时代余晖的人。"

但这两种批评的潮流都不能使萨义德完全信服。现象学批评家如乔治·普莱的论述不但未能说清楚一个作家创作"蛮横的时间排序"，也未能说清楚这个作家"将作品塑造成独立的形式文本"这件事。[3] 而结构主义者，萨义德又认为，怀着类似征讨的动机将人类活动的普遍结构孤立起来，难免使人类主体落入系统暴政之手。"结构主义者的一项主要批评是，"他写道，"在他们的论述中，生活和行为的运动力……完全被系统驯化了。"[4]

文学批评，在萨义德对它逐渐有了认识之时，正面临危机；而萨义德的第二本书《开端》，就是他兼收并蓄地将现象学批评的诸多洞见融入结构主义解释叙事形式的方法所作的尝试。

从笛福到狄更斯和巴尔扎克，脍炙人口的经典小说发展如日中天，但叙事散文体小说并不是所有文化传统中都常见的形式。即便这种形式的确是某传统的一部分，小说迄今的生命也很有限。这点我认为是一个重要事实。它也许不能告诉我们小说是什么，但它能帮助我们理解小说满足了怎样的需求，以及于这种体裁有影响的社会，在读者、社会、传统中间产生了怎样的效果。容我用一个简单例子说明上述意思。现代阿拉伯文学包括了小说，但它们几乎完全是本世纪的产物；这些现代作品并没有一个赖以从中发展的传统。基本而言，从某个时段阿拉伯语的作家意识到了欧洲小说存在，然后也开始以同样体裁写作。当然情况并非如此单纯；但有一点很重要，即通过写作行为意欲创造另一个世界，修饰或增强现实世界（这正是潜藏于西方小说传统的一项动机），对伊斯兰世界观是有害的。先知穆罕默德已经完成了一套世界观；因此阿拉伯语中"异端"这个词与动词"创新"或"开始"是同义的。伊斯兰将世界视作一个充实的空间（plenum），既不能缩小，也不能增大。于是那些诸如《天方夜谭》(The Arabian Nights) 中的故事只是花式点缀，是世界的变体，不是世界的完成状态；这些故事无关训诫、结构、外延、整体，不是旨在展示作者高超的表现能力，或品格的培养，或从中观照世界和改变世界的方式。

职是之故，阿拉伯文学中连自传这种体裁都很罕见。偶有自传问世，结果亦别有洞天。现代阿拉伯文人作品中最精良和闻名的自传当属塔哈·侯赛因（Taha Hussein）的三卷本自传《日子》(Al-Ayam)（也有译成《光阴川流》[Stream of Days] 的），第一卷（1929）最为精彩。此卷描述作者本世纪初在埃及一个村落度过的少年时代。侯赛因写此书时，已是一位饱学之士，他是前艾资哈尔大学的学生（ex-Azharite），日后在欧洲受到的教育在他身上锻造出一种传统伊斯兰文化和西方文化的独特融合。但侯赛因的学术成就并不能解释《日子》别开生面的样貌。他叙述的几乎每一则童年故事都以某种方式与《古兰经》联系在一起——并非涉及教义本体，而是作为日常生活一种呈示或事实：这个男孩最大的雄心就是熟诵《古兰经》；他父亲见他背得出就欣喜，背不出就恼怒；他的朋友也都是习经同伴；诸如此类。此书的叙事风格与《古兰经》的阿拉伯语风格大相径庭，所以不可能存在模仿，因此也不可能存在类似于基督教传统中的增补。相反，人们感到生活由《古兰经》调节，由《古兰经》渗透；这个男孩生活中的一个姿势、一桩轶事，或一段情感，最终都还原（且总是以一种有趣的方式）到与《古兰经》的关系。换言之，任何行动都不能背离《古兰经》而存在；反过来说，每一个动作都证实《古兰经》的完全在场，从而证实人的存在。

这里的例子表明西方小说的一个重要目的，是让作者能够或多或少不受拘束地表现人物和社会的发展脉络。以此方式表现的人物和社会在小说中不断丰满和推进，因为他们镜子般映照的是头脑可能会想象并容许想象的生发过程或开始与成长的过程。小说,因此成为填补一个不完整世界中各种空隙的艺术对象:它们满足一种人的渴望,即通过描绘虚构但能令人信服的角色来增补现实。当然小说的功能还远不止这些。但我现在权将叙事散文体小说的规制看成作家发展用以改造现实的一种趣味——仿佛从开端始——就看成一种创建新的或开端的虚构实体的欲望,并同时接受此欲望的后果。

每本小说都既是一种发现的形式,同时又是一种容纳发现的途径——即便不迁就某种社会规范,也得迁就某种"小说专属的"阅读过程。如哈里·列文所言,小说是一种规制(institution),它与更广泛的"虚构"概念是完全能区别开来的;对这种规制而言,即使最匪夷所思、最新颖的创作体验也只能被认为是功能。[5] 每个小说家都将此体裁看作对自己创造力的一个赋能条件和一种约束。这两种因素均受限于时代与文化,但究竟如何具体造成限制尚未得到全面研究。我的论题即讨论上述创造和约束——或用我的说法,将两者分别叫作"权威"(authority)和"干扰"(molestation)——最终保存了小说,因为小说家将这两种因素合并解释为开端的条件,这些条件不为无限延展的子虚乌有的杜撰所设。于是小说代表一种起点非常明确的类型,其范围即在此起点后可能发生的事。就此而言,经典小说的开端向来保守得多并具有更明确约束,否则人们会因这个体裁旨在虚构情节而对它另有期待。阿兰·罗伯-格里耶(Alain Robbe-Grillet)在他抨击小说陈旧概念的辩文"关于几个过时的观念"(1957)中提过这个要点,[6] 这篇论文准确提到强加在这一形式上的关键约束究竟有多厉害且受制于时代。

我希望以这两个术语,权威和干扰,表明我采取的观点。权威在我看来表达的是一组相互关联的意义。不止反映牛津英语大辞典中的释义:"一种强迫服从的权力"或"一种衍生的或授予的权力"或"一种影响行为的权力",或"一种激发信念的权力",或"一个意见得到采纳的人";除了这些,它还与作者联系起来——也就是说,一个人,他创立了某物或赋予某物存在,一个生成者、始创者、父者或祖先,他也是一个发布各种书面表达的人。另外还有一组意义:作者这个词,是和

［拉丁语］动词"增加"（augere）的过去分词（auctus）有关的；因此，作者（auctor），据艾里克·帕特里奇（Eric Partridge）的说法，在字面上就是增益者，也即是创始人。[7] 权威（auctoritas），除了表示拥有的权利之外，还解释为生产、发明、起源。最后它还有持续的意思，或致使继续的意思。综合考虑这些释义，可以看出它们都基于以下概念：（1）个人启动、建制、创立的权力——简言之，开始的权力；（2）这种权力及其产品是对先前既存之物的一个增益；（3）行使这一权力的个人控制它的发布以及由此衍生之物；（4）权威保持其发展进程的连续性。所有这四个抽象概念都可以用来描述叙事小说的手法，即通过小说家的技巧努力，在心理和艺术上坚持自己的意见。于是在书面表达中，开始或开创、通过扩展增加、拥有和继续，就代表着权威这个词的意思。

接着要讨论干扰这个词，我用这个词来描述所有这些权力活动带来的负担和责任。此言意思是，没有小说家从来不曾意识到，他的权威，或叙事者的权威，看似无远弗届，其实是一种假象。干扰，于是成为某种意识，意识到他——无论是人物角色还是小说家——的二重性，他在虚构的、编撰的王国中的局限。干扰出现的场合，正是小说家和批评家以传统手法提醒自己小说如何总是被拿来与现实对比，从而得出虚幻的结论。或还可以说，干扰对小说进程中人物角色的幻灭体验是十分重要的。涉及叙事散文体小说的权威，就不可避免要涉及如影随形的干扰。

权威及其干扰处于整个虚构过程的根柢；至少这是大部分虚构作品本身提供的授权关系。稍后我们会检视形成此关系的一些原因。但十八世纪初以降的小说类虚构作品引出的问题是，叙事本身应该如何在普通话语的世界旁边创立另一套话语——这套话语的开端对叙事而言非常重要，可谓别有枢机，在那个实际位置中承担着从事生产的写作者/言说者赋予它的责任。然而，这个虚构的先祖又被另一事实限制，即他与真正重要的角色永远都隔了一代。詹姆斯和康拉德，这两位思想极其成熟的小说匠人，在他们大部分最好的作品中，都是将从一个根本开端产生的这段诱人距离变成了他们的主题，我认为这不是偶然的。《黑暗之心》以似非而是的手法通过一系列隐晦的叙事框架探索多重开端；马洛的非洲历险从一个叙事层面到另一叙事层面，在不同层面的独特性、陌生性、坚韧性中获取能量，而非单一地借异域猎奇经历本身。故事的核心——库尔茨的经历——是安置于马洛的话语之外的，这使我们如果愿意，就能查证言说者的权威。故事接近尾声时，我们发觉了某些从马洛口中道出的、回避了由观察得到实证的情节，尽管它也相当可信地由马洛已经叙述的事实支撑着。此处，在最大意义上，涉及了权威，只是我们被迫接受这个权威从来都不是一锤定音的。小说中有演义、生造、接续、增强，还有始终令人心神不宁的干扰的意识，即在这一切之外仍有些东西更为本真，与此相比虚构是从属的。

弗洛伊德和尼采之前，以我之见，如此痴迷地深入研究这样一些概念的人非克尔凯郭尔莫属，他的思考对一个多世纪的小说权威进行了查验。如果仅仅将其著作《身为作者的作品观》(*The Point of View for My Work as an Author*，1848年撰写，1859年出版）当作对他自己作品的评注来读，无疑丢失了最有用的真知灼见。此书中，克尔凯郭尔探索了对所有写作（主要是小说和个人论述）而言最根本的事物，中心即焦点人物和作家身份本质之间的关系——读者听到的是焦点人物权威可信的声音，而作家则通过这个声音确立其身份。与这种关系同类的，比如关系一方是读者仔细关注的伊莎贝尔·阿切尔的意识进程，另一方是为创作伊莎贝尔·阿切尔这个人物，詹姆斯必须利用的写作类型。两者的背后是有生成能力的权威，作为世俗批评家的我们赋其特征为"想象的"，基督教徒的克尔凯郭尔却称之为"神治"（Styrelse），此辖治作用只有在克尔凯郭尔既已设定自己著作的特殊原则之后才能得以描述。他说他写的书有两类：审美的和宗教的。前者似乎相悖于显然更紧要的宗教论著，但克尔凯郭尔希望人们理解，他的审美类书的构想，至少态度上，是在处理严肃问题，虽然用了符合时人的僵薄风格。如果只将他的审美类作品单独拿出来看，纵然不算完全没有严肃性，仍会令人感到困惑。但把它作为直接论述宗教前的必要准备，这类艺术审美作品便成了对更高层次真理的迂回的、反讽的传递。

我们于此见识了"重复"这种典型的克尔凯郭尔式修辞。审美类著作即他所谓真理的辩证再重复："如同一位女子的羞怯以她的真爱为参照，当情人现身时不能自已，辩证再重复亦以真正的严肃性为参照。"8 艺术和宗教之间有着严格的关联，它们两者以一种必要的契合束缚在一起：宗教是居先的、更重要的真理，却屈从于次要的、反讽的、虚饰的形式。审美类作品不能出现在虚空中，即便它以其他方式呈现，它们的自由表达仍令人震撼。我们因而须记"在一张白纸上写字和用腐蚀剂使隐藏在其他文本下的字迹显露出来，这两者是不一样的"。9 艺术审美作品将宗教隐藏起来或间接地表示出来，有如苏格拉底的喜剧性格掩盖了最深刻的严肃。我们接受这种迂回方式，仿佛真理变得无足轻重，其后才有可能以更完整的形式呈现。克尔凯郭尔认为这是一种目的论的悬停，以此手法使真理更加透彻。

克尔凯郭尔的作者身份是一种蓄意的复合型；庇护此举的是苏格拉底，克尔凯郭尔的《论反讽概念》(*The Concept of Irony*) 硕士论文即向苏格拉底表示致敬。他对一个论题始终饶有兴趣：当某些事物的最佳表达是沉默时，对反应迟钝的听众直接言说这些事物极其困难。但这种困难所反映出作者的弱点，和听众的弱点不分伯仲。克尔凯郭尔在《身为作者的作品观》第 3 章对一个语句所作的超长注解中声称他的整个作者身份实属余赘，只因他依附上帝，他又是一个孱弱的人；否则他的著述就会认真解决人类处境问题，也"早已与当下以及当下的实效产生相互关联"。10 可以这么说，在他创作艺术作品时，克尔凯郭尔是个强势的作家，其风格掩藏起直面上帝时的真正孱弱，那是作为宗教作家使出浑身解数想要揭示的。艺术，于是成了宗教真理的一个反讽的替身，一个辩证的再重复。人性的作者放大增强，而关于神性他依然积弱；神性使他的著作分离，并看似成为此时此地的赘余。

如此而言，作者身份的一个方面是它的或有权威，是它创始或建立结构的能力，它的绝对权威从根本上说是零，但它的或有权威之于绝对真理却是一种相当令人满意的临时解决方案。因此克尔凯郭尔的《恐惧与战栗》中亚伯拉罕的实有权威，和叙事者的或有权威之间的差异，在于亚伯拉罕是沉默的，而叙事者在语言中是遍在的；这里的要点是，任何绝对真理都不能用话语表达，因为在语言中获得的真理，不是弱化的版本，就是舛误的版本。这就相当于说，凡言说或被书写者都是虚构的——因为真理毋需言词——而所有声音都是僭借的。克尔凯郭尔的系统方案之所以重要，是他特别擅长描述其作者身份的各种策略，求助于透露真相的各种笔名，并且他能大致更准确地描述令作者自觉承诺使用一个僭借声音的写作策略。这个声音言之凿凿，因为它看起来（或事实上）意图明确地决定自己的方法并使宣言充满效力，用的是众人接受的、有时是戏剧性的手段。以此方式，克尔凯郭尔称自己作"沉默的约翰内斯"（Johannes de Silentio），为的是反讽地提醒我们，他的言词与亚伯拉罕的沉默和真理离得有多远，他在《恐惧与战栗》中写了以下托伪的免责声明：

> 本作家和哲学家不沾边；他有着诗意与典雅，是个业余作者，既不写"系统"，也**不允予**"系统"，既不支持"系统"，也不把任何东西归入"系统"。他写作，因为写作于他是一件奢侈的事，写得越舒畅、越显明，就越少人买他的书和读他的东西。[11]

然而这个僭借声音的权威是篡夺来的，因为声音的背后是真理，它总是在某种程度上不可理解，无法还原为文字，甚至可能毫无吸引力，声音以一种完全耐人寻味的方式对真理保持臣服。（也许值得一提的是，小说是拘役的艺术形式：没有其他体裁如此完整地诠释了从属性的意义。）克尔凯郭尔此处表达再次显得极其微妙。真理和艺术版本之间的关系是辩证的，并非严格的拟似——我的意思是克尔凯郭尔赋艺术予最大限度的自由，却没有丧失艺术是在用另一种词汇写宗教的意识，没有忘记艺术的地位是不稳的。换言之，我们理解这种辩证关联，是将艺术审美那种令人信以为真的标榜变成反讽。

任何小说的叙事都为一个直接的指涉对象执行言说或书写行为："我说……"或"据说……"或"他说……"。在此之外，叙事当然不见得非得"真实"不可，除了像在韦恩·布斯（Wayne Booth）的《小说修辞》(*Rhetoric of Fiction*)这类著作中详尽分析的那些正规方式。[12] 克尔凯郭尔所坚持艺术的（亦即虚构的）模式的创新和自由，强调叙事文体远远不止一味地、一般地重复现实：它们通过重复，通过使重复本身作为标新立异的形式而创造出另一种全然不同的意义。故此，如吉尔·德勒兹（Gilles Deleuze）所指出，这类意图鲜明的重复，对抗自然法则和道德法则，超越了善恶，它起而抵制的是习惯的一般性和记忆的特殊性。再者，这类蓄意重复"以孤立、单独的'道'（logos）出现，即个人思想家的'道'"。[13] 叙事过程的实状是重复，这不假，但重复的不是向后的回忆而是向前的回忆。克尔凯郭尔将重复与创造而非盲目转录的本质联系起来：

> 如果上帝自己没有按坚定意志去重复，世界就根本不可能存在。他或追随希望的轻巧计划，或撤回一切把它保留在回忆中。他没有这么做，因此世界继续下去，而世界继续是因为事实上这是一个重复。重复是真实的存在，而且是生活的严肃意义。[14]

克尔凯郭尔在任何地方都坚持艺术上重复声音彰显的个性。它既非抽象也非模糊不清地人人共有。在《论反讽概念》的一个重要段落中，他讨论了反讽的、艺术的声音最显著的特征：

> 但反讽突出的特征……是主观的自由，这种主观自由每时每刻都掌控着从头开始的可能性，不因先前的条件而发生。每一次从头开始总有某些诱惑，因为主体依然是自由的，而这正是反讽者的渴望得以满足之处。在这种时刻，实状对他失去了效力；他自由地居于其上。[15]

这种反讽的声音接着创造出由某种诱惑的开始而渐次展现的"篡夺了的总体性"。只要作者开始写作，他就是反讽的，因为对他，下笔伊始亦存在某种具欺骗性的、主观的自由。将他从实状分开是他人格的作用——关于此人格,克尔凯郭尔说,"至少在短暂的时刻会与实状毫不相通"[16]——并且,我们有可能再加上一点,也是他连续的、不断增强的权威在起作用。但我们千万不要忘记恒久的真理,作者从这个真理出发去寻找他的新任务。

克尔凯郭尔对作者地位的分析暴露了叙事小说肇始与发展的那种不安和游移。如果我们将这辈子熟悉的小说形式叫停,并试图不把小说的存在当作必然,我们就会看到叙事小说重要的启动概念有赖于三个特殊条件。第一,必须对任何单一的声音,或团体的声音,有很强的怀疑意识,怀疑它是否自身足以形成权威。在读者、作者以及人物角色三方组成的这个共同体中,每人都希望与另一人的声音结为伙伴。每人都从另一人那里听到新生活的诱人开端,这种新生活之于他本身是一个不同的解决方案;然而,每人都会越来越注意到,在结成伙伴关系的过程中,有一种被对方系统地背叛的本真,这又以小说人物角色的感受为三者之甚。我们对《米德尔马契》中多萝西娅·布鲁克的兴趣是建立在我们洞察她的期望之上的,她期望过一种有别于现状的生活;由此期望驱策,她在与神学家卡索朋成婚后变了个人。在那段不愉快的插曲中抛弃的东西,她后来发现其实是被某种形式的自欺经历调和了。最初她对自己不满意,想通过一段新生活来使其加倍丰富。她是利用人格的权威来做这件事的,但她的一片苦心差不多就是那个不断干扰的权威的结果。对于创作了多萝西娅的艾略特来说也是如此,艾略特把多萝西娅塑造成另一个人是在行使自己的意愿。同样,读者亦会因其孤立的自我而宁愿相信多萝西娅是无辜的。

篡夺的首次行为一旦上演——因为一种自由开端的快感,因为一种重复制作和以更可及形式重复生活的欲望——即会紧随后采取不同方法将最初收获予以巩固。一种方法是通过专属权利的积累。看一下哈克·芬的叙事开场白有多漂亮,他用这么一种方式争取到给我们讲他的故事版本的权利:

你要是没看到一本名叫《汤姆·索耶历险记》的书,你就不知道我这个人，可这也不打紧。那本书是马克·吐温先生写的，他说的是实话，大部分都是吧。有些事儿他扯得过火了，可大面儿都对。这也算不得什么。我还从来没见过不撒谎的人，这次不撒，下次也保不齐。[17]

其他方法包括强化一个人在自己规划中的信念，培养各种心理准备，把用得上的、惊悚的事物放在方便的位置。

马克思在《资本论》题为《原始积累的秘密》一章中，从封建社会的瓦解追踪资本主义社会的发展，其思想方法值得一提：他称一旦个人"脱离行会的把持，脱离其对徒工和熟练工的支配，以及对劳工管控造成的羁绊"，就可以将自己进行自由售卖，因而成为一手的生产者。[18]然而马克思又说，这只是奴役的另一种形式，因为人已被剥夺了他个人的生产资料；他于是创造出代替自己所无的其他方式，以为自己具有自由的劳动力并成了这种幻觉的牺牲品。真正的权力在别处，但幻觉让他坚信因他能生产出与自身条件相宜的价值和特权，个人是可以控制自己的生活的。《远大前程》中的皮普就是一个佳例。他自我塑造，使劲想成为一个过体面生活的自由绅士，殊不知他仍在一个逃犯的约束之下，而逃犯本人也是社会的牺牲品。通过他的各种安排，皮普使自己拥有某些礼仪、想法和行为的权利，让生活过得轻松。小说着眼点正是揭露这些谋略的虚假性，以及他勉力取得的实际上的成功。

马克思和恩格斯早在《德意志意识形态》中就探讨过该幻觉的系统强化，这也暗中吻合皮普在《远大前程》的发展轨迹。他的社会阶层缓慢攀升之路得到小说中所有角色的首肯，即每个人（包括乔·葛奇里）至少在观念上服膺一套金钱等同于特权、道德、价值的意识形态。虽然小说本身准予了皮普的远大前程，但只要大部分情况下让人看出这套系统有其内在的自我局限，就已经无情地使它大打折扣。小说中皮普如果没有恩主相助，是难以持有这些愿望的，更不说实现它们了。因此皮普的自由受控于一位不知名的恩主，恩主要求他只能去见贾格斯，还不能提问，诸如此等。皮普愈相信自己有能力自主行事，就被那张细密的关系之网卷涉得愈深，最终把他压得不堪重负；小说情节渐次透露与主要人物有关的一个个意外，这便是狄更斯抗衡皮普自由向上攀升的思想体系的手法。在马克思看来，历史是与狄更斯故事情节对应的，它逐步显示无论这种那种"自由"，其实都只是阶级利益与同盟的某种功能，并非真正的自由；因此这都是幻象，让工人觉得他能随心所欲当如其所愿的自由劳动力，而实际是他悬在几条别人操控的线绳上。

产生叙事小说的第二个特殊条件是，真理——无论真理是什么——只能通过某种介质以迂回的方式接近，吊诡的是，因介质的虚假，反而将真理变得更为真实。在这种背景下，更真的真理是一个淘汰过程后到达的境地：那些与真理相仿的选项被一个个剔除。当人们逐渐把小说当成真理的试错法时，提升类真理的虚构高度就变为一种惯常做法。为说明这一基本原理，我们借助最佳向导维柯进入一个思辨领域。在《新科学》一书中，维柯将其探索集中在三个主要元素的原始交会点：人的身份特征、人的历史、人的语言。因为小说也必须从这些元素着手，每一个都可以由小说具体化，维柯和小说产生之间的对应关系是值得探讨的。我们首先要记住的是小说是围绕人物角色展开的，小说角色与经典戏剧的人物角色不同，故事伊始是不情愿名噪一时的。汤姆·琼斯、克拉丽莎、克鲁索·鲁滨逊、特里斯舛·项狄、亚哈、于连·索雷尔、弗雷德里克·莫罗、斯塔夫罗金——所有这些角色都被蓄意地、别出心裁地原创出来，无论他们如何被概括成一类人或另一类人；他们不是俄狄浦斯或阿伽门农，戏剧家塑造角色必须依靠一个共同的神话渊源，或依靠一个已形成既定社会价值和符号的共同体。一部小说的主角可能与一个著名人物相像，但这种派生关系是间接的。我们在小说人物中不论认出什么，我们的认识都处于一个远非显著的水平，也就是说，只是处于某种私人权威的水平。

权威（authority），维柯认为，是从作者（auctor）一词而来的，而 auctor 一词"很确定地源于 autos（固有的或自身）（proprius or suus ipsius）"；所以该词本义为"所有权"（"property"）。所有权取决于人的意志，也取决于选择；因此维柯认为这是一条公理，"历史语言学遵奉人类选择的权威,据此得出对确定性的意识。"语言的研究复原了带有意识的选择,人凭此选择建立他的身份特征和权威:语言保留这些选择的痕迹,使语言学家解密。与语言学相对的是哲学,哲学"默察理性,据此得出对真实的认知"。[19] 注意两者的分野:一边是语言、权威、确定的身份特征,另一边是真实。确定性属于诗性创造(其理解力属于语言学),因为创造以三种不同的权威形式进行:神的,人的,自然的。维柯此言,说的是人写历史,写出了由神话形成影响力的三个阶段,对应确定人的与属关系并形成动因来维系这些关系的三个时期。在神的时期,诸神将巨人们禁锢在地界(terrore defixi),用锁链拴住他们:无论人惧怕什么,他将其分为一种威慑力和一种归顺力。于是有了天帝朱庇特(Jove)和被拴住的巨人们。在第二时期或人的时期,之前在大地上漫游的巨人们学会控制自己的身体,从而运用意志。他们住进洞穴,并定居下来,终得以驯化。最后经过漫长的定居生活,他们成为有主宰力、占有领地、拥有财产的"贵族"。第三个时期到来,一方是重要的氏族(gentes majores),或家族的创立者和鼻祖,另一方是受这些部落贵族统治的平民。[20]

维柯对此一连串阶段所用的术语叫作"诗性历史",它主要不是指一种"真实的"发生顺序,而是指一种回溯性的建构。不过这类建构所描述的又像足够真实,即使它的人物都是高度隐喻的。它是一套人性化环境的制度,以人构成居群,并以某种权威维持——权威在自我保存的同时从不可一世的人物慢慢缩减到差异越来越泾渭分明的功能上,正如在《曼斯菲尔德庄园》,范妮如履薄冰地进入她姨妈家富有的环境,随后渐渐理解并与之和平共处,最后有能力不赞成她的表哥表姐们对庄园精神的不当对待。维柯的序列中的重要节点是大洪水,或大断裂,这个事件将人的历史区分为两种不同类型——《圣经》记载的历史和异教的历史——其后这两股历史便并行流动。维柯对第一种说得不多,除了提及它与上帝建立的永久亲善关系。而后一种是人类的历史,是第一种的替代选择:它是"新"的生活,于连·索雷尔寻找的那种,或克鲁索不得已自创的那种。维柯与克尔凯郭尔一样,从审美和宗教的双重视角看问题。维柯的写作也像克尔凯郭尔,艺术的文字要比宗教的文字更流畅、更自如。关键一点是两人都认为艺术的文字(或曰诗性的文字)要求一种重建的技能(因为这是一种重复的秩序),这类写作催生一种存在的特殊方式和一种区别体系,而盘踞在意识深处的是其替代选择的地位。该替代选择意识最有意思的地方,在于尽管它的地位相对从属,但它是一个有效用的甚至是不可或缺的生活的规制,在克尔凯郭尔那里我们叫作审美的和反讽的,在维柯那里则叫作诗性的和虚构的。

产生小说虚构的第三个特殊条件,在于非常惧怕在私人权威出现之前存在的那种虚无。我认为这是小说中不那么凸显的主题之一,但至少可以追溯到《鲁滨逊漂流记》。在那场把他撂在荒岛上的海难中,克鲁索"出生"了,而灭顶之灾的威胁也一直如影随形,亦有新获得的、永远在体验中的权威,即对他领域的掌控,为他继续生存提供保障。这类小说的一个个主要角色都基于同样的假设类型,孤儿、被遗弃者、新贵、散发精神力量的高人、隐士、疯子,这些人的背景或是被抛弃,或是神秘悬虚,或是不为人知。斯特恩对特里斯舛出生的痴迷,就是把玩着虚无和存在之间看似无限制的来回摆渡,这对小说的人物概念和它在语言中的表述都很重要。如果不是因为拒绝无名的空虚,那么以实玛利和皮普这两个人物就都无法想象。以实玛利特别告诉我们他的船舱生涯叙事替下了加图伏剑自刎这套生活哲学的兴盛。而小说中人物角色的生活和他在我们面前苟延残喘至死亡之间形成的联结,在《水仙号上的黑水手》中由牢骚满腹的詹姆斯·韦特的一句话总结出来:"我不死就得活着。"

之前我附带提到小说是一种具有从属性的文学形式;现在我们可以细化一下这个概论,小说为它们的主人公打造或繁育出某种可能出现的从属、另类的生活,若非如此这些人物就湮没在社会中。某种意义上,作为一种有着形式规制的小说对其故事人物的态度有如一位喷有烦言的父亲,他授予孩子一份他本人永远无法真正放弃的家产和住所。一旦成为作者——注意这同样适用于作家/作者,小说-父亲/作者,以及人物角色/作者——这个人便卷入了不能轻易摆脱依附关系的整个过程。在这方面（包括其他许多方面），《堂吉诃德》是一个范例。那里有塞万提斯-熙德·阿梅德-吉诃德的关系；有阿玛迪斯-吉诃德的关系；吉诃德和潘沙千丝万缕的关系——俩伙伴轮流用加深和培养对方幻觉的方式为对方打气；再有，如每个小说家和研究小说的历史学家所断言，《堂吉诃德》本身就作为亲本小说（parent novel）存在。詹姆斯·韦特的"我不死就得活着"是另一个说法，作为一个小说角色他必须生活在那个住所，他必须生活在那个男人组成的家庭（船员），小说家用它做了虚构的素材，而且就故事情节而言，它们传承自生活和小说的生活，从中形成一条代代相仍之线。在我看来，这条线和这种传宗接代的意义占据了经典小说的绝对中心；但这条线又有着怎样不可思议的从属性，有着怎样蓄意使然的缺陷和溯源，我下面就会谈到。

在用马克思、克尔凯郭尔、维柯来强调小说的必要条件时，我力图将他们的思想与小说中人类经验的基础平行地看待。可以这么说，哲学家或历史学家将他们的作品归属于一个共同的构想经验模式，此模式的另一版本即小说。当然我指的是继承、顺序、派生、描摹、交替这一类共同主题，更不用说权威本身。我们也许会注意到，比如说，产生哲学作品的思想和产生小说作品的思想之间有相似之处。但它们之间的差异亦很关键。这是程度的差异。克尔凯郭尔权威的人类学，和比如《远大前程》皮普的人类学相比，他们的差异是皮普更像一个起增强作用的人、延续的人、开创的人，这是因为狄更斯的意愿如此，也是因为作为一个人物角色，皮普的本性理应如此。至于有着如此强劲持续力的创造冲动为何不常见转向哲学和历史（托尔斯泰是个例外），我们接着可以简要地从弗洛伊德处寻求解释。

根据弗洛伊德的理论，在任何重构的手法中，无论涉及历史、哲学，还是个人叙事，都有双重目的：既对某种令人困惑的现实创造出其他出路，又将体验的痛苦减至最轻。换言之，这个项目是经济的。然而就它同时是一个重复过程而言，它会本能地将心神引至已经游历过的地盘。一些本能有助于促进生命成长，另一些则使人回到死亡的原始统一体。正如我们所见，小说人物在逃离死亡的欲望中获得他虚构而得的权威；因此，只要本质上繁殖的意志不衰退，叙事过程就能持续。然而，因为一个角色只有避开纯粹否定的匿名状态，才得以生成一个真正的开端——这在普鲁斯特小说的第一卷和最后一卷中几乎得到完美描述——此间会形成一种同步压力施于其身，他永远在奋起抵抗。小说的中心主题便是对幻觉的去神秘化、不创造幻觉或让它们成为教益——而乖悖的是，这也是它自身可被替代的主题——于是角色受到一个更真实的过程施加越来越多干扰的这一事件就发生了，在这个否定的过程中，角色被推到一个与其开端相仿的终点。因为想要引发和促进生活的不断重复，同时又想描绘一幅可信的图景，即那种生活如何不可避免地导致暴露一个仅仅是借来的权威，这就几乎足以说明经典小说为什么篇幅都这么长。如近来批评家所示，包含以及象征这整桩艰巨任务的元素是在时间上持续的语言。[21]

但不论我们从时间方面还是严格限定在文字方面去描绘叙事，重要的是人们必须理解，叙事的全部资格都是由那个复杂得难以置信的再现的权威授予的。皮普、多萝西娅和伊莎贝尔（《一位女士的画像》中的人物）都因为他们怀有幻觉而产生缺陷，他们对自己和他人的看法是扭曲的。但这三位小说主人公都在活动，从他们身上产生、开始一种运行的感觉，一种变化的感觉，这种感觉紧紧抓住我们作为读者的强烈兴趣。就皮普的幻觉，有赫维仙小姐的孤独麻痹作为令人难忘的对应平衡：他活得越是风生水起，那种虚假性就越明显，她则几乎什么都不做，只是在石棺般的莎蒂斯庄园被人惦记着。小说发展到后来，他对她责备道，"是你让我这样越陷越深的"；对她来说已经足够的，对皮普来说只是个开始。在多萝西娅身上，她情怀和志向与神学家卡索朋先生的僵硬的性格（以他未完成而锁起来的手稿为象征）形成鲜明对比。最后，詹姆斯将伊莎贝尔的逃离与奥斯蒙德在黑岩宫的完美隐退相衬，一个人的行为像是美丽的幻想企划者的行为，另一个则是牢笼中人，所有仁慈之心都被阻隔在外。由此可见在一本小说中，权威的意向是要提供一种动力，力图不断扫清前进中的障碍，而障碍的设置则在于彻底抑制、损坏、摧毁权威。

在十九世纪初期的历史小说中，有一些权威角色是必须令故事主人公拜下风的。随便举两个例子,《约婚夫妇》(*I Promessi Sposi*)中的博罗梅奥红衣主教,和《惊婚记》(*Quentin Durward*)中的国王,两者在小说中都提醒人们,一个角色的世俗力量是有其局限的,这些局限是"真实"的、历史的世界的留痕,那是更真实的领域,它顽强地深入小说之中。但他们的作用会慢慢融入主人公对自己处于社会弱势那种不断增长的自我意识,它们的作用就像《小杜丽》(*Little Dorrit*)中的马夏尔西债务人监狱,可怜的杜丽先生在自由身之时,受到来自监狱的心理干扰比现实中的过去更大。十九世纪伟大的现实主义小说中这种现实融入,表达为世俗权威角色纷纷转化为主人公所面对的社会物质的抵抗形式。如果这些形式不是通过想象中的城市来体现——如巴尔扎克和福楼拜笔下的巴黎、狄更斯笔下的伦敦,等等——它们也会由一般意义上对社会有敌意的外人,如地下人(Underground Man)这类角色来感受。

这类外部环境存在于情节的层面。现在我回到富有权威的人物角色作为小说概念上的母体这个论题。有时,虚构的故事由命运永远难解难分的一些怨偶们维系着,如歌德《亲合力》(*Wahlverwandtschaften*)或拉格洛《危险的关系》(*Liaisons dangereuses*)中的情形。爱德华、奥蒂莉和沙绿蒂让歌德的故事穿插在一系列复杂关系里,就小说的存在而言,他们的恒久性简直成了故事本体;同样,万尔蒙和梅德懿共谋的诡计,也都是十足的抽象物,但没有这个抽象也就谈不上剧情了。反观另一种情况的例子,理查逊笔下的克拉丽莎,则是私人权威反抗干预,但她又以其清白隐私的强大魅力恳求洛夫莱斯进行干预。再来看皮普——我们可以较为细致地分析这个典型,因描写这个人物角色的笔法实在太精练而丰富了。狄更斯的才能在于从皮普身上分别营造出落差很大的各种起源环境(能生成一个完整世界的环境),若将它们组成一个类别,可为权威的或授予权威的小说意识提供上佳样本。更与众不同的是狄更斯这一精练笔法全方位地利用了传统叙事手段——渐进,高潮,情节按顺序敷演,背景具体,细节真实准确——又以巨细靡遗的想象方法运用这些手段,其完备程度连詹姆斯和艾略特也略逊一筹。《远大前程》着力的便是狄更斯对皮普的刻画,皮普既是小说存在的前提、小说的情节,又是小说的人物:这便是我此前讨论的权威与干扰双重概念的一个原型。第一人称叙事增加了狄更斯成就的纯度。

皮普在故事开始就告诉我们,他的名字是赋予他某种身份认同的最初符号,他把原名菲利普·皮瑞普混缩为皮普,原名诸字对他毫无意义,只是根据"权威"的父母墓碑和姐姐的号令继承下来。他也因此以一种交叉的方式生活着:既是一个没有父母的孤儿,又是一个比他年长一大截的姐姐的养子,在打骂声中度日。一出场就形成的这种分裂将贯穿整个故事。一方面皮普原本的、真正的家世,在小说伊始就消失了,却又此一阵彼一阵地通过乔、毕蒂以及在小说近结尾处新生的小皮普而显露出来。乔·葛奇里虽然是他姐夫,却对他有如父亲,这个事实使皮普对脱离与家庭的纽带变得更加痛苦。另一方面,小说秩序的第二支是一个替代的家庭,但它的根仍深藏在乔太太不愉快的门户里。这个秩序一旦被狄更斯确立,它就反复出现,皮普则从它的一个化身到另一个化身。这也形成该小说叙事安排最一以贯之的格式:皮普如何把自己置于几个家庭群体中心并使自己隶属于这个中心,他在试图通过期许的远大前程建立自己的权威而挑战这些家庭群体的权威,而最终这个期许会将他摧毁。每个家都相继揭开与另一个家的剪不断理还乱的关系,后一个总是更强势、更能左右局面。赫维仙小姐和伊丝黛拉的圈子先是加入了贾格斯,后是马格维奇,再后是茉莉和康佩森。每次揭秘,皮普都发现自己受到更多牵连,同时离中心地位也更远一点。每次发现都告诉他,远在他"开始"之前,危及他、伤害他的事物已经接二连三露出端倪了。

在一连串发现中,狄更斯让笔下的皮普看出,即便偶尔显得撞上好运,自己仍与监狱及罪犯之间有种难以脱清的干系。那些惊魂之事很像回事,而他童年的艰难,马格维奇和赫维仙小姐(他的替身父母)的计划,以及日后他濒临破产,也都写得足够真实。与此主题相对的是另一图式,即把不愉快的碎片再次汇总——皮普从来没有听到过完整的故事,其他人也没有——以组成新编造的单元。皮普在赫维仙小姐家的短暂逗留,被他演变为一段奇特的冒险,之后他不听乔多次正色劝告,一再重复这种冒险。皮普构建的反讽意义还通过温米克的宅邸予以凸显，此人怀揣一股不可抑制的欲望要在法沃斯创造更好的生活，奇思妙想地将手中剩余物资侍弄成仿中世纪城堡的大杂烩；另一个凸显的是沃普索的表演，莎士比亚只是为自由的临场发挥提供了开始的借口而已。皮普是被"一手带（打）大"的，这些人和皮普一样，都是"勤杂手工者"（bricoleurs），他们会随兴所至地以权威祭出令人不悦的散播威胁。[22] 创造之手的形象及其同类物一路下传，几乎遍布小说的各个角落：比如锁链用锉刀锉开，导致一次逃脱，而双手又以一种不同的方式重新绑住。维系皮普的有麦格维奇的粗壮之手和赫维仙小姐的补偿型冲动的实力之手，以及通过伊丝黛拉得到茉莉的孔武有力之手。他大病崩溃后，发现自己像婴孩一样在乔的父亲般的手臂安睡。

我到现在一直在描述的基本图式都是诞生与死亡的循环。皮普作为一个小说人物的起源深深扎根于他父母的死亡。通过补偿那一长串坟和墓碑的愿望，他为自己新建了一条路；但随着小说的推移，皮普发现路被一条条堵死了，但又强迫他开启另一条。像伊莎贝尔和多萝西娅，皮普这个角色看上去也是不知止境，总想要更多，试图做一个强于他实际能成为的人。这些增益终于都在他起源最后又回归的死亡中找到根基。只有到那时，一种新的、更真实的天命从中培育，最后造就出一个新的小皮普：

> 十一年了我都无缘亲眼再见乔和毕蒂——虽然人在东方时，他们两人常常萦绕在我的幻想中——终于到了十二月的一个晚上，天黑后一两小时，我把手轻轻搭在老家厨房的门闩上。按得轻极了，谁都没听见，我神鬼不觉地探头望进去。乔还坐在炉火边的老地方抽着烟斗，身体健硕一如既往，只是头发略有灰白；在他腿挡住的那个角落，在我从前的小凳上，坐着看向火光的孩子——俨然是我又现身了！
>
> "亲爱的老伙伴，因为念着你，我们给他起名儿叫皮普，"乔说道，很高兴见我拿了另一张小凳在孩子边坐下（不过我**没有**将他的头

发),"我们想着没准儿他会长得像你,还当真有点儿像。"23

他们之间,两个皮普之间有着宽阔的地带,地带的一头是真实的生活,另一头是小说人物的生活。狄更斯的《远大前程》和福楼拜的《包法利夫人》都藉金钱为象征,两个主角凭短暂的权力树立起他们的权威,去梦想,甚至一度生活在了他们向往的那种状态,只是无法长久维持。上了年纪的农场雇工卡特琳、小皮普、乔和毕蒂——这些是不善表达的、不变的人,金钱和幻想均无用武之地。

把小皮普和老皮普放在一起,狄更斯按他的方式将真理的干扰与亟须制约的专横权威对比加以调节校正。狄更斯一直到小说结尾才显现这种调校,则像是一个标记,表明他如何在小说创作生涯的相对后期,才渐渐看清权威问题是根植于自我中的,因此也主要须由自我去抑制:小皮普的出现纯粹为了证实皮普的逾矩,他的后续教育,以及他难以挽回的对普通人家庭的疏离。有一个指征反映了狄更斯后期对自处之道的敏锐理解,即《远大前程》中皮普独自经历了在他内心神秘化和去神秘化的体验;而在《马丁·朱述维特》中,一老一少两个疏远的马丁,是靠相互教育重归于好的。狄更斯在其后期小说中代表了权威更严苛的原则——本质上,那个自我要求自行其是,不与他人共享,而且它对真理的醒悟必然导致与他人更不愉快的疏远——这些在那本较早的小说中只是分为一对相互误解的、任性的亲戚。自我的权威到了世纪末再次从中分裂,比如在《道林·格雷的画像》中,在《化身博士》中,更晚一些又在"秘密的分享者"中。但这三个作品的第二自我,无不暗中提示第一自我永无厌足的权威。杰基尔意识到的"身份的堡垒",包括认识到这座堡垒是建筑在令人惊骇的、干扰的基础上的。狄更斯与王尔德、史蒂文森、康拉德有所不同,他拒绝在个人以外体现这些认识:在狄更斯不容置喙的观点看来,个人如皮普,本该成为他自己的设计师,既能规划自己的前程,也能使前程在手中毁灭。无疑,他看到了皮普的困境,这是一个共有的、甚至受到怂恿的困境。但无论是孤儿身份,还是贫穷,还是环境,这些都不是皮普的任何借口,这些都不能减轻他做出决定时的深思熟虑、他个人的责任以及他常常与现实达成有利可图的妥协，所有这一切到头来都成为绑在他身上的重负：

> 我发了场烧，人家躲开了，我病得一塌糊涂，常常神志迷糊，日子没完没了，满脑子的虚幻场景和真实的我全混杂在了一起；我变成了建筑工人砌进墙里的一块砖，还在哀求人们把我从在令人眩晕的地方拿下来；要么又变成大机器里的一根钢梁，在一个豁口上方又碰又转，我心里只盼这机器赶紧停住，好把我这个附在上面的部件弄掉；生病的每一程我都挨过，现在是回忆起来了，当时则是迷迷瞪瞪似晓非晓的。[24]

此处意识的剧烈重复、它们顽固的平行出现，在皮普看来就像现实中的具体物质，他迄今为止都让自己躲在里面。有了这番意识之后，他也只是"虚弱无助的家伙"，感激葛杰里家人的关心；但他仍旧是个孤儿。

而皮普的发家史始于失去一个家，也始于因恐惧而帮的一个忙——这点不容小觑。皮普受到惊吓的行善之举为他日后的经历种下胚芽；按情节看，正是此举书写了他的历史、当然亦书写了他的麻烦。人们也许略嫌草率地说皮普的行为和波及的后果，至少在其最基本的层面，是与基督的弘道和痛苦联系起来的善举的某种审美上的辩证复制，甚至是某种反讽的辩证复制。然而，不管直接还是间接，小说也反映了基督教西方的道德风貌。神性差错的原初示例，道成肉身，将神转化为人，一个替代的存在——记录那桩神迹所用的语言只能说与行为非常近似。

因此我们可能会说，小说再现了那个过程以及隔了许多代的记录，并经过许多的世俗转换。由作者将权威赋予一个人物角色的初始归因，该权威以叙事形式的落实，以及因此接受的重负与艰难——所有这些都是途径，凭着它们，近乎神圣的公共语言各种规制习惯接纳和保存了个人影响力的印记。这就是为什么小说的开端是意图的规制化。如果在最后，这一规制惩戒个人，是因为这个人需受到提醒：私人权威是完整真相的一部分，但它不能完全仿效真相。每个单篇小说的权威都在重复这一洞见，因为每篇小说的中心意识总是缺乏那种我们通常与真相联系起来的完整性。因此，每一篇小说都不容许存在一个大于它本身能包含的真理，即便小说家的任务是让他的读者看清现实或真相的形色各异的秩序之间的各种活跃关系，它们既存在于文本内，也存在于文本外。

选自《开端：意图与方法》

第二部分

《东方学》及其后

4

东方学

（1978）

爱德华·萨义德最受瞩目的书当属《东方学》。自1978年在美国出版以来，已出现二十五种其他语言的译文，更多译文还在进行中。此书成为无数研讨会和激辩的主题。与二十世纪后期涉及批评的其他著作相比，也许它促使文学研究和文化研究发生更多改变。

尽管此书后来热卖，《东方学》最初却很难找到一家大出版社。一些不认为此书观念具开创性，另一些则不愿支持一本在巴勒斯坦、阿拉伯、以色列问题上与主流政治观点相左的书。早期寥寥数家表示兴趣的出版社中，只有加州大学出版社愿意支付萨义德区区二百五十美元的预付款。最后，该书是由万神殿（Pantheon）出版的，这家向以出版激进批评家（如诺姆·乔姆斯基和米歇尔·福柯）书籍闻名的出版社，1977年底使《东方学》付印。

《东方学》造成的影响不但使出版社意外，甚至萨义德本人也始料不及。对东方主义这个专题——欧洲如何表述东方——其实并不完全新颖；之前已有其他学者论述过这一主题。1953年，雷蒙·施瓦布（Raymond Schwab）写出《东方之复兴》(*Le Renaissance orientale*)，对欧洲十九世纪东方经验进行过深入细致的研究；十年后，安沃尔·阿卜杜勒·马勒克（Anwar Abdel Malek）写了另一篇影响深远的文章，《危机中的东方学》("Orientalism in Crisis")，以马克思理论诠释欧洲对"东方"的表述；1969年，V.G.基尔南（V.G.Kiernam）写过一本《人类的主人》(*The Lords of the Human Kind*)，讲述欧洲的殖民史。[1]

但《东方学》与之前这些论述有着显著不同。它将米歇尔·福柯和安东尼奥·葛兰西的哲学结合起来，就西方对东方的知识——以及支配权力——向权威发起挑战。此书检视了一系列十九世纪法语和英语小说家、诗人、政治家、历史语言学家、历史学家、旅行家以及帝国行政人员的文字，如十九世纪法国作家夏多布里昂（Chateaubriand）、拉马丁（Lamartine）、奈瓦尔（Nerval）和福楼拜等的航海和旅行叙事；卡尔·马克思的印度新闻研究；第一位现代东方学家西尔维斯特·德·萨西（Sylvestre de Sacy）和十九世纪法国文献学家欧内斯特·勒南（Ernest Renan）的著述；理查德·伯顿（Richard Burton）和T.E.劳伦斯的冒险故事；英国驻埃及殖民地各任总督如克罗默爵士（Lord Cromer）的电文。

萨义德沿米歇尔·福柯的著述思路，将这一系列关于东方的文字集合看作一种话语。勒南、福楼拜、T.E.劳伦斯，等等，他们的文字一起构成一个科目，在这一门类下，欧洲文化掌管和产生着"东方"。这些文字表述了"一种意愿……不仅要理解什么［是］非欧洲的东西，而且要控制和操纵那些明显不同的东西"。[2]

若说福柯为萨义德提供了一种手段去描述在东方问题上知识和权力的关系，安东尼奥·葛兰西的霸权概念则从另一个角度解释了某些关于"东方"的观念何以大行其道，其影响力压制了其他观念。在非极权主义社会，葛兰西认为，一种观念广延的影响不是通过施加蛮力来推行的，而是通过"同意"的行为，这是一种默契，不成文的约定，多被当作传统见解或一般常识。萨义德认为，正是霸权使得东方主义成为一种长盛不衰的文化和政治势力，影响着西方媒体对巴勒斯坦人、阿拉伯人以及穆斯林的表述。

然而葛兰西之论述予萨义德的启示不止霸权概念；葛兰西为他提供了一种方法，使其对自己的思考困境形成概念。最上乘和有效的批评方式，葛兰西写道，始于作者将自己理解为历史过程的产物，历史过程会留下无数痕迹，却未必留下它们的库存清单。[3]《东方学》于是成为萨义德自己对"无数痕迹"的盘点,成为他的库存清单,那些痕迹记载了他和其他"东方人的"主体所遭受的数十年的剥夺和流亡。

失去家园的岁月而沉淀下来的痕迹中,就有萨义德对于1967年6月阿以战争的经历。如他在纪录片《寻找巴勒斯坦》(1998)[4]中所述,1967年阿拉伯的溃败放大了他的民族丧失感。以色列已经开始了对西岸和加沙的占领。在此战余波写的早期文章《被画像的阿拉伯人》(1968)中,萨义德记下了一些日后成为《东方学》中重要主题的文字:

如果阿拉伯人占领的地域足以引发注意,那是个负面的价值。他被视作对以色列和西方生存的一个破坏因素,或……对1948年以色列立国的一个应予克服的障碍。巴勒斯坦被想象为一片空旷的荒漠,等待出现一夜繁荣,现有居民是些无足轻重的游牧人,对土地没有固定的所有权,因而也没有文化根基。[5]

《东方学》可谓"一段个人损失和民族解体的历史",萨义德后来写过这样的话。[6]它的目的是"将知识分子从诸如东方主义思想体系的枷锁中解放出来"。[7]

一些现代东方主义的学徒对此书回应激烈。莱昂·维瑟提耶(不无讽刺,他是萨义德的一个前学生)在一篇文章中说《东方学》发布的"不过就是阿拉伯人用来宣传的可怜的虚假报道"。[8]伯纳德·刘易斯发表在《纽约时报书评》的反驳文章中,指控萨义德"毒害"东方学研究领域。他用"鲁莽""武断""冷漠""过分"等词形容萨义德,称萨义德与其他阿拉伯人、穆斯林以及马克思主义批评家一道,"污染"了"东方学"这个词。刘易斯还说,萨义德企图诋毁立意良好的、无偏见的东方学者的工作;他将无辜的学术问题政治化了。[9]

但从萨义德的批评者发出的这些尖厉的抗议声揭示更多的问题是他们自身的伪善而非萨义德的论述。在"学术"和"客观"用语的幌子下,他们的愤怒,借用一位评论人的话,恰是"萨义德所描述的东方学者态度的一个指征"。[10]萨义德在回应文章中说,刘易斯仅"以学术争论的形式表达他罔顾历史的、想怎么说就怎么说的政治论断,与旧式殖民者所持东方主义那些最不值得称道的面貌如出一辙"。[11]

国际出版界闻风而动。美国首版两年、英国首版一年(1979)后,许多译本纷纷亮相。1980年瑟伊出版社(Editions du Seuil)出版了该书的法语版,由法籍保加利亚文学批评家茨维坦·托多罗夫撰写导读。同年,叙利亚诗人、批评家卡迈勒·阿卜-迪布出版了一个带有创作色彩的阿拉伯语译本。很快又出现德语、土耳其语、波斯语的翻译。1991年出版了西班牙语和加泰罗尼亚语译本,1993年出版了日语和瑞典语译本,之后翻译出版的还有塞尔维亚克罗地亚语、荷兰语、波兰语、葡萄牙语、韩语、希腊语,以及近来的越南语和希伯来语。

其实《东方学》的真正意义,并不在于国际认同,而在于它的方法。《东方学》问世后,人文社会科学的学者再不能忽略表述中的差异性和政治性问题。艺术史、人类学、史学、政治学、社会学、哲学以及文学研究诸学科都必须面对它的文化眼界。

萨义德在1995年版的《东方学》的后记中有言,"《东方学》以博尔赫斯的方式,已经变成了几本不同的书"。对一些学者和知识分子,此书可读作对伊斯兰的辩护。另一些人从书中找到"回写"的可能性,找到给予他们表述经历的可能性,那是从前被西方文化霸权喑了声的。美洲印第安人、非洲人、亚洲人、拉丁美洲人以及其他被殖民统治的民族和被压迫的群体,从《东方学》中勘查到一种方法,去挑战西方长期以来否定、压制、歪曲他们各自文化和历史的倾向。在学术界,这一挑战成为后来周知的后殖民主义研究。《东方学》起到了鼓动的效果。[12]

《东方学》绪论

1975—1976年间贝鲁特内战正酣,一位到访的法国记者报道被战火洗劫的中心城区时笔下不无遗憾,那个地区"一度似乎属于……夏多布里昂和奈瓦尔的东方"。[13]他对该地区的这番说法自有其道理,尤其是站在欧洲人的角度。东方几乎就是欧洲人发明的,自古以来此地承载的是浪漫情事,异域风土,挥之不去的记忆和景色,奇特的体验。如今它正在消失;某种意义上,它已经消失了,美好时光不再。东方人在此过程中本身面临的某种危难,他们早在夏多布里昂和奈瓦尔时代之前就一直生活在那里的情形,以及现今遭罪的正是他们,这些也许都无关宏旨;在这位欧洲访客眼中,重要的是欧洲人如何表述东方及其当代命运,此二项对这位记者和他的法国读者都具有特权加身的共同意义。

美国人对待东方的感受就不尽相同,他们谈到东方,联想的多半是大异其趣的远东(主要是中国和日本)。与美国人有别的是法国人和英国人——德国人、俄国人、西班牙人、葡萄牙人、意大利人、瑞士人同在此列但程度稍逊——他们有着我称之为东方主义的悠久传统,即根据欧洲人西方经验里东方所处具体位置的一种与东方相处之道。东方不仅与欧洲毗邻;更是欧洲最倚重、最富饶、最古老的殖民地所在,是欧洲文明和语言之源,是欧洲文化的竞争者,也是刻画最深和反复出现最多的"他者"形象之一。再者,东方有助于定义欧洲(或西方)用以反衬的形象、观念、性格、经验。然而东方这一切并非单纯出于想象。东方是欧洲物质文明与文化不可分割的一个组成部分。东方主义即在文化甚至意识形态层面将这个组成部分表达和再现为一种话语样式,更有习惯、语汇、学术、意象、教义甚至殖民官僚体系和殖民风格从旁辅助这种表达和再现。可资对比的是,美国人对东方的理解远没这般致密,虽说近来我们在日本、韩国、印度支那的冒险应该已经建立起了一个较为冷静、较为现实的"东方的"意识。进一步说,美国在近东(中东)政治和经济急遽扩张的角色,也对我们理解那部分东方提出了极大的要求。

读者将会清楚,我使用"东方主义"①这个词,指的其实是几件事,它们之间都有着相互依赖关系。最现成的公认意义是学术上的,东方学的名称现的确仍在一些学术机构中沿用。任何教授、撰写、研究东

---

① Orientalism,视情译作"东方主义"或"东方学"。——译注

方的人——无论这是位人类学家、社会学家、历史学家，抑或历史语言学家——亦无论研究的是专题或是一般问题，都是一位东方学家，他或她所从事的就是东方学。相较于东方研究或地区研究，东方学这个术语如今在专家学者中已经不那么受待见，这也是事实，因为该术语过于模糊，过于笼统，还因为它含有十九世纪与二十世纪初欧洲殖民主义强硬的行政态度。但"东方"仍是他们研究的中心，不断有著述出版，不断有会议召开，东方学者无论披着或新或旧的外衣，都是其主要权威。此处的要点是，即使东方学不像过去那么兴盛，它还是会经由其对东方和东方人的教义和命题，在学术界生存下来。

与这一学术传统相关，其时运、移迁、细分、传播均为此研究主题的构成部分，是更宽泛意义上的东方主义。东方主义是一种思维方式，它的基础是"东方"与（大部分情况下）"西方"之间在本体论和认识论上的区别。于是乎一大批作家，包括诗人、小说家、哲学家、政治理论家、经济学家、帝国行政官员，都接受了这一东方和西方的基本区分，它成为涉及东方及其人民、风俗、"心智"、命运等等展开阐述的理论、史诗、小说、社会描写、政治纪事的起点。此类别的东方主义可以将埃斯库罗斯（Aeschylus）算在其名下，还可以加上维克多·雨果、但丁和卡尔·马克思。对一个解释得如此庞杂的"领域"，稍后我将讨论方法论上会遇到的难题。

学术意义上的东方主义与或多或少属于想象中的东方主义之间一直你中有我我中有你，十八世纪晚期以来，两者之间存在一种颇具规模的、训练有素的——甚至有规律的——交流。现在我将谈到东方主义的第三种意涵，与之前两者中的任何一种相比，它更多在历史和素材上被定义。我们定义的起点大致从十八世纪晚期开始，东方主义可以当作一个处理东方问题的共同制度来讨论和分析——所谓处理东方问题，即就其发表声明，就其发布权威观点，对其描述，并对其开展教学、殖民、统治；总之，东方主义是西方对东方支配、重组、建立权威的一种方式。此处我发现米歇尔·福柯在《知识考古学》和《规训与惩罚》中所描述的话语概念对辨识东方主义很有助益。我的论点是，若非将东方主义放在一种话语中加以审视，人们会很难理解这个庞大系统的学科，而欧洲文化正是通过上述系统学科，得以于后启蒙时期在政治、社会学、军事、意识形态、科学以及想象的意义上管理——甚至是制造出——东方。而且东方主义享有如此威权的地位，我相信对东方进行写作、思考或产生影响者，无人能够在这么做的时候不顾及东方主义对于他们思想和行动强加的各种限制。简言之，因为存在东方主义，东方过去不是（现在也不是）一个思想或行动的自由主体。此非意谓东方主义能够单方面决定关于东方应该说什么，而意谓它是一个完整的利益关系网络，在"东方"这个特殊实体成为话题的任何场合，不可避免会受这个网络的影响（并因此总是深陷其中）。这一切究竟如何发生，正是本书试图说明的。本书还试图展现欧洲文化通过将自己放在有东方衬托的地位获得力量和身份认同，此时的东方是一个替身，甚至是一个隐蔽的自我。

从历史和文化看来，英法两国对东方事务的参与和欧洲及大西洋所有其他列强相比都有量与质上的区别——直到第二次世界大战后美国势力的崛起。因此谈论东方主义，主要是在（当然不能完全排他地）谈论一项英国和法国的文化事业，这个项目的广度和深度涉及如此不同的领域，以至于囊括了诸如想象本身，整个印度与黎凡特，《圣经》的文本和《圣经》的土地，香料贸易，殖民地军队以及有着悠久传统的殖民地行政官员，强大的学术语料库，不计其数的"东方专家"和"东方通"，全体东方学的教授教职，复杂的一系列"东方的"观念（东方的专制主义，东方的辉煌、残酷、情欲），已经通俗化而成为当地欧洲人日用的许多东方教派、东方哲学、东方智慧，等等等等，这个清单几乎可以无限地开列下去。我想说的是东方主义源自英法与东方之间经验的一种特殊的密切关系；此处所言东方，直到十九世纪初仍止于印度与《圣经》之地。十九世纪伊始到第二次世界大战结束，是法国和英国在主导东方与东方主义；而二战以降，美国开始称霸东方，并沿袭了法国和英国曾经的做法。我称之为东方主义的大部分文本，都是在上述密切关系中产生的，此关系的动力产生了巨大成果，尽管总是西方（英国、法国或美国）相较东方显示更强劲的实力。

＊＊＊

　　我以这样一种假设开始，即东方并非一个无效用的自然存在。它不仅仅在那儿，一如西方本身也不仅仅在那儿一样。维柯观察到人类创造自己的历史，他们能够认知的便是他们已经创造的，并将此扩展到地理领域，我们应该认真对待维柯此番洞见：地理和文化上的实体（何况历史的实体），诸如"东方"和"西方"这类地点、地区、地理上的划分，都是人为的。因此和西方自身一样，东方也是一个观念，有其自身思维、意象、语汇的历史和传统，它们在西方且为西方赋予东方现实和存在。两个地理实体在此意义上是相互支持，甚至是相互反映的。

　　既已有了这样的假设，我们还是应该对此再加几个合理的限定条件。首先，如果就此得出结论说东方本质上只是一个观念，或是没有相应真实对应物的凭空创意，这个结论便是错的。当迪斯累里在他的小说《坦克雷德》(*Tancred*)中称东方是一个职业时，他的意思是年轻有为的西方人对东方产生兴趣，是会燃起一份炽热激情的；他并不是说东方对西方人而言仅仅是一个职业。东方这个地方过去——当今亦然——存在各种文化和民族，他们的生活、历史、风俗鲜明存在于现实中，显然比西方说起它们时可堪表述的要丰富得多。关于这个事实，此处的东方主义研究对其几乎毫无增益，唯有心照不宣地予以承认。但我在此研究的东方主义现象针对的主要不是东方主义和东方之间的对应关系，而是东方主义内在的连贯性及它对东方的观念（把东方作为职业），无论它与"真实的"东方之间有无对应关系。我的要点是迪斯累里关于东方的说辞主要指向那种业已建立的连贯性，指向有规律的观念集萃，它变成了与东方有关的凸显之物，而不是像华莱士·史蒂文斯所说的只是一种存在。

　　第二个限定条件是，如果不同时研究它们的作用力，或更准确地说，不研究它们的势力格局，观念、文化、历史也就难以得到真正的理解或研究。相信东方是创造出来的，或如我所言，被"东方化"了的，并相信这类事物之所以出现，完全是想象使然——这种想法是很不实诚的。西方和东方之间的关系是势力的关系，支配的关系，是时强时弱、极为复杂的霸权关系；K.M. 潘尼迦（Panikkar）的经典著作《亚洲与西方支配优势》（Asia and Western Dominance）的标题就颇为准确地表示出了这种关系。[14] 东方遭遇"东方化"，不完全因为在十九世纪一个普通欧洲人眼中，所谓"东方的"属性总是以各种见怪不怪的方式呈现，还因为东方属性是能够人为指定的，也即是说它屈从于人为指定的作用。比如人们恐怕不会同意说福楼拜遇上某埃及舞女这个事实本身会产生一个影响广布的东方女性范型；她从未说起自己，她从未陈述自己的情感、存在或经历。是他在为她代言，将她表述出来。他是外国人，相对富有，是个男性，凭着这些历史上足以起支配作用的事实，他不仅能够在身体上占有库楚克·哈内姆（Kuchuk Hanem），而且能为她代言，并告诉他的读者她在何种意义上属于"典型的东方"。我的观点是，福楼拜之于库楚克·哈内姆在处境上占优并非孤例。它恰如其分地代表了东方和西方之间相对实力的模式，并代表了这种模式所允许的关于东方的话语。

　　这将引出第三个限定条件。人们永远都不应推断东方主义的构成不过像一种谎言或神话的构成，一旦真相大白，即会随风飘散。我本人相信东方主义较为特殊的价值在于它是欧洲-大西洋对东方拥有权势的一个标识，而不单是关于东方的一个真实话语，即其号称所谓研究型或学术型形式。话虽如此，我们仍须重视并试图理解东方主义的话语中那股已经完全交织在一起的力量，它与赋能的社会经济机构和政治机构那种极为密切的关系，以及它难以消弭的耐久性。毕竟，任何观念体系——从十九世纪四十年代后期的欧内斯特·勒南时代到如今的美国——能够藉研究院、书本、会议、大学、涉外服务机构诸形式维持不变且作为可教授的传统智慧，都肯定比仅为一堆谎言的集结更难对付。因此，东方主义不是欧洲关于东方某种虚幻的遐想，而是一整套刻意创立的理论和实践，其中蕴含很多代人不断作出的大量物质投入。这种不断投入令东方主义作为一个关于东方的知识系统得以变成某种公认的标准网格，使东方筛选过滤后进入西方的意识，一如同样的投入生产出成倍的主张——的确，非常高效——从东方主义扩散进入一般文化。

葛兰西对公民社会和政治社会之区别作过实用的分析，即前者由自愿的（或至少是理性的和非胁迫的）附属关系组成，如学校、家庭、联合会等，后者则由在政体中起直接统治作用的国家机构组成（军队、警察、中央官僚政府等）。人们发现，文化当然是在公民社会中有效运作的，此处各种观念、机构、其他人的影响不是通过统治手段起作用，而是通过葛兰西称之为"同意"的方式起作用。于是在任何非极权主义的社会中，某些文化形式会比其他文化形式更占优势，正如某些观点会比其他观念更具影响力；葛兰西称这种文化上具备领袖地位的形式为霸权，对于理解工业化西方的文化生活而言，这是一个不可或缺的概念。正是霸权，或者说有影响力的文化霸权产生的结果，赋予东方主义那种我一直提及的耐力和强势。东方主义离丹尼斯·海（Denys Hay）叫作"欧洲观念"的东西从来都相距无几，[15] 这是一种集体观念，辨识出"我们"欧洲人之于所有"那些"非欧洲人的区别，而且的确可以这么认为，欧洲文化的主要成分，恰恰使这种文化在欧洲内外兼具霸权性：该观念体现的是，与其他非欧洲民族和文化相比，欧洲的民族和文化更优越。除了欧洲对东方形成霸权色彩的观点以外，这些观念本身还反复强调欧洲的先进之于东方的落后作对比，往往压制了独立或较有怀疑精神的思想家对此事提出异议的可能性。

东方主义以一种常态将其筹略建立于这种收放自如的地位优越论之上，使西方人在与东方建立各种可能关系的整个系列中，永远处于占相对优势的不败之地。为什么还能有其他可能性，尤其从文艺复兴后期至如今欧洲惊人崛起的整个阶段？科学家、学者、传教士、商人、士兵在东方活动或思考东方问题，因为他们几乎不必顾及来自东方的阻力就能够身处东方或思考东方问题。从十八世纪末起的这个阶段，在有关东方知识这个一揽子名目下，在西方对东方霸权这把大伞下，冒出了一个面相复杂的东方，供学术机构研究，供博物馆展览，供殖民官府重组，供人类学、生物学、语言学、种族和历史论题展开有关人类和世界的理论阐述，供经济和社会学理论进行有关发展、革命、文化气质、民族或宗教品性的例证。此外，对想象中事关东方的考查或多或少都会局限在某种君临的西方意识基础上，也正是在这种不受挑战的以西方为中心的意识里，一个东方世界渐渐成形，它首先依据谁属于东方或什么属于东方等一般观念，其次依据具体的逻辑，这套逻辑不只受控于经验现实，且受控于一系列欲望、抑制、投入和投射。如果我们能够指出一些真才实学的东方学杰作，如西尔维斯特·德·萨西的《阿拉伯文集》(Chrestomathie arabe)或爱德华·威廉·莱恩(Edward William Lane)的《现代埃及人风俗纪事》(Account of the Manners and Customs of the Modern Egyptians)，我们也应该注意到，勒南和戈平瑙(Gobineau)的种族观念，以及数量可观的维多利亚时期色情小说（见史蒂文·马尔克斯［Steven Marcus］对"好色的土耳其人"的分析[16]）同样来自这种推力。

然而，人们会反复自问影响东方主义的重要因素究竟与什么有关，是凌驾大部分素材之上各种观念的一般归类——关于这些观念谁能否认它们大量掺杂着欧洲优越论的说教，各种招式的种族主义、帝国主义等等主张，以及将"东方"武断地视作某种理想而一成不变的抽象概念——还是由几乎难以胜数的单个作家创作出来的变化多端的作品，人们可以认为这是作家们分别讨论东方的无数个案？某种意义上，无论一般还是具体，这两种方案不过是对同一材料的不同观察角度：在两种情况下，人们都必须面对该领域的先驱如威廉·琼斯(William Jones)和杰出的艺术家如奈瓦尔或福楼拜。为什么不能同时采取，或一先一后采取两种观察角度？倘若描述的水平在整个系统中都定得过于笼统或过于具体，难道不会存在一种明显的曲解危险，就像东方主义在学术研究中暴露出来的那样？

我的两个担心是曲解和不准确，或说不准确是因过于教条的概括和过于实证化的聚焦当地所致。为了对付这些问题，我试图从本人所处时代现实的三个主要方面着手，希望对我所提到的方法论或观察维度上的困难能另辟蹊径；这些困难也许会在第一种情况下导致人们写的论题失之疏阔，所论证的描述水平大而化之到难以接受而不值花此精力，又或者在第二种情况下写的一连串分析失之琐碎和原子化，以至于为提供特别说服力而脱离了所有渗透该领域有影响力的总体思路。那么，我们如何既能识别出个性，又能令个性与有智慧且绝非被动的，也不仅仅是武断的、大而化之的、霸权的语境实现和解呢？

* * *

不难提出这样的论点，即关于莎士比亚或华兹华斯的知识不是政治的，而关于当代中国或苏联的知识却是。我本人正式的专业委任归在"人文学者"名下，这个称谓表示我的领域属于人文学科，因此我在本领域所做的研究按理说不可能牵涉政治话题。当然，在此提到所有这些标签和术语都没有考虑它们本身的细微差别，但我所指的这个广义上的事实相信为人们普遍认可。说一个研究华兹华斯的人文学者，或专长于济慈的编辑不涉及政治，其中一个理由是他之所事似乎对日常意义的现实不产生直接政治功效。一个学者，如果他的研究领域是苏联经济状况，就得在一个承受高度压力的环境中工作，因为涉及大量政府利益，而他以研究或提案的方式得出的结论会被政策制定者、政府官员、机构经济学家、情报专家采纳。"人文学者"与工作涉及政策或政治意义的人士的区别可能还会进一步加大，因为前者的意识形态色彩对政治只有偶发意义（虽然可能对他同一领域的同僚们有重要意义，比如他们可能反对他的斯大林主义或法西斯主义或过于宽松的自由主义），而后者的意识形态直接成为他的研究素材的一部分——的确，现代学术中的经济学、政治学、社会学都是意识形态的科学——因此人们想当然认为它们属于"政治的"科学。

然而，左右当代西方（此处我主要指美国）产生大部分知识的影响力应当属于非政治性的，换言之，它属于学者型、学术型、不带偏见、超越党派、超越狭隘教义信仰的。理论上人们对此宏愿也许并无异议，但实践中，现实问题要多得多。人们尚未设计出一种方法使学者完全脱离其生活环境，脱离其（有意或无意）涉及的阶级、信仰体系、社会地位，或脱离仅作为一个社会成员的活动。这些因素会不断影响他从事的专业研究，即便他的研究及其成果的确试图摆脱严苛、庸常现实的禁制和规束，达到一个相对自由的境界。诚然有一种叫作知识的东西，它与创造知识的个人（因其与生活环境剪不断理还乱的关系）相比，偏见更少而非更多。但这种知识并不会因此自动成为非政治性的。

我想指出的是，那种普遍的开明共识，即"真正"的知识本质上是非政治的（反之，大谈政治的知识不是"真正"的知识），掩盖了知识产生时周围那种隐晦却有着高度秩序的政治环境。如今理解了这一点也于事无补，因为"政治的"这个限定词是一枚标签，任何作品只要胆敢违反那种超越表面政治客观性的成规，就往它身上贴，令其声誉受损。我们可以说，首先，公民社会在各个知识领域都认识到层次不一的政治权重。某种程度上，赋予一个领域的政治权重依其直接转化为经济项目的几率而定；但在更大程度上，政治权重依一个领域与政治社会中明确的权力源头的密切关系而定。由是，一项关于苏联远期能源蕴藏量及其对军事能力影响的经济研究就可能得到国防部的赞助，它因此而获得的某种政治地位，使某个基金会部分赞助的托尔斯泰早期小说研究相形见绌。然而这两个项目都属于公民社会认为是相似的领域，即俄国研究，哪怕承接项目的人中一个是极端保守的经济学家，另一个是激进的文史学家。我想说的是，在这里作为一般性研究主题的"俄国"，之于细分的"经济学"和"文学史"有着更优先的政治排序，因为葛兰西所说的政治社会已经侵入了诸如学术机构这样的公民社会地盘，并使它们浸透了与政治社会直接关联的重要意义。

我不想在一般理论基础上将所有这一切再往前推：在我看来，这个论点的价值和可信度当能以更具体的情形体现，比如诺姆·乔姆斯基就曾研究过越战与客观学术概念之间起影响作用的关系，当时"客观学术"被用来掩蔽国家资助的军事研究。[17]目前英国、法国以及晚近的美国都是帝国主义列强，无论何时何地，只要事关帝国的海外利益，它们的政治社会就会将一种紧迫感透露给公民社会，可以说是一种直接的政治灌输。这么打比方恐怕不会引发太大争议：一个十九世纪末在印度或埃及的英国人对这些国家产生兴趣时，从来都不会将它们属于大英帝国殖民地这个念头完全抛诸脑后。上述说法与下列说法也许看似很不一样：所有关于印度和埃及的学术知识都在某种程度上被总体政治事实玷染、影响、侵害——这恰恰是我在对东方学进行研究时想表达的。人文学科知识的产生，从来不能忽略或免除这个事实，即作者是作为一个人类主体在他身处的环境中参与的，如果此说成立，那么说一个在东方从事东方研究的欧洲人或美国人不能免除他实际的主要环境，即他首先以欧洲人或美国人的身份与东方相遇，其次才作为个人，亦当成立。在这种情况下，欧洲人或美国人的身份绝不是什么无效用的事实。这个身份过去和现在都使人意识到，无论这种意识多么朦胧，他归属于一个在东方有着具体利益的强国，更重要的是，他归属于地球上几乎自荷马的时代以来，就与东方有着确切历史渊源的那个部分。

这些政治现实以这种方式陈述仍存在定义不清和过于笼统之嫌，难以真正激发兴趣。任何人都能够同意这些现实，却不见得同意它们会影响到譬如说写《萨朗波》（*Salammbô*）时的福楼拜，或写《伊斯兰现代潮流》（*Modern Trends in Islam*）时的 H.A.R. 吉布（Gibb）。问题在于，之前我描述的那种大面上的支配事实，与每则小说或学术文本在创作时调节具体准则的日常生活细节之间，其实还有很大一段距离。但我们如果从一开始就摒除某些概念，包括将帝国主义支配这类"宏大"事实以刻板的、决定论的方法用于有如文化和观念这样极为复杂的事物，那么我们就有望接近某种能够激发兴趣的研究。我的观点是，根据我在此书中引用的部分显而易见的历史记载，欧洲和后起的美国在东方的利益的确关乎政治，但始创这一利益的却是文化，正是文化以其活跃的行动方式，与严酷的政治、经济、军事等基本原理结合，将东方造就为千姿百态的复杂地域，此即明显属于我称之为东方主义的范围。

因此，东方学不单纯是一个政治主题或被动等待文化、学术或各机构去研究解释的领域；也不是一个关于东方的庞大而涣散的文本集结；亦不是某些邪恶的"西方"帝国主义阴谋压制"东方"世界的代表和说明。它更像是一种分配，将地缘政治意识以学术方式分布到美学、经济学、社会学、历史学、语言学的各种文本;它是一种精巧制作,不仅体现在基本地理区隔(世界被不平等地划分为东方和西方两部分),而且体现在一套完整的"行业关系",通过诸如学术发现、语言重建、心理分析、地貌描写和社会描写等手段,不但有创建之功,而且起维系之效;它是——而非表达——某种意志或意图,旨在理解,或某些情况下控制、操纵甚至合并那些一望即知是不同的(或另类的、新奇的)世界;最重要的,它是一套话语,这套话语并不与赤裸的政治权力发生直接的、对应的关系,而是产生、存在于与各种不同势力不均衡的交换中,在一定程度上在与政治势力(如殖民当局或帝国当局)、学术势力(如那些与统治有关的科学,像比较语言学或解剖学,又像现代政策科学)、文化势力(如正统和经典的品位、文本、价值观)、道德势力(如"我们"之所为、"他们"之不可为,或"他们"无法理解"我们"之所为等等观念)的交换中被塑造。可以这么说,我真正的论点是东方学不仅代表,而且它本身就是现代政治-学术文化中一个相当重要的维度,这种情况下,与其说它与"东方"有关,毋宁说它与"我们的"世界关系更大。

因为东方主义是一个文化事实和政治事实,所以它并非藏在某种完全封闭的档案真空里;正相反,我认为有证据显示那些关于东方的思想、言说甚至行为,遵循着某些明晰的、学术上可知的脉络(也许在这些脉络之中触发)。而且在普遍的上层建筑影响和作品细节及文本事实之间,亦可以看到相当程度的微妙差异和精巧制作在起作用。依我看,大部分人文学者都完全接受一种文本存在于语境的概念,接受一种称之为互文性的概念,接受这样一种概念,即来自约定俗成的、前辈的、修辞风格的影响会限制瓦尔特·本雅明所谓"以……'创造力'原则为名对有创造力的个人课以重税"的东西——此处诗人被认为是完全独立地、倚赖纯粹思想创作其作品的。[18] 但是,人们却很不情愿承认政治的、制度的、意识形态的约束以同样方式对作者个人产生影响。一个人文学者相信,在巴尔扎克的解释者看来,说巴尔扎克的《人间喜剧》受到杰弗罗伊·圣希莱尔(Geoffroy Saint-Hilaire)与居维叶(Cuvier)之争的影响，大可看作一桩有趣的事实，但是说巴尔扎克受到的影响同时来自极度保守的君主制学说，就会在某种难以言喻的层面使人感到贬低了巴尔扎克的文学"天赋"，因也犯不着认真研究。类似的例子还有——如哈里·布莱肯（Harry Bracken）不断指出的——哲学家们讨论洛克、休谟以及经验论时，这些古典作家各种"哲学的"教义与种族理论、为奴隶制辩解或支持殖民开发之间存在的明显关联却从来不落入他们的考虑范围。[19] 依了这些司空见惯的做法，当代学术得以保持它的"纯粹"。

也许在政治泥淖中揭一下文化之短的大部分企图，的确只是打破因袭传统的粗放之举；也许我自己研究领域中对文学的社会解释，没有跟上精密文本分析的巨大技术优势。但是不应回避这样的事实，即文学研究总体上，尤其是美国的马克思主义理论家的研究，并未下足功夫去认真弥合文本的、历史的治学中上层建筑层面和基础层面之间的差异；我在另一个场合说得更进一步，总体而言文学-文化体制已经宣布对帝国主义和文化做严肃认真的研究属于"禁区"。[20] 因为东方学使人直面这个问题——认识到政治帝国主义控制着整个研究领域、想象和学术机构——到了在学术和历史上都不可能绕开这个问题的地步。但总还是有那种可以不断回避的机制，比方辩称文学学者或哲学学者各自受的是文学和哲学的训练而非政治学或意识形态分析的训练。也即是说，以专业作为论据颇为奏效，可以遮蔽更大的、在我看来在学术上是更严肃的视角。

至少就帝国主义和文化研究而言（或就东方学而言），我觉得不妨给出一个简单分成两部分的回应。第一部分，几乎每位十九世纪作家（早期作家亦同样足以适用）对帝国的事实无任心知肚明：这是一个没有能够深入研究的课题，但研究维多利亚时期的现代专家很快会承认，那些开明的文化巨擘，如约翰·斯图亚特·穆勒、阿诺德、卡莱尔、纽曼、麦考利、罗斯金、乔治·艾略特，甚至狄更斯，对种族和帝国主义都有着明确的见解，不难看出这些见解对他们的作品是有影响的。因此，专家也得承认他知道，比如穆勒在《论自由》和《代议制政府》中明确表示他书里的观点不适用于印度（他本人毕竟是一个处理印度事务多年的官员），因为印度人若非就种族而言，至少就文明程度而言是低下的。马克思的著述中也会发现同样的悖论。第二部分，相信以帝国主义形式出现的政治对文学创作、学术研究、社会理论、历史写作产生影响，绝不意味着文化就此变成了低下的或须遭贬抑之事。相反，我所有的论点都在强调，像文化这样渗透的霸权体系，如果我们能意识到它们对于作家和思想家的内在约束，我们就能更好地理解这类体系的韧性和耐力，因为这种约束是能产出结果的，并非一味抑制。当然这也正是葛兰西、福柯和雷蒙·威廉斯（Raymond Williams）从他们各自不同的途径一直试图阐明的观念。威廉斯在其著述《漫长的革命》(*The Long Revolution*) 中那一两页论"帝国的功能"所告诉我们关于十九世纪文化上的丰富程度就比许多洋洋洒洒的深奥文本分析来得更多。[21]

由是，我将东方学看作一个动态交换来研究，交换的一边是作家个人，另一边是由英、法、美三大帝国形成的庞大政治关切，而作品即产于这三大帝国学术和想象的领地。作为学者，我感兴趣的并非总体政治真实性，而是具体细节，如同人们读莱恩或福楼拜或勒南作品引发感兴趣的，未必是作者视西方优于东方为毋庸置疑的真相这件事，而是在据此真相打开的极为广阔的空间内充满细节的作品那种深度发掘和推敲的证据。人们只须回忆以下例子就明白我在说什么：莱恩的《现代埃及人风俗纪事》成为一部历史和人类学评述的经典，是因为它的风格，因为它含有聪慧的、精妙的大量细节，而不是它简单地反映了种族上的优越性。

于是东方学需要提出以下政治问题：还有其他哪些门类的智识、审美、学术、文化的能量参与打造了类似东方主义这样的帝国传统？历史语言学、词典学、史学、生物学、政治和经济理论、小说创作、抒情诗歌等是如何开始服务于东方学宽泛的帝国主义世界观的？东方学自身发生过什么变化、调整、改良、甚至革命？在这一语境中，原创性、连续性、个体性的意义是什么？东方学如何从一个纪元向另一纪元自我传输或自我再造？最后，我们如何将东方学中文化的、历史的现象视为某种出于意志而为之的人类工程——不单纯是无条件的推理结论——考虑到它的历史复杂性、细节、价值，同时又不致忽略其中文化产品、政治潮流、国家以及特定统治现实之间的结盟？根据这些考量，一种人文学科可以负责任地同时针对政治和文化进行研究。但这不是说这类研究会对知识和政治之间的关系建立一套硬性规则。我的观点是，每一个人文研究项目都应系统地阐述该研究特定语境下那种连接的性质、题材及其历史背景。

在我上一本书中，我对在人文学科研究中如何寻找并制定第一步、出发点、起始原则这一方法论的重要意义给予了大量的思考和分析。[22]我得出并试图呈示的一个主要教益是，不存在一个单纯给定的或现成的出发点：每一个研究项目都必须以这样一种方式制定自己的开端，即能够对后续研究起到赋予可能性的作用。在本次《东方学》研究中，我比以往任何时候都更有意识地体会到上述教益的困难（尚不确定它会给我带来成功抑或失败）。开端的概念，说白了就是开始的行为，必然会牵涉某种界定的动作，此界定即从大量素材中萃取出、分离出某些东西，使其代表、或作为一个出发点，一个开端；对于研究文本的学生而言，这样一种起始性界定概念是路易·阿尔都塞的疑难观念，即由分析而产生的某种特别限定的文本合成体，或文本群合成体。[23]然而在东方学的案例中（与阿尔都塞研究的马克思文本案例相对），不单纯是一个寻找出发点的问题，或曰疑难问题，还存在设定哪些文本、作者、时期为最合适研究对象的问题。

我觉得指望对东方学历史作百科全书式的叙事是不明智的，首先，如果我的指导原则是"欧洲人对东方的观念"，那我实际必须处理浩如烟海的素材；第二，上述叙事模型本身不符合我的表述兴趣和政治兴趣；第三，因为在一些书中，如雷蒙·施瓦布（Raymond Schwab）的《东方之复兴》（*La Renaissance orientale*），约翰·弗克（Johann Fück）的《二十世纪初欧洲阿拉伯研究》（*Die Arabischen Studien in Europa bis in den Anfang des 20. Jahrhunderts*），和晚近的多萝蒂·梅特利茨基（Dorothee Metlitzki）的《中世纪英国的阿拉伯半岛问题》（*The Matter of Araby in Medieval England*），[24]已经对欧洲人-东方人相遇的某些方面作了百科全书式的论述,像这样的情况,我之前扼要说明的广义的政治与学术语境中批评家的任务就变得很不一样。

但仍存在这样的问题,如何将卷帙浩繁的档案减缩到可以处理的度量,更重要的,如何在此文本群中按学术法则的性质勾勒大纲,同时又避免简单的编年史顺序。故我的出发点是将英、法、美的东方经验当作一个单元,考察在历史和学术背景下,那种经验成为可能的依据何在,该经验的品质与特征又是什么。我将已经作了限制的问题集(依旧非常庞大)再度限制在英、法、美对阿拉伯和伊斯兰的经验中,这两者几乎上千年来都共同象征着东方,个中原因稍后我会说明。在此限制后,东方的很大一部分——印度、日本、中国、其他远东地区——似乎被排除在外,不是说这些地区不重要(它们显然一直都很重要),而是因为人们讨论欧洲在近东或伊斯兰的经验时,可以与欧洲在远东的经验分别进行。但在某些特定情况下,讨论欧洲对东方感兴趣的一般历史,尤其是讨论东方的特定地区如埃及、叙利亚、阿拉伯半岛,就不能不研究欧洲在更远地区的事务参与,其中最重要的是波斯和印度;一个明显的有关案例是十八至十九世纪英国眼中埃及和印度之间的关系。同样,法国在译解阿维斯陀经(Zend-Avesta)中起的作用,十九世纪最初十年巴黎作为梵文研究中心的卓越地位,拿破仑因为意识到英国在印度扮演的角色才偶然触发他对东方产生兴趣的事实:所有这些与远东的关系直接影响了法国在近东、伊斯兰和阿拉伯的兴趣。

英法两国约从十七世纪末以来就对地中海东部沿岸地区建立了支配地位。但此处与支配和系统利益有关的讨论未包括对以下事实进行公允评价:(a)德国、意大利、俄国、西班牙、葡萄牙诸国对东方学的重要贡献;(b)十八世纪东方研究的重要推力之一,是《圣经》研究中的革命,由这样一批有着不同风貌的先驱如洛斯主教(Bishop Lowth)、艾希霍恩(Eichhorn)、赫尔德(Herder)和米夏埃利斯(Michaelis)引发。上述第一点,我不得不在素材利用上严格限定于英国和法国以及后起的美国,因为几乎难以质疑的是英法两国不仅在东方和东方研究中是开拓者,且该领先地位凭二十世纪前两国建立的两大殖民网络得以保持;美国二战后在东方的地位——我认为相当自觉地——补入了英法列强早先发掘的地区。再者,我相信英、法、美关于东方的著述就质量、连贯性和体量而言,均超出了无疑也有过重要著述的德、意、俄和其他地区。而我还相信东方学术研究最关键的几步是由英国或法国迈出的,随后才由德国人加以细化。例如西尔维斯特·德·萨西不单是第一位现代学院派的欧洲东方学者,其研究涵盖伊斯兰、阿拉伯文学、德鲁兹教派、萨桑王朝的波斯,他还是商博良(Champollion)及德国比较语言学奠基人葆朴(Franz Bopp)的老师。类似的居先地位和后续声名,威廉·琼斯和爱德华·威廉·莱恩亦不遑多让。

上述第二点——此处我在东方学研究上的缺陷得以充分弥补——随着我称之为现代东方学的兴起,近来出现了一些对象为《圣经》研究背景的重要著述。其中最杰出、最有阐释关系的是 E.S. 谢弗(Shaffer)令人印象深刻的《"忽必烈汗"与耶路撒冷的陷落》("Kubla Khan" and The Fall of Jerusalem),[25] 系对浪漫主义起源以及表现在柯勒律治、布朗宁、乔治·艾略特大部分作品中的智识活动根源的一项必要研究。在某种意义上,谢弗这本书将施瓦布列举的纲领作了进一步说明,详细解析了德国《圣经》学者著述中发现的适用性素材,并使用此素材,以一种智性的、妙趣横生的方式去解读三位英国重要作家的作品。但我主要关注的英、法作家所赋予东方素材的那种政治和意识形态调性的感觉,在这本书中是缺失的;此外,与谢弗不同,我试图阐明学术的东方主义以及文学的东方主义的后续发展,这些发展影响着英法的东方主义以及具有明显殖民思维的帝国主义兴起之间的关联。我还希望说明所有这些前期问题如何多多少少再次出现于第二次世界大战之后美国的东方主义中。

而我的研究中存在一个可能的误区是,尽管偶有涉及,我没有对萨西主导的创始期之后的德国研究脉络作详细梳理。任何旨在提供对东方学的学术理解,却不关注斯泰恩达尔(Steinthal)、穆勒(Müller)、贝克(Becker)、高德兹尔(Goldziher)、布洛克曼(Brockelmann)、诺德克(Nöldeke)等学者(这只是随手拈来的几位)的做法,都应受到指责,我也毫不吝惜地指责自己。自十九世纪中叶德国学术累积起了显赫的科学声望，乔治·艾略特就曾谴责孤岛不列颠学人对德国学术的忽略，我对自己这方面未能顾全亦感殊深遗憾。艾略特在《米德尔马契》中对卡索朋先生的描述令我难忘。卡索朋先生无缘完成他所研究"天下神话之钥"的一个原因，按他年轻的表弟威尔·拉迪斯洛的说法，是他对德国学术不知就里。卡索朋选择的研究主题不但"如化学般变幻莫测：新发现不断带来新观点"，而且他要完成的工作类似帕拉塞尔萨斯（Paracelsus）的辩难，因为"你知道，他可不是什么东方学者"。[26]

《米德尔马契》的背景约在十九世纪三十年代，艾略特暗示此时德国学术在欧洲已经完全处于领先水平，此言不假。但在整个十九世纪前三分之二的时间里，德国学术从未建立起东方学者与本民族对东方产生长期、持续兴趣之间的密切合作关系。英、法在印度、黎凡特地区、北非存在的影响，德国实难望其项背。此外，德国的东方，几乎悉数属于学术的、或至少属于传统的东方，多成为诗歌、奇幻故事、甚至小说的主题，但从来不是现实的东方，未见如夏多布里昂、莱恩、拉马丁、伯顿、迪斯累里、奈瓦尔眼中的埃及和叙利亚那么真切。德国两部最负盛名的与东方有关的作品，一本是歌德的《西东合集》(*Westöstlicher Diwan*)，一本是弗里德里希·施莱格尔（Friedrich Schlegel）的《印度人的语言与智慧》(*Über die Sprache und Weisheit der Indier*)，分别基于一次莱茵河之旅和巴黎图书馆中的日积月累而完成，这是个颇堪玩味的事实。德国东方学人所做的，是改良和细化了英法帝国从东方几乎照单全收文本、神话、观念、语言的手法。

然而德国东方学与英法及后起的美国东方学有一个共同点，即在西方文化内部形成某种对东方的学术权威。此权威应该在很多场合成为描述东方学的主题，本研究亦不例外。甚至东方学这个名词就暗含某种严肃的，或许带点生硬而乏味的专家风格；我将此词用于现代美国社会科学研究者（他们从不会自称为"东方学者"，我对此词的使用是不规范的），无非想提请人们注意，中东专家仍然能够利用东方学在十九世纪欧洲的学术地位遗留的影响。

关于权威，既不神秘，亦非天生存在。权威是塑造出来的，人们赋予它光芒，使它传播；它用作工具，有说服力；它有地位，建立各种品味标准和价值规范；它实际与它奉为真理的某些观念，并与自身形成、传递、复制的各种传统、感知、判断密不可分。尤其是，人们可以，也应该对权威进行解析。权威的所有这些特性也都适用于东方学，本研究所做的很大部分亦既描述东方学中的历史权威，也描述东方学的诸多个人权威。

我此处研究权威的主要方法论设计，可以称之为战略定位和战略组合，前一种方式描述作家在他写作关于东方素材的文本中的立场，后一种方式则分析文本和文本群，文本类型，乃至文本体裁之间的关系——这些文本群、类型、体裁在自身中，并在其后广义的文化中获得质量、密度和参照的能力。我援用"战略"这个概念，仅仅是为了将每位研究东方题材的作家已经遇到的难题甄别出来：如何理解东方，如何接近东方，如何不被它的高妙、它的范围、它的深广维度所压垮或弄得不知所措。每位写作东方的人都必须使他本人处在与东方面对面的位置；移译到他文本里的这个定位包括他采用的叙事声音，他建立的结构类型，在他文本中循环的意象、主题、基调——这一切加总成细致周虑的各路方法，针对读者，涵盖东方，最后，表述东方或替东方代言。但这些俱非抽象产生。每位处理东方题材的作家（甚至连荷马亦不例外）都进一步继承东方的先例，某种先在的东方知识，用以参照和赖以立足。此外，每一部关于东方的著作都令其自身与其他作品、读者、机构、东方本体发生依附关系。这一作品、读者以及东方某些具体面貌相互之间发生关系的集合体因此构成某种可分析的组合，如各种历史语言学研究、东方文学选萃、游记、东方传奇故事等等组合——它们于时间、话语、机构（学校、图书馆、涉外服务）中的存在赋予这种组合以力量和权威。

有一点我希望是清楚的，我对权威的关注并不必然引发对隐藏在东方学文本内深意的分析，而引发的是对文本表象的分析，是对它所描述内容的外在性的分析。我不认为强调这一观点会有任何喧宾夺主之嫌。东方主义建立的前提正是它的外在性，换言之，它基于这样的事实——东方主义者，无论诗人还是学术中人，都在使东方言说，对东方进行描述，为西方或向西方直接呈示东方的各种神秘之处。东方主义者对东方的兴趣，其实从来都只限于将笔下的东方作为原动力。他之所言所述，一旦落实为既言既述，意在显示东方主义者身处东方之外，这是个存在意义上的事实，同时也是符合道德的事实。这一外在性的主要产物，当然是再现（representation）：早在埃斯库罗斯的剧作《波斯人》（The Persians）中，东方就从遥远的、常常富有威胁的他者形象转变为相对熟悉的人物（如埃斯库罗斯笔下悲伤的亚细亚女人）。《波斯人》中戏剧再现之即时性遮蔽了这样的事实：观众观看的是高度虚构的表演，是一个非东方人把整个东方变成一个符号所代表的东西。因此我对东方主义的文本分析着眼于完全可见的证据，即这些再现仅作为各种象征，并不作为对东方的"自然"描写。这一证据在公开称为艺术的文本（即公开为想象的形式）中能明显找到，在所谓真实文本（各种历史、语言分析、政治论述）中亦明显能找到。要关注的是风格、修辞、背景、叙事手法、历史和社会环境，而不是再现的正确性，亦不是相对于某些杰出原型的忠实度。再现的外在性从来都被某种版本的老生常谈统摄，这种说法是：如果东方能自我再现，它就该自我再现了；对西方而言，既然它不能，那别人就来承担这份再现的任务；对可怜的东方而言，这属于退而求其次。正如马克思在《路易·波拿巴的雾月十八日》中所写："他们无法表述自己，他们必须由别人表述。"

将研究固着于外在性的另一原因，是我认为需要澄清这件事，即在一个文化体系内引发的文化话语与交流，其共通的循环内容并不关乎"真理"，而关乎各种表述。毋庸再次说明语言本身是一个高度条理化和代码化的系统，运用大量手法来表达、指征、交换信息和资料、再现，等等。至少在书面语的任何情况下，不会有一种完成表达的在场（delivered presence），而是一种重现的在场（re-presence）或者一种再现。关于东方所作书面陈述的价值、效力、优势、表面真实性种种，极少依赖东方本体，也无法在工具的意义上以这种方式依赖东方。相反，书面陈述呈示给读者所借助的手法，是对任何此类唤作"东方"的真实事物来一番排除、转位，使其无关宏旨。故此一切东方主义都站在东方之外，远离东方：东方主义若有意义，则更多取决于西方而非东方；这一意义亦直接得益于西方形形色色的再现技能，它使东方彰显，鲜明，在有关东方的话语中处于"彼方"地位。这些再现依靠的是习俗、传统、常规、议定的有效理解代码种种，并不依靠一个遥远的、无定形的东方。

十八世纪后三分之一处是再现东方的一个分野，后期（归属我称之为现代东方主义的名下）的再现范围有了极大延伸。其实在威廉·琼斯和安基提尔-杜佩隆（Anquetil-Duperron）之后，在拿破仑的埃及远征之后，欧洲就已经开始更科学地了解东方，与过往相比，欧洲深入东方所体现的权威和规训是前所未有的。既然有了接纳东方的技能，欧洲真正在意的便是更大范围和更强细化。约在十八世纪初，东方明确无误揭示出它语言的悠远年轮——早于希伯来的《圣经》起源——一组欧洲人率先有此发现，传给其他学者，并在印欧语言学这门新学科中保存了这一发现。一门从语言学观察东方的崭新而强大的科学因此诞生，随之而来的，如福柯在《事物的秩序》中展示，是一整张相连的科学关系之网。同样，威廉·贝克福德（William Beckford）、拜伦、歌德、雨果等人以他们的艺术才华再造东方，并通过各种意象、律动、主题显现东方的色、光、人。但"真实的"东方充其量激发一个作者的想象；起指导作用的情况则很罕见。

东方主义更多回应的是创作它自身的文化，而不是它推定的对象，这个对象同样是西方一手创作的。因此东方主义的历史既有其内在连贯性，又与围绕它的主导文化存在一个高度相互衔接的关系背景。我的分析也就此试图显示该领域的形制和内部组织、它的先驱、族长式权威、经典文本、礼赞观念、模范人物、追随者、阐释者、新出现的权威；我还试图解释东方主义如何借用统治文化的"强势"观念、教义、思潮，又如何常常受到它们的渗透。于是曾经存在（如今亦然）一个语言学上的东方、弗洛伊德的东方、斯宾格勒的东方、达尔文的东方、种族主义的东方等等，不一而足。然而，从来都不存在一个纯粹的或无条件的东方；也不存在非物质形式的东方主义，更不用说有什么东西可以单纯到称为东方的"观念"。

我与研究观念史的学者们的差异正在这一基本信念和因此而产生的方法论结果上。因为东方主义话语所作各种声明的重点和实行形式，尤其是材料的效力，是有可能在封闭的观念史方法中完全倾向于忽略的。没有了这些重点和材料的效力，东方主义就只是另一个观念而已，但无论现在还是过去，东方主义都比观念广泛得多。因此我着手考察的不单是学术著作，还包括文学作品、政治传单、新闻稿件、旅行书籍、宗教和语言学的研究著述。换言之，我驳杂的视角在广义上具有历史和"人类学"的特征，这么说，是我相信所有文本都在世俗和特定环境下产生，当然，也因体裁不同、历史时期不同而各有千秋。

但不同于米歇尔·福柯（我从福柯的著作中获益良多），我的确相信，在构成有如东方主义这类话语组合中，独立的作家对文本集合体是留下决定性印记的，否则文本集合体会变得默默无闻。我分析这一大型文本汇集的总体，部分原因是它们经常相互参证：东方主义毕竟是一个须征引作品和作者的系统。爱德华·威廉·莱恩的《现代埃及人风俗纪事》就被风格各异的一批作家如奈瓦尔、福楼拜、理查德·伯顿阅读和征引。他是一个权威，任何人对东方（不唯埃及）进行写作或思考，利用这一权威是必然的：当奈瓦尔逐字借用《风俗纪事》中的段落时，实际是倚重莱恩的权威帮助他描述叙利亚的乡村诸景，而非埃及。莱恩的权威以及提供人们有差别和无差别地进行引用的机会之所以存在，是因为东方主义能够赋予其文本那种他所获得的广布的流行。但是，要理解莱恩的流布，就不能不理解他的文本独特性；这对理解勒南、萨西、拉马丁、施莱格尔，以及其他富有影响力的作家群体同样适用。福柯相信广义而言，个体文本或个体作者并不重要；以我在东方主义（也许未及它处）案例的经验看，情况并非如此。据此，我的分析运用细读文本之法，旨在揭示个体文本或作者与复杂的集体组合（个体文本在其中亦占一席之地）之间的辩证关系。

……

葛兰西在《狱中札记》中说："批判性详细阐发，要从意识一个人究竟是谁开始，也就是将'认识你自己'作为历史过程至今的产物，这一过程在你身上累积了无数痕迹,却没有留下一份完整的库存清单。"唯一的英文译本在此莫名其妙中断了葛兰西的评论,其实葛兰西的意大利原文紧接着还加了句结语,"因此从一开始就编纂这份清单尤为必要"。27

本研究中我大部分的个人投入缘起自己童年在两个英属殖民地成长的"东方人"意识。在那两个殖民地(巴勒斯坦和埃及)以及在美国,我接受的所有教育都是西式的,但那种早期意识根深蒂固。在许多方面我对东方主义的研究一直是一种努力,试图盘点在我这个东方人主体身上的文化留痕——这种文化的支配力对所有东方人的生活都是一个重要的影响因素。这也是我眼中伊斯兰的东方当为关注中心的原因。我的库存清单是否达到了葛兰西的界定,非我能判断,但我感到有意识去争取做此事十分重要。这一路上我都尽可能秉持严肃和理性的态度,保留批判的意识,并运用历史研究、人文研究、文化研究诸工具(这方面我的教育使我成为幸运的受益人)进行。而在所有这一切过程中,我从未失去作为一个"东方人"的文化现实感,未失去一直以来个人被构建为"东方人"的影响。

促成这一研究可能性的历史环境相当复杂,在此我只能扼要列几项。从二十世纪五十年代起,在西方(尤其在美国)生活的人都经历过东西方关系一个异常鼓荡的时期。此间人们都不会不注意,"东方"如何总是意味着危险和威胁,即便这里指的既是传统东方又是俄国。各大学中不断成立新的区域研究项目和学院,使涉及东方的学术研究变为国家政策的分支。美国的公共事务中有一种对东方的正常兴趣,既因其战略和经济重要性,也因其传统异域风情。如果世界对生活在电子时代的西方公民变得触手可及,东方的距离对他来说同样拉近了,它的神话色彩日益淡化,而也许更多成为西方(尤其是美国)相关利益方画出交叉标记的地方。

电子的、后现代的世界的一个方面,是刻板印象不断加深,观察东方也正是通过这些刻板印象。电视、电影、所有媒体资源,都将信息强制编入越来越标准的模型。就东方而论,标准化和文化刻板模式加剧了十九世纪学术的、想象的关于"玄秘东方"鬼神学的影响。这一点在理解近东的各种方法上体现得再真切不过。三个因素将最单纯的阿拉伯和伊斯兰概念助推向高度政治化、几乎鼓噪的地步。一是西方有着普遍的反阿拉伯和反伊斯兰的带有偏见的历史,这直接反映在东方学历史中;二是阿拉伯和以色列犹太复国主义之间的斗争,这种斗争对美国犹太人产生的影响,以及对自由派文化、对普通民众产生的影响;三是在文化立场几乎完全缺席的情况下,人们可以同情或无情地谈论阿拉伯人或伊斯兰。此外,毋需说因为现在人们一想到中东,就想到大国政治、石油经济、简单的二元对立——一边是热爱自由的、民主的以色列,另一边是邪恶的、极权的、搞恐怖活动的阿拉伯人——所以一个人若想以一种洞察他所谈论内容的方式来谈论近东,其可能性微乎其微。

我自己在这些问题上的种种经历亦成为本书写作缘起的一部分。一个阿拉伯巴勒斯坦人在西方生活,尤其在美国,是令人灰心的。此地几乎众口一辞地认为他在政治上并不存在,即便他获准存在,也只能作为某种麻烦存在,或以东方人的身份存在。压制阿拉伯人或穆斯林的种族主义、文化成见、政治帝国主义、去人性化的意识形态之网编织得的确十分牢固,正是在这张网中每个巴勒斯坦人都感到了他命定的特有劫难。对他来说雪上加霜的是,在美国从事近东学术的人——即东方学者——无论在文化上还是政治上,都不会使自己全身心认同阿拉伯人;某些程度的认同当然是有的,但与自由派美国人对犹太复国主义认同的"接纳"形式相比不可同日而语,且这些认同因与不可靠的政治、经济利益相关方(如石油公司和国务院阿拉伯专家)或宗教有瓜葛而造成本质损害的情形也司空见惯。

知识与权力结合制造出"东方人",又在某种意义上抹杀其作为人类一员,我认为这不仅仅是个学术问题。然而,这是个有着极为显著重要性的知识分子的问题。我一直得以利用我在人文和政治上的关注去分析和描述一种非常世俗的现象,即东方主义的兴起、发展和巩固。很多情况下,人们想当然认为文学和文化在政治上,甚至在历史上都是纯粹的;在我看来情形似乎常常相反,我对东方主义的研究使我相信(我希望也能使我的文学同仁相信），社会和文学文化只能放在一起理解和研究。此外，按一种几乎不可避免的逻辑，我发现自己正在写的是一段西方反犹主义陌生而隐秘的共享者的历史。那种反犹主义——如我在讨论其伊斯兰分支时提到的那样——与东方主义彼此非常相似，这在历史、文化、政治上都有事实，只须向一个阿拉伯巴勒斯坦人提及，他就能完全理解其中的反讽况味。但我在此欲提醒的，是如何更好理解文化支配的运作原理。如果这能激发出一种与东方交往的新模式，如果更能一同清除"东方"和"西方"的说法，那么我们将会在雷蒙·威廉斯称之为"摆脱固有支配模式影响"的过程中向前迈出小小一步。[28]

东方主义的范围

方　案

若仅为判断米什莱（Michelet）所述堂而皇之的威胁主张究竟错在何处（以及究竟如何完全违背真相），即有必要检视东方主义大张旗鼓的那种运作成功；米什莱说："东方向前进，不可征服，它所持梦幻的魅惑、明暗对比（chiaroscuro）的法术，对光明的诸神是致命的。"[29]虽说东西方的分界线对欧洲产生某种经常压力，欧洲和东方之间在文化、物质、思想上建立的关系业已经历了无数阶段。总体而言，是西方向东方挺进，而非相反。东方主义是我一直采用的通称，用来描述西方进入东方之道；东方主义是一种训练规范，藉此从学问、发现、实践的主题将东方的过去（以及现在）纳入一个系统去处理。但除此之外，对于任何尝试谈论东西分界线以东事物的人，这个词也可以指称供其取用的梦想、意象、词汇之大集。东方主义在这两方面并行不悖，因为凭借这两者，欧洲得以稳健而不只是喻指意义上向东方挺进。我在此主要考察这一挺进的材料证据。

如将伊斯兰排除在外，欧洲眼中的东方地域，西方处于连续支配地位的历史直到十九世纪都未受到挑战。这对英国在印度，葡萄牙在东印度群岛、中国和日本,以及法国和意大利在东方不同地区的经历都是有目共睹的事实。这中间有当地人偶发的反抗,打破太平光景,如1638—1639年一群日本基督徒就将葡萄牙人逐出该地;但总体而言,只有阿拉伯和伊斯兰的东方才在政治上、学术上、一度还在经济上对欧洲呈现一种未见结果的挑战。因此东方主义的大部分历史记载了欧洲对待伊斯兰态度上问题重重的印记,我的研究兴趣也正是出现在东方主义的这一高度敏感的方面。

伊斯兰无疑在许多方面都是一个真实的挑衅。地理上和文化上,它与基督教关系相隔之近令人不安。它依凭犹太-希腊传统,它有创意地借鉴了基督教,它足以夸耀无可匹敌的军事和政治成就。这还不是全部。伊斯兰土地毗邻《圣经》描述的土地,甚至就坐落在《圣经》描述的土地之上;再者,伊斯兰领地的心脏总在最靠近欧洲的区域,一直都被称为"近东"。阿拉伯语和希伯来语同属闪语族系,它们共同清理和不断重新清理对基督教来说是至关重要的素材。从七世纪末直到1571年的勒班陀(Lepanto)战役,伊斯兰或以阿拉伯形式、或以奥斯曼形式、或以北非和西班牙形式压制并实际威胁着欧洲基督教。伊斯兰超越罗马和其风头盖过罗马的事实,欧洲人(无论过去和现在)不可能视而不见。即便吉本也不例外,他在《罗马帝国衰亡史》中以下一段说得很明白:

> 在罗马共和国得胜的日子,元老院的目标是将他们的议事团和军团限制在单次战争,在完全压制第一批敌人之前决不让他们触发第二批敌对行为。这些怯弱的政策格言受到豪迈或激情的阿拉伯哈里发的蔑视。以同样的血气和胜势,这些哈里发侵入了奥古斯都和阿尔塔薛西斯(Artaxerxes)继承者的地盘;一向不把对手放在眼里的君主瞬间就成了这些敌人的阶下囚。在奥马尔(Omar)统治的十年间,撒拉森人迫使三万六千座市镇或城堡向他臣服,摧毁了异教徒的四千座教堂或寺庙,训导了一千四百座清真寺礼拜穆罕默德的宗教。他逃离麦加一百年后,他的军队和统治势力从印度延伸到大西

洋，遍及不同的、遥远的行省。[30]

当东方这个词不止是整体亚洲东方的近义词，或不笼统指涉遥远的异国风土，它就被严格理解为应用于伊斯兰的东方。这个"蛮勇的"东方逐渐代表了亨利·鲍德（Henri Baudet）所说的"亚洲的浪潮"。[31] 对于欧洲，此情形贯穿至十八世纪中叶无疑都站得住脚，而到了十八世纪中叶，过去由类似德埃贝洛（d'Herbelot）的《东方全书》(*Bibliothèque orientale*)等构成的"东方"知识宝库，就开始主要不止意味伊斯兰、阿拉伯人或奥斯曼人。此前，人们的文化记忆中因其显著性而充满相对久远的事件——君士坦丁堡的陷落，十字军东征，对西西里和西班牙的征服——是可以理解的，但如果这些事件指向一个有威胁的东方，它们并不会同时使亚洲其余的部分消失。

因为印度总是存在，葡萄牙于十六世纪初在印度建立了最早一批欧洲人基地，此后主要是英国，在经历长时期（1600—1758）基本为商业的活动后，作为占领势力主导了该地区的政治。然而印度自身从未对欧洲造成本土威胁。相反，正因当地权威崩析，这片土地轻易沦为欧洲列强争夺的场所，政治上完全受欧洲控制，欧洲也才敢如此居高临下地对待印度的东方——从不曾有过对伊斯兰保留的那份惕惧感。[32] 然而，这种骄慢与精确实证的知识之间存在巨大差距。德埃贝洛对《东方全书》中的印度-波斯主题词条全都基于伊斯兰的资料来源，可以确切地说，直到十九世纪初"东方语言"仍被认作"闪语"的同义词。基内（Quinet）提到的东方复兴意在扩大原本狭窄的东方范围，在原范围中，所有的东方例证都由伊斯兰包揽了。[33] 梵语、印度宗教、印度历史全都晚至十八世纪末于威廉·琼斯爵士作出努力之后才在科学知识中占有一席之地，而琼斯对印度的兴趣也是基于他早期对伊斯兰的兴趣以及对伊斯兰的学识所引发。

因此西蒙·奥克利（Simon Ockley）的《撒拉森帝国史》(*History of the Saracens*)成为继德埃贝洛的《东方全书》之后的第一部主要的东方学人著作也就不足为奇，该书第一卷于1708年问世。一位晚近东方历史学家认为奥克利对穆斯林的态度——欧洲基督徒哲学认知的最初内容有赖于穆斯林——使他的欧洲读者产生"痛苦的震撼"。因为奥克利不仅明确地使伊斯兰彪炳其史册,还"第一次让欧洲真正而实质地了解阿拉伯人触及与拜占庭和波斯战争的观点"。[34] 尽管如此,奥克利还是小心谨慎地使自己与伊斯兰影响撇清干系,与他的同仁威廉·惠斯顿(William Whiston)(剑桥大学接任牛顿职务者)不同,他总是不含糊地将伊斯兰说成彻头彻尾的异教。而惠斯顿却因对伊斯兰的热衷在1709年遭剑桥驱离。

进入印度的(东方的)财富之路总要首先穿越伊斯兰的行省,并要经受作为准阿里乌教派(quasi-Arian)信仰体系的伊斯兰的危险影响。英国和法国至少在十八世纪的大部分时期做得都很成功。奥斯曼帝国进入(令欧洲感到宽心的)衰朽期已经有年头了,它作为"东方的问题"将被铭刻在十九世纪。1744—1748年间及其后的1756—1763年间,英国和法国在印度各不相让,战事频频,直到1769年,英国显示出对该次大陆经济和政治的实际控制。拿破仑不得不首先阻截英国的伊斯兰通道埃及,才敢对英国的东方帝国起事,还有什么比这一着更有必要呢?

虽然几乎紧接着至少两个重要的东方学项目,拿破仑1798年入侵埃及以及他对叙利亚的突袭对迄今东方主义现代历史造成远更具影响力的后果。拿破仑之前,只有两次侵入东方的努力(均为学者作出),旨在脱下东方面纱,且走出了"《圣经》的东方"的相对庇护。第一次由亚伯拉罕-海尔欣·安基提尔-杜佩隆(Abraham-Hyacinthe Anquetil-Duperron,1731—1805)启动;杜佩隆是个有乖常俗的平均主义理论家,在脑中调和出一套詹森教义(Jansenism)加正统天主教义和婆罗门教义(Brahmanism)的东西,他旅行去亚洲,以证明一个"被选中的民族"和《圣经》的世系族谱有其现实的原初存在。但他去了比既定目标更远东的苏拉特(Surat),找到了秘藏的阿维斯陀经文,就在当地完成对阿维斯陀经的移译。雷蒙·施瓦布谈到激发安基提尔之旅的神秘的阿维斯陀经文残片时说,"学者们在牛津看到著名的残片后,返身回到他们的书斋,而安基提尔看到后,却起身去了印度"。施瓦布还将安基提尔与伏尔泰对比：虽然两人在性情上和思想观念上都格格不入，却都对东方和《圣经》有着相似的兴趣，"一个使《圣经》变得更加不容置疑，一个使《圣经》变得更加难以相信"。颇为讽刺的是，安基提尔的阿维斯陀经文翻译却正中伏尔泰下怀，因为安基提尔的发现"未几引发人们对[《圣经》]文本本身的批评，迄今这些文本都被当作天启的文本"。施瓦布对安基提尔远征的实际效用作了很好的描述：

> 安基提尔1759年在苏拉特完成了阿维斯陀经文翻译，1786年又在巴黎完成了《奥义书》(*Upanishads*)的翻译——他在人类伟大智慧的不同半球之间开凿出一条通道，修正并扩大了地中海盆地旧有的人文传统。不到五十年前，国人被问及做波斯人是什么样的，他就教他们如何比较波斯古迹和希腊古迹。在他之前，人们想了解我们这个星球的远古信息时，只能在拉丁语的、希腊的、犹太的和阿拉伯的大作家中寻觅。《圣经》被认为是一块孤石，如天外陨星一般。虽然已经有了对世界的文字记载，但甚少有人疑心外面尚有广袤的未知地域。他对阿维斯陀经文的移译成了人们意识到这些地域存在的滥觞，这种意识因对巴别塔后倍增的中亚各语言的探索到达了令人目眩的高度。他为我们的学派引入了大量年代悠远的文明景观，引入了难以数计的文学作品，直到那个节点前，那些学派仍只局限于文艺复兴狭窄的希腊-拉丁语遗产[其中大部分都是经由伊斯兰传入欧洲的]；话说在历史上留下印迹的，也远不止那几个欧洲行省。35

东方第一次以文本、语言、文明的实体形式向欧洲亮相。同时亚洲也第一次获得一种确切的智识和历史维度，以支撑其辽阔幅员的诸种神话。骤然的文化扩张不可避免会出现一些收缩补偿，其中之一是威廉·琼斯踵武安基提尔的东方事功，亦即我先前提到的拿破仑出兵前的第二次东方学上的努力。在安基提尔开拓了大片远景之后，琼斯将它们收拢，编纂整理，汇总比较。在1783年离开英国去往印度之前，琼斯已是阿拉伯语、希伯来语和波斯语的大家。与他的赫赫成就相比，其他身份显得无足轻重：他同时是位诗人、法学家、博学家、古典学家和孜孜以求的学者，他的影响力足以推举他与本杰明·富兰克林、爱德蒙·伯克、威廉·皮特（William Pitt）、萨缪尔·约翰逊等人相等。事业进程中他得到"印度群岛一个尊贵而收益可观的职务"；在东印度公司甫一上任，他便开始了对东方采集、归类、驯化等个人研究过程，并因此将东方变为欧洲治学的一个领域。在一个题为"旅亚期间研究目标种种"的计划中，他对个人研究枚举的调查项目包括"印度教徒与穆罕默德教徒法规，印度斯坦现代政治学与地理学，治理孟加拉的最佳模式，算术与几何，亚洲人的杂学，印度人的医学、化学、外科学和解剖学，印度的土产，亚洲的诗学、修辞学和道德观，东方民族的音乐，印度的贸易、制造、农业和商业"，等等。他在1787年8月17日给阿尔索普勋爵（Lord Althorp）的信中颇有些谦逊地写道："我的抱负是比其他任何欧洲人过去对印度的了解再多一点。"贝尔福在1910年宣称作为英国人他比其他人对东方了解更多一点，琼斯俨然提前为他埋下伏笔了。

琼斯的正式工作是法律，对于东方学的历史，这是个具有象征意义的职业。早在琼斯抵达印度之前七年，沃伦·黑斯廷斯（Warren Hastings）就作出决定，统治印度人应援用他们自己的法律，这个计划第一眼看似有魄力，实则不易，因为梵文法典在实际使用中只有波斯语翻译，当时英国人的梵文水平尚无一人可达查阅原文的程度。公司的一位官员查尔斯·威尔金斯（Charles Wilkins）首先掌握了梵文，而后开始翻译摩奴法典（*Institutes* of Manu）；这一任务很快得到琼斯的协作。（威尔金斯同时也是薄伽梵歌［Bhagavad-Gita］的第一位译者。）1784年1月，琼斯主持了孟加拉亚洲学会（Asiatic Society of Bengal）的开幕典礼，而亚洲学会之于印度的意义堪比英国皇家学会之于英格兰。琼斯作为学会的第一任会长和地方法官，取得了对东方和东方人的实际知识，这使他日后成了东方学当之无愧的奠基人（A.J.阿伯里［Arberry］语）。治理，学习，而后将东方和西方进行比较——这些都是琼斯的目的，他总有股难以抑制的冲动，编纂和攻克东方无穷多种类的事物，包括法律条文、人物、习俗、著述等等，使之纳入"一整套法规汇编"；人们相信他已经取得了这些成就。琼斯最著名的发现指出，现代东方学的范围，甚至在它的哲学上的各个起源，是一个比较学科，主要目标是从遥远而无害的东方源头中得到欧洲语言的基础训练：

> **梵语**，年代何其久远不论，其结构妙不可言；比**希腊语**更完善，比**拉丁语**更丰富，比上述两种语言更雅致精良，且无论动词词根还是语法形式，梵语都与此两种语言有着更深的亲和关系，这几乎不可能纯属巧合；事实上这一亲和关系如此之深，任何研究全部三种语言的比较语言学家都不会不相信它们有着共同的渊源。36

许多早期在印度的英国东方学家和琼斯一样都是法律学者；有意思的是，另一类是带强烈传教倾向的医学人士。可以看出，他们中大部分都怀抱双重目的去探究"亚洲的科学和艺术，以期对当地促进环境改良，为祖国增加知识和提升技艺"，37 亦即亨利·托马斯·科勒布鲁克（Henry Thomas Colebrooke）在1823年成立的皇家亚洲学会（Royal Asiatic Society）的《百年卷帙》（*Centenary Volume*）中陈述的东方主义者的共同目标。如琼斯这样的早期职业东方学家与现代东方人打交道时，只履行这两项任务；就他们在东方呈现的代表官方的西方人品格而言，今天我们很难指责他们将人文精神变得这么局限。他们不是法官就是医生。即便埃德加·基内，其写作内容更多涉及形而上学而非现实，也约略感受到这种"治疗的"关系。"亚洲有先知，"他在《论宗教精神气质》（*Le Génie des religions*）一书中说，"欧洲则有医生。"38 关于东方的知识正解源自对古典文本进行透彻研究，此后才能将这些文本应用于现代的东方。面对现代东方明显的衰败和政治上的颠顸，欧洲东方学者认为他的责任在于拯救古典东方一部分失落的、往昔的辉煌，以对现代东方达到"促进改良"之目的。欧洲人从古典东方的既往中得到的是一种幻象（以及成千上万的真相与假象），他认为只有自己才能发挥其最大优势；他对现代东方不但奉送促进与改良，还奉送他的判断作为福利，让现代东方知道什么对它是最好的。

拿破仑的东方项目之前，所有东方学者项目的特点是他们事先几乎做不了什么准备工作以保证成功。就拿安基提尔和琼斯的例子来说，他们都是到达东方之后才知道做什么。他们所面对的，可以说是整个东方，经过一段时日以及大量临场对应，他们才将范围逐渐缩小。而拿破仑不一样，他要的就是拿下整个埃及，预先准备可谓周详备至，巨细靡遗。即便如此，这些准备几乎都是盲目的先验图式的，以及——我借用一个词——"文本性的"，这种特征值得在此稍加分析。1797年正值拿破仑在意大利为下一次征战秣马厉兵之际，他心头主要盘踞着三件事。其一，撇开依然构成威胁的英格兰不论，拿破仑从《坎波福尔米奥条约》签订后积聚起巨大的军事成就，除了东方，已经再无其他地域可供他添加额外荣耀的了。此外，塔列朗彼时正大肆抨击"目前情况下从新殖民地获得好处"，而这个念头，加上可折损英国的诱人前景，促他看向东方。其二，拿破仑从青少年时期就被东方吸引；他年轻时的手稿中包含一份他对马里尼（Marigny）所著《阿拉伯史》（*Histoire des Arabes*）的综述，从其文字和言谈明显可见，按让·蒂利（Jean Thiry）之说，拿破仑沉浸在与亚历山大大帝有关东方的，尤其是埃及的往事与荣光之中。[39]因此变身新的亚历山大大帝再度征服埃及这个念头对他不证自明，况且此举还有附加的利益，获得一个新的伊斯兰殖民地，损失的是英国。其三，拿破仑将征服埃及看作有胜算的项目，正是因为无论从战术还是战略角度，以及从历史和文本角度，他对埃及都很了解，特别是从文本角度，他的了解来自遍读古今欧洲各种权威的著述，这点不可小觑。上述几点想要说明的是，对拿破仑而言，埃及计划先是在他的念想中、而后在征战准备中获得现实感的，这种获得方式发生在观念和神话的领地，采集自本文而非经验现实。由是，他的埃及计划迈出了欧洲与东方发生一连串碰撞的第一步，其间东方学者的专业意见被直接施用于殖民地目的；东方学者必须就他的忠诚和同情在向着东方还是向着有征服力的西方之间作出选择，这种关键时刻，他总是会站在西方一边，从拿破仑时代起一成不变。至于皇帝本人，他看到的东方，一直以来都只是以编纂形式出现，先是通过古典文本，然后是通过东方学专家，而后者基于古典文本的想象似乎成为一个有效的替代物，替代与真正的东方的任何实际接触。

拿破仑为其远征埃及招募几十名"大儒"随军之事已为人们熟悉，毋需赘述。他的想法是由他一手创建的埃及研究院（Institut d'Égypte）之成员对所有专题进行研究，为此番远征建立某种活档案。但拿破仑之前依赖的著作，是法国旅行家沃尔内伯爵（Comte de Volney）1787年出版的两卷本《埃及与叙利亚之旅》（Voyage en Égypte et en Syrie），也许就鲜为人知了。在一篇短小的自序中，沃尔内告诉读者，1783年这次东方之旅因一笔意外钱财（遗产继承）得以成行，除此之外，该书几乎是一份沉闷而无个人感情色彩的记录文件。显然沃尔内自视为科学家，他的工作永远是将他所见事物的"状态"记录下来。该书高潮出现在第二卷中对伊斯兰教的记述。[40] 对伊斯兰作为一种宗教和一种系统的政治体制，沃尔内持典型的敌视态度；然而拿破仑发现这部书和沃尔内1788年出版的《论土耳其现实冲突》（Considérations sur la guerre actuel de Turcs）有着特别的重要性。因为沃尔内毕竟是一个精明而谨慎的法国人，而且如同晚他四分之一世纪的夏多布里昂和拉马丁一样，认为近东很可能成为法国实现殖民野心之地。拿破仑从沃尔内书中得益的，是他将任何法国远征武力在东方面临的障碍，按从易到难的顺序——罗列出来。

拿破仑在《埃及战役与叙利亚战役，1798—1799》（Campagnes d'Égypte et de Syrie, 1798—1799）中明确提到了沃尔内，此书是他对埃及远征的思考，在圣赫勒拿岛上向伯特兰将军口授的。他说沃尔内认为法国在东方称霸有三大障碍，法国武装力量因此要面对三场战争：第一场对英国，第二场对奥斯曼帝国，第三场也是最艰巨的，对穆斯林。[41] 沃尔内的评价既精到又无懈可击，拿破仑很清楚，正如沃尔内的其他读者也清楚，《埃及与叙利亚之旅》和《论土耳其现实冲突》是任何意欲在东方获胜的欧洲人手中的法宝。易言之，沃尔内的著述构成一部使用指南，它可以缓释欧洲人在东方亲身经历可能感受到的对人造成的冲击：阅读这些书——沃尔内的题旨似乎亦在于此——你会迫使东方听命于你，而非反过来被东方弄得晕头转向。

拿破仑几乎是照字面意思理解沃尔内的，却采取了一种颇具特色的妙招。从攻打埃及的军队出现在埃及地平线的第一时间，所做的一切努力都在让穆斯林相信"我们是真正的穆斯林"——这也是波拿巴于1798年7月2日向亚历山大市民所作的宣言。[42] 拿破仑依靠周围聚集的一群东方学者（坐在一艘名为"东方号"的旗舰上），利用埃及人对马穆鲁克（Mamelukes）的敌意，并借助人人机会平等的革命主张，对伊斯兰发动了一场别具怀柔而有选择的战争。首位记录此次远征的阿拉伯编年史家阿布德-拉赫曼·贾巴提（Abd-al-Rahman al-Jabarti）感触最深的，莫过于拿破仑借学者之力来处理他与当地人的关系，以及近距离观察一个欧洲现代学术机构带来的震撼。[43] 拿破仑千方百计要证明他在为伊斯兰而战；他说的一切都译成《古兰经》式的阿拉伯语言，正如法国军队受命要求必须永远牢记伊斯兰的敏感性（这方面可以将拿破仑在埃及的策略与西班牙人对印第安人的策略作比较——1513年由西班牙人向印第安人宣读的用西班牙文起草的《诰谕》[*Requerimiento*]这样说："对拒不听从之臣属，本师将捉拿汝等及妻小，令其为奴，并按［西班牙国王和王后］殿下敕命，将其变卖处置；本师将没收汝等家财，尽施灾孽荼毒于尔身"，云云，云云[44]）。当拿破仑看清仅凭他的部队强制埃及人服从力有不逮，便转向当地的伊玛目（imam）、卡迪（cadi）、穆夫提（mufti）、乌里玛（ulema），试图让他们在解释《古兰经》时对法国军队有利。为此目的，在阿扎尔（Azhar）任教的六十位乌里玛受邀至他的驻地，备享军方全套礼遇，这些人满耳朵都是拿破仑对伊斯兰和穆罕默德的一片钦佩逢迎之声，以及他对《古兰经》看似相当稔熟并怀有显见的尊崇之情。这一招果然见效，未几，开罗的民众仿佛已经忘了对入侵者的疑心。[45] 拿破仑其后严格训谕他的代理人克勒伯（Kleber），他离开后必须总是通过东方学者和他们能争取过来的伊斯兰宗教领袖们一同管理埃及；其他任何政治举措都代价高昂且不明智。[46] 雨果认为在他的诗

97

歌《他》("Lui")中,把握住了拿破仑东方远征智巧的荣耀:

> 在尼罗河畔,我再次发现他。
> 埃及与他的黎明之火一同闪烁;
> 他的帝国星迹在东方冉冉上升。
>
> 凯旋人,热情洋溢,功德煊赫,
> 奕奕奇迹之身,威震奇迹之地。
> 众老教长钦挹这位年轻持重的埃米尔。
> 人民对他空前的武力望风披靡;
> 他就这样出现在目眩神移的诸部落前,
> 宛如一位西方的穆罕默德,高山仰止。[47]

如此规模的胜利只有在军事远征之前完成准备才能取得,也许只有那种并无事先的东方经验却能从书籍和学者那里获得知识的人才能取得。在身边配备一支完整的学术队伍供随时调用,此举正从一个侧面反映了这种对待东方的文本上的态度。而这一态度反过来又由具体的革命政令强化——特别是[共和]三年芽月10日(1793年3月30日)宣布在国立图书馆开办公立学校教授阿拉伯语、土耳其语和波斯语,[48]其目的十分理性,意在祛除神秘,将即使是最玄奥的知识制度化。因此拿破仑的东方译者中许多都是西尔维斯特·德·萨西的学生,萨西从1796年6月始就担任了东方语公立学校的第一位也是唯一一位阿拉伯语教师。萨西后来几乎成为欧洲每一位重要东方学者的教师,该领域百年中有四分之三的时间由他的学生主持着。学生中很多在政治上发挥作用,好几位参加了拿破仑的埃及远征。

但是与穆斯林打交道只占拿破仑统治埃及计划的一部分。另一部分是使埃及彻底开放,令其完全任由欧洲人随时作细密的考查。埃及在此之前仅为属于东方的一片朦胧土地,通过早期旅行家、学者、征服者的二手资料略为人知,如今,它成了法国学术的一个部门。这里文本的、先验图式的态度仍很清楚。埃及研究院集化学家、历史学家、生物学家、考古学家、外科医生、古物研究者于一体，是军中的博学之师。它的野心一点儿也不逊色：要用现代法语来记述埃及；与先前的阿贝·勒·马斯克里耶（Abbé Le Mascrier）在1735年所写《埃及记述》（*Description de l'Égypte*）不同，拿破仑的这部《埃及记述》承揽的是全方位事业。几乎在占领的最初时刻，拿破仑就要求研究院开始召集会议，开始实验——用我们今天的话来说，开始履行"实地调查"使命。最重要的是，一切所见所闻以及一切研究都要求记录在案，而且也的确记录在《埃及记述》中，此《埃及记述》是一套二十三卷的鸿篇巨制，出版于1809年至1828年间，实为一个国家对另一个国家大举集体征占的记录。[49]

《埃及记述》的独特之处不仅在于规模，甚至不仅在于参与编撰者的学识，而在于对其研究题材的态度，正是这种态度引起现代东方学各项研究对它的极大兴趣。此书由研究院秘书让-巴蒂斯特-约瑟夫·傅利耶（Jean-Baptiste-Joseph Fourier）所撰写的"历史绪论"，开宗明义指出在"做"埃及研究时，学者们是直接在与某种道地的文化、地理、历史意义进行格斗。埃及是非洲和亚洲关系的焦点、欧洲和东方关系的焦点、记忆和现实关系的焦点。

> 埃及占据古老大陆的中心，地跨亚非，与欧洲交往便利。这个国家呈现的都是盛大的记忆；它是艺术之故土，保存着数不胜数的古迹；历代国王曾经安寝的主要庙堂和宫殿依然耸立，即便它们最为晚近的古建筑也都在特洛伊战争之前就已完工。荷马、莱库格斯（Lycurgus）、梭仑（Solon）、毕达哥拉斯、柏拉图都到过埃及研习科学、宗教和法律。亚历山大在埃及建立了一个富庶之城，长久以来占尽商业的天时地利，此处还见证了庞培、恺撒、马克·安东尼、奥古斯都如何决定罗马的命运和整个世界的命运。这个国家吸引着掌控众民族兴衰的各路王孙英豪的目光乃实至名归。
>
> 无论在西方还是亚洲，一个国家积聚了相当的实力之后，没有不把

目光转向埃及的,在某种意义上这被看作它的天然命数。[50]

因为埃及对艺术、科学、政府治理都饱含重要意义,它的作用有如一座舞台,使各种重要的世界历史行动在此演绎。某一现代强国若控制了埃及,就自然而然展示了它的实力并使历史发生的一切正当化;埃及自身的命运则成为附庸,理想的是成为欧洲的附庸。此外,这个强国还将载入史册,由那些与荷马、亚历山大、恺撒、柏拉图、梭伦、毕达哥拉斯齐名的人物来定义这段历史的基本要素,而上述人物现身东方为东方增添了光彩。总之东方是作为一套价值体系而存在的,这套价值体系并不依附于现代的真实发生,而是依附于它与欧洲遥远往昔曾经有过的一系列既定价值的接触。这就是我先前所指的文本的、先验图式态度的一个典型例子。

傅利耶以同样的笔调又继续写了一百多页(顺便一提,每页的尺寸是一平方米,仿佛事先考虑到这个项目要由配得上的纸张尺寸来保持它的规模)。当然,他从运笔如神的既往岁月中必须为拿破仑远征找出合法性,即顺势采取这个行动是有必要的。他不会放过这种戏剧性的角度。为他的欧洲读者着想,也为他正在下笔的东方人物着想,他写道:

人们记得,法国人身临东方这个惊人消息是如何使整个欧洲为之震撼……这一雄伟计划在不动声色的思考中完成,准备活动进行得如此严密,蒙蔽了我们那些忧患意识强烈的各路对手;只有此事发生的那一刻,他们才知晓整个计划的构想、筹措,以及成功施行。

如此夸张的剧情转折竟然也使东方获益:

这个国家曾向众多民族传播了它的知识,如今却一头陷入野蛮的泥淖。

唯有一位英雄才能将这些因素糅合在一起,这正是傅利耶所要描述的:

拿破仑有见识地看到这一事件对欧洲、东方、非洲之间关系产生的影响，此影响还会波及地中海航运、亚洲前途，等等。……拿破仑意欲为东方提供一份有效的欧洲样本，最终使当地居民生活更愉悦，也使他们获得某种完备之文明的所有裨益。

若不能持续应用于艺术和科学的项目，上述一切便无从实现。[51]

让一个地区从现在的野蛮状态回归往昔古典的瑰伟，以现代西方的思路教化东方（为其自身利益计）；将军事力量置于从属地位或减轻其作用，以增大在对东方进行政治统治过程中获得耀眼知识的项目效果；创制东方，塑造东方的框架、身份和定义，前提是充分认识它在记忆中的地位、它对帝国战略重要意义、它作为欧洲附庸的"天然"角色；以"为现代学术作贡献"为名，抬高在殖民占领中搜集到的所有知识的身价，但他这么做的时候，根本没有咨询或认真对待当地人意见，只当他们是某种文本的幌子，而这种文本对当地人一无所用；把自己看作几乎可以随心所欲对东方的历史、时代、地理发号施令的欧洲人；组建各种新的专业领域；设立各种新的学科；划分、配置、图示、汇总、索引、记录一切看得见（和看不见）的事物；对每一个观察得到的细节，都尽可能对其进行概括，而对每一项概括，又尽可能赋予它某种具有东方属性、气质、心态、习俗、类型等不变的规律；最重要的，是使活生生的现实变身为文本的材料，去占据（或自以为占据）现实的存在，只是因为在东方大概没有什么可以阻挡他的势力：上述这些都是《埃及记述》中完全实现了的东方主义计划的特征，而东方主义计划本身变为可能并得以巩固是拿破仑倚仗西方知识和权力的手段对埃及全盘使用东方主义式的囫囵吞噬。因此傅利耶在绪论的结尾宣称，历史将铭记"埃及如何成其［拿破仑］荣耀之地，如何防止人们遗忘这一非凡事件的所有情况"。[52]

《埃及记述》在此迫使埃及或东方脱开原有具连贯性、身份和意义的历史。取而代之的是，在《埃及记述》记载的历史排挤了埃及或东方的历史,将它原本的历史径直对接上了世界历史(即欧洲历史的一个委婉说法)。在东方学家心中,使一个事件不被湮灭,相当于将东方变为一座剧场,他便可以对东方进行各种表述:这几乎正是傅利耶之语的翻版。再者,运用现代西方术语来描述东方而形成的强力本身,足以将东方从哑喑晦暗、无人问津的国度(除了对自己过去那种宏大却无法定义的感觉不成熟的自言自语外)提升至现代欧洲科学的清晰状态。如在《埃及记述》中杰弗罗伊·圣希莱尔之生物学的专题下,这个新东方就成了证实布封(Buffon)构想的动物学特殊演化规律的重要部分。[53] 或者,它起一个"与欧洲民族生活习惯作鲜明对比"的作用,[54] 此间东方人"奇情别趣之享乐"被用来凸显西方人习性的严肃和理智。又或者,多引一个东方的用处,在欧洲人体内寻找与那些使其能成功将尸体防腐的东方人生理特征相等的东西,如此,为荣誉捐躯沙场的骑士们即可作为拿破仑伟大东方征战的神圣遗物得以栩栩如生地保存。[55]

然而,拿破仑占领埃及在军事上的失败并未同时破坏其在埃及或东方其余地区总体计划的繁盛机能。颇有实际意义的是,占领本身催生了完整的对东方的现代经历——它在拿破仑于埃及建立的话语世界体系内得到解释,而主导和传播这一话语的各路媒介包括研究院和《埃及记述》。它代表的理念,用夏尔-卢(Charles-Roux)富有典型意义的话说,是一个"恢复了繁荣、由智慧和开明之管理再造的"埃及,"……将使文明之光普照其所有东方之邻"。[56] 诚然,其他欧洲列强在这场使命的比拼中亦不敢居后,其中数英国风头最健。但要承继西方共同进军东方的使命这样一桩延绵不断的遗产——无论欧洲之间有过怎样的争吵,竞争中做过什么不体面的手脚,或兵戎相见——就需要开创新的项目、新的眼界、新的企划,把古老东方的其他部分与欧洲征服精神结合在一起。拿破仑之后的东方主义语言因此彻底改变。其叙述性的现实主义得到加强,不仅成为一种表现风格,而且成为一种语言,实际上是一种创造手段。随同各种母语——安托万·法布尔·多利维(Antoine Fabre d'Olivet)称之为现代欧洲通俗口语中那些被遗忘的、休眠的源头——东方得以重新建构,再度汇编,精心制作,一句话,因东方学者们的努力而诞生。《埃及记述》成为令东方进一步靠近欧洲所有未来努力的母版,其后,人们便将东方全面接纳,且更重要的,抵消或至少压制和减弱它的陌异性,以及在伊斯兰的案例中,压制和减弱它的敌意。此后,伊斯兰的东方将作为一种表示东方学者权力的类别出现,取代了作为人类的伊斯兰民族以及作为史类的伊斯兰民族史。

于是拿破仑远征催生了整个系列的后世文本,从夏多布里昂的《巡游记》(*Itinéraire*),到拉马丁的《东方之旅》(*Voyage en Orient*),到福楼拜的《萨朗波》,以及同一传统的莱恩的《现代埃及人风俗纪事》和理查德·伯顿的《麦地那和麦加朝圣个人叙事》(*Personal Narrative of a Pilgrimage to al-Madinah and Meccah*)。将这些著述视作一个系列,不仅因其东方传奇和经历的共同背景,更因其学术上有赖于东方这一孕育场所,这些著述方能问世。如果这些创作颇为乖悖地最终成为高度符号化的假象,成为煞费苦心打造的赝品,不过他们可能想象出的鲜活东方的模样,那也既不减损他们想象概念的优势,亦不减损欧洲人对东方掌控的优势,这两者的典型代表分别是卡廖斯特罗(Cagliostro)和拿破仑,前者是欧洲有名的假冒东方行骗之徒,后者则是现代征服东方的第一人。

艺术的或文字的作品并非拿破仑远征的唯一产物。在此之外,当然也更具影响力的,是科学研究的项目,代表作首推欧内斯特·勒南的《闪语的比较系统和通史》(*Système comparé et histoire générale des langues sémitiques*),此书成于1848年,工巧得足以让他获得了沃尔内奖(Prix Volney);又有地缘政治学的项目,主要代表则有费尔南德·德·雷赛布(Ferdinand de Lesseps)的苏伊士运河和英国在1882年对埃及的占领。此二者区别在于显示的规模,更在于东方主义信念的本质。勒南真心相信他在著述中再造了东方,事实也的确如此。德·雷赛布则有所不同,他对他的项目从古老的东方获得新意总有某种惊艳的感觉,这种感觉传遍每个认为1869年苏伊士运河的开通具有非凡意义的人。在托马斯·库克(Thomas Cook)为1869年7月1日的《观光旅游广告报》(*Excursionist and Tourist Advertiser*)撰写的文字中,他将德·雷赛布的热情发扬光大：

> 本世纪最杰出的工程伟业将于11月17日举行蔚为壮观的开通庆祝仪式，几乎所有欧洲王室都将派出他们的特别代表到场祝贺。这一场面堪称旷世盛典。欧洲和东方之间开凿一条水上交通线路之念想的形成，先后在希腊人、罗马人、撒克逊人和高卢人的心中萦绕了几个世纪，直到最近几年，现代文明开始真正启动，超越了古代法老们过去的努力——法老们曾花数百年时间开建一条连接两个海域的运河，其遗迹至今可见……。与这一[现代]工程相关的一切都具有至为磅礴的规模，浏览一下圣斯托埃斯骑士（Chevalier de St. Stoess）描述这一工程的小册子，人们就会为伟大的精巧构思天才——费尔南德·德·雷赛布先生——所深深折服，他的坚韧、胆识和远见最终使无数代人的梦想成真，成为触手可及的事实……此项目将西方和东方的国家连结得更为紧密，从而将不同时代的文明融合在一起。[57]

将旧有想法和新式手段结合，将与十九世纪关系各异的不同文化汇集在一起，将现代技术和知识的意志之力实打实地施加在像东方和西方这种从前稳定但相隔的地理实体之上：这就是库克所构想的，也是德·雷赛布在他的刊物、演讲、宣传册和书信中所广告之的。

从家族意义上说，费尔南德的开局很幸运。他的父亲马修·德·雷赛布（Mathieu de Lesseps）与拿破仑一同来到埃及，并在法国1801年撤走后又在埃及多待了四年，按马洛（Marlowe）的说法，身份是"法国的非官方代表"。[58] 费尔南德后期的很多文字都回溯到拿破仑本人对开挖运河的兴趣，但因为专家给他的信息有误，他从未觉得这是个可行的目标。德·雷赛布有感于运河计划中各执一词的历史（其中包括法国黎塞留[Richelieu]和圣西门学派人士提出的计划），于1854年重返埃及，在那里德·雷赛布着手进行这项事业，最终在历时十五年后完成。他本人并无可靠的工程学背景。但他对自己作为建设者、倡议者、缔造者那种迹近神助的技能有着巨大的信念，这种信念令他不断前行；他的外交和财政天赋使他赢得埃及人和欧洲人的支持,他似乎已经具备了完成各项要务所需的知识。更有用的,也许是他了解如何将他的潜在赞助者们移植到世界历史大舞台上,让他们体会他称之为"道德思想"的项目的内涵。"你们可以预见,"他在1860年对他们说,"西方和东方的接近必将为文明和总体财富的开发提供巨大帮助。世界期待从你们这里获得重大进步,而你们应该满足世界的期待。"[59] 为了使这些理念名副其实,德·雷赛布将1858年成立的投资公司叫作"寰球公司",一个颇有激情的名字,以衬托他赍怀的宏图壮志。1862年,法兰西学院为讴歌运河项目的诗人颁发了一个奖。获奖者波尔尼耶(Bornier)以极为夸张的笔调抒发了如下情怀,本质上与德·雷赛布自视投身事业的画面如出一辙:

> 干起来!我们法兰西派遣的工匠,
> 为世界辟出这条新路!
> 你们的父辈,那些英雄,径直来到这里;
> 你们要坚定无畏,
> 像他们一样战斗在金字塔下,
> 而四千年岁月也在凝视你们!
>
> 是的,这是为全世界!为亚细亚和欧罗巴,
> 为那些夜幕笼罩的遥远地带,
> 为狡诈的中国人和半裸的印度人,
> 为那些快乐、自由、仁厚和勇敢的民族,
> 为那些邪佞的民族,为那些被奴役的民族,
> 为那些仍未闻知基督的众人。[60]

每当德·雷赛布被质询开凿运河所需庞大的人力财力费用是否合理,他的雄辩和智谋就发挥得淋漓尽致。他会源源不断罗列统计数据,令听者着迷;他还会头头是道地征引希罗多德(Herodotus)与航海的数

据。1864年他在日志中援引卡西米尔·勒贡特（Casimir Leconte）的评论并表示赞同，勒贡特认为一种偏离正常轨迹的生活能使人发展出巨大的原创性，而从这种原创性中又能产生非凡的功绩。[61] 这些功绩就是它们自身的合理证明。不去说无法追忆的失败标记和沉重的代价，也不去说改变欧洲与东方相处之道的勃勃雄心，运河是值得所有付出的。这是个独特的项目，可以对咨询人士的反对声音不管不顾，它要改善整个东方，为诡计多端的埃及人、狡诈的中国人和半裸的印度人完成他们自己永远完不成的事业。

1869年11月一系列开航典礼与德·雷赛布历来谋策的一样，完美体现了他的各种主张。多年来他的演讲、书信、宣传册都活灵活现充满有能量和戏剧性的词汇。为获得成功，他总是这样言及自身（永远以第一人称复数形式）：我们创造、奋斗、处置、实现、行动、认识、坚持、前进；他在许多不同场合反复说，没有什么能阻挡我们，没有什么是不能实现的，最重要的是实现他所构思、确定和最后执行而得到的"这一终局结果，这一宏大目标"。11月16日的庆典上，教宗派遣的特使代表对冠盖云集的社会名流发言，极尽赞美之能事，与德·雷赛布运河项目呈现的知识和想象的壮观场景相匹：

> 可以肯定的是，刚刚到来的这一时刻不仅是本世纪最庄严的时刻之一，而且是人类有史以来最伟大和最具决定性的时刻之一。这地方，这非洲和亚洲两大洲从此相遇之地，这人类的盛大节日，这宏大的、世界性的、地球上所有民族共襄的壮举，光芒四射和无垠的天穹下，万国旗和彩旗正在欢快地飘扬，新月前耸立着万众瞩目的十字，多么美妙的景象，多么鲜明的对比，多么虚幻的梦想，如今都变为有形的现实！而且，在这众多奇迹的组合中，会有多少供思想家们思考的主题，现时会有多少欢乐，未来前景又会有多少辉煌的希望！……
>
> 地球的两端越来越近了；相互靠近时，它们认出了对方；藉相互的结识，所有人——同一位上帝的孩子——体验到彼此间兄弟情谊的

> 喜悦颤抖！哦，西方！哦，东方！走近吧，注视吧，问候吧，拥抱吧！……
> 但，在物质现象的背后，思想家的目光发现了比可测空间更为广阔的天际，那无涯的天际，正搬演着人类最辉煌的命运、最光荣的征服和最永久的确信……
> ［主呵，］愿您神圣的气息在这片水域飘荡！愿这神圣的气息从西方飘到东方，从东方飘到西方！主呵！愿您以这条水道让人们紧密相连！62

全世界似乎都蜂拥着向这个方案致意，连上帝都只能使自己扮演赐福的角色。旧有的区隔和抑制得以冰释：十字架降服了新月，西方君临东方，此后便不曾离开（直到 1956 年 7 月，贾迈勒·阿卜杜勒·纳赛尔以读出德·雷赛布名字的方式开始将运河收归埃及国有）。

在苏伊士运河计划中，我们看到东方主义学说——以及更有意味的，东方主义大举行动——的逻辑判断。对西方而言，亚洲一度代表沉默的远方和异己；伊斯兰则对欧洲基督教构成具有军事层面的敌意。为了攻克这一可畏的恒在对手，东方必须首先被了解，然后被侵入和占领，再由学者、士兵、法官等重新创造，这些人发掘出湮没已久的各种语言、历史、种族和文化，目的是将它们——越出现代东方人的眼界——定位为真正的东方经典，利用它们来裁决和统治现代东方。模糊性可以淡化，取而代之的是温室里培养的实体；"东方"是一个学者专用的词语，指称现代欧洲晚近理解的具有更多异质的东方。德·雷赛布和他的运河最后摧毁了东方的距离感，也摧毁了东方因远离西方而产生的关起门来的亲昵，以及它经久的异域色彩。正如一道陆地的屏障可以改变为水路动脉，东方也可以从抵抗的敌对状态转化为恭顺驯服的伙伴。德·雷赛布之后，再无人将东方说成是严格意义上的另一个世界了。只有一个"我们的"世界，"一个"因苏伊士运河而结为一体的世界，苏伊士运河令最后那些仍然相信不同世界隔着鸿沟的褊狭之人感到沮丧。自此之后，"东方人"的概念成为一个管理上的或行政上的概念，并受人口学、经济学、社会学诸因素支配。无论对贝尔福这样的帝国主义者，还是对 J.A. 霍布逊（Hobson）这样的反帝国主义者，东方人如同非洲人，是一个具有臣民地位种族的成员，而不完全属于某个地理区域中的居民。德·雷赛布（几乎可以从字面理解地）将东方拖拽进入西方并最终驱散了伊斯兰的威胁，以此消解了东方的地理特征。新的范畴和新的经验——包括与帝国主义有关的范畴和经验——随即出现，假以时日，东方主义将会使自己与这些范畴和经验相适应，但这个过程不会一帆风顺。

选自《东方学》

5

从其受害者立场看犹太复国主义

（1979）

爱德华·萨义德于1978年完成《巴勒斯坦问题》，当时出版商认为此书具有太强的挑衅性而不便出版。灯塔出版社和万神殿丛书都退回了手稿。后有一家贝鲁特的出版社答应用阿拉伯文刊行，条件是萨义德删除对叙利亚和沙特阿拉伯的批评。萨义德拒绝删除。最终，时报书局于1979年出版了该书。

萨义德对犹太复国主义历史和思想体系的探究激怒了不同的阵营。一些犹太批评家，如罗伯特·威斯特里奇（Robert Wistrich），抗议萨义德将犹太复国主义与欧洲殖民主义所作的关联。萨义德在文中说："犹太复国主义治下的阿拉伯巴勒斯坦人的经历与那些十九世纪帝国主义者治下被描述为劣等和次等民族的黑色人种、黄色人种和棕色人种的经历之间存在一种显而易见的重合。"如果说犹太复国主义批评家意在否认犹太复国主义的帝国传统，那么反过来许多巴勒斯坦人又认为萨义德在书中作了太多让步。事实上，《从其受害者立场看犹太复国主义》一文认为，巴勒斯坦人作为"受害人治下的受害人"这个事实，已经成为犹太复国主义历史的一个重要部分。萨义德提出，巴勒斯坦人必须在这段历史中得到承认，正如没有巴勒斯坦人能够忽视犹太复国主义。

1978年，这种态度与"相互承认"和巴以冲突的"两国解决方案"的策略有着密切联系。如艾克巴尔·艾哈迈德（Eqbal Ahmad）在《国家》杂志中评论的那样，萨义德是第一位有影响力的巴勒斯坦人"主张有必要考虑犹太人和巴勒斯坦人之间完整的政治遭遇"。[1]萨义德解释道:"一如近几百年来犹太人无不受到犹太复国主义触及,每个巴勒斯坦人亦都无法去除犹太复国主义在他们身上打下的烙印。"萨义德提醒人们,"然而请不要忘记,巴勒斯坦人不仅仅是犹太复国主义的一个用途。他的生活、文化、政治都具有自身的动力,它们最终都具有自身的本真性"。

I 犹太复国主义和欧洲殖民主义的态度

每一种观念或观念系统都存在于某个场域,与历史环境难解难分,也是人们简单称之为"现实"的组成部分。然而,为自我利益服务的理想主义有一个持续的属性,即观念只是观念而已,观念存在的场域仅限于观念的王国。有一类人不断倾向将观念看作仅与抽象事物的世界有关,对这类人而言,一种观念本质上是完美的、有益的、不受人的欲望或意志玷污的。这种看法也适用于那些被认为是邪恶的观念,那些邪恶得完美的观念,等等。当一个观念变得有其实际效用——换言之,当它的价值在现实中因广泛接受而得到肯定——对这个观念的某些修正便显得十分必要,因这个观念很可能被视作具有了严酷现实的某些特性。故常有论点辩称,像犹太复国主义这样的观念,尽管它代表着形形色色的政治苦难和斗争,本质上是一种不变的观念,表达犹太人政治和宗教自决的渴求——在应许的土地上实现犹太民族自我个性的塑造。因为犹太复国主义的顶峰似乎达到了创建以色列国的结果,又有论点辩称,这一观念在历史上的实现,证明它不变的精髓是对的,而同等重要的,证明了为达成实现其目的之手段也是对的。很少有论点关注,犹太复国主义为非犹太人——碰巧不得不遭遇犹太复国主义的非犹太人——带来什么;就此而论,也不讨论它在(犹太历史以外的)哪里发生,以及欧洲犹太复国主义是从十九世纪历史语境中的什么方面汲取力量的。对于巴勒斯坦人来说，犹太复国主义是输入巴勒斯坦的一套他人的观念，而每个人都在以一种极为具体的方式为这套观念支付代价，承受由此带来的苦难，这些谈论犹太复国主义时被遗忘的问题，恰恰是至关重要的。

简言之，像犹太复国主义这样有效力的政治观念需要从历史的角度以两种方法审视：（1）以谱系发生学的方法，使其起源、其亲缘关系和后辈关系、其与其他观念的依附关系以及与政治机构的依附关系得以显现；（2）作为积聚（权力、土地、意识形态合法性）和换置（民族、其他观念、先前的合法性）两种实践的体系。当前政治和文化的现实情况使这样的审视困难重重，这是因为犹太复国主义在后工业时代的西方，已经为它自身在自由派"建制当局"的话语中谋获了几乎不能受到质疑的霸权，而有过之无不及的是，犹太复国主义一直隐藏或令人看不到犹太复国主义生长的实际历史土壤，隐藏它使巴勒斯坦原住民承担的政治代价，以及它对犹太人和非犹太人两者之间实施军事压迫的差异性歧视，这是犹太复国主义一以贯之的重要意识形态特征之一。

可以将梅纳赫姆·贝京的象征性作为令人惊异的例子来说明上述意涵。贝京是伊尔贡恐怖组织的前领导人，他指挥了难以数计的（常常是公开承认的）冷血杀戮行动，1978年5月，西北大学授予时任以色列总理的贝京法学荣誉博士学位；正在此前不到一个月时间，贝京领导的军队在黎巴嫩南部地区新制造了三十万难民，贝京本人则不断声称"犹太和撒马利亚"（"Judea and Samaria"）是犹太国"依法享有权利"的部分（以《旧约全书》为据的主张，根本不提及这片土地上的现有居民）；所有这些——就新闻界或知识分子圈子而言——没有任何迹象表明他们理解授予梅纳赫姆·贝京荣誉地位在西方"观念的市场"中，实际上是以巴勒斯坦阿拉伯人的沉默为代价的，他们没有理解1948年前在巴勒斯坦土地上犹太国的全部历史持续时间，只是两千年前的六十年，也没有理解巴勒斯坦人的离散不是自然而然的事实，而是特定势力和战略造成的结果。因此，犹太复国主义对自身历史的隐瞒，时至今日已经制度化了，而且非限于以色列范围。某种意义上应巴勒斯坦和巴勒斯坦人的要求将犹太复国主义的历史起底——犹太复国主义和以色列靠的是对这些受害者的压制——在当前讨论中东"全面和平"语境下变成了某项特殊的知识分子的、政治的任务。

令人印象深刻的是出于各种原因美国在这一讨论中所处的特殊地位，甚至可称特权地位。除了以色列，再没有其他国家将犹太复国主义奉为某种不能质疑的神益，也没有其他国家在有影响力的机构与利益关系之间形成如此强烈的纽带——新闻报刊、自由派知识分子、军工联合企业、学术团体、工会——因为这些机构［……］对以色列和犹太复国主义不加批评的支持，提升了它们国内乃至国际的名声。虽然近来这种高度一致的现象得到某些调节——缘于阿拉伯石油的影响，与美国结盟的起抗衡作用的保守国家（沙特阿拉伯、埃及）的出现，巴勒斯坦人民和他们的代表巴解组织政治和军事上难以对付的存在——但弥漫性的亲以色列的偏向依然稳固。因为在广义的西方，特别在美国，它不但有着深厚的文化根基，而且它面对完整的历史现实的那种否定的、禁制的表现是系统性的。

然而无法绕开的严峻历史现实是，要试图讨论关于犹太复国主义在什么方面压制巴勒斯坦人，就要紧贴一方面是整个反犹主义的灾难性难题，另一方面则是巴勒斯坦人和阿拉伯各国之间复杂的相互关系。美国全国广播公司1978年春播出《大屠杀》，看过这个节目的人都会意识到其中至少有部分内容的目的是为犹太复国主义正名张目——即便差不多同一时期，在黎巴嫩的以色列军队给当地带来大规模破坏，数千平民伤亡以及难以言表的苦难，一些敢于直言的记者将当时情景比作美军在越战中对越南造成的破坏（如H.D.S.格林威［Greenway］,《越战式袭击摧毁南黎巴嫩：以色列留下一条毁灭之路》，载《华盛顿邮报》1978年3月25日）。同样，1978年初美国按"一揽子交易"计划对以色列、埃及和沙特阿拉伯售卖战机，其引发的愤怒对阿拉伯解放运动与阿拉伯右翼政权相互交织的困境不啻火上浇油。在这些案例中批评的任务，或用另一种话说，批评意识的作用，是必须能够作出区分，找出差别，可惜在目前情况下没有人这么做。以批评方式写作巴勒斯坦的犹太复国主义，其实从来都不意味、现今也不意味，成为反犹的存在；反之亦然，为巴勒斯坦人权利和自决的抗争，不意味支持沙特王室，也不意味支持过时的、带压迫性质的大部分阿拉伯国家的政治结构。

人们必须承认，所有自由派人士，乃至很多"激进"人士，一直以来都无法摆脱犹太复国主义者将反犹太复国主义（anti-Zionism）和反犹主义（anti-Semitism）之间画上等号的习惯思维。这种情形下，一个善意的人，可以在反对南非或美国种族歧视的同时，以默许的方式支持犹太复国主义者对居住在巴勒斯坦的非犹太人实行种族歧视。非犹太复国主义者在提供现成历史知识的来源上几乎完全缺席，媒体宣传各种不怀好意的简化（比如，犹太人与阿拉伯人的对立），形形色色犹太复国主义"压力团体"的犬儒型机会主义，普遍存在于大学知识分子中无思辨性重复伪善用语和政治俗套的倾向（葛兰西指派给传统知识分子扮演"合法专家"的角色），在一个犹太人种族灭绝时代触碰犹太人对他们的受害者的所作所为这种高度敏感话题的恐惧——所有这一切都有助于沉闷而规范地强制形成几乎一边倒支持以色列的局面。而正如 I.F. 史东最近观察到的，这种一致性甚至超过了大部分以色列人的犹太复国主义。[2]

而另一端做法亦完全没有道理，即忽略犹太复国主义之于犹太人是一种理念的力量，或将如何定义犹太复国主义特征这种复杂的内部辩论缩至最小范围，也不去讨论它的真实含义、它与救世有关的命运，等等。甚至谈论这一话题，还远未涉及试图"定义"犹太复国主义，对阿拉伯人就已经变得难以启齿了；但这仍是一个必须认真对待的问题。以我自己的例子说，我的大部分教育，以及所有基本知识的形成，都是来自西方的。我阅读的内容、写作的内容，乃至政治上的行为，无不深受西方主流态度看待犹太人历史、反犹主义、欧洲犹太人社区破坏等等的影响。与大多数其他阿拉伯知识分子不同（他们中大部分人显然没有经历过我的这种生活背景），我直接接触到只对犹太人和西方非犹太人阅读思考犹太历史来说有重要意义的那部分犹太历史和经验。我也知晓任何一位在西方受教育的非犹太人所能知晓的反犹主义对犹太人意味着什么，特别在本世纪。故此我能理解犹太复国主义得以滋养的交杂着恐怖与欣喜的成分，我觉得自己至少能领会以色列对犹太人的意义，甚至对开明的西方自由派的意义。然而，因为我是阿拉伯巴勒斯坦人，我还能看到和感受到其他情事——正是这些情事使问题变得相当复杂，也促使我聚焦到犹太复国主义的其他的方面。我认为值得描述一下发生的结果，并非因为我认为这一结果本身重要，而是因为它有助于我们从两个互补的角度看待同一现象，而它们之间在常态中不会相互关联。

我们可以从一个文学上的例子开始：乔治·艾略特最后一部小说《丹尼尔·狄隆达》(*Daniel Deronda*，1876)。本书不同寻常之处是它有一个犹太复国主义的主题，虽然小说的几条主线对读过艾略特之前小说的读者很容易识别。若将此书纳入艾略特对理想主义和精神渴求有着广泛兴趣的背景下考量，从她这种依然将希望寄托在建立一个世俗社会的宗教社群的十九世纪眼光看去，犹太复国主义就是一系列世俗项目中的一个。在先前的小说中，艾略特研究了五花八门的生活激情，所有这些激情都是有组织的宗教的替代品，它们对人有着巨大吸引力，如果这些人生活在一个凝聚信仰的年代，个个都会成为圣德肋撒（Saint Teresa）。而圣德肋撒这个参照体最初也是在艾略特早前的小说《米德尔马契》中出现的；在借此描写该小说女主角多萝西娅·布鲁克的过程中，艾略特着意弘扬她自己有远见的、道德的能量，在尽管已经缺失信仰和知识的某些安慰的现代世界坚守着。多萝西娅在《米德尔马契》结尾呈现为一位经历磨难后的还俗之人，被迫从"现实自我"生活的宏大愿景中归顺某种相对波澜不惊的扮演妻子和母亲角色的家庭事功。而《丹尼尔·狄隆达》，特别是犹太复国主义，这个相当低抑的看问题的角度被向上修正了：向着一个真心满怀希望的社会宗教项目攀升；在此项目中，个人的能量得以融入全部发散自犹太教的集体民族愿景并获得身份认同。

故事情节在两方面交替推进：一是以某种苦涩的喜剧来呈现有关英国上层资产阶级的生活方式，包括出人意表的无根性部分；二是逐步披露丹尼尔·狄隆达的犹太身份——这个外国年轻人在英国贵族胡戈·马林杰爵士的监护下长大，但他的父母不为人知——逐渐揭开的还有他做了末底改·埃兹拉·科恩的精神信徒时他的犹太命运。小说的尾声他娶了末底改的妹妹米拉为妻，承诺为实现末底改未竟的犹太人前途之愿而奋斗。这对年轻人结缡之际，末底改去世，而他在去世前已清楚他的犹太复国主义思想已经传给了丹尼尔，因为在他们"豪华的结婚礼物"中，有胡戈爵士和马林杰夫人为他们准备的"全套旅行装备"。丹尼尔和妻子将前往巴勒斯坦，可想而知宏大的犹太复国主义计划发轫在即。

小说中犹太复国主义呈现手法的关键之处，在于其背景是一种概括意义上的无家可归环境。不单指犹太人，小说中甚至出身良好的英国男女也都被刻画成漂泊的和异化的人。如果说较为贫困者（如达维洛太太和她的女儿）总是不停地从一处出租屋搬到下一处出租屋，那么富有的贵族在拥有"永久家园"这件事上也好不到哪里去。于是，艾略特利用犹太人的困境，做了一份关于十九世纪需要一处家园的普世供述；这个出发点是人们精神和心理上的无根性，反映在她的人物角色中几乎是本体论意义上的身体躁动。她对犹太复国主义的兴趣在小说开始时的思考就可见一斑：

> 人的生活，我认为应该牢固扎根于故土的某个基点，因为大地的面貌，因为人们投入其上的劳动，因为萦绕四周的声响和乡音，因为那种无以名状的、在将来渐次扩大的知识中一眼就能认出早期家园的那种熟悉而无误的差异，在那里可以获得温情的亲缘之爱。[3]

寻觅"早期家园"，意味着寻觅人们原初时体会到在家那么自由自在的处所，这是一项或多或少需要以个人和"民族"之名相互交替承担的任务。因此从历史层面看，让犹太人来作为完成这项任务的个人和"民族"就再合适不过了。只有作为一个民族（而后作为个人）的犹太人能够同时保留一种在锡安山的原初家园感和一种敏锐的、永远发生于当代的失落感。尽管各地都有反犹主义的盛行，对长期捐弃任何一种文明开化的社群信仰"仪式遵奉"的非犹太人来说，犹太人对他们是一种责备。因此末底改将这些情愫正面地表达成一种当今犹太人明确的计划：

> 他们［非犹太人］鄙视我们民族蒙昧的仪式遵奉；但最该受诅咒的

> 蒙昧是那种没有仪式遵奉的生活——沦落为狐狸般狡狯的贪婪，所有律法都不过是一张陷阱，或烦躁不安的猎犬的号叫。有一种贬抑在深重的记忆之下慢慢萎缩成迷信，在三大洲那些遵奉我们习俗仪式并坦承神圣统一的蒙昧的众人心中，犹太教的灵魂没有死。让这个有机的中心振兴：让以色列的统一——业已造就犹太教的生长与形式——成为一个向外的现实。期待一片土地和一个政体，我们四海八荒的离散之民能够共享民族国家生活的尊荣，在东方和西方各民族间发出自己的声音——它将培植我们民族的智慧和技能，一如既往，成为传播和理解的媒介。让这一切在世间出现，真实的温暖将遍布以色列孱弱的四肢百骸，而迷信将不会在叛教者的无法无天中消失，却会在拓宽情感伟大事实的烛照中消失，这些事实使所有知识保持鲜活有如珍贵记忆的新生子嗣一般。4

"拓宽情感伟大事实的烛照"，是典型的艾略特式的短语；无疑，她对笔下犹太复国主义者的赞许是因为她相信他们这个群体几乎完美诠释了她自己关于向外扩充生活感受的闳通理念。但是，果真有感受到的"西方各民族"的现实，也不会有"东方各民族"的现实。诚然，它们是被命名的，但说到底就是一个短语而已，并无实质内容。《丹尼尔·狄隆达》中提及东方的少数地方无非是英国在印度的几个殖民地，而对那里的人——作为有意愿、有价值观、有向往的人——艾略特表现出阒无声息的彻底漠然态度。关于锡安理想国将在东方"培植"这件事，艾略特显得语焉不详；仿佛"东方和西方各民族"这个短语，至少在领土上，涵盖了一个中立的初创现实的意愿。反过来，当新建立的国家成为"传播和理解的媒介"时，这个现实将被永久的成就取代。艾略特如何想象得到，即便是东方民族也会反对这种人人有份的巨大恩惠？

但是接着往下听末底改在这些问题上的演说，其强硬坚持就会令人怵惕不安。他认为犹太复国主义指的是"我们的民族再次拥有国籍的特征……这一事业将是我们一辈辈父兄拒绝虚假的安逸，坚守他们的隔离状态，经长期痛苦煎熬的应得之果"。犹太复国主义会是人类的一场跌宕起伏的教训。但读者目光为之一凛的是末底改阐述自己命题时关于土地的描写：

> [犹太人]有足够的财富从荒淫和穷困的征服者那里赎回土地；他们有政治家的技能来筹划，有营运家的谈吐风度来说服。突厥人紧盯一群野兽在他出借的一个角斗场内厮杀［此处所指为欧洲人关于圣地争议的漫长历史］，难道我们之中没有先知或诗人能够使得基督教欧洲的耳朵在基督徒倾轧的骇人听闻的毁谤中为羞耻而刺痛吗？我们能产生丰富的智慧，建立一个新的犹太政体，大气、简洁，如同古老的政体——一个保护平等的共和国，这种平等像恒星闪耀在我们古老社群的前头，并使它比在东方各独裁政府中出现的西方自由更加光明。这样，我们的种族将拥有一个有机的中心，一颗心脏和一个大脑去观察、指导、执行；愤怒的犹太人将在万国法庭上捍卫自己，和愤怒的英国人或美国人一样。世界会因以色列的收获而收获。因为东方将有一个领先的社群，它的胸中承载着每个伟大民族的文化和同情；将有一片土地用来停止敌意，是东方的一片中立之地，有如西方之比利时。困难重重？我知晓困难重重。但是让崇高的进取精神打动我们民族中的杰出人物，这项工作即将启动。[5]（着重号系我所加）

该土地本身被两套分而有别的方式来赋予表征。与土地发生联系的一边，是荒淫和穷困的征服者，是突厥人向厮杀的野兽出借的角斗场，是独裁东方的一部分；另一边则是西方自由的光明，是英美这样的国家，是中立的观念（比利时）。简言之，一边是堕落、廉价的东方，一边是尊贵、开化的西方。在这两种截然对立的东西方表征中间搭建起一座桥梁的，将是犹太复国主义。

有意思的是，艾略特只有将犹太复国主义看作将东方改造成西方的一种手段时，才会对它保持赞赏。这并非说她对犹太复国主义和犹太人本身没有同情：她当然是有的。但对犹太人在渴望家园（那是每个人，

117

包括非犹太人,都能感受的)和实际获得家园之间整个地带所处的经历,艾略特处理得相当模糊。不然她很明白犹太复国主义能够轻易符合几种不同的西方(与东方相对的)思路,其中主要包括东方处于失格的地位,东方需要按照启蒙的西方关于政治的各项概念进行重构,东方任何已重构的部分之于新居民来说都有很大成数变成像"英国人之于英格兰"一样,等等。然而潜藏在这一切之下,对东方的现有居民,尤其是巴勒斯坦居民处境的考虑是完全缺失的。他们与《丹尼尔·狄隆达》中的一众犹太复国主义者无关,与一众英国人物角色亦无关。光明、自由、救赎——对艾略特至关重要之事——只限于欧洲人和犹太人,犹太人就殖民东方这件事而言也属于欧洲人的原型。虽说艾略特对犹太人的所有描述都会强调他们的异域性,他们"东方的"面向,但只要涉及任何非欧洲人特征时,这种异域性就神奇地消失了。人性和同情,似乎只有在西方精神状态中才出现的天赋;在专制的东方去觅寻它们无异于缘木求鱼,更别说真能找到它们了。

有两点需要当即作出说明:一是艾略特与宣扬同情、人性与理解的其他欧洲传道者并无二致,他们认为,高尚的情感或者只留在欧洲,或者在欧洲以外的地方不能系统地适应。约翰·斯图亚特·米勒和卡尔·马克思就是两个引以为戒的例子(我在《东方学》中讨论过)[6],两位思想家都以学理上反对不公和压迫著称。但是,他们两人似乎都相信,像自由、代议制政府、个人幸福这样的观念,是不能用于东方社会的,如今我们会管他们依据的理由称作种族主义的理由。事实上,十九世纪欧洲文化反映出或多或少种族主义的恶意在每个人身上表现程度是不同的:比如法国作家欧内斯特·勒南就是个彻头彻尾的反犹人士;而艾略特则对那些不能与欧洲观念同化的种族持冷淡态度。

现在我们来谈论第二点。艾略特在《丹尼尔·狄隆达》中讲的犹太复国主义故事有某种让非犹太人赞同盛行的犹太人-犹太复国主义者潮流的意图;小说因此也作为某种指征,显示犹太复国主义有多少是合法的,而且的确在非犹太的欧洲人思想中标定了价值。在一个重要问题上,犹太复国主义的非犹太人版本和犹太人版本是完全一致的:他们眼中的圣地基本上是无人之境,并非因为土地上没有居民——当然是有的,描写这些居民的场景频繁出现在各种游记中,出现在如本杰明·迪斯累里的小说《坦克雷德》中,甚至出现在十九世纪形形色色的旅行指南中——而是因为这些人作为主权领土居民和人类居民的地位被系统地否定了。尽管我们有可能分辨犹太人的犹太复国主义和非犹太人的犹太复国主义(他们忽视阿拉伯居民的原因不尽相同),但巴勒斯坦阿拉伯人是一概被忽略的。应该强调的是犹太人和非犹太人的犹太复国主义在全盛的自由资本主义文化中的扎根程度,以及自由派先锋如乔治·艾略特的作品如何巩固、或许还完成了那种文化中不那么能吸引人的倾向。

迄今为止我所述及的,并不充分适用于犹太复国主义对犹太人的意义,亦不充分适用于它作为先进理念代表对热忱的非犹太人的意义;它仅适用于偏巧生活在那片土地上没那么幸运的一群人,那些被人视而不见的人。当重要的欧洲思想家们考虑理想的、以及后来可能的巴勒斯坦命运时,有一点长久以来都被人遗忘了,即这片土地有成千上万原住民参与耕种,这里的乡镇有成千上万原住民参与建造,他们认为这是他们的家园。与此同时,他们实际的物理存在却遭到忽略;日后则变成了麻烦的细节。因此,令人惊异的是,乔治·艾略特借末底改之口发表的演说听上去与早期犹太复国主义理想家摩西·赫斯(Moses Hess)在《罗马与耶路撒冷》(*Rome and Jerusalem*, 1862)中使用的那套理论性语言异曲同工;赫斯说:

> 为振兴犹太民族我们目前必须做的,首先,是激活我们民族政治重生的希望,而后,在这希望沉寂时要不断唤醒它。当东方的政治条件渐次成形,允许启动重建犹太国家的组织时,这一启动便自我表达为在犹太祖先的土地上建立犹太殖民地;法兰西无疑会对该事业助以一臂之力。法兰西,可敬的朋友,是使我们民族重返世界历史地位的救星。正如我们从前在西方探索通往印度之路,却意外发现了一个新大陆一样,我们失去的祖国也将在通过印度和中国之路上被重新发现,这条东方之路正在建成。[7]

赫斯继续对法国唱颂歌（每个犹太复国主义者都会将帝国主义列强中的这个或那个视为恩人），连篇累牍引用欧内斯特·拉哈伦（Ernest Laharanne）的《新东方问题》(*The New Eastern Question*)，以下是他引作结语的一段：

> "犹太人心中深藏一道伟大召唤：化身为连接三片大陆的活跃通衢。你们应为那些无经验的民族承担文明指引，在传导欧洲科学中做他们的教员，因你们这个民族已经为欧洲科学贡献良多。你们应做欧洲和远东之间的调解人，打开通向印度和中国之路——那些未知的地区终究须得面对文明。你们会来到你们先祖的土地，这片土地上镶嵌着悠悠岁月中殉道英烈的冠冕，在那里，你们终将完全治愈你们的所有伤病！你们的资本会使广袤的贫瘠土地重新投入耕种；你们以劳作和劬勤从不断蚕食的沙碛荒漠开垦良田，使古老的土壤再次变成果实累累的谷地，而世界也将再次向众民族中最久远的那一支致以敬意。"[8]

赫斯与艾略特的共同之处，在于他们都认为犹太复国主义应在欧洲主要强国的援助下由犹太人去实现；认为犹太复国主义将重建"失去的祖国"，在此过程中调和着不同的文明；认为眼前的巴勒斯坦需要的是教化、文明、重组；认为犹太复国主义将最终为这片土地带来启蒙和进步，而目前这两者皆不存在。赫斯与艾略特有三个相互依赖的理念——这三个理念后来几乎可以在每一个犹太复国主义思想家或理论家的表述中看到——（a）不存在阿拉伯居民这件事，（b）西方人-犹太人对待一片"空旷的"领土的互为补足的态度，以及（c）起复原作用的犹太复国主义计划，不断重建一个消失的犹太国并使之与现代元素相结合，比如有规束的、独立的各个殖民群落，为购置土地设置的特殊代理机构，等等。当然，这些理念如果离开了针对它们的、塑造它们的、以及它们所出自的国际语境（也即是说非东方的，因而属于欧洲的语境）这个附加因素，就没有了任何效力。这一语境代表现实，不仅因为民族优越的基本原理支配着整个计划，还因为犹太人海外流散现状和帝国主义的霸权地位涵盖欧洲全部文化领域这些无法抗拒的事实。但需要注意的是，犹太复国主义（和清教徒认为美洲是一片无人的土地一样）的殖民眼界与许多其他十九世纪欧洲列强有异，后者将边远领土上的原住民包括在救赎的文明化使命中。

犹太复国主义从它现代发展的最早阶段到以色列建国的鼎盛期，都吸引着一个欧洲听众群体，对这个群体而言，将海外领土和原住民分类成高下各异的不同等级源于传统标准并且是"天经地义"的。这也可用事例说明何以如今在非洲和亚洲的前殖民地国家或运动都认同、理解、完全支持巴勒斯坦的斗争。在许多事例中——我希望在此能展示——犹太复国主义治下的阿拉伯巴勒斯坦人的经历与那些十九世纪帝国主义者治下被描述为劣等和次等民族的黑色人种、黄色人种和棕色人种的经历之间存在一种显而易见的重合。因为虽然犹太复国主义出现在西方最剧烈的反犹主义时期，它亦同时出现在欧洲对非洲和亚洲进行空前领土扩张的时期，正是作为这一广泛的兼并和占领运动的组成部分，蒂奥多·赫茨尔即在此间最初发起了犹太复国主义运动。在欧洲殖民扩张最严重时期的后半阶段，犹太复国主义亦迈出了关键的头几步，沿着这条路如今已获得了可观的亚洲领土。而且不应忘记的重要一点是，犹太复国主义在加入西方普遍热切的海外领土兼并阵容时，从未以明确无误的方式谈论自身的犹太人解放运动，而把它当作一场犹太人在东方建立殖民定居点的运动。对于那些被犹太复国主义驱逐的巴勒斯坦受害者来说，它不能以充分理由表示犹太人是欧洲反犹主义的受害者，考虑到以色列对巴勒斯坦人的持续压迫，极少巴勒斯坦人能够超越他们面对的现实，即是说，在以色列的西方犹太人一度也是受害者，但现在已经变成了压迫者（压迫着巴勒斯坦的阿拉伯人和东方的犹太人）。

这并非蓄意在作向后看的历史观察，因为它们以一种极其重要的方式解释乃至决定着很多目前发生在中东的情况。以色列民众中尚未形成一定规模的人口能够去面对本地巴勒斯坦人所遭遇的社会和政治层面严重不公不义这一事实，可以看出作为犹太复国主义基础根深蒂固存在的、直到如今仍是反常的帝国主义眼光，它们的世界观，它们对一个低等的本地"他者"的感觉。另一个事实是，任何巴勒斯坦人，无论他的政治类别为何，都不能说服自己与犹太复国主义和解，这也说明在巴勒斯坦人眼中犹太复国主义的那种不折不扣排外的、歧视的、殖民主义的举措的程度。后来出现的做法是激进的犹太复国主义在巴勒斯坦将有特权的犹太人和没有特权的非犹太人分开，这种行为如此强势和绝无通融，以至于在两个就此创立的阵营之间不存在其他东西，无法析出对人类苦难生存环境的洞察力。[9] 其后果是犹太人变得不能理解由犹太复国主义对阿拉伯巴勒斯坦人造成的人道悲剧；而阿拉伯巴勒斯坦人也只会将犹太复国主义看作将他们、也是将以色列犹太人囚禁起来的一套意识形态和做法。为了打破这一非人道的铁环，我们必须看清楚它们是如何铸造的，以及在此过程中起重要作用的观念和文化本身。

以赫茨尔为例。如果德雷福斯事件最初唤醒了他的犹太意识，大约在同一时期，犹太人海外殖民定居这一主张也作为针对反犹主义的解药为他所了解。在十九世纪末，这一观念本身对犹太人来说，也才开始流传。赫茨尔接触的第一个重要人物是莫里斯·德·希尔施男爵（Baron Maurice de Hirsch），一个富有的慈善家，也是一段时期以来资助东方犹太人移民去阿根廷和巴西的犹太殖民化协会（Jewish Colonization Association）的推手。后来，赫茨尔大致考虑过在南美，亦考虑过在非洲建立犹太人殖民地。这两个地区对欧洲殖民主义都是广泛接受的，赫茨尔的思量循着他那个时代正统帝国主义的轨迹也许很容易理解。但给人深刻印象的是赫茨尔吸收和内化帝国主义看待"原住民"和他们的"领土"视角的程度。[10]

不论赫茨尔当时如何思量，他无疑是意识到十九世纪末叶的巴勒斯坦土地上是生活着很多人的。当时该地诚然处于奥斯曼帝国治下（因此本身就已经是一个殖民地了），但它一直都是无数游记的主题，且这类作品大部分都是由著名作家如拉马丁、夏多布里昂、福楼拜等人写就的。即使赫茨尔没有读过这些作家的作品，他作为一个记者也肯定读到过去巴勒斯坦的旅行指南，确知这片土地上当时（十九世纪八十年代）

确凿地生活着六十五万居民,绝大部分是阿拉伯人。这并不妨碍他认为当地居民的存在是可以通过各种手段解决的,他在日记里以一种令人心寒的先见之明详细阐述了这些手段,日后果然如愿以偿。包括对当地大量贫困居民进行剥夺没收,而且他还说,"对穷人的征占和搬迁行动都必须不动声色并小心谨慎地执行"。做这一切的方法是"在中转国雇用人手将身无分文的住民私下押运出边境,同时在我们国内要否认这种雇用安排"。以这种精确到诡异的玩世不恭之手法,赫茨尔预见大地主中的较小等级可以"以一个价格收买"——事实也的确如他所料。整个驱逐巴勒斯坦当地人口的计划远远超出了当时谋求在非洲接管一片领土各种计划中的任何一个。迪蒙德·斯图亚特(Demond Stewart)说得很是贴切:

> 赫茨尔似乎看到了这一点,如果比任何殖民主义者在非洲迄今的作为再进一步,他必须暂时与文明观念分道扬镳。他在描述关于"非自愿征占"的几页时这样写过:"开始时人们不免会对我们暂时避而远之。我们会深受恶名之困。等到对我们有利的世界舆论完全重新形成之时,我们就应该在我们的国家牢固地站稳了脚跟,不必惧怕外邦人拥入,并且能以贵族的仁慈之心和自豪的友爱之情接待我们的访客。"
>
> 这无论对阿根廷的劳工或对巴勒斯坦的农民都不是什么诱人的前景。但赫茨尔并没有想过他要立刻发表自己的日记。[11]

人们毋需完全接受这些(无论是赫茨尔的还是斯图亚特的)说辞中的阴谋论语气才能假定——直到六七十年代巴勒斯坦人被迫在世界政坛发声——世界对发生在巴勒斯坦的征占基本是漠不关心的。我早前提到在这方面,犹太复国主义主要的成就是为自己已实现之情状在国际上获得合法性,从而迫使巴勒斯坦人为这些现实情状所付出的代价变得无关痛痒。而赫茨尔的想法中有一点清晰可见,即发生这一切的前提条件,是在他们之前的欧洲人从一开始就倾向于将本地居民看作无关痛痒的存在。也即是说，那些本地居民已经或多或少落入某个公认的分类网格里，令他们在等级上自成一格地要低于西方人或白人——赫茨尔这样的犹太复国主义者也正是挪用了同样的分类法，从那个时代的一般文化中驯化出发展犹太民族主义的特殊需求。需要再说一遍，犹太复国主义中既有效力于无疑是犹太人传统的合理目的、将犹太民族从无家园属地的状况和反犹运动中解救出来并让他们恢复民族身份的一方面，与此同时，又和西方主流文化的各个方面通力协作（犹太复国主义乃生存于西方文化体制中），使欧洲人将非欧洲人看作低等的、边缘的、无关的群体。对巴勒斯坦阿拉伯人而言，造成他们痛苦的正是与西方协作的部分，而绝非犹太人获得解救的部分。阿拉伯人遭受的痛苦并非来自温和的犹太复国主义——它只针对犹太人是否得益——而主要是来自带有歧视和强势的文化；在巴勒斯坦土地上，犹太复国主义正是这种文化的代理人。

这里我必须岔开说一下，如今书写阿拉伯巴勒斯坦人在犹太复国主义下的遭遇之所以面临重重困难，是犹太复国主义已经获得了一系列的成功。毫无疑问我会想到比如说大部分犹太人的确将犹太复国主义和以色列视作犹太人生活的头等大事，尤其因为犹太人本世纪的经历。再加上直到最近军事的空前胜利，以色列一些出色的政治文化成果都在为其带来荣誉。最重要的是——当然这对生活在西方的任何人都是个显著事实——人们在谈论以色列这个主题时，总体评价比较正面而较少保留，而想到阿拉伯人时的感受，竟就变成异国情调的、陌生的、敌意的东方人。犹太复国主义这一切成功叠加起来，会令人们对巴勒斯坦问题产生的观点一边倒：大家几乎总是青睐得胜的一方，对受害者冷眼相看。

但受害者当时目睹犹太复国主义者来到巴勒斯坦，他如何感受？如今目睹人们描述犹太复国主义，他又作何感想？他会从哪些方面考查犹太复国主义历史以确定它的根基，并确定在他身上的施害行为系出什么源头？这些问题向来无人设问，而它们恰是我在审视犹太复国主义和欧洲帝国主义的关联时尝试提出和解答的。我的着眼点在力图记录犹太复国主义对其受害者造成的影响，而这些影响从谱系学的角度只能在帝国主义构筑的框架中研究,即便整个十九世纪犹太复国主义仍只是一个念想,也没有一个叫作以色列的国家。对于现今带着批评眼光以探索自己历史为目的而写作的巴勒斯坦人,和试图探索犹太复国主义之于巴勒斯坦人意味什么的作家——如我所为——安东尼奥·葛兰西的观察切中肯綮,他说"一个人究竟是谁的意识……是将'认识你自己'作为历史过程至今的产物,这一过程在你身上累积了无数痕迹,却没有留下一份完整的库存清单"。葛兰西继续说道,当务之急是造册这样一份库存清单;[12] 现在也到了这个关头,因为公众视野中出现犹太复国主义受害者(而非受益者)的生活经历的"库存清单"少之又少。

我们如果习惯对意识形态(或理论)和实践作细致区分,如果并非浮皮潦草地处理欧洲帝国主义在十九世纪实际侵吞了大半个地球这回事,我们在历史层面就处于更为准确的地步。帝国主义过去是,现在依然是一门政治哲学,其存在的宗旨和目的在于领土扩张及树立这种领土扩张的合法性。但对帝国主义的某种严重低估,是仅从领土的字面意义上去考量。获得并维持帝国统治意味着获得并维持一片领地,它其实是包括各种经营活动的,比如对一地区的创制,居民的积聚,对其理念、民众,当然还有其土地进行支配,按其意图和使用其霸权性质的帝国设置去改造民众、土地和理念;所有这一切都是能够对现实进行占有性处理的某种结果。因此,至少在发展出帝国主义的这个十九世纪文化语境中,一个人感觉自己拥有某个理念和他宣称有权拥有某片土地(无论这片土地上是否生活着劳作的本地居民),这两者是可以等量齐观的。号称拥有一个理念和号称拥有一片领土——考虑到那种无任流行的理念,即非欧洲的地盘有待欧洲去认领、侵占、统治——本质上变成了这种创制活动的一体两面,有科学的力量、声望和权威加持。再者,因为在诸如生物学、历史语言学、地质学等领域,科学意识主要是一种将旧领域变为新领域的重组、复位、改造的活动,持有对遥远东方土地赤裸裸的帝国扩张态度与持有种族"不平等"的科学态度两者之纽带,是这两种态度都取决于欧洲的意志,取决于必要的影响力,目的是将混乱或无用的现状转变为有序而规范的一套新类别系统从而使欧洲获益。于是在卡洛卢斯·林奈、乔治·布封、乔治·居维叶的著作里，白色人种与红、黄、黑、棕各色人种在科学意义上就是不同的，而结论是后面这些人种占据的领土就重新变成了空闲之地，可任意供西方殖民、开发、种植、定居之用。此外，那些较为低等的种族还可以成为白人研究的内容（如体现在约瑟夫·德·戈平瑙和奥斯瓦尔德·斯宾格勒［Oswald Spengler］的研究中），开始理解为白人的种族霸权和文化霸权的一部分；或带着露骨的殖民主义驱动，白人让这些低等种族直接效命于帝国大业。1918年，当乔治·克莱孟梭声明他认为一旦将来德国攻打法国，他具有"征用黑人部队到欧洲帮助保卫法国领土的无限权利"时，他的潜台词是说根据某种科学的权利，法国有知识和力量将黑人变成雷蒙·庞加莱（Raymond Poincaré）所说的充当法国白人炮灰的省钱的形式。[13] 当然，我们不能就帝国主义怪罪科学，但对将科学扭曲为帝国统治作合理化解释的那种恬不为意的态度是必须正视的。

支持自然历史的分类系统扭曲为社会人类学之用，其真正目的在于社会控制的，是语言学的分类系统。随着一些语言学家如葆朴、威廉·琼斯、弗里德里希·施莱格尔发现各语言群组或语言家族之间有着结构上的近似，关于语言族群的某种观念开始了无根据的延展，直到诞生人类种型决定种族文化和种族性格的各套理论。举例来说，1808年施莱格尔辨识到印度-日耳曼（或雅利安）语系与闪族-非洲语系之间存在某种清晰的分野。他说前者是创造型的、有再生力的、活跃的、从审美角度看是愉悦的；后者则只是对语言的机械运用，无再造力，消极被动。从这样的分类法出发，施莱格尔，后来还有勒南，不断概括鸿沟两边的思维、文化、社会等形态，分离出一类高等的雅利安人，和另一类低等的非雅利安人。

也许将科学有效扭曲或转译为某种更确似政治管理的场合，发生在那种集司法系统、社会哲学、政治理论为一体的无固定形态的领域。首先，哲学经验主义中有一脉相当有影响力的传统（哈里·布莱肯近来对此作了研究）[14] 花大力气鼓吹一套种族别说，将人类划分为较为高贵之血统与较为低劣之血统。与有着三百年历史的印度帝国打交道（主要是英国）的实际问题，以及无数的发现之旅，使西方人有可能"科学地"展示某些文化是先进的、开明的，另一些文化是落后的、愚昧的；这些观念，叠加上如约翰·洛克和大卫·休谟等哲学家赋予肤色事实（后成为种族事实）难以磨灭的社会意涵，到了十九世纪中叶，欧洲人总是应该统治非欧洲人变成了不言自明的公理。

这种信条还在其他方面得到强化，我认为其中某些方面对犹太复国主义在巴勒斯坦的实践和想象产生了直接影响。在假想的开化民族之于愚昧民族的诸多法理上的区别中，对土地的态度可谓一端，未开化民族被认为不具备那种对土地近乎礼赞的态度。据信，一个文明人是能够耕作土地的，因为耕作土地对他有意义；他在土地上培养出相应有用的技能和手艺，他在土地上创造、建设、完成目标。而对于一个未开化的民族，土地要么种植得很差（按照西方标准未能有效利用土地），要么干脆任其撂荒。以这一连串观念衡量，几百年来生活在美洲、非洲和亚洲地域的整个原住民社会群体冷不防被否定了生活在那里的权利，现代欧洲殖民主义对这些土地展开了大量的强征强占，包括各种赎买土地的计划，重新安置原住民，用文明开示他们，驯化他们的野蛮习惯，把他们转变成为欧洲人统治下有用的人。亚洲、非洲和美洲的土地静静躺在那里让欧洲人去开发利用，因为只有欧洲才了解土地价值，原住民是不具备这种能力的。十九世纪末，约瑟夫·康拉德在《黑暗之心》中戏剧化地展现了这套思想体系，并使其有力地包含在库尔茨这个人物形象中，这个人对地球上"黑暗地带"的殖民梦是由"整个欧洲"塑造的。但康拉德在此凭借的，的确也是犹太复国主义者凭借的，是罗伯特·诺克斯（Robert Knox）在《人类种族》（*The Races of Man*）一书中阐述的思想体系，[15] 在这套体系中，人类被分为白色而高等的（生产者）和暗色的、劣等的消耗者。与此类似的，是约翰·韦斯特莱克（John Westlake），以及在他之前的埃玛·德·瓦台尔（Emer de Vattel），他们将世界领土分为空地（虽然这些土地上有游牧民族和社会组织类型较低的人群居住）和文明领地——前者被"重新分类"为可以随时接管的领土，理由是高等文明有权使用这些空地。

我按合乎比例的观察将这种土地改造作了极大简化,在改造中欧洲大都市之外数百万英亩的土地就此被宣布为空地,土地上的人和社群被裁定为进步和发展的障碍,他们的空间同样断然被宣布开放给欧洲白人定居者以及他们的文明开发。特别是到了十九世纪七十年代,欧洲新成立的地理学会如雨后春笋,按寇松勋爵(Lord Curzon)的说法,这表明地理成了"所有学科中最有世界眼光的学科"。[16]《黑暗之心》中有段话不是无缘无故写的,马洛承认他

> 对地图有一种酷爱。我会一连几小时盯着南美洲,或非洲,或澳洲看得入迷,整个儿沉浸在探险这档子事能引起的各种自豪里。那会儿地球上还有很多空白的地方[意思是只有原住民待在那里],但凡看到地图上一个地方特别招我喜欢(只是它们看上去都同样招我喜欢),我就会把手指按在上面说,"长大了我就去那儿"。[17]

地理和对地图的酷爱发展成一种有组织的事业,主要致力于获得大片的海外领土。康拉德还说,这种

> ……对土地的征服,大多意味着将土地从别人手中夺走——那些人和我们肤色不同,鼻子比我们略扁一点——你若仔细掂量这事儿,肯定没啥光彩。能够补偿的,无非是观念。它背后有个观念支持;不是一种情绪上装装样子的东西,而是一个观念——你能把它培养出来,对它屈服,为它作出牺牲……[18]

这点我认为康拉德说得比其他人透彻。实际使用武力只构成征服领土力量的一部分:还有很强的道德和智识成分使征服本身从属于一个观念,它利用科学、道德、伦理、一般哲学的各种论点,抬高了(也的确加速了)单纯武力的身价。西方文化的一切,只要存在为占领新领地增辉的潜力——有如一门新科学需要为自身占领新的知识领域——都是能够服务于各种殖民冒险的。过去也的确服务了各种殖民冒险,"观念"

永远渗透在征服行为里,使征服的品位变得完全易于让人接受。举一个这种观念的例子:在十九世纪七十年代法国重要的地理学家保罗·列洛伊-布里耶(Paul Leroy-Beaulieu)的著述中就可以找到一些段落,理直气壮地为今天称为殖民侵略的行径辩护:

> 当一个社会的发展高度成熟和极其强大之时,它就得向外殖民;它繁衍,它保护,它投入良好的发展环境,它为一个自己一手缔造的新社会注入活力。殖民化过程是社会生理学最复杂、最精细的现象之一。

在将要缔造新社会的地方,与领地上的原住民商量是根本不可能的。重要的是一个现代欧洲社会有足够的活力和智力"向外部世界倾注它的繁盛活动使这一切发扬光大"。人们普遍相信这类活动,所以它一定是好的,况且它自身就顺应整个先进文明的健康潮流。因此列洛伊-布里耶又补充道:

> 殖民化体现一个民族向外拓展的力量;它体现自身的再造力;它体现自身在空间中的扩张和繁殖;它体现这个民族的语言、习俗、观念、法律对世界或世界一大部分地区的征服。[19]

帝国主义是理论,殖民主义是实践,将世界上未被利用的未占领地改造成为可资利用的欧洲宗主国社会的各种新版本。那些领地上,一切暗示荒废、混乱、未计算的资源,都将转化为生产力、秩序、应税物和有开发潜能的财富。你只要去除大部分对人畜有害的环境因素——不论只是因其无规划遍地蔓延,还是因其漫游不定导致生产低下或未纳入计算——然后你将其余管制起来形成保护区、围场、原住民住地,这样你就可以计算、征税、让他们为你牟利,从而在这个清理过的空间建立起一个新的社会。这就是欧洲所谓的海外重新建构及其"在空间中繁殖"的成功规划和管理。结果在亚洲、非洲和美洲散落着大片形态各异的

"小欧洲",每一处都反映母国文化、其开拓者、其先期定居者的环境和特别手段。[20] 所有殖民者,尽管他们有明显不同之处,却在一个主要方面极为相似,那就是他们将自己的生活过成了一种正态。光怪陆离的欧洲复制品(南非、罗得西亚等等)被认为是适宜的;恶劣无比的歧视和排斥原住民也因为有"科学的"合法性而恬不为怪;在物质和文化都远离欧洲的飞地过一种侨民生活,周围是敌意的、不理解的原住民,这种巨大的矛盾形成一种历史感,一类顽固的逻辑,一套社会和政治状态,它判定眼前的殖民冒险是正常的、合理的、有益的。

具体谈到巴勒斯坦,后来成为制度的犹太复国主义对巴勒斯坦阿拉伯原住民的态度以及他们宣称理应"正常"存在的那些部分,与十九世纪以来正式参与开发管理巴勒斯坦的英国学者、行政官员和专员的态度和做法相比完全堪足齐备。看看1903年索尔兹伯里主教(Bishop of Salisbury)对巴勒斯坦勘探基金会成员说的这样一番话:

> 我认为迄今的发现并没有什么令我们对以色列文明压制迦南文明[阿拉伯巴勒斯坦原住民的婉称]这件事感到遗憾……[从发掘工作可以看出]《圣经》完全没有误传对迦南文化的厌憎——迦南文化后来被以色列文化接替了。

米利亚姆·罗森(Miriam Rosen),一位年轻的美国学者,将英国人对待巴勒斯坦人的典型态度编纂成集,令人叫绝——这些态度以各种奇崛方式为官方犹太复国主义者——从魏茨曼到贝京——提供了如何看待巴勒斯坦原住民的观点。兹从罗森女士这部重要作品中引用若干:

狄利特·德雷克(Tyrwhitt Drake)在一份对西巴勒斯坦的勘测报告中写道:

> 阿拉伯农耕原住民们(fellahin)惧怕我们手中有重新征服这个国度的秘密设计,这是不断结出困难之果的根源。克服这个困难之后,还存在那种伧俗的愚钝,使他们不能就一个简单问题给出直接答

案,这种愚钝不能理解确切的目的;说到底为什么某个外国佬想知道他们土地上无足轻重的一道旱谷或一个山包的名字?

农耕原住民全都属于我在东方遇到的人中最糟糕的类别……农耕原住民这种人完全缺乏任何道德感……

威斯敏斯特主持牧师(Dean of Westminster)在巴勒斯坦勘探基金会勘测之前谈到"障碍"时这么说:

这些劳累的工作必须去做,不能指望那些现场人员的帮助,而是得排除各种荒唐的障碍,那种诡诈、无知、愚笨结合为一体而对工作形成的障碍,这种结合只能在东方人身上找到。

基钦纳勋爵(Lord Kitchener)就加利利的勘测评论:

我们希望从无情的破坏者、那些没有受过教育的阿拉伯人的手中抢救巴勒斯坦最有意思的废墟之一,我主的足迹使之成为圣迹。我指的是迅速消失的迦百农(Capernaum)犹太教堂,那里的石头被用来烧制石灰。

一个名为C.R.孔德尔(Conder)的人在《巴勒斯坦现状》报告中说:

值得费些笔墨描写一下当地农民。他们的无知和盲信令人发指,最重要的,他们骨子里都是谎话连篇的人;但他们有些特质,如果发展得好,大可把他们变为一个有用的群体。[他提到他们的聪明、能量、对疼痛和炎热的耐受力,等等。]

弗林德斯·皮特里埃(Sir Flinders Petrie)爵士:

阿拉伯人毫无必要地把自己说成富有浪漫情怀的人。他其实和其他未开化的蛮族一样对浪漫情事无能到令人不齿,就像北美印第安人或毛利人一样根本没有任何值得追求浪漫之处。我更愿意讲回相对精明和达理的埃及人。

夏尔·克莱蒙-加诺(Charles Clermont-Ganneau)对"巴勒斯坦的阿拉伯人"的描述:

阿拉伯文明只是一个骗局——它的存在不过是阿拉伯征服带来的恐怖。它仅是希腊和罗马文明渐渐熄灭在无效能却有敬意的伊斯兰之手的最后一丝微光。

或斯坦利·库克(Stanley Cook)对该国度的看法:

……极速凋敝,这种衰落(看来似乎)只有精力充沛的十字军才能使它暂时停止。现代旅行者常常注意到居民性格的固有积弱,而且像罗宾逊意识到的那样,要重回繁荣,"什么都不缺,只缺会耕地的人手"。

或最后,R.A.S. 麦卡利斯特(Macalister):

毫不夸张地说巴勒斯坦的原住民在这些漫长的世纪中对物质文明在任何门类上都看不出有任何贡献。这也许是地表上最落后的国度。它的全部文化都是从其他源头派生的……21

说起来这些言论要点很可能构成犹太复国主义者采取欧洲帝国主义或殖民主义姿态的背景。不论犹太人受其何种影响,犹太复国主义本质上是以欧洲帝国主义者的眼光看巴勒斯坦的,即这是片"空地",悖谬地"充斥着"不体面的、甚或是非必要存在的原住民;哈伊姆·魏茨曼在第一次世界大战后表达得十分清楚,在巴勒斯坦土地建立新犹太国这个计划的实施过程中，犹太复国主义要使自己与帝国列强结为同盟，而对于这片土地上的"原住民"，除了视而不见，就是以负面的词汇描述他们，这些人本来就应该被动接受在他们土地上所作的各种规划；甚至犹太复国主义历史学家如约书亚·博拉特（Yehoshua Porath）和内维尔·曼德尔（Neville Mandel）凭经验观察得出的结论，认为在巴勒斯坦土地上犹太殖民者（远早于第一次世界大战之前就存在的）各种观念之所以受到原住民旗帜鲜明的抵抗，并非因为原住民觉得犹太人邪恶，而是因为大部分原住民不乐意他们的领地被外国殖民开拓者定居；[22] 进一步说，在形成犹太民族"回收"它的自有领土这个观念时，犹太复国主义不但接受欧洲文化中通称的种族概念，而且把希望建立于这样的"事实"，即巴勒斯坦现存居民不属于先进民族而属于落后民族，所以犹太民族理应成为他们的主宰者。那种固有的优势假说在犹太复国运动中特别导致他们大部分情况下都施行那套原住民不值得认真对待的做法。[23] 犹太复国主义因此发展出一种只关注他们自身的独特意识，他们几乎没有、或完全没有多余的意识去关注不幸的原住民。马克西姆·罗丹森（Maxime Rodinson）深中肯綮地说犹太复国主义者对巴勒斯坦人原住民的冷漠是

> 一种与欧洲人至上的观念密切相关的冷漠，甚至欧洲的无产者和被压迫的少数群体都是这种观念的受益者。事实上，犹太人祖先的家园如果被当时统领世界的任何一个实力雄厚的工业化国家占据，如果这个国家已在一个灌输了强有力的民族自觉的殖民地上完全定居下来，那么毫无疑问，即便是最懵懂不济、最无资历的犹太复国主义者，在他们意识中也会把安置德国、法国或英国居民以及将一套崭新的民族聚合元素引入他们的家园这个问题作为头等大事。[24]

总之，所有犹太复国主义建构能力的前提都基于排他的在场，也即是说，使"原住民"在巴勒斯坦的功能上缺席；设立制度时蓄意将原住民挡在门外，以色列建国时拟定的各项法律要确保原住民留在他们的"非

场所"，犹太人则有他们的对应地，等等。无怪乎现今能使整个以色列社会受到刺激的就是巴勒斯坦人问题，犹太复国主义一直将否定巴勒斯坦人作为其理念中最一以贯之的线索。或许也是犹太复国主义的这个不幸面向不可避免与帝国主义捆绑起来——至少在巴勒斯坦人问题上如此。罗丹森又说：

> 在俄国和其他地方的犹太裔店主、小商贩、手艺人和知识分子的高远情怀有可能与帝国主义的概念轨道对接在一起的元素，是一个看似无关又不起眼的细节：巴勒斯坦被另外一个民族居住着。[25]

II 犹太复国主义者的人口移入，巴勒斯坦人的人口移出

犹太复国主义关心犹太人，对非犹太人或当地阿拉伯民众采取几乎完全不尊重的态度，两者之间的巨大不平衡我已经在概念的范畴上讨论过了。就如何看待原住民问题，犹太复国主义和欧洲帝国主义在认识论上、因也在历史和政治上有着同一延伸的边界，但这种无法再简约的帝国主义观点如何在政治世界中起作用、如何在与认识论无关的原住民生活中起作用，恰恰提供了人们竟要着眼考虑认识论的理由。在那样一个世界里，在那些原住民（其中几百万巴勒斯坦人）的生活里，上述结果可以表述得非常具体——不是出于理论的想象，而是出于一种带来巨大创伤的犹太复国主义实际结果。阿拉伯代表团 1922 年回应温斯顿·丘吉尔的白皮书中有句话，我认为极好地捕捉到了阿拉伯巴勒斯坦人对犹太复国主义的某种普遍反应："创立犹太民族家园的意图，将使阿拉伯人口、文化和语言消失或被迫置于次等地位。"[26] 一代代巴勒斯坦阿拉伯人所见到的，是某个徐徐展开的设计，犹太历史和犹太人悲惨经历那些更深的根已经必然被发生在他们眼前的事所掩蔽，并对巴勒斯坦上的人们显得模糊。阿拉伯人在此地能够看到的，体现出

> 一种无情的教条，要人们像修士般自我约束，对周围环境无动于

衷。那些在社会主义工人名义下感到欣喜的犹太人是基于狭隘的民族主义或种族主义义理来解释兄弟情谊的，他们的兄弟情谊是与犹太人的情谊，绝非与阿拉伯人的情谊。他们一面坚称要用自己的双手耕耘土地，因为剥削他人为他们所不齿，同时将阿拉伯人排斥在他们体制之外……他们信仰平等，但只是他们自己人中间的平等。他们以犹太人的面包为生，靠犹太人的土壤养育，但那是用犹太人的来福枪守护的。[27]

我在此试图举出的巴勒斯坦人经历的"库存清单"，是基于简单的事实——抵达巴勒斯坦的扬眉吐气的犹太人或（日后）实施恐怖统治的犹太人，本质上是被看作外国人的，他们正式宣布的最终目标是要为犹太人创立一个国家。那么当时生活在那片土地上的阿拉伯人怎么办？这是我们感到自己现在必须提出的问题。我们会发现，所有从犹太复国主义立场表述的，置于阿拉伯巴勒斯坦原住民的立场看，无一不是绝对负面的。

因为他们永远不能与宏大愿景相适。不仅因为那种"愿景"只是理论的情事；而是因为——如它后来决定以色列政府对待阿拉伯巴勒斯坦原住民政策的特性甚至细节——"愿景"也决定了犹太复国主义领导人看待阿拉伯人的方式方法，以便日后（当然也包括彼时）处置他们。因此，如我之前所言，我想到的是理论与日常实际结果之间的整个辩证关系。这个前提是以色列基于犹太复国主义的论点而发展成一个社会政体，该论点是巴勒斯坦的殖民将为犹太人实现、由犹太人实现，而与此并行不悖的，是使巴勒斯坦人移居他处；更进一步，有了这种意识和关于巴勒斯坦这套既已宣告的理念，犹太复国主义所试图做的，先是缩小原住民人数，而后是清除他们，如果这一切都不奏效，最后只能采取手段让原住民服帖地受管制，以确保以色列不仅仅是一个全民国家（国民中当然包括阿拉伯人），而且是一个"全体犹太人"的国家，它对土地和不同民族拥有的至高无上的统治权力是其他国家过去或当今都难以企及的。正是这种异常导致阿拉伯巴勒斯坦人迄今不断进行反抗和争取另类解决方案。

人们可以从具有重要决策地位的犹太复国主义领导人的宣言中获得许多信息，赫茨尔之后，这些人的任务就是将设想化作行动。最容易想到的是有着非凡人格的哈伊姆·魏茨曼，与其人格同等重要的，是他将犹太复国主义观念提升为一种具有征服力的政治制度所取得的巨大成功。他关于巴勒斯坦土地的立论在范围上揭示出赫茨尔的翻版：

> 仿佛上帝将巴勒斯坦土地覆以岩石、沼泽和沙土，为的是只能让那些热爱它的人、让那些奉献自己生命为它疗伤的人使它绽放美丽。28

而这一说辞的背景，是一笔买卖——一个不在场的富有地主（黎巴嫩瑟索克［Sursuk］家族）将不看好的沼泽地售予犹太复国主义者。魏茨曼承认这笔特殊交易只是巴勒斯坦的一些土地，绝不是很多土地，然而这一说辞给人的印象，是整个领地都基本处于不被人利用、不被人赏识、不被人理解的状态（如果"理解"这个词还适用于该场合的话）。巴勒斯坦因此要成为被人利用、被人赏识、被人理解的土地，而根本不必考虑已经生活在这片土地上的民族。原住民被认为与历史莫名其妙脱了节，随之而来的结论似乎是他们从来都没有真正存在。魏茨曼于1907年首次访问巴勒斯坦，他在下面的段落中描写了当时情状，注意他的两厢对比，一边是过去的疏忽和荒凉，一边是现在的"气质和进步精神"（此文写于1941年），意在强调引进外来殖民地和定居点的正当性：

> 总体而言当时这是个悲惨的国度，是风雨飘摇中疏于管理的土耳其帝国里最疏于管理的那些角落之一。［这里魏茨曼用"疏于管理"来描述巴勒斯坦原住地上的居民，他们居住的事实尚不构成足够理由去赋予巴勒斯坦任何特征，有的只是一片本质上是空旷的、耐受的土地，等待那些对其施予关爱的民族去占领。］它的总人口大概六十来万，其中犹太人约有八万。犹太人多居住在城市。……但无

论是殖民群落还是城市定居点,就活力、气质和进步精神来看,与如今我们的群落和定居点完全不可同日而语。[29]

一个短期效益就是犹太复国主义"提升了土地的……价值",这土地即便政治上从阿拉伯人的脚底抽走了,他们还是从中得到好处的。

魏茨曼一边指责原住民疏于管理和日渐衰朽,一边大力宣扬犹太人开垦、"赎买"土地的精力、意志和组织的必要性。他的语言充满唯意志论的说辞,挪用了欧洲殖民主义者对付原住民落后状态所用的大量话语(以及日后的大量政策),为犹太复国主义建成意志和新鲜血液的意识形态。"这个国家必须输入新鲜血液;必须引介新型企业精神"。犹太人即将成为殖民地的输入者和殖民地居民,他们的角色不仅仅是接管领土,而且还是犹太民族自我振兴的学校。因此,如果巴勒斯坦"有着这种巨大可能性的话",问题就成了应该对"意志涣散的现实做什么?怎样唤醒人们的意志?怎样启动一个累积的过程?"。按魏茨曼的说法,犹太复国主义者是从最终的挫败中得到拯救的,这完全是因为"我们感到巨大的力量源泉等待开发——一个民族的全民干劲被某种对历史方法的误导的解释暂时遏制住了"。[30] 此处"方法",指的是到那时为止犹太复国主义依赖外国大金主(如罗斯柴尔德家族)的倾向,而"疏于管理"对这片土地本身自我维系的殖民体制的发展。

要做这些,先得有直观想象力,而后去实施一个建立现实网络体系的规划——一种语言,一览纵横分布的群落点,一系列的组织——将巴勒斯坦从"疏于管理"的现状转化为一个犹太国家。这套网络体系的作用不见得要立刻攻克当前"现实",而是对它们置之不理,自己先干自己的,时机一到,最终将它们完全遮蔽清除,就像丛林般的大树挤掉一小块野草的地盘。此计划背后必须有一个主要思想体系维持,那就是树立它的正当性,赋予它一套考古学和目的论,使之完全包围了原本牢固根植于巴勒斯坦的当地文化,并在某种意义上,废弃当地文化。魏茨曼修改《贝尔福宣言》中偏重"重新建立"概念的理由之一,正是要将该领土封装成为最古老、最遥远可能涵盖的"现实"。巴勒斯坦的殖民化总是以重复这样一个事实进行着：犹太人并没有取代、摧毁、破坏一个当地社会；而是这个社会本身破坏了犹太人对巴勒斯坦享有的六十年主权这样一个形态，不论中间是否间隔了两千年。在犹太人心中，以色列永远在那里，这是个原住民很难感受的情状。犹太复国主义因此回收、赎买、重复、再植、实现巴勒斯坦，并由犹太人对它称霸。以色列回到的是事情原先的状态，尽管与某些神秘的一世纪祖先相比，这些新事实离十九世纪欧洲殖民主义的方法和成功要相似得多。

在此有必要澄清一些情况。在每一个"重建"犹太人对巴勒斯坦行使主权的项目中，永远存在两个根本的组成要素。一种是细致地决定推进犹太人的自我改善。全世界当然都对此耳熟能详。这方面采取了许多步骤：提供犹太人一种新的身份认同感，赋予并保护他们的公民权，复活一种"本民族"的语言（通过艾利泽·本-耶胡达［Eliezer Ben Yehudah］的努力），赋予整个犹太人世界一种生长活力和历史命运。因此"[在犹太复国主义中]是有一种犹太人可以求助的手段的，一种将他们吸纳进新生活的手段"。[31] 对于犹太人而言，犹太复国主义是一所学校——其教学理念总是清晰的、戏剧性的、有智识的。然而，另一种要素，即犹太复国主义中与第一种完全对立的成分，存在于它永远不被人看见的内部（即便巴勒斯坦人直接在消受），这就是同样坚固和智识的边界，此界在巴勒斯坦的一边是犹太人的利益，另一边是非犹太人的零利益（日后发展为惩罚）。

犹太复国主义计划中对待巴勒斯坦的这种两分法造成的后果极其严重，尤其在设法认真地与以色列相处的阿拉伯人中间。犹太复国主义对待巴勒斯坦的各种观念如此深入犹太人之心——在只关怀犹太人而无视非犹太人这个意义上——无论这些观念对阿拉伯人表达了什么，都只剩下拒绝接纳阿拉伯人这层含义。因此以色列本身往往表现为某种完全负面的实体形象，在我们看来，这个实体建立的唯一目的，就是要赶走阿拉伯人或将他们置于臣服的状态。在这种情况下，以色列的内部团结和凝聚力，以色列人作为一个民族和作为一个社会，大部分都无法为普通阿拉伯百姓理解。也正因如此，犹太复国主义筑起的墙又被一个依教规、几乎是神学品牌的阿拉伯主义筑起的墙加高了一层。以色列像是某种主要由西方提供的用来惹怒阿拉伯人的修辞工具。此一感知导致阿拉伯各国采取某种抑制和类似思想控制的政策。多年来，在印刷品上提到以色列甚至都是违禁的；这类审查制度很自然引发警察国家的强化，言论自由缺席，以及一整套践踏人权手法，所有这些都在"反对犹太复国主义侵犯"的名义下被合理化了，也就是说在国内行使任何压制都是可以接受的，因为符合"国家安全"的"神圣事业"。

对以色列和各地的犹太复国主义者，犹太复国主义种族隔离的结果也一直同样具有灾难性。阿拉伯人被视为落后、恐怖、不理性、野蛮等等的同义词。在犹太人眼中昭示人道的、社会的（甚至是社会主义的）、鼓舞人心的机制——集体农场（kibbutz）、回归法（Law of Return），培养移民融入文化的各种设施——对阿拉伯人来说却是彻头彻尾反人道的。在他的身体和存在中，在指定给他的推断的情绪和心理中，无论阿拉伯人表达什么从定义上都落在犹太复国主义以外、以远的地方。

我认为就其精密性和复杂性而言，阿拉伯人对以色列人的否定与以色列人对阿拉伯人的否定（以及日后的使之最小化）相比完全不能相提并论。便是犹太复国主义共享了殖民主义的所有理念，它也绝不仅仅是欧洲十九世纪殖民主义的翻版。犹太复国主义的目标，是创建一个永远必须由自己"当地人"组成的社会（与一个宗主国的中心保持最小关联度），同时它还打定主意不与原住民当地人达成妥协，后者正被新"当地人"（但主要是欧洲人）替代。这种替代绝对是精打细算的；不会发生阿拉伯巴勒斯坦人向以色列社会的滑移，如果阿拉伯人不逃离，他们就会留下，但只能作为温顺的、服从的对象。留在当地挑战以色列的任何事都不会看作发生在当地，而是看作发生在以色列外部的迹象，犹太复国主义必定予以打击——从外部予以打击。此处犹太复国主义完全接受了欧洲文化应用的分类学，即令人生畏的东方之于西方对抗；但犹太复国主义不属于东方阵营，它代表前卫的、救赎的西方运动，在东方地域内部对抗东方。观察"志满意得的"犹太复国主义如何概述阿拉伯人，特别是巴勒斯坦人，可以从下文窥得一斑（此段摘自刊登在1955

年10月7日《晚祷报》[*Ma'ariv*]的一篇文章）。其作者A.卡莱巴赫（Carlebach）博士是一位名望在外的市民，并非粗鄙的煽动者。他的论点是伊斯兰之于犹太复国主义对立，虽然他在辩论中为巴勒斯坦人留了些空间。

> 使这些阿拉伯伊斯兰国家遭受痛苦的不是贫困，或疾病，或文盲，或剥削；它们只是遭受所有麻烦中最糟糕的：伊斯兰教。无论何地，只要靠伊斯兰的心理学统治，这种统治就不可避免出现独裁和刑事暴力。危险在于伊斯兰的心理学本身，它不能将自己归并进入讲效率秩序和进步的世界，它生活在一个错觉的世界，被自卑情结和狂妄自大的攻击弄得忐忑不安，陷入圣剑的梦幻不能自拔。该危险源自那个极权主义概念的世界，对谋杀的热衷深植于他们的血液，也源自缺乏逻辑，容易被煽动的思维，夸夸其谈，更主要的是对文明世界视为神圣的一切都竭尽亵渎无视之能事……他们对任何事物的反应，都完全没有良好的判断力。他们都是些情绪性极强的人，爱走极端，喜怒无常，不合情理。他们发出的总是些疯狂的声音。你可以和每个人谈"生意"，甚至可以和魔鬼谈。但和安拉就免谈了。……这个国家每颗尘粒都叫嚣出同样的声音。这里有许多杰出的文化，有各式各样的入侵者。所有入侵者——甚至东征十字军——都留下文化和繁荣的遗迹。但在伊斯兰的道路上，连树都是枯死的。[这与魏茨曼关于在巴勒斯坦的"疏于管理"的评论如出一辙，魏茨曼如果后来还能写，他很可能会说与卡莱巴赫类似的话。]

当我们曲解情景，将讨论仅降低到以色列与其邻国的边界冲突，我们是将原罪加诸于犯罪。首先这不是实情。冲突的核心不是边界问题；而是穆斯林的心理问题……。再者将问题以一种两个相类部分之间发生冲突的方式呈现，其实给阿拉伯人提供了某种他们所不具备的申诉武器。如果与他们的讨论的确是一个政治问题，就得从双方的立场看这个问题。那么我们就会显得像是一群进了完全是阿拉伯人国家的人，我们征服并把自己变成一个侨民团体植入他们，我们为他们制造难民并构成对他们的军事危险，等等，等等，人们可以为这一方或那一方说理——这种复杂而带政治性的问题呈现方式对欧洲思维是容易理解的——我们就得为此付代价。阿拉伯人提出的主张是西方人一听就明白的单纯的法律纠纷。但实际上，谁比我们更清楚这不是他们敌对立场的根源？所有这些政治的和社会的概念从来都不是他们的。在他们的眼里，在伊斯兰的眼里，武力占领并非都与不公正联系在一起。相反，它构成真正所有权一个证明和示范。难民的不幸，驱离同胞的不幸，在他们的思维中根本没有这方面的考虑。安拉驱逐，安拉会照顾的。没一个穆斯林政治家会为这些事动摇（除非巨大灾难的确危及他的个人地位）。如果没有难民，没有征服，他们同样会和我们对着干。与他们按西方概念的原理讨论，我们给野蛮人穿上了一身欧洲的正义之袍。

这些说法，比巴勒斯坦人可能听到的奇幻的、种族主义的言论更加奇幻和种族主义，以色列对"阿拉伯态度"的研究——比如由哈卡比（Harkabi）将军作的经典研究[32]——并不会认真分析上述论点的问题。而对阿拉伯人的去人性化是渗透在以色列社会每个方面的，它始于这样的观点，即巴勒斯坦人要么不存在，要么属于未开化的民族，或两者兼而有之。1973年战争期间军方发布了一本由亚伯拉罕·阿维旦（Abraham Avidan）撰写的小册子（中央司令部约拿·埃弗拉提［Yona Efrati］将军撰写序言，阿维旦是中央司令部的拉比），里面含有这样的关键段落就不足为怪：

> 当我们的部队在战争，或追击，或突袭中遭遇平民，任何时候只要不能确定遇到的平民是否有能力对我们反击，他们就可以被歼杀，而且按哈拉卡的标准甚至是格杀勿论的。在任何情况下都不应相信一个阿拉伯人，即使他看上去温文尔雅。[33]

儿童文学写的是勇敢的犹太人最后杀死卑微奸诈的名叫马斯透（疯癫）、班杜拉（番茄）、布克拉（明天）什么的阿拉伯人。为《国土报》(*Ha'aretz*)撰文的一位作者（1974年9月20日）说，儿童书"处理的是我们的话题：阿拉伯人谋杀犹太人作乐，纯洁的犹太男孩打败了'懦弱的猪！'"，这些热狂观念还不只出现在为大众娱乐写作的个别作者身上；如我后述，这些观念从逻辑上说或多或少从国家机构本身派生而来，其有善意的另一方肩负以人道主义调整犹太人生活的责任。

有些很好的例子可以说明魏茨曼身上存在的两重性，它们直接反映在政策、行动及各种具体结果上。魏茨曼钦佩萨缪尔·佩夫斯纳（Samuel Pevsner），认为他是"一个很有能力的、活跃的、务实的、足智多谋的人，而且和他妻子一样，受过极为良好的教育"。这些话没问题。但毫无过渡紧接着又说："像他们这样的人，过去在巴勒斯坦实际上生活在一个社会荒漠——这种情形被现在来到巴勒斯坦发现无论学术、文化和社会各种资源都不比西方世界差的人们铭记。"[34]犹太复国主义是处于舞台前景的；其余一切则退居幕后，必须减弱、压制、屈从，让幕前的文化成就显现为"文明开路先锋"。[35]最重要的，阿拉伯原住民必须放在一个不可救药的对立面，这种组合有如野蛮人和超人，无论如何与野蛮人达成协议是不可能的（和无用的）。

> 阿拉伯人是巧辩家和爱挑起争论的人——比普通受过教育的欧洲人更善辩——如果别人不掌握这个技能，就会落在下风。特别是阿拉伯人在表达与你截然相反的观点时有一种天生异禀，即以精巧的、拐弯抹角的客套让你相信他和你的观点完全一致，随时可以与你握手言欢。与阿拉伯人的对话和谈判就像是在沙漠中追逐一幅海市蜃楼：赏心悦目，充满希望，但最后很可能渴死。
>
> 直奔问题是危险的：它令阿拉伯人巧妙退守，完全改变主题。谈问题只能在迂回的线路上缓慢逼近，涉及问题的核心要耗费没完没了的时间。[36]

魏茨曼记述的另一经历是特拉维夫的兴建，特拉维夫作为犹太中心的重要性很大程度上是因为毗邻有（年代古老得多的）阿拉伯城镇雅法（Jaffa）并对其作了归化。但魏茨曼只是影影绰绰地提到阿拉伯人早就在那里生活的事实，他向读者传递的内容是特拉维夫将要在就近拔地而起。关键是制造犹太人的在场，他们的价值显得几乎是不证自明的。

> 我在雅法停留时鲁平（Ruppin）来和我见面，带我在镇子北头的沙丘上散步。当我们进入了沙地——我记得沙已经没过了脚踝——他停住了，很严肃地说："就在这里，我们将兴建一座犹太城市！"我心有戚戚焉地望着他。人们为什么要来这片寸草不生的荒漠中生活？我开始拿技术问题盘问他，而他详细准确地回答我。他说技术上万事皆有可能。虽然最初几年与这个新定居点的来往会有些困难，但居民很快能自给自足。雅法的犹太人会搬来这个新的现代化的城市，它会变成附近犹太群落一个集中的产品买卖市场。体育馆造在市中心，这样会吸引巴勒斯坦其他地方的大量学生，也会吸引海外犹太人，他们都想让自己的孩子在一座犹太城市里的犹太高中受教育。
> 这就是鲁平对特拉维夫最初的远见，这座城市在体量和经济重要性上都注定要超过雅法古镇，要成为地中海东岸的大都市中枢之一。……37

最终当然，特拉维夫的显著地位是以对雅法的军事占领为靠山的。有远见的项目日后转为军事攻掠的桥头堡，想象的殖民的理念日后演化为实际中出现的殖民地，同时出现的还有殖民者与被殖民者。

魏茨曼和鲁平的言行无疑富有开拓者的理想主义情怀；他们的言行也富有西方人的权威，勘查那些本质上属于落后的非西方领土和原住民，为他们做未来规划。魏茨曼本人不仅认为身为欧洲人他比原住民更具资格做出对他们有利的决策（比如雅法应该被一个现代犹太城市超越），他还相信他"理解"阿拉伯人真正是什么样的。在说阿拉伯人的

"巨大天分"是"事实上"从来不说真话时,他说了其他欧洲人之前对其他地区非欧洲人原住民的评论,与犹太复国主义者一样,他们面对的问题是如何以相对少的一群无畏的开拓者去控制大量的原住民多数:

> 人们很可能会问,我们的兵力如此不足,如何得以控制那些强悍而能干的种族,他们的脑力和体力都有着良好天赋。答案我认为,是找到了他们的两个缺点:——普通非洲人的智力和道德配备……我得说固有的缺乏诚实是第一大缺点……相对而言很少非洲人能指望另一个人信守诺言……除了个别极为罕见的例子,在与欧洲文明的接触中这一缺陷很遗憾被放大而不是缩小了。第二点是他们缺乏创新精神……除非外力推动,本地人极少跳出既定窠臼扩大思考范围,这种精神上的惰怠是他们心智的特征。38

上文出自C.L.坦普尔(Temple)的《本地种族及其统治者》(*Native Races and Their Rulers*)(1918);此书作者是弗雷德里克·卢戈德(Frederick Lugard)统治尼日利亚期间的助理,与魏茨曼一样,他的观点更接近自由派费边主义,而不那么像原型纳粹种族主义。

无论坦普尔还是魏茨曼看到的现实,是原住民属于一种固步自封、死水一潭的文化。他们因为没有能力使其生活的土地增值,所以不得不受人驱策,甚至不得不被重新安置,而安置他们的主动权来自先进的欧洲文化。当然魏茨曼背后有多一层理性思考,即重建一个犹太国,将犹太人从反犹主义运动中解救出来,等等。但就原住民而言,在殖民地上遇到的欧洲人,无论是英国人还是欧洲犹太人,他们最初都不觉得会是什么问题。然而对在巴勒斯坦的某个犹太复国主义者或对在非洲的某个英国人而言,他是现实的,他看到事实并要对付他们,他知道真相的价值。即使非欧洲人长期在一片领地上土生土长这是个"事实",但他们永远退守在真相之外。欧洲人的眼光意味着他具备这样的能力,即不仅看到那儿有什么,而且能想象那儿能够出现什么:这也是魏茨曼和鲁平对雅法和特拉维夫的谈话所本。在巴勒斯坦的犹太复国主义者面前特殊的诱惑，是相信——并策划——阿拉伯原住民不会真正存在于此地的可能性，无疑这是个后来证实为极有可能的事，只要满足下列条件（a）原住民不承认犹太人对巴勒斯坦的主权，以及（b）1948年后他们在自己的土地上变成了法律上的外人。

但犹太复国主义的成功不完全归于他们能够大胆勾勒一个未来的国度，或能够将当时或日后的原住民都看作可以忽略不计的数量。相反，我认为，犹太复国主义之所以能够不断有效阻止阿拉伯巴勒斯坦人的抵抗，靠的是他们制定出极其精细的政策，而非仅有空洞的殖民幻想。这样，巴勒斯坦不仅是应许之地，一个人们常常听到的飘忽不定的抽象概念。它是一片具体的领土，有着具体的特征，被勘探测量到了最后一毫米，在其上定居、规划、建设，等等等等，巨细靡遗。从犹太复国主义殖民伊始，这些就不是阿拉伯人所能回应的事，他们也无法提供一个与对方细节匹配的相应方案。他们推定，也许这么推定也没有错，他们祖祖辈辈生活在这块土地上，合法拥有它，它当然是自己的。他们不能理解他们所面对的，将是一套细节规训——的确这是一种完全靠细节规训出来的文化——按这套文化，迄今仍只存在于想象中的领地能够在巴勒斯坦上凭空兴建，一寸一寸，一步一步，魏茨曼的原话是"又一英亩，又一头羊"。巴勒斯坦的阿拉伯人永远在反对那些总体原则的总体政策：犹太复国主义，他们说，是外国殖民主义（严格说来当然是这样，早期的犹太复国主义者承认这点），对原住民不公平（这也是一部分早期犹太复国主义者，如阿哈德·哈姆［Ahad Ha'am］，所承认的），它们必将因各种理论上的弱点而以失败告终。甚至直到今天，巴勒斯坦人的政治定位仍围绕这些否定的言论进行，仍不去充分面对犹太复国主义企划的具体细节；比方说如今西岸有七十七个"非法"犹太复国主义的殖民群落，以色列在西岸没收了约百分之二十七的阿拉伯人的土地，但巴勒斯坦人几乎似乎没有能力阻止这种实际占领的扩大，或阻止以色列这种新的殖民化"变得厚实"。

巴勒斯坦人没有理解犹太复国主义远不止一个不公平的殖民主义大师，人们向各种高等法院起诉这个对手是完全徒劳的。他们不能理解对犹太复国主义的挑战其实是对细节、制度、组织等政策的挑战，因为有了政策，移民（直到今天都在）非法拥入这片土地，在上面盖房、居住，把土地占为己有——任凭全世界谴责。这种殖民于——在某种意义上制造出——一块犹太人的土地的驱动力可以从魏茨曼在一份文件中所说"似乎可以预期未来事物的形态"中窥见一二，事物的形态也的确如其所愿。这是一份名为《按照犹太复国主义运动精神犹太人重新定居巴勒斯坦计划纲要》的文件，出现在1917年初，值得引用其中的一个段落：

> 宗主权政府［也即是说任何在领地上有指令权的政府，无论联合执政与否］必须批准成立一所犹太人的公司，从事在巴勒斯坦的犹太人殖民化。该公司必须受到宗主权政府的直接保护［即在巴勒斯坦地区发生的任何事都不能由原住民立法解决，而要由某种外部势力解决］。该公司的目标应是：a）以每一种可能的方法支持和培育现存于巴勒斯坦的犹太人定居点；b）以组织移民的途径，援助、支持和鼓励身处其他国家的、有意向且符合在巴勒斯坦定居的犹太人，向他们提供信息以及其他任何物质和道义资助。该公司的权力必须足以使它在农业、文化、商业和工业等各方面发展这个国家，并应包括购置土地和开发土地的全部权限，特别是取得英属公共土地（Crown lands）权，建筑道路、铁路、港口权，设立航运公司进出巴勒斯坦的货运和客运权，以及对开国必要的其他任何权力。[39]

支撑这个非凡段落的背后是一种预见——各个组织形成一个矩阵结构，复制军队的功能。因为正是一支军队"开启"了一个定居之国，组织在外国领地上的安置，"以每一种可能的方法"援助并开展移民、航运、物资供应等等各项事宜，最重要的，是将普通公民转变为"合格的"受过训练的代理人，按他们的结构、组织、制度来从事土地上的营生以及投资。[40] 正如一支军队有目的地将普通公民与他们同化——使他们统一着装，让他们参与战术和机动性演习，有目的地训练每个人——

犹太复国主义也同样要求犹太殖民者在犹太人劳动和犹太人土地这个系统中统一着装，确保只接受犹太人。犹太复国主义军队的力量不在于它的领导人，也不在于它募得的用以进攻和防御的装备，而在于它整个系统的有效运作功能，如魏茨曼所言，这是一整套占据农业、文化、商业和工业的布局。简言之，犹太复国主义的"公司"，将某种理论和愿景转变成一套工具，以此在不动声色的已勘查开发的一片阿拉伯领地的中间，占守并开发犹太人殖民的领地。

我们不可能花很长篇幅谈论犹太复国主义殖民手段——它的"公司"——的不可思议的历史，但其工作原理的某些部分颇值得注意。犹太殖民地信托有限公司是在瑞士巴塞尔举行的第二届犹太复国主义大会（1898年8月）上创建的，旗下有一家叫作盎格鲁-巴勒斯坦公司的子公司则于1903年在雅法成立。从此这个机构在对巴勒斯坦的改造中扮演了举足轻重的角色。1901年从殖民地信托公司中又分立出犹太国家基金（Jewish National Fund），该基金会得到授权购买土地并以信托形式为"犹太民族"持有土地；该项目建议书的原话是犹太国家基金将作为"犹太民族的一个信托基金……可以专用于购买巴勒斯坦和叙利亚的土地"。犹太国家基金一直都在世界犹太复国主义组织的掌控之下，1905年完成了第一笔土地购买。

从一开始，犹太国家基金就作为一个营运机构活跃在土地开发、购买、租赁等领域——只用于犹太人的目的。如沃尔特·莱恩（Walter Lehn）令人信服的文章所言（这是一篇研究犹太国家基金的重要文章，我在下文引用的具体数据即来自此文）[41]，犹太复国主义的目标即获取用以安置犹太定居者的土地；因此1920年犹太国家基金在成立了一家名为巴勒斯坦土地开发公司的机构之后，设了一个巴勒斯坦基金会来组织移民和殖民。同时以制度保证将重点放在为"犹太民族"获取和持有土地上。这一指派任务确定了犹太复国主义的国家不同于其他国家形式，它不是为这个国家的公民建立的，而是为一个民族建立的，这个民族的构成大部分来自流散在世界各地的犹太人。除了使得这个国家中的非犹太民族沦为二等公民，它还使得犹太复国主义的各种组织，而后是国家,于至关重要的国家拥有主权的领土占领之外,享有一种很大的治外法权。甚至通过犹太国家基金获取的土地,如约翰·霍普·辛普森(John Hope Simpson)在 1930 年所言,都已"治外法权化。阿拉伯人将永远不可能从这些土地中获得任何益处,不仅现在如此,未来任何时候都将如此"。阿拉伯人并没有采取相应措施使阿拉伯人在巴勒斯坦制度化地拥有土地,他们没有意识到必须创建一个组织来"永久地"为"阿拉伯民族"保有土地,特别是他们没有做提供信息、筹款、游说等等工作——犹太复国主义者在欧洲和美国做了此类大量工作以扩大"犹太人的"领土,而且乖谬的是,还使犹太人具备一种国际的、几乎是形而上学的地位。阿拉伯人则错误地认为拥有土地并在其上生活就已足够了。

即便运用这一精细和长远的手段,犹太国家基金在以色列建国前存在的近半个世纪中也只购买到 93.6 万德南(1 德南约合 1/4 英亩)的土地;此时巴勒斯坦托管地土地部分总面积为 2632.3 万德南。1947 年底的巴勒斯坦,犹太复国主义者加少数私人犹太业主拥有的土地共计 173.4 万德南,也就是总土地面积的 6.59%。1940 年后,即使托管地当局将犹太人持有土地限制在巴勒斯坦内的特定地区,[犹太人组织]在占总面积 65% 的限定给阿拉伯人的土地上的非法买卖行为从来没有停止过。因此当 1947 年隔离计划宣布时,包括犹太人非法持有的土地部分都作为既成事实统统划入了犹太国的边境内。而到了以色列宣布建国以后,犹太国家基金依照一连串来头很大的法律吸纳了数量惊人的一片片阿拉伯人的土地(这些土地上的业主沦为逃亡的难民,因而被宣布为"不在地主"[absentee landlords],这样就能强征这些土地,并在任何情况下杜绝了业主的返回)。这个(从阿拉伯人立场看到的)土地异化过程就这样完成了。

"公司"取得领土成就背后意识形态的、深远的政治意义阐释了 1967 年战后对阿拉伯被以色列占领土地命运的争议。大部分以色列人似乎都相信阿拉伯人的土地可以被转化为犹太人的土地,因为 a)这片土地两千年前曾经是犹太人的(以色列地[Eretz Israel]的一部分)和 b)犹太国家基金现行的一个方法就是合法改变"疏于管理"的土地性质，使之成为犹太人手中的财产。[42] 只要兴建了犹太人定居点并有大量人口入住，只要他们在国家的联络中衔接得上，他们就成为享受正当治外法权的人，特别强调是犹太人而非阿拉伯人。这种新增土地还有一个基本战略思想的支持，那就是它对以色列的安全是必要的。倘若这些想法只是以色列的内部关注，只是他们旨在迎合以色列选民而发表的强辩之说，倒也至多以奇特论调拿来冷静讨论。但事实是，他们就此一以贯之地侵犯领土上的阿拉伯居民，且他们有一套独特的高端手法。不论理论还是实践，他们的有效性都立足于如何使土地犹太化，同时尽可能去阿拉伯化。

此事我认为在约瑟夫·韦茨（Joseph Weitz）由衷之言里有一个特许的证据。从1932年以来，韦茨就担任着犹太国家土地基金主任一职；1965年以色列出版了他的日记和论文《我的日记及给孩子们的信》(*My Diary, and Letters to the Children*)。在1940年12月19日那天他写道：

> ……[第二次世界大]战后以色列土地问题和犹太人问题将会提升到比"开发"这个架构更高的地位；我们自己要统一认识。必须很清楚地认识到这个国家的空间容不下两个民族。单靠"开发"对我们接近目标无济于事，我们的目标是要在这个弹丸之地成为一个独立的民族。如果阿拉伯人离开这个国家，我们就有广阔而宽敞的前景。如果阿拉伯人留下，这个国家仍是逼仄和悲惨的。一俟战争结束，英国成为战胜国，一俟法官们登上法律的宝座，我们的民族必须将请愿和诉求直陈在这些人面前；以色列地是唯一的解决方案，或至少以色列地的西部，阿拉伯人不得在内。在这个问题上没有回旋余地！迄今为止犹太复国主义运动为在以色列土地上创建希伯来国家所做的一切铺路奠基之举，都在审时度势有条不紊地进行，"购买土地"也会起到作用——但这还不足以令以色列立国；它必须以一个救世行动（这是弥赛亚观念的秘密）同时推进；而必须将阿拉伯人从这里转移到邻近各国，别无他法，要将他们全部转移；也

许除了伯利恒、拿撒勒和耶路撒冷老城,我们必须不让他们留下任何一个村寨,任何一个部落。让他们转移到伊拉克、叙利亚,哪怕是外约旦。为达此目的,我们要筹款,筹大量的款。只有这种人口转移发生,这个国家才能安顿我们数百万弟兄,犹太人问题也才能一劳永逸地解决。没有其他途径。[43](着重号系我所加)

此言不仅仅是未来发生之事的先知式预言;它们也是政策的公开说明,韦茨在此发出了代表犹太复国主义的共同心声。从赫茨尔开始,犹太复国主义发表的此类声明可以确切地数出几百个,当"救世行动"降临巴勒斯坦,他们头脑中正满载着这些观念对阿拉伯人发起强占和驱逐。二战结束后到1948年底这段时间里,大量史实记载了在巴勒斯坦土地上发生的动乱。无论当时发生或没有发生什么样的复杂情况,韦茨的主张提供了照亮那些事件的一束光,指向一个犹太国的建立使得原本居住在此的大部分阿拉伯人沦为难民。诚然,有如一个新国家诞生这样一些重要的事件,又是出于一场多边缠斗和全面战争的结果,其复杂性几乎难以想象,也不可能约略为一个简单说法。我不希望做此约略,但我也不希望对战斗的结果,或对加入战斗的决定因素,或对以色列方面自此之后制定的各项政策等等避而不言。对巴勒斯坦人重要的事实是——对犹太复国主义者亦然——一片曾经住满阿拉伯人的土地,在一场战争之后变得(a)基本清空了这片土地原来的所有居民,而且(b)不能让巴勒斯坦人返回。犹太复国主义者赢得巴勒斯坦时在意识形态和组织准备这两方面所做的努力,以及他们采取的军事战略,都有接管领土和移入新居民这个前瞻。因此达莱特计划(the Dalet Plan),正如犹太复国主义历史学者乔恩(Jon)和大卫·基姆奇(David Kimche)所描述的,是要"占领战略高度,扼住入侵阿拉伯军团最有可能的前进通道,以一种将犹太人占领地区从北向南连成片的方法,去填满英国部队撤离后留下的空隙"。[44]在一些地区,像加利利,从雅法到阿卡(Acre)的沿岸地区,耶路撒冷的某些部分,利达和拉姆拉(Lydda and Ramla),更不说海法(Haifa)的阿拉伯人居住区了,犹太复国主义者不仅接管了英军的地盘，还占领了阿拉伯人依旧居住的空间，那里的阿拉伯人，按韦茨的说法，被"转移"了出去。

有些论点经常会提到——巴勒斯坦人离开是因为他们的领导人命令他们迁移；入侵的阿拉伯军团对以色列在1948年5月宣布立国所作的反应是毫无必要的——我是反对这些论点的。我必须断然说：尚无人提供任何证据，表明存在足以产生如此广泛规模且连根拔起的迁移的命令。[45] 换言之，如果我们希望理解为什么78万巴勒斯坦人在1948年背井离乡，我们必须将眼光看向比1948年当时事件更早的情形；我们更应该去理解这场迁移之所以出现，是因为巴勒斯坦人对犹太复国主义的实际结果相对缺乏一种政治上、组织上的回应，与此同时，被一种挫败和恐慌的心理情绪裹挟。当然各种暴行，比如1948年4月梅纳赫姆·贝京和他的伊尔贡恐怖组织成员在代尔亚辛（Deir Yassin）村屠杀250名阿拉伯平民，也造成相应的影响。但虽然一直有恐怖事件——即使代尔亚辛只是许多这类屠杀事件之一，而这类屠杀早在第一次世界大战甫一结束就开始了，并产生了一批自我意识强烈的犹太复国主义者，堪比在美洲对印第安人的屠杀，[46]——也许造成更深影响的是：只要巴勒斯坦人（在大部分情况下）为躲避战争的残酷临时搬家，就会有一套机制迫使这些手无寸铁的平民永远离开。在他们离之前和之后，都会有些特殊的犹太复国主义手段在实际层面抹除他们的存在。我先前引用过韦茨1940年的文字。这里我再引用他1948年5月18日记叙他与外交部摩西·舍尔托克（Moshe Shertok）（后改姓沙列特［Sharett］）的一段对话：

> 转移——事后处置；我们是不是应该做些什么，将已经从这个国家迁出的阿拉伯人变成铁板钉钉的事实，这样一来他们就永远不能再返回？……他［舍尔托克］回答：他为任何此类动议赐福。他的观点也是我们必须做这样的事，即把迁出的阿拉伯人转变为一个既成的事实。[47]

同一年的晚些时候，韦茨访问了一个被清空的阿拉伯村庄。他又记了如下想法：

> 我去走访姆阿（Mu'ar）村。三台拖拉机快完成拆除了。我有些意外；眼前的毁坏没有在我内心引起任何触动。没有遗憾，没有仇恨，仿佛这就是世界运转的方式。因为我们要在现世感受美好，而非等到来世。我们只是单纯要生活，那些泥土房屋的居民却不想我们在这儿存在。他们不但志在支配我们，他们还想根除我们。有意思的是——这也正是所有我们的男儿的想法，从此端到彼端。[48]

他描述的场景发生在巴勒斯坦的每个角落，但他似乎完全不能理解这一事实，即那些人的生活，那些的确非常低调卑微的生活，那些在那个凄苦的村庄里实际存在过的生活，对生活在那里的人们都是有含义的。韦茨并没有试图否认村民的现实；他直白承认他们的破坏仅意味让"我们"现在能够生活在那里。他完全不为以下想法感到不安，那就是对巴勒斯坦原住民来说，他，韦茨，只是来这里赶走他们的一个外邦人，抵抗这样一种前景是再自然不过的。倒打一耙的是，韦茨和他们的"男儿"所站的立场却是巴勒斯坦人想要"根除"他们——这给他们摧毁阿拉伯人屋舍和村庄颁发了许可。经过数十年这种视阿拉伯人为无物的状态，犹太复国主义终于可以完全自主地积极毁灭尽可能多的阿拉伯人存在证据。从某种理论上的非实体，到法律事实的非实体，巴勒斯坦阿拉伯人生活在从一种悲惨环境到另一种悲惨环境的可怕的调整中，他们足以亲眼见证他们在巴勒斯坦土地上民事权利的消亡，但对此信息的沟通又是那么无力。

最初阿拉伯人是无足轻重的原住民；其后他成了一个不在场的人；到了1948年以色列建国之后，他获得的司法地位与任何属于"犹太民族"的个人——无论这个人实际身在以色列或不在以色列——相比，都低于一个完整的人。联合国年度多项决议案中要求以色列召回那些大难临头去国离家成为"难民"者，或补偿他们的损失（以色列曾承诺这么做），不过是一纸具文。以色列对巴勒斯坦阿拉伯人留存人员施加的各种人身侮辱以及对他们不道德的宰制，按任何中立标准，这个清单记录的情形都是令人毛骨悚然的，尤其是与这个记录对位的另一边人们听着赞美以色列民主的大合唱。仿佛是要 12 万人（如今约有 65 万人）为他们大胆留在已经不属于他们的地方付出代价，以色列沿袭了《紧急防务条例》，这本来是英国于 1922—1948 年托管期间用来对付犹太人和阿拉伯人的。该条例当时一直是犹太复国主义者一个用得趁手的引发政治骚动的标靶，但到了 1948 年之后，该条例被以色列照单全收用来管制阿拉伯人。

例如，在以色列那些阿拉伯人仍保持多数的地区，快速出台了一种名为"犹太化"的过时却效力不减的具体政策。一如鲁平和魏茨曼之早期对特拉维夫"超越"阿拉伯古城雅法所预见，今日以色列政府创出一个新的犹太人的拿撒勒来超越阿拉伯古城。一个以色列人在 1975 年对此项目有这样的描述：

> 约于十五年前建起的上拿撒勒（Upper Nazareth），"兴建目的是与阿拉伯的拿撒勒抗衡"，构成了"加利利的犹太化"政策的基石。上拿撒勒在环绕拿撒勒的丘陵拔地而起，像一道将它几乎可以四面围住的安全带。上城占有数千英亩土地，都是从阿拉伯人的定居点强征来的，尤其在拿撒勒和拉纳（Rana）这两处，纯粹凭借武力。选择"上"拿撒勒这个名字也是有讲究的，因为强调在"上方"，显示出权威的态度，根据其等差政策给予这个新城各种特殊权利，并忽略原拿撒勒城，在他们的眼中旧城是在等级阶梯的最底部。到拿撒勒的访客会因目睹现状而承认这个城市的发展是忽略和缺失的，而从那里他如果往"上"，去到上拿撒勒，他看到的都是新楼、宽阔的街道、公共照明、台阶、高层建筑、工业和匠人企业，他能感受两厢对比：上面欣欣向荣，底下却缺乏关爱；上面政府大楼不断出现，底下什么建设动静都没有。自 1966 年以来［以色列］住房部没有在拿撒勒旧城建过一个住宅单元。（1975 年 7 月 30 日，约瑟

夫·艾尔噶兹［Yoseph Elgazi］载《佐哈德莱》[*Zo Hadareh*] ①）

少数人统治的戏剧性一幕在拿撒勒鲜活地上演。1.6万居民的上拿撒勒——即犹太人的拿撒勒——具备所有"在上方"的优势；底下的阿拉伯城的人口有4.5万人。很明显犹太人城市得益于为犹太人而设置的资源网。非犹太人像动了外科手术般被割除在外。他们和犹太人之间的分裂，被犹太复国主义刻意赋予了意义，一个国家对两个族群不仅是程度上的差别，而是绝对分裂的差别。如果在以色列的每个犹太人都代表"全部犹太民族"——他们的人口构成不仅是目前在以色列的犹太人，还包括过去历代犹太人（现在的以色列人是他们遗留下来的），并包括未来的犹太人和生活在世界别处的犹太人——那么在以色列的非犹太人代表的就是某种永久驱逐，从他在巴勒斯坦和一切其他过去、现在、将来的权益中被永久驱逐。非犹太人生活在条件艰苦的村落，没有图书馆，没有少年宫，没有剧院，没有文化活动中心；根据拿撒勒的阿拉伯市长，一位在以色列的非犹太人中有特别发言权的人士的说法，大多数阿拉伯村落都缺少电力、电话通讯、健康中心；除了拿撒勒本身，所有阿拉伯村落都没有污水处理系统，拿撒勒也只有一个服务站解决部分城区的排污；所有阿拉伯村落都没有铺设的马路或街道。犹太人有权享受最大量的资源，非犹太人所得到的连最小量都维持不了。阿拉伯人有80000的总劳动力人口，其中6万在犹太人的企业工作。"这些工人把自己的乡镇仅仅当作栖身的场所。他们仅有的兴盛'产业'就是生孩子提供人力。"[49]这些人力没有政治底蕴，没有领土根基，没有文化接续；对于以色列的非犹太人而言，如果他有勇气在1948年后出现的犹太人国度留下，就得忍受刻薄的生存条件，仅仅是留在那个地方，几乎剥夺了所有权利，除了复制他自己和那种几乎了无尽头的悲惨生活。

直到1966年，以色列的阿拉伯市民仍在一个军政府的管制下，这个政府专门针对阿拉伯人，对他们从生到死实际全部生活的每个方面都

---

① 一份以色列的人权报告刊物。——译注

予以控制、扭曲、操纵、恐吓、篡改。1966年后，情形也并未有多大改善，从一系列难以抑制的民众暴乱和示威中即可见一斑；紧急防务条例被用来没收数千英亩的阿拉伯土地，借口只是宣布阿拉伯人的物业坐落在某个安全区内，或干脆判决这些土地为不在地者之物业（甚至在很多案件中，"不在地者"是肉身到场的——一种卡夫卡式精妙的法律虚构情节）。巴勒斯坦人会告诉你，1950年的《不在地者物业法》，1953年的《土地征购法》，1949年的《紧急时期物业征用法》，1958年的《时效法》等这些法规的含义是什么。此外，过去和现在都禁止阿拉伯人自由旅行，也不允许他们从犹太人手中租赁土地，他们甚至没有言论自由、对问题的激辩自由、接受教育的自由。还发生过这样一些事件，即突然在乡村施行宵禁，在那些外出劳作的人明显不可能知道宵禁的情况下，将"犯罪的"农民就地射杀；最令人发指的一幕发生在1956年10月的加西姆（Kafr Kassim）村，49名手无寸铁的农民被以色列军队中出手最快的部门边防警卫队枪杀。负责这次行动的官员在丑闻积累到一定数量之后出庭受审，判决罪名成立，罚款一个比索（不到一美分）。

以色列自从1967年占领西岸和加沙地带以来，征获的阿拉伯民众约有一百多万。上述地区的记录一样糟糕，但这也是意料之中的事。[50] 的确，要想知道发生在被占领土上的事，最好的解说就是1967年之前一直都在遭受以色列依法施暴的那些以色列阿拉伯人的亲身经历。可以读一下萨布里·吉瑞斯（Sabri Jiryis）的《以色列的阿拉伯人》(*The Arabs in Israel*)，或弗兹·阿尔-阿斯玛（Fouzi al-Asmar）的《在以色列做一个阿拉伯人》(*To be an Arab in Israel*)，或埃利亚 T. 兹瑞克（Elia T. Zwrayk）的《以色列的巴勒斯坦人：一份国内殖民主义研究》(*The Palestinians in Israel: A Study in Internal Colonialism*)。以色列的政治目的一直是将阿拉伯人维持在一种伏顺的状态，永远不能妨碍他们继续受以色列支配。一旦一名民族主义领袖名望上升，他就得被驱逐出境，或监禁起来（不经任何审判），或干脆令他消失；阿拉伯人的住所（约1.7万户）被军队炸毁，以警诫那些有心反抗的民族主义者；阿拉伯人写的任何文字或写关于阿拉伯人的任何文字都要受到审查；每个阿拉伯人都直接接受军事管制。为了掩饰镇压行径,并减轻镇压行径对以色列人造成意识上的不安,成就出一批以色列犹太人的"阿拉伯专家"——专门研究阿拉伯人"心态"。其中一个人,阿姆农·林(Amnon Lin),在1968年写道:"人民信任我们,给我们行动自由,在这个国家中,任何其他群体,其他领域所享有的行动自由都不能与我们相比。"于是,

> 渐渐地我们在国家中获得了一种作为专家的特殊地位,没人敢挑战我们的观点或我们的行动。我们在政府的每个部门、在工会和各个政党都有代表;每个部门和办公室都有"阿拉伯专家",在阿拉伯人中径直替他们的负责人行事。[51]

这个准政府靠在幕后的特权在握的专家解释并管理阿拉伯人。当来访的自由派人士希望发现"阿拉伯人"的真相,他们得到的是一幅在必要的地方做了手脚的图片。[52] 其间,以色列在被占领土上的定居点不消说以倍数激增(从1967年以来增加了超过九十个);1967年后的殖民化逻辑与1948年之前的移置手法如出一辙,结果同样招致阿拉伯人流离失所。[53]

犹太复国主义和以色列对犹太人一套,对非犹太人是另一套。犹太复国主义对于犹太人和非犹太人之间的界限向来划得清清楚楚;以色列建立了一整套系统,为的就是将两者分开,包括多被世人仰慕(奉行彻头彻尾种族隔离政策)的以色列集体农场,阿拉伯人从来都与之无缘。事实上,阿拉伯人由一个另外的政府管理,这样做的理由基于犹太人和非犹太人不可能使用同一等级的管理体系。有了这种激进理念,也就自然有了阿拉伯古拉格群岛去发展它自有的一套生活,建立它的缜密,它的细节。尤里·阿夫纳利(Uri Avneri)对以色列议会这么说:

> 在阿拉伯人部门搞出……一个无死角政府,一个秘密政府,绕开法律……政府成员和方法都不能让……任何人掌握。它的代理人安插在政府各部,从以色列国土管理部到教育部和宗教事务部都要有

人。它在不为人知的地方,对影响[阿拉伯人的]生活须起决定性作用,不留文件记录,与他们的交流通过秘密渠道或通过电话。用这种方式来决定谁能参加教师研讨会,谁能得到一辆拖拉机,谁能担任政府职务,谁能接受财政补贴,谁能选到以色列议会,谁能选到地方议会——如果有地方议会的话——诸如此类,理由随便编排。[54]

但即便在以色列的严密看守下,仍会时不时有些不留神的见地渗入到管制阿拉伯人的政府。其中最疏忽大意的一个例子是一份北部地区(加利利)部委专员以色列·凯尼格(Israel Koenig)为时任总理的伊扎克·拉宾撰写的报告,专论"在以色列处理阿拉伯人的问题"。(报告全文后于1976年9月7日泄露给了《防卫日报》[*Al-Hamishmar*]。)其内容读来令人脊背发凉,但印证了犹太复国主义对待它的受害者,即对待非犹太人态度的猜测。凯尼格坦白承认阿拉伯人带来一个人口问题,因为与犹太人不同——犹太人的人口自然增长率为每年1.5%——阿拉伯人口的年增长率达到5.9%。他更进一步认为虽然阿拉伯人也许天生容易受到民族主义躁动情绪的感染,但国家对待阿拉伯人的政策可将他们控制在一个低等水平上。而主要之事,是确保控制像加利利这种地区的阿拉伯人口密度,以便降低、遏制、削弱潜在麻烦。因此他建议,必须

> 在一些阿拉伯人口连绵成片问题突出且他们的人口数明显超过犹太人口数的地区,要扩大并深化犹太人定居点;要研究检查稀释现有阿拉伯人口密度的可能性。在国家的西北部和拿撒勒地区必须加大对边境地带的特别关注。实施的方法和紧急措施必须有别于迄今为止采取的常规做法。执行目前国家法律的同时,还必须在国家的各个地区强行规定阿拉伯人不得"破土动工"新定居点。

这些建议的准军事战略意图已经非常浅白了。我们还必须注意到凯尼格对他正在试图推行犹太复国主义强制命令的那套不容置疑的看法。

其报告对他的建议所促发明目张胆的种族目的不曾流露出丝毫担心；也毫不怀疑他的说法与犹太复国主义对待非犹太人——他们命数多蹇，不幸生在犹太人领地上，尽管他们数量大得惊人——政策的历史严丝合缝地一致。他继续以他的逻辑论辩，任何阿拉伯领袖只要出现惹麻烦的苗头，就应该撤换，政府应着手"创造"（这个词有一种类似神学的色彩，与犹太人对阿拉伯人的政策保持同一步调）"新型的［阿拉伯］人物形象，这种形象要符合比较高的知识标准，公平并有个人魅力"，而且必须完全被以色列统治者认可。再者，在"消弭"急躁的民族主义领袖的过程中——这些人的主要罪行是他们鼓动其他原住民对强迫其处在次要地位这个状况表达不满——政府应组成一个"特别小组……审查这些领导人和其他负面人物的个人习惯，这些信息应该通报全体选民"。

凯尼格对"稀释"和操纵在以色列的阿拉伯裔公民还不满意，他继续建议采取各种事半功倍的方法"中和"和"拖垮"他们。而这一套要行之有效，就应该用某种手段彻底挫败"一众迷茫、迫于精神需求而寻求慰藉的知识分子。对这种政策的种种表述均与以色列建国论调为指导"。凯尼格显然认为，让阿拉伯人处于不知所措的状态是件很自然的事，人们在读他的建议时几乎感受不到他是将阿拉伯人作为人民来对待的，或他的这份报告写的不是一个纳粹分子在二战时对待犹太人的行径，而是在1976年一个犹太人对待他的同一国阿拉伯公民的行径。凯尼格计划的高招要数他对社会工程学的讨论，要求利用阿拉伯人落后的"黎凡特性格"来攻陷其自身。既然在以色列的阿拉伯人已经是一个无优势可言的群体，就应该通过一些做法将这一现实予以巩固：

a）阿拉伯人大学生录取标准须与犹太人学生一样，发放奖学金的标准亦须一样。

缜密执行这些规则将会产生一种物竞天择的效果［达尔文的术语巧妙地在此代言］并在相当程度上降低阿拉伯学生的人数。相应地，低水平的毕业生人数也会减少，一个有助于他们经过学习在工作中同化的事实［此计划目的在于让年轻的阿拉伯人容易被地位低下的工作吸收，因此确保阿拉伯人的知识水平处于积弱态势］。

b）鼓励引导大学生学习技术、物理和自然科学等专业。这些学科让他们没有时间再涉足民族主义，而且退学率也会增加［凯尼格关于科学和人文的价值两不兼容的观念比起 C.P. 斯诺的观念又胜一筹。当然这是利用科学作为政治惩罚的一个阴险的例子；甚至在殖民主义历史上也算得上创新了］。

c）制定宽松的海外学习政策，同时令回国和就业都更困难——这一政策旨在方便让他们移居境外。

d）在各个层面上都采取强硬措施以对付大专院校中的各类有煽动力的学生。

e）根据学生资质提前为大部分毕业生做同化可能性的准备。由于有（几年）充足时间，这一政策得以让有关当局从容计划部署。

如果出炉这些主张的是斯大林主义者，或奥威尔的社会主义者，或甚至阿拉伯民族主义者，自由派人士的反对呐喊声恐怕要震耳欲聋了。但人们似乎普遍觉得凯尼格建议的逻辑是说得过去的，因为这些事件对立的两边一边是人口占少数的、代表英勇的西方人的犹太人，一边是为数众多的、杂乱的、像癌细胞般扩散的、不可救药地盲目行事的阿拉伯人。凯尼格的报告与犹太复国主义的基本两分法毫无二致，也就是说，对犹太人恩惠多多但对阿拉伯人则保持主要的却是家长式管理的敌意。而且凯尼格本人写作的出发点是一个意识形态学家或理论家，他代表着以色列社会内部当局和权势的立场。作为在以色列的一个阿拉伯人的统治者，凯尼格表达的一面是官方对犹太人福祉的关注，即他要维护和保证犹太人的利益，另一面则是对低等原住民的家长式的、管理上的霸凌。他的地位因此受到犹太国家各个机构的祝许；而有了机构的背书，他就能够为犹太人未来最大化和为非犹太人未来最小化去思考对策。所有这些概念在他报告的这一段中可谓发挥得淋漓尽致：

> 一个国家的执法,如果面对像以色列这样正在发展的社会,应该灵活、小心和动很多脑筋来解决问题。但同时,管理阿拉伯人的行政和决策部门就必须意识到法律的存在,意识到它的强制性,这样才能避免力量削弱的情况。55

魏茨曼与凯尼格之间隔了几十年。前者的愿景计划变成了后者现行法律的语境。对巴勒斯坦的阿拉伯原住民而言,从魏茨曼年代到凯尼格年代,犹太复国主义从对他们的生活造成不断侵害,转化为一种既定的现实——成立了一个民族国家——将他们团团围住。对1948年后的犹太人,以色列不但实现了他们的政治和精神希望,它还继续成为引导仍生活在海外流散者的灯塔,为他们提供机会,也使生活在从前巴勒斯坦上的犹太人保持在发展和自我实现的前沿领域。对阿拉伯裔巴勒斯坦人,以色列意味着一个本质上敌对的事实和好几种不愉快的必然结果。1948年后,每个巴勒斯坦人从国籍和法定的意义上都消失了。一些巴勒斯坦人在以色列以"非犹太人"的司法意义重新出现;其他离开的人成为"难民",这些人中的一部分后来取得新的阿拉伯国家的、欧洲国家的、美国的身份。但所有巴勒斯坦人都没有丧失他的"原有的"巴勒斯坦人身份。而正是出于以色列和世界各地不存在巴勒斯坦人这种法理上的虚构,巴勒斯坦人最终站了出来——凭着相当的国际关注,准备最终以批评的眼光观察犹太复国主义的理论和实践。

1975年联合国通过"犹太复国主义是种族主义"的决议案之后,西方出现反对此决议案的声浪无疑是真实的。以色列犹太人的成就摆在西方世界面前,或不妨说这些成就的背后是欧洲犹太人,而不见得是人数更多的塞法迪(即东方)犹太人;以多数标准看,这些成就算得上有分量了,不去笼统将其冠以"种族主义"污名而对其谴责也是有理的。但对于巴勒斯坦的阿拉伯人来说,他经历和查证了犹太复国主义对付他和他的土地的程序,他的困境虽然复杂,最终仍然是有头绪的。他知道回归法允许一个犹太人直接进入以色列却以同样手段防止一个阿拉伯人返回他的故乡;他也知道以色列人的袭击造成数以千计的平民丧生,用的全部都是人们能够接受的反恐借口，[56]但事实上，那是因为巴勒斯坦人作为一个种族，已经成为顽固的、本质上动机不明的恐怖主义的同义语；他还意识到，在一个也许他不足以掌握的智识演绎过程中，他受到侵犯人性这件事已经神不知鬼不觉地变身为对几乎要将他彻底摧毁的思想体系的赞美。种族主义是一个过于模糊的说法：犹太复国主义就是犹太复国主义。这句同义赘述在阿拉伯巴勒斯坦人听来和在犹太人听来形式一字不差，但背后的含义判若云泥。

今日以色列面对的是一个严峻的未来：耗去35%的国民生产总值的军事预算使其不堪重负；除了为数甚少且批评呼声渐高的几个大西洋朋友，它是孤立的；困扰它的还有社会、政治和意识形态的问题，这些问题只有在从中全面退让的情况下才能解决。萨达特总统的和平使命引发的外观总算与贝京一意孤行的神学疯狂相反，但在缺乏与巴勒斯坦人所处现实达成人道和解概念的——更不用说体制的——工具的情况下，那个阵营能否出现决定性改变很是值得怀疑。影响力极其强大的美国犹太人社团仍然不断将资金和对事物的还原观点强加于以色列意志。而且，人们不应忽略一点，那些成天惦念阿拉伯丰厚石油市场的商业部门与美国的防务机构相比完全是小巫见大巫，后者将先进的武器源源不断输入以色列，现在又输入埃及，每日都将火药填进与"激进主义"、苏联或与美国地缘政治的其他敌人的战斗。《国土报》的一篇文章（1978年3月24日）用以下术语庆祝在黎巴嫩的军事冒险，准确昭彰肆无忌惮的以色列军国主义的实际效力：

> 上星期发生的事，让每个长了眼睛的人都看清楚了，无论在装备的数量还是质量上，如今的以色列国防军就是一支美国部队：步枪、水陆两用装甲运兵车、F15战斗机，甚至幼狮战机都配了美国的发动机，这些明证足以使每个人信服。

但堪比这种作者为以色列"充沛的军事装备"所唱的赞歌，是西方和以色列知识分子三十年来持续对以色列和犹太复国主义称颂所带来的有害影响。他们完美演绎了葛兰西所言"合法专家"的角色，他们虽说号称代表智慧和人性，其实既不诚实，也无理性。翻一下不光彩的记录就会发现，只有少得可怜的人——他们之中有诺姆·乔姆斯基、伊斯雷尔·沙哈克（Israel Shahak）、I.F. 史东、爱尔玛·伯格（Elmer Berger）、犹大·马格内斯（Judah Magnes）——尝试去看犹太复国主义不仅在 1948 年这一年，而是历年来对巴勒斯坦人的所作所为。本世纪最令人心悸的文化插曲之一，即人们对犹太复国主义关于巴勒斯坦原住民各种政策声明的几近全方位的沉默。如今任何自重的知识分子都愿意就阿根廷、智利、南非等地的人权问题表明立场，但在以色列对巴勒斯坦阿拉伯人预防性羁押、拷问、人口转移，驱逐出境等无可辩驳的证据面前，却出现了万马齐喑的现象。微不足道的一句在以色列人们尊重民主的说法，就使得如丹尼尔·莫尼汉（Daniel Moynihan）或索尔·贝娄等人印象深刻，认为在道德前沿一切安好。但也许这一国家崇拜的真实程度只能在读过 1962 年马丁·布伯（Martin Buber）和阿夫拉罕·阿德伦（Avraham Aderet）之间的谈话纪要才能体会（该文刊于 1974 年 12 月号的《开场》[*Petahim*]，一份以色列宗教季刊上）。阿德伦颂扬年轻人参军是塑造性格的经历，并用 1956 年埃以战争中一个情节为例，此事说的是某军官命令一队士兵径直枪杀"落入我们手中……的任何埃及战俘"。队伍中几个志愿者出列举枪射击，战俘应声倒地，其中一个志愿者证实他"开枪时闭上了眼睛"。阿德伦就此评说："这一考验无疑会为每个有意识的和有生活经历的人带来某种困惑，对初出茅庐的年轻男孩就更是如此。这些年轻人当时行为带来的困惑并不是什么坏事，反倒要警惕日后在他们内心发生的暗中损害。"对这番训导式的解释，布伯——这一道德哲学家，人道的思想家，之前持双民族主义立场的人——只是这样回应："这是个了不起的真实故事，你应该把它写下来。"这个故事中的恐怖，或关于如何可能发生这种场景的讨论，我们一个字都听不到。

一如近几百年来犹太人无不受到犹太复国主义触及，每个巴勒斯坦人亦都无法去除犹太复国主义在他们身上打下的烙印。然而请不要忘记，巴勒斯坦人不仅仅是犹太复国主义的一个用途。他的生活、文化、政治都具有自身的动力，它们最终都具有自身的本真性。

选自《巴勒斯坦问题》

6

作为新闻的伊斯兰

（1980）

  1979年11月4日，一群伊朗学生占领了美国驻德黑兰大使馆。劫持着五十二名美国政府官员作为人质的学生们要求美国将中央情报局在1953年扶植上台的穆罕默德·礼萨·巴列维遣返德黑兰受审。这场"人质危机"逐渐变成家喻户晓的黄金时段新闻节目，持续时间长达四百四十四天，导致吉米·卡特连任竞选失利、罗纳德·里根当选、伊朗军售丑闻以及滋生了一众家庭作坊式的智囊团及其所谓恐怖主义专家，这些人周而复始地公开谴责"伊斯兰教威胁"的"复兴"。在主流媒体，伊斯兰成了每一种非理性和反西方之事的同义词。如在《纽约时报》一篇社论讨论的内容是"波斯精神心理"；《亚特兰大宪法日报合刊》(Atlanta Journal Constitution)声称"新蛮族"掌握了伊朗政权。极少有记者或新闻评论员将这些事件放入一个更大的背景下——美国参与推翻摩萨台和美国-以色列训练了伊朗秘密警察萨瓦克——去解读。

  《报道伊斯兰》是《东方学》三部曲中的最后一部，集中讨论了西方媒体在"人质危机"期间及其后对伊斯兰的再现问题。萨义德写道，[报道]伊斯兰"享有的特许权不但豁免显而易见的不准确，而且还豁免无节制的种族中心主义的表述、文化仇恨甚至种族仇恨、埋藏很深且似是而非的那种说有就有的敌意"。

  此书第一版面世的十五年后，萨义德在第二版中撰写前言重新检视这个问题。他发现媒体对伊斯兰的描摹变得越发夸张。"煽情的报道，冷酷的仇外、麻木不仁的敌对态度,此类流行时尚结果是双方在头脑中画出了一条区分'我们'与'他们'的界线,这是完全缺乏教益意义的事。"[1]

为了强调美国人使用可替代能源的重要性,纽约爱迪生联合公司(Con Ed)在1980年夏发布了一条引人注目的电视广告。短片中有一眼就能认出的石油输出国组织各政要如亚马尼(Yamani)、卡扎菲,也有不那么为人熟知的衣着长袍的阿拉伯人物,穿插了另一些与石油和伊斯兰有关人物的定格照片和剪辑:霍梅尼、阿拉法特、哈菲兹·阿萨德(Hafez al-Assad)。所有人物都没有提及姓名,观众只是不祥地被预告"这些人"控制了美国的石油来源。严肃的画外音避而不谈"这些人"究竟是些什么人,或他们来自何处,留给观众的感觉是美国人已然被这班清一色男性反派角色用某种不择手段的虐待狂方式控制。"这些人"只需露一下脸,一如他们出现在报端和电视,就足以使美国观众心生一种愤怒、怨恨、恐惧的混合情绪。爱迪生联合公司正是要引发和利用这类瞬间产生的混合情绪,以达到其国内各种商业目的,正如一年前卡特总统的国内政策顾问斯图亚特·艾森斯塔特(Stuart Eizenstat)敦促总统"我们应采取强硬步骤动员国家应对一场真正的危机,并明确我们的敌人——石油输出国组织"。

爱迪生联合公司这段广告有两个面向可以同时构成我这本书的主题。其一,当然是伊斯兰,或毋宁说是广义的西方人(尤其是美国人)眼中的伊斯兰形象。其二,是在西方特别是在美国对这种形象的利用。我们将会看到,联结这两者的方法最终揭示关于西方和美国的方面完全不亚于他们揭示关于伊斯兰的方面,而且揭示后者的方式既不具体又不生动。但在我们对现阶段作进一步考察之前,有必要先回顾一下伊斯兰和西方基督教之间关系的历史。

从至少十八世纪末迄今,现代西方对伊斯兰的诸反应都被一种大可仍称之为东方主义的极端简化的思维模式支配。东方主义思维的普遍原理是一种基于想象却又大幅两极化的地理分割,将世界分成两个不对等的部分:大的部分,即与我们"不同"的那部分叫作东方,剩下部分,即"我们"的世界,叫作西方。[2]这种区隔出现的情况总是一个社会或文化认为另一个社会或文化与自己有差别;但有意思的是,与西方相比,即使"东方"被一致认为是世界中较为低劣的部分,它又同时被赋予更大的体量和更多的潜力(这种潜在的能量通常是破坏性的)。而伊斯兰既然一直被认为属于东方,它在东方主义普遍结构中的具体命运,也一直首先被看成仿佛铁板一块的事物,其次又带着特殊的敌意和恐惧。出现此等现象当然有许多宗教、心理和政治原因,但所有这些原因都源自某种感觉,即相对西方而言,伊斯兰代表的不仅是一个强硬的竞争对手,而且是一股新冒头的对基督教构成挑战的势力。

中世纪的大部分时间,以及欧洲文艺复兴早期,伊斯兰都被认为是一种背叛的、渎神的、晦秘的魔鬼宗教。[3]问题不在于穆斯林奉穆罕默德为先知而非上帝,而在于基督徒认为穆罕默德是个假先知,播种不和者,好色之徒,伪君子,魔鬼的代言人。严格说来对穆罕默德的这种观点不是一种教义上的观点。真实世界中的真实事件都将伊斯兰认定为一股相当强的政治势力。几百年来,强大的伊斯兰海陆军队对欧洲威胁不断,摧毁欧洲的前哨阵地,在欧洲的领地上殖民。就像是一个更为少壮的、阳刚的、精力充沛的基督教翻版在东方横空出世,它为自己装备了古希腊的学问,补足了简单、无畏、好战的信条,跃跃欲试置基督教于死地。尽管后来欧洲进入了一个上升期而伊斯兰世界日渐式微,对"穆罕默德教义"的恐惧仍经久不衰。因为伊斯兰世界比基督教以外的其他任何宗教都更接近欧洲,这种邻接性本身即令人联想到它对欧洲的侵蚀,并总令人联想到它屡屡骚扰西方的潜在能量。东方其他伟大文明——其中比如印度和中国——可以认定为不堪一击且相距甚远,并不会使人夕惕若厉。只有伊斯兰似乎从未完全听从归顺西方,且在七十年代初油价戏剧性上涨时,穆斯林世界仿佛再次履迹早年征服的边缘,整个西方像是不寒而栗。

而后1978年伊朗占据了舞台中心,让美国人的焦虑和激情日益增长。极少有国家与美国距离如此之远，且差异如此之大，却将美国人牵扯得如此之深。美国人从未感到如此气馁，看似如此无力，去阻止一场又一场跌宕起伏的事件发生。这些事件发生后他们再不能对伊朗不闻不问，因为该国在许多层面以一种目中无人的挑衅对他们的生活造成冲击。在能源短缺时期，伊朗是一个主要的石油供应国。它处于世界上一个公认不稳定但战略上又极其重要的地区。它是从前的重要盟友，经历了剧烈革命的动荡一年——其规模之大为1917年10月后所未见——失去了其帝国政权统治，失去了其军队，失去了其在美国全球考量中的价值。一套自称伊斯兰的新秩序在纷争中诞生，表现出民众的和反帝的特性。阿亚图拉·霍梅尼的形象和存在占据了媒体，但媒体除了把他塑造成一个执拗的、强势的、对美国极端愤怒的人之外再无其他了。最后随着伊朗前国王于1979年10月22日进入美国，美国驻德黑兰大使馆于1979年11月4日被一群学生占领；许多美国人质被劫持。这场危机直到我现在写此文时才近尾声。

对发生在伊朗事件的反应并非出现在真空中。追溯既往公众潜藏的文化意识，可以看到对伊斯兰、对阿拉伯人、对东方久已有之的普遍态度，我将其称之为东方主义。无论人们是否看上一眼最近出版的、广受好评的小说如 V.S. 奈保尔的《大河湾》（*A Bend in the River*）和约翰·厄普代克的《政变》（*The Coup*），或小学历史课本、连环漫画、电视连续剧、电影、卡通片，对伊斯兰的图解非常雷同，无所不在，依据的资料都是历代对伊斯兰一成不变的看法：因此常常把穆斯林画成石油商人、恐怖分子，近来则是嗜血的暴徒这一类脸谱形象。反之，无论在普遍的文化中，还是具体在讨论关于非西方人的话语中，几乎没有任何场合是以同情的态度提及乃至考虑伊斯兰或任何与伊斯兰有关的情事，更不用说以同情的态度刻画他们了。大部分人，若请他们说一个现代伊斯兰作家，可能只能说出哈利勒·纪伯伦（他其实不是伊斯兰信徒）。专治伊斯兰的学人考察这一宗教及其各种文化时，通常都会陷入虚构的或文化决定了的意识形态框架，带着激情、防御性的偏见，有时甚至是强烈排斥的反应；受这样的框架限制，理解伊斯兰就变得很难实现。而关于1979年春伊斯兰革命这个话题,从各种有深度的媒体研究和采访来看,人们极少倾向接受这场革命本身,至多将它看作是美国的一次失败(从一种非常特别的角度看,当然是美国的失败),或看作是一场黑暗对光明的胜利。

V.S.奈保尔在帮助澄清这种对伊斯兰的普遍敌意中扮演的角色颇有意思。最近刊登在《新闻国际周刊》(1980年8月18日)上的一则采访中,他谈起正在写的一本关于"伊斯兰"话题的书,而后主动提到"穆斯林原教旨主义对伊斯兰没有智识的实质内容,因此必然垮台"。他在说穆斯林原教旨主义时具体指的是什么,他在说智识的实质内容时脑子里想的是哪一类,都没有解释:伊朗无疑含有这样的意味,但是——此处同样语焉不详——战后整个第三世界范围内掀起的伊斯兰反帝浪潮亦有这样的意味,奈保尔对第三世界产生的反感特别强烈。奈保尔最近两部小说《游击队员》(*Guerrillas*)和《大河湾》都与伊斯兰话题有关,也是奈保尔对第三世界一部分笼统的(对西方自由派读者来说也算流行的)指控,即把几个荒淫统治者的腐败恶习、欧洲殖民主义的终结,以及在后殖民时代重建本地社会的努力都炒成一碟当作非洲和亚洲一种智识上总体失败的例证。在奈保尔看来,"伊斯兰"在其中扮演了一个重要角色,无论是可怜的西印度群岛游击队员冠以伊斯兰姓氏,还是非洲奴隶交易的遗存。对奈保尔和他的读者而言,在某种意义上,"伊斯兰"可以用来涵盖人们站在开明的和西方的理性立场上看到的一切最不赞同的事情。[4]

当"伊斯兰",或影响如今伊朗和穆斯林世界其他地区的那个伊斯兰落到小说家、记者、政策制定人、"专家"之手时,其中的宗教激情、为正当理由而战、普通人的弱点、政治竞争,以及男女众生与社会的历史反映为男女众生与社会的历史等等这些方面的各种差别仿佛都是无法分辨的。"伊斯兰"仿佛吞噬了多种形态的穆斯林世界的所有方面,将它们的一切都还原为一种邪恶且无思想的特别存在。大部分情况下没有对结果的分析和理解,只有最简单粗暴的形式,即"我们"之于"他们"。无论伊朗人或穆斯林对他们心目中的正义感,对他们的压迫历史,对他们自身社会的前景说了些什么，似乎都无关宏旨；美国关心的是"伊斯兰革命"正在发生什么事，伊朗革命委员会处决了多少人，阿亚图拉又借伊斯兰之名下令实施了多少荒诞的暴行。当然没人会将琼斯镇（Jonestown）的屠杀、辛辛那提发生在谁人（The Who）乐队演唱会上的致命狂热、对印度支那的蹂躏这些事件与基督教文化，或西方或美国总体文化相提并论；这一类同等事件是专为"伊斯兰"保留的。

为什么集政治、文化、社会，甚至加上经济所有范围内的事件似乎常常能够以如此巴甫洛夫条件反射的方式缩小为"伊斯兰"所有？究竟关于"伊斯兰"的什么东西能够激发如此快速和无需克制的回应？西方人眼中，"伊斯兰"和伊斯兰世界与——比方说，其他第三世界国家，以及与苏联之间有什么区别？这些绝非简单的问题，因此必须加以许多限定条件和细微辨异逐个回答。

那些旨在为极为广泛而复杂的现象冠名的标签向来因含糊其意而遭人诟病，同时又难以避免。如果说"伊斯兰"是一个不严密的、意识形态味道过重的标签，那么"西方"和"基督教"这样的标签也好不到哪里去。然而要找到避免这些标签的方法着实不易，因为穆斯林说到伊斯兰，基督徒说到基督教，西方人说到西方，他们所有人说到所有其他人时都是用这种仿佛既有力又确切的方式。与其试图提议绕开这些标签，我认为更直接可行的方法是从一开始就承认这些标签的存在，且人们长期作为某种文化历史不可分割的一部分在使用，它们不是客观的分类［……］。我们必须记得每次使用"伊斯兰""西方"，甚至"基督教"这类词，它们至少以两种不同方法显示其功能并产生至少两种意义。第一它们显示一种简单的识别功能，如我们说霍梅尼是穆斯林，或教宗约翰·保罗二世是基督徒。这类陈述仅在最低程度上告诉我们某些事物相对于所有其他事物是什么。这个层面上我们可以区分橙子和苹果（也许我们还可以区分穆斯林和基督徒），但这只限于我们知道它们是两种不同的水果、长在不同的树上，等等。

这些标签的第二个功能会产生复杂得多的意义。如今在西方提到"伊斯兰"，意味着我先前提到的一大堆不愉快的事项。再者，"伊斯兰"

很有可能既不意味人们直接了解的,又不意味人们客观了解的东西。这句话也同样适用我们使用"西方"这个名称。很多人带着满腔怒火或十分肯定的语气使用这些名称,他们中有多少透彻掌握西方传统的各个方面,或透彻掌握伊斯兰教的法学体系,或透彻掌握伊斯兰世界的各种实际语言呢?显然寥寥无几,但这并不妨碍人们自信地赋予"伊斯兰"和"西方"各种特征,也不妨碍他们相信了解自己言之凿凿地谈论着什么。

由于这个原因,我们必须认真看待标签这件事。无论对谈论"西方"的穆斯林,还是对谈论"伊斯兰"的美国人,这种极其广泛的一概而论背后有着一整套历史,有效和无效的状态都存在。这些标签因其意识形态和大量强烈情感,成功经受许多体验,并足敷应用到新的事件、信息和现实。目前情况下,"伊斯兰"和"西方"在各处都被赋予了一种强大的新的急迫性。我们应该立刻注意到,用来对抗伊斯兰的似乎永远是西方,而非基督教。为什么?因为这个推论是"西方"范围更大,且西方也超越了基督教——它最重要的宗教——的阶段,而伊斯兰世界,虽然有其各种不同的社会、历史、语言形态,却依然陷在宗教性、原始、落后的泥淖里。因此,西方表示现代,它比其下各部分之和加起来更大,充满了各种有增益的矛盾,却总是在文化认同上有着"西方"意识;反之,伊斯兰世界怎样说都只是"伊斯兰",可以归纳的就这几种不变的特质,无论其矛盾的外观和体验的复杂与西方同类现象的丰富程度看上去多么的有过之而无不及。

最近的一个例子是1980年9月14日《纽约时报》周日刊《一周新闻回顾》栏目中的一篇文章。这篇文章的撰稿人约翰·基弗纳(John Kifner)是能力出众的时报驻贝鲁特通讯记者,文章主题为苏联对穆斯林世界的渗透程度。基弗纳的观点在标题中便一目了然(《马克思和清真寺比任何时期都更难兼容》),但值得注意的是他对伊斯兰这个词的使用,使得一个抽象概念与极为复杂的现实之间建立了一种在其他任何情况下都难以接受的直接和不受限制的关系。即便有人承认,与所有其他宗教不同,伊斯兰是一个整体,政教之间、宗教与日常生活之间都不是分离的,但关于下面这些陈述仍有某种奇特的——可能还是故意的——

主动和被动的信息缺失,虽然这也是常用手法了:

> 莫斯科收回影响的原因简单不过:马克思和清真寺互不兼容。[我们会不会推测马克思和教堂,或马克思和庙宇,就更兼容了呢?]西方人眼中[这显然是要点所在],自宗教改革以降,受历史和知识发展的影响,宗教的作用持续不断减弱,要理解伊斯兰发挥的力量是很困难的[这很可能既不受历史影响也不受知识影响]。然而数个世纪以来,它成为了这一地区生活中的重要力量,并至少在目前时期,它的力量仍在上升。
> 伊斯兰是政教不分的。它是一个完整的系统,不仅信仰上是,行动上也是,有着固定的条律指导日常生活,并以救世主的动力去战斗或改造异教徒。对宗教浸润极深的人,特别是对学者和神职人员,同时也是对大众[换句话说,无人免除在外],马克思主义以及那套纯世俗的对人的看法,不但是异化的,而且是旁门左道的。

基弗纳不但完全无视历史,无视事物的复杂性,如马克思主义和伊斯兰之间公认的有限度却又有意思的一系列对比(马克西姆·罗丹森在一本书中研究过这一问题,试图解释为什么马克思主义似乎经年累月地对伊斯兰社会产生过一些影响[5]),而且将他的论点建立在一个隐含的比较上,即"伊斯兰"与西方的比较,西方与单一的、整体的、极权的伊斯兰相比要种类繁杂得多,也无法用几个典型特征去概括。有意思的是基弗纳可以畅所欲言,不必担心显得错谬百出。

伊斯兰之于西方:这是为一套庞杂无比的变奏曲系配置的基础低音。欧洲之于伊斯兰,与美国之于伊斯兰一样,是它包含的一个下拍强声部。[6]但与作为一个整体的西方相对而得到的不同具体经验也起着意义深远的作用。从美国和欧洲之间的伊斯兰意识就可看出极其重要的区别。比如法国和英国直到颇为晚近的时期都还拥有大片穆斯林帝国疆土;这两个国家,以及介入程度稍浅但亦拥有穆斯林殖民地的意大利与荷兰,都有与伊斯兰世界直接打交道的悠久传统。[7]这反映在一种独特的东方主义的欧洲学术规训上,不仅当然存在于那些有殖民地的国家,也存在于其他国家(德国、西班牙、革命前的俄国),它们有的意欲获得穆斯林领地,有的靠近穆斯林领地,有的过去曾是穆斯林国家。现在的苏联有着5000万的穆斯林人口,从1979年末最后几天至今都以武力侵占着阿富汗这个穆斯林国家。而在美国身上相对列举不出上述那些事实,虽然现在书写、思考或谈论伊斯兰的美国人的数量是前所未有的。

在美国,因为既没有殖民的经历,对伊斯兰也没有文化上的长期关注,目前的执念就显得愈加奇特、愈加抽象、愈加二手。相对而言,美国人中只有极少部分与真正的穆斯林有实际交往;而法国的第二大宗教,就信众人数来说就是伊斯兰教,虽说实际结果未必更流行,但肯定是更为人所了解的。现代欧洲激发出的对伊斯兰教的兴趣,构成了所谓"东方复兴"的一部分,这是十八世纪末十九世纪初的一个时期,法国和英国的学人重新发现了"东方"——印度、中国、日本、埃及、美索不达米亚、圣地。无论是祸是福,伊斯兰被视作东方范畴,共享东方的神秘、异域风情、腐败以及潜藏的势力。诚然,伊斯兰在早几个世纪就一度对欧洲构成某种直接军事威胁;在中世纪和文艺复兴早期,伊斯兰对于基督教思想家来说是个麻烦,这些思想家数百年来都将伊斯兰教及其先知穆罕默德看作叛教类型中最极端的变种。但至少伊斯兰作为固有的宗教文化挑战对许多欧洲人来说本已长期存在,并不妨碍欧洲帝国主义在伊斯兰领土上建立它们的机构。而且无论欧洲与伊斯兰之间存在多少敌意,它们彼此都存在直接经历;在歌德、奈瓦尔、理查德·伯顿、福楼拜和路易·马西农(Louis Massignon)等诗人、小说家、学者的作品中,更有想象与提炼。

但除了这些学者和与他们的同道之外,伊斯兰在欧洲从来不受欢迎。从黑格尔到斯宾格勒,伟大的历史哲学家中多数均未对伊斯兰产生太大兴趣。阿尔伯特·霍拉尼在一篇笔端冷静清晰的论文《伊斯兰与历史哲学》中讨论了伊斯兰作为信仰系统遭致显著的持续贬抑的问题。[8]除了对个别古怪的苏菲派作家或圣徒偶尔产生好奇,欧洲流行的"东方智慧"极少包括伊斯兰圣贤或诗人。欧玛尔·海亚姆(Omar

Khayyám)、哈伦·赖世德（Harun al-Rashid）、辛巴德（Sindbad）、阿拉丁（Aladdin）、哈吉·巴巴（Hajji Baba）、山鲁佐德（Scheherazade）、萨拉丁（Saladin）这些名字大概组成了受教育的现代欧洲人听闻过的伊斯兰的全部人物清单。即便卡莱尔也无法使先知广泛为人接受，至于穆罕默德传播的信仰的实质内容，长期以来都因基督教之由无法得到欧洲人的基本认同，虽然恰因同样理由不会令人感到无趣。到十九世纪末叶，亚洲和非洲的伊斯兰民族主义呈上升趋势之际，人们普遍认为穆斯林殖民地本应该留在欧洲的监管之下，一方面因为它们有利可图，另一方面因为它们尚不发达，需要西方规训。[9] 举凡上述种种，尽管常常出现种族主义和针对穆斯林世界的冒犯行为，欧洲人就伊斯兰对他们意味着什么这个问题的确表达了一种活跃的感觉。因此伊斯兰的各种再现——在学术、艺术、文学、音乐，以及公共话语中——可以说从十八世纪末直到我们当今时代遍布了整个欧洲文化。

这样具体程度的伊斯兰体验几乎是美国不曾有的。十九世纪美国与伊斯兰接触很有限；人们会想到像马克·吐温和赫尔曼·梅尔维尔，或零星的传教士，或到北非短暂的军事远征。第二次世界大战前，伊斯兰在美国的文化中是没有明显位置的。研究伊斯兰的学术专家通常在神学院寂静的角落从事他们的工作，既不在东方主义炫目的聚光灯下，也不在一流期刊的页面里。上百年间在伊斯兰国家的美国传教士家庭与驻外事务处和石油公司的业务骨干之间存在着一种神奇而又安静的共栖关系；每隔一段时期这种关系会以对国务院和石油公司的"阿拉伯专家"不友好评论的形式显现，这些专家被认为怀揣特别有害的反犹亲伊斯兰教的立场。另一方面，在美国研究伊斯兰的为人所知的重要学术专家无不出生在海外：普林斯顿的菲利浦·希提（Philip Hitti）生于黎巴嫩，芝加哥大学和加州大学洛杉矶分校的居斯塔夫·冯·格伦鲍姆（Gustave von Grunebaum）生于奥地利，哈佛的 H.A.R. 吉布（Gibb）生于英国，哥伦比亚的约瑟夫·沙赫特（Joseph Schacht）生于德国。而且他们相对的文化名望无人比得上法国的雅克·贝尔克（Jacques Berque）和英国的阿尔伯特·霍拉尼。

但即使是希提、吉布、冯·格伦鲍姆、沙赫特等人亦已淡出了美国舞台，正如贝尔克和霍拉尼这样的学者在法国和英国也不太可能找到继任者。他们的文化广度，以及他们的权威范围，都令今人难望其项背。如今在西方研究伊斯兰的学术专家很容易了解十世纪巴格达的各个法学派系，或十九世纪摩洛哥的城市模式，但从未（几乎从未）了解整个伊斯兰文明——文学、政治、历史、社会学，等等。这并不妨碍专家时不时去概括"伊斯兰心态"或"什叶派的殉道倾向"，但此类声明大多局限在主动寻求这些说法的大众期刊或媒体上。更明显的是，公开讨论伊斯兰的场合，无论参与讨论的人是专家还是非专家，几乎总是因为政治危机引发。平日在《纽约书评》或《哈珀斯杂志》上读到有信息含量的讲述伊斯兰文化的文章可谓寥若晨星。只有在沙特阿拉伯或伊朗成为问题时，"伊斯兰"才可能值得广泛评论。

设想一下伊斯兰进入大多数美国人的意识——即使是进入学术界的知识分子以及对欧洲和拉丁美洲都有着广泛了解的普通知识分子的意识——主要因为（即便不仅仅因为）它与石油、伊朗和阿富汗、恐怖主义等热点新闻有关。[10] 到了1979年中，所有这些称谓变得五花八门，或作伊斯兰革命，或作"新月危机"，或作"不稳定弧线"，或作"伊斯兰回归"。一个瞩目的例子是大西洋理事会的中东问题特别工作小组（包括布兰特·斯考克罗夫特［Brent Scowcroft］、乔治·波尔［George Ball］、理查德·赫尔姆斯［Richard Helms］、黎曼·莱姆尼泽［Lyman Lemnitzer］、沃尔特·莱维［Walter Levy］、尤金·罗斯托［Eugene Rostow］、科尔米特·罗斯福［Kermit Roosevelt］和约瑟夫·西斯科［Joseph Sisco］等人）在1979年秋发布的报告，报告的标题就是《石油与动乱：西方在中东的各种抉择》。[11]《时代周刊》1979年4月16日版刊载以伊斯兰为主题的报道，封面是一幅热罗姆（Gérôme）画，一位留胡须的宣礼人立于一座清真寺尖塔上，平静地召集信徒祈祷；画面有着十九世纪一幅东方主义艺术所能想象的所有过分装饰的渲染效果。可是时代发生了错置，这种平静的场景被炫示地起了一个与画面毫不相干的标题：《武装复兴》。这成了欧洲与美国在伊斯兰主题上差异的最佳象征。一幅在欧洲寻常到只是反映某种普通文化一个侧面的温和的装饰画,却通过两个词变成困扰普通美国人的执念。

而我是不是夸大了呢?《时代周刊》的伊斯兰封面故事会不会仅是一则通俗化的作品,为了迎合某种可能的哗众取宠口味?它难道的确暴露出比表面所反映更深刻的东西吗?自何时起媒体对实质问题、对政策问题、对文化问题产生至关重要的影响?此外,这难道不正是伊斯兰将它自己投身世界焦点的例子?伊斯兰专家们都到哪里去了,为什么他们的意见要么完全被绕过,要么湮没在由媒体把持的"伊斯兰"讨论和传播中?

先按条理给出几个简单解释。如前所述,在美国研究伊斯兰社会的任何专家从来都不曾拥有广泛受众;而且除了已故的马绍尔·霍奇森(Marshall Hodgson)身后于1975年出版的三卷本《伊斯兰文明》(The Venture of Islam)外,再无研究伊斯兰的普通读物扎扎实实供有文化素养的大众读者参阅。[12] 要么是专家研究领域过于狭窄,他们的著作只针对同行,要么这些作品知识面不够清晰,无法满足如涉猎日本、西欧、印度等书籍的那一类读者。但这些情况都是双向反映问题的。诚然,人们无法枚举名声超越东方学领域的美国"东方学者",比如像法国的贝尔克或罗丁森,但另一个事实是伊斯兰研究在美国大学中并不真正受到鼓励,且整个文化中,名人的声望和内在价值单纯倚重自身的伊斯兰经验也难以为继。[13] 试看在美国,与瑞贝卡·韦斯特(Rebecca West)、芙蕾雅·斯塔克(Freya Stark)、T.E.劳伦斯、威尔弗雷德·塞西杰(Wilfred Thesiger)、格特鲁德·贝尔(Gertrude Bell)、P.H.纽比(Newby)或年代更近的乔纳森·拉班(Jonathan Raban)齐名的人物何在?他们最多就是像迈尔斯·科普兰(Miles Copeland)或科尔米特·罗斯福(Kermit Roosevelt)这样的中央情报局前雇员了,文化上有杰出贡献的作家或思想家可谓凤毛麟角。

伊斯兰专家意见严重缺席的第二个原因,是七十年代中伊斯兰成为"新闻"后,在评论伊斯兰世界表面上发生的事件时,专家的声音被边缘化。当然,一系列情况令人们感到了强烈冲击:海湾诸产油国突然变得很有影响力；了无休止的黎巴嫩内战打得如火如荼；埃塞俄比亚和索马里也陷入长期战乱；库尔德人问题不期然成为关键，又在1975年后不期然平息；伊朗在一场声势浩大的、完全措手不及的"伊斯兰"革命后废黜了国王；阿富汗则在1978年发生了一场马克思主义的政变，到1979年末又受到苏联军队入侵；阿尔及利亚和摩洛哥在撒哈拉南部问题的冲突已旷日持久；巴基斯坦则有总统被处决，新的军事独裁政府上台。除此之外，新的事件仍在继续发生，如晚近的两伊战争，不过我们先用上述这些例子。总体上，我认为公允地说西方的伊斯兰专家也很少有文字能把这些事件阐述清楚；因为不但专家们没有预测到这些事件的发生，他们也没有为读者对弄清这些事件做好铺垫，他们所做的无非提供一堆文献，而这些文献与现实正在发生之事相比，似乎谈论的是世界上一个极为遥远的地区，它们与人们在媒体上看到扑面而来的动荡和威胁性极大的混乱简直风马牛不相及。

这是一个很重要的问题，时至今日，以理性方式开始讨论此事的机会也不多，所以我们进行的时候要格外小心。十七世纪之前伊斯兰领域的学术人员主要集中在古物研究范围，和其他领域的专家学者一样，他们的工作是非常区块化的。他们既无意愿，也没有实际尝试以一种有责任的态度使自己关注伊斯兰历史的现代结果。在某种意义上，他们的工作只与"经典的"伊斯兰概念相关，或与既有的一成不变的伊斯兰生活式样相关，或与古早的历史语言学问题相关。无论如何，都不可能用他们的研究来理解现代伊斯兰世界——几乎在一切方面，并取决于关注的重点——现代伊斯兰之发展和最早几百年（即七至九世纪）伊斯兰隐约预设的路径已经渐行渐远。

研究领域涉及现代伊斯兰的专家学者——更确切地说，其研究领域针对十八世纪以来伊斯兰世界的社会、民众和制度的专家学者——是在一个具有共识的研究框架内工作的，而此框架之形成断然不是根据伊斯兰世界设定的各种概念。这一事实尽管原因错综复杂，却无论如何高估都不为过。无法否认，一位学人坐在牛津或波士顿撰写书稿或做研究时，即便不是唯一遵从，也必须主要遵从他或她的同行们既已制定的各项标准、规范、期望值等,这些标准不是由被研究的对象穆斯林制定的。这也许是毋庸讳言的真相,但仍然有必要强调一番。在学术界,现代伊斯兰研究,如同西欧、苏联、东南亚等研究,属于一般意义上的"地区项目"。它们与国家政策设定的机制有附属关系。并不是某个学者单凭自己意愿可以选择的。如果普林斯顿的某人碰巧在研究当代阿富汗的宗教派系,很明显(特别在像这样的时期)这样一种研究就可能具有"政策意涵",无论该学者是否主动为之,他或她都会卷入政府、公司、对外政策机构等组成的网络;研究经费会受影响,与之会面的人也会受影响,大体而言,他们会被提供某些奖金和互动类型。这个学者于是身不由己地变身一个"地区专家"。

对那些其兴趣直接与政策问题挂钩的学者(主要指政治科学家,也包括现代史学家、经济学家、社会学家和人类学家),处理的必然是各种敏感的问题,姑且不说是危险的问题。一个人在学术地位上如何与政府部门对其提出的各种要求达成妥协,伊朗就是能够说明问题的绝佳例子。伊朗国王在位时期,研究伊朗的学者可以从巴列维基金得到经费,当然也可以从美国各机构得到经费。这些经费所支付的研究,其起点都是始于现状(在这个例子中,现状即巴列维政权与美国在军事和经济上都是紧密绑定的),某种程度上,这变成了本国学生做研究的范式。危机后期,一项众议院常设特别委员会情报人员调查说美国对伊朗政权的评估受到了现行政策的影响,"这些影响并非直接来自对不利消息的有意压制,而是……间接来自政策制定者不去要求调查伊朗国王的独裁统治是否能无限期持续下去;而政策的前提基于这个假设"。[14] 这种情况反过来导致只有极少研究工作会对伊朗国王政权作深入评估并甄别民众与其对立的各种来源。就我所知,只有伯克利大学的学者哈米德·阿尔加(Hamid Algar)准确估量到当时伊朗宗教情绪形成的政治势力,也只有阿尔加甚至预测到阿亚图拉·霍梅尼很可能推翻国王统治。另一些学者,其中包括理查德·科坦(Richard Cottam)和埃尔万德·亚布拉罕米亚(Ervand Abrahamian),在他们的撰文中也与现状有所背离,但他们的确是很少数的一部分人。[15](公允地说,对伊朗国王能否继续在位不甚乐观的欧洲左派学者同样未能很好辨识伊朗反对派的宗教源头。[16])

即便不说伊朗,知识界在其他地方也犯有许多不可谓不严重的失误,均是不加批判地依赖某种叫作政府政策与受主宰的陈旧观念相组合的结果。此处黎巴嫩和巴勒斯坦的例子是很有启发的。多年来黎巴嫩一直被认为是多元的或杂处的文化应有模式的典范。然而万不承想这些常用作黎巴嫩研究的如此具体而静态的模型,会(从1975年至少到1980年都在)经受残酷和暴力的内战。过去专家的眼睛似乎牢牢盯着黎巴嫩的"稳定"形象:传统的领导人、精英阶层、政党、国民性格、成功的现代化,这些都是研究的对象。

就在黎巴嫩政体已被描述为危机四伏,或开始对其机能不全的"文明共处"进行分析之际,仍存在某种一致推断,认为它的问题总体可控,远非那种彻底分裂。[17] 六十年代,黎巴嫩的形象是"稳定"的,一位专家告诉我们,因为"阿拉伯国家之间"的局势是稳定的;他认为只要保持这种均衡,黎巴嫩就是安全的。[18] 他甚至从没设想过,即使阿拉伯内部势力均衡,黎巴嫩仍有可能是不稳定的,没有这么设想主要因为——如同本领域的大部分议题均受共识左右一样——惯性思维将固定的"多元性"与和谐存续的概念奉派给了黎巴嫩,即使它有内部裂痕,以及阿拉伯邻国并不是矛盾所在,通通视而不见。黎巴嫩的任何问题都想当然地由周边与阿拉伯有关的环境引起,永远不会考虑问题可能源自以色列或源自美国,其实这两个国家对黎巴嫩都有着特殊的但从未被分析的图谋。[19] 加之黎巴嫩又被赋予了一种现代化的美丽神话。如今阅读这一类鸵鸟式智慧的经典,人们不禁讶然:晚近如1973年,内战已经实际开打,寓言的推演仍能如此一派祥和。我们听到的说法是,黎巴嫩也许会经历革命变化,但这种可能性还很"遥远";更有可能的是"包含在现行政治结构中涉及广大民众的未来现代化[此言实为反讽的婉辞,广大民众卷入的是一场近代阿拉伯历史上最血腥的内战]"。[20] 或如一位著名人类学家所写:"黎巴嫩这片'精美的马赛克'完好无损。的确……黎巴嫩在包容其深重的原始分裂这点上依旧是做得最有效的。"[21]

其结果,无论在黎巴嫩还是在其他地区,专家们都未能理解后殖民国家中真正有分量的因素都不可能轻易归类到"稳定"这个标题下。专家的文献记录恰恰从来都遗漏了或一直低估了在黎巴嫩摧毁力极强的流变力量——社会错位、人口版图更动、宗教效忠、意识形态浪潮——这些力量将这个国家撕扯得四分五裂。[22] 与此相似，过去许多年人们的惯性思维中巴勒斯坦人只是一些可重新安置的难民，他们没有看到在对近东局势作任何合理准确的评估时，巴勒斯坦人是一份能影响后果的政治力量。到了七十年代中，巴勒斯坦人已经成为美国政策公认的重要问题之一，但此时他们应有的重要性仍未受到学人和知识界关注；[23] 相反，学界的一贯态度是将巴勒斯坦人当作美国制定埃及和以色列政策时的一个附属物，而在黎巴嫩的熊熊火焰中对他们视而不见。这种政策制定时看不到有分量的学术制衡或专家制衡，结果很可能为美国国家利益带来灾难，特别是两伊战争爆发，似乎再次令学界措手不及，在预测这两个国家的军事实力时都出现了严重误判。

除了这种听话的、埋头苦干的学人和重点不明的政府利益之间保持一致之外，还有一个令人遗憾的真相，即太多从事伊斯兰研究的专家作者并不掌握相关的语言，他们不得不依赖新闻发布或其他西方作家以获取资料信息。过分依赖官方的或传统看待事物的方法其实是一个陷阱，在报道革命前伊朗这个主题的总体表现上，媒体也栽在这个陷阱里。有一种倾向，即锲而不舍地集中在同一些事物上不断反复研究：精英阶层、现代化项目、军事作用、抛头露面的领袖、地缘政治战略（美国的角度）、共产主义侵蚀。[24] 这些事物也许会对美国在国家层面引起一时兴趣，但事实是伊朗在几天的革命中就将它们如数扫平了。整个帝国朝廷倾圮；花了数十亿美元扶植的军队土崩瓦解；所谓精英阶层或不知所踪，或转而投入新的局面，这两种情况一如既往地不可能得出他们对伊朗政治行为起决定作用的论断。专家里，得克萨斯大学的詹姆斯·比尔（James Bill）算是在预测"1978年危机"可能导致后果的问题上有点成绩的，也晚至1978年12月才向美国政策制定者建言美国政府应该鼓励"伊朗国王……开放体制"。[25] 换句话说，即使算上一种不同意见的专家声音，也不过在致力维持这个政权，而就在他提出这个建议的时刻，本地数百万计的人民已经开始举行他们现代历史上堪称规模最大的起义之一。

然而对美国总体上忽略伊朗这个问题，比尔的一些观点是重要的。他正确指出媒体报道浮光掠影，官方消息一直迎合巴列维家族之需，美国没有下苦功对那个国家尽力作深度了解，或与反对派势力进行接触。虽然比尔没有明说，但人们意会这些失策无论过去和现在都体现为美国和欧洲普遍存在的对伊斯兰世界态度的症候，渐渐我们会看到亦是对大部分第三世界国家的态度；比尔没有将他甫言伊朗的情形与伊斯兰世界其余成员联系起来这一事实，恰恰也可视为这种态度的一部分。一直以来都没有人认真探究过首先是重要的方法论问题，也就是说，谈论"伊斯兰"和伊斯兰复兴的价值（如有的话）是什么？其次，政府政策和学术研究之间是（或应该是）什么关系？专家应该超脱政治，还是成为政府的政治附庸？比尔和布朗大学的威廉·毕曼（William Beeman）在不同场合分别认为1979年美国-伊朗危机的主要成因是没能咨询恰为学习了解伊斯兰世界而获得高额教育经费的学术专家的意见。[26] 但是有一种可能性比尔和毕曼没有审视到，即因为学者择选当这样的角色，同时又将自己叫作学术中人，其暧昧身份似乎导致他们在政府和在知识分子社团两方都无法起令人信服的作用。[27]

此外，对一个独立的知识分子（即那种本应有着学术风骨之人士）究竟能不能既维持他或她的独立性，又直接服务于国家呢？坦率的政治党派性和敏锐的洞见之间是什么关系？两者是互不相容的吗，还是只有在某些案例中这种不相容才成立？为什么本国的整个伊斯兰学者骨干（不可否认他们为数甚微）不能得到更多的听证机会？为什么这种情况发生在美国似乎最需要指导性意见的时候？当然，所有这些问题都只能在支配西方和伊斯兰世界之间历史关系的现实框架和主要是政治的框架内寻求答案。我们不妨看一下这个框架，并了解专家在其中能起何作用。

我尚未发现自中世纪以来欧洲或美国历史上任何时期，对伊斯兰在一般意义上的讨论或思考处于一个由激情、偏见或政治利益搭建的框架之外。这也许不是什么意外发现，但其中包含着某个学术和科学规训的完整范围——自十九世纪初这些学科或者将他们自己统称为东方学，或者试图系统地处理东方事务。人们不会不同意这种说法，即早期研判伊斯兰之人如蒙福者彼得（Peter the Venerable）和巴泰勒米·德埃贝洛（Barthélemy d'Herbelot）都对他们的言论表现出基督教辩士的热忱。但如果说因为欧洲和西方步入现代科学年代并使自己远离迷信和蒙昧，东方学也必然包括在这一进程中，这种推断便是未经检验的。过去有西尔维斯特·德·萨西、爱德华·莱恩、欧内斯特·勒南、汉密尔顿·吉布，以及路易·马西尼翁这样博洽而客观的学者，如今又紧随二十世纪社会学、人类学、语言学、历史学等各类学科的巨大进步，能不能得出这样的结论——在美国普林斯顿、哈佛、芝加哥大学等地教授中东和伊斯兰的学者们就因此会不带偏见地、摆脱任何特别辩护立场地从事他们的工作呢？答案是否定的。并不是说东方学比其他社会和人文学科更具偏见，而是说它与其他学科一样，深受意识形态和世间污染之害。与其他学科相比，东方学者的主要差别是他们倾向于利用自己作为专家的态度去否定——有时甚至是掩饰——对伊斯兰的深层情绪，用的是一套目的在于证实其"客观性"和"科学中立"的权威话语。

这是一点。另有一点使之具备否则不成其为东方学特色一种历史图式。现代无论哪一时期，只要西方和与其相对的东方（或西方和与其相对的伊斯兰）发生急遽的政治紧张，伴随西方的倾向不是直接诉诸暴力，而是首先祭出冷静的、相对超然的手段来进行科学的、准客观的表述。在这种方式中，"伊斯兰"变得更加清晰，它的威胁的"真实本性"得以呈现，一种与之对抗的固有行动路线就此拟定。这种背景下，许多生活在各种悬殊环境中的穆斯林都渐渐得出结论，无论是科学还是直接暴力，两者都是针对伊斯兰的攻击形式。

两个极其相似的例子当阐明这个论点。我们现在回溯十九世纪法国和英国在占领伊斯兰东方部分土地之前一个时期，两国采用的理解东方和赋予东方特性的各种学术手段都经历了卓著的技术现代化和技术发展。[28] 法国于1830年占领阿尔及利亚，之后约二十年间法国学者对东方的研究真切地从古物研究转向理性的学术规训。当然之前还有1798年的拿破仑·波拿巴对埃及的征占，人们会说事实上拿破仑为他的远征集结了一组头脑缜密的科学家，使他的豪举如虎添翼。但我认为拿破仑对埃及的短暂占领为此章画上了句号。新的一章始于其后一个更长时期，即西尔维斯特·德·萨西主持法国东方各研究机构时期，此间法兰西成为世界东方学之首领；1830年法国军队占领阿尔及尔后不久达到这一章的高潮。

我完全不想暗示一件事与另一件事之间存在因果关系，也完全不会采纳那种认为所有科学知识必然导致暴力和痛苦之类的反智观点。我只是说大小帝国都不是瞬间形成的，也不是进入现代时期之后心血来潮地经营的。如果学问的发展牵涉站在他们所研究的资料之上的科学家对人类经验的各个领域重新定义和重新建构，那么期望同样的发展出现在政治家中也没有太过离谱，这些政治家的权威范畴可重新定义为包括世界上"劣等的"地区，人们在此会发现新的"国家"利益，嗣后会看到对这些地区密切管控的必要。[29] 我很怀疑英国如果一开始没有爱德华·威廉·莱恩和威廉·琼斯等学者持续花精力培养对东方的研究，它能占领埃及这么长一段时期，并以如此大规模手法对其进行制度化建设。熟悉性、可及性、可代表性：这些都是东方学者展示东方的手法。东方是可以被观察、被研究、被掌控的。它不必再身处遥远的、充满奇迹的、难以理解却又极为富庶之地。它可以带回家——或更简单，欧洲可以把那些地方作为自己的家，他们后来正是这么做的。

第二个例子则在当今这个时代。当今伊斯兰东方因其丰富资源或地缘政治位置成为要地无疑。但资源和地缘这两项都不是可以用本地东方人的利益、需求或抱负来交换的。自第二次世界大战结束，美国就开始占据了从前英国和法国在伊斯兰世界保有的支配和霸权地位。伴随一个帝国系统到另一个帝国系统的交替发生了两种现象：一是稳步兴起由危机主导的伊斯兰学术研究和专家兴趣，二是发生了某种非凡的技术革命，很大程度上私营部门新闻发布和电子新闻产业正在获取这些技术手段。媒体正以前所未有的即时性和密集性报道像伊朗这样的国际热点事件：伊朗仿佛进驻了美国人的生活，但对于他们又极为陌生，紧张程度也是空前的。这两种现象——第二种比第一种更广泛——相当多机构如大学、政府、企业的专业人士以此研究伊斯兰和中东，而伊斯兰也以此成为西方每个新闻消费者熟悉的主题，它们一起几乎完全驯化了伊斯兰世界（或至少伊斯兰世界那些具有新闻价值的方面）被引入美国的方式。那个世界不仅变成历史上有着最深厚西方文化和经济渗透的主题——因为尚无非西方人的领地像如今的阿拉伯-伊斯兰世界那样受到美国如此程度的把持——而且伊斯兰和西方（此例为美国）之间的相互交换是由一方单边深度主宰的，就伊斯兰世界其他不那么具有新闻价值的部分而言，是深度扭曲的。

穆斯林和阿拉伯人若主要被报道、讨论、理解为石油供应商或潜在的恐怖主义者这两种身份，这种说法大概也没有夸张到哪里去。即使是从事报道伊斯兰世界的职业人士，阿拉伯-穆斯林的生活细节、人口密度、强烈情感都甚少进入他们的意识。我们看到的只是限制在一系列粗糙的、漫画式提炼的伊斯兰世界，其呈现方式中的一项，是使该世界笼罩在发动武力进犯的阴云下。[30] 近来提到美国在阿拉伯海湾地区的军事干预，或卡特主义（Carter Doctrine），或快速部署部队的讨论，这些事件之前的一段时期内对"伊斯兰"内容的理性陈述出现在冷静的电视媒体以及"客观的"东方学者研究里（吊诡的是，无论其反映现代实际情况的"非适用性"，还是其宣传的"客观的"名目，都有某种统一的离间效果），我相信并非偶然。在很多方面，我们当前看到的局面与上述十九世纪英国和法国的例子，有着惊人的相似之处。

关于此举自有其他政治和文化因缘。二战后，美国接手之前由法国和英国担纲的帝国角色，便设计了一套处理世界事务的政策，分别专门针对将会影响美国利益（或受美国利益影响）的每个地区的特殊性和麻烦问题。对欧洲的任务是战后复苏，马歇尔计划和其他类似的美国政策都是为此服务的。苏联当然上升为美国最强劲的竞争对手，于是人人皆知冷战出台的政策、研究，乃至某种心态，至今依然支配着一个超级大国与另一个超级大国之间的关系。剩下的就是被称之为第三世界的国家地区，这不单是美国和苏联之间角力的一个竞技场，而且美国还得和那些刚刚摆脱了欧洲殖民者从而获得自身独立的形形色色的本地势力过招。

几乎无一例外，第三世界在美国政策制定者的眼中都是"不发达"的，它们不必要地受制于陈旧和静态的"传统"生活模式，处于共产主义颠覆和内部停滞的危险边缘。在美国看来，第三世界当务之急是要"现代化"。且如詹姆斯·裴克（James Peck）曾说到的，"现代化理论是一个不断发生革命剧变社会的意识形态解决方案，也是传统政治精英中持续的反应"。[31] 巨额钱款涌入非洲和亚洲，目的是为了阻止共产主义，推动美国贸易，尤其是发展本地的同盟军骨干，他们明确的存在理由就是要将落后的国家转型为一个个迷你版的美国。随着时间推移，初始投资需要不断追加，并必须增加军援才能使之维持下去。而对亚洲和拉丁美洲进行的各种干涉反过来又常常使美国陷入几乎与每一种牌号的当地民族主义对立的境地。

我们很难完全理解美国代表第三世界的现代化与发展所做努力这段历史，除非我们同时注意到这一政策本身如何制造自己的思维方式以及看待第三世界的习惯，这些方式习惯提升了对现代化这个概念本身的政治、感情和战略的投资。越南可谓此种事例的绝佳样本。一旦决定必须将这个国家从共产主义、的确也从它自身拯救出来，立刻出现了一整套关于越南现代化的科学（最新的和成本最高的阶段被称为"越南化"）。此项目不但包括政府专员，还包括大学的专家学者。最终，在西贡存活下来的各派亲美反共政权控制了一切，但很清楚人口中绝大部分将这些政权视作傀儡和压迫者，且美国代表这些政权去打这场不成功的战争的代价是使整个地区惨遭蹂躏，还使林登·约翰逊总统败选。然而在美国，大量称颂对传统社会进行现代化改造的作品获得了几乎不受质疑的社会权威、当然更有文化权威的地位；但同时，在第三世界的许多地方，普通人头脑中的"现代化"是与滥花钱财，非必要的装置和军备，腐败的统治者，美国对弱小国家事务的野蛮干预联系在一起的。

顽固存在于现代化理论的诸多幻觉中，有一项与伊斯兰世界似乎有着特殊的针对性：它说的是在美国到来之前，伊斯兰差不多就处于一种时间停滞了的孩提时代，一套古老的迷信束缚着它的真正发展，奇谲的牧师和文吏妨碍它走出中世纪进入现代世界。在这个节点上，东方主义和现代化理论衔接得天衣无缝。如果像东方学者传统上说教的那样，穆斯林只不过是一些蒙童，听天由命地在他们的固有心态、他们的乌里玛（'ulama）、他们的激进政治领袖的高压下被迫抵抗西方和进步的东西，那么每个值得信赖的政治学家、人类学家、社会学家难道不应该表示，如果时机合宜，某种类似美国的生活方式是有可能通过消费品、反共宣传、"正派的"领袖等途径引介到伊斯兰社会的吗？但与印度和中国不同，伊斯兰的最大困难是它从来没有真正被戡平或打败过。对于那些总在挑衅学者认知的原因，比如伊斯兰（或它的某个版本）对其追随者产生的影响从未间断，常见的说法是其信众不愿接受现实，或至少不愿接受可论证的西方更为优越的现实。

第二次世界大战后的二十年间，推进现代化的各种努力一直坚持着。伊朗实际上一度成为这种现代化的成功故事，它的统治者成为一位出类拔萃的"现代化"领导人。至于伊斯兰世界的其余地区，无论是阿拉伯民族主义者、埃及的贾迈勒·阿卜杜勒·纳赛尔、印度尼西亚的苏加诺、巴勒斯坦的民族主义分子、伊朗的各派反对组织，还是成千上万不知名的伊斯兰教的教师、兄弟会、社团，均受那些热衷于在伊斯兰世界中大力推广现代化理论和美国战略及经济利益的西方学者们反对，或不包括在他们的研究范围。

在七十年代十年爆发期，伊斯兰进一步证明了它本质上的不妥协性。比如这时发生了伊斯兰革命：推翻伊朗国王的民众既不支持共产主义，也不支持现代化，按现代化理论预设为必要条件的各种行为章法来看，他们简直是不可理喻的一群人。他们对现代化（汽车、大量军事及安全装备、稳定的政权）所带来的日常福利似乎毫无感念之情，且对"西方"观念的诱惑一概反应冷漠。[32] 他们的立场尤其令人不安——特别是霍梅尼的立场——坚决不愿采纳任何不属于他们自己刻意打造的政治形式（或就此事而论，任何合理形式）。更重要的是他们对伊斯兰教的忠诚似乎具有特别的挑衅意味。说来讽刺,在西方评论"伊斯兰的"返祖退化和中世纪的学理模式中,只有极少评论人注意到,在离伊朗以西不远处贝京的以色列政局,也完全乐用宗教权威和一套面向非常落后的神学教义来统辖其行为。[33] 而谴责伊斯兰宗教性上升的评论人中,能将此现象与在美国的电视宗教节目激增、信众以数百万计联系起来的,或将 1980 年三位主要总统候选人中有两位为热衷成为重生基督教徒(born-again Christian)联系起来的,就更少了。

于是,尽管宗教情绪在各地的蔓延都颇为惊人,唯独伊斯兰是与宗教紧张状态挂钩的:人们只需记得自由派新闻对待像索尔仁尼琴或教宗约翰·保罗二世这样明显批评自由主义的宗教人物是何等热情有加,就能看出他们对待伊斯兰的态度是何等单方面地敌视。[34] 向宗教退守成为能够解释大部分伊斯兰国家的方法——从以其独特伊斯兰逻辑拒绝承认戴维营协议的沙特阿拉伯,到巴基斯坦、阿富汗和阿尔及利亚。而以此方法,我们看出在西方普遍思维中,尤其在美国,伊斯兰世界是如何从世界各地被单独区别出来,以适用于某种冷战分析。比如人们似乎很难将沙特阿拉伯和科威特说成是"自由世界"的一部分;即便是伊朗国王治下的伊朗,尽管它作了大量的反苏承诺,仍从未真正像法国和英国一样属于"我们的"阵营。但美国的政策制定者却口口声声说他们"失去了"伊朗,一如过去三十年中他们说"失去了"中国、越南、安哥拉。波斯湾的伊斯兰国家单独再加上一份厄运,是它们在美国的危机管理者眼中这是片美国可以随时动用武力占领之地。于是乔治·波尔在《纽约时报杂志》(1970 年 6 月 28 日)撰文预告,"越南的悲剧"有可能在国内导致"和平主义和孤立主义",但鉴于美国在中东的利益过于丰厚,总统应该"教育"美国人民关于在那里进行军事干涉的可能性。[35]

此处还值得一提的是二战后以色列在西方(特别在美国)对伊斯兰世界观点中所起的居间作用。首先以色列公开的宗教性在西方新闻媒体鲜有提及,只是最近才出现对以色列宗教狂热的明显指涉,皆针对忠信社群(Gush Emunim)的狂热分子,其主要活动是在西岸使用暴力非法建立犹太人定居点。然而,西方媒体对忠信社群的大部分报道也都简单地省略了不方便言说的事实,即最初使得在被占阿拉伯人领土上建立非法定居点制度化的是"世俗的"工党各届政府,而不仅是现在甚嚣尘上的一群宗教狂徒。我认为这类片面报道是一种迹象,说明以色列——中东"唯一的民主国家"和"我们坚定的盟友"——如何被用作对伊斯兰的陪衬。[36] 以色列因此显现为在伊斯兰荒蛮中开辟的西方文明堡垒(背后是大片赞许和自我称庆)。其次,在美国人眼中,保证了以色列的安全就相当于抵挡了伊斯兰,有利于长久维持西方霸权,并展示现代化的优点。通过这些方式,三种幻觉——对伊斯兰的观点,现代化的意识形态,肯定以色列对西方的总体价值——经济地相互支撑和再造,目的是为了巩固西方自我形象以及提升西方对东方的力量优势。

此外,为表达"我们"对伊斯兰毫不含糊的态度,在美国整个信息和决策机制都要依赖这些幻觉并使这些幻觉四下扩散。知识阶层的大部分要和地缘政治战略社团组成同盟,一起宣讲关于伊斯兰、石油、西方文明的未来、捍卫民主并反对社会动荡和恐怖主义等等广泛的观念。如我之前讨论过的原因,研究伊斯兰的专家也注入了这股洪流,尽管不可否认的事实是,发生在伊斯兰学术领域的研究只有相对少之又少的部分直接对地缘政治和冷战意识形态中的文化和政治视野产生影响。稍往下一些的是大众媒体,它们从上述机制中的另两个单元得到最容易浓缩成图像的东西:于是有了脸谱化的漫画形象、令人心生恐惧的暴民、对"伊斯兰式"惩罚的高度关注,等等。主持这一切的,是实力强大的机构——石油公司、巨型跨国企业、国防和情报团体、政府行政部门。1978年卡特总统任内第一个新年是与伊朗国王共度的,当时他说伊朗是"一座稳定之岛",说这番话的底气就来自这一咄咄逼人的机制所动员起来的力量,它既代表了美国的利益,同时又在报道伊斯兰。

选自《报道伊斯兰》

7

旅行的理论

（1982）

"旅行的理论"是萨义德在文学批评理论中最具影响力的论文之一。本文初刊于《拉里坦季刊》(*Raritan Quarterly*)（1982），后收录进萨义德的《世界，文本，批评家》一书，此后受到广泛选用、征引、评论。该文中，萨义德探究了观念或理论如何从一地"旅行"到另一地，旅行过程又发生了什么。他以匈牙利马克思主义者格奥尔格·卢卡奇的"物化"理论为例，认为理论的发展是为了回应具体的历史和社会因由，但这些理论一旦离开了它们的原产地，附着的能量和反抗性就开始消散，伴随的过程则是渐渐在新地点被驯化、去历史化并同化（常常由一个学术的正统思想主导）。十二年后，萨义德又修改了他的这篇论文（《再论旅行的理论》），提出亦存在这种可能性，即一项理论在新的政治环境中被重新解释，因而重新焕发活力（征用的是弗朗兹·法农的著作，并论述卢卡奇对法农的影响）。

如同人和批评流派，观念和理论也会在人与人之间、情境与情境之间、时期与时期之间旅行。文化和智识生活多藉观念的此类流通受到滋养，并常得以维持，且不论采取的形式是公认的或无意识的影响，是有创意地借用或全盘挪用，观念和理论从一地至另一地的移迁既是不争的事实，又是智识活动的一个有效的允准条件。话说至此，人们仍应该进一步厘清那些可能的移迁种类,以便设问一个观念或一套理论的强度会不会因为从一个时空搬到另一时空而有所增加或减弱,以及一个特定历史时期和民族文化的理论会不会在另一个时期或情境中变得面目全非。观念和理论从一种文化向另一种文化的流动有些特别耐人寻味的案例,比如在十九世纪早期传入欧洲的所谓东方的超验观念,又如十九世纪晚期某些欧洲的社会理念被移译到了传统的东方社会。向新环境的这种流动从来都不是畅通无阻的。它必然牵涉异于原点的再现和确立的过程。这也使得与理论和观念的移植、转换、传播和交流有关的任何说明变得复杂。

但这种移迁本身仍具某种可辨识的、反复呈现的样式;理论或观念的旅行之道常分为三或四个步骤。

第一,要有一个原点,或类似原点的一组始发环境,致使观念问世或进入话语讨论层面。第二,要有一个跨越的距离,通过一段行程,这个观念从早先的某点经由各种语境压力到达另一时空,在那里将建起新的显著地位。第三,要有一组条件——可称它们作接受的条件,或作为接受的一个不可避免的部分,抵抗的条件——这组条件面对移植过来的理论或观念,无论其外表如何格格不入,都促使它有可能得到引介或容忍。第四,现在这个全部(或部分)适应(或融汇)了的观念,某种程度上在新时空中完成了其新功用、新地位的转化。

完满地解释这些步骤显然是个繁重的任务。虽然我既无意图又无能力承担这项任务,但似乎仍然值得以一种概略和一般的方式描述这个问题,以便有望使我最终详细讨论其中特别具体和极其局限的一个方面。当然这个一般问题和具体分析两者的差异本身也值得评议。举出一项局部的、详尽的分析,印证一套理论如何从一种情境移迁至另一种情境,无意中暴露了对任何理论或观念指定或限定归属领域这件事具有某种本质上的不确定性。比如注意一下文学专业的学生现在使用像"理论"和"批评"这类词时,人们完全不会推测说他们必然或应该将自己的兴趣局限在文学理论或文学批评。一门学科与另一门学科之间的分别已经变得模糊,正因为如文学和文学研究之类领域到了晚近已不再被视为像过去那样包罗万象或概全其要了。虽说有些好辩的文学学者至今仍会攻讦别人文学性不足,或别人不理解(谁该不理解呢?)文学不同于其他写作形式,本质上是拟态的、本质上是道德的、本质上是人文主义的,但导致争议的话题恰恰证明这个事实,即如何确定"文学"这个词或"批评"这个词的外部边界,并不存在共识。几十年前,诺斯罗普·弗莱(Northrop Frye)作为先驱提出的那一类文学史和系统论,允诺给人们一个井然、适宜、友善的结构,比如夏天的神话故事①可以在此结构中确定地转化为秋天的神话故事。"在弗莱系统中最初的人类行为,"弗兰克·伦特里奇亚(Frank Lentricchia)在《新批评之后》(*After the New Criticism*)中引用了弗莱的《培养想象》(*The Educated Imagination*)说,"以及所有人类行为的某种模型,是一种'有信息的'、有创意的行为,它将一个仅反映客观的、与我们作对的世界,一个令我们'感到孤独、惶恐和备受遗弃'的世界,转化为一处家园。"[1]但是现在大部分文学学者发现自己过去的冷遇又卷土重来了。类似的,还有观念史和比较文学这两门与文学和文学批评有着千丝万缕联系的学科,也不会常规地认可他们的从业者对一切文学和观念怀有那种歌德式世界大同的感受。

在所有这些例子中,某项具体学术任务的特定情境或地域性似乎与一个人在专业上归属的大类领域传说中的一体性、连贯性和完整性相距甚远,后者对于前者的支持也只流于修辞风格上的说法而已。这里有太多断裂,太多纷乱,太多误差,干扰着那些料可将学者们聚拢在一起的同质空间。表现为不断细化的脑力劳动分工进一步侵蚀着人们对整个文学和文学研究领域的直接领悟;反之,符号语义学、后结构主义和拉康式精神分析法产生的无所不用其极的行话占据文学话语,造成文学批评世界膨胀得几乎难辨其真容。总之,传统中向来认为是文学文本内容的研究,现在似乎已没有什么内在的文学之物了,原用以阻止当代文学批评家求助于心理分析、社会学或语言学的文学性亦荡然无存。作为这个领域持续的体面证据,社会成规、历史习俗、对人文主义和传统学术约

---

① 弗莱的四季神话故事类型是春为喜剧,夏为浪漫剧,秋为悲剧,冬为讽刺剧。——译注

定的诉求等等当然还会定期介绍一下,但这些仿佛越来越像在关于文学和文学批评应该是什么的辩论中所用的修辞风格策略,而非它们实际是什么的令人信服的定义。……

在一个叫作文学的看不到内围却有着清晰外延边界的领域,文学批评家已经不处于某个权威的或官方的地位。但是亦不存在某种新的至尊方法和新的批评技巧以强求人们拥戴与学术效忠。而存在的,是各种巴别塔式的争辩,支持一切解释的无限可能性;是宣扬永恒且确定的文学价值的各种思想体系或曰"人文科学";因为所有体系在断言它们有能力执行本质上属于自我证实的任务时,都不会把反事实的证据计算在内。若你愿意,大可将此情境称之为多元,又或你喜欢戏剧性的夸张说法,也可管这个叫作绝地而生。就我而言,我更愿将它看作保留怀疑和批评的一个机会,既不屈从教条主义,也不屈从失意悲观。

故此关于理论从一地到另一地的移迁中究竟发生了什么的具体问题,可以将其本身作为有意思的调研课题提出。如果文学或观念史这样的领域没有内在的限定范围,或反过来说,如果没有一种方法论可以强加在根本上是异质的、开放的活动领域——即文本的写作和解释——那么用与我们自己所处环境相适宜的方式来提出理论问题和批评问题,就不失为明智之举。开始时,这意味着一种历史途径。假设在一些特殊历史环境下,某种与这些环境有关的理论或观念因此生成。当这种理论因新的缘由在不同的环境下被再次运用,且在更新更多不同环境下被再三运用之时,它会发生什么情况?关于该理论本身——其局限,其可能性,其内在问题——能告诉我们什么?以及对于理论和批评作为一方、社会和文化作为另一方这两者之间的关系,它又能向我们提示什么?……

卢卡奇的《历史与阶级意识》(1923)获得相宜之盛名是因其分析了物化现象,一种在商品拜物教主宰时代困扰生活各个方面的普遍宿命。因为,如卢卡奇指出的那样,资本主义是所有经济制度中环节最连贯和计量最细致的,其规则下强加于人类生活和劳动的后果,是将一切人性的、流动的、进程的、有机的、相连的事物,彻底转变为分离和"异化"的客体、项目、无生命的原子。在此情形中，时间脱离了与性质有关的、可变的、流动的本质；它凝结为某种精准分界的、可量化的连续体，充满可量化的"物"（物化的、机械地客体化的工人"工作业绩"，与人的完整人格截然分离）；总之，时间变成了空间。在这种时间转化为抽象的、毫厘不爽可测量的、物理的空间环境中，在一种同为因果的、科学和机械地使劳动客体的生产碎片化和专业化的环境中，劳动主体也同样必然理性地碎片化。一方面，违背他们完整人格的劳动力客观化（一个在将劳动力作为商品出售时即已完成的过程）现在转为他们日常生活中固定的、不能逃避的现实。在此，人格也只能无助地旁观，任凭自身的存在还原为一个孤立的粒子，被异化的系统吞噬。另一方面，生产过程对组件的机械分解也将原先"有机的"生产年代中个人与社群结成的纽带破坏殆尽。在这方面，机械化也将工人当作孤立的抽象原子对待，他们的工作再不能将彼此直接而有机地联结起来；它越来越单一地受到禁锢他们的机制的抽象法则影响。[2] 如果这幅公共世界的图像萧瑟凄惨，它和卢卡奇对才智能力的描述，即他叫作"主体"的描述倒是匹配的。卢卡奇精彩绝伦地缕述了从笛卡尔到康德再到费希特、黑格尔和马克思古典哲学的二律背反，提到主体不断隐退至被动的、私人化的冥想，与现代工业生活铺天盖地的碎片现实渐行渐远；而后他又将现代资产阶级思想描摹成为一片困境，呆钝而瘫痪，通向最后的消极。它产生的科学只不过基于事实采集；理性的领悟形式已不能对付实际数据的非理性，而当人们努力强求"事实"以迎合"系统"时，其碎片化和无尽原子化的彼在性（thereness）或将系统摧毁，或将心灵转化为不相连的客体的一个被动使用域。

然而，还存在一种具体代表物化本质及其局限的经验形式：危机。如果资本主义在经济术语中成为物化的化身，那么所有事物，包括人，都应该被量化并赋予一个市场价值。当然这就是卢卡奇在说到资本主义环节连贯时所指的含义，他有时将它描绘成仿佛是一份庞大的分项清单。本质上它是巨细靡遗的——客体、人、地点或时间——应收尽收，因为万事万物都是可以计算的。但也有些时刻，即"'事物'的与质有关的存在，作为被误解和被忽略的自在之物，作为使用价值［卢卡奇在此指向那些"非理性"的事物如感想、激情、机会等］，其生活范围超出了经济学范围，就突然变成起决定性作用的因素（突然，意指对物化的、理性的思想而言）。或另一种说法：这些'法则'不能发挥其功能，物化的思维也不能在这种'混乱'中感知某种样式。"[3] 在这种情况下，心灵或"主体"于是得到一个逃离物化的机会：透彻思考是什么造成现实只呈示出一批客体和经济数据的现象。而正是在这种看似恒久既定和客体化之事的背后寻找过程的行为本身，使得心灵有可能感知自身是主体而不是无生命的客体，从而走出经验主义的现实，进入一个可推知的可能性领域。当你先不去想难以解释的面包短缺，而去想象人的工作，于是又想象本该生产面包的人现在不再工作，因为面包师在参加罢工，你这么想方向就对了，知道危机可以理解，因为过程可以理解；而过程可以理解，由人的劳动创造的某种社会整体的感觉也就可以理解。总之，危机被转化成为对现状的批评：面包师因为某种原因罢工，危机能够被解释，系统并非无懈可击，主体对僵化的客体形式正显示它的胜利。

卢卡奇阐述这一切时用的是主体-客体关系的术语，而公平对待他的论点则要求后续的讨论延及这样一个域位，即他表明主体和客体之间是有调解可能的。但即便如此，他也承认这一类可能发生的事要到非常遥远的未来。无论如何，他可以肯定的是，如果不去将被动的、冥想的意识转化成主动的、批评的意识，那样的未来便无法企及。通过假定存在着一个远离物化影响的人类动因的世界，批评意识（由危机激发的意识）会真正体会它"不断推翻塑造人类生活之各种客观形式"的力量。[4] 意识超出了凭经验得到的已知和理解之事，而未实际经历完整的历史、整体性和社会——正是物化既隐藏又否认的那些统一体。根本上，阶级意识被认为沿着从碎片化到统一体的道路思考；它还被认为意识到自己的主体性具有主动的、活跃的特征，而且在某种深远的意义上，具有诗意的特征。……

正因为其超越了客体，意识进入了一个潜在性的王国，即是说进入

193

了理论上可能性的王国。卢卡奇论述此说特有的紧迫性在于他描述的并非只是遁入幻想之物。意识达到自我意识之际并非爱玛·包法利假装自己是永镇的命妇。卢卡奇认为人们仍然能感到资本主义量化的直接压力，那种将世间万物通通按确定价格编入目录的无情做法；唯一的改变是思想认出了一群如它一个阶级的人，有能力作一般思考，除了按组归类还能理解事实，认识诸种过程和趋势，不似物化只承认无生命的原子证据。阶级意识因此在批评意识中开始。阶级的真实性与树木和房屋的真实性不同；它们是由意识归因的，利用意识的力量来设定理想的类型，在这些类型中，意识与其他人一道找到了自身。阶级是一个反叛行为的结果，据此，意识拒绝陷入客体世界的囹圄，也即是它在资本主义对事物的谋划中一直都无法挣脱的那个牢狱。

意识从客体世界转入了理论世界。卢卡奇对其描述时虽然用的仅是一个德意志年轻哲学家可能使用的语言——比我所用的形而上学和抽象概念还要密集——我们不应该忘记他是在演示一个政治反叛的行为。取得理论成功，便是以破坏对物化造成威胁，它还威胁到物化赖以生存的整个资产阶级体系。但他让他的读者相信，这种破坏"并非一次性地一举扯下蒙住［物化］过程的面纱，而是僵化、矛盾和运动的连续不断的更替"。[5]理论，最后是作为某种过程的结果而得到的：意识首先体验到在资本主义制度下一切事物量化后导致意识自身可怕的僵化；其次意识进行自我概括（或归类）为某种对抗其他客体的东西，自我感知为客体化的某种矛盾之物（或客体化内危机），于此萌发对现状进行变革的意识；最后，意识朝着自由和实现去展开运动，看向未来去完成自我成就，当然此即为革命进程最终向前推进，而现在只是可感知的理论或规划。……

卢卡奇认为理论从意识产生，不是作为对现实的回避，而是作为完全投身尘世和改变的革命意志。按卢卡奇的学说，无产阶级的意识代表着与资本主义在理论上的对立；如梅洛-庞蒂和其他人指出，卢卡奇的无产阶级与破衣烂衫满面愁容的匈牙利劳工压根儿不是一码事。他所指的无产阶级是以意识挑战物化的角色，心灵足以发力驾驭仅是物质的东西，意识足以宣称其拥有理论权利去设定一个远比单纯的客体世界更美好的世界。因阶级意识正是从以那种方式工作和有那种自我觉悟的工人中产生，理论就必须永远不脱离其政治、社会和经济上的源头。

这构成二十年代初期卢卡奇对他关于理论的观念的描述——当然还有关于他的社会历史变革理论。我们来考察一下卢卡奇的追随者和学生吕西安·戈德曼写的《隐蔽的上帝》(*Le Dieu caché*)(1955)，此书是首批试图将卢卡奇的理论付诸学术实践中的一本，当然也是最有影响力的。戈德曼在研究帕斯卡（Pascal）和拉辛（Racine）时，把阶级意识改成了"世界目光"(vision du monde)，它不是直接的意识，而是在某些天赋异禀作家的作品中表述的集体意识。[6] 但这还不是全部。戈德曼说这些作家的世界目光源于他们群体成员共有确定的政治和经济环境；然而这种世界目光本身，与其说是在具体经验基础上设定形成，不如说在某种人类信仰中设定形成，该信仰认为现实存在于"超越作为个人的他们，并在他们的作品中表现出来"。[7] 作为一个投身政治的学人（不像卢卡奇作为直接投身斗争的战士）从事写作，戈德曼认为因为帕斯卡和拉辛属于享有特权的作家，他们的作品可以通过辩证推论构成重要意义的整体，在这个过程中，部分与推定的整体相关，推定的整体由经验证据实证。于是各种独立文本被看作表达了一种世界目光；其次，世界目光构成该群体（比如皇港詹森教派信徒［Port-Royal Jansenists］）整体的智识和社会生活；再次，该群体的思想和情感是他们经济和社会生活的表达。[8] 在这一切过程中——戈德曼以堪称典范的睿智和细腻辩称——理论的事业，一个解释的循环，在部分与整体之间，在世界目光与文本的最具体的细节之间，在明确的社会现实与一群极有天分的成员的写作之间，展示了一种连贯性。易言之，理论是研究者的场域，在这个场域中，各异的、明显无关的事物以绝佳的相应性被聚拢起来：经济学、政治过程、个体作家、一系列文本。

戈德曼受惠于卢卡奇是显而易见的，虽然人们未必注意到，在卢卡奇的作品中表现为理论的意识和物化的现实之间一种具有反讽的差异，被戈德曼转型并局限为世界目光与十七世纪晚期法兰西的长袍贵族

（noblesse de robe）不幸的阶级现状之间一种有悲剧色彩的对应物。卢卡奇的阶级意识挑衅资本主义秩序，的确也是对该秩序的反叛，而戈德曼的悲情目光则由帕斯卡和拉辛的著作完美十足地表达了。固然说该悲剧目光并非直接出自这些作家之口，固然说现代学人亦需极其繁复的辩证研究模式才能导出世界目光与由经验而得的具体细节之间的相应性，但事实依然是戈德曼对卢卡奇的改写从理论中清除了反叛的作用。对卢卡奇而言，只要存在阶级意识，或理论意识，就足以向他提示拟议中的推翻诸客体形式。对戈德曼而言，关注到某种阶级或群体的意识，首先只是一个学者的义务，然后——在享有高度特权的作家的著作中——才是对一种被限定在悲剧性中的社会境况表达。如果人们有意对社会现状实行变革，卢卡奇的归因意识（zugerechmetes Bewusstsein）是一个无法证实的，却又绝对属于预先的理论必要条件；到了戈德曼的版本这里，无可否认受限于某种明确界定的情境，理论和意识是通过对一个遁形而又沉默的上帝（deus absconditus）所下的帕斯卡式赌注来表达的；对自称为科学研究者的戈德曼而言，理论和意识的表达还反映在文本与政治现实之间的理论关联性上。或从另一角度来看这个问题，卢卡奇认为理论源于作为心灵与客体之间不可还原的不和谐，戈德曼则认为理论可视作存在于个体部分与连贯整体之间的同源关系。

关于卢卡奇理论之理论的这两个版本有足够明显的差别：卢卡奇是以一场斗争（为1919年匈牙利苏维埃共和国而战）的参加者身份写作的，戈德曼则是索邦大学的外聘历史学家。从一个角度我们可以说戈德曼对卢卡奇的改写令理论降格，减弱了其重要性，在某种程度上使之归化为在巴黎一篇博士论文必要的东西。不过我并不认为降格一说具有道德寓意，这种降格毋宁在于（如它其中一个次要意义所暗示的那样）传递了色彩的弱化，距离度的增加，在戈德曼的意识和理论概念与卢卡奇所指理论的意义和作用相比时，丧失了直接力量。同样我也不想暗示戈德曼将反叛的、根本对抗的意识转化为具有关联性和同源性的通融意识存在某种先天错谬。只是情景改变得足够厉害而造成了降格发生，不过戈德曼对卢卡奇的解读的的确确将后者关于意识几乎天启的版本消了音。

我们对所有借用、解读和解释都是误读和误释这一说法耳熟能详，以致很可能认为卢卡奇-戈德曼这段插曲不过又一次小小地证明每个人，甚至马克思主义者，都是误读和误释的。我觉得这个结论完全不能令人满意。首先，它暗指如果不想依样画葫芦地照搬，唯一的解决方案就是有创意地去误读，不存在中间的可能性。其次，当上升到某个普遍原则的高度，所有解读均系误读这种观念就从根本上废除了批评家的责任。对批评观念持严肃态度的批评家而言，单说释义是误释，或借用难免包含误读是远远不够的。正相反，将误读（在它们出现时）判断为观念和理论从一幕布景向另一幕布景作历史性转换的一部分，我觉得完全有可能。卢卡奇为一个境况写作，也在这个境况中写作，该境况产生的关于意识和理论的观念，与戈德曼在他的境况中产生的观念大相径庭。称戈德曼著述是卢卡奇著述的误读，随即把这个误读联系到误释的一般理论，就完全没有对历史和情境给予重要关注，而历史和情境在将卢卡奇的观念转为戈德曼的观念时都起到了重要的决定作用。1919年的匈牙利和第二次世界大战后的巴黎分属两个颇为不同的环境。如果我们在某种程度上仔细阅读卢卡奇和戈德曼，那么在完全相同的程度上，我们就能理解——在时间和地点方面——发生在一个作家和另一个作家之间的重要转变，这两个作家都靠理论完成智识活动的某项特殊任务。此处我看不出需要诉诸无限的互文性理论来作为这两种情境之外的阿基米德支点。从匈牙利到巴黎这段特殊旅程，以及它所附带的一切，对详尽的批评审视而言似乎已足够有力，足够充分了，除非我们追求批评的隐秘封闭性而放弃批评的意识。

在将卢卡奇和戈德曼对照衡量时，我们于是同时认识了理论回应具体社会和历史情境的范围，智识活动也是此情境的一部分。因此在一种情形下的反叛意识，在另一种情形下就变成悲剧的目光，把布达佩斯和巴黎的两种境况拿来认真作比较时，个中原因就解释得很清楚了。我并没在说布达佩斯和巴黎就决定了卢卡奇和戈德曼出品的理论类型。但我确实在说"布达佩斯"和"巴黎"是不可还原的初始状况，它们设定了范围并施加了压力,每个作家,考虑到他们自身的天赋、偏好、兴趣,都会对这种初始状况作出回应。

现在让我们将戈德曼对卢卡奇的运用再向前推一步:看看雷蒙·威廉斯对戈德曼的运用情况。在剑桥英语研究传统中培养,受利维斯和瑞恰慈的技法规训,威廉斯被塑造为一个纯文学的学者,理论过去对他并没什么用。他颇为尖锐地说到像他那样受教育的知识分子如何能够使用"一套独立而自我定义的语言",推崇精微的、具体的细节;这意味着知识分子能够接近权力却又以干净超然的态度谈论微观世界,承认不懂物化,却谈论客观的有相互关系的事物,声明不了解观念介入,但他们了解精神宣导作用。[9] 威廉斯告诉我们,戈德曼1970年到过剑桥,并开了两堂讲座,威廉斯在戈德曼去世后写的那篇纪念戈德曼的感人随笔中说,这次访问是件大事。威廉斯认为,戈德曼的访问把理论引入了剑桥,让人们像那些旧大陆重要传统培养出来的思想家一样理解并加以运用。戈德曼引导威廉斯充分认识了卢卡奇为我们所作的贡献,因为他使我们理解了在一个"经济活动主宰人类活动所有其他形式"的时代中,物化如何既就知识而言成为一种虚假的客观性,又成为一种比任何其他形式都更彻底地渗透生活和意识的畸形。威廉斯接着说:

> 全面性观念于是成为反对这种明确的畸形的一种批判武器;它的确在反对资本主义本身。但这不是唯心主义——对其他价值观重要性的断言。相反,正如这种畸形只能从其根源上对一个特定经济类型作历史分析来理解,试图克服和超越这种畸形并不在于孤立的证人或割裂的活动,而在于切合实际的工作,用更加人性的、政治的、经济的手段去找寻、支持、建立更加人性的社会目的。[10]

卢卡奇的思想——在这个例子中是公开宣布的关于全面性的革命观念——再次在某种意义上被驯化。我不会在任何程度上看轻(经戈德曼引介的)卢卡奇的观念对二十世纪末剑桥英语研究的死气沉沉的状态所起作用的重要性,但我认为需要指出这些观念最初形成远比为了唤醒几个文学教授所起作用要大得多。这点即便不说一眼就能看清，也是相当明显的。而更有意思的是，因为剑桥不是革命的布达佩斯，因为威廉斯不是斗志昂扬的卢卡奇，又因为威廉斯是一位反思的批评家——这很关键——而不是献身的革命者，他能够看到一种理论的局限，即它始于某种解放的观念，却会变成一张羁绊自己的陷阱。

> 在最讲求实际的层面，我很容易同意［卢卡奇的全面性理论作为对物化的应对之举］。但按照全面性来思考的全部意义，在于认识到我们是它的一部分；认识到我们的意识、我们的工作、我们的方法，也都岌岌可危。且在文学分析这个具体领域有这种明显的难处，即我们必须考查的大部分著述，正是这种物化的意识发挥作用的产物，以致看似方法论上的突破之处也许旋踵间就成为方法论上的陷阱。我还不能对卢卡奇下此定论，因为我还没有接触到他的所有著述；但至少在其中一部分，《历史与阶级意识》的主要见解，他现在对此书的部分也有所否定，并没有转化为批评实践［威廉斯此处指卢卡奇后期的、关于欧洲现实主义更为粗糙的著述］，而且某些比较粗糙的活动——主要仍是那些有关基础和上层建筑的活动——不断重复出现。我还在以合作与批评的态度阅读戈德曼，并问同一个问题，因为我确信关于全面性的实践对我们任何人，在任何时候，都仍有着极高甚至是明显的难度。[11]（着重号系我所加）

这段话令人钦佩。即便威廉斯绝口不提戈德曼后期著作令人惋惜的重复，身为研习他人理论的批评家，重要的是他应该有能力看清理论的局限，特别是突破会变为陷阱这样的事实，倘若这种理论被不加批评地、不断重复地、不予限定地运用。我认为他指的是但凡一种观念因其清晰可见的有效性和影响力而开始广泛流传，它很有可能在游历的过程中被还原、被编纂整理、被纳入体制。卢卡奇对物化现象极为复杂的阐释确实被转为一个简单的映射理论；当然在某种程度上威廉斯提及此事时因对新近故世的老友过于讲究致哀礼节而不予挑明，但卢卡奇的理论在戈德曼的手中的确变成了这类观念。同源性,究其竟,是旧日第二国际之基础-上层建筑模型的一个精炼的版本。

除了特别提示一种前卫理论可能会遭遇什么,威廉斯的反复咀嚼使我们有可能观察理论的另一现象:随着理论从一种情境向外发展,它开始被人运用,它旅行迁徙,并得以广泛接受。倘若物化-全面性(为方便引用现将卢卡奇理论缩略为词组)能成为一种还原论手段,它就没有什么理由不能成为一种无所不包,过分活跃和不断扩张的心性。这个意思是,既然一种理论可以向下推移,不妨说可以对其初始版本进行某种教条的还原,那么它也可以向上推移,变为某种有害的无限——在这个物化-全面性的例子中——变为卢卡奇本人意指的方向。说到不断推翻客体的形式,说到如他在关于阶级意识的论文中所言克服物化的符合逻辑的目的如何造成革命阶级本身的自我摧残,意味着卢卡奇将他的理论向前和向上推得更远,(以我之见)到了令人难以接受的地步。该理论的内在矛盾是——也许大部分因应运动和变化而发展的理论均如此——它会冒理论上过度阐发的风险,成为对情境的理论上的戏仿,而该理论制定的本意在于对此情境进行矫正或攻克。作为对物化的理论上的矫正,开一帖"僵化、矛盾和运动的连续不断的更替"走向全面性的药方,某种意义上不啻以一套不变的程式替下了另一套程式。像卢卡奇那样提及理论和理论的意识,提及它们对物化做出干预并引入过程,其实没有足够周密地考量各种细节,没有足够周密地顾及由某种不妥协的、物化的现实对理论的意识产生阻力。尽管卢卡奇对物化的解释很精彩,尽管他处理得十分当心,他却没能看到甚至在资本主义状态下,物化本身都不能处于全面支配一切的地位——当然,除非他已经准备好承认理论上的全面性(他用以克服物化问题的反叛手段)所说的情况——即资本主义状态下存在以全面支配的物化为形式的那种全面性在理论上的可能性——其实是不可能的。因为如果物化能够全面支配一切,那么卢卡奇又如何解释在物化的支配下,他自己的著述作为思想的另一种形式出现呢?

也许这一切都太过模糊不清且深奥难解。然而,我似乎感到威廉斯无论与早期卢卡奇的激烈反叛性在时间和地域上相隔有多远，这里的距离，甚至他对卢卡奇和戈德曼——这两位与他不同却令他在学识上感到如此亲切之人——的批判性反思的冷静，都有某种非凡品德存焉。如他在最出色的单篇理论文章《马克思主义文化理论中的基础和上层建筑》中提到的那样，关于文学与社会相结合的各种问题，他从两人那里得到了一种精深的理论意识。马克思主义的艺术理论为描绘基础和上层建筑间特有的不平衡和复杂领域所提供的术语普遍尚不敷用，于是威廉斯深入研究，概括出他本人原创理论的批评版本。我认为他在《政治与文学》(*Politics and Letters*)将这个版本演绎得很到位："一种社会体系无论占了多大的支配优势，其支配含义本身就包括它所覆盖的活动的某种局限或选择，以至于从定义上看，它无法穷尽所有社会体验，因此总是为其他备选行为和备选意向提供了潜在包容空间，这些选项作为社会制度或即便是方案都尚未得到清晰表述。"[12]《乡村与城市》(*The Country and the City*)同时记录了支配的局限和对支配的反制选项，例如在约翰·克莱尔(John Clare)的例子中，他的作品"标志着田园诗［作为描写英国乡村一种自成体系的传统］在与实际乡村体验的碰撞冲击中终结了"。克莱尔作为诗人的存在本身受到来自移易了一套公认社会秩序的威胁，即约翰逊和汤姆逊笔下理想化的符合习俗的风景；因此克莱尔——作为一个未被充分认识、亦未被市场剥削体系形成的各种无情关系完全征服的另类选项——求诸"新的大自然的绿色语言"，这个大自然亦即伟大的英国浪漫派诸诗人采用新手法赞美的大自然。[13]

不应轻视威廉斯因其天赋和洞见成为重要批评家这样的事实。但我相信低估他成熟写作中所扮演的角色，即我之前提到的作为借用的或旅行的理论，亦是错的。如果我们意欲摆脱身处的智识环境的种种束缚，借用无疑成为必要手段。我们当然需要理论，各种原因就不在此赘述了。但我们除理论之外，还需要有这种批评的认识，即任何理论都没有能力覆盖、隔绝、预告它可能在其中起作用的所有情境。换一种说法，如威廉斯所言，没有任何社会体系或智识体系的支配力会强大到无所不能。威廉斯因此具备这种批评的认识，并有意识地以此对从卢卡奇和戈德曼处借用之物进行修正、调整、提炼,尽管我们也应立刻补充一点,他纵有此意识,也不能保证他本人没有谬误,或较不容易出现夸大和犯错的倾向。但除非理论——无论成败——不能回应构成历史和社会大部分情境的本质上杂乱的、本质上不可驾驭的存在(这同样适用那种来自其他渊源的理论或"原创的"理论),它会成为一个意识形态的陷阱。它会令运用理论的人和理论针对的事物都不能动弹。批评也就难以进行。

简而言之,理论永远都不完美,正如一个人在日常生活中的兴趣永远都不会因拟像、模型或理论上的抽象原理变得枯竭。如果证据恰好在实际中满足理论预案或在其中起作用,人们自然会感到快乐,而且如果辩称"事实"或"重要文本"不需要以任何理论框架或方法论来作鉴评或确当解读,也自然极为荒谬愚蠢。没有任何解读是中立或纯洁无瑕的,同理,每个文本和每个读者在某种程度上都是某种理论观点的产物,无论这种观点可能多含蓄或无意识。但我在此强调的是,我们将理论与批评意识区分开来,说后者是一种空间的知觉,起一种度量的功用以确定或安置理论,而这意味着,理论必须依靠一定的地点和时间才能理解,它化身为该时间的一部分而出现,在该时间中、并为该时间而发挥作用,对该时间作出回应;于是,对那个第一地点的测度就可以根据该理论再次被发现运用的后续诸地点进行。批评意识是不同情境之间差异的意识,也是这样一个事实的意识,即没有任何体系或理论能够穷尽它产生或传播的环境。而尤其重要的是,批评意识是对理论各种抵抗的意识,是对理论各种应激的意识,此类抵抗和应激的诱因是那些与理论形成冲突的各种具体经验或释义。的确,极而言之,批评家的任务就是给予理论各种阻力,使它朝着历史现实、朝着社会、朝着人类需要和利益的方向发展,要凸显从日常现实中提取出来的各种具体事例,而这些具体事例不在那个由每一种理论事先指定、事后限制的释义区域,或恰好超出了此释义区域。

如果我们将卢卡奇和威廉斯为一方与戈德曼为另一方作比较,这点就已阐释了大半。我说过威廉斯对他称之为方法论的陷阱是有觉察的。卢卡奇则在他作为理论家的职业生涯中（其理论本身纵未丰满）体现出一种深邃的意识，即有必要从封闭的唯美主义（《灵魂与形式》[*Die Seele und die Formen*]、《小说理论》[*Die Theorie des Romans*]）转向权力和制度的现实世界。反观戈德曼，却束缚于他的著述展示的同源性的定局，《隐蔽的上帝》就是精彩而有说服力的例证。理论的闭合，像社会成规或文化教条，是令批评意识深恶痛绝的，当批评意识丧失它对开放世界的积极感受，它就丧失了自己的职业水准，而它的各种机能必须在一个开放的世界中得到演练。这种情况的最佳借鉴之一，可从伦特里奇亚有影响力的《新批评之后》中寻得，此书对其称之为当代文学理论中"目前已经瘫痪的辩论"有极尽说服力的解释。[14] 他以一个又一个事例说明超出任何相对未经社会领域复杂包容性考验且未受这种复杂包容性影响的理论是缺乏应激性和罕见的，这从来都不是用作展现理论形势的一种哪怕是逢迎的语境。（作为美国情境空乏之困扰的解药，亦有弗雷德里克·詹明信[Fredric Jameson]在《政治无意识》[*The Political Unconscious*]中对三种"语义视域"的极有价值的阐述，它们被解释者辩证地算作解码过程的各部分，他亦管这个过程叫作"文化的生产方式"。[15]）

然而，我们应当注意我所指的社会现实，同样也难免受到理论过度全面性的影响，我即以福柯为例，说明当实力强大的历史学术从故纸堆走向权力和机构的世界、走向恰恰是那些被大多形式主义理论——解构主义、符号学、拉康的精神分析法、受 E.P. 汤普森（Thompson）抨击的阿尔都塞的马克思主义等等——所漠视和忽略的理论正遇到各种阻力时的情形。[16] 福柯的著作最有挑战性，因为他恰如其分地被视为非历史的、非社会的形式主义的一个标杆式的反对者。但即便如他，我相信，从他最新的信徒们所示他没有屈从封闭主义的证据的那些方面来看，也是理论系统性降格的受害者。

福柯本身是个悖论。他的职业生涯为他的当代读者展示一种非凡的强大轨迹，其顶点就是最近由他和代表他的信徒宣布的知识和权力之间关系的要旨。由于他理论和实践的卓越表现，"权力"和"知识"为其读者（如果不提我自己，那就显得失礼了；但也请参见雅克·唐泽洛［Jacques Donzelot］的《家庭治理》[*La Police des familles*]一书）提供了一种概念性的机制，用于工具话语的分析，这种分析与他主要哲学对手们的弟子惯于制造的相当乏味的形而上学形成了极为强烈的对比。然而在很多方面福柯最早的作品对其自身理论的影响力大为失察了。在《规训与惩罚》后重读《疯癫史》，你会对他早期作品之于后期作品那种不可思议的先见之明蓦然感到惊异；而让你感到惊异的还有福柯处理"禁闭"（renfermement）这个令他为之着迷的主题，在讨论精神病院和医院时，对权力的指涉从来都不是直截了当的。在"意志"（volenté）这个概念上也一样。同样对权力的未予明指，《词与物》（*Les Mots et les choses*）或可找到开脱的理由，因为福柯探究的主题是智识的历史而非机构的历史。散落在《知识考古学》中可以找到一些暗示，表明福柯开始从若干抽象概念、替代物探向权力。他因此提到可接受性、累积、保留、形成等这类概念，使这些概念归属于各种陈述、话语和档案的建立和运行；但在他这样处理时，没有花时间讨论哪些可能构成建制内或知识领域内或社会本身力量的共同源头。

　　福柯的权力理论——我将仅限于这个议题——源于他尝试分析禁闭的各种内部运作体系，其功能既取决于制度的连续性，又取决于为这些制度将技术的意识形态合法性的扩散程度，二者同等重要。这些意识形态就是他的话语和规训。福柯在具体表现这种权力和这种知识在各种局部情境中的运用方面，可谓举目罕匹，且他的成果无论以何标准衡量都令人产生极大兴趣。如他在《规训与惩罚》中所言，若使权力得心应手，就必须经营、控制乃至创造细节：越具体，权力就越真实；管理，培养出可管理的单元，反过来又培养某种更具体、更能精细控制的知识。在那段令人难忘的话中他说，监狱是制造过失行为的工厂，而过失行为正是规训话语的原材料。

　　我对理解这类描述和精细缕举的观察毫无问题。但到了福柯自己的语言变得笼统（当他的权力分析从具体情节移向作为整体的社会时），方法论上的突破就变成了理论的陷阱。有意思的是，这一现象是福柯的理论从法国输出并移植到其海外门徒的著述中,才开始稍变明显。比如近来他被伊恩·哈金(Ian Hacking)大加赞美,称他对过于落后又过于超前的"浪漫派"马克思主义者(哪些马克思主义者?所有马克思主义者?)而言是一个头脑清醒的替代方案,还称他是诺姆·乔姆斯基的一个冷静的无政府主义对手,乔姆斯基则被不确当地形容为"一个非常理智的自由派改革家"。[17]还有其他作家颇为正确地将福柯关于权力的讨论理解为一扇开向政治与社会的现实世界的提神之窗,却不加批评地把他宣布的理论误读为关于社会现实的最新事物。[18]无疑,福柯的著作的确是非历史的形式主义的一个重要备选方案,他对非历史的形式主义一直进行着含蓄的辩论,而他的观点亦有着重要价值,即作为专业化的知识分子(相对于普通知识分子而言)[19],他和像他一样的其他人能够针对某些压抑的制度、针对"沉默"和"秘密",发动小规模的游击战。

但与接受福柯的《性经验史》(*The History of Sexuality*)的观点相比,这一切又变得不可同日而语,接受福柯此书"权力无所不在"的观点,还得一并接受这一极大简化的观点所造成的所有事物。[20]如我所言,其中一个问题是福柯急于避开马克思主义的经济主义,这令他抹杀阶级的作用、经济学的作用、在他讨论过各种社会中忤逆和反叛的作用。让我们假设监狱、学校、军队、工厂等等都如其所言像十九世纪法国的规训森严的工厂一样(因为他几乎只讨论与法国有关的情形),那种圆形监狱式全方位无死角的管理控制了一切。对于这种规训森严的秩序存在怎样的抵抗,并且如尼科斯·普朗查斯(Nicos Poulantzas)在《国家,权力,社会主义》(*State, Power, Socialism*)一书中如此尖锐地质疑,为什么福柯从来不讨论被他描述的体系所最终控制的各种抵抗?当然,如任何研究现代国家崛起的优秀历史学家都能指出的那样,事实要复杂得多。普朗查斯接着又说,即便我们接受这样的观点,说权力本质上是理性的,它不被任何人占有,而只与策略有关、与处置有关、与效力有关,且如《规训与惩罚》声称的那样,它覆盖了社会的所有领域,那么是不是得出与福柯相同的结论,说权力在使用中已被穷尽,就是正确的呢?[21]普朗查斯追问,说权力并非基于任何地方,说斗争和剥削——这两个术语都被福柯的分析遗漏——没有发生，难道不是直接错了吗？[22]问题是，福柯使用权力这个术语时回旋余地过大，吞噬了途中的所有障碍（对它的阻力，使它焕发活力和给它注入动力的阶级和经济基础，它积蓄的储量），消除了变化，并使微观物理上的至高权力神秘化了。[23]福柯的权力概念在旅行得太远时能够变得何其膨胀的一个征象，可从哈金的说辞"无人了解这种知识；无人让与这种权力"中看出。为证明福柯不是头脑简单一味追随马克思的人，这肯定走极端了。

事实上，福柯的权力理论是一个斯宾诺莎的概念，它不但迷住福柯本人，也迷住了他的许多读者，他们希望超越左倾的乐观主义和右倾的悲观主义，以便用老于世故的唯智主义来合理解释政治上的不作为，同时又希望表现得有现实主义味道，与权力和现实世界不脱节，并带有历史的和反形式主义的偏向。问题在于福柯的理论已经画地为牢，构筑了一片独特的领地，把自己和同道都囚禁在内。与哈金一起认为福柯口中的希望、乐观主义、悲观主义等都只是围绕先验的、持续的主体这种理念旋转的附属物，这当然是错的，因为从经验上看，我们日常生活因此发生的经历和行为不会涉及这种无关的"主体"。毕竟在"望"（Hope）和普通希望之间，一如"道"（Logos）和普通词语之间，是有可感知的差异的：我们不应任由福柯把它们相互混淆起来，也不应任由福柯让我们忘记历史的生成无一不是工作、意向、抵抗、努力或冲突的结果，忘记所有这些事都不会默默化入权力的微观网络。

对于福柯的权力理论还存在更重要的批评，而向来最显著的批评来自乔姆斯基。不幸的是福柯在美国的大部分新读者似乎都没听说几年前他们两人在荷兰的电视上作的那场交锋，[24]也没听说乔姆斯基在《语言与责任》（Language and Responsibility）中对福柯要言不烦的批判。两人均同意反对压制的必要，但福柯后来感到明确无误地接受这一立场更加困难。而对乔姆斯基来说，发动这场社会政治战役必须牢记两项任务：一项是"想象一个与我们所最能理解的人性之迫切需求相符的未来社会；另一项是分析我们目前各社会中权力和压迫的本质"。[25]福柯同意第二项任务，却无论如何不接受第一项。按他的说法，我们可能想象的任何未来社会"都只是我们文明的各种虚构和我们阶级体制的产物"。对于像福柯这类笃信"正义观念本身实际上是虚构出来的,并在不同社会中作为某种政治和经济权力的工具而使用,或作为某种对抗那种权力的武器而使用"的人来说,想象一个以正义管治的未来社会,不仅会受到虚假意识的局限,而且过于乌托邦,无从规划。[26]这是个绝佳示例,说明福柯不愿意认真对待他自己关于抵抗权力的观念。如果权力在进行压迫、控制、操纵,那么抵抗权力的一切事物就不会在道德上与权力平起平坐,就不会中立地仅仅作为反对那个权力的一件武器。排除某种形而上学的、最终是琐屑的意义,抵抗不能同时既作为权力的一个对立选项,又作为它的一个依附功能。但作出这种区分即使很困难,也还是能区分的——例如,乔姆斯基所作的区分是说倘使无产阶级作为一个将正义作为斗争目标的阶级,他就会支持一个受压迫的无产阶级。

福柯权力理论这种令人不安的循环,是理论过度全面性的一种形式,表面看更难抵抗,因为它与其他许多理论不同,它的运行是在似乎成为历史记录的情境中被调配和再调配并被借用的。但要注意,福柯的历史最终是文本的或毋宁说是成为文本化的历史;它的模式会对博尔赫斯产生亲和力。另一方面,葛兰西则会发现它没么令人愉快。葛兰西当然也欣赏福柯考古知识学的细致入微,但会认为这些考古知识即便名义上也没有考虑正在涌现的各种运动,没有考虑各种革命、反霸权、历史阻碍,乃是件奇怪的事。在人类历史上,总有某种东西是控制系统鞭长莫及的,无论这些系统对社会的渗透有多深厚,很明显,这就是促发改革可能之物、限制福柯意义上的权力之物以及羁绊那种权力理论之物。人们难以想象福柯会对斗争激烈的各种政治问题进行持续的分析,也难以想象福柯会像乔姆斯基本人和像约翰·伯格(John Berger)那一类作家,怀着缓解人类受苦受难或被辜负希望的意图,致力于描写权力和压迫。

这也许是个鲁莽的结论,但我所讨论的那些类型的理论一不留心就会沦为文化教条。若挪用到学派或机构,它们很快会在文化团体、行会或有从属关系的族群中获得权威地位。人们当然会将它们和一眼就看得更清楚的文化教条形式,如种族主义和民族主义区分开来,但它们暗中的危害在于其原始出处——从反派、对立源头导出的历史——使批评意识变得迟钝,令其相信一种曾经反叛的理论依旧是反叛的、有活力的、对历史负责的。可以这么说,理论一旦听凭它本身的专家和助手摆弄,就倾向在自己四围筑起高墙,但这并不意味批评家应该忽视理论或不顾一切地寻找新变种。丈量理论从彼时彼地到此时此地跨越的距离,记录理论遭遇到的抵抗,在更广阔的政治世界富有质疑精神地开展活动,该世界中人文学科或伟大经典都应该被看作人类勇敢尝试的小小领地,测绘包括所有传播、交流和释义的各种技能的疆域地图,在非胁迫的人类共同体中保留某些适度的(也许不断萎缩的)信仰:如果上述这一切都不是非做不可的话,它们至少也是非常有吸引力、可供选择的种种解决方案。究其竟,批评意识若非永无止境地偏爱提出各种备选方案的话,它又能是什么呢?

选自《世界,文本,批评家》

8

世俗批评

（1983）

如文学批评家阿米尔·穆夫提（Aamir Mufti）指出，萨义德是不断通过"世俗批评"的策略使他的批评实践独树一帜的，而非通过"后殖民主义"那个从《东方学》展开的领域，亦非通过"对位阅读"那种在《文化与帝国主义》中倡导的感受力。究竟什么是世俗批评？这篇放在《世界，文本，批评家》一书绪论的文字，首先阐述了世俗批评不应理解为某种旨在揭露有组织的宗教而设立的批评方法。它评论的其实是文学批评本身与社会现实、人类经验以及权威和权力各种制度之间紧密绑定的态度。"批评，"萨义德写道，"不能再在这种企划中合作，也不能佯装对它视而不见。从事批评既不佐证现状的合法，又不联手祭司泰斗阶层和教条的形而上学家。"这种反对权力和教条所有结构中的"泰斗阶层"的立场，亦即萨义德（从意大利马克思主义者安东尼奥·葛兰西处借用）之谓"批评意识"，正是界定"世俗批评"的圭臬。

"世俗批评"不仅仅以自我意识反映在萨义德本人的批评项目上。它还探究了一般意义上的文学学术作用，并力图解释在里根主义上升期文学批评家群体面对不断壮大的新的学院派文学行业（文学理论）而出现方兴未艾的专业细分。因为忽视"现代历史、知识分子和批评家们实际打造的事件频仍、社会形态各异的世界"，这种文学批评家的"方法之遁"极易让批评家巩固无所不在的各种文化虔敬，如种族中心主义、民族主义、"准宗教的无为主义"等等。萨义德不但将这种秘传的专业特性与"世俗批评"的做法对比，而且对比"尘世"概念，即认识到知识分子的工作永远坐落在凡间的某个地方，坐落在"文化与体系"之间的某个地方。

在这篇论文以及在《世界，文本，批评家》其余文章中阐述的世俗批评和尘世概念上的创新，对于一个普遍希望回避其伦理实践中棘手问题的行业，是勇敢的迎战。它将产生长远的影响，证实了雷蒙·威廉斯评论此书时所言，萨义德"有别于公布论点，他开始具体实现一种真正引起变化的思想方式"。

当今从事文学批评有四种主要形式。一是有关日常实践的批评，见于书评和文学刊物。二是学院派文学史，承袭了经典学术、历史语言学、文化史等等那些十九世纪的专攻。三是文学评鉴与解释，原则上也属于学院派，但不似前两项，不限于专业人士和曝光率高的作者。评鉴是大学文学教师授课和演示的内容，其受益者实际上是百万众民，他们在课堂上学习如何阅读一首诗，如何欣赏一种高妙别裁表现的复杂关系，如何理解文学和喻指语言，如那些独到的典型，它们不能还原为一个简单的道德或政治要旨。第四种形式是文学理论，一种相对较新的题材。它以某种学术和大众讨论的吸睛话题形式出现在美国比欧洲较迟：如瓦尔特·本雅明和年轻时代的格奥尔格·卢卡奇在这个世纪早年间所从事的理论活动，他们写作的惯用语即便不能说普遍无争议，也已然为人熟悉。美国的文学理论，除了肯尼斯·伯克（Kenneth Burke）在第二次世界大战前很多年作过先驱式研究外，基本是在1970年代成形的，而且是因为出现了对之前欧洲各种模型（结构主义、符号学、解构主义）的可觉察的属意关注。……

现时批评的普遍情况是四种形式代表其专业各自为政（虽然文学理论有点出离常规），并代表一种非常精确的脑力劳动分工。此外，人们假定文学和人文学科普遍存在于文化（有时被称为"我们的"文化）中，假定文化凭文学和人文学科而显得尊贵并得以确证，但是在专业人文学者和文学批评家娓娓传授的文化版本里，受到认可的高雅文化活动，相对于社会上严肃的政治事务而言是很边缘的。

这引发了对行业专门技术的崇拜，而它的影响一般而言是有害的。对于知识分子阶层，专门技术常被用作某种服务，提供并授予社会的权威中心。这就是朱利安·班达（Julien Benda）在二十世纪二十年代所言知识分子的背叛（trahison des clercs）。例如，外交事务的专家意见通常意味着将外交政策的处理方式合法化，而更大的要害，在于对专家团队的某种持续投入，一再确定其在外交事务中的作用。[1] 此等现象同样发生在文学批评家和专业人文学者身上，只不过他们专门技术的基础是不干预这个世界——维柯庄重地称之为各民族的世界，其实不妨平实地就叫它"世界"。我们告诉自己的学生和普通听众，我们捍卫着经典、博雅教育的各种美德，以及文学带来的宝贵乐趣，即便我们看上去对发生以上一切的历史的、社会的世界三缄其口（也许是力有不逮）。

文化领域及其专家在体制上与真正的权力撇清干系的程度，在我看来可从过去与一位越战期间在国防部工作的老校友的对话中得到很好说明。当时正处于狂轰滥炸的阶段，我天真地试图弄清什么人以捍卫自由和遏制共产主义这种美国利益之名，下令每日用 B-52 去袭击一个遥远的亚洲国度。我的朋友说："你要知道，防长是个复杂的人：他不是你想象的那种帝国主义冷血杀手的样子。上次我在他办公室见他的时候，注意到他桌上有本达雷尔（Durrell）的《亚历山大四重奏》（*Alexandria Quartet*）。"他颇有深意地停顿片刻，仿佛让办公桌上达雷尔的存在本身发挥出令人敬畏的能量。我朋友故事的深层含义是，阅读并姑且认为能欣赏一部小说的人，都不会是那种人们可能假设的冷血屠夫。[2] 多年之后，这整段难以置信的轶事（我记不得我对达雷尔与六十年代轰炸命令的复杂关联是什么反应）突然使我想到它太有当今流行的特色了：人文学者和知识分子接受了这种观念，即你可以阅读有品位的小说，同时进行屠戮与残害，因为文化世界本来就能被这类特殊伪装利用，又因为文化类型本就不该介入社会体系未认可它们干预的事务。这则轶事只能说明高层官僚与价值可疑和地位明确的小说读者之间，被认可为两相无涉。

六十年代末这段时期,文学理论又为自己提设了新的主张。欧洲文学理论的思想起源有其反叛性这种说法,我认为是准确的。……然则一些情况也许无可避免会发生。七十年代末美国的文学理论已经从跨越各种专业化边界的大胆的干预活动,退身进入"文本性"的迷宫,还裹挟了欧洲宣扬革命的文本性的最新一批使徒——德里达和福柯——其跨越大西洋后的经典化和本土化,连他们自己似乎都感到沮丧莫名而不是欢欣鼓舞。大可以这么说:美国乃至欧洲的文学理论现在都明确接受了不干涉原则,且它挪用其题材的特殊模式(藉阿尔都塞的说法),要挪用的不是任何关乎世俗、关乎环境或被社会污染了的东西。"文本性"是文学理论某种秘而不宣的和经过净化的题材。

文本性因此变成了与那种可能称之为历史的完全对立和错位之物。人们认为文本性肯定会出现,这不假,但出于同样理由,它不会只在任何特定地点或任何特定时间出现。它的确被制造出来,但不是一个人和时间制造的。它能够被解读和解释,虽说解读和解释常常被看作以误读和误释的形式出现。各种例子不胜枚举,但要点不变。一如当今美国学术界奉行的方法,文学理论的大部分已经将文本性从各种环境、事件、实体意义中抽离,而这些环境、事件、实体意义才是使文本性作为人类活动的结果变得可能和可解的要素。

即便我们接受(总体而言我也接受)海顿·怀特提出的论点——没有办法超越文本来直接理解"真实的"历史[3]——但仍有可能说,这一论断毋需抹除对文本自身承载的、并由文本自身表达的各种事件和环境的关注。那些事件和环境也是文本的(康拉德几乎所有故事和小说都给我们呈现了一种情境——引发叙事,从而形成文本),文本中发生的大部分内容也都多多少少提到那些事件和环境,直接使其自身附属于那些事件和环境。我的立场是,文本是世俗的,某种程度上它们就是事件,而且即便它们表面上否认这一点,它们仍是社会领域、人类生活、当然也是各个历史重要时刻的一部分,它们在其中发生,并在其中任由解释。

文学理论，不论左倾或右倾，都抛弃了这些东西。我想这算是专业主义伦理准则的胜利吧。但这类如此狭隘定义的纯文本性和批评不干涉性的一套理念的出现，与里根主义上升期恰巧重合，或在这一点上，与一轮新的冷战，高涨的尚武精神和增加的国防开支，以及在涉及经济、社会服务和工会组织的工人等问题上大规模向右转恰巧重合，并非偶然。[4] 当代批评因为文本的困境和难以想象的悖论已经完全放弃了世界，从它的支持者那里退缩，从现代社会的公民那里退缩，而现代社会的公民则任凭"自由"市场势力、跨国企业、操控消费者欲望之手摆布。一套奇葩的学术行话拔地而起，其强大的复杂性掩蔽了社会现实，虽然看似奇怪，却催生了一套"卓越模式"的治学方法，严重背离了美国实力呈下降趋势时代的日常生活。

批评不能再在这种企划中合作，也不能佯装对它视而不见。从事批评既不佐证现状的合法，又不联手祭司泰斗阶层和教条的形而上学家。权力和权威的现实——连同广大群众及社会运动对各种制度、权威和正统思想产生的抵抗——是使文本成为可能、将它们传达读者、引发批评家关注的现实。我认为这些现实正是批评和批评意识应该考虑的内容。

至此当已清楚，这一类型的批评只能在我前述统领目前本行业四种公认形式的共识之外展开。如果说此为当前批评的功能，身处主导文化和各种批评体系的汇总形式的夹缝中，那么稍有安慰的是，回顾不远的过去，这也是批评意识的命运。

迄今最令人钦佩和最富影响力的文学批评著作之一、埃里希·奥尔巴赫（Erich Auerbach）的《摹仿论》（*Mimesis*）的读者，无不对此书的实际写作情境留下深刻印象。奥尔巴赫几乎不经意地在他所作跋的最后几行透露了当时的环境，以极简的方法论解释代表着这部毕竟是文学智慧丰碑般的著作。他评说对于如此雄心勃勃的"西方文学的现实象征"的研究，不可能涉及西方文学中及与西方文学有关的所有作品，随后奥尔巴赫补充道：

我也许还应指出，本书作于战时的伊斯坦布尔，彼地图书馆并无适合欧洲研究所需的设备。国际间交流受阻；我不得已只能在几乎没有一切刊物、几乎没有一切较新的研究成果，以及在某些情形中没有我的文本可靠的异文校勘版等参考的情况下写作。因此，我可能甚至极有可能忽略了一些本该考虑的东西，并偶尔维持了那些现代研究已经推翻或修改的东西……。但反过来说，也有这种可能，即此书得以存在正是因为缺乏藏书丰富和专业的图书馆。如果过去我有机会让自己熟悉诸多主题的所有研究成果，或许我永远都不会到提笔写作那一刻了。[5]

这番小小的朴实之语营造出的效果却颇具戏剧性，部分因为奥尔巴赫平静的语气掩盖了他流亡中的许多痛苦。他是逃离纳粹欧洲的犹太难民，也是一位固守德意志罗曼语学术研究旧有传统的欧洲学人。然而他当时在伊斯坦布尔，与具有厚重传统的文学、文化和政治的那些根据地接触无望。他在其后一部著述中向我们暗示，他写《摹仿论》不只是在逆境中从事自己的职业：他是在实施一项意义非凡的、文化的乃至文明的生存行为。他所冒的风险，还不只是其写作可能显得表浅、过时、错谬，以及野心大得荒唐可笑（头脑清醒的人，谁会着手做一个大到囊括整个西方文学主题的项目呢？）。他的另一种风险还在于，他有可能不去写，那就成了流亡具体威胁的受害者：构织文化之网本身的各种文本、传统、联结都丧失了。一旦丧失了这种以实体图书馆、研究院、其他书籍和学者为象征的文化的真正可靠的存在，这个踏上流亡之旅的欧洲人在理智、民族、周遭环境诸方面就都成为了极度迷茫的弃儿。

奥尔巴赫往《摹仿论》的实际情况中添加的另一剂戏剧成分，是他有意提到伊斯坦布尔作为他的流放之地。对奥尔巴赫那样主要受中世纪和文艺复兴时期罗曼语文学训练的任何欧洲人而言，伊斯坦布尔不止单纯意味着一个欧洲以外的地方。伊斯坦布尔代表可怕的土耳其人，又代表伊斯兰，基督教世界的灾难，偌大的东方叛教典型。纵观欧洲文化古典时期，土耳其就是东方，伊斯兰则是其最令人生畏的、富有侵略性的代表。[6]可这还不是全部。东方和伊斯兰之于欧洲、使用拉丁语基督教的欧洲传统，以及与教会的公认权威、人文主义知识和文化共同体而言，代表着终极异化与对立。数百年来土耳其和伊斯兰像一头复合的巨型怪兽逼近欧洲，几近以毁灭欧洲相威胁。身处欧洲法西斯主义时期流亡到伊斯坦布尔，是离开欧洲后一种引起高度共鸣的、紧张的流亡形式。

但奥尔巴赫又明确指出一点，正是他与家的距离——这里"家"包含了这个字的所有意义——《摹仿论》这一极为艰巨的任务方为可能。流亡如何从一项挑战或冒险，甚或从一项对他既有的欧洲自我个性的冲击，转变为一项积极的使命，其成功必将造就一个具有重大影响力的文化行为？

这个问题可以在奥尔巴赫中年后撰写的论文《历史语言学与世界文学》中找到答案。此文的主要部分详细阐述了当初在《摹仿论》中明确提出的概念——奥尔巴赫早年对维柯的兴趣已然呼之欲出——历史语言学的任务是在广泛的意义上研究人性，跨越了民族的边界。如其所言，"我们历史语言学的家园是大地：它不能再是民族"。而他的文章清楚表明这个尘世间的家园是欧洲文化。但另一方面，他仿佛记起了离开欧洲流亡在东方的那段时期，又补充道："一个历史语言学家最无价的和不可或缺的那部分遗产仍是他本民族的文化遗产。但只有当他开始与这一遗产分离并超越它，它才能真正发生效用。"[7] 为了强调与家分离的有益价值，奥尔巴赫引用了圣维克托隐修院的于格（Hugo of St. Victor）《学问之阶》（*Didascalicon*）中的一段话：

> 故于身体力行之人，此为问业之懿范良方：跬步而进，先改变可见与短暂之物，以期日后可能将其悉数遗忘。怀念家园之舒适者仍为稚嫩新手；认他乡作故乡者已臻强壮；然完美者，是视全世界如一异域之人［这里，拉丁语文本表达更直接——诚完美者，乃视全世界皆于流放中。（perfectus vero cui mundus totus exilium est.）］

以上为于格的全部引文；奥尔巴赫在此段落沿着同样的思路继续发挥：

> 稚嫩之人将自身之爱固定于世界的一个地点；强壮之人将爱延及所有场域；完美之人则灭失他之所爱。我自童年就居于异国他乡，我能体会告别一间农舍的微弱炉火心中时常涌起的悲怆，我也能体会，后来遇到那些大理石壁炉和镶嵌面板的厅堂时，心中会如何难掩轻蔑。[8]

奥尔巴赫将于格的放逐信条与贫乏（paupertas）和异域（terra aliena）的概念联系在一起，尽管文章结尾处他坚持说自愿不归家的苦修法则"对希望适度地去爱世界的人来说也是一条良好途径"。至此，奥尔巴赫在《摹仿论》的跋中"此书得以存在正是因为缺乏藏书丰富和专业的图书馆"这句话突然变得明白起来。换言之，此书得以存在正是因为它属于东方而非西方的流亡和无家可归。倘若此言不虚，《摹仿论》这部书就不仅像人们通常认为的那样只是大范围重申西方文化传统，而是建立在与西方文化传统做出极为重要异化基础上的一部作品，这部作品存在的环境状况不直接源于它以非凡的真知灼见所描述的文化，而源于与这种文化隔着某种痛苦不堪的距离。奥尔巴赫在《摹仿论》一个较早片段谈到同样意思，即如果他试图以传统方式做一个完全在学术范围的研究，那么他很可能永远写不成此书；文化本身附着了各种权威的和授权的介质，很可能会避免这类大胆恣性的个人作为。流亡的实施价值于是被奥尔巴赫有效利用了。

让我们再看一下地域这个概念，凭此概念，在一段迁移时期如奥尔巴赫这样到伊斯坦布尔易地而居的人，能够感受到自己的格格不入，感受到放逐和异化。对地域最现成的解释，或可将其定义为民族；无疑，通过划分欧洲与东方间这种夸大的边界——欧洲人思维中那条有着悠久却常为不幸传统的边界[9]——民族观念，作为主权实体以及一地域有别于其他地域的民族-文化共同体的观念，得到了最充分的体现。但这种地域观念并不涵盖某些细微差别，主要是那些必然蕴含于"在家"（安妥舒适）或"在地"（宜其所处）这种表达中的放心、合适、归属、关联、共同体等的细微差别。在本书中，我将用"文化"这个词来表示某种环境、过程和霸权，个人（在私域中）以及他们的作品都身处其境，这个词同时还在顶部受到上层建筑、在底部受到完整系列方法论观点的监管。正是在文化中，我们可以找到归属于某地或在某地、在宜其所处之地感到安安舒适等说法所传达的意义和观念的范围。

文化的观念当然很广泛。"文化"作为一个社会、政治和历史意义的系统实体，同样也很广泛；它的一个索引是克罗伯-克拉克洪（Kroeber-Kluckhohn）关于"文化"一词在社会科学中的各种意义汇编。[10] 不过在此我将避开这些不断繁衍的意义的枝节，直接进入我认为对讨论目的有帮助的内容。首先，文化被用来认定并不仅指一个人归属的某些东西，而是一个人拥有的某些东西，且文化又与这个所有权过程一起指定了一种边界，凭此边界，文化的外在属性和内在属性的概念发挥着强大作用。这些都是不争的情况：大部分人使用文化这个词的时候，也都会同意这些情况，一如奥尔巴赫在那篇跋中提到身处伊斯坦布尔，他习惯的文化环境远在身后，但所研究之素材的环境是熟悉的。

但其次，文化作为持有拥有物这个观念还有一个更有意思的维度。那就是文化权力，通过文化的庄严或优越地位来进行核准、支配、授权、罢黜、禁止、验证：简言之，文化权力在其领域内，甚至超越其领域，会成为有影响力的分异（differentiation）的一个代理人，并可能成为这种分异的主要介质。比如这一观念相较于英国的东方主义，在法国的东方主义中就特别明显，到头来在欧内斯特·勒南、路易·马西农、雷蒙·施瓦布等人的著作中起了重要作用。……

当奥尔巴赫提到如果他留在欧洲就无法写出《摹仿论》这部书时，他正是指向各种研究技能和研究伦理的系统网格，主流文化借此系统网格将它对于文学学术如何开展的行为规范准则强行赋予学者个人。但这类强制只是文化权力支配和核准研究工作的一个次要方面。在文化中更重要的是，它是一套价值体系，向下渗透了它范围中的几乎每一事物；然而，乖悖的是，文化从上层进行支配，却又不能在同一时间让它支配的所有人和事都对其触手可及。事实上，在我们这个媒体生产观点的时代，原先在意识形态上固执地让人重视它优越地位的文化，现在已经让位给了规范和标准都成为隐形的另一种文化，隐形到了如此地步，以至于规范和标准是"自然的"、"客观的"和"真实的"。

历史上人们认为文化从来都是分等级的；它将精英阶层与平民百姓分开，将最优者和次优者分开，诸如此类。它也使得某些特定的思维风格和模式比其他更流行。但它的趋势总是从有权力和威望的高位阶层向下流动，以在可能的最大范围达到弥散、传播以及扩张自身的目的。……

整个十九世纪的思想史都充斥着这一类差别对待，一边是适合我们之事物，一边是适合他们之事物，前者认定为内部的、在适当位置的、共同的、有归属感的，用一个字概括，是在上的；后者则认定为外部的、受排斥的、脱离正轨的、低劣的，用一个字概括，是在下的。此等上下分野通过文化被赋予霸权，无人从中挣脱，马克思也不能——读他关于印度和东方的文章，这点就立刻显露出来。[11] 欧洲文化广泛的文化-民族认定作为特许标准，携带着一系列强大无比的关于"我们的"之于"他们的"其他区别，合乎规范之于不合乎规范，欧洲之于非欧洲，较高等之于较低等：这些对比在如语言学、史学、种族理论、哲学、人类学甚至生物学各个学科和准学科的每个地方都能找到。但我在此提及它们的主要原因，是指出在文化的传输和持续中，如何具备一种不间断的强化过程，在此过程霸权文化会赋予自我各种优势特权，以其民族认同感，其作为工具、同盟或国家分支的权力、其合法性、其外部形式和自我肯定来作为这些特权的砝码：更重要的是，以作为胜过除它自己以外的一切事物证明了其正当合理的权力。

没有理由怀疑所有文化均以这类方式运作，或怀疑在总体上它们通过霸权的自我强化而倾向于更为成功。它们的运作方式当然是各显神通的，我认为一些手段无疑比另一些手段更见效，尤其在涉及特定类型的治理活动时。但这是一个比较人类学家的课题，不是一个应该在此冒险泛泛概括的课题。然而，我还是对注意到这点感兴趣，即如果文化施加了上述某些压力，如果文化创造了让人们感到归属的环境和共同体，那么文化一直存在抵抗这个说法也是真实的。这种抵抗常常以宗教、社会或政治为由的明目张胆的敌对形式出现（这种形式的一个方面已在埃里克·霍布斯鲍姆（Eric Hobsbawm）的《原始的叛乱》(*Primitive Rebels*)一书得到精辟描述）。它往往来自那些被文化宣布为界外的或低下的个人或团体（当然这里包括的范围非常大，从仪式上的替罪羊到孤独的先知，从社会贱民到有远见的艺术家，从工人阶级到异己的知识分子不等）。而朱利安·班达的论点说出了非常令人折服的真相，他认为无论以这种或那种方式，常常是代表各种价值、观念和活动的知识分子，即文人，超越并着意干预民族国家和民族文化强行赋予的集体重量。

当然班达所言关于知识分子的特性（他们因为职业本身固有的特殊方式，是有反抗责任的），与柏拉图在《对话录》中出现的苏格拉底人格形象，或与伏尔泰的反对教会，或更晚近葛兰西提出有机的知识分子与反统治阶级霸权的新兴阶级结盟的概念，都有异曲同工之妙。甚至阿诺德在《文化与无政府状态》(*Culture and Anarchy*)中说起"异己分子"，"那些主要不是由其阶级精神，而是由普通的人性精神引领的人"，将他们直接与理想文化联系在一起，而不是显现与他后来描述的那种国家认同的文化联系在一起。另一方面，班达将偌大的社会权力赋予遗世独立的知识分子也肯定是错的，按班达的说法，知识分子的权威来自他的个人表达，来自他对组织起来的集体激情的对峙。然而，如果我们承认一直以来，因为"我的国家不言对错""我们是白人因此属于与黑人相比更高等的种族""欧洲文化或伊斯兰文化或印度文化就是比所有其他文化优越"诸如此类集体豪情使个人变得粗粝和残酷而造就了历史命运，那么，一种独立的个人意识，违背周遭环境并与提出质疑的阶级、运动、价值观站在一起，很有可能就是一种为当地势力不容却非常属于当地的独立表达，它有意识地抵抗主流正统思想并赞成一种公开声明为普世的或人性的价值观，这种个人意识对一个文化建立的霸权形成了意义重大的当地抵抗。班达和葛兰西都同意，事实是知识分子在使霸权发挥效力的过程中是极为有用的。对班达而言，这当然本质上是知识分子的背叛；他认为在政治激情的完善过程中他们的不当参与，正是他们当代大规模背叛的令人沮丧的本质。对葛兰西更复杂的头脑而言，应该研究（也许甚至羡慕）像克罗齐（Croce）那样的个体知识分子，研究他们怎么能使自己的主张看上去仿佛是集体意志的表达。

所有这些都向我们展示了处于一个敏感节点上的个体意识，本书尝试探索的正是处于这一关键点上的意识，它以我称之为批评的形式出现。一方面，个人的思想倾向会注意并高度觉察那种能在其中找到自我的集合整体、语境或情境。另一方面，正是因为这种觉察——一种在世俗中的自我情境设置，一种对主导文化敏感的回应——个体意识不只是文化的轻松自然的产儿，而是其中历史的和社会的一个参演者。因有这种看问题角度，即在从前只存在一致和归属的地方引入了环境和区别，就有了距离，或有了我们也许可以称作批评的东西。了解历史，认识社会环境的重要性，有甄别的分析能力：这些都会令原本在民众中呼风唤雨、受到已知权力和公认价值观加持、抵御外部世界的准宗教权威感到头疼。

但重复一点：批评意识是实际社会领域的一部分，也是该意识栖身的文字主体的一部分，无法从上述二者中的任何一种逃逸。虽然如我所说，奥尔巴赫的特点是远离了欧洲，但他的著作其实是饱含欧洲现实的，一如他流亡的特殊环境令他得以对欧洲作出具体的重要发现。在奥尔巴赫的例子中，我们既看到他和生就他的血缘文化间本有的关系，又因为流亡之故，看到他通过批评意识和学术工作与这种文化建立的附属关系。我们现在应该更细致地考察处于批评意识中心地位的上述血缘关系（filiation）和附属关系（affiliation）之间的合作。

现代文化史中充满了这样的血缘和附属的关系。比如在十九世纪末二十世纪初的一大批作家中产生过一种强有力的由三部分构成的模式，在这种模式中，缺乏繁殖冲动——没有能力生育或繁衍子女——被以一种特别方式刻画为同时困扰社会和文化二者的普遍环境，遑论困扰一个个男人和女人了。《尤利西斯》和《荒原》是两个遐迩闻名的示例，但类似的证据在《魂断威尼斯》、《众生之路》(The Way of All Flesh)、《无名的裘德》、《追忆似水年华》、马拉美和霍普金斯的诗、王尔德的大部分作品,以及《诺斯托罗莫》中都可以寻得。如果我们在此清单上加上弗洛伊德精神分析理论这一重量级权威的砝码——其理论中一个有意义和影响力的方面即假设生育子女潜藏了具有谋杀风险的结果——就会有种直截了当的印象,即我们以为仅仅是一代与下一代之间纯粹的天然接续这件事,其问题的严重性和普遍性竟然很难有什么事能与之相提并论。即便在学术上和政治上都属于完全不同话语领域的杰作,卢卡奇的《历史与阶级意识》,也在讨论天然的血缘关系的困难和最终的不可能性上,提出了大同小异的论点。卢卡奇是这么说的,物化系人们对其所生产之物的异化,由于一个人观点绝无妥协的严重性,他会认为所有人类劳动的产品,包括子女,都已经彼此彻底分离、原子化到如此地步,并随后冻结到本体论意义上客体的范畴,以至于连天然的关系都实际变得不可能。

无子嗣的夫妇、失去父母的孤儿、流产的分娩,以及不再生育的独身男女,这一切现象顽固地坚持占据着高度现代化的世界,显示血缘关系的难以为继。[12] 但我观点中同样重要的,是三部分构成模式的第二部分,它紧随第一部分的后果直接出现,即出现新产生的、各种不同构设方式的人际关系的压力。因为如果生物学意义的繁殖太难或太令人不快,是否有其他方式能让男女众生创造彼此之间的社会纽带,以取代那些同一家族几代人之间建立的连接各成员的关系呢?

一个典型回答是T.S. 艾略特在《荒原》刚出版后的那个时期提供的。他的模范是兰斯洛特·安德鲁斯(Lancelot Andrewes),一种平凡而奉献的类型,在艾略特看来甚至超越了像多恩那样热情有力的基督徒传道士的个人风格。从多恩到安德鲁斯的转变,我相信成为艾略特的感受力从《普鲁弗洛克》("Prufrock")、《小老头》(Gerontion)和《荒原》的世界观向皈依诗《圣灰星期三》(Ash Wednesday)和《亚利伊勒之诗》(Ariel Poems)转变的基础,在此过程中我们听到艾略特说了类似下面的话:现代生活的贫瘠、荒废和不育,让血缘关系的选择方案轻则不够

221

理性，重则无法企及。人们不能再用生物学术语来思考赓续，这个命题在艾略特当时第一次婚姻失败后也许得到了即时佐证，但艾略特对这个问题的思考远超此范围。[13] 其他方案中似乎只有一个可行的选项，即由各种机构、联合会、共同体提供的方案，它们的社会存在事实上不是由生物学保证，而是由附属关系来保证的。因此对艾略特来说，兰斯洛特·安德鲁斯在他的作品中将英国教会包容的存在传达为"代表那个时代英国最优良精神的某些东西［以及］……教会治理的杰作"。于是，与胡克一起，安德鲁斯热切召唤一个超越单纯新教教义的权威。他们两人

> 与他们在欧洲大陆的对手不相上下，并［有能力］将他们教会的地位提升得远远不止一个地方异端教派。他们都是国教之父，也都是欧洲人。将安德鲁斯的布道与另一位稍早的宗教导师拉蒂默（Latimer）的布道做一对比。不仅因为安德鲁斯通晓希腊语，或拉蒂默针对的公众教化程度低下得多，或安德鲁斯的布道有大量典籍和引语。而是因为那位亨利八世和爱德华六世的牧师拉蒂默仅是一位新教徒；但安德鲁斯代表的声音背后有着一个业已成形的看得见的教会，他以旧权威和新文化言说。[14]

艾略特提到胡克和安德鲁斯不过取其象征，但它颇具文字上的力量，就像第二个"仅"字（拉蒂默仅是一位新教徒），是艾略特的"旧权威和新文化"所作的某种断言。如果说英国教会算不上罗马教会直接血缘关系中的嫡生，那它也绝不仅是一个地方异端教派，绝不仅是一个抗议的孤儿。为什么？因为艾略特现在赞同的那些如安德鲁斯和其他前辈权威，是能够将旧的家族权威套到反叛的新教徒和民族文化身上的，从而开创一种新的风俗，它不是基于直接的谱系血统传承，而是基于我们可以简单粗暴地称之为横向附属关系。按艾略特的说法，安德鲁斯的语言并不单纯表达一个抗议的孤儿会感受的那种远离某个原始的、现在已无法找回的父亲的痛苦；相反，它将这种语言转为新兴的可附属的社团——英国教会——的表达，博得其追随者的尊敬与关注。

艾略特的诗也发生了同样变化。《普鲁弗洛克》和《小老头》的代言人以及《荒原》中的诸人物角色直接表达的是孤儿身份和疏离的困境,而《圣灰星期三》和《四个四重奏》中的人物角色则说的是英国教会内其他教友的公用语言。艾略特认为,教会代表他早期诗歌中伤悼的那个消亡的家庭。当然,这一转变的公开完成是在《追随异神》(*After Strange Gods*)出版之后,该作品那种几乎搦战口气宣告君主主义、古典主义和天主教义信条的做法,形成了艾略特在美国的(且偏远的)出生事实所赋予其作为子嗣的(拥护共和的、浪漫的、新教的)关系之外获得的一套附属关系。

从血缘关系到附属关系的转变,还可以在文化的其他方面找到,它包含了格奥尔格·齐美尔(Georg Simmel)称之为现代文化过程的内容,经由这一过程,生命"不断为它自身创造各种各样的形式",这些形式一旦出现,就"要求一种合法性,超越这一刻,从生命的脉动中解放出来。由于这个原因,生命与形式永远处于某种潜在的对立"。[15] 人们会想到叶芝,从"生育之甘饴"的诱劝,到"人类事业的自生嘲弄者"的鬼魂,这都是叶芝在《幻象》(*A Vision*)中按他为自己及其作品发明的某种广博的附属秩序写下的文字。又或者按伊恩·沃特(Ian Watt)讨论康拉德的同时代作家,如劳伦斯、乔伊斯、庞德等人为我们展现"作为获得精神和智识自由的必要步骤,扯断与家庭、家乡、阶级、国家和传统信仰之间的纽带"时的说法:这些作家"于是邀请我们参与他们所采纳和发明之超验的[附属的]或私下建立的更大秩序和价值体系"。[16] 康拉德在他最出色的作品中让我们看到这样一些私下建立的秩序和价值体系的无效性(如《诺斯托罗莫》的查尔斯和阿米莉亚·古尔德营造的乌托邦),但与同时代作家相比,他亦未敢后人地在自身生活中(像艾略特和亨利·詹姆斯一样)接受了公认的"侨居而成为英国绅士"身份。在这个光谱的另一端,我们看到卢卡奇的说法,唯有阶级意识,本身即一个尝试附属关系的反叛形式,有可能在现代资本主义世界秩序下从物化存在的各种二律背反和原子化中突围。

我在此描述的,是从某种失效的血缘关系观念或可能性,向起补偿作用的秩序类型过渡，无论它是一个党团、一个机构、一种文化、一套信仰甚或只是一种世界目光，都为男女众生提供一种新的关系形式，我刚才一直称之为附属关系，但它也是一套新的系统。姑且不论我们是以艾略特等保守派作家的角度，还是以卢卡奇等进步派作家的角度，以及独具只眼的弗洛伊德的角度来看待这种新型附属关系模式，我们都会发现那种蓄意彰显的目标，即利用新秩序来强调某种与过去的血缘关系秩序密切相关的权威绪余。而这终于说到了三部分构成模式的第三部分。弗洛伊德的精神分析协会和卢卡奇的先锋党派概念，说到底就是为我们提供了或可称之为某种重建的权威。这种新的等级秩序，或如果不说等级秩序，更好的说法是共同体的话，这种新的共同体是大于个人信徒或成员的，就像父亲按序齿高于子女一样道理；各种观念、价值，以及得到新的附属关系秩序确认的系统的整体性世界观，也都是权威的持有者，结果就确立了一些类似文化系统的东西。于是，如果一种血缘关系因天然纽带以及权威的各种自然形式绑定在一起——包括顺从、畏惧、爱、尊敬，以及本能冲突——新的附属关系则将这些纽带改变为似乎超越了个人的形式——如协会意识、共识、同僚关系、职业尊敬、阶级，以及主导文化霸权。血缘关系的图式属于自然和"生命"的王国，而附属关系只属于文化和社会。

值得顺便一提的是，从血缘关系到附属关系的过程中，一群可尊敬的文学艺术家所勾勒的轮廓，与社会学家的观察和在知识结构中所记录的相应发展有类似之处。滕尼斯（Tönnies）关于从共同体（Gemeinschaft）到社会（Gesellschaft）转变的概念很容易与血缘关系由附属关系取代这个观念相呼应。同样，我相信，现代学者对他或她研究领域中参与小型专业协会同行的不断加深的依赖（的确，领域这个观念本身亦然），以及各领域中始发的人类主体的重要性不及超越人类限制各种规则和理论这类概念，伴随着自然形成的血缘关系向系统形成的附属关系这一转化过程同时发生。主体的消亡，正如人们常常提到的那样，在各种不同意义上也是认定血缘关系重要性的生殖力冲动、传宗接代意愿的消亡。

我一直在描述的这种三部分构成模式——以及既已提到的血缘关系和附属关系的进程——可当作从自然向文化过渡的一个例证，从中也可看出附属关系如何轻易成为一种在正统性和主导性方面不亚于文化本身的思想体系。在此节点上，我想岔开讨论一下这一模式在影响当今文学研究方面的效应，它们与本世纪初那几年之间隔了很重要的一代。从学院派衍生出来的文学知识结构带着方才阐述的三部分构成模式的很深的印记。就批评思维（按我认为批评思维应有的态势）而言，以各种途径出现的这一印记令人感受良多。我不妨直接举几个例子。

自艾略特和他之后的瑞恰慈和利维斯以降，人们几乎一致持有的观点是，我们文化中的人文学者应以献身伟大的文学杰作研究为己任。为什么？因为这些杰作可以传给下一代年轻学生，他们依受教育的个人加入有附属关系和形成关系的团体之规，早晚会成为这个团体的一员。因此我们发现大学经历或多或少都会堂皇地推崇那种由一套经典的著述、一批启蒙的教师、一群年轻的从属者共同形成的契约；这一切以某种社会认为有效的手段产生了据称是由教育过程超越了血缘关系的学科。在我们或可叫作传统西方大学——当然东方亦然——的隐遁世界中，历史上看事实一贯如此。但我认为，我们现在正处于这样一个历史时期，即在西方大学的学术研究课程中，那些体现代偿的血缘关系所排斥的内容，头一回超过了它们实际所包括的内容。我的意思很明了，以欧洲文学经典为基础的整个巍峨的人类知识大厦，连同通过大家熟悉的各种形式正式传授给西方大学生的学术科目，在现代历史上头一回仅仅只代表世间正在发生的真实人际关系和人际互动中的极小一部分。当然，奥尔巴赫也在最后几位著名代表人物之列，这些人相信欧洲文化应该被连贯和重要地看作对于人类历史有着无可置疑的中心地位。我们现在有充足的理由认为奥尔巴赫的观点不再无懈可击，至少反映在这件事上，即受一直被称之为"北约政体"（Natopolitan）长期支配的非洲、亚洲和拉丁美洲周边地区对其配合的默认度和顺从度正在不断下降。新的文化、新的社会，以及对社会、政治、美学秩序等等新出现的眼光，都在以一种不能被长期否定的坚韧态度，要求得到人文学家的重视。

但出于完全可以理解的原因，它们还是遭到了否定。当我们的学生在接受"人文学科"这类教育时，他们学到的几乎总是这些经典文本所蕴含、表达、再现的传统精华，它是我们的传统，也是仅有的传统。此外，学生们还受这样的教育，即如人文学科此类领域，或"文学"此类分支领域，是存在于相对中立的政治环境里的，应该受到欣赏和尊崇，它们定义了文化中什么内容可以接受、什么内容中规中矩、什么内容正当合法等界限。换句话说，这种隐秘方式呈现的附属关系的秩序，复制了确保世代相互间等级关系得以维系的封闭而编织紧密的家族结构。附属关系于是实际成为一个字面上再-现的形式，以此形式，但凡我们的便是好的，因而值得结合到以及包括在我们的人文学科研究项目里，但凡不是我们的，在这种终极狭隘的意义上，便干脆弃而不用了。这种再现中，出现了从诺斯罗普·弗莱到福柯不等的体系，都称拥有那种一劳永逸地、全面并有预言性地展示万物如何运作的权力。不言而喻，这一新型附属关系结构及其思想体系或多或少都直接重新营造出家族权威的架构，这种权威本应于家族式微时一并式微。维持欧洲文学系的课程结构在这点上做得十分显眼：杰出的文本，优秀的教师，宏大的理论，具有某种迫使人们肃然起敬地予以关注的权威，这并非由于它们的内容，而是因为它们或者历史悠久或者势力强大，它们随着时间传了下来，或似乎没有时间约束，又像牧师、科学家或干练官员的施教，传统地受到尊崇。

也许看似奇怪，但事实如此，有关文化和学术这类情事，我常常会对保守态度报以合理的同情，而且我所描述的可能反对的东西，与保守过去的活动，或阅读经典文学，或从事严肃甚至完全保守的学术研究等等，均无过多关联。我对这些事情没有大的问题。我所批评的是两种具体的假设。一是那种几乎无意识持有的意识形态假设，即人文学科的欧洲中心模式对人文学者来说，实际上代表着某种天然的和合宜的创作题材。它的权威不仅源于世代流传的文学经典名著形成的正统标准，更是源于这种连续性不断产生因生物繁殖链而形成的血缘承续方式。我们所备有的，于是变成了从一种等级秩序向另一种等级秩序的迭代，此过程中，一切非人文的、非文学的、非欧洲的东西，都被沉淀在这个结构之外。如果我们能稍想一下如今世界上大部分地方是非欧洲的，稍想一下联合国教科文组织/麦克布赖德报告中所说的世界信息秩序范围内的业务也不是文学的，再稍想一下社会科学和媒体（仅举两种较传统人文学科而言在今天更占支配地位的文化生产模式）主导知识流布的那些传统人文学者极少能想象的方式，那么，对于以欧洲为中心的人文学科，我们就不难发现我们作了多少鸵鸟般的回避，作了多少逆行的断言了。这个再现的过程，在此过程中血缘关系在附属关系的结构下再生，并被用来代替属于我们的东西（一如我们到头来属于我们语言和传统的家族），不断强化已知之事，代价是放弃可知之事。

第二个假设认为在文学研究中的主要关系——那些我辨识为基于再现的关系——应该去除文学结构内主要基于获得和挪用产生的其他关系的痕迹。这是雷蒙·威廉斯《乡村与城市》一书的重要教益。书中他对十七世纪英国村舍诗歌极富阐释性的讨论并非集中在这些诗歌表述了什么这个问题上，而是集中在作为有争议的社会和政治关系的结果，它们本身是什么这个问题上。比如对乡间宅邸的描绘，实际上并不导向仅以和谐、宁静、醇美等方式引起欣慕的东西；对现代读者而言它们亦应该导向实际上被诗歌排斥在外的东西，即建造宅邸所花费的劳力，它们到达盛期的那些社会进程，它们实际象征的剥夺和窃取。虽然威廉斯没有态度明确地说这些话，但他的书对撬动那个物化了关系和剥离了它们社会密度的体系的时代风潮是某种了不起的尝试。他力图放在合适位置的，是"获得"和"再现"之间出色的辩证关系，通过这种方式，甚至现实主义——简·奥斯汀的小说就能看出——因为涉及金钱和权力的争夺亦坐稳了长久的地位。威廉斯教我们用一种不同的方法阅读，并记住在经典书目中的每一首诗或每一部小说，字里行间都征用了某个社会事实，关涉了某段人生，打压或提升了某个阶级——这里任何一个读法在另一框架，即由再现过程和附属关系为了搭建地面工程保存血缘关系而严格维系的框架中是完全不能解释的。对于每一个缓慢而坚定前行的批评体系来说，存在各种事件，各种异质的、非正统的社会配置，各种人和文本，质疑某种统摄的体系方法论的可能性。

我说的这一切，都是从我们听到"血缘关系"和"附属关系"这两个词之间的文字回音作出的某种向外推断。某种意义上，我一直尝试表明的是，随着血缘关系在由现代主义以复杂方式创造艺术和批评理论的过程中得到发展，血缘关系催生了附属关系。附属关系成为了一种代表存在于自然中血缘关系过程的形式，虽然附属关系采用的是有效的非生物性社会和文化形式。两种可替换的选项自荐给了当代批评家。一是与我描述过的模式进行有机的合谋。批评家得以启动，或说着实处理从血缘关系向附属关系的合法性转移；批评家实际是个助产士，他提倡尊崇人文学科以及由人文学科助力的主导文化。在这个小圈子内保持了对"我们"来说属于自然的、合宜的、有效的关系，因而排斥了从中可以发现所有文学、所有文本的非文学的、非欧洲的维度，特别是政治的维度。它还产生了一种批评体系或理论，其诱惑批评家之处在于它要解决由文化引发的一切问题。如约翰·费克特（John Fekete）所说，它"表达了现代人对现实的不满，但又逐渐将此纳入和同化为风行的社会（和文化的）各种理性范畴。这赋予它双重吸引力，不断扩大的理论范围，对应社会生活不断扩大的生产模式和再生产模式，赋予它某种主流意识形态的权威地位"。[17]

第二个选项是让批评家认识到本能的血缘关系与社会的附属关系之间是有区别的，并展示附属关系如何有时重新塑造血缘关系，有时又塑造自己本有形式。于是大部分政治和社会领域立刻变得可对其进行批评的、世俗的深究，一如在《摹仿论》中所为。奥尔巴赫并非只是羡慕那个他在流亡过程中失去的欧洲，他亦从一个新的角度看它，把它当作由社会众生不断创造和再创造的一桩综合的社会和历史事业。这种世俗批评意识还能检视那些附属于文学却又被排斥在文学外的写作形式，排斥在外是因为如目前人文学科课程情状所示，意识形态俘获了文学文本。我［在《世界，文本，批评家》中］对最近文学理论的分析会详细集中于这些主题上，特别是关于各种批评体系——甚至最复杂的批评体系——屈从于某种主导文化与它管辖的领地之间那种固有的再现和再生产关系。

我一直试图指出,知识分子身处一个尘世社会的环境,就凡俗性本身而言,知识分子的社会身份应该涉及更多的东西,而不只是强调文化的某些方面,即要求其成员更多肯定和服从传统,果若如此,具备一种批评意识究竟意味什么?

我的看法仍然是,当代批评意识处于吸引批评目光的两种诱惑之间,代表它们的分别是两种巨大而相关联的势力。一种是文化,批评家与这种文化在血缘关系上被绑定(因其出身、民族、职业等等);另一种是方法或体系,它是通过(社会和政治信念、经济和历史环境、自愿的努力和决意的深思等等)附属关系获得的。长期以来这两种势力都为当代情境的形成施加压力:比如我对十八世纪人物如维柯和斯威夫特的兴趣就是基于这样的前提,即他们认识到他们所处的时代同样在文化上和体系上对他们提出要求,因此他们在整件事中所做的一切就是抵抗这些压力,当然他们也是世俗作家,也在物质上和他们的时代有着千丝万缕的联系。

正如现在的通常看法,我也这么认为,批评是一件学术上的事情,大部分情况下与那些困扰着天天看报的读者的问题都相去甚远。从某种意义上说,这确是它的应然状态。但是,我们现在到了这样一个阶段:与文化教条——包括几乎算不得理想化的民族中心主义和民族主义,也包括令人意外的韧劲十足的准宗教的无为主义——联手的专业分工和职业化,将职业的和学术的文学批评家,即那些最专门及经过最强训练的、对文化生成的文本进行阐释的人,统统运送到了另一个世界。在那个相对不受干扰的封闭世界里,所发生的似乎与这个事件频仍、社会形态各异的世界毫无干系,而这个世界也是现代历史、知识分子和批评家们实际打造的。当代批评,反过来说变成这样一种机制,在公开场合肯定我们的,即欧洲的、占优势的精英文化价值观,在私下场合,预设一个在误解上产生无穷尽的误读的世界,于是听任口无遮拦的阐释。结果导致受规控的、即使不说是精心算计的无适用性批评，除了作为现代工业社会各种权力交易物的点缀：穷兵黩武的霸权和新一轮冷战，对公民社会的去政治化，批评家所属的知识分子阶层的总体服从。我试图描绘的这种现代批评的特征（不排除"左派"批评）与里根主义的上升期同步发生。既没有受到打压也没有组织起来的左派的作用，则因其殷勤顺从而显得重要。

我不希望被误解说，对那些想避免人文主义意识形态的批评家而言，遁入方法和体系就都是坏事。远非如此。但方法和体系的危险仍是值得注意的。就它们成为至上方法，以及它们的实践者与公民社会的抵抗和异质性失去联系这些方面来说，他们的风险在于变成无所不在的话语，轻松预设好所要讨论的事物，漫不经心地将一切都转为方法的功效证明，随意忽略所有理论、体系和方法最终赖以产生的不同情境。

总之，批评永远坐落在情境里；它是怀疑的、世俗的、对自身失败抱着反思的开放态度。这完全不意味它无价值体系。相反，批评意识最终的轨迹是要抵达在每一个文本的阅读、生产和传播中赋予的政治、社会、人类价值的敏锐感知。处于文化和体系之间，也就因此处于接近某种具体现实——在此，"接近"本身就具备某种特殊价值，关于这一现实，人们必须作出政治、道德和社会判断，如果作出判断不够的话，还应揭露并去神秘化。正像近来我们听到斯坦利·费什（Stanley Fish）所说，如果每一个解释的行为都成为可能，并由进行解释的群体赋予它力量，那么我们就必须做多得多的事，去展示因这些群体本身的存在而具体赋予的情境、历史和社会配置、政治利益，等等。[18] 特别当这些群体发展出各种巧妙伪装的行话时，这会是一个十分重要的任务。

如果我用批评这个词常常连带着用另一个词时（不是作为修饰，而是作为强调），那个词就是对立。如果批评既不能够还原为一种教条，亦不能还原为对一个特定问题的政治立场，又如果它处于尘世间并同时具有自我意识，那么它的特征就在于与其他文化活动之间的差异，在于与思想或方法诸体系之间的差异。它怀疑大而全的概念，不满意被物化的客体，对协会、特殊利益关系、帝国化的封地控制、正统思想习惯之类都难以忍受，在这些表达中，批评大多即是它自身，但如果上述矛盾可以被容忍，那么当批评开始转向有组织的教条时，就非常不像它自身了。"讽刺的"一词，如果与"对立的"用在一起，并无什么坏的寓意。因为大致说来——这里我不得不说得直白一些——批评必须把自己当作提振生命力的东西，并在构成的意义上反对每一种形式的暴政、主宰和霸凌；它的社会目标是为人类自由而产生的不受胁迫的知识。如果我们同意雷蒙·威廉斯的说法，"不论一种社会体系如何有支配力，它支配的本意其实包括了它所涵盖活动的限制和选择，所以从定义上来说它无法穷尽一切社会经验，因而总是潜在地包含另类行为和意向的选择空间，这些另类行为和意向尚未像一种社会制度甚或一个项目那样得到清晰的说明"，[19]那么，批评就属于公民社会内的那个潜在空间，代表那些另类行为和另类意向行事，它们的推进是人类和智识的根本义务。

批评是诸种困难形式之一，而对困难之事的痴迷会为我们带来某种危险，即有可能使我们内心不再快乐。但仍有各式各样的理由设想，厌倦了管理和日常争执的批评家，就像叶芝诗中的叙事者，很可能至少能找到马厩，拉下门闩，将创作的能量释放出来。不过在通常情况下，批评家都只能心存这种希望而不是充分表达这种希望。这是尖锐的反讽，拿来提醒一下某些人是有益处的，这些人坚持认为批评就是艺术，他们忘记任何事只要获得文化偶像或商品的地位就不再引人入胜。究其竟，那是批评的态度，正如从事批评和坚持批评立场是知识分子生活必不可少的面貌。

选自《世界，文本，批评家》

9

叙述的许可

（1984）

> 我们在贝鲁特这儿，作为一个异乡的许多不同名字，意义将再次从这片汪洋中间，在这片荒漠边缘，去找回它们的词语。因为就在这儿，我们所在之地，是那顶帐篷，让徘徊的意义和迷途的词语和无人庇护的战斗在此栖身，它们从中心遭散。
>
> ——马哈茂德·达尔维什《为了健忘的记忆》
> 1982年，贝鲁特，8月

1982年9月16日夜晚，以色列人的照明弹点燃了黑暗的天空，在黎巴嫩的萨布拉和夏蒂拉（Sabra and Shatila）难民营内，基督教长枪党民兵屠杀了两千零六十二名巴勒斯坦人和黎巴嫩人。[1]这次袭击是以色列1982年6月5日入侵黎巴嫩后的一个协同部分，当年夏天大部分时间，西贝鲁特都处于无情的围困中。以色列军队连续对贝鲁特进行空袭和从海上发动袭击，用集束弹、真空弹、磷光火箭、迫击炮，决意摧毁在贝鲁特据点中的巴勒斯坦领导人和巴勒斯坦民众本身。[2]

在《叙述的许可》这篇文章里，萨义德仔细观察了以色列的暴行为什么能获得美国媒体这种难以置信的赞许。"如何解释，"萨义德追问，"西方支持以色列基于的那些前提，即便无法证明它们有现实的、事实的根据，却依然故我？"在一篇初刊于《伦敦书评》、讨论多部与此次入侵有关书籍的文章中，[3]萨义德认为巴勒斯坦人流离失所的叙事面临对其威信进行否定和打压的某种协力的、系统的趋势。通过给巴勒斯坦人贴上恐怖主义者的标签，通过给批评以色列的人打上反犹主义者的烙印，尤其是通过否认巴勒斯坦人故土的历史和人们曾经的生活，萨义德有力指出，西方取消了巴勒斯坦人之经历的叙述许可。

以色列1982年入侵黎巴嫩的一个直接结果是促成以肖恩·麦克布赖德（Sean MacBride）为首的六人国际法学家委员会承担一项使命，调查报道中的以色列在侵略过程中实施违反国际法的暴行。委员会的结论可见于一家英国出版社出版的《以色列在黎巴嫩》(*Israel in Lebanon*)；4 有一点相当清楚，那就是在美国，过去和现在都不可能找到一家出这种书的出版社。如果有人对以色列号称所谓以"武器的纯净"指挥军事行动抱有怀疑，那么他大可以在这份报告中找到怀疑的证据，乃至可以发现，以色列也是会承受企图对巴勒斯坦民族进行"种族灭绝"和"种族文化灭绝"的罪名的（委员会两名成员反对"种族灭绝"这个特定结论，但同意其他结论）。调查结果令人发指——因为这些结果出现之多，和因为它们在新闻报道中被有规律地遗忘或否认，几乎是一样的。委员会说以色列的确负有违反国际法的侵略罪名；它使用了禁用的武器和方法；它蓄意地、无差别地、不顾后果地轰炸平民目标——"比如学校、医院，以及其他非军事目标"；它有系统地轰炸乡镇、城市、村庄和难民营；它将平民驱逐出境，驱散并虐待他们；它"对黎巴嫩的入侵，它管理战争状态的手段，或它作为占领军的行为，根据国际法"都没有合理的原因；它对萨布拉和夏蒂拉大屠杀负有直接责任。

作为对侵略的记录，麦克布赖德委员会报告因而是一份重要文件。但对一个特定的外部势力，即美国，却无甚可观效用，美国对以色列的纵容使黎巴嫩的持续动荡成为可能。当前重要的政治问题是，1982年夏天的这些事件为什么非但没有彻底改变西方对以色列的看法，反而在公共领域除了少数几个地方外，整体上仍迁就着在这些事件发生前的主流态度。这种主流态度认为因为以色列实际上是文明的、民主的国家，在制度上不可能对巴勒斯坦人和其他非犹太人施行暴政，所以它对黎巴嫩的入侵肯定是有事实理据的。

我在此指涉的自然是官方观点或有政策力度的观点，而非那些早期的、零散的市民感受，那一类感受，根据几次民意调查，对以色列行径是不满的。从围攻贝鲁特以来，美国对以色列的援助水平已经上升到这样一种地步，整个美国外援预算的大约一半给了以色列，其中大部分干脆就是白送，并补贴给予美国相应企业形成直接竞争关系的以色列企业。所有总统竞选人，除乔治·麦戈文和杰西·杰克逊，都争先恐后为以色列唱赞歌。本届政府更新了亚历山大·黑格任国务卿期间与以色列签订的战略"谅解"，仿佛入侵这件事从来不曾发生过，这么做的理由是，只要对以色列提供源源不断的援助，它就能对自身安全放心，并显示更多灵活性。但这种想法落空了。以色列现在当然占据着更大数量的阿拉伯领土，它的占领政策比起二十世纪其他大部分占领统治来说，表现为更残暴和更肆无忌惮的压制。

以色列人吉迪安·斯皮若（Gideon Spiro）在麦克布赖德委员会作证时说：

> 在被占领土上，我们所做的一切都无需代价，因为在这方面以色列是一个特别的奇迹。世界上没有别的国家能承受超过百分之百的通货膨胀，它占领着西岸，占领着另一个民族，以数十亿美元去建立所有那些定居点，并在国防上花费百分之三十的国民生产总值——然而我们还能在这里活得好好的，我是说，有人为这一切付账，所以如果每人都活得好好的，能够出国，能够买车，有什么理由不支持占领？所以这些都是奢侈的战争，我们为自己的作战方法、快捷的胜利、勇敢的以色列人的自我形象感到骄傲——太受用了！[5]

不错，以色列人打仗有招数，在很大程度上阿拉伯人没有把仗打好，但如何解释，像本世纪大部分情形中所显示的，西方支持以色列基于的那些前提，即便无法证明它们有现实的、事实的根据，却依然故我？

细看一下1982年的夏天。很少一部分装备极差的巴勒斯坦人和黎巴嫩人从6月5日至8月中，阻止了大批来自以色列空军和海军的进攻。这对巴勒斯坦人来说是一个重要的政治成就。但一年半后，从战争的某些结果——包括阿拉伯人的不作为、叙利亚涉嫌共谋那场不成功的巴解组织兵变，以及美国对巴勒斯坦民族主义某种刻骨的敌意——来判断，这次入侵中还有其他事物也面临危险。那个"其他事物"，我认为是巴勒斯坦民族的存在不被承认，巴勒斯坦人的历史、现状、抱负，如拥有指向民族自决的一贯的叙述目标，都成为了这种暴力的对象。以色列发动的战争，旨在尽一切可能降低巴勒斯坦人的生存条件。许多以色列领导人和报纸都承认这场战争有其政治上的动机。用拉法尔·艾坦（Rafael Eytan）的话说，摧毁在黎巴嫩的巴勒斯坦民族主义和各种机制，将使得摧毁在西岸和加沙的同样事情变得顺手：巴勒斯坦人就会变成"喂了毒药困在瓶中的蟑螂"。与此同时，那些宣扬以色列有权为所欲为的陈词滥调不停地重复着以下说辞：巴勒斯坦人都是阿拉伯抵抗阵线者和恐怖主义者；以色列要的是和平与安全；阿拉伯人不接受以色列并且想方设法破坏以色列；以色列是一个民主国家，犹太复国主义属于人道主义、社会主义、自由主义、西方文明这些概念（或能够与这些概念等量齐观）；巴勒斯坦的阿拉伯人在1948年放弃本地是因为其他阿拉伯人叫他们这么做；巴解组织毁了黎巴嫩；以色列的出征是一个受"黎巴嫩人"热烈欢迎的礼法典范，它只是想要保护加利利的村民。

尽管麦克布赖德委员会在犹太复国主义发起反对巴勒斯坦人的战争中秉承"用事实说话"的观点，但事实从来都未能说话，尤其是美国，以色列在那里的宣传似乎自行其是。1975年，迈克尔·亚当斯（Michael Adams）和克里斯多弗·梅休（Christopher Mayhew）还能够写出关于非官方英国出版社审查制度的某种一贯却不明说的政策，根据这一政策，关于犹太复国主义那些令人不快的真相是以系统化的方式禁音的，[6]就今日的英国媒体而言，现在的情形远没有这么明显。而在美国，这种禁音风头仍健，原因与政策制定者、媒体、自由派知识分子的态度有关,很多只要不符合美国所宣布政策的假设前提的,他们似乎就一概拒绝与之发生关系,拒绝下结论,拒绝作单纯的事实陈述。吊诡的是,和十五年前巴勒斯坦人难得被人提及不同,现在写和展示巴勒斯坦人都达到空前程度。他们在那里无妨,但对他们目前现状的叙述——直接源于他们在巴勒斯坦的生存故事,以及被逐出巴勒斯坦,后来变成逐出以色列的生存故事——这样的叙述仍是不可以的。

西方现有的学科间交流存在两种设置,一是要无视可能从坏的角度去呈现以色列的大部分基本事实,二是要惩罚那些试图说明真相的人。多少人知道与下述例子有关的这类事——即以色列在有特权的犹太人和没有特权的巴勒斯坦人之间维持严苛的差别待遇?该例子是最近发生的,它本身的琐屑正说明一直以来无意识固守的种族划分已经弥漫在以色列官方政策和官方话语。我从以色列人权联盟(Israeli League of Human Rights)主席伊斯雷尔·沙哈克教授那里,听到这个他从以色列刊物《城市之音》(*Kol Ha'ir*)转录的故事。该刊报道这件事时,很有些讽刺效果:

> 在以色列,牧羊的社区(是一个严格排外的犹太人团体,阿拉伯人完全不能进入)与农业部达成协议,将造一种特殊的羊圈,目的是检查羊身上不同的免疫力。哪一种羊?牧羊社区的书记巴鲁奇·巴尔·谢勒夫在一封给全体牧羊人的宣传信中写道,是以色列犹太种的羊。信中要求他们为犹太羊支付二十以色列镑的羊圈费用。在拉通(Latron)附近的"纳夫沙洛姆"("Neve Shalom")的秘书塞玛达尔·克拉玛也收到了这样的要求。
>
> 塞玛达尔·克拉玛给自己社区的牧羊人转发了同样的信,但把造犹太种的羊圈的金额减了一半,因为"纳夫沙洛姆"是一个犹太人和阿拉伯人混居的村庄,因此这里的羊也是犹太和阿拉伯混血的。他们还说,他们不具备特定知识鉴别羊群中的通婚现象,而且最近在他们的羊圈中,遇到了某些关于改宗犹太教的困难。

人们可能觉得这件事情太荒唐，或是产自一个斯威夫特式的或卡夫卡式的喜剧想象。犹太羊？阿拉伯羊改宗犹太教？固然这样的事不可能当真。这种区别却是物主排外主义体系的一部分，通过各种中心力量一直强加于以色列社会的现实。在西方人们对此体系三缄其口，与讨论巴勒斯坦人恐怖主义的热烈程度不可同日而语。每当有人尝试批评以色列，后果就会很严重——倘若这种尝试果真成功引起传播的话。一个小标志是事实上美国反诽谤联盟（Anti-Defamation League）和美以公共事务委员会（American-Israel Public Affairs Committee）分别出版图书，指认出以色列的"敌人"，并采用监管策略或维持治安的行动。此外还存在我所说的那种深藏的媒体合规——如此一来对巴以冲突的有效表达，特别是叙事处理，要么遭遇几乎火力一致的攻击，要么视而不见。勒卡雷（Le Carré）的小说《小鼓女》（*The Little Drummer Girl*）和科斯塔·加夫拉斯（Costa-Gavras）的电影《汉娜·考夫曼的故事》（*Hanna K*），就很好说明了这些另类选择的命运。

1970年到1982年间在区域内和国际上都留下深刻印象的巴勒斯坦叙事，我们很快会看到，现在已经了无痕迹。这不是一个审美判断。1948年后的巴勒斯坦民族主义，如同犹太复国主义本身，也必须在实际获得任何土地之前很久，先赢得形式上的和意识形态上的声望。这两个生分的民族主义，经历过流放和异化的岁月，经历过防卫、顽强、深信不疑的岁月。它们之间的主要不同之处，在于犹太复国主义是从欧洲民族主义、反犹主义和殖民主义长出的暖房花朵，而巴勒斯坦的民族主义，则源于阿拉伯和伊斯兰反殖民主义情绪的巨大浪潮，在1967年之后，虽然受到退步的宗教情绪的些许影响，但一直处于世俗的后帝国主义思潮的主流之中。甚至更重要的，犹太复国主义就非犹太人感受而言，本质上是一场实施剥夺的运动。巴勒斯坦主义从1967年后普遍提倡包容，试图（不论满意与否）解决由现状产生的问题，即在历史的巴勒斯坦土地上出现不止一个民族社群的问题。从1974到1982年间，对于支持巴勒斯坦人的共有叙述，将这种叙述作为历史故事归位溯源并在巴勒斯坦达成未来解决方案，国际上是形成过某种真正共识的。我说的是关于以色列归还被占领土以及创立一个与以色列国并存的巴勒斯坦国的主张。这一主张除了许多内部差异,与犹太复国主义也明显背道而驰;但世界上仍有很多人既愿意也能够对戈尔达·梅厄 1969 年颁布的法令提出质疑,该法令称巴勒斯坦人在历史上不存在、不具备共有身份和民族权利。可是当巴勒斯坦民族运动总体势力提出基于叙述形式的疏隔、回归和分治的巴勒斯坦地区政治解决方案,旨在让犹太民族和阿拉伯民族这两个民族分别都有栖身空间时,以色列和西方无一接受。此后阿拉法特——巴解组织的主流——未能就分治概念从那些与巴勒斯坦命运密切相关的西方国家那里得到任何实质回应,引发阿拉伯和巴勒斯坦人内部的痛苦争斗。布鲁诺·克利斯基(Bruno Kreisky)在《阿拉法特的失败,是我们的错》(*Les Nouvelles*,1983 年 12 月)一文中对此进行了有力的说明。巴勒斯坦人在黎巴嫩北部的黎波里荒郊野岭相互杀伐具有过于强烈的象征意义,以至于很难误读。巴勒斯坦人的这条道路,按萝丝玛丽·塞耶(Rosemary Sayigh)的说法,一个流亡民族从农民变成难民再变成革命者,到了当下戛然而止,紧紧地卷成一团。它曾经作为针对犹太复国主义的犹太排外主义最主要法规的一个根本的另类选项,现在仿佛缩略为巴勒斯坦版图几英里之外的几个点。黎巴嫩,苏联势力的积蓄,叙利亚,德鲁兹与什叶派战事,美国与以色列新的准军事条约——这些元素笼罩着这片土地,消耗着政治能量。

我试图描绘的政治和意识形态问题,从两桩轶事可见一斑。8 月 29 日到 9 月 7 日,应联合国大会授命,联合国召集了一次讨论巴勒斯坦问题的国际会议。会议地点原定于巴黎,但因担心受到法国犹太复国主义者的示威和暴力事件威胁,密特朗政府要求会议易址:事实上,联合国是有资格在巴黎这个联合国教科文组织享受治外法权的总部召集会议的,而法国对联合国的补偿是承诺法国全面参与。会议地点正式移去了日内瓦,而法国也正式背弃了之前的承诺,只是作为一个"观察员"与会。一百三十七个国家出席,而这个事实被美国报界反复更改为只剩下七十五个。会议的中心文件是《巴勒斯坦人民的概况》——这个标题和研究重点是联合国大会特别指定的。我和一个小组的其他"专家"参与了该概况文件的制作。它历经三个月才到达联合国秘书长办公室,后被发回一个由二十多国组成的筹备委员会讨论。它在委员会一躺就到了六月初,我这时被告知"概况"不可能、也永远不会得到在会议上使用的批准。给出的理由当然充满外交辞令,版本也不尽相同。但从来自友好的阿拉伯国家一名语带抱歉的大使那里清楚得知,"概况"因为假设了一个巴勒斯坦民族——以及巴勒斯坦人的历史叙事——的存在,为1948年后巴勒斯坦人被驱散而滞留的阿拉伯国家"制造"了一个双重国籍的问题。同样的权威之语和恐惧也适用于我所提议的开展首次难民和被驱遣的巴勒斯坦人的人口普查,这些人大部分都生活在阿拉伯世界。我被告知此事存在一个阿拉伯的语境和一个以色列的语境:谈及被占领土以外的巴勒斯坦人就是在挑战集体的阿拉伯叙事,而用一位阿拉伯年轻的三等秘书的话说,是在以过于"自由和西方的"方式看待历史。于是不能提巴勒斯坦人的叙事,不能提概况,不能提人口普查。提巴勒斯坦可以,提巴勒斯坦人则不行。

第二件轶事则来自阵营的另一端,我们可以看到,情况也一样奇特。以色列评论员约埃夫·卡尔尼(Yoav Karni)1983年写道:

> 上周我受邀上了以色列军方电台的节目《至今正确》,谈论亚美尼亚恐怖主义的历史背景。与他们惯常做法不同,编辑们坚持要事先录制谈话的磁带。事后我才明白原因。我被问到针对亚美尼亚的大屠杀是否真正发生过。我回答了大致类似下面的话:"毫无疑问种族灭绝行为是发生过的。几千年来人们生活在他们的土地上,突然间消失了;这就是种族灭绝。"以色列军方电台拒绝播放这个谈话节目。他们说如果要播放的话,必须将我说的那段话改成"发生过大屠杀,也许接近于种族灭绝"。[7]

他总结道:"也许这是上一代犹太人造成的很大失误。犹太人认为'种族灭绝'这个概念只适用在他们身上,这种态度早该制止了。在每一所以色列学校里都应当让大家知道,许多其他种族的人过去也曾遭遇驱逐和屠杀,如今亦然。"

反过来,哈伊姆·赫佐格(Chaim Herzog)对以色列人说,以色列与奉行种族歧视政策、对自己人也下杀手的右翼政权维持良好关系时,标准只有一个,即"这是不是对犹太人有利?"。一个居住在上拿撒勒的以色列犹太人也表达了相应的情绪,他在谈到生活在以色列的阿拉伯邻居时说:"爱比恨更危险。它对我们的生存构成危险。"

巴勒斯坦人的叙事从未被以色列历史接纳,他们只被称作"非犹太人",他们在巴勒斯坦不活跃的存在是一种讨厌的事情,最好避开或赶走。在以色列人中,除了少数和边缘群体,大部分都自然不会觉得黎巴嫩战争及其悲惨后果之类故事听着有任何不适。以阿巴·伊班(Abba Eban),一个开明的、文雅的、审慎的人为例。他在西方出版了一本介绍以色列卡汉委员会(Kahan Commission)报告的书,书中他称赞了某种意义上为以色列开脱的"缜密"分析,而称赞之余绝口不提以色列主要同盟黎巴嫩长枪党赤裸裸的法西斯主义本质这些事,也不提这样一个事实——事实未能为自己说话——即黎巴嫩的巴勒斯坦人,据实不是报告指称的"恐怖主义者",他们在黎巴嫩是因为他们在一个公认的驱逐政策的实施过程中,被驱逐出了巴勒斯坦。

与贝京和沙龙一样,伊班拒绝承认巴解组织绝不是一伙恐怖分子这么简单。他的确将巴解组织和长枪党并列,似乎在说这两个组织都是"制造悲剧的主要动因",对屠戮萨布拉和夏蒂拉的巴勒斯坦人负有同等罪名。至于因为以色列有人死亡(这个数字颇值得玩味——从1967至1982年间,以色列有290人死于巴勒斯坦人的攻击,而仅在1982年7月和8月这段时间,根据黎巴嫩警察、联合国和红十字会的数据,因以色列攻击造成的阿拉伯人的死亡人数达2万),就将巴勒斯坦人简单归类为"恐怖主义",这种对"恐怖主义"定义是否充分,或巴勒斯坦人的任何抵抗行为是否属于恐怖主义,伊班则语焉不详。然而,另外一份以色列关于萨布拉和夏蒂拉的报告则清楚无误地表明以色列对所发生事件负有责任,甚至对事件有共谋关系:这份报告指的是以色列记者阿姆农·卡皮里欧克(Amnon Kapeliouk)的简洁有力的书《萨布拉和夏蒂拉：对一次大屠杀的调查》(*Sabra et Chatila: Enquête sur un massacre*)，但这本书目前还没有一家英国或美国正式的出版社愿意出版。

事实未能为自己说话，而是要求社会接受的叙事来吸收、支持和传播它们。这种叙事必须有来龙去脉：在巴勒斯坦人的案例中，即提供家园来解决 1948 年以来巴勒斯坦人的流亡。但正如海登·怀特在一篇重要文章中指出的那样，"普遍意义上的叙事，从民间传说到小说，从年鉴到完全写实的'历史'，都与法律、合法性、正统性，或更广义地，与权威有关"。[8] 而今联合国已经出台了无数的决议，证实巴勒斯坦人是一个民族，他们的斗争是合法的，他们要求建立独立国家的权利是"不可剥夺的"。然而，这些决议并不具备怀特所说的那种权威。它们无一例外都没有得到以色列或美国的承认，它们只是把自己限制在这种非叙事的模糊表达中——如用美国声明的疲软话语来说，"在巴勒斯坦问题的各个方面的决议"。[9]

没有电视观众会对围攻贝鲁特期间以色列人的残酷无情表示怀疑。但媒体上却发起了一场攻击倾向于巴解组织媒体的运动。这场运动在以色列入侵前很久就在如《新共和》等亲犹太复国主义者的刊物开始了，继《相遇》《评论》和《政策研究》加入后仍未消息，它还可见于大学校园定期开设的，如标题为《美国全国广播公司在黎巴嫩：一个不实陈述的研究》这样的讲座。其基本台词是媒体在语言使用上口无遮拦，将华沙和贝鲁特进行类比是错误的，只要展示以色列部队参与轰炸明确为平民目标的图片就是反对犹太人，数百万英尺的新闻片也抵不上一个支持以色列的、作为以色列军方访客的人在黎巴嫩一日游的印象。作为支持对媒体的全面声讨，诺尔曼·波德霍利兹（Norman Podhoretz）模仿左拉高调扬言"我控诉"，指责巴解组织恐吓或引诱记者并使他们充满党派偏见，对以色列发动反犹的、反西方的进攻。[10]

这些不断重复和叠加的主张形成一种实质的正统性，设定禁区，定义范围，维持压力，到 1982 年 7 月的钱瑟勒事件进入某个高潮。约翰·钱瑟勒（John Chancellor）是美国一名主要的电视新闻评论员，贝鲁特受围攻期间他抵达当地，见证了在他周围发生的无差别轰炸带来的破坏。他制作的报道，包括提到"野蛮的以色列""一个我们之前不知其存在的帝国主义国家"，都被一个广大的国内观众群体听得真切。然而一星期以后他在耶路撒冷再次现身时，已经或多或少撤回了他在贝鲁特作的评论：他在那里所见，现在他改口说，是一个"失误"，以色列没有计划围攻城市，只是"不小心搞砸了"。对此一百八十度大转弯，理查德·波里尔（Richard Poirier）在《拉里坦季刊》撰文写道："因电视镜头所引发钱瑟勒的同情（姑且认为在几百万电视观众中也引发同样同情），在这个节目之外简直是无处安放的。"钱瑟勒远不止在一星期后改变态度，

> 他无意中暴露了晚间新闻的结构依赖各种现实观念的程度，而决定这些现实观念的，是新闻编辑部之外大权在握的政治和社会话语。比如对围困的受害者的同情，是不能让人联想到要为巴勒斯坦人建立一个家园这样一种观念的，因为在这个国家，尽管有戴维营协议含混不清的承诺，但此观念还没能在所谓"合理的"政治话语范围内设法找到一套授权的词汇。[11]

在波里尔上述犀利的评论外，还应该补充的是，巴勒斯坦人的家园这个"观念"，只能在既已接受本应包含家园这种叙事时才能成立。而这一直以来都在政治上，以及在同等水平的想象和意识形态上，受到千方百计的抵制。

政治对抗中意识形态维度向来重要这点自不待言，但这里奇特的是，与该领土相隔的物理距离所激发出来的、对该领土渗透得无所不在的重要意义，使得在西方叙事形式中对先行意识形态投射的需要变得极为关键。因为巴勒斯坦无论对犹太教和基督教都是一个享有特别溯源地位和回归意义的场所——这还没有提到，事实上巴勒斯坦过去有一千五百年是处在非犹太教徒和非基督徒的掌控之下的。它在许多大事件中都扮演了突出的角色，如十字军东征、十九世纪的帝国间冲突、犹

太复国运动,以及一系列重要的文化文本,从奥古斯丁的自传,到但丁的幻象,到莎士比亚戏剧中的地理,到布莱克的天启。在更物质和平凡的意义上,巴勒斯坦对于阿拉伯和穆斯林的体验也一直都很重要:如果能将这一体验与犹太教徒和基督徒的体验作比较研究,那会是一个具有非凡意味的题材。我想说的是,就西方补偿地赋予犹太复国主义和它自身在巴勒斯坦扮演的作用而言,它处在一个与巴勒斯坦原住民也许是卑微叙事抵触的立场,原住民曾经是那片土地的居民,现在则在被占领土上将他们自己重新构建为被放逐的人。

有了这样的背景,当前对恐怖主义的非难才能更容易理解。先是从卡特政府最后几个月这段时期清楚放话,又被《恐怖网络》(*The Terror Network*)和《不予采用》(*The Spike*)这类书放大,现在轮到美国官员像以色列官员一样不加限制地用它来描述"敌人"——恐怖主义成了一堆概念中最大的、为此也是最扼要的那一个。这么说完全不是否认恐怖主义的存在,而是说它的存在现在已经催生出一个全新的指意系统。恐怖主义首先指向以一种异类的和莫名其妙的敌对势力的形式与"我们"发生联系。它是破坏的、系统的、受控制的。它是一张网,一个网络系统,一套从莫斯科经保加利亚、贝鲁特、利比亚、德黑兰到古巴的阴谋运作。它无所不能。一个狂热反共的以色列人写了一本书,暴露萨布拉和夏蒂拉大屠杀是莫斯科和巴解组织策划的一个阴谋,(利用德国人)来杀巴勒斯坦人,目的是栽赃民主的以色列。最重要的是,恐怖主义慢慢演变为一种"我们的"观点,指的是世界上对我们的利益、军队、政体、价值观看似有敌意的一切事物。

按这种观点,它既可以被回溯性地使用(如伊朗和黎巴嫩的例子),也可以被前瞻性地使用(格林纳达、洪都拉斯、尼加拉瓜),来解释"我们"所做一切的合法性,也解释"他们"所做一切的非法性和非人道。无差别地笼统讨论不管是实际中还是描述中的恐怖主义本身,讨论其同义反复的、循环的特征,是反叙事的。事情发生的顺序,压迫者和受害者之间的因果逻辑,对抗的各种压力——这一切都在那团叫作"恐怖主义"的阴云笼罩下消失了。以色列的评论员注意到,为了轰炸难民营，贝京、沙龙、艾坦、阿伦斯（Arens）系统地用"恐怖分子"这个类目来描述巴勒斯坦人，名正言顺地组成这样的短语，如"恐怖分子的老巢""像癌细胞一样生长""两脚兽"等等。一个以色列伞兵说："每个巴勒斯坦人都自动地成为恐怖主义嫌疑人，按我们对这个词的定义的确就是这样。"此外我们还应看到，利库德集团的反恐语言和手段只不过比起过去的以色列政策显示出反恐语言和手段的力度日益加强，但过去的政策在关于巴勒斯坦人作为有着真实历史的真实民族这件事，一贯都是无情的。

无怪乎连续的历史体验这样的"事实"和真相，在这片镜像的荒野中获得广泛接受或散布的机会微乎其微。比如了解沙米尔的斯特恩帮（Stern Gang）过去与纳粹分子的勾结，[12] 或了解以色列人现在对巴勒斯坦人的所作所为形成的残暴和压迫与波兰或南非政权的行为难分伯仲，会同时遗憾地了解反种族隔离的活动分子在抨击以色列的盟友之一南非时，是经常回避讨论以色列的，或美国记者在锲而不舍地报道铁幕后人民的日常生活时，并不会报道西岸人们的日常生活细节，又或反核运动的领导人矢口不提以色列的核威胁。还不止于此，只要忽略关于以色列对待巴勒斯坦人的态度，就很有可能保持与颂扬以色列开拓精神、民主和人道主义之类步调一致。1972年为了给以色列定居点让路，加沙的巴勒斯坦果园被连根拔起，乔姆斯基评论这件事时说：这就是"以技术术语称赞的'让沙漠开花结果'"。[13]

从前也曾有过难民。也曾有过在旧废墟上建立的新国家。巴勒斯坦环境的与众不同在于其不寻常的集中性，它令西方有一种主人型叙事的特权，强调犹太人的异化和救赎——整件事变成一个现代演出让世界瞩目。所以当巴勒斯坦人被要求停止抱怨并像他们之前的难民那样去其他地方定居时，他们有资格回应说此前其他难民并不会被要求系统地观看一个无休止的仪式，公开认可那些使他们沦为难民和占领他们领土的政治运动、军队或国家。而占领军，如乔姆斯基所评，照例不会"因美国知识分子对'武器的纯净'这种独特而惊人的承诺大加赞赏而吃起老本来"。[14] 更过分的是，巴勒斯坦人同时还被要求参与废除他们自己的历史。

只要巴勒斯坦和以色列的讨论在这样一个层面展开，我描述的这种意识形态共识造成的优势就仍将盛行。巴勒斯坦人应该开始在扭转这种共识方面承担重要角色，但非常可惜，他们这么做通常都不太成功。我记得在贝鲁特被困期间，通过电话执着地劝当地的亲朋好友，他们应该录音或用笔写下他们的经历；这很重要，它是一个起点，在原子化和物化的电视剪辑片段之外向世界提供某些叙事的证据，以证明处于以色列"反恐行动"（亦称作"加利利和平"）的接收端，情况究竟是什么样的。当然，他们都忙于生存而无暇认真考虑一个来自远方的孩子、兄弟或朋友时不时发出的这种不甚清晰的抽象劝告。结果是自从贝鲁特陷落后写出的大部分容易得到的书面材料，事实上都不是巴勒斯坦人的，而且很重要的一点，它在各类型中只是一个很窄的范围：[15] 缺席和空隙中可供讨论的小型档案——只能代表前叙事，或某种意义上的反叙事。这个档案说明了目前巴勒斯坦人叙事的压抑环境。

但即便在一种巴勒斯坦人叙事缺席的情况下，我们所提到这些作品的勇气并不会因此减弱，也不会在表现使以色列困于新的道德孤立方面有所逊色。在欧洲和美国的背景下，中东的各种定义都是为遮蔽以色列的真实行动服务的，而每个人都在某种终究会到来的最初水平上，起着重要证人、原始资料这样的作用。乔纳森·兰德尔（Jonathan Randal）——一名资深的美国驻外通讯员，报道过越南、古巴和阿尔及利亚的老兵——像《每日电讯报》的约翰·布洛奇（John Bulloch），像卡皮里欧克，像萨里姆·纳西布（Salim Nassib）和卡罗琳·蒂斯道尔Caroline Tisdall），像托尼·克利夫顿（Tony Clifton），是一名撰写报告文学中实际剩余内容的记者，仿佛报纸专栏的限制无法涵盖所有见闻。这是一个很有意思的现象，也许是一种新的新闻模式。所提到的这些作家中每一位（除乔姆斯基）都讲述了一个同情巴勒斯坦人的故事，即便他们未必总是与巴勒斯坦人政治上观点一致；他们还与数十年来深陷其领导人愚庸之苦和外国朋友之害的黎巴嫩人形成某种团结。所有这些作家都记录了围攻的无情暴虐，并对军方声明以油腔滑调的语言粉饰大屠杀和英雄主义表现出强烈义愤。虽然他们的著述在很多方面有重叠，但他们每个人都为更大的画面贡献了一块拼图，这个画面即乔姆斯基力图以他可敬畏的百科全书的方式体现的。

在贝鲁特，以色列和巴解组织之间的战斗如火如荼之际，作为战火的直接叙事，布洛奇的书很难超越，虽然它也不时有些粗心的错误（如把赛义德·阿克勒误作巴塞尔·阿克勒）。它的简洁方式和不留情面的尖锐观点使得一幅各方参与势力的图景清晰而范围明确地浮现出来；他的结论是以色列输了战争。但即便他尽力描述巴勒斯坦人的民族主义势头，描述其在黎巴嫩不匀称的非常成就，其在黎巴嫩和叙利亚的政治中不可避免地陷入混乱局面，其在处理任何人都难以应对的复杂环境过程中作出的强于预期的努力，他都是以一个局外人的身份在写，在他的叙事中，人们很少能使自己的思绪进入到诸如巴解组织不断出现的戏剧变化，或以色列对南黎巴嫩的血腥占领，或自1982年以来黎巴嫩不断扩大的民族灾难这样的场景。

布洛奇所属的流派将黎巴嫩的历史看作古老而令人尊敬的领袖们（zaims）（或半封建的主人们）、派系和效忠的故事。这方面他与黎巴嫩主要的历史学家卡迈勒·萨利比（Kamal Salibi）一脉相承，[16] 不过布洛奇没有得出像埃利·萨勒姆（Elie Salem）（黎巴嫩现任外长）的结论，萨勒姆预测黎巴嫩突至的现代化繁荣能长此以往无灾无难永远维持下去——萨勒姆的预测只过去了十二年。[17] 不幸的是没有比这个预测错得更离谱了。当然不是任何人都能更准地预测长达二十年的灾变，先是付诸东流的财富，而后是将黎巴嫩撕扯得四分五裂的内战。

大卫·吉尔摩尔（David Gilmour）的第一章以无情的精准揭开了"旧日黎巴嫩"的丛林，而他的最后一章有先见之明地编排了现今正在上演的剧本。他对掠夺性商业、政府无能、地区和意识形态的困扰、剧烈的人口变化以及彻头彻尾的犬儒主义等等因素释放出来的巨大混乱的解释是很独特的。对于巴解组织在黎巴嫩的兴起（而非侵入）给人一种可信服的理由，在一个大面积赤贫和封闭的难民人口中，如果没有某种政治组织形成庇护，那么人人都无法生存。但在吉尔摩尔的书中，人们会对黎巴嫩诸多问题顽疾性的、非叙事的特点感到某种困惑。没有其他现代社会在自我撕裂中能掺杂如此疯狂的残暴和风格。极少国家在它们的边境内汇聚着这样一批难以想象的性质各异的利益集团，它们中大部分的目的就是粗暴的支配、牟利、操控。兰德尔（Randal）的美国书名《一路到底》(*Going All the Way*) 描述了上述某些剪影，这本书大多内容也同样传达了黎巴嫩非理性的一面：无情的黎巴嫩式见证又一次汽车炸弹的意愿（当然，在这种"后政治"时期，这只是一种艺术形式），由不同派系斗争构建出的愚蠢的、机会主义的意识形态幻想。对于黎巴嫩的马龙派教徒、逊尼派、什叶派穆斯林、希腊东正教基督徒、德鲁兹教徒，总有些事因其文化和知识的根源会扰动他们的情感，而这些兰德尔并没有深入探索。正如他指出的，这是件遗憾的事，因为在如黎巴嫩这种复杂的地方，常受迅速而频繁的人员更替之困的一队西方记者迄今能写出某种专家角度的文献，实不应被忽略：阿尔伯特·霍拉尼和多米尼克·谢弗里耶（Dominique Chevalier）所作黎巴嫩和叙利亚的先驱式研究在更年轻的同事和学生的作品中一直被反复阐释。反过来兰德尔在相关的观察上，只能依靠自己的直觉。他对于将死的棋局的勾勒，对现代黎巴嫩赖以存在的各社团间多重"否定"的勾勒，都是可圈可点的，同样精彩的还有对美国无知、颟顸、在错误的时间和地点施压的画像。

美国对黎巴嫩的政策，从来都没有像今天这样令人容易辨明。而兰德尔在总结以色列积极助长摧毁黎巴嫩的强悍行为和美国对此的示弱时，又进了一步。最好情况下，"对于美国，黎巴嫩终究处于一个忠诚度未知且运作复杂的可抛弃的地位，它不会完全受到信任"。这不能解释两千名海军陆战队员和一组海军舰队在当地出现，但很能说明问题地告诉我们，他们是不可能有一以贯之的使命的，而对那些笃信美国军事政策的黎巴嫩人来说不幸的是，海军陆战队员几乎肯定会很快不体面地开拔。兰德尔最妙的文笔来自他叙述巴希尔·杰马耶勒（Bashir Gemayel）的得势——一个令人心寒的故事，马龙派教徒和长枪党号称保卫"西方文明"价值之类说明都可以休矣。理解围绕杰马耶勒短暂一生的传奇故事并不容易，他对杀戮和整编他自己的人马同样得心应手。

兰德尔还帮助读者领会以色列对黎巴嫩政策的基本前提，以及以色列与法西斯长枪党的同盟关系，这种关系只是最近才遇到麻烦。（值得玩味的是，因以色列机构间冲突才令这些问题变得公开——冲突一边是提携长枪党的摩萨德，另一边是以色列军方情报部门，后者认为摩萨德和它的黎巴嫩客户快变成一家人了，丧失了"客观性"。）

兰德尔的书追溯到第一次世界大战刚结束的时期，反映犹太复国主义者如何想象着将南黎巴嫩并入未来的以色列国，但他的大部分证据是从五十年代后开始的，那时已经变成了一个以色列官方的政策问题——这在摩西·沙列特的《日记》中有精妙的记录——直接干预黎巴嫩事务，支持民兵，贿赂官员，与马龙派教徒协作，为的是在急剧上升的穆斯林人口和愈发不肯让步的基督教控制之间帮助维持不平衡态势——基督教控制权是法国殖民主义在1943年交付马龙派寡头的。

另外两位记者的书也值得一提。一本是托尼·克利夫顿的《上帝哭泣》(*God Cried*)，它与凯瑟琳·利罗伊（Catherine Leroy）生动而令人酸楚的摄影组合，叙述了一个澳大利亚新闻通讯员在报道围城高潮中的巴勒斯坦人和黎巴嫩人经历所感受的良心、同情、愤怒等激烈的情绪。克利夫顿使它们倾泻了出来——针对以色列羞辱和折磨他们在1948年所驱逐的难民，以及此后对难民横加蹂躏的具体的、几乎是吹毛求疵行为的所有怨恨。和兰德尔的书一样，说到底，我们不得不依赖一个人敏感的和有信息含量的证词。克利夫顿和贾克博·提莫曼（Jacobo Timerman）的作品之间有少许相似之处，后者是一个以色列人良心觉醒的杂乱却动人的讲述，一直都受一拨人批评，认为它对以色列不公，又受另一拨人批评，认为它将整个战争降低到一个犹太证人眼中的问题。[18] 然而在这两个例子中，作者坚信一个迫切问题，即他的作品被置于整个公共叙事都偏袒以色列的环境下进行不公正的较量。

萨里姆·纳西布和卡罗琳·蒂斯道尔也许带着这样一些主观性问题用他们的方式来写他们作品。《贝鲁特：前线故事》(*Beirut: Frontline Story*) 有某种蒙太奇连续镜头的效果：采访范围很广的政治人物，穿插着日常生活的集锦，其中最出色的部分是一个鲜活的"战争截面——

发生在贝鲁特一幢公寓楼里的五个故事",这里的租户是希腊东正教徒、马龙派教徒、逊尼派穆斯林、德鲁兹派教徒和什叶派穆斯林。这便从生动的微观小宇宙层面看以色列入侵,像动外科手术般将日常生活呈现出来,但又像左拉的一篇小说表现的那样,有一种积极的同情心在起作用。纳西布的短篇故事是他为《解放报》(*Libération*)采写的新闻报道,结尾是阿拉法特在希腊货轮亚特兰蒂斯号从贝鲁特到雅典的途中,谈论着战争。卡罗琳·蒂斯道尔那些目击者描述的篇幅重温了萨布拉和夏蒂拉大屠杀,它以这段巴勒斯坦人有说服力的评论结尾:

> 战争之前,他们说我们是恐怖主义分子,又说我们在难民营培训恐怖主义分子。认识我们的每个人都知道我们是可以信任的战士,我们努力做的,是树立一种进步的精神状态。为什么他们每天写的不是这个?它与哲学有关:当你树立某种东西,而敌人过来对这件东西一次又一次地进行破坏,这说明你在一条对的路上,无论这条路有多长。

人们若在慢慢理解乔姆斯基《美以巴命运三角》(*The Fateful Triangle*)描写的愚蠢、缺德和腐败这种全景画,他便应该记住这段评论(特别是一次又一次破坏的形象和之后一次又一次重建的努力);就其史料而言,若将美国作为重要参与方来看犹太复国主义和巴勒斯坦人之间的冲突,这本书可能是此类尝试中最有雄心的。然则同样,这亦非缺失的叙事。

因为乔姆斯基此书没打算从一个巴勒斯坦人的角度去写;巴勒斯坦人可以说是在尽力将已化为许多不相连的尘埃的生活赋予它们一个民族外形。反过来《美以巴命运三角》这本书坚持揭露的,是人的腐败、贪婪,学术上的不诚实。这也是一本重要杰作,应该被任何关心公众事务的人阅读。在乔姆斯基看来,事实就是摆在那儿让人去认识的,虽然其他人都不能系统性地认识得这么清楚。他汇集的大多为以色列和美国的来源惊人地完整,并且他能够逐一记录它们之间出现的矛盾、区别和差错。但正如我们所见，他的这部著述不仅呈现极深的并令人难以接受的悲观论调，而且它对自己论述前提的批评和反思很不足够，这部分原因，从叙事方式说，是他没有回顾犹太复国主义与巴勒斯坦人冲突的起源。

这些批评不能轻松地作出，或批评时不承认他的成就反映的巨大能量和诚实。有着崇高理想、不断被激励要道出人类苦难和不公的心灵是能深深打动人的。人们会联想到伏尔泰、班达、罗素这样的人物，而在一个令人惊叹的宽阔范围内乔姆斯基比他们中任何一位都更强调他称之为"真实"的东西，即事实。他的书有两个目标。一个是记述1982年以色列在入侵黎巴嫩期间攻击巴勒斯坦人的起因；从这个记述中出现了对于外交、学术、经济、政治诸方面历史全盘考察，将这些不同领域相互连结起来。他的主要断言是，以色列和美国——特别是后者，乔姆斯基笔下这出剧中的大反派——是反对和平的拒绝主义者，而阿拉伯人，包括巴解组织，多年来都在设法使自己迁就以色列的现状。

乔姆斯基这本书的第二个目标是对史实作比较，一边是对巴勒斯坦人民极其非人道的、犬儒主义的蓄意残忍，另一边是乔姆斯基称为"以色列的支持者们"所做的系统重写记录。与他的另一本著作相呼应，乔姆斯基坚持认为自由派知识分子阶层（欧文·豪伊［Irving Howe］、亚瑟·戈德伯格［Arthur Goldberg］、艾伦·德肖维茨［Alan Dershowitz］、迈克尔·瓦尔泽［Michael Walzer］、阿莫司·奥兹［Amos Oz］、简·方达［Jane Fonda］、汤姆·海顿［Tom hayden］、舒洛莫·阿维内里［Shlomo Avineri］、马丁·佩雷兹［Martin Peretz］）以及甚至组织起来的左派的一些部门，都比保守派更有罪责、更热衷谎言。西方媒体在与其以色列同道比较来看做得很糟，虽然乔姆斯基狡黠地指出，媒体准确性绝大部分不在于记者是否善意、是否不伪善，而在于自越战以来统领西方的"极权主义思维方式"并不一直能跟上西方民主国家中蜂拥而至的呈现事实的生活。

此书于是可作为事实与一系列神话——以色列民主、以色列武器的纯净、善意占领、在以色列没有针对阿拉伯人的种族主义、巴勒斯坦人的恐怖主义、加利利和平——之间的一场旷日持久的战争来解读。虽然这些神话在乔姆斯基的模式中属于奥威尔式的新语和双重思想（他说属于后越战时代的一种历史修正的面貌），他将神话诉诸的拆卸过程实际是一种解构形式，因为他用来对抗文本如《新共和》《纽约时报》《耶路撒冷邮报》的所有材料，本身都是文本的。几乎目光所及他都能看到压制或强词夺理地为强盗逻辑辩护（如在1977年7月27日《新共和》刊载的《除法国极右翼在阿尔及利亚战争期间的狂言外，西方首次出现明确为酷刑辩护》一文），一切都在维护以色列和美国的霸权利益。在预演了"官方的"叙事之后，他接着用大量的反面证据来将它消解，让我们得出结论，中东与世界各地一同走上一条末日之战的道路。

  我只能略微提及他的一些效用巨大的方法和手段——他写的几千条注释，经常出现的愤怒反讽，对于弱者、被遗忘者和受诽谤者的同情。所以当我们听他讲述，年长一些的以色列士兵证实即便是二战在欧洲服役时也从未见过近似于艾因赫勒韦（Ein-el-Hilweh）难民营的破坏程度，又或者"长时间和不断重复的审讯，伴随频繁的暴打或用系了皮带的狗扑咬"，又或者以色列边防军逼人们在地上爬，学狗叫，赞颂贝京，又或者在对约旦河西岸的村镇哈尔胡（Halhul）进行集体惩罚期间，"村民被迫相互向对方撒尿，唱《希望》（'Hativka'）……舔地"，又或者以色列广播管理局总干事在1974年写过一篇文章，表示他认为南非优于黑非洲，结尾时"征引研究成果，证明黑人基因上的低劣"，——在举出类似这样几千条骇人听闻的细节时，他指出了《新共和》的沉默，对以色列武器的纯净的赞扬，对以色列占领（集体拘押、酷刑折磨、残害谋杀）政策的辩护，对以色列价值观的高调称颂，文化巨擘们的加持，如索尔·贝娄眼中以色列这片土地上"几乎每个人都是理性的和宽容的，罕见对阿拉伯人的怨气"。更有许多来自犹太复国主义和社会主义辩护士的例子，如欧文·豪伊提到贝京的恶行（虽说乔姆斯基掌握的许多证据都表明工党与利库德集团一样劣迹斑斑）却无视犹太人自身被伊尔贡杀害的事实，马上谴责阿拉伯人政治的"习惯性暴力"。乔姆斯基很关注对阿拉伯人和"东方的"犹太人进行有组织的种族迫害，这种迫害通常由有学问的或宗教的权威人士煽动,或由如埃利·威塞尔(Elie Wiesel)这种利用大屠杀使暴行合法化的人物煽动;他还指出,对这种迫害,以色列自由派支持者们全都鸦雀无声。

乔姆斯基并非对巴解组织特别温和的人,对于巴解组织的"自我毁灭"和"自杀式特征",和对于其武装斗争和不可预测的暴力计划,他都同样不赞成。阿拉伯的政权,他说,不是"体面的",而且他很可能补充说,也不受多数人欢迎。这也是在这本近乎异常全面的书中——并非偶然——的脱漏之一。我指的是他对阿拉伯世界相对没那么关注。他当然说得对,西方的确存在一种标准做法,根源上说也是种族主义的,即认为阿拉伯的原始资料不可靠而不予采用,而且他也提到,在西方书面的阿拉伯文献难以获得,部分原因也同样归咎于欲提升以色列形象的"民主的"审查制度。不错,但如果将阿拉伯世界政治、社会和经济趋势的一些阐释包括在内——或假定这个形状变成了方形或圆形,这个"美以巴命运三角"的动态关系会变得更合理。上述趋势中人们会提出需要考虑的问题如阿拉伯世界对美国的经济依赖(在某些情况下,相当于与以色列客观上的合作);阿拉伯世界中民主式自由的几乎完全缺席;巴勒斯坦人,或在这件事情上,巴解组织与形态各异的阿拉伯国家之间达成的特殊关系;西方对阿拉伯世界的文化渗透以及伊斯兰对此酿成的反应;阿拉伯左翼和苏联的角色。尽管各个阿拉伯政权都声明了和平的愿望,但它们一直也没能缔结和平,或动员它们的社会加入战争;这些事实——不全部都是以色列-美国拒绝主义的后果——乔姆斯基并没有充分加以考虑。

此书在原则层面还有一些混淆之处,一些前后不一之处。乔姆斯基提出合乎规范的局面——我对此持赞成态度——是巴勒斯坦应该分治为两个国家,且巴解组织加上大部分阿拉伯国家至少从七十年代早期就以此为目标了。我认为他这么说完全是对的,因为用以色列时事评论员如约书亚·博拉特(Yehoshua Porath)和丹尼·鲁本斯坦(Danny Rubenstein)的话来说,以色列比害怕恐怖分子更甚的,是害怕稳健而负责的巴勒斯坦人,正是以色列在美国的支持下阻挠了这一虽不完美却为合理的计划的实现。但对我来说不清楚的是，你如何既认识到犹太复国主义一直都在排斥和歧视阿拉伯人——你是反对这一做法的——还能坚持说犹太人必须有从海外回巴勒斯坦定居的共有权利。我的要点是，在此你必须更为清晰地定义那些权利究竟是什么，你对那些权利的定义在什么意义中有别于那些从根本上就不承认阿拉伯原住民已经生活在巴勒斯坦这个事实的犹太复国主义者。你如何不顾所有已在场的巴勒斯坦原住民的愿望，规划让人有权利搬迁到巴勒斯坦，同时不会必然包含和重复巴勒斯坦人和犹太人之间悲剧性的暴力和反暴力的冤冤相报？如果你不能明确地与合法允许的主张调解，你又如何避免过往已经发生的事？

　　因为这个问题乔姆斯基留着没有解决，他的书就面临主要的困难之一，即对于任何合理或能被接受的解决方案来说，他表现的"一切都太晚了"的悲观态度。当然他是有事实根据的：犹太人在西岸殖民的速度已经越过了容易纠正的界限，又如梅龙·本韦尼斯蒂（Meron Benvenisti）和其他反对利库德集团的以色列人所言，在被占领土上巴勒斯坦人自决的战斗已经结束——以失败告终。理智的悲观主义加上意志的悲观主义……。但大部分巴勒斯坦人会回应说：如果这些都是事实，那么事实是更糟糕的。伴随的现实是犹太复国主义以其目前形式和巴勒斯坦人之间的斗争远远没有结束；巴勒斯坦人的民族主义一直并将继续作为自身现实一部分而存在，这在许多实际生活在斗争中的巴勒斯坦人看来，是不会立刻消失的，也不会向犹太复国主义及其支持者们屈服。说来奇怪，这一面是乔姆斯基没有看到的，或许从他的立场不能够看到的，虽然他正确预测了一个日益恶化的局面，暴力的不断升级，更强的两极分化、军事化、非理性化。在违背原住民意愿接受犹太复国主义有权在巴勒斯坦安置犹太人这一首要原则下，乔姆斯基几乎无意识地走向下一步，推断巴勒斯坦人的斗争已经结束，巴勒斯坦人已经投降——也许因为他们历史存在之永久性没有完全令他信服。也许投降是一件理性的事，但此时——乔姆斯基本身的战斗力表现出了自相矛盾的地方——不公正就是不公正，没有人应该纵容。写出这本厚重作品的乔姆斯基自己就是个恰当的例子。

这提出了另一个问题。他孤立于实际角力场之外，他作为决不妥协的知识分子与权力的距离，他讲述客观真相的能力（即便不能再在从前友好的地方如《纽约时报书评》写文章），这些使得他有可能规避他在以色列和美国的辩护士那里觉察到的意识形态陷阱和不诚实。乔姆斯基当然是没有国家崇拜的，也不会粉饰令人不快的真相或自己阵营内部有失体面的做法。但是孤立、对公义的关注、对记录不公的热忱，这些是否足够确保一个人本身摆脱意识形态了呢？乔姆斯基声言他在论述事实的时候，他的确比他的对手论述了更多的事实。但如果事实不嵌藏于历史、随后被人的各种能动力重新构建和恢复——唤起这些能动力是某种感知的，或渴望的，或期待的历史叙事，其未来目标是将公义还给被剥夺者——事实安在？换一种说法，乔姆斯基这样一些报道事实的人，和"以色列支持者"这样一些掩盖事实的人，都是在历史之中按照可编纂的表达规范、在相互较量的意识形态的和知识分子的价值观的语境下行动的。当乔姆斯基尽可能与任何在世的人同样广泛地、清晰地、完整地陈述事实，他就不仅仅在履行一项机械的报道事务，从宣传和陈词滥调以外的某个阿基米德支点：他正做着高度错综精密的事，支撑它的标准是兼论点、一致性和证据于一身的，而不仅仅源于"事实"。但反讽的是，乔姆斯基并没有从理论上思索他所做的事；他只是在做而已。因此一方面，他使我们认为讲述真相是一件简单的事情，而另一方面，他累积了大量的证据，显示出没有人能够真正地讨论事实。那么我们如何认为一个人能够讲述真相呢？他是否相信通过写这本书他将引导其他人也讲述真相？对一个人来说，是什么令我们有可能面对事实，制造新的事实，或对一些事实不闻不问又对另一些事实紧盯不放？

回答这些问题必须居于一种洞察力的理论，知识分子活动的理论，以及对意识形态结构作认识论上的解释，因为它们与一些特殊问题相关，也与具体历史和地理的环境相关。这些事情，遗世独立的个人凭一己之力是一件都做不成的，如果失去某种意义上共同的或集体的承诺以赋予它们高于个人的效力，也同样一件都做不成。正是这种承诺，民族叙事进行了授权和代表，虽然可以理解乔姆斯基因不愿对任何民族或国家循规蹈矩而不承认这一点。但置身于巴勒斯坦人和以色列人这样的情形，很难期望他们任何人停止民族认同的追求、径直走向一种超越历史的普世理性主义。这两个社群虽然都可能被误导，但它们中的每一方都是关心其起源、其苦难历史、其生存需求的。认识这些必行之事，就像民族认同的组成部分一样，尝试与它们调解而不是把它们完全当作非事实的意识形态不屑理会，我感到这正是手头的任务。

选自《流离失所的政治》

10

内　部

（1986）

爱德华·萨义德《最后的天空之后》是他最具实验性的书，标题取自巴勒斯坦诗人马哈茂德·达尔维什诗中的一句，而书的问世是因了两宗矛盾的事情。萨义德此前一段时期担任联合国1983年巴勒斯坦问题国际会议的顾问，他曾建议在日内瓦会议大厅挂一个巴勒斯坦人摄影小品系列以配合会议的召开，不料遭到了简慢对待。几个参与国反对他的这个想法。最后达成了某种妥协，摄影还是挂了出来，但图片不能附加说明文字。那些反对摄影展出的国家并不是以色列和美国（这两个国家均抵制这次会议而没有参加），而主要是阿拉伯国家，巴勒斯坦人在这些阿拉伯国家的眼里，按萨义德的说法，"在某个点上是有用的——反对以色列，抨击犹太复国主义、帝国主义、美国，悲叹被占领土上对阿拉伯土地的巧取豪夺。但过了这个点，谈到巴勒斯坦人**作为一个民族**的迫切需求，或谈到许多巴勒斯坦人无论生活在阿拉伯国家还是以色列中的悲惨处境，就开始画出不同界线了"。《最后的天空之后》是一种尝试，旨在消除此界线，并在此空间填进一些作为巴勒斯坦人的主观记述。

《最后的天空之后》第二宗主要矛盾在于，写作这本书时，事实上萨义德是被禁止进入以色列的（直到1992年他才回去过），因此他无法直接接触这个出生地和度过童年时代的地方。"我无法接触照片中那些实际生活在那里的人，只能通过一个欧洲的摄影师。"萨义德在《最后的天空之后》中这样写道。他解释说，这是一本"流亡者之书"。

这一作品在批评界可谓大获成功。它受到广泛评论，1995年还在英国催生了一个同名的实验舞蹈剧目。1999年哥伦比亚大学出版社重新发行了它的文字。

萨尔曼·鲁西迪为曼彻斯特的《卫报周刊》写的书评，称这部作品是"我读到的关于做一个巴勒斯坦人意味着什么的最优美的散文"。《纽约时报》也赞扬这部书，评论说萨义德为我们对巴勒斯坦人的讨论引入了新的阿拉伯语汇（manfa指代"流亡"，ghurba指代"疏远"，awdah指代"回归"），并注意到萨义德"是站在图片里写，不是面对图片而写"。

实际上，《最后的天空之后》着意试图对再现的工具本身（摄影、散文）进行深入究查。让·摩尔选择以摄影师身份做这个作品不是偶然的。摩尔早前与批评家和小说家约翰·伯格有过两次合作（《另一种讲述之道》[Another Way of Telling] 和《第七人》[A Seventh Man]），在这些作品中伯格重新思考了摄影手法在政治上的使用。萨义德在《最后的天空之后》出版几年前写的一篇随笔中称赞伯格使用"视觉功能……以恢复对发生过的历史记忆的非时序性能量，以及主体性作为再现中表意的基本元素"。伯格这种从维持原状的再现工具本身创建新内容的能力吸引了萨义德。如伯格在《另一种讲述之道》中的解释："当照片在各种受控制的系统中使用时，它们的证据或多或少受到建立身份和呈现的制约。但只要照片作为一种交流方式使用，它涉及的性质就是活生生的经历，真相就变得更加复杂。"《最后的天空之后》通过摄影和散文的相互作用，让读者设身处地思考做一个巴勒斯坦人究竟意味着什么。

在巴勒斯坦人的耳朵听起来，"来自内部"（min al-dakhil）这个短语有种特殊的共鸣。它首先指的是以色列内部的地区，指的是尽管在以色列势力的封锁下，仍是巴勒斯坦的领地和人民。所以直到1967年，它的意思都是指生活在以色列境内的巴勒斯坦人；1967年之后，这个短语延伸到包括约旦河西岸、加沙地带和戈兰高地的居民，而1982年以来，它还指黎巴嫩南部的巴勒斯坦人（和黎巴嫩人）。关于"来自内部"意思最令人瞩目的部分，是其内涵发生了价值上的演变。我尚能回忆近至七十年代初，以色列的巴勒斯坦人仍被当作一个特殊类型——如果你是流亡者群体或是住在以色列境外巴勒斯坦难民群体中的一员，这类人可能很容易就引起你的疑心。我们总是感到以色列对这些人的印记已经改变了他们（他们的护照，他们对希伯来语的知识，他们比较不会意识到自己生活在以色列的犹太人中，他们称以色列是真正的国家而非"犹太复国主义实体"，等等）。他们和我们不同，意思是说我们作为生活在阿拉伯世界里的阿拉伯人，很容易为阿拉伯民族主义的胜利陶醉或失败悲伤，我们过的是独立于帝国主义和犹太复国主义的生活。他们的不同带着贬抑的意味。

现在他们依然不同，但享有了特权。在内部的人被珍视为"业已在彼地"的巴勒斯坦人，可以这么说，他们这些巴勒斯坦人虽然生活在边缘，在枪口下，在屏障和要塞区（kasbahs）里，但他们有资格享受某种类型的体面，我们其余人则没有。同样真实的是，呜呼，1970年往后，我们"在外部"（fil-kharij），或在"流亡"（manfa）和"疏远"（ghurba）之人的集体历史，全都毫无成就可言，逐渐失去体面，不受祝福，愈发古怪，去中心，被异化。我们巴勒斯坦人在约旦、黎巴嫩、叙利亚和埃及的地位一落千丈。当然，巴解组织被一百多个国家承认，我们也有成捆的为我们说话的联合国决议案，但没人会对我们作为被逐之人的真实地位、也是失败者的地位产生幻觉。看一眼我们的资产负债表，一边的栏目中记录了大屠杀，驱逐，降格，而另一边，债权的一栏，则几乎一无所有。再跳到另一个比喻，即使墙上写满了不祥之兆，我们仍不确定这些不祥之兆要告诉我们什么。

因此，那些在巴勒斯坦的人，在内部的人，那些经历以色列直接统治的人，与我们这些只能一边领受在外面的阿拉伯兄弟不受待见的关心，一边谈论犹太复国主义的人比起来，某种意义上要过得更好。从政治方面指出这点很重要：巴勒斯坦人的活动现在主要转向并聚焦在内部，而直到1982年以色列入侵黎巴嫩之前，外部的问题和政治才是最重要的。

"内部"还有第二层相对更复杂的意思。它指向隐密,指向在里面的那个受两道墙体保护的地区,一道是由这个群体成员形成的团结的围墙,另一道是由更强势力在我们周围设立的敌意的围墙。如果两个巴勒斯坦人第一次见面后有几句寒暄,假设地点在德里或在伦敦。只需一两分钟,且根本还没等具体问题和回答出现,两人就已经能确定彼此的原住地、工作类型、政治信念(甚至政治信念中的偏向或趋势),以及价值系统——所有这一切都由一套特殊词汇或短语、名字、音调变化和语气重心传达了出来,非巴勒斯坦人不能洞悉。但是在里面同时就意味着无法在外面显得自然或真诚:你得参与外面的世界,以外面世界的那套语言说话,也就是说你不得不使用"他们的"代码,而且不得不代表非常不一样的意涵。但在里面的问题是,这的确属于内心的,私密的,永远都不想直截了当让人一眼看穿的,甚至不想让自己人看穿。隐秘的世界,私下存在的世界,密谋和串通的世界,是大多数社会的一种事实。在阿拉伯人的传统中,无论穆斯林还是基督徒,这种现象几乎总是染上宗教色彩,但采用的方式比很多东方学者(或局外人)所猜想的,我以为要来得更微妙和细腻。即使在里面的人或对此有基本了解的人看起来知道这些代码,但他们使用这些代码时永远都不确定对重要问题的回答实际表述是否正确、是否能确认状态的稳定性或获得整个群体的赞同。因此虽然对如今巴勒斯坦人而言,"回归"(awdah)这个词很重要,代表了我们政治上追求自决的核心,但在一些人听起来,它代表回到一个与以色列并存的巴勒斯坦国,在另一些人听起来,则代表回到整个巴勒斯坦。

在此意义上,在里面,意味处于一种悖谬的环境并在其中言说,即便你发展出一套特殊语言——时而闪烁其词,总是与众不同——唯有你和像你一样的人才能理解,你也无法控制和无法确定这种环境。你的环境构成如此特别,在里面是一种特权,它是一种折磨,感觉就像被你拥有的房子困住。对,必须有一扇门,让里面和外面可以通行,但这同样是让其他人进入的通道。我们即使在自己的世界里,亦无法防止其他人进入、偷听我们说话、解码我们的私密信息、侵犯我们的个人空间。我们只能这样解读巴勒斯坦的历史,从十字军到贝尔福和魏茨曼:无论我们愿不愿意,都会有人进入,有人长期盘踞。

那么你会怎么做?你试着习惯与外面的人并行地生活,且永远在争取确定"里面"的什么东西属于你。我们成了一个善用消息和信号、善用典故和间接表达的民族。我们找出对方,但因为我们的内部总在一定程度上受其他人占据和阻断——以色列人和阿拉伯人——我们便通过既有之语发展出一套言说的技术,以迂回的方式解释事情,而且在我看来,这套方式过于神秘,甚至令我们自己都无所适从。

举个例子:对体力的崇拜,对健身、空手道和拳击的痴迷,这个可见的事实已在巴勒斯坦年轻人中存在一段时间了,很明显,它是弱者对于一个强大的、明显占控制地位的他者的反应。但这也是交织在日常体验中能够引人注目、几乎带装饰意味的形式,它暗含比"让我们身强力壮"更深层的东西。它是一种自我肯定,一种超越理性目的对细节的坚持。但对于外面的人看起来完全是愚蠢的东西,对我们却可以说是在里面加上了微小的、几乎难以觉察的一分。

下面这个故事就能说明我的意思。一位欧洲著名文学家的妻子不久前写信给我,描述了他们访问耶路撒冷的情形;他当时在大学讲课,我想她也有讲课任务。他们总共待了六个星期。她说在那段时间,他们只有两次机会见过巴勒斯坦人,其中之一便是她写信的缘起。"在大卫街开了一家[卖绣品的]店铺"的男店主在他们就某件商品讨价还价时和她聊天。看上去他是我的一个"熟人和仰慕者":因为很明显就在她非常自然且与话题无关的情况下提到她认识爱德华·萨义德时,他主动提供了上述信息。她于是承担了"转交……这个附带的便条"的任务,便条是他用阿拉伯文写在从螺旋笔记本撕下的一小片纸上的。我的朋友还注意到这个人希望将巴勒斯坦人在各个方面(智力、武术、贸易)都优于阿拉伯人这点表现出来,这种优胜用他本人的说法是,"我们是阿拉伯世界里的犹太人"。总之,我的发信人准确地感知到"修辞用语上的微妙和复杂,我[指她]因为对此情境过于陌生而无法把握",尤其她当时有一位以色列朋友陪着，这个男人的大部分表演因对这位以色列朋友有利而继续下去。

那么说了半天，他给我带的信息是什么？我坦白在打开那张小纸片时多少有点儿兴奋，多少有点儿自喜，感到人们虽不认识我但因看重我为我们事业做了贡献而给予尊敬。短信以我名字的罗马字母开头。随后跟着五行阿拉伯文，讲述写信人在空手道上功夫精湛，还有就是他刚参加过世界空手道锦标赛，"是以巴勒斯坦的名义参加的"。就这么些。但

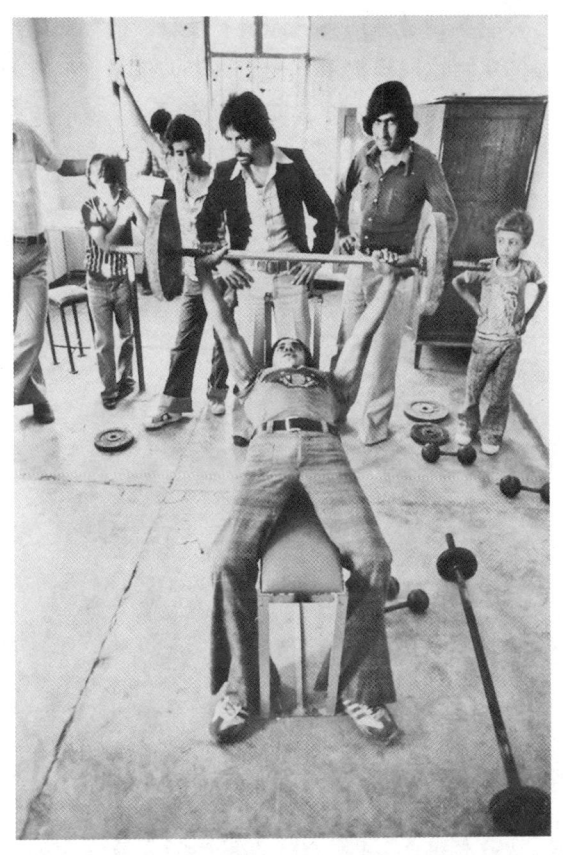

1979年摄于拉马拉北部难民营。像在监狱一样，在青年俱乐部里，保持健壮体格至关重要

我认为这非常典型地反映了在里面的巴勒斯坦人的交流方式——那种并不真在开玩笑的奇怪的造势。这种信息的交换，在我们各自的环境中显得几乎很自然。他在里面，借一个有同情心的局外人之力联系上我这个现处于我们的同源之地耶路撒冷外面的局内人。他用英语写我的名字这个动作，既显示他能参与我生活的世界的讨论，一如他也许颇为自豪地关注我做了什么，却又显示他对一个人的小心提防，这个人被西化的知识分子群体"表述"了很久，业绩记录实在不敢恭维。现在有个展示有益标志的好时机，爱德华·萨义德们最好记得我们正被（空手道高手们）注视着，带着某种赞许却不乏谨慎。最后，他在体格技能上（对我而言）喜剧般的坚持也同样揭示了我们每个人似乎都拥有的、常常是想象力平平的自我肯定。他已经在我朋友面前完成了一套绝对属于巴勒斯坦人的仪规，而且大概也知道她会告诉我；现在他又做了一遍，知道我会复述这个故事。我的确这么做了。

贯穿我们被驱散社群这类证人的、证言的和权威的网络，以正向的麻木顽强放大了我们所秉持的东西。对局外人来说，这种武断的性质令

詹宁，1984

人困扰，不仅因为它很偏执，而且因为它貌似不断自我更新，却不能真正产生任何新的东西，或任何自身以外可能会有启迪意义的东西。对我，以及像我一样生活在流亡状态或疏远状态的其他人来说，仍会因在里面的那些人而获得某些慰藉（即使有点空洞）——无论他们在巴勒斯坦还是在阿拉伯世界，都比纽约或柏林更靠近"里面"——他们重复熟悉的式样到了某种地步，以至重复本身变得比被重复的内容更重要。在这种重复的严格规训中，正如那位空手道高手了然于胸的，你很难从这里逃离，很难将它转化为别的什么符号。空手道不能代表自我发展，但能代表成为一个巴勒斯坦的空手道高手这个重复的行为。代表一个巴勒斯坦人。仿佛重复的活动能防止我们，以及其他人，对我们的忽略或对我们完全置之不理。

这种重复的冲动对各阶层的巴勒斯坦人家的室内布置来说都显而易见。同样的食物，以及围着一张桌子或居中的空间举行同样的饮食仪式，极有规律地不断出现。供食和款待的仪式，我觉得是专门设计得过量的，摆在客人面前的食物大大多于实际需要的数量，多于能消费的数量，多于能负担的数量。只要是巴勒斯坦人，无论身在何处，同样一些好客和提供餐食的迹象就会重复出现，期待的亲密是相同的，展示的情意是相同的，连陈列的物品也是相同的——都是奥马尔清真寺（Mosque of Omar）的复制品，镶嵌着珍珠母的盘子，微型版巴勒斯坦国旗——被用作镇宅和社交。很自然，这些东西可以确切证实你真的是在一户巴勒斯坦人的家中。但是意义不止于此。它是一个更大的重复式样的组成部分，在这个式样中，即便如我这种按说是开放的世俗之人，也会参与进去。我们会在房间的内部不断翻新——案几要布置好，客厅里家具和各种小饰品要摆放好，照片要挂好——而这又在不经意间强化和保存了我们生活中最根本的罅隙与断裂。如果你对面前的布置观察得足够仔细，就会看出端倪。总有些东西不对劲，总有些东西失灵。巴勒斯坦人家的图片总是挂得太高，而且挂的地方似乎也是随意的。别看摆设过多，总是有东西缺失。我倒不是说会造成什么悲剧或伤心的结果；相反，这种违和通常是以某种喜剧的错位形式呈现的，空间太逼仄或场合太一般而造成过于拥挤的效果。桌上太多摆放；太多照片；太多物件；太多馔食。我自己是有失比例和重复倾向的琐屑版本，在频繁的旅行时总是携带太多行李，其实大部分都用不着。每当这种情况发生，其重复性会以一种几乎无法觉察的变异形式出现。我们中的每个人，我相信，都能认出他或她本人的式样，也能认出其他人的式样。

这类不平衡的却总有各种极细微变化式样的内部环境，最终会吸引外部观察者的目光——就像它吸引了让·摩尔的目光——但我怀疑人们能轻易解开其更深层的原因。不错，这种过量的奇异和不对称，它们在构成中的反美学效果，它们传达的不安全感似乎都象征着流亡——从一个场域，从一段过去，从一处实际存在的家园放逐出来。但这里的重复形式还表达出另外一个问题。

巴勒斯坦是一个弹丸之地。它难以置信地挤满各色人等的痕迹和主张。它的传说不仅关于占领和重新定居，还关于对历史的重新发掘和重新解释。古典历史学家格伦·博瓦索克（Glenn Bowersock）将这种历史恰当地描述为"一个本质统一地区的人为碎片化"。博瓦索克研究方法的新颖之处，是因为他特别聚焦于前犹太复国主义和前伊斯兰的古早的巴勒斯坦，他有能力从亚历山大之死到伊斯兰进入这段时期，在所有纷扰冲击之外感知到"中东的一个阿拉伯国家及其后续一个甚至更广泛的巴勒斯坦人的国家的事实"。

可叹的是，十九世纪和二十世纪随着外国索认拥有权的一支浩浩荡荡的大军来到巴勒斯坦，该地区原本的开阔空间消失了。非但消失，整个地区的地形上，甚至是书目上，都不可思议地变得四分五裂，稠密而杂乱。如果将巴勒斯坦地图覆上所有曾经在那里生活的民族的图例、徽号、标识和线路，那么你连地面都剩不下。越是晚到的民族，他们的索认就越排外，推挤和打压其他所有人的手法就越激烈。此外，每一份索认的声明都杜撰出它自身的传统，它自身王朝的血缘关系，造成更多偏差、角力、混乱：已经拥挤不堪的版图现在云集了一触即发的各种暴力，在表面迅速蔓延。

我们，也丧失了对空间的感觉。我们没有把巴勒斯坦看作"广泛的巴勒斯坦人的国家"，而把它看作一片狭小的、极度拥挤的土地，有人一直把我们从这片土地上推出去。我们为保留巴勒斯坦人身份所付出的每一分努力都在争取返回版图，帮助那些"在外面的"人维持他们岌岌可危的立足点。这是一种世俗的努力——如同我们自己近代政治历史的大部分斗争一样——我应该强调其中的宗教考量是次要的，是这些斗争的后果而非原因。但这幅地图，就像土地本身，或像我们房子的墙壁，早已饱和，凌乱无序，我们必须习惯这个密集和过度开发的空间。我们远非革新的人，我们是迟到的人，是一个到了二十世纪后期还在孜孜以求自决权的民族，而其他民族都已经争取到手（即便是福克兰群岛上的人也已经至少有了司法权，我们却连这个都还在争取）。如此说来，我们之所为也是其他民族之所为，并无标新立异。我们的努力就像是在已经有了装饰的地方再加装饰。

每一条直接通向内部的道路，终而是内部本身，都被堵塞或抢先占据了。我们最多只能希望在边缘——那些正常情况下无人问津的地面，相对隔绝的、不规则分布的地点——寻求栖身之所。我们这么做只能靠顽韧和重复（无数人已经先于我们不断这么做了），知道经过大量努力，很可能到最后我们的区别是一道细小的刻痕，一种几乎看不出的变化，一记轻微的颠簸。反讽。强加的负担。乖剌的仪节。

随着环境的恶化，我们原先密切管控的自我坚持的行为变得越发违逆，越发嘲讽，越发黑暗。在以色列入侵黎巴嫩期间，征服者会定期让某个巴勒斯坦人俘虏——男性，体格健硕，潜在的麻烦制造者——上广播节目，令他现身说法，为其他巴勒斯坦人做榜样。这是一种宣传活动，在约旦河西岸和黎巴嫩南部地区（这个地区的居民正是宣传的目标人群），巴勒斯坦人自身完全没有与之匹配的回应办法或宣传手段。至于他们能够回应的，也只能通过以色列审讯本身既已存在的语境，如下面一段从阿拉伯口语翻译过来的对话所显示。注意这个故意装疯卖傻的囚犯模仿无助之人却绝非无脑之人的手法：

以色列播音员（以）：你的姓名？

巴勒斯坦被俘的"游击队员"（巴）：我的姓名是艾哈迈德·阿卜杜勒·哈米德·阿布·赛特。

以：你在活动中的名字叫什么？

巴：我在活动中的名字叫"阿布·莱尔"（"夜之父"）。

以：告诉我，阿布·莱尔先生，你属于哪一个恐怖组织？

巴：我属于巴勒斯坦"塔利尔"（解放）——我是说"塔赫里布"（破坏）——人民阵线。

以：你是什么时候加入这个恐怖组织的？

巴：自打知道有恐怖主义这个词就加入了。

以：你在南黎巴嫩的使命是什么？

巴：我的使命是恐怖主义……换句话说，我们进村就搞恐怖活动。不管在哪儿只要有女人和小孩，我们就搞破坏。我们做的所有事就是恐怖主义。

以：你从事恐怖主义活动是因为一个事业的信仰还是仅仅因为钱？

巴：不啊，老天在上，就因为钱。说来说去这到底是啥事业嘛？为啥呢？真的还有事业这回事吗？我们很早就把它给背叛了。

以：告诉我，恐怖组织都是从哪儿搞到钱的？

巴：谁有闲钱干恐怖主义就从谁那里搞钱呗；换句话说，从支持恐怖主义的阿拉伯政权那里。

以：你对恐怖分子阿拉法特是什么看法？

巴：我对天发誓他是天字第一号恐怖分子。他就是那个出卖我们和那个事业的人。他一生都在搞恐怖主义。

以：你对以色列国防军的行为是什么看法？

巴：我以名誉担保，我们谢谢色列国防军对每一个恐怖分子的宽大处理。

以：你对现在还在搞恐怖活动并攻击色列国防军的其他恐怖分子有什么忠告？

巴：我对他们的忠告是放下武器，向色列国防军投降，他们会发现这里有想不到的最好待遇。

以：最后，恐怖分子先生：你要跟家人传个信吗？

巴：我想让我家人和朋友放心，我很健康，我也要谢谢敌人的广播机构，能让我这么大声说话。

以：你是说"以色列之声"吗？

巴：是的长官，谢谢长官，当然是了长官。

如果你想要一个恐怖分子，又假设在黎巴嫩所有反对以色列的巴勒斯坦人都是恐怖分子，那么你抓到的任何巴勒斯坦人都是一个恐怖分子，一个极端的"恐怖分子"。审讯者思维的意识形态的消声力量如此强大，以致可以将巴勒斯坦人对恐怖主义戏仿的警觉也挡在门外：他说的每句话都在重复审讯者想要的回答，甚至以一种言辞夸张的手法，比审讯者想要的回答更符合预期。潜藏在他这种黑色喜剧表演中的，是那种不能直截了当传递、只能默默等待别人体会的信息。这一幕和其他类似故事在巴勒斯坦人中像史诗般广泛流传；甚至有人制成录音盒带作为晚间消遣。

也有人向我提起已故诗人穆因·巴西苏（Mu'in Basisu）的自传体作品《降至水中》（*Descent into Water*），该书描述了五十年代埃及管制下加沙地带的生活。巴西苏当时是巴勒斯坦共产党的一名年轻战士，他成年的最初阶段是断断续续在埃及监狱中度过的。这些磨难完全发生在一个阿拉伯（而非以色列）的背景下，对阿拉伯"民族主义者"的反讽就更显突出，因为他们凌辱的正是那些置身于民族主义事务中心的巴勒斯坦人。对巴西苏而言特别反讽的是，他的看守实际上是些巴勒斯坦人。他和他的同伴被投入开罗监狱时，"秘密警察刚见到我们显得很高兴。也许在五年中有一瞬间这个秘密警察突然想到他也是巴勒斯坦人，但很快他又重新写起那些对巴勒斯坦人不利的报告了"。

巴勒斯坦人扮演着其他阿拉伯人为他们安排的角色。巴西苏的狱卒就是那种为保护自己而扮成他人的人，虽然在某个罕见的瞬间，他们的角色会从那个被锁定的、习焉不察的可怕的循环中稍有停顿。

朝代感，对自己刚度过时日的感受，努力将自己置于一个鲜活的连续体中：凡此种种极为不易。目前的封闭和杂乱迫使我们关注日常生活中的各种具体问题。每当我看到"在内部"发生的事情，我总为一切被管理得波澜不惊而感到意外，仿佛我一直在期待"他们"——这些在里面的人——不寻常的蛛丝马迹，却总是发现他们仍然在做那些熟悉不过的事。我们巴勒斯坦人，我想，是根据某种积极的意识指导自己行为的，即尽管我们所处的环境不正常，但总有琐碎的事情要处理，要养孩子，要收拾屋子。

我们作为一个民族如何发展至今这件事令我大为着迷。1982年初，我和一个英国电影摄制组一起，用几个星期的时间实录南黎巴嫩一个巴勒斯坦难民营的生活。这些连续镜头后来成了名为《西方的阴影》(The Shadow of the West)电视纪录片的组成部分，它关注英国、法国和美国那种对于阿拉伯人来说本质上是帝国主义的关系。纪录片的一个重要构成是观察这种关系的一个副产品：巴勒斯坦问题。我交谈过的很多巴勒斯坦人，以及在南黎巴嫩拍摄到的巴勒斯坦人都比我年轻；黎巴嫩是他们真正了解的地方，所以当问到他们历史问题时他们都会让年岁较长者回答。有两次，我对我们历史的缺失以及我们对待历史的态度感到不安。一次是一位老人，他被一群年轻男亲戚叫来回忆在巴勒斯坦的往事。他巨细靡遗地讲述起来——他长大的村子，家族聚会，各种宴请和值得纪念的场合，在家乡的快乐。但当我问起他后来这怎么就结束了，他如何成为了难民，他的讲述戛然而止。然后他就起身离开了。

第二次发生在一位老妇人身上，和她在一起的是几个女儿和晚辈女眷，开始时大家对我这个住在美国的巴勒斯坦人应该做什么开心地你一言我一语。发起革命，其中一个说；多生孩子，另一个说，暗示我现已有两个孩子的状况充其量只能证明我有一些偏弱的男子气概和爱国情怀。然后我们将话题转到难民营所在地卡斯米耶（Qasmiyeh）的生活。她们谁都不认为会在这儿待久，毕竟她们本不属于这儿。这时我转向老妇人乌姆·艾哈迈德并问她："您是怎么来到这儿的呢？"她愣了一下，仿佛这样的问题令她意外，随后颇有些不假思索地说："我也不太清楚；我发现自己就这么在这儿了。"

但对那些生活在内部和靠近内部的人，在那里他们的巴勒斯坦出身不可能否认，所以至少还有固执坚持的特权。我们不为你们的权势动摇，就在这儿继续我们的生活，继续繁衍我们的后代。这些存在的声明基本是沉默的，但它们出现时力量很清晰。当你把它们和西方的巴勒斯坦人谨小慎微的目光相比，就会更珍惜它们。最近我沿着一号公路开回纽约的途中在新泽西的加油站停靠。服务生招呼我的英语口音——也许那一天中没有任何人会听出来——表明他是个巴勒斯坦人，一个忙到不行的中年人，一直盯着油泵或他的夹纸板没抬过眼。"你是阿拉伯人吧？"我用阿拉伯语问他。"对，对。"他回答时低着的头抬了一下。"老家在哪儿？哪个地方，哪个城市？"我又追问。"约旦。"他很快回了一句。"可你是巴勒斯坦人，不是吗？""是纳布卢斯（Nablus）人。"他说，随即抽身离开，仍在忙着。他这种明显不愿承认自己是巴勒斯坦人的态度令我有点难受，我还想和他再多聊两句，想对他说承认自己的背景并没有什么值得羞耻的……但也许他怀疑我是个密探什么的。总之他已经离我远远的，专注手头的事，不再看我了。

我十三岁的儿子瓦迪和我在安曼时，遇到每个人他都会问对方是约旦人还是巴勒斯坦人。一个大胡子出租车司机用很重的巴勒斯坦口音回答"约旦人"，瓦迪于是有点生气地问回去，"约旦的哪里？"。可想而知，答案是图勒卡姆（Tull-Karm）——约旦河西岸的一个城镇——接着是一大篇关于"当今"的措辞繁复的专题论辩——指1984年那次巴勒斯坦全国委员会在安曼举行的、侯赛因国王在会上发表讲话的重要会议——"当今"约旦人和巴勒斯坦人没有区别。瓦迪可能感觉到我对司机的含糊其辞沉着脸不以为然，且对我不常见地克制着没有坚持强调反对的观点有所反应。"是有区别的。"他说，但他当时年纪太小，说不清楚。令我们生气的是这个司机载着我们跑偏至少五英里，然后在城市边上扔下我们。"找人拉你们回去！"

我认为，将这些对过去的沦陷理解为两种合力的后果并没有错。一是对现状的困惑和迷茫。看一眼不确定的迷宫,冲突的进退维谷,在巴勒斯坦的巴勒斯坦人生活的混乱交叠。看的时候再感觉一下与之协商意味着什么。你就能在像加沙甚或安曼这些争议现场全景概览中,立刻观察到象征类比,这些现场到处是七拼八凑超量建筑和无结构可言的住宅,人们看不到纵深或方向。所有东西似乎都挤在一起,没人注意对称、形式或风格。二是对我们所有阿拉伯人来说,过去是如此丢脸,不如忘记它,或合该诅咒,或只在与现在、与预测得不大可靠的将来作对比时才提到它。也许这都相当于同一件事,除了我们总是随时准备授予未来(充其量是模棱两可的未来)一个合法的光环。毕竟,如黎巴嫩文学评论家埃利亚斯·扈利(Elias Khoury)所言,未来的合法性几乎只能建立在过去非法性的基础上——那种看似无休止的连串失败、侵略、阴谋、破坏和背叛。而当你列举完这些,能说的已经所剩无几,所以你干脆什么都不说了。这又反过来让专制和乏味各占一半的整个现代阿拉伯国家机器,毛遂自荐作为未来的合法担保人,且更重要的是作为现在的合法管理者。以色列也在尝试做同样的事,但对巴勒斯坦人,犹太人国家没有道德上的正当性。一众阿拉伯国家因为不断许诺一个光明的前景,倒是有一些正当性,但它也在迅速缩减。

可一旦另一种势力——阿拉伯的、欧洲的或以色列的——侵入了你的内部,对你的过去不予理会,自以为拥有你的未来,人们或许以为这种势力是谁或是什么都差不多。我并不是一个声称对民族、部落、血缘甚至原生国家有巨大信仰的人,但我感到我必须对不同类型的侵略进行区分。这种区别表现在,比如以色列不允许我们做的事,对我们态度极为摇摆不定的阿拉伯人是允许我们去做的。也许这只是疏离的程度不同,或同一个语系(阿拉伯语)的不同方言之于完全不同的语系做比较的问题。

在约旦河西岸设立定居点所表现出的立场就一目了然。有人告诉我这些定居点视觉上造成的粗暴干预力,连以色列人都感到震惊。人们不仅想到素质很差的一大批无所忌惮的鲁莽十字军，而且想到——目睹这些定居建筑本身——一队行进的毒癌。说到对景观和巴勒斯坦生态的产生的影响，这种冒犯深重而久长。

巴勒斯坦的阿拉伯人身份——我极愿承认它还有其他身份——过去和现在都在遭遇改写和污损，好比你在一张清晰易读的纸上肆意涂抹，将它变得丑陋而唐突。这个过程不断产生后果，甚至在远离巴勒斯坦的地方都受到了严重伤害。比如《纽约》杂志在其《报信人》专栏（由一个叫莎朗·丘奇［Sharon Churcher］的人撰稿）对联合国教科文组织在其巴黎总部举办的一场有四十个民族参与的民族服装展演巧妙地进行了报道。这个展览也包括巴勒斯坦的绣品裙服，即巴勒斯坦妇女一直做来自己穿的那种。但丘奇这篇文章，却起了个《恐怖分子服饰》这样的标题，据说因为巴解组织作为联合国教科文组织成员，负责提供巴勒斯坦的参展服装。

丘奇暗示巴解组织绑架了巴勒斯坦的文化，而联合国教科文组织则上了圈套。她引用欧文·哈里斯（Owen Harries）的话（这个澳大利亚人成功发起遗产基金运动，令美国退出了联合国教科文组织）谴责联合国教科文组织利用民族服装这一手段"使美国相信，他们［指巴解组织］正在发生变化"，——很可能从共产主义阵线变为合法的文化机构。丘奇还靠她的大量知识储备进行"仁慈的致命一击"："联合国教科文组织也许不太懂如何确定恐怖分子的服饰：一位中东专家认为，它展出的是伯利恒中上阶层女士的'节日服装'。"

如果挑出这篇报道中"咒你们的人全部遭殃"这个面向，你会看到其中暗示了几件事。首先，它让我们相信巴勒斯坦人从来没有民俗的、大众的或真实的民族服装这回事；展出的裙服只是中上阶层的节日打扮。其次，巴解组织和联合国教科文组织沆瀣一气，都是无赖，前者说谎说到自己民族头上，后者要么是同谋，要么是无知，要么都是。最后，参展服装之一的那张小照片并不允许用来自证清白。它被一个不具名的"专家"描述为"中上阶层"服装，而且以防这个巴解组织和联合国教科文组织的欺世盗名不被人们注意，整个讨论都围绕"恐怖分子服

271

饰"阐述。

事实上,照片中的确是一件巴勒斯坦妇女的裙服,这类裙服所有阶层都会制作和穿着,而且这类裙服有着广泛的人类学和民俗学文献记载,几乎每一项都能证实巴解组织履行了联合国教科文组织所提出的参展服装必须是民族的、大众的、真实的这些要求。人们能够在小处看到这件物品所受的恶意中伤(而这属于更复杂、更广泛模式的一部分)。关于阿拉伯巴勒斯坦的一切都被改写。把它变成令人疑窦丛生的东西,显示它和恐怖主义联系在一起,或嘲弄它并以嘲弄的方式排挤它。让阿拉伯巴勒斯坦人不存在。让巴勒斯坦这片土地不存在,甚或让巴勒斯坦这个民族也不存在。"我们巴勒斯坦人"几乎难以觉察地变成了"他们",一个非常值得怀疑的特定种类。

这样的故事总会在我心中唤起一种疲惫的苦涩。从这类事情老到的计谋看,谁是莎朗·丘奇?她在一本轻浮的杂志里写下几行专栏文字,我则感到被迫运用逻辑、历史和修辞来讲道理,大费周章。每次我们都需要,或觉得需要,从头开始再次讲述我们的故事。当我们来到起点时,留给我们的已经不多了,仅凭记忆已经力有不逮。贾布拉·贾布拉(Jabra Jabra)有影响力的小说《寻找瓦利德·马苏德》(*The Search for Walid Massood*)——一部大器晚成的具有巴勒斯坦人敏感度的出色作品——似乎也是从这个观点出发的:回忆已不敷用。"清白与暧昧"的回忆,贾布拉写道,要求句子一一对应那份回忆。但这样的句子不存在,它们要经过漫漫岁月才可能产生,效果亦很不确定。"能被恰切思考的东西,"阿多诺说,"向来必须在其他场所由其他人思考。此种信任伴随着即便是最孤独和最无力的思考。"这是表述巴勒斯坦人梦想的另一种方式:对回忆、现实、语言之间毫厘不爽的向往。任何东西都比我们现有的强——可是前方的路阻断了,目前的手段又不足,我们也回不到过去。

但我仍对这段时期用以修复巴勒斯坦原状的一些方法感触良深。回忆录的涓涓细流中包括流水账、议事日志、照相簿、日记,以及各类巴勒斯坦人记忆中的往事。所有这些都建立在陈述的概念上——基于个人授权的阐述——并且努力使无争议的证据更加清晰。阿克兰·佐伊特（Akram Zuayter）的日记；希沙姆·沙拉比（Hisham Sharabi）的阴郁的自传《灰烬》(*Al Jamr wa'l Rumad*)；扎卡利亚·阿尔-谢赫（Zakaria al-Shaikh）的目击者报告，他当时是营地的难民，记录了1982年抵抗萨布拉和夏蒂拉大屠杀那场地狱般的浩劫。我读过且印象深刻的其他作品，可以说都是由巴勒斯坦内部（min dakhil Filastin）某一个普通生活场面触发，比如拉贾伊·布塞拉（Raja'i Buseilah）伤心的、片段的叙述，这位失明的巴勒斯坦诗人和学者记录了1948年尚在孩提时被迫离开利达（Lydda）的经历（缘于时任哈加纳司令的伊扎克·拉宾的驱赶）；瓦利德·哈立迪（Walid Khalidi）编撰的《他们的大流散之前》(*Before Their Diaspora*)，此书大量汇集了1876年到1948年间多半是巴勒斯坦人私人的照片；沙菲克·胡特（Shafik al-Hout）关于有"巴勒斯坦的新娘"之称的城市雅法的回忆录；沙菲克的公公阿贾吉·诺维希德（Ajjaj Nouweihid）在他去世前几年编纂的小型百科全书《巴勒斯坦的男人》(*Rijal min Filastin*)，这部充满感情的汇编作品使人联想到阿拔斯王朝的传记辞典，我还从中找到我父亲家族的参考资料。

然而，在这一切中我看到一个根本问题——妇女的重要缺席。除了极少数场合，妇女的作用是微乎其微的，差不多就像用来连接、过渡的连字符，只是附带出现的。我们若不能在我们生活内部感受妇女所作的陈词——具体、警觉、富有同情心、极其犀利、出奇牢靠——我们就永远无法完全理解我们被剥夺的经历。

在巴勒斯坦生活的每个角落，我都能看到这样的妇女，而且我看到她们如何在两种境遇间生存，一种是我们分配给她们的甜蜜的感伤主义角色（母亲、处女、殉道者），另一种则是烦恼，甚至厌嫌，那是因为她们未被同化的力量在我们小心地政治化了的、自动生成的男子地位中有着挑衅的意味。

当我的母亲提及她在拿撒勒的早年生活——她非常严苛的父亲给

予她特有的温柔,她对自己母亲的亲近,以及后来同她的疏远,他们在(对我来说)乡村生活的真实气息,这种真实性是我之前不曾接触的——我在她身上总能觉察到某种不安,事关与早年生活分离的令人后悔却无法弥补的隔阂。这倒不是因为她1948年被人从拿撒勒赶出来——她不是。她是1932年随我父亲离开的。但她讲了这个故事:就在她和我父亲在托管地政府的登记处刚办理完结婚手续,一名英国官员就把她的护照给撕了。"从现在开始你就用你丈夫的护照旅行。"他说。对她的抗议和质问,他实际上是这么回答的:"取消你的独立身份可以让我们为欧洲来的犹太移民多提供一个合法名额。"

这也许是殖民地环境中一位妇女被剥夺公民权的一个太有象征意义、太具体的故事了。我不知道这种做法有多常见,也不知道在我母亲个人合法身份消失和一个犹太人定居者出现两者之间有什么绝对相关性。护照被撕毁这个经历本身的痛苦过于强烈和过于生动,以至一直鲜明地保存在我母亲余下五十多年的生活里,她讲这件事时是极不情愿的,甚至感到羞耻。作为她的儿子,我很同情地记住了这个情节:她因为这个新的身份,即我父亲的妻子、我的母亲、我早年最亲密的同伴,持续承受了一种轻柔的伤痛。我因此将这一创伤解释为她从一个完全直接的存在状态——以一名年轻的巴勒斯坦女子这样一个完整身份的存在状态——变成了一个间接的,甚至是附属的人,变成了妻子和母亲。

后来我意识到,成为一个间接的人,被分派扮演一些重要却是二等的角色,正是所有巴勒斯坦和阿拉伯妇女的命运;这是我与她们相遇的方式,也是她们在我们各种社会形态中存在的方式。当然,这些都是一般的社会和历史事实,但它们在巴勒斯坦生活中,因为我们的情况特殊,通常有着更强烈的具体含义。这个问题变成了如何看待妇女的困境:她受人支配并成为牺牲品,主要是因为她是生活在阿拉伯、穆斯林社会的妇女,还是因为她是巴勒斯坦人?无论这个问题的答案是什么,以同等缜密态度考察对妇女的否定以及对巴勒斯坦人的剥夺都是极为迫切的要求,这两者都助力构成我们目前的处境。

在观看了年轻的巴勒斯坦人导演米歇尔·克莱非(Michel Khleifi)

执导的一部纪录片后，我突然有一种强烈感觉，我母亲的故事只不过是巴勒斯坦妇女困境的一个代表。像我母亲一样，克莱非也是在拿撒勒出生长大的。他现在是布鲁塞尔的居民，持以色列护照，也是一名流亡者。他的影片《丰富的回忆》(*The Fertile Memory*)以多种手法回应了当我想到我母亲的经历及其所有含义时感受的那种对身份恢复和认知的需求。

　　克莱非在我们眼前展现了两位巴勒斯坦妇女，她们作为以色列国民生活着。其中一人是他的姨妈法拉赫·哈托姆，一位年长的寡妇，1948年后仍留在了拿撒勒。我们看到她在以色列一家生产游泳衣的工厂工作，乘公共汽车，对她的孙子哼摇篮曲，做饭洗衣服。她工作的连续镜头显示了对细节的近距离特写和高强度的重复这两者的结合，尤其是那种在其他家庭成员眼中理所当然的繁琐家务。从这种具体到几乎无以复加的精力消耗中，观众得到这样的印象，维持生活的各种方式都已经处于下意识的行为了。人们会对这种旷日持久的行为准则感到一种特别的敬意，这种敬意在巴勒斯坦民族主义浓郁的男性人物身上通常不可能体现。这位妇女的孤独，她被指派的各种卑微的职责，她工作的照顾的性质，她要做的各种事情的精细程度（包括缝纫），这一切所提示的巴勒斯坦人的生活现状，比我们平时流利的话语所能说道的还要真实。

　　影片主要反映的，是这位老妇人与土地关系的戏剧性情节。它在连接两个不同场景中完成，她渐渐成了一个所谓"内部流放"的有力的象征符号，这种情况在英国托管地时期就已经很明显了，我母亲的护照也是在那个时候被剥夺的。法拉赫最初出镜是她和两个成年孩子之间的对话，两人都劝她出售她拥有的土地，但实际上这片土地已经被以色列人"收复"了。虽然她仍持有地契，她很明白那不过是一纸空文。现在她的孩子告诉她，法律人士的意见使他们相信尽管以色列人征用了土地，还是有机会卖给现在的租户的。显然有人想通过付钱给她以换取最终权利的方法，使对她的剥夺合法化。

　　她坚决不同意。这个大个子、双下巴的女人稳如磐石地坐在厨房的桌旁，不为她能换取的金钱和精神上安全保障的道理所动。不干，不干,不干,她说。我要保留土地。但你实际上并不拥有它,这一反驳令我们生活在流亡中的人对她默默地表示了更多同情,因为她至少继续坚守着某种价值,任何价值,即她与土地的关系。但很快,这位妇人的执拗就使我们想起我们的各种纪念品,往事回忆,地契,合法要求,仅仅在强调我们现在的生活与之相隔得有多远。在因流亡而出现的形形色色的茧房中,也许还有些空间,可以象征性地恢复我们遗产中断断续续的部分;然而,象征和现实之间仍有诸多不符,比如当瓦达德·卡瓦尔(Wadad Kawar)在安曼保存、编目、重新制作出最精美的巴勒斯坦人裙装集锦,在日本出版后,却被美国的专栏作家轻视忽略,并用简单方式处理成"恐怖分子服饰"。当然,土地也不真正属于我们。

法拉赫若有所思并充满感情地继续她的陈述:"我现在不能用这片土地,但谁知道将来会发生什么事?我们原本在这儿,然后犹太人才来的,他们之后也可能有其他人来。我拥有这片土地。我将来会死。无论多少人来来去去,但土地总在这儿。"这个逻辑从一个层面看不需要用来说服人;而从另一层面看,她感到由衷满意。于是我们记起了在许多例子中那种反反复复的一意孤行其实没什么道理,比如宣告"我站立于此",周围却是轰轰烈烈的失败的人物标识(阿卜杜勒·纳赛尔是其中最典型的例子),——或只是足以用来表示我们的站队和他们的站队之间的区别。

在《丰富的回忆》靠后,法拉赫有生以来第一次被带去看到她自己的土地。这也许不可思议,但正如克莱非曾向我解释的那样,对于她那个时代的妇女来说这不是什么新鲜事,她去世的丈夫拥有这片土地,打理这片土地,临死前立遗嘱传给了她。当她继承土地时,已经被剥夺了。无论她的地契给她带来什么,她都只能想象是在叙利亚展示巴比伦空中花园的图片。

克莱非不知用了什么办法,竟然设法在他的影片中记录到了法拉赫对她的土地的第一次探访。我们见到她犹豫地踏上一块地;之后她转过身来慢慢伸开双臂。她的脸上突然显出一种令人迷惑的平静。表情中几乎看不出业主的自豪。影片不动声色地记录了她在自己土地上,并且她的土地也的确存在这个事实；至于介入这两件事实之间的环境因素，比如我们想起无用的地契和以色列的征占，在画面中都不可见。我们于是立刻意识到，屏幕上正在看到的，或象征身处内部的巴勒斯坦人的稳态，只是一个乌托邦的意象，使巴勒斯坦个人和巴勒斯坦土地之间可能建立起一种联系。法拉赫与她的土地的重新建立联系，虽然完全说不上正式但其实又很正式，令我想起我母亲和她1932年被剥夺身份的痛苦回忆，甚至起了些抚慰的作用。一代人之后的某种艺术体验，部分地疗愈了伤口。

《丰富的回忆》另一位主要人物叫萨哈尔·卡利菲，来自纳布卢斯一位年轻而成功的小说家和教师。她的镜头绝不是那种乡愁或欲说还休式的。她比法拉赫年轻一代，无论对身为女性还是对身为巴勒斯坦人，她都具有更强的自我意识。她很有点儿自嘲地把自己形容为一个战士。但即便萨哈尔的生活比法拉赫更不同凡响——她也是被剥夺的，她的身份遭到削弱：作为一名民族主义者，削弱她的是控制约旦河西岸的以色列势力的结构；作为一名离婚的职业女性，削弱她的是纳布卢斯占主要地位的穆斯林和传统社群所形成的成规习俗。她表示她得不到政治上的满足，以及在某种程度，也得不到两性关系上的满足；这两件事都将她拒之门外，前者因为她是巴勒斯坦人，后者则因为她是阿拉伯女人。但不管怎样，萨哈尔还是稳固地坚守她的位置。人们慢慢感觉到，她和其他纳布卢斯人一样——尽管周遭环境处于以色列占领，以及政治和社会的紧张关系——他们还是稳固地坚守他们的位置，他们过着自己的生活，长久以来，他们总是这样过着自己的生活。

克莱非的成功之处，在于他在影片中体现了巴勒斯坦妇女生活的一些特定面貌。他小心地让法拉赫和萨哈尔的强大缓慢地显现出来，这种缓慢的速度有可能令这部影片失去它本应吸引的更多观众。他有意让我们对商业电影产生的期待（情节、悬念、跌宕起伏）落空，倾向于一种更新颖和更真实的表征的风格，因为这和它的反常乖悖的素材是完全契合的。我们每个人都背负了那代人所经历的片段回忆，1948年的剥夺成为悲剧高潮。对这些经历，法拉赫·哈托姆给予了证明。我们每个人又都感受到发生在两个世界之间的光影线上那种暗中的损害,对这种感觉,萨哈尔·卡利菲给予了表述。

但克莱非没有动用编辑上的操控,比如陷入他对法拉赫——和同为巴勒斯坦同胞的他——的真实处境引发的情绪。她的日常环境并没有直接刻画以色列统治发生的标准情景。影片中很少见到以色列士兵,也没有巴勒斯坦人被警察围捕的场面。他甚至克制住不去特别强调萨哈尔更具斗争精神立场(即使仍算缓和)的重要性。影片也没有任何巴勒斯坦激进主义、烧轮胎、扔石块的镜头切换。

相反,克莱非将一种审美上的澄明赋予这两位妇女,令我这个巴勒斯坦男性对我们被剥夺的体验有了新的理解角度。然而,因为我与这些体验无论在时间、性别、距离上都是分开的——这些体验毕竟发生在一个我不能居住的内部——我的外部人角色被再次确认。这又反过来导致我,也许带有防卫的性质,去保护流亡生活的完整,我会注意到巴勒斯坦内部生活的妥协——包括在与犹太复国主义进行的那场失败之战中历史地显示的健忘和粗心的特点,还有过于近距离的视野,令想法得不到

安曼,1984年。法拉吉太太

思考，情景得不到记录，个人得不到纪念，而时间被白白抛弃。

  这是慢慢度过熟悉岁月的另一位妇女的脸，它隐藏着一生的无数插曲，被一位注意聆听的摄影师精彩地记录了下来。我第一次看到这张脸庞，就想到了我们在故土的生活。半年后我不经意给我妹妹看了这些照片。"这是法拉吉太太。"她说。的确是她。我最初见到她是在 1946 年，那年我的堂兄娶了她的女儿，一位我在现实生活中第一次遇到的美人。后来我在五十年代也还见过法拉吉太太，而今又一次，我在让·摩尔的摄影里见到了她。她的照片，把我、我妹妹、我的朋友、她的亲戚、她认识的人和她住过的地方连接了起来，像一张地图，我们都给吸引住了，甚至她的发网、她的棱纹毛衣、普通的眼镜、平稳的笑容和粗壮的手，都一桩桩吸引着我们所有人。但所有的关联，可以这么说，都是在我看到这张照片的一段时间以后，在我们决定把它收到书之后，在我安放好它的顺序之后，才变得明显起来的。我一旦认出法拉吉太太，照片表面提示的熟悉就被一种无甚秘密的清晰取代。她是一个真实的人——巴勒斯坦人——在内部有一段我们的真实历史。但我不知这幅照片能不能，或有没有说明事物的真实状态。一些东西已经遗失。而再现是我们现有的一切。

选自《最后的天空之后》

11

叶芝与去殖民化

（1988）

　　威廉·巴特勒·叶芝有云："诗人最好闭嘴，因为事实上/我们没有本事去纠正政客。"这使得评论家屡屡认为叶芝的诗对文学兴盛的现代主义的贡献多于其与爱尔兰民族主义的联系。其实作为一个主要为爱尔兰受众写爱尔兰抒情诗的爱尔兰新教徒，叶芝亦从早年就在政治上积极参加爱尔兰民族主义运动。文学评论家德克兰·基贝尔德（Declan Kiberd）认为，对于叶芝，"爱尔兰是一个'想象中的家园'，是那种被流亡者永无休止地创造和再创造的地域，他们唯恐如果不以语词赋予其一个本地聚居处，这个家园就会消失得杳无踪影"。[1]

　　《叶芝和去殖民化》是萨义德1988年作为一份活动日小册子（Field Day Pamphlet）在爱尔兰出版的文章（作为在斯莱戈讲座的论文提交），该文也发表于纽约市迪亚艺术基金会（Dia Art Foundation）的一场讲座。此文原构想是萨义德《文化与帝国主义》的一部分，后成为书中的一个章节。萨义德此文对威廉·巴特勒·叶芝主要现代主义诗作的解释离开了英语文学的经典标准，而是把它置于反殖民主义的民族主义的话语框架下。萨义德将叶芝归入其他反帝国主义诗人形成的传统，也就是说将叶芝与巴勃罗·聂鲁达、埃梅·塞泽尔、费兹·艾哈默德·费兹（Faiz Ahmad Faiz）、马哈茂德·达尔维什放在一起，认为在他们所有人身上都有一种在诗中追寻绘制地图的敏感，在诗中对他们被殖民的土地进行重申权利、重新命名和重新栖居。

威廉·巴特勒·叶芝现已几乎完全被经典收纳，融入了现代英语文学和欧洲现代主义全盛期的话语。这两者都把他看作伟大的爱尔兰现代诗人，深深依附并相互作用于他的民族传统、所处时代的历史和政治脉络，以及在民族主义风起云涌的爱尔兰作为用英语写作的诗人的复杂环境。尽管叶芝之于爱尔兰，之于英国文化和文学，之于欧洲现代主义都是显赫的、且我觉得已成为定见的存在，他依然呈现出另一种迷人的面向：他是一位无可争议的民族的大诗人，在一段反对帝国主义的抵抗运动中，清晰地表达了一个遭受某近海势力统治的民族的种种体验、抱负以及光复的愿景。

从这个角度看，叶芝所属的诗人传统并非通常认定的类型，而是在欧洲帝国主义统治的殖民地世界中出现的一个反叛高潮期形成的传统。如果说这不是解释叶芝的一个约定俗成的方式，那么我们就要说，凭他的爱尔兰殖民地身份，他也很自然属于那个与一组非欧洲地区有着共同特点的文化领域：文化上依附与对抗并举。

帝国主义的全盛期据称始于十九世纪七十年代的最后几年，但在说英语的地区，如同安格斯·考尔德（Angus Calder）扣人心弦的《革命的帝国》（*Revolutionary Empire*）一书精彩展现的那样，至少可以上溯到七百多年前。爱尔兰在十二世纪五十年代就由教皇转让给了英格兰国王亨利二世；而亨利二世本人于1171年到了爱尔兰。一种连贯得难以置信的文化立场自此形成，即把爱尔兰看作蛮夷之邦，把爱尔兰原住民看作化外之民。晚近的批评家和史学家——其中主要有谢默斯·迪恩（Seamus Deane）、尼古拉斯·坎尼（Nicholas Canny）、约瑟夫·里尔森（Joseph Leerson）、R.N. 勒博（Lebow）等人——都研究和记录过这段历史，该历史形成竟也有埃德蒙·斯宾塞和大卫·休谟这些令人肃然起敬的人物的很大贡献。

于是，印度、北非、加勒比海、中南美洲、非洲大部分、中国和日本、太平洋群岛、马来西亚、澳大利亚、新西兰、北美，当然还有爱尔兰，都属于一个共同群体，虽然它们在大部分时期内都被分开处置。早在1870年前，所有这些地区就都成了是非之地，或陷入当地不同抵抗组织之间的争夺，或陷入欧洲列强之间的争夺；在某些情形中，如印度和非洲，两地反抗外来统治的斗争远在1857年前和远在十九世纪末欧洲召开的那些形形色色讨论非洲的会议前已经同时展开。

这里的观点是，无论人们如何划分帝国主义的全盛期——在那个时期欧洲和美国几乎每人都认为他或她在为帝国高品质的文明和商业事业服务——帝国主义本身已是数百年海外征服、掠夺和科学探索的一个连续进程了。对一个印度人，或爱尔兰人，或阿尔及利亚人来说，所在的土地过去是一直受到外国势力支配的，无论这股势力是自由派、君主派还是革命派。

但现代欧洲帝国主义与它们海外支配的早期形式相比，从建构和根本上说都属不同的类型。比例和范围只是区别的一部分，不论拜占庭、罗马、雅典、巴格达、西班牙还是葡萄牙，在十五和十六世纪控制的疆域面积与英国和法国在十九世纪控制的疆域面积当然不可同日而语。更重要的区别在于首先是维持在势力对比中的长期差异状态，第二是大规模的权力组织，它影响的不止是生活的轮廓，而且是具体的细节。到十九世纪初，欧洲已经开始其经济的工业化转型——英国是领头羊；封建的和传统的土地持有结构正在发生变化；海外贸易、海军势力、殖民定居等新重商主义模式正在建立；资产阶级革命正在进入胜利阶段。所有这些发展对于欧洲的各种海外占领赋予了一种进一步上升的势头，一种强力的、甚至是令人生畏的形象。到第一次世界大战前，欧洲和美国使得地球表面大部分地区都处于某种程度的殖民征服之下。

发生这一切有很多原因，一整套系统研究的书集（始于帝国主义进攻性最强阶段那些批评家的著述，如霍布森［Hobson］、罗莎·罗森堡、列宁）将其主要归结于经济和某种特征模糊的政治过程（比如在约瑟夫·熊彼特的论述中，还包括心理上的进攻性）。我提出的理论，是文化扮演着非常重要且的确系不可或缺的角色。几十年的帝国扩张期间，在欧洲文化中心存在一种不受遏制的、不折不扣的欧洲中心论。这一主张积聚了各种经验、领地、民族、历史；它研究这些对象，将它们分类，对它们核实，如考尔德所言，它赋予"欧洲的生意人"权力去"谋划宏图大略"；[2] 而最要紧的，是从白人基督徒的欧洲文化和白人基督徒欧洲这个观念本身出发，使上述对象处于次要地位，消除它们的身份，令它们只能作为低一等的存在。这一文化过程必须看作与帝国主义物质中心的经济和政治手段相对应的一个重要的、渗透的、提振精神的配合点。欧洲中心论的文化无情地将对非欧洲的或外围世界的每件事都进行编码和观察，详尽透彻，巨细靡遗，极少留有未被问津的事项、未被研究的文化、未被认领的民族和地区。

从这些角度看，上述情形自文艺复兴以降就没有发生过重大背离；如果说承认这点令人难堪，即那些长久以来我们一向认为是进步的社会元素，就帝国而言，是统一的倒退，我们仍然不应害怕将这点说出来。前卫作家和艺术家、工人阶级、妇女——这些在西方的边缘群体——亦随着欧洲和美洲列强在残暴、不合情理甚至无利可图的控制上竞争加剧而表现出一种帝国主义的激情，其强度和狂热也在不断加剧。欧洲中心论渗透到工人运动、妇女运动、前卫艺术运动的核心，凡是意义重大的运动，没有不受到它影响的。

帝国主义扩张的范围和深度加大的同时，各殖民地本身的抵抗也在加大。正如在欧洲，全球性积累这种将殖民地域聚集于世界市场经济的行为，是由赋予帝国意识形态许可的文化支持和激励的，在海外帝国，大规模的政治、经济和军事抵抗运动也由积极行动的、富有挑战精神的抵抗的文化推进和渗透。这是一种具有悠久气节传统和自赋权利力量的文化，而非对西方帝国主义姗姗来迟的应激反应。

在爱尔兰，考尔德说，谋杀盖尔人的念头从一开始就是"皇家军队或皇室批准的一部分，[被认为]是爱国的、英雄的、正当的"。[3] 英国种族优越论变得根深蒂固；连埃德蒙·斯宾塞这样一位仁慈的诗人和绅士，在《爱尔兰现状之我见》(*View of the Present State of Ireland*)（1596年）一书中都大胆建议，因为爱尔兰是野蛮的西徐亚人（Scythians），他们中的许多人都应该被消灭。针对英国的反叛当然早已有之，到了十八世纪在沃尔夫·托恩（Wolfe Tone）和格拉坦（Grattan）时期，反抗获得了一种独特身份，有自己的组织、行话、规则。该世纪中叶，考尔德接着说，随着才华横溢的斯威夫特、戈德史密斯和伯克赋予爱尔兰抵抗运动一种完全属于自己的话语，"爱国主义逐渐成为时尚"。[4]

大部分但非全部，抵抗帝国主义的运动是在广义的民族主义语境下进行的。"民族主义"这个词虽仍包括形形色色未加区分的意义，但它足以使我辨认出这股动员力，即号召拥有共同历史、宗教、语言的各族人民联合起来、反抗一个外来的占领帝国。然而，即便这一招很成功——也许因为它的成功——使许多领地摆脱了其殖民领主，民族主义仍旧是一桩会引起很多问题的企划。当民族主义号召民众走上街头游行抗议白人主人时，领导它的通常是律师、医生、作家，这些人部分参与殖民地政权的组建，在某种程度上还是殖民地政权的产物。法农预感不祥地谈到，民族资产阶级及其专业的精英人士用以取代旧殖民政权的，实际上是一种最终以阶级剥削为基础的新政权，这个新政权用新话术把旧殖民结构复制了一遍。在先前的殖民地世界中，到处可见孕育出艾克巴尔·艾哈迈德称之为各种"权力病理"的国家。[5] 同时，民族主义的文化范围可能因为它利用殖民者和被殖民者的共同历史而受到致命限制。帝国主义毕竟是一桩合作的冒险营生，而其现代形式的显著特点，系其为（或声称为）一场教育运动；它颇有意识地从推进现代化、发展、教导以及传播文明开始做起。在亚洲、非洲、拉丁美洲、欧洲和美国的学校、使团、大学、学术团体、医院等的编年史都充斥着这样的历史，久而久之，树立了一套所谓现代化潮流，差不多盖过了帝国主义统治更冷酷的其他面貌。但是它在其核心部分依然保留了十九世纪原住民和西方人之间的鸿沟。

比如那些老牌殖民地学校将历史、科学、文化的重要事实传授给当地资产阶级后代。数百万人通过这种学习过程掌握了现代生活的基本原理，但仍属于他们生活以外的一个权威圈层的附庸。因为殖民地教育的目的之一是弘扬法国或英国的历史，同样的教育也贬抑了本地历史。所以尽管在合作卓有成效的那些年，当地人和"白人"之间发展出一些密切关系，但对当地人而言，永远都是一个个英国、法国、德国、荷兰成为真经话语的远方知识宝库。乔伊斯笔下的史蒂芬·迪达勒斯在面对他的英语学业主任说的那段话就是一个著名的例子，很有感染力地传达出有人发现了这个现象：

> 我们正在说的语言首先是他的，其次才是我的。"家""基督""麦芽酒""主人"，这些词语从他的嘴唇里发出和从我嘴唇里发出，是何等不同！我说这些词，或写这些词，无不感到心神扰乱。他的语言，既那么熟悉又那么陌生，对我来说永远都是习得的说辞。我尚未理解这套语言中的词语或接纳这些词语。我的声音令这些词语难以靠近。在他这种语言的阴影下，我的灵魂焦躁难耐。[6]

在爱尔兰、印度和埃及，民族主义扎根于为争取本地人的权利和独立而长期斗争的民族主义政党，如新芬党、国大党和埃及国民党（Wafd）。类似的进程也出现在其他非洲和亚洲地区。因为民族主义的动力，万隆会议上那些经受过磨难并崛起的一众名人——尼赫鲁、纳赛尔、苏加诺、尼雷尔、恩克鲁玛（Nkrumah）——正处于他们的活跃期，而这些伟大的民族主义领导人各种鼓舞人心的自传、教导手册以及哲学沉思也都在文化上体现了民族主义的动力。在传统的民族主义中，人们到处都能明确辨认出一种家长制的人物扮相，这种民族主义对于妇女和少数族裔的权利（就更不提民主化的自由了）是造成怠滞和扭曲的，这点时至今日仍能感受得到。一些重要著作，如帕尼卡（Panikar）的《亚洲与西方统治》(*Asia and Western Dominance*)、乔治·安东尼乌斯的《阿拉伯的觉醒》以及爱尔兰复兴运动各种作品，也都是传统民族主义的产物。

在爱尔兰和其他地区的民族主义复兴运动中出现过两个独特的政治关键点，每个都有其自身富于想象力的文化，没有第一个，第二个也难以出现。第一个关键点，是明显意识到作为帝国主义的欧洲和西方文化的存在；这一反身意识的时刻使非洲、加勒比海诸国、爱尔兰、拉丁美洲或亚洲的公民敢于断言：欧洲在文化上认为它领导和/或指教非欧洲人或非大陆人的说法可以休矣。正如托马斯·霍奇金（Thomas Hodgkin）所指，这常常通过"先知和祭司们"率先发出，[7]他们中有诗人和胸怀远见之人，也许是霍布斯鲍姆的"原始的叛乱"的不同版本。第二个更公开的主张解放论的关键点出现在第二次世界大战之后一段时期，西方的帝国使命在不同的殖民地区域，主要是阿尔及利亚、越南、巴勒斯坦、爱尔兰、几内亚和古巴都戏剧性地延长了。无论在印度的宪法，或泛阿拉伯主义和泛非洲主义的声明，或排他主义者的各种形式如皮尔斯（Pearse）的盖尔语或桑戈尔（Senghor）的黑人文化自豪论（négritude）等，人们看到传统的民族主义既有缺陷又极为重要，它只是迈出的第一步。在此矛盾中出现了解放的观念，一个强有力的、新型的后民族主义主题，在比如康诺利（Connolly）、加维（Garvey）、马尔蒂（Martí）、马利亚特吉（Mariategi）、卡布拉尔（Cabral）、杜波依斯（Du Bois）的作品中都已经能够隐约感受到，但仍需要注入理论推力，甚至需要武装的、反叛的交战状态才能使它明确作为议题提出。

我们再来看第一个关键点时的文学，反帝抵抗运动的文学。如果说有什么可以从根本上突显反帝的想象力，那就是地理元素的重要地位。帝国主义毕竟是一个与地理有关的暴力行为，通过这种行为，世界上每一片土地都被勘测、绘制，最后纳入控制范围。对当地住民，殖民带来的奴役历史始于当地性在外来者面前丧失了；因此必须寻求其地理身份认同，并在某种程度上重新建立这种认同。因为外来殖民者的存在，光复领土最初是在想象中发生的。

让我用三个例子，说明帝国主义如何从一般到具体、复杂而稳固地获得地理上的永久经营土地（morte main）的。最一般的体现在克罗斯比（Crosby）的《生态扩张主义》（*Ecological Imperialism*）中。克罗斯比说无论欧洲人去到哪里，都立即着手改变当地居住环境；他们意图明确，要将领土转变为他们从前生活的景象。这一过程永无止境，因为大量的植物、动物、农作物，还有各种建筑方法，再加上各种新的疾病、环境不平衡、对被制服的原住民造成的创伤性错位，都逐渐将殖民地变成了一个面目全非的地方。[8]变化的生态又带来变化的政治体系。在后来的民族主义诗人或远见者眼中，这一变化使人们疏离了自己本真的传统、生活方式和政治组织。我们可以看到许多浪漫派神话创作都变成了民族主义者的版本，讲述帝国主义如何使土地发生异化，但我们不应怀疑实际变化起作用的程度。

第二个例子是将长期占有领土合法化的各种项目，旨在常规地使土地盈利，同时使之与外来规则结合起来。地理学家尼尔·史密斯（Neil Smith）在《不平衡发展》(*Uneven Development*)一书中卓有见地地阐述了历史上资本主义如何创造一种特别的自然与空间，某种将贫穷与财富、工业城市化与农业的衰退融为一体的不平等发展的面貌。这一过程的巅峰是帝国主义，它支配着在宗主国中心保护下的所有空间，对其分类，并使其普遍商品化。文化上的类比是十九世纪晚期的商业地理观点（如见诸麦金德［Mackinder］和奇索姆［Chisolm］的著述），为帝国主义结果出现"自然的"富饶或贫瘠，可利用的海道，有永久差异的地区、领土、气候、民族开脱辩护。[9]如此完成"资本主义的普遍性"，它"根据领土的劳动力划分来区别对待民族的空间。"[10]

继黑格尔、马克思和卢卡奇之后，史密斯将这种科学上的"自然"世界的生产称作第二自然。在反帝的想象中，我们这种边缘地带的家园空间已经被外来者为他们的目的篡取和利用。因此，必须查找、在地图上标识、创造或发现一种第三自然，不是原始的和史前的自然（"浪漫时期的爱尔兰已死，烟消云散。"叶芝语），而是源自当今被剥夺的状态。很多作品都带着与地图绘制有关的冲动，著名的例子有叶芝早期收录在《玫瑰》中的诗，聂鲁达关于探索智利山川地貌的不同形式的诗，塞泽尔写安的列斯群岛的，法伊兹写巴基斯坦的，以及达尔维什写巴勒斯坦的——

归还我——
脸庞的色泽
身躯的温暖

心灵和眼睛的光

面包和泥土的盐

……

祖先的地盘 11

但是——第三个例子——殖民地空间必须改变得足够到位，这样在帝国眼中才不至于显得突兀。英国治下的爱尔兰经过英国反复的安居计划，比所有其他殖民地遭遇更多不计其数的改头换面之变；在其顶峰1801年，英国以一纸联合法案，将爱尔兰实际并入联合王国。其后，英国于1824年下令其地形测量局（Ordnance Survey）对爱尔兰进行勘查，其目的是使所有地名英国化，重新划定土地边界以进行财产估值（并进一步以优惠英国和"领主的"家族征用土地），以及对当地人口实施永久性地征服。这次测量几乎完全由英国方面的人员完成，对此玛丽·哈默（Mary Hamer）贴切地指出，已经达到"将爱尔兰人定义为无能的［并］……压抑了［他们的］民族成就的直接效果"。[12] 布莱恩·弗里尔（Brian Friel）最有影响力的戏剧之一《翻译》（*Translations*）(1980) 也反映英国地形测量局对当地原住民造成的破坏性后果。哈默接着说："在这一过程中，被殖民者一般［想当然］是被动的和被代表的，他们无法控制自己的表述，只能根据某种霸权的推力来表述，这时他们被构建在一个稳定而统一的实体中。"[13] 而发生在爱尔兰的行为也同样发生在孟加拉，或同样发生在法国治下的阿尔及利亚。

抵抗文化最初几项任务之一，是对土地进行重申权利、重新命名和重新栖居。随之而来的是一整套进一步的判定、恢复、辨识，所有这一切毫不夸张地建立在这种富有诗意的项目基础上。寻求真实性，寻求一种比殖民历史所能提供的更为同种同源的民族之根，寻求一批新的英雄和（偶尔会出现的）女英雄、神话、宗教——这些反过来又因本地人民怀揣重新收回土地的感情而变得更有可能。随着这些去殖民化认同的民族主义的轮廓出现，原住民的语言也总是会出现有如魔力般创意的、半似炼金术般的重新发展。

叶芝在此特别令人瞩目。他和加勒比及一些非洲作家们一样，表达了与殖民地领主共用一种语言的困境，当然他在许多重要方面都属于英裔爱尔兰人（Protestant Ascendancy），这些人对爱尔兰的效忠，如果不像叶芝这种相当矛盾的情形，往轻里说也是含混不清的。叶芝的发展进程循着一条可见的逻辑，早年的盖尔语族风情，带着凯尔特的各种偏好和主题，到后期形成系统的神话学研究，像出现在《我是你的主人》("Ego Dominus Tuus")那一类提纲挈领的诗中和在文论集《幻象》（*A Vision*）中的内容。对叶芝而言，他清楚他的爱尔兰民族主义和英国文化遗产存在重叠部分，这两者都支配着他，并赋予他能量，它们一定会引起紧张关系，人们也许会推测正是这种极为政治而又世俗的紧张关系所带来的压力促使他试图在一个"更高"的层面，即非政治层面，解决这个问题。他在《幻象》中，以及后来在准宗教的诗作中创造的各种极为怪诞的和艺术化的历史，将这种紧张关系提高到一个尘世以外的水平，可以这么说，爱尔兰仿佛在远离地面的水平最容易控制。

谢默斯·迪恩在《凯尔特的复兴》（*Celtic Revivals*）一书中对叶芝超越尘世的革命观念作了有趣而精彩的解释，此书指出叶芝早年的、凭空创造的爱尔兰是"顺应他的想象的……[但]他最后发现了一个与之处处忤逆的爱尔兰"。迪恩准确指出，每当叶芝力图使实际中的爱尔兰与他的神秘学观点协调时——如《雕像》("The Statues")一诗所示——结果就是充满张力的。[14]因为叶芝的爱尔兰是一个革命的国家，他可以将它的落后作为某种源头，让它以一种根本上是动荡的、破坏的手段向精神理想回归，这些精神理想在大肆发展的现代欧洲已不知所踪。在如1916年复活节起义这类跌宕起伏的现实中，叶芝还看到无休止、或最终无意义重复循环的断裂，那种循环就像库丘林（Cuchulain）象征的显然是无穷无尽的磨难一样。迪恩认为，爱尔兰民族身份的诞生与叶芝打破上述循环的时间是重合的，虽然这也凸显和强调了叶芝身上特有爱尔兰民族品格的英国殖民者态度。迪恩富有洞察力地指出，叶芝回归神秘主义以及求助法西斯主义强化了殖民地的困境，也彰显比如V.S.奈保尔对印度的讲述，那种文化仰赖宗主国来表达他的自我属性和"英国属性",然而依然转向殖民地:"由于两座岛屿不同的历史,这种对民族特征的探索变成了殖民地式的。而这种探索最繁盛的体现当属叶芝的诗。"[15] 叶芝的诗并不代表一种过时的民族主义,他恣情的神秘主义和前后不一致体现了某种革命潜在性;诗人坚持认为"爱尔兰应该保持对形而上学问题的清醒意识来维护自有文化",迪恩在书中说。[16] 在充满严酷压力致使思想和反省消失的资本主义世界,一位诗人能够激发永恒与死亡的情感进入意识层面,他就是一个真正的叛逆者,这样的人物,殖民地势力消退会促使他对自己的社会和对"文明的"现代性产生一种否定看法。

这种颇具阿多诺风范地表述叶芝困境,当然有很强吸引力。但也许因为想要将叶芝表现得比冷酷的政治解读可能展示的更有英雄气息,而且原谅他的不可接受的、难以理解的反动的政治态度——他公然的法西斯主义,他对旧日家园和家庭的幻想,他前后不一的神秘学的各种偏离——把这一切解释为阿多诺"否定的辩证法"的例子,上述困境反而削弱了。作为小小的矫正,我们或许能够更准确地把叶芝看作一个本土文化保护主义现象加剧的例子,这种现象作为殖民冲突的结果在其他地方也曾经兴盛(比如黑人文化自豪论)。

诚然,英国和爱尔兰在物理上的和地理上的联系比英国和印度,比法国和阿尔及利亚或塞内加尔之间都要密切得多。但无论如何这些关系中帝国的关系总是不变的。爱尔兰人永远都不会变成英国人,这与柬埔寨人或阿尔及利亚人永远都不会变成法国人是同样道理。在我看来每一种殖民关系都如出一辙,因为在统治者和被统治者之间经常维持一种清晰的、绝对的等级制度上的差异,是殖民关系的第一原则,而被统治者是否白人并不重要。令人兴叹的是,本土文化保护主义,即使在重新评价弱势的或从属的伙伴的过程中,都强化了这种差异。且它常常引向许多关于某个本土的过去、叙事或现实的强悍而煽动人心的主张,它的存在脱离了尘俗的时代本身。人们可以从桑戈尔的黑人文化自豪论,或拉斯塔法里(Rastafarian)运动,或支持加维(Garveyite)的非洲裔美国人返回非洲计划,或重新发现各种未被玷污的、前殖民时代的穆斯林本质等等事业中看到这点。

撒开本土文化保护主义中的大量无名怨怼情绪（比如1978年出版的一本很有影响力的伊朗小册子、贾拉尔·阿里·艾哈迈德［Jalal Ali Ahmad］的《西方毒素》[*Occidentosis*]，将世界上大部分罪恶都归咎于西方），有两个拒绝或至少重新构思本土文化保护主义企划的理由。如果说像迪恩那样指出它前后不一致，却因对政治和历史的否定，仍有英雄主义的革命性，我认为此言仍站在本土文化保护主义立场上，仿佛这是抵抗的、去殖民化的民族主义的唯一选择。可是我们看到了它造成破坏的证据：接受本土文化保护主义其实就是在接受帝国主义的后果，接受帝国主义本身强加的种族的、宗教的、政治的分裂。将历史的世界拱手让与各种抽象本体的形而上学（如黑人文化自豪论、爱尔兰特性、伊斯兰或天主教义），抛弃历史，换来的却是令人类能够产生相互对立的本质主义；对凡俗世界的放弃，若群众基础再足够大，往往就会导致某一类相信基督重临的千禧年主义，或退化到小规模隐秘的狂热状态，或不假思索地接受由帝国主义助长的刻板印象、神话、敌意、传统。伟大的抵抗运动几乎不会将这些计划想象为它们的奋斗目标。

若想更好解析这件事，一个可行的方法是参照非洲语境下对同样问题的分析：沃莱·索因卡（Wole Soyinka）在1976年发表了对黑人文化自豪论令人难堪的批评。索因卡指出黑人文化自豪论的概念在"欧洲之于非洲"的两相对立中是一个次要的、低级的术语，它"接受了欧洲意识形态冲突的辩证法结构，借用的却是其种族主义演绎推理的元素本身"。[17]因此欧洲人是擅长分析的，非洲人则"没有分析思考力。得出结论是非洲人尚未高度进化"，而欧洲人是高度进化的。索因卡认为结果造成

> 黑人文化自豪论将自己困在了一个主要用于防守的角色，即使它的口音很尖锐，它的句法很夸张，它的战略很有进取心……黑人文化自豪论在对人和社会进行学术中分析仍处于一个预设的欧洲中心论系统之内，而它试图重新定义非洲人及其社会也只能使用那些外化

的术语。[18]

我们被迫面对索因卡本人阐述的困境，他认为（他想到的是法农）爱慕黑人和憎恶黑人同样是"病态的"。在本土文化保护主义身份认同中，即便难以回避各种好斗的、武断的初始阶段——它们总会出现：叶芝的早期诗作不仅是关于爱尔兰的，而且是关于爱尔兰特性的——但仍存在可以超越它们的很多愿景，不至陷在个人身份认同的情绪性自我陶醉中。首先有可能发现一个并非由敌对本质建构的世界。其次有可能实现一种不设限或无胁迫的世界主义，那种相信所有民族只有一种特性——比如爱尔兰人就只能是爱尔兰人，印度人就只能是印度人，非洲人就只能是非洲人，等等——的想法是令人极不舒服的。最后，也是最重要的，超越本土文化保护主义不意味着抛弃民族性，它意味的是不将本地身份当作包揽一切的要素去考量，这样就不会焦虑地将自己框在自我设定的区域，追求只有归属的仪式、固有的沙文主义和局限的安全感。

民族身份，民族主义，本土文化保护主义：我认为这种进阶会使人越来越受到束缚。在阿尔及利亚和肯尼亚这样的国度，人们看到一个群体的英勇抵抗部分是出于殖民的耻辱，导致与帝国列强展开的一场旷日持久的武装和文化冲突，反过来又让步于一党独裁统治的国家政权，而在阿尔及利亚的例子中，出现了强硬的伊斯兰原教旨主义的反动力量。在肯尼亚，莫伊（Moi）日渐衰弱的专制政体也几乎难以完成茅茅起义掀起的解放浪潮。这种情况下没有社会意识的转型，只有那种在其他地区——菲律宾、印度尼西亚、巴基斯坦、扎伊尔、摩洛哥、伊朗——不断重复的骇人的权力病理。

无论如何，本土文化保护主义不是唯一解决方案。还存在更丰富、更多元的世界目光的可能性，在这种世界观里，帝国主义仍沿特定路线行进，可以说后来以不同形式存在着（我们时代的南北对立就是其中之一），而且支配的关系也在继续，但解放的机会是敞开的。即便在1939年叶芝去世时已经建立了一个爱尔兰自由邦，他还是部分属于上述第二个关键点，这反映在他持续的反英情愫和带有无政府主义鼓荡性质的最后诗作所表现的愤怒和欢欣中。在这个阶段,解放,而不是民族主义的独立,成为了新的备选方案,而解放的本质意味着,用法农的话说,超越了民族觉悟向社会觉悟的一个转变。[19]

从这个角度看,叶芝在二十年代滑向前后不一致和神秘主义,他对政治的拒绝,以及对法西斯主义(或意大利或南美类型的威权主义)傲慢的、如果也是迷人的信奉,是不可原谅的,不必太快辩证地认作否定的乌托邦模式。因为人们可以将那些不可接受的态度定格在一个具体环境并加以批评,而仍将叶芝看作一个去殖民化的诗人。

这种超越本土文化保护主义的方式在塞泽尔《还乡笔记》(*Cahier d'un retour*)的高潮塑造了一个伟大的转折,诗人意识到在重新发现和重新经历了他的过往之后,在重新进入他作为一个黑人的历史中的各种激情、恐惧、处境之后,在感受了并清空了自我的愤怒之后,在接受——

> 我接受……我接受……完全而无保留
> 我的种族
> 用牛膝草和百合花沐浴也无法洗净
> 我的种族
> 瑕疵如坑坑洼洼的麻点
> 我的种族
> 醉汉脚下的一颗熟透的葡萄[20]

所有这一切以后,他突然受到了"像一头公牛一样的"力量和生命的撞击,并开始理解

> 这不是真相:说人的使命已结束
> 说我们无权在地球上立足
> 说我们在人间寄生
> 说我们只该听从这世界的规矩

> 其实人的工作才刚刚开始
> 人类仍需克服一切
> 楔入他激情深处的禁制,而一切种族皆不可
> 垄断美好,垄断智慧,垄断力量
>
> 终有一处是所有人的胜利会师之地
> 而现在我们知道太阳环绕地球
> 照亮这片仅凭我们的意愿就能
> 确定的土地,也知道在我们全能的掌控中
> 每颗星星都从天空向地面洒落 21

这里令人震撼的诗句是"克服一切楔入他激情深处的禁制"和"太阳环绕地球照亮这片仅凭我们的意愿就能确定的土地"。你不会屈从于那种与种族、时机、环境捆绑在一起自我设限的条条框框;相反,你走过这些障碍,体会"胜利会师之地"一种生动的、远大的感受,它必然涉及比你的爱尔兰、你的马提尼克岛、你的巴基斯坦更大的地域。

我绝非将塞泽尔与叶芝(或与谢默斯·迪恩笔下的叶芝)造成对立,而是想更全面地与叶芝诗作中一条主要线索联系起来,这条主要线索既包含了诗中的去殖民化和抵抗成分,也包含了对于本土文化保护主义困境的各种历史性解决方案。叶芝在其他许多方面和别的抵抗帝国主义的诗人一样,比如他对为自己民族创造一套新叙事的坚持,他对英国分裂爱尔兰计划的愤怒(以及对统一的爱尔兰的热情),他对以武力缔造新秩序的颂扬与纪念,以及在民族主义背景下曲折交错的忠诚与背叛。叶芝与帕内尔和奥里尔瑞、与阿贝剧院、与复活节起义的直接关联,为他的诗带来一种——R.P. 布莱克穆尔借用荣格的概念认为是——"直接经历的可怕暧昧"。22 叶芝二十年代早期的作品,与半个世纪后达尔维什在写巴勒斯坦人诗作中表现的参与和模糊有某种神秘的相似性,无论写暴力的笔法,写历史事件的突如其来和难以逆料所造成的冲击,还是写政治与诗之于暴力和枪炮的对立(见其精彩的抒情诗"玫瑰

与字典"),[23] 或是写在最后的边界被跨越、最后的天空被入侵之后所寻求的喘息。"山丘的神圣骑手杳无踪影,"叶芝诗云,"我只剩下愤懑的太阳。"

在阅读1916年复活节起义之后那段鼎沸时期叶芝的杰出诗作,如《一九一九年》或《1916年复活节》以及《1913年9月》,人们不仅看到"油腻的钱柜"控制下生活的失望,或大路和马的狂野,"在洞穴中打架的黄鼠狼",或称之为血祭之诗的仪式,而且还看到一种改变旧政治和道德景观的全新之美。像所有去殖民化的诗人,叶芝努力向人们表明一种想象的或理想中的共同体的轮廓,不但通过察知它自身,还通过察知它的敌人,使这种共同体结晶稳固。"想象的共同体"在这里是适用的,只要我们不必同时接受本尼迪克特·安德森错误的线性阶段划分。在去殖民化的文化话语中,流转着大量的语言、历史、形式。如芭芭拉·哈罗(Barbara Harlow)在《抵抗的文学》(Resistance Literature)一书所示,那种总被民众及其领袖不断重新定义的时代不稳定性,是一个人们在各种体裁——精神自传,抗议诗歌,狱中回忆录,救赎式说教剧——都会遇到的主题。叶芝对其大周期叙述的变动调用了这种不稳定性,他介乎通俗和正式语言之间、民间传说和学者写作之间的诗歌的轻松易换,同样也调用了这种不稳定性。T.S.艾略特所谓"诡诈的历史[和]密谋策划的阴暗角落"的时代纷扰——错误的转折、重叠、无意义的重复、偶然出现的荣耀时刻——为叶芝的诗提供了素材,也为所有去殖民化的诗人和文人——泰戈尔、桑戈尔、塞泽尔——提供了素材,他们的作品带着坚定的战斗声调、英雄主义、以及对"在兽性地面不可控的神秘"的顽强坚持。于是这个作家从他的民族环境中拔地而起,获得了普世意义。

巴勃罗·聂鲁达在他的回忆录第一卷中提到1937年在马德里召开的一个保卫共和国作家大会。会议邀请得到"世界各地的宝贵回应。其中有爱尔兰民族诗人叶芝,还有瑞典著名作家塞尔玛·拉格洛夫(Selma Lagerlöf)。他们二位都年事已高,不克旅行到马德里这个被战火围困、不断受轰炸袭扰的城市,但他们都团结在保卫西班牙共和国运动周围"。[24] 正如聂鲁达毫无障碍地将自己看作一个既论述智利国内殖民主义又论述整个拉丁美洲外部帝国主义的诗人，我认为我们也应将叶芝看作一个超越了严格局限于爱尔兰本地意义和作用的爱尔兰的诗人。聂鲁达承认叶芝是一位民族诗人，在其民族反对暴政的战斗中代表了爱尔兰，并且聂鲁达认为，叶芝毫无疑问积极回应了那场反法西斯号召，尽管他常常被举出具有欧洲法西斯主义倾向。

聂鲁达著名诗作《人民》("El Pueblo")（载1962年出版的诗集《全权》(*Plenos Poderes*)，我引用的是阿拉斯泰尔·里德的英译本）和叶芝的诗《渔夫》("The Fisherman")之间的相似是很明显的：两首诗的中心人物形象都是芸芸众生中的不知名者，他身上的力量和孤独，是属于本族人民的一个无声的表述，一种激发诗人创作灵感的品质。叶芝的诗句：

> 很久前我便开始
> 想到这双眼
> 这个智慧而简单的人。
> 我会镇日凝视这张脸
> 找到我希望所见
> 为我自己的民族
> 和现实而写。[25]

聂鲁达的诗句：

> 我认识那个人，当我仍能
> 我头颅尚有眼，
> 我嗓门尚有声，
> 我在墓地中寻他并对他说，
> 紧握他那只尚未变成尘泥的手臂：
> "一切都会过去，你仍将活着，

你燃起生命之火。
你创造了属你之物。"
所以人们毋需不安
当我看似孤独却并不孤独；
我不缺伙伴且我为所有人表达。
有人正在听我言说，却没有意识到，
但那些我歌唱的人，那些有意识的人，
正在不断诞生，并将会充溢世界。[26]

诗的呼唤从人民和诗人之间订立的契约发展而来；这才具备了那些向一首具体诗歌发出此类祈求的力量，就像两人都似乎要求笔下人物提供的那些祈求。

这个系列还能继续下去：在《诗人的责任》("Deber del Poeta")一诗中，聂鲁达主张的是"通过我，自由和大海／将呼唤着回应那颗被遮蔽的心"，而在叶芝的《塔》("The Tower")一诗中，则提到发出想象，"并从废墟或从古树中／唤出形象和记忆"。[27] 因为这种劝诫性和开阔性的契约语言是在统治的阴影之下发出的，我们或能联想到法农的《大地上受苦的人》(Wretched of the Earth)中对解放叙事令人记忆深刻的描述。尽管殖民秩序下的分裂与隔离将对民众的囚禁凝固为一种阴郁的麻木，"新的渠道……为被殖民的各民族的暴力生成了目标"。[28] 法农特别枚举了各种权利宣言、对言论自由的大声疾呼和工会提出的要求；其后，随着由城市贫民、流浪汉、罪犯以及失去社会地位的人组成的革命战斗者阶级走向乡村而展示出一段全新的历史，在那里它们逐渐形成了武装活动分子的社会细胞，再回到城市开展最后阶段的反叛。

法农作品的非凡力量在于它针对殖民政权公开势力呈现出一种暗中进行的反叙事，殖民政权在法农叙事的目的论中无疑将被打败。法农与叶芝的区别是，法农理论的、甚至属于形而上的叙事有着反帝国主义之去殖民主义性质，始终标注着解放的重音与变调：这比一个应激的本地防御行为要广泛得多，因本地防御的主要问题（如索因卡分析的）是它隐含地接受欧洲之于非欧洲这样一种基本对立,且无法超越这种基本对立,法农的理论是一套预期胜利、解放的话语,它标志着去殖民化上述第二个关键点。反观叶芝的早期作品,回旋着民族主义的音符,它的面前是一道难以逾越的门槛,虽然他设定了一条和其他去殖民化诗人如聂鲁达和达尔维什同样的轨迹,但叶芝难以完成这条轨迹;他们也许比他走得更远。但人们至少会称誉他诗中隐约预示的解放运动和乌托邦的革命论——被他后期的反动政治态度掩盖甚至抵消了。

近年来人们常常引用叶芝的诗来警惕民族主义的极端态度。比如他被不具名地引用在加里·西克(Gary Sick)评卡特政府处理 1979—1981 年伊朗人质危机的书《均告失败》(*All Fall Down*)中;29 《纽约时报》1975—1977 年驻贝鲁特通讯员、已故的詹姆斯·马克汉姆(James Markham)在一篇关于 1976 年黎巴嫩内战爆发的文章中也从《基督重临》("The Second Coming")中引用了同样的段落。"一切分崩离析;中心失守"是其中一句。另一句是"最好的人信心全无,而最坏的人/却激情炽热"。西克和马克汉姆两人均以美国自由派人士的身份在写作,在革命浪潮横扫一度被西方权力遏制的第三世界时感到吃惊。他们征引叶芝是带有恫吓性的:保持秩序,否则你必会遭遇你自己无法掌控的疯狂局面。至于在一个被激怒的殖民地的情景中,被殖民者该如何保持在中心地位,无论西克还是马克汉姆都只字未提,他们只是想当然认为叶芝在任何情况下都会反对内战的无政府状态。仿佛这两个人从来不曾将无秩序退回一开始的殖民介入时期去思考——这倒是奇努阿·阿契贝(Chinua Achebe)1959 年在他的杰出小说《瓦解》(*Things Fall Apart*)中所思考的。30

问题是,叶芝影响力的鼎盛期正是他想象和呈现那个关键点之时。有必要记得,浸透了叶芝诗歌作品的"英-爱冲突",是一个"二十世纪解放战争的模型"。31 他最杰出的去殖民化作品都关乎暴力的诞生,或剧烈变革的诞生,如在《丽达与天鹅》("Leda and the Swan")中,那些瞬间,当一道耀目的同步性闪光在他那双殖民的眼睛前呈现出来——女孩的被奸占,以及追问"在那只冷漠的喙把她放开之前/她是否为他的认识增加了威力？"。[32] 叶芝将自身置于一个节点：变革的暴力无可置疑，但暴力的各种结果却在乞求必要的、如果不总是充分的理由。他诗歌中最重要的主题，在《塔》(1928) 发表时达到高潮，是如何使殖民地冲突不可避免的暴力与民族斗争的日常政治进行调和，以及如何处理抵牾的不同党派势力与理性、劝说、组织的话语共存，与诗性的要求共存。叶芝先知式的洞察力认为，在某种程度上暴力是不足以解决问题的，政治战略和理性必须共同发挥作用，这一点就我所知，是去殖民化的语境下发表的第一份重要声明，认为有必要将暴力革命和紧迫的政治和组织过程加以平衡。而法农断言仅凭夺取政权，解放尚不克完成（"因为某种暴力行为／最聪慧的人也会紧张"[33]），已是将近半个世纪后的事了。无论叶芝或法农都没能为去殖民化之后的过渡时期提供良策，此阶段新的政治秩序取得道德霸权，这成了数百万人民今天生活困境的写照。

一件令人惊奇的事，是爱尔兰解放的问题不但比其他可资对比的斗争历程更长，而且更经常地不被理解为一个帝国主义或民族主义的问题；而仅仅理解为一个英国治下的一种偏离。然后事实却暴露出不一样的结论。自从1596年斯宾塞论爱尔兰的小册子之后，英国和欧洲的整个传统都把爱尔兰当作与己分开而低劣的种族来看待，这种低劣通常包括野蛮固执、无法无天、原始未开化。爱尔兰民族主义至少有两百年显示为涉及土地问题、教会、党派性质和领导人的内讧。但争取夺回对土地的控制仍在主导这一运动，用1916年成立爱尔兰共和国宣言的话说，"爱尔兰人民对爱尔兰土地的权利，以及对爱尔兰命运不受束缚的掌控权利，[是] 至高无上和不可废除的"。[34]

叶芝是不能从这种追求中割裂出去的。姑且不论他惊人的天赋，他对爱尔兰的贡献，用托马斯·弗拉纳根（Thomas Flanagan）的话来说，是"以爱尔兰的词汇，当然还以一种单纯有力和令人信服的方式，同步了抽象化和具体化的过程，而这种挑衅逻辑的过程，正是民族主义的核心"。[35] 这一贡献也发生在每一代不那么闻名的作家身上，他们清楚表述了依附于土地、依附于凯尔特人之根、依附于越来越多的民族主义体验和民族主义领袖（沃尔夫·托恩、康诺利、米切尔 [Mitchel]、艾萨克·巴特［Issac Butt］、奥康奈［O'Connell］、爱尔兰人联合阵线［the United Irishmen］、爱尔兰自治运动［the Home Rule Movement］，等等），以及依附于一种独特的民族文学这样一些爱尔兰身份特征。[36] 文学的民族主义也可以追溯很多先驱：托马斯·摩尔，早期文史学家如阿贝·麦克格赫根（Abbe McGeoghehan）和塞缪尔·弗格森（Samuel Ferguson），詹姆斯·克拉伦斯·曼根（James Clarence Mangan），奥兰治兄弟会-青年爱尔兰运动（the Orange-Young Ireland movement），斯坦迪什·奥格雷迪（Standish O'Grady），等等。在当代诗坛、剧坛和学界的活动日阵容，如谢默斯·希尼、布莱恩·弗里尔（Brian Friel）、谢默斯·迪恩、汤姆·波林（Tom Paulin）的作品中，以及像德克兰·基贝德（Declan Kiberd）和W.J.麦考马克（McCormack）等文史学家的作品中，爱尔兰民族体验的这些"复兴"都得以异彩纷呈地重新想象并使民族主义事业走向语言表达的各种新形式。[37]

贯穿于较早和较晚时期文学作品的"叶芝式"主题的本质，是知识和权力联姻保证的问题，理解暴力的问题；有意思的是，这些问题也回旋在葛兰西的几乎可算作同一时代的作品里，在不同的语境下被讨论和阐述。在爱尔兰的殖民主义背景中，叶芝似乎能够利用他的诗歌以挑衅方式最有效地再三提出这个问题，用布莱克穆尔的话说，作为一种棘手的方法。[38] 而且在他那些带有总成和灵视的杰出诗作《在学童中间》（"Among School Children"），《塔》，《为我女儿的祈祷》（"A Prayer for My Daughter"），《本布尔山下》（"Under Ben Bulben"），以及《马戏团动物的遗弃》（"The Circus Animals' Desertion"）中，这一手法又进了一步。当然这些诗都与谱系身世和扼要反复有关：讲述并重复讲述他生活的故事，从早期的民族主义鼓荡开始，到一个头面人物的雕像走过课室，耽想丽达如何被塑造到他们过去的共同生活中，或一个充满爱意的父亲想着孩子，或一个年迈的艺术家试图达到梦幻的平静，或最后，一个常年表演的艺人在他的权力消失（遗弃）后以某种方法活下来，叶芝诗意地将他自己的生活重新塑造成某种民族生活的缩影。

这些诗歌逆转了对爱尔兰各种现实的还原性和中伤性的概括——按

约瑟夫·里尔森(Joseph Leerssen)知识面广博的书《纯粹的爱尔兰语和纯粹的盖尔语》(Mere Irish and Fior-Ghael)中的说法,此类概括一度成为八百年间英国作家笔下爱尔兰人的宿命——替下了非历史的类目,如《吃土豆的人》《住沼泽的人》《棚户人家》等等。39 叶芝的诗将他的人民与其历史结合在一起,这显得格外必要,因为作为父亲、或"六十岁的微笑着的公众人物"、或儿子与丈夫等角色,诗人推定这种个人经历的叙事和密度与其民族经历的叙事和密度是等同的。《在学童中间》最后诗节所指,暗示着叶芝提醒他的读者,历史与民族不能分割,正如一个舞者不能与舞蹈分割一样。

恢复受压制的历史并让民族重新衔接上这段历史,叶芝此番成就的戏剧性在法农笔下表现得很到位,他在描述叶芝所处环境必须克服的问题时说:"殖民主义不满足于仅仅控制一个民族及清空本地人脑中所有形式和内容。凭着一种乖僻的逻辑,殖民主义要深入这个民族的过去,扭曲、损坏和摧毁它的历史。"40 叶芝从个人和民间经验层面上升到民族原型层面却未丧失前者的直接性或后者的高度境界。他对谱系学寓言和人物的无误选择针对的是殖民主义的另一个方面,即法农描述的殖民主义有能力将个人与他或她自身的本能生活割裂开来,阻断民族认同的生殖线性特征:

> 因而在下意识层面,殖民主义不会刻意塑造那种让本地人认为自己是保护子女免受恶劣环境伤害的慈母形象,相反,它所塑造的母亲形象是不停地阻止她那些天生反骨的子女设法进行自杀,而且不会听凭她的子女的邪恶本能自由发挥。这个殖民者母亲要保护她的子女不受其本身、其自尊心、其生理学、其生物学、其最本质的自身不幸福这些因素的干扰。

在这种情况下,本土知识分子[和诗人]的各种诉求在任何凝聚的纲领中不是奢侈品,而是必需品。拿起武器捍卫其民族合法性的本土知识分子,愿意脱光衣服检视他身体历史的本土知识分子,被迫着解剖他的民族的心灵。41

难怪叶芝吩咐爱尔兰诗人们

> 蔑视那种正在长成的
> 从头到脚都变了形之人,
> 他们没有记忆的心和头
> 是低劣之床的低劣产品。42

此过程中,叶芝最终创造的不是个人,而是,再次引用布莱克穆尔,"难以超越他们自身起源那些抽象概念"的各种类型,43 这点只是在不考虑去殖民化的纲领及其爱尔兰被统治的历史背景下才说得通,正如布莱克穆尔倾向于这么做;他的解释很精妙,却是非历史的。当考虑到殖民地的真情实景,我们就获得洞察和经验,而不只是"以行动搅和出的寓言般的假象"。44

叶芝完整的循环系统,线轴和旋转①,只有在象征他努力抓住一个遥远而有秩序的现实作为庇护所使躲避直接的动荡经历时,才显得重要。当他在写拜占庭的诗中要求被纳入永恒的艺术安排,其实更直接起作用的需要是摆脱老年和他后来称之为"苍蝇在果酱里的挣扎"。否则很难在读叶芝的大部分诗时感受不到斯威夫特摧枯拉朽的愤怒和天才被叶芝驾驭用以移除爱尔兰殖民苦难的重负。诚然,他在想象完全的政治解放时停下了脚步,但无论如何,他在文化的去殖民主义中赋予我们一份重要的国际成果。

选自《文化与帝国主义》

---

① 叶芝《驶向拜占庭》一诗中的用词。——译注

12

作为极致场合的表演
（1989）

"作为极致场合的表演"是爱德华·萨义德1989年5月在加州大学尔湾分校韦勒克图书馆讲座（Wellek Library lectures）系列三场中的第一场。这些后来收录进《音乐的阐释》一书的讲座内容反映了萨义德对西方古典音乐中复调音乐的长期兴趣。作为颇有造诣的钢琴家，萨义德曾师从伊格纳茨·蒂格曼学琴，后者为波兰裔犹太人，1933年移民开罗并在开罗的上流社会授课。虽然萨义德没有从事钢琴演奏专业（他发现练琴对身体要求过于严苛且单调），但他对古典音乐的写作有着和钢琴弹奏本身同样的热情。1986年萨义德开始在《国家》杂志不定期撰写一个音乐栏目——在八十年代，《国家》杂志发表他评论关于柏辽兹和贝多芬演奏的文章，要远比发表他评论以色列入侵约旦河西岸和加沙地带的文章心甘情愿得多。

当代批评的重要陈述之一，是理查德·波里尔的经典随笔《表演的自我》起首一段。他讨论了叶芝、诺曼·梅勒和亨利·詹姆斯等现代作家，说他们作品的"再现能力"定义了"对表演来说是重要的东西——速率的调节，经济的原理，并置的事物，色调的聚合，外形现的总体行为"。如果这一切，波里尔说，带有一点冷酷，甚至野蛮，那是因为表演是权力的运用，一种极为焦虑的运用。奇怪的是，它首先是一种非常剧烈的自我协商，甚至到了自恋的地步，而后又极度渴望公众的注意、热爱并置入历史的维度。从秘密积累的行为中最后浮现出一种形式，预设用来与现实本身竞争，为的是控制受现实影响的心神。在写作中的表演，绘画中的表演，或舞蹈中表演，都是由成千上万细微的动作构成的，每个动作都经过计算，而这种计算也是动作的单纯之处。我说的单纯，指这些动作具有某种完全的道德中立——设计它们的目的是使彼此相互衔接，除此之外别无他途；而且说它们单纯，还因为编造它们的时候，对它们最终可能有责任的东西只有一个模糊的泛化概念，而那个最终的东西，那个累积而成的东西，被称之为"作品"。[1]

波里尔这几行字包含的目的，是要将面向文学产生学术的、自由的、社会向善论的态度，那些旨在建立典籍的、合规的、正统性的态度，与一系列文学的表演过程分离，他认为这些表演过程本质上是"错位的、令人不安的推动力"。然而，表演不单单是一个发生的事件，它更像是"一个必须经历很多过程的行为，这些过程既会妨碍这个行为，又赋予这一行为形式"。于是，"表演发挥功能的节点恰恰是对精湛驾驭具有潜在毁灭性的推动力从素材中揭示其本质上最无法还原的、经过澄清的、因而也是美的性质。"[2]

虽然波里尔在这里讨论的不是音乐，他评论的所有关于演绎方式和演绎行为——除了上述关于"单纯"的说法，回头我还会讨论这个词——都与现代的音乐表演有着深切关联，它也很像一项体育运动赛事，因为它要求观众观看时带着赞叹欣赏的全神贯注。但波里尔的文学例子都是从创意作家的作品中举出来的，而我在这里所关注的表演，本质上是由钢琴家、小提琴家、歌唱家等等对各种音乐作品再创作的、解释性的重新展演。的确，我们一开始就应该注意到，当代西方所有艺术活动的高度专业分工如何以强有力的方式超越并镌刻在音乐表演中，最终将作曲家从演奏家中完全筛除。如今公众已经看不到重要的演奏家同时身兼有影响力的一流作曲家这种现象了；甚至皮埃尔·布列兹（Pierre Boulez）和利奥纳德·伯恩斯坦（Leonard Bernstein），这两位可能是最直接明显的例外，他们即使在作曲家世界和演奏家世界同时享有同等的声誉，但他们这两个专业仍是分开的，也就是说他们作为演奏家，主要不是以演奏自己谱写的曲目而闻名。贝多芬、莫扎特、李斯特等人演奏的却都是自己的作品。

还应该注意另一种专业分工，那就是在音乐表演活动中构成整个受众群体的听众或观众。多年前阿多诺讨论过一个著名的论点，我认为也是正确的论点，即"听力的衰退"，他强调的是由于听众缺乏连贯、聚精会神和知识，真正的音乐专注或多或少变得难以企及。阿多诺归咎于无线电或录音唱片之类的东西，认为它们减少并实际上排除了音乐会观众平均会使用一种乐器或读谱的可能性。[3] 在阿多诺举出的诸多不利条件上，我们现在还得添加一项表演的完全职业化分工。它扩大了身着晚礼服或燕尾服的"艺术家"与处于一个次要、二等、远更低级之空间的听众之间的距离，那些听众常买唱片，常去音乐厅，他们不断感到要想达到一个职业演奏家经过包装的精湛风采是不可能的。不论我们关注光碟、磁带或录像之类可重复的、机器生产的表演，还是关注音乐会本身有距离的社交礼仪，以及音乐会门票的稀缺和演奏家才华横溢的技巧造成差不多同样的疏远效果，听众处于相对弱势的、不那么令人羡慕的地位。这里，波里尔关于冷酷、野蛮、权力这些情节夸张的观念，如果有知听众强烈的无语状态，是可以修正得温和一些的，因为当一位听众面对如此高雅考究、细腻表达和技巧的猛烈冲击时，他或她会构建起一种近乎施虐受虐心理的体验。[4]

以技艺炉火纯青的意大利杰出钢琴家毛里齐奥·波利尼（Maurizio Pollini）表演肖邦的练习曲为例。他的演绎灌制在光碟中，且因为波利尼在独奏音乐会上定期表演这些作品，而他在十八岁那年就赢得肖邦大奖，他弹奏的作品10和作品25的表演录音被当作他相当高艺术才华的代表。肖邦当初是作为教学辅助材料谱写这些练习曲的，也是作为键盘技巧不同方面的解释（八度、三度、左手和供独奏者显示技巧的经过句、连奏、琶音，等等）。在波利尼的表演中，弹奏的力量和惊人的自信，从作品10第一首开始，一个强有力的C大调低音八度和弦，并随即进出一串闪电速度的带琶音的经过句，绝对听不到丝毫的犹豫、错音或贪心，立刻拉开了这些演奏家和任何试图表现肖邦音乐的业余爱好者的距离。此外，波利尼技巧上的恢宏气势，它的尺度，以及它高屋建瓴的展现形式和范围，完全摆脱了肖邦原创音乐意图的任何残留，该练习曲的原意是为钢琴家，任何钢琴家，提供一个入门途径，使之进入对技巧问题的相对隔离和反思状态。

证明演奏家的力量，独立于无论即兴表演还是作曲这些相互有关联的技能，这样的例子在十九世纪三十年代后就出现了。那种艺术造诣极深的歌唱家、钢琴家或小提琴家，就是现今杰茜·诺曼（Jessye Norman）、波利尼或梅纽因的前身，其问世不只是因为十九世纪二十年代末欧洲舞台上帕格尼尼这位神乎其技而有魔力的演奏家伟大原型永远迷人展示的出现，还因为出现了乐曲改编这种既有展示作用又有侵蚀作用的艺术，以及因为出现了乐曲改编，音乐文本的重要性排序落到了一种相对低位（关于这点，卡尔·达尔豪斯［Carl Dahlhaus］一言九鼎的著作《十九世纪音乐》[Nineteenth-Century Music] 有许多有趣的观点）。[5]当钢琴家跻身管弦乐团或歌剧的保留剧目时，我们已经远远超出了即便包括巴赫、亨德尔和莫扎特在内的艺术大师在技艺上的竞争，这些大师演奏其他大师的作品就如同他们拆解和抄袭自己的作品那么轻而易举。现代表演与维护音乐的权利有关，即由其他人写出来给其他人演奏的音乐的权利是经过对音乐诠释的某种严苛的、高度专业化的训练赢得的，大部分情况下这种诠释并非基于作曲。布索尼（Busoni）也许是最后几位在西方音乐的公众面前活动的重要作曲家、编曲家和演奏家之一；他承袭的是全能型音乐家一脉，这条脉络明显敢作敢为地始于巴赫，在贝多芬身上发扬光大，而李斯特和布索尼夸张地使之异彩纷呈，到了拉赫马尼诺夫、普罗科菲耶夫、布里顿（Britten）和巴托克之后，该脉络消失得不知所踪。

表演从作曲中分离之后构建出所有权和作品的一种特殊形式。让我回过头去简单说一下乐曲改编，因为正是乐曲改编的理论和实践促使垄断性表演的各种融汇与整合以令人瞩目的方式出现。自十七世纪晚期以来，所有西方古典音乐中都存在一种动态结构，一方面是受教会和宫廷保护和把持的、为公众场合设计的表演，另一方面也有与私人和家庭表演相关的音乐。任何稍有规模的管弦乐与合唱作品都主要属于公众领域，虽然巴赫和亨德尔两人都进行过可以说是跨界创作，即他们写的乐曲可以在两种场合中的任意一种表演，也可以用一种类型或另一种类型的乐器，无论独奏或协奏。贝多芬的很多器乐作品和抒情歌曲都是为非职业表演人士而谱写的，虽然它们后来在职业歌唱家和器乐演奏家的演出保留剧目中都变成了标准的作品。

十九世纪乐曲改编的一些主要例子（一直延续到二十世纪）是将大型的供音乐会演奏的作品改编为较小篇幅的资料，用一件乐器就能演奏，通常都是钢琴。这种做法主张让业余音乐人能持续在场；业余音乐人无法随时得到或解析总谱，却渴望演奏音乐，而有了改编的双手或四手钢琴谱，他们就能通过读谱和弹奏满足这种渴望。在录音和无线电问世之前，这其实是无数人的音乐会作品的主要入门途径；对他们来说，即便到了机械复制成为现代生活的标准特性后的年代，那种得以掌握总谱的快乐，以及在家上演一个音乐会作品的快乐，也许会比去现场听音乐会更大，且肯定会比去现场更频繁。但为公众音乐会目的而改编的歌剧、其他乐器（特别是管风琴）、声乐、正规管弦乐队作品等音乐，则在性质上是另外一件事。李斯特是这方面实践最著名的典范，该做法在十九世纪四十年代渐渐进入公众领域，并就表演行为本身创作了新型的表现作品。

从最简单层面说，李斯特的乐曲改编是一种持续、广泛引用的艺术，后来这门引用艺术精心地延伸到李斯特准备叫作音乐会自由式改编曲或幻想曲的东西。他对巴赫《眼泪，叹息，颤抖，悲伤》("Weinen, Klagen, Sorgen, Zagen")，以及对威尔第《利哥莱托》(*Rigoletto*) 改编的各种变奏曲、自由式改编、幻想曲，都属于仍在当代独奏曲目单上的知名佳例。但在第二个层面，引用的音乐会乐曲成为羽翼丰满的独立单曲，脱离原创或令原创完全消失的自成一体的作品，它们都是乐曲改编作家的才华以及——更重要的——演奏家的精湛技艺的有力证言。因为不但听众对那种只有魔法师才能将总谱以如此符合习惯的方法缩写和呈现为钢琴曲这点叹为观止（一如过去的听众对李斯特十分考究地改编贝多芬第六交响曲感到叹为观止），而且作品令人生畏的键盘指法难度也展示了音乐会演奏家的特权，有助于她或他自己接触到从管弦乐队、风琴或歌剧等保留剧目演奏而来的单曲，并使它们在新的高度专业化的环境中固定下来。

格伦·古尔德凭着演奏家作品究竟关乎什么这一他具有相对领先和几乎属于元批评的观感，清楚阐释了发展到二十世纪中期的这种新环境的主要特征。首先设想一下，他是第一位年仅三十一岁便宣布从音乐会舞台上退隐的重要演奏家；而后他的余生都继续在公众场合度过，仍在各处有演出，但如其所言再没有返回音乐厅的舞台。他灌录了几十张唱片，写了无数文章，开讲座、主持广播电视节目，还充当他自己许多表演的制作人。其次，古尔德一旦放弃了音乐会演出生活，他的演出曲目突然不再有他所擅长并因此一举成名的那些主要是巴洛克和当代风格的作品。他开始了一段"音乐会退出者"新的职业生涯，不但弹奏巴赫和勋伯格，还弹奏李斯特对贝多芬第五和第六交响曲进行改编的钢琴曲；在晚期的一次录音中他演绎了他本人改编的瓦格纳，包括改编自《众神的黄昏》(*Götterdämmerung*)的《黎明和莱茵之旅》("Dawn and Rhine Journey")，以及《名歌手》(*Die Meistersinger*)的钢琴前奏曲。这些乐谱是如此复杂并具有如此令人畏惧的演奏难度，古尔德要表达的，似乎是再次明确肯定钢琴家雄踞所有其他音乐领域之首的特权，且这样做的目的完全出于高处不胜寒的优越，为器乐展示独特的"不同"地位。

从贝多芬为大型管弦乐队写的总谱版到李斯特为小型钢琴演奏改编的美妙乐谱，这个实际的乐谱缩写过程甚至有一个受到强调的戏剧性观点。看到这两个版本在规模上的差异，就会注意到钢琴简化在隐喻上等同于强迫一支军队以一列纵队的队形走过一个单独的十字转门，而钢琴家是那个门卫。（见例 1 和例 2）

例1：贝多芬C小调第五交响曲，第一乐章开始部分

只有职业钢琴家才能以这种方式呈现这种作品——此处我们必须注意钢琴家如何在我描述的主题展开中担当那个卓尔不凡的角色——恰似执行这种作品的行为不再是一种情感的行为（业余爱好者首先应该从本意上理解为"非成熟的"），而是一种几近体制化的大师级行为，从而将这种行为变成了一种公共活动。类似地，十九世纪改编的独奏演出曲目无论长度还是范围都是为表演大师实际演出时的炫技而设计的——复杂和弦、供独奏者显示技巧的经过句、跳进，等等，显现的是贝多芬之后钢琴演奏的纯正优质标志。我们当今在音乐厅里所体验的，是一种完整

例 2：李斯特对例 1 改编的钢琴曲

的现场重新安置，业余爱好者把乐谱的音乐实现从家搬到了音乐厅，即从一个普通的、主要是家庭和私人空间的消遣，变为由职业演奏家提供独奏或协奏固定表演曲目这样一种不定期发生的、增强型的公众体验。

十九世纪中叶之后，炫技大师似乎把他们的音乐会不仅仅看作几部作品的样本（这种做法至今盛行），而是对整个音乐文献进行马拉松式的勘查。的确，布索尼在柏林和安东·鲁宾斯坦（Anton Rubinstein）在圣彼得堡上演的传奇节目中，观众几个小时遍历全部键盘的演出剧目。这些独奏演出的稍低强度的版本延续至今，许多演奏家，如阿图尔·施纳贝尔（Artur Schnabel）、阿尔弗雷德·布伦德尔（Alfred Brendel）、丹尼尔·巴伦博伊姆、理查德·古德（Richard Goode），都演奏过贝多芬全部作品的完整系列。杰出的职业大师其实成了他们所使用乐器历史的活化身，而他们的节目成了对那种历史起教学作用的、整体呈现的叙事。诸多赫赫有名的管弦乐团指挥也尝试对演出和历史作出类似的组合（伯恩斯坦和马勒的交响曲，卡拉扬和布鲁克纳的交响曲，索尔蒂（Solti）和瓦格纳，托斯卡尼尼和贝多芬）。

直到二十世纪初，大部分非作曲家的音乐会演奏家都会在他们的演出曲目中有规律地安排当代作曲家的作品。几年前去世的阿图尔·鲁宾斯坦（Artur Rubinstein）也许是这样做的最后一名钢琴家，他在世时演奏的全部曲目中有相当大部分是同代作曲家朋友的作品（斯特拉文斯基的《木偶的命运》(Petrushka)，拉威尔的《高贵而伤感的圆舞曲》(Valses Nobles et Sentimentales)，希曼诺夫斯基（Szymanowski）、阿尔贝尼斯（Albeniz）和德·法雅（de Falla）的许多钢琴曲）。但这种惯例神奇地消失了。厄苏拉·奥本斯（Ursula Oppens），一位细腻的纽约钢琴家，是如今极为罕见的仍这么做的一流职业演奏家。其他情况下，音乐会职业演奏家的节目，如果不是古物研究员级的，则是博物馆馆员级的，没有多少人会认为音乐家的义务还应包括指导性和可接受的当代性。

西方古典音乐的表演因此都是一些高度浓缩的、精炼的、极致的场合。它们有一套商业理性，与之有关的不止售票和预定巡演，还有与大公司利益相关的唱片销售。最重要的，音乐会场合本身必须是一个复杂的历史和社会进程的结果——我试图在此展示其中的一些方面——这个结果可以被解释为得在一些事情上押宝的文化场合，押在分工细致、非常人能及的技艺上，押在演奏家的诠释以及戏剧表演性的个人风格上——这种个人风格还得被他或她有义务的禁言阻隔开来，押在观众的感受度、从属度和支付的容忍度上。与这些场合形成竞争关系的，不是业余爱好者的经验，而是音乐会也许得在其最糟的和最通俗的层面设法比过其他特殊技能的公开展示（如体育比赛、马戏团演出、舞蹈比赛）。

我对音乐会场合感兴趣的是，西方古典音乐的表演、诠释、制作的一些特定方面存在着某种经久的甚或返祖的性质，它们能被研究和审视，正是因为它们所牵涉的一统性和专业性也汇聚在其他非音乐或不全属于音乐范畴的文化和理论问题上。拿音乐表演举例，它的自我欣赏、自我关涉以及如波里尔所言的自我协商诸种性质，很明显是现代西方社会中重要和最具有社会压力的音乐体验，但它对演奏家和听众来说，这种音乐体验都同时是私人的和公众的。两种体验的状态是相互依赖和相互重叠的。但人们如何理解两者之间的关联，且更有意思的是，人们如何诠释这种关联？是否有些特别有效的方法，使得表演的允许条件和它们与社会文化领域的关联能够作为完整体验的一个连贯部分来解释？

现代音乐或新音乐与当代西方社会之间的联系一直是西奥多·阿多诺极有影响力的理论反思和分析的主题。关于阿多诺作品的三件事在某种意义上促使我从这里开始，并必然从这里开始，我会扼要解释一下为什么这么说。第一是阿多诺有个理论，即从贝多芬（1827年去世）之后，音乐发生了转向，几乎完全从社会领域转入了艺术领域。按照阿多诺的说法，贝多芬的晚期风格为音乐从普通的历史现实世界中挣得了一份新的自主权。[6] 阿多诺相信，贝多芬去世一百年后，是阿诺德·勋伯格在他理论和职业的非凡成就中，首先充分领悟和吸纳上一世纪音乐轨迹的真正意义，然后在彻底融会贯通的基础上，从音乐和社会之间已经加深的、达到悲剧强度的分离中找到了自己新理性的源头。[7]

十二音作曲体系的技术化，其完全理性化的形式和预先编制程序性的表达方式，其强有力清晰阐述的法则，既是对先验性的消除，又是一种主张和异化；迄今已经赋予音乐特征的有关音乐的一切，其即兴表演的概念、创意、作曲、变奏、社交性种种，阿多诺说，全都陷入了瘫痪般的停顿。[8] 从巴洛克时代起，音乐就不仅是资产阶级现实生活的一个记录，还是其主要艺术形式之一，因为无产阶级从没将自我作为音乐主体来阐述，也没被准许作为音乐主体来构建自我。到了二十世纪初，勋伯格和他主要的追随者贝尔格（Berg）和韦伯恩（Webern）谱写的那种类型的激进的现代音乐，完全凭音乐手段令它的社会实体性从中抽象出来。新音乐变为孤立的、自成一体的东西，不是因为它的"非社会"性，恰恰是因为它的社会关怀。

因此现代音乐"以其纯粹的性质"表达了它的社会"关注，它越强调这点，其性质的纯粹也就揭示得越充分；它指出各种社会弊病，而不是把这些弊病理想化，放入一种虚伪的博爱主义之中，即假装这种博爱主义已经在生活中实现"。阿多诺继续说："呈现在艺术技巧一致性中的异化，形成了艺术品的实质本身。由艺术技巧传递的不可理解性的冲击，经历了一个突变。它们照亮了无意义的世界。"[9] 我理解阿多诺说的是，凭着它的精密严格和与听众的日常世界、甚或与演奏家的日常世界之间的距离，新音乐向已经退化的、因而变得无意义的世界投射了一束毁灭性的批判之光，这个世界正是格奥尔格·卢卡奇三十年前在《小说理论》(The Theory of the Novel) 一书中为其设定了他对小说形式的解释。

"现代音乐"，阿多诺总结道，

> 在这项努力中牺牲了它自身。它承担了世界的一切黑暗和罪愆。它的幸运在于对不幸的洞察力；它的所有美好在于不再让自己对美好抱有幻想。没人愿意与艺术产生关联——集体不愿意，个人同样不愿意。它消失于无声，连一道回音也没有……不被聆听的音乐坠入空洞的时代，就像一颗无力的子弹。现代音乐自发地针对这最后一种体验，每个时辰都用机械手段作证［阿多诺这里的意思是由机器

复制的、不必思考的音乐，如酒吧等播放的录音助兴音乐或背景音乐］。现代音乐将绝对遗忘作为它的目标。它发出的是海难中绝望的幸存信息。[10]

勋伯格居高临下的形象占了这一描述的主要部分，也令这一描述散发出忧患之光，但我相信阿多诺此番推理的大部分，加上颇为任性地回避几个"新"作曲家比如德彪西、布索尼和雅纳切克（Janacek），没有得到先知式的应验。（值得称道的是他多年后写的一篇题为《现代音乐正在慢慢变老》的随笔，承认这个观点有问题。[11]）不仅序列主义音乐变成学术的、完全受尊敬的技术，而且维也纳派十二音作曲法的很多早期杰作现在也是相当有声望的、经常出现在演出中的保留曲目。

阿多诺如此用力描绘的严肃作曲技术某些疏远的距离，无论出于什么原因，在艺术大师级的表演仪式中存活了下来，尽管大师级技艺相对罕见，却一脉相承延续至今。古典音乐不仅没有不被聆听，而且它正以审美和社会体验的新配置被聆听。因此那些以卓著起点装备我们的东西——阿多诺对新音乐特征的评述在他写作的时期是成立的——一旦我们过了二十世纪二十年代第二代维也纳学派的最高点，就不敷应用了；必须将分析拓展到当今时代，此时应用阿多诺处方的忠告就看似（人们敢不敢说？）多愁善感。事实上，音乐仍然根植于社会的语境，它作为审美和文化体验的一个特别变种，对我们称之为（跟着葛兰西的说法）公民社会精细出品或生产的东西是有贡献的。葛兰西的用法中精细出品等于维护保养，也即是说，由社会成员完成的维持事物运行的必要工作；音乐表演当然落入这一描述的范围，这样的文化活动还包括讲座、学术会议、毕业典礼、颁奖宴会，等等。因此，出色的音乐表演所呈现的错综复杂的问题，无论是社会问题还是技术问题，都为我们对当代西方社会中古典音乐的角色进行分析和反思提供了一个后阿多诺的机会。

我在诸多方面都深受阿多诺论述的影响；而我对他产生的第二个问题，可以由皮埃尔·布列兹在米歇尔·福柯去世时讲的一则轶事说明。虽然他和福柯从不向对方谈论各自的学业专攻——福柯从不谈论哲学，布列兹从不谈作曲——结果福柯有一次向布列兹提到当代知识分子关于音乐——无论古典音乐还是流行音乐——惊人的无知。[12] 也许在这两个人头脑中造成反差的是上一代欧洲知识分子，对他们来说思考音乐是他们工作的一个重要部分。当然，比如阿多诺和恩斯特·布洛赫（Ernst Bloch），就展示出他们在职业中彼此极高的适用性，如哲学和宗教之于音乐，或音乐分析的内在必然呈现之于阿多诺的否定的辩证法或布洛赫的希望和乌托邦思想的主题。

在我们回看音乐成为文化中心的现代主义运动——普鲁斯特、曼、艾略特、乔伊斯是额外想到的例子——我们很有理由评论说，正如阿多诺能够将勋伯格的作品在现代社会中、为现代社会合理化，且反讽地将其与现代社会联系，我们也能展示在现代主义之后知识分子劳动的广义分工中，音乐体验是如何分裂的。历史音乐学、理论、人种音乐学、作曲，如今大部分学院的音乐系都有这四个不同的科目。就此来说，音乐批评现在实际是出席音乐会的报告，这些音乐会其实都是短暂事件，不能重复，通常也不能录音，不能恢复。但是，在学术任务别开生面的重新编制中，因为有一直称之为文化研究的企图，音乐体验的某些方面就能够包含在发生于当代西方文化背景之下的现象去理解。[13] 我一直在说的表演场合，就是这样一个方面，此亦我将从这种广义的文化视野来观察它的原因。

最后，阿多诺关于现代音乐的主要论点是，排他主义和与自成一体的严格约束并非什么新事物，它只证明了某种准神经质的坚持，要将音乐中独立的、几乎是哑言的、且形式为非话语的特点作为一种艺术。任何写或思考过音乐的人当然都会面对意义和诠释的问题，但总是必须回到一个严肃的评估体系，即音乐如何抛开一切勉力保留它的谨慎、神秘或有指喻的沉默，这反过来象征了音乐作为一门艺术的自主性。阿多诺式的音乐历史模型，如萝丝·苏博特尼克（Rose Subotnik）令人信服的分析所提示的那样，音乐只是在贝多芬之后才回避哲学思想表现的，而且"出现在［勋伯格的］音乐技巧前后一致性中的异化"是始于浪漫主义早期艺术私人化的一种成就。[14] 我不反对这一观点，卡尔·达尔豪斯似乎也不会反对这一观点,达尔豪斯丰碑式的研究《十九世纪音乐》(之前提到过)以相当的敏锐和细节对同样的模型进行了有血有肉的补充。但我认为这样说仍是准确的:我们可以将现今音乐表演的公众属性——也许以职业化、仪式化、专攻化来形容——视作对一边是社会和文化领域、另一边是音乐的隐遁性这两者间差异的弥合。表演因而是一个风格化、高度既定的特殊和一般汇合的敛聚点,这里音乐是艺术的一种极专业的形式,有着一套仅适用于它的规范,表演则是文化呈示中一种普遍的、社会上能获得的形式。

但是——我现在回到关于表演作为一种场合这个主要论点——强调说明音乐会仪式本身带有的社会性异常这点也是恰当的。吸引音乐会观众的部分,恰恰就是表演者试图在音乐会或歌剧舞台上展示的、绝大部分观众都不能效仿或渴望得到的东西。但我们面对舞台时看见的这种带有强烈戏剧性的不可企及的现实,是建立在使之发生的幕后各种职能部门和势力的基础上的:演奏家的训练和天赋;文化代理机构如音乐会各种联合会、经纪人、销售人等等;各种社会和文化过程(包括发生在资本主义和电信、电子媒体、喷气式飞机旅行等行业的革命)与观众对某次具体音乐事件的希冀或欲望的结合等等。其结果可以说是一种极致的场合,它完全超出了日常范畴,在不可还原的意义和时间的意义上都不能重复,它的核心正是那些只能在相对严格规定和不容改变的环境中方可体验到的东西。

最能清楚地证实当代表演体验的这种极致主义和严格程度的,非阿尔图罗·托斯卡尼尼莫属,他将严谨到近乎狂热的注意力和占最优势的音乐技法结合起来——完美无瑕的记忆,对乐谱的整体掌握,对每一种乐器的权威理解,等等。无论在他的美国职业生涯期间,还是自他去世后,人们几乎从无间断地认真辩论关于托斯卡尼尼的各种成就、令人印象深刻的传奇、对指挥界的影响、广义的音乐地位,以及他的某些缺点。值得引用的是约瑟夫·霍洛维茨(Joseph Horowitz)1987年的书《理解托斯卡尼尼》(*Understanding Toscanini*),一本对关于这场托斯卡尼尼论争来说颇为有趣且有些挑衅意味的重要作品。[15] 霍洛维茨深陷这场论争，他坚持认为托斯卡尼尼严格紧凑的写实主义客观性风格与美国全国广播公司（NBC）的公司气质一拍即合，后者正雄心勃勃想要打造某种如巴纳姆（Barnum）一般的巨大的古典音乐听众群体，虽说这一论点常常忽略或不公正地削弱了托斯卡尼尼演出真正摄人魂魄——无论是否夸大其词——的性质。

另一方面，霍洛维茨虽然提供了丰富细节，也带着既钦佩又不赞同的语气叙述托斯卡尼尼狭窄的艺术观点和大卫·萨诺夫（David Sarnoff）的公司意识形态之间时不时出现的无意识合作，在严苛程度上没有阿多诺对托斯卡尼尼的领袖级掌控力（Meisterschaft）的刻画来得深，按阿多诺的说法就是基于"铁的纪律——千真万确是铁的纪律"。在阿多诺看来，托斯卡尼尼的演出，以其预先设定的动态、已经解除的紧张，以及"对作品的保护性的固定"，将整个交响乐作品消解了。在托斯卡尼尼的演出中，控制阻止了音乐走向它可能想去的地方：他不能让一个乐句"率性地演奏"出来，他将女高音部放在最显著的位置（像在瓦格纳作品中那样的情形），并"清除掉"复杂的对位，他拒绝偏离限定在十九世纪演出剧目的那些乐曲，强行回避巴洛克音乐或者超前的现代音乐。因为这样一种伪称的客观性（sachlichkeit），托斯卡尼尼对于阿多诺，渐渐体现为"技术和管理对音乐取得的胜利"，即便在演出意大利歌剧中他表现的那种精准（不带拖延或感伤）还是比不过他指挥德国歌剧时的手法。[16]

人们其实是能同时接受阿多诺和霍洛维茨的立场的——特别当他们在讨论托斯卡尼尼在以下这件事上的合谋作用：把一个基本没有音乐知识的大众市场的口味创造成对"世界上最伟大的指挥家指挥世界最伟大的音乐"这种典型印象更感兴趣，而不是对精心磨砺的和富有启迪意义的演出更感兴趣，后者的例子可见于欧根·约胡姆（Eugen Jochum）、奥托·科勒姆佩雷尔（Otto Klemperer）、威廉·富特文格勒（Wilhelm Furtwängler）所指挥的演出（这几位指挥，按霍洛维茨的说法，都被在美国执棒的托斯卡尼尼比了下去）——也就是说，人们能够接受两人的立场而不必放弃这一观点：托斯卡尼尼的作品清楚表明关于音乐会活

317

动本身什么叫作极致。这个观点，我认为在两人对托斯卡尼尼现象的解释中都主要地缺失了。现在仍然可以听到的1938年托斯卡尼尼指挥的《英雄交响曲》(*Eroica*)的被人铭记的地方，就是他对贝多芬音乐展开的绝对严格的逻辑，以及这样处理时显露一种过程，几乎是一种叙事，它对于日常生活而言具有无以复减的唯一、怪诞、抵牾。它被如此高难度地精制出来，以至于对于凡人经历中的各种痛苦来说，它感觉上就是一条清晰的艺术出路。

一如托斯卡尼尼典型的指挥手法，《英雄交响曲》开始降 E 和弦那极富权威的两声连续霹雳宣布了上述过程。没有丝毫的情绪犹疑或音符长度增减，大提琴随即奏响主题，传给了长笛和圆号，直到第 41 小节声势浩大的齐奏为全团合奏重新捕获主题：所有这一切发生在一个时间区块内，传达出某种风洞的严密和直接压缩，剥离了任何一种缓解的装饰或迁延的怀旧。这并非因为托斯卡尼尼只强调旋律（如阿多诺指责的），而是因为乐谱每个小节的释谱都以一种紧凑的必然性进行，暗示着单纯向前运动的表现力，即看似只是对音乐临时或便宜利用，而非显露源自人声的已成形乐句的管弦乐等值部分。

托斯卡尼尼的这套演绎手法在我看来是以强力实现卓著，或强调其与每日生活中普通的、常规的、标准的过程，即与表演活动相反性质的完全断裂。无怪乎阿多诺更喜爱富特文格勒的演出，比如他指挥的布鲁克纳或舒伯特第九等交响曲所带来和展示的那种感觉像是出自他的私人的、凭直觉的诠释，仿佛由于十足的巧合，才出现在一个公众音乐会的平台上。在托斯卡尼尼的一场更不带感情色彩、更不妥协的音响和表达的概貌中，音乐会舞台就是一个公众场合，并且只有公众场合这个属性；它抽离了家庭、个人主体、家族、传统、民族风格等任何痕迹呈现在我们面前。从一个逻辑的观点，实在很难证明托斯卡尼尼是错的，很难证明在晚近资本主义制度下的音乐会就一定是"音乐制造"或"诠释的各种共同体"或共享的"主体性"，很难证明十九世纪柏林和维也纳建立的表演的传统正在遭到破坏，因此普遍说来大家都不愿承认托斯卡尼尼的演出投射于观众那种不能放松的情绪压力直接来自这种场合本身极致的东西。远离本就不真正属于他的反思的作曲传统，丧失业余爱好的音乐实践带来的变化莫测和任意性，在全部出自以往大师作品的音乐会保留演出曲目中作苦修的严格专门训练，我认为托斯卡尼尼的指挥将整个演出生意的珍稀度和集中度又向前推进了好几步，一度将它变成唯一的音乐主导范式。那种受到公司赞助商的支持和资助的范式是一个精准的商业才干指标，当然也是文化产业运作的方式。

而且，我还认为，在这种人工痕迹和约束的界限中，整个结合产生一种比托斯卡尼尼走得更远的清澄度的，是格伦·古尔德的职业生涯和表演。这里我必须很清楚地表明我指的是什么和不是什么。我不是说只有托斯卡尼尼和古尔德这两位表演者引人关注；远非如此。我也不是说这两位能定义诠释和复制西方古典音乐的所有选项。而我说的是，他们阐明、并用戏剧化的手段表现了音乐和音乐制作的命运，这个阶段正是阿多诺在《现代音乐的哲学》(*Philosophy of Modern Music*)中描述的同时具有英雄主义和悲剧色彩的时期之后，音乐制造集中在表演场合上并受其制约。在一个承诺继续遵奉主要欧洲传统的中心古典教规标准（哪怕只是作为绪余的承诺）的社会，我们会说音乐会场合已经取代了当代作曲家（这个群体除了少数人之外，都已经被边缘化了，他们的重要性主要体现在与其他职业作曲家的比较），或如果说演奏家和当代作曲家之间出现某种竞争这个概念对一种文化现象而言过于粗糙的话，我们会说音乐会场合成为最重要因素的这种社会配置，已经为音乐生产提供了一整套独立的解决方案。而在一个世纪前，占据着舞台的作曲家有着作家和表演家的双重身份，现在则只剩下表演家（歌星、钢琴家、小提琴家、小号手或指挥）了。于是如波里尔所言的"在从秘密积累的行为中"出现的演出有一种特殊赋予的重要性。他说，这成为"最后浮现出的一种形式，预设用来与现实本身竞争，为的是控制受现实影响的心神"。

古尔德作为演奏音乐家的职业始于1957年，（几乎完全）与托斯卡尼尼去世的时间衔接。最近出版的一部由奥托·弗里德里奇（Otto Friedrich）撰写的古尔德传记提供了详尽的资料，让我们理解那种固执的人为痕迹，并从社会和文化认定什么是"正常"的角度，去看古尔德一生绝不妥协的非正常特征。这些特征如此显眼，古尔德看起来不仅不自然，简直就是反自然的，比如他对双手的感情使他小时候根本不可能去玩弹子球，连想到这样的念头都害怕。此外古尔德相对普通的家庭（他对家庭如果不能说疏远，至少也是不在意的），他蓄意为之的孤独和禁欲，他无负担、无师承的演奏风格（他在多伦多唯一的教师似乎根本没能将他理念中的任何东西传授给古尔德），都助长了一个自生的人的幻象，仿佛从零开始再创造甚至再发明了钢琴演奏。[17]

古尔德1982年五十岁时离世；但如我先前所说，他在公开的音乐会演奏不过五十年代中到六十年代中这十年时间，从音乐会的生活永久隐退后，他专心投入制作录音、电视广播、电影和无线电节目，其中大部分，但非全部，是以他弹奏钢琴作为节目主要内容的。总之，现象级天才古尔德似乎从未做过什么在某种意义上不是惊世骇俗的东西。他声称避开那些构成钢琴演奏家核心演出曲目的浪漫派作曲家（肖邦、舒曼、李斯特、拉赫马尼诺夫）作品，而专注于巴赫，或二十世纪作曲家如勋伯格、克热内克（Krenek）和欣德米特（Hindemith）的作品，再者，他对其他作曲家似乎倾向于一种奇怪的混搭（比如贝多芬、勃拉姆斯、理查德·施特劳斯、西贝柳斯、比才、格里格，以及瓦格纳），他有时以很特别的方法接触这些作曲家的作品，常常弹奏这些作曲家中其他钢琴家从来不弹的曲目。偶尔，他也会弹奏一些他看似不屑一顾的作曲家谱写的他并不喜欢的曲目：他弹奏莫扎特几乎全部钢琴奏鸣曲的录音就是这样的例子，即便其他音乐家也会弹奏自己不喜欢的曲目，除了古尔德以外，没人会将这个事实广而告之然后演奏如仪。

古尔德令人叹为观止的技艺和节奏上的优雅产生了一种音色，这种音色比其他钢琴家产生的音色都更好地将复杂音乐变得清晰并在头脑中更容易理解和组织。他的第一次录音，巴赫的《哥德堡变奏曲》，演奏之时还不满二十岁，但这部作品非凡的对位逻辑，令人神迷的美妙而严谨的结构，其卓绝的键盘配置，都被这位年轻的钢琴家以一种钢琴家独有的天分空前完美地演绎出来。而这当然是关于古尔德的声音、他的风格，以及他的整个举手投足：他完全独立于其他钢琴家、其他人、其他特权所共有的世界。他的职业生涯像是建立在一种自我意识的、对于所有其他音乐家职业的反叙事之上。一旦最初的制约因素被古尔德理解并接受，他的其余行为都能够以回溯的方式去解读为后续结果。

这些制约因素——连同它们强加的规训一起构成我一直称之为"作为极致场合的表演"——便是由表演框架本身提供的东西，以及在这个框架内，因演奏家不仅接触不到其他演奏风格的惯常要求，也接触不到其他人经历过的人生而产生的幻觉。弗里德里奇的书以一种几乎是摧毁性的力量挑明了这一点。古尔德无论吃饭睡觉，还是社交行为都与常人大异其趣。他靠药物使自己保持活跃，他的音乐和智识的习性都伴随着失眠和无休止的准临床自我观察，他以每一种能够想象的方式让自己完全沉浸在某种不通风却又是纯粹的表演飞地，颇为悖谬的是，这反过来会令人想起他捐弃的音乐会平台本身。有时古尔德之所为似乎令人感到他正在越过这个平台，进入它以外的怪诞世界。

可以回看古尔德从业伊始，他对巴赫的直接占用有着一种极为出色的、也是战略性创造出的正确开端。听他在1955年录制的《哥德堡变奏曲》的起始主题，听者受到强烈震撼的，是主题作出预期宣布的那种不受保护的直接性（仿佛在某种意义上这部巨人般的作品隐匿在外形脆弱的主题中），不仅出于巴赫精心推敲有着极强增衍力的各式变奏，而且出于古尔德变幻多端的惊艳的演奏风格，那种即便在安静的时刻也剧烈作用于感官的率性，那种对钢琴敲击特质不符合习惯的加强，那种对极为精巧繁复模式和配置的大胆处理。古尔德用《哥德堡变奏曲》作为一条路径，将他与其他初次登场的钢琴独奏演员直接区别开来（其他人对保留演出曲目的选择总比他更可预测），仿佛他做的不是继续维系演奏家才华的那套浪漫派传统，而是比他们更早开创他的纯种谱系，并一跃而绕过他们达到当前的状态。

自此以后，古尔德录制了古组曲（Partitas），两卷《平均律钢琴曲集》(*Well-Tempered Clavier*)，托卡塔（the Toccatas），英国组曲和法国组曲，创意曲和短的前奏曲和赋格，加上《赋格艺术》(*Art of Fugue*)

中的主要部分；也演奏和录制了一些分声部的曲目（协奏曲和小提琴和古提琴奏鸣曲）。其中最突出的，与其说是统一的风格，不如说是起奏和演技具有的感染力表达那种清晰而直接给人深刻印象的连贯性，在他公演的十年间，这种表达被一大堆怪癖手法——哼唱、指挥、低矮的椅子、低头垂肩，等等——弄得突出和醒目。即使从他的录音中萃取的一个短系列，也都显示清晰的人声，节奏上的创意性，以及应付自如的音色和手指的逻辑，这允准身份和演奏特征出现一种整齐的连贯性。

依我看，例如在《平均律钢琴曲集》中的几首前奏曲和赋格曲中，古尔德翻新了实际上严肃的、教学的练习，将它们转变成一套气氛音乐小品，用正确释谱的对位风格严格传递，但总是分句、塑形、演绎成一种完全整合的特征。他的托卡塔录音，像法国组曲的录音一样，给予灵感起源于舞蹈的乐章某种令人惊叹的栩栩如生效果，将它们与其社会起源完全分离，并将它们美化为特别节奏和切分音的抽象代表。用同样的技法，古尔德转向一套人们称之为"小"前奏曲的曲目，其中有一张唱片（C大调作品BWV933）传递了他对交织各种格调的令人着迷的研究——以琶音方式演奏和弦的转音，以加强型的主题急奏经过句——因为古尔德节奏活力剧烈挤压的作用而保持着清亮明快。

然而古尔德这些非同凡响之事，若非具备能够轻易对抗像弗拉德米尔·霍洛维茨（Vladimir Horowitz）、豪尔赫·博列特（Jorge Bolet）、阿图罗·贝内德蒂·米凯兰杰利（Arturo Benedetti Michelangeli）以及其他一两位"传奇"技术大师的键盘指法技巧，也是不可能实现的。古尔德的手指、钢琴和他演奏的音乐总能实现无缝统一，其中一项以延展方式化入另一项，这三项自始至终都不能区别。仿佛古尔德精湛技艺的娴熟最终出自乐曲本身，而非出自他多年独立打造的技术运动能力的留存。波利尼在这方面也有某些与古尔德同样的品质，但让古尔德与其他钢琴家区别开来的，是他的手指在复调音乐中的那种有着奇妙智慧的运用。只有巴赫时代杰出的管风琴师能以类似同样的方法去沟通，但古尔德作为音乐会钢琴家，能意识到那种引起他注意的重要的剧院舞台框架，即在观众和演奏家的分野中令他站在非常明确的一边。

还有两件事使古尔德有别于其他钢琴演奏家。第一件正如我已经提到过的,他在1964年停止了音乐会的演奏并完全离开公开的"现场"演出行业,目的是使自己投身录音、写作和作曲。虽说此前他的音乐会舞台职业一直很成功,他说他告别"现场"演出是因为,在他看来,一方面这些演出在剧院舞台上扭曲了音乐,另一方面,举办音乐会不能满足他录音棚的"再拍(录)一次"的可能,现在他有机会去重新弹奏需要进一步费心阐释和润色的音乐片段。

古尔德命定特征的第二件事,是他超强的——如果还称不上神童般的——语言天赋,自从他不再在音乐会表演后,他不断赋予这方面能力更广泛的作用(六十年代他开始对听众开设讲座)。不像许多表演型的音乐家,他不仅有许多观念和一套思维方式,而且有能力将它们同时以演奏家和批评家的身份应用到音乐领域。他的表演,简言之,近似于一个论点,而且他话语上的论点常常由他的钢琴绝技予以佐证。这在由英国、加拿大、法国和德国导演拍摄与古尔德有关的一系列精彩的电影中看得再明显不过,(我们现在将看到)这些电影在古尔德言说、演奏、解释他的各种观念时让人看到他闪烁的智慧火花,混合了起居室、练琴房、讲座厅等元素的拍摄背景也给人留下很深印象。他因此同时身兼音乐家、教师、"名人"、演奏家等数种职能。

去掉古尔德身上不同角色中的一个或另一个,结果出现的其实只会是一种更不可能、更无趣的现象。我想古尔德身为作家,要求钢琴和他生动呈现的即时性才会令他所说的变得可信。出版的材料,收集在一卷本里的随笔杂录、文章和唱片套上的小段说明文字,常常是重复书写却又论辩不充分的。[18]里面有种俏皮和戏仿的冗言赘语,对我的口味而言,既显得勉强,又显得难以忍受地乏味。古尔德并非一个受到学术训练和全面陶冶的人;他的学养,虽然调度得风生水起,常常流露出幼稚的乡村哲学家的捉襟见肘。吊诡之处在于他的那些文字,作为演奏家为他自己提供了语言上的对位法,仍然是不可或缺的。因此古尔德颇为措意地将表演作为极致场合的有限剧场空间,扩大到其范围包括言辞、持续的时间、一种不受单纯连续性控制的日常生活的间奏。在古尔德身上,表演虽能包罗万象，但它仍被控制在他精心打造的特立独行所强赋的界限和不受影响的范围。此外，他的表演毫无疑问依附于当代技术和文化环境的方方面面，特别是他与哥伦比亚广播公司以及加拿大广播公司唱片录制的长期关系。

古尔德职业后期有些詹姆斯作品的风格：他可以解释为出现在亨利·詹姆斯十九世纪八十年代的那些符号性的人物寓言中的一个，既沉思写作技巧的问题，又沉思艺术家的个性。人们可以想象一下，詹姆斯塑造了一个名叫格伦·古尔德的艺术家的故事，这位艺术家决定放弃十年间由买票听音乐会的观众、各种演出排期和演出经纪人包办的音乐会生涯，变成他自己剧本的作者，并强行改变演出的整个过程——毕竟这是他在专业分工的年代令他饱受困扰的东西——他自己的个人主义的转型：邀请朋友来家中为他们演奏。古尔德的听众仍在日后录制的唱片中继续听到他在后舞台音乐会时期具有同样风格辨识印记的弹奏，虽说现在——如果我们拿他录制的瓦格纳乐曲改编的新形态为例——演奏已经从巴赫扩大到了以二十世纪晚期风格改编十九世纪晚期的瓦格纳式的对位和旋律，传递手法也变成现代惯用表达法，那是古尔德既已为当代钢琴首开的先河。

最典型的古尔德式选段是《名歌手》前奏曲，以及他对《齐格弗里德牧歌》(*Siegfried Idyll*) 作了较大编辑的版本。瓦格纳这部唯一的喜剧歌剧开始的这段管弦乐作品，被古尔德以一种从未有指挥或管弦乐队尝试过的方法演奏出来：它成为十八世纪对位写作的一个概览，古尔德以极干净的高超技法演奏的这个作品向观众展示某种结构解剖上的欢愉，你会忘记这是人的双手的产物。近结尾时，瓦格纳的管弦乐句开始过于厚重，甚至对古尔德来说同步发生的主题数目都实在太多，钢琴家只能求助于（他在一段唱片封套的解释文字中告诉我们）把录音配到原带上的办法，将他录音中一部分极为密集的乐谱叠加在他另一部分录音之上。用这种仿佛演出活动利用叠加电子音乐的优势，古尔德也可以成倍加大演奏家对一个音乐会特别受喜爱的作品持续过程控制的难度和能力。在对《齐格弗里德牧歌》作乐曲改编时，古尔德改动了瓦格纳的音符，在一定程度上降低钢琴改编曲和管弦乐队原曲的相似度，目的是提升二十世纪钢琴再生品的特殊性质。而在这两个例子中，古尔德对瓦格纳进行演绎的各种观点都通过他的为唱片封套所写的文字说明作了补充强化。

如古尔德似乎已经有所怀疑的那样，他选择瓦格纳这件事本身受到全面评论，可以这么说，不只因为他演绎了他的观念，还因为他"额外的"文字。请注意古尔德的观念是值得探究的，倒不仅是因为它们有什么内在效力（像 B.W. 波威［Powe］《孤独的逃亡者》［*The Solotary Outlaw*］里指出的，它们比如在加拿大语境中会产生某种奇妙的共鸣），[19] 而是因为它们还显示古尔德作为一个表演型钢琴家公开地与他的困境缠斗，因他作为钢琴家和批评家一直在话语层面讲解他能够评论的一切。就此而言，古尔德的评论提供了极强烈的示例，有力地令表演活动从倦怠的常规和习焉不察的共识中抽离出来，而这种常规共识一般都支持音乐会表演作为相对无生命力的社会形式存在。但我要说的是，古尔德向写作、广播、电视、电影等的四处突围对他的演奏本身起的是强化、活跃、阐释的作用，赋予演奏一种自我意识的审美和文化存在，其目的，虽然不见得一直很明确，是使得表演能够结合或附属于那个世界本身，而不损害这个过程中基本上是重新阐释、重新制作的性质。这一点，我觉得，是阿多诺式评价古尔德成就及其局限的判断尺度，其局限说的是后期资本主义将古典音乐困在一种受"自主"之名保护的贫瘠的边缘性和反智主义。然而，如同他之前的托斯卡尼尼，古尔德建立了标准，即使在这种不能轻易判定意识形态或社会价值的艺术中，都可以进行自我解释（也许这是波里尔所谓其道德中立和单纯的一个方面）。

从古尔德的文字可以清楚看出他没把弹琴出色看作什么了不起的事。他想要的是逃避注定或框定他是个噱类的现实。我们看到，比如他最偏爱的状态是"神游"，他喜爱的音乐是那种在理想情况下不为具体乐器谱写的音乐，因此"本质上是无形的"，而他最高的赞美用词是从容、超然、孤隔。关于这一点，弗里德里奇的传记提出了一个控制的概念，它是古尔德大部分生活的主题。而且古尔德似乎也一直相信艺术是

"神秘的",但又允许"毕生渐渐建立起某种奇妙和宁静的状态",当通过无线电播音和唱片录音传递时,会形成"艺术上自恋的元素"并响应"每个人在内心苦苦创造他自身神性所面临的挑战"。[20]

这倒不完全是形而上学的荒唐话,至少在作为评论古尔德的特殊情境的解读上不是荒唐话。古尔德似乎最终既对音乐的非文字和非话语的性质——关于它自身的沉默——感到不满,也对作为一个表演型钢琴家的实际有形成就感到不满。1974年在与乔纳森·柯特(Jonathan Cott)进行的一次饶有趣味的访谈——最初刊登在《滚石》杂志上,后来又做成一本饰以漂亮的照片的小书——中,古尔德用一种可笑的夸张语气说他能够在半小时内教会任何人钢琴弹奏技巧。[21] 在另外的场合,他说过他几乎不练琴或不会为弹琴这件事本身操心。他更感兴趣的是音乐和他自身天赋溢出的那些方面,如从音乐表达进入语言表达,以及他既受惠于作曲家又受惠于听众这种日常提醒,如何能演绎为一个可无穷变异和延展的乌托邦世界,彼处时间或历史都不出现,且因为那个世界所有表达都透明、合逻辑、完全不受演奏家或人们的血肉之躯妨碍。

如果考虑古尔德终其一生都在奋力争取不愿只成为钢琴演奏家,他的散文作为记录是极有价值的。无论古尔德的文字算不算一种符号,标识着他将自己的职业当作一件用来被超越的奢侈品,或他的语言能力是不是掩藏着那种真正无处可去的更深的个人危机,像害怕献身人类社会的生命进程那样害怕成熟,我不敢妄言。但在古尔德常常用词轻松的叮当声中,隐藏的调性远没表面听到的那么安心和满意,这一点人们确凿无疑。

也许古尔德的文字中最有意思的,是他看来很努力尝试将他关于音乐表演的观念扩展到其他领域。显然古尔德的文字会让人想到他的音乐,不是因为这些文字特别提到或总结了他的演奏方法,而是它们触动人的方式,是那种探索不止的能量和对意义毫不手软的阐释,既不稳定,又不见得完全达到目的。一个人听古尔德演奏巴赫各首赋格曲的唱片就能明白,这里在词语和演奏之间玩对位的手法是大略相同的。单单是它们的活力就能致人感受到罕见的、珍贵的体验。

古尔德的电影又为此话题添加了另一深度，最有趣和引人注目的，是显示古尔德演奏作品本质上如果不是对位的（主要为赋格和卡农），就一定是变奏的。有个一小时的节目全都在弹赋格，包括巴赫《平均律钢琴曲集》中的选曲，贝多芬作品110号奏鸣曲最后乐章，以及用魔鬼般神乎其技的手法呈现欣德米特的第三奏鸣曲中最后的赋格乐章，一个如今在音乐会几乎难以上演的精美片段，这与现今音乐家中大部分智识上怯懦、审美标准低下有关，也是古尔德总体职业生涯竭力在抨击的。

变奏曲节目的高潮体现在演奏韦伯恩的《变奏曲》和贝多芬作品109号E大调奏鸣曲。古尔德将这两部作品以一种炫目的强调方式连结起来，强调的是它们结构上的技艺和表达上的细节这些高度相似的方面。这是一个相当大的成就，因为这两部作品都没有按调性的惯用手法谱写，彼此的结果截然相反，一个（贝多芬）是剥离的、精致的，另一个（韦伯恩）是集中的、倔强的。除此之外，古尔德还在同一个节目中对斯韦林克（Sweelinck）管风琴幻想曲做了一次极度矜持的表演。我记得在古尔德1959或1960年举办的独奏音乐会上听这个作品时（以及这次观看电影时）受到的冲击力，不知古尔德如何能够作为演奏家做到明显消失在作品长长的复杂缠错中，从而提供一种神游的实例，他将此描述为既站在时间之外、又站在一个完整艺术结构之内的状态。

而迄今所有古尔德的电影中最感动人的，莫过于古尔德在布鲁诺·蒙桑容（Bruno Monsaingeon）1981年电影中的表现，他先讨论、而后完整演奏了《哥德堡变奏曲》。影片中的古尔德已不再是那个瘦削的、年轻气盛的知识人，（如他在早先的电影中做的那样）以犀利的才智谈到贝多芬，说他永远会在下一次转调时遇上他的命运。他现在是一个中年艺术家，有了肚腩，谢了顶，神色也变得怆然，他的一张皮肉松弛的脸和有些微颓的嘴唇暗示着隐秘的不良习惯和过多的丰盛馔食。甚至他的手指，素来保持了其传奇效应般优雅和干净利落，现在也明显变得衰老、变得世俗。的确，古尔德演奏的这三十首非凡小品因额外装饰而拥有了不同层次的精妙和匠心，它变化多端，大都以更缓慢的节奏、意外的重复、更轮廓分明的风格线条（比如在第一首变奏里重击的低音线，或第三首变奏曲中巴赫的齐奏卡农主题的强调，等等）。

这是我看过与古尔德有关的电影中为数极少的一部彩色影片，而且很明显出自电影制作人之手，不是那种从电视摄影师的角度拍摄的。它有秋季意味的黄褐色调令人一懔，特别是意识到这其实是古尔德，以足够恰当的方式，生平最后一次表演过去那部使他第一次声名远扬的作品：很难想象这部电影不是作为一个行为的终结。多伦多大学的杰弗瑞·裴赞（Geoffrey Payzant）教授（一位哲学家，他写的那本关于古尔德的优秀著述，是迄今唯一一开始对这位钢琴家作出公正评判的书[22]）告诉我，蒙桑容藏有时长达 52 小时的古尔德的演奏影像，他曾试图向欧洲和美国不同电视公司出售但没有成功。但我相信蒙桑容一心一意想要拍摄古尔德工作的电影是有道理的：这个人的确可称作全尺度的文化进取者，孜孜不倦地工作在演艺事业中。

但正如蒙桑容所见，与古尔德有关的最吸引人的东西，是他不断越界并打破禁忌，因此有时尖锐有时戏谑地进一步证实了表演空间本身。1987 年蒙桑容本人在法国出版了一本关于古尔德的书，最后章节是古尔德在他死后接受五位评论家采访的一个"影像蒙太奇"。[23] 显然蒙桑容将古尔德看作普通死亡对他完全不构成制约的某种人。古尔德当然早已在他的观众中培养了这种概念。他不仅能很清楚把握，事实上他也确然如此（弗里德里奇注意到他这么做时有几处令人困惑的遗漏），从文艺复兴到当前西方音乐的整个范围——从几部电影中可以看到古尔德滔滔不绝地谈论一系列的音乐例子，然后转向钢琴，凭记忆弹奏说明——他还能够随心所欲地处置这些音乐，即兴弹奏，使之变调，进行戏仿，重新制作，等等等等。

大多数优秀的音乐家事实上也的确在他们的指间、口中、心里拥有比他们在公开场合演奏多得多的音乐。可以这么说，记忆力是每位演奏家都自带的天赋之一部分。但我们只能通过舞台、在一个受表演场合本身限制的节目之内看表演。因此古尔德在 1964 年离开舞台后在以他多种多样的天赋去和观众交流这点上走得很远，他所散播的知识、罗缕的分析、用其过人技艺转换的其他形式和风格，都大大超出了两小时的音乐会体验。古尔德做的每件事与他过去作为演奏家赋予音乐会平台的原始时空构成了一个连续体。而且无论什么时候他只要觉得自己好像落入了一个舒服的位置，比如说变成一个演奏巴赫的钢琴家，他会立刻转而录制瓦格纳的改编曲集，或格里格的奏鸣曲，他的弹奏曲目奇崛得特别难以预测，或他干脆成为一位作家、一位电视名人。

而其中最重要的是古尔德有种天赋：他能非常出色地做好一件事（比如弹好钢琴），并暗示他还能同时做另一些事。这也反映在他对于对位形式或变奏形式的偏好，或在一个稍微不同的层面，他边弹琴边用手指挥边喃喃唱念的习惯，或他在任何时候都能同时从音乐和知识两方面引用几乎任何内容的方法。某种意义上古尔德渐渐走向了一种非剧院的和反艺术的"整体艺术"（Gesamstkunstwerk），一种听上去既反形式又自相矛盾的描述。我不确定他在多大程度上意识到这点，以及在多大程度上意识到与兰波的"打乱所有感官"有关，但我突然觉得这样联想是恰如其分的，因为在我看来，这个想法在慢慢抵近古尔德非常之举中那些不安分而又充满智识的特质；所谓非常之举，是同时既把表演变得更加像一个场合——因为密集、活跃、充溢——又把表演推向更加极致，更加奇特，更加不像人类的已有生活体验，而且更加不像其他音乐会。总而言之，古尔德以其职业成就的激进力量，为我们在大体上但不完整地提供了关于表演究竟为何物这样一种新概念，它像音乐阐释中的大部分情况——因为它在意识形态上和商业上仍与过去和现在的社会有着千丝万缕的联系——既不能使习惯做法全然中断，又不能使之全然转型。

也许随着时间推移，古尔德之行为的扩张作用和特色结果会是完全无伤大雅的，被方兴未艾的文化商业驯服或收编，在这门生意中，古典音乐表演仅为一个组件而已。古尔德真实活动的一个萎缩的指征，是他在今天几乎仅以一个古怪的人或一个极有天赋的钢琴家而闻名，正如托斯卡尼尼之闻名，完全是作为一位伟大的指挥，人们可能对他的阐释有不同见解，但他职业体现的社会和审美意义，现在多半已经被屏蔽在关注或研究之外了。对不断发展的音乐表演的批评讨论只是使它按照乐谱对音乐会活动作报道。但如果我们的显现趋势是从音乐会活动和新闻报道的某种固定（并严格执行）的习惯，到表演艺术或摇滚音乐更盛大的远足，只有在这种情况下，我们才能评估在表演家如托斯卡尼尼或古尔德身上起作用的丰富资源和想象，他们先是接受，后又精心阐释了当代古典音乐赋予他们意义的整个逻辑，而且这样做的时候，他们至少身上保留着某种分寸的自我意识和勇气。

选自《音乐的阐释》

13

简·奥斯汀与帝国

（1990）

《文化与帝国主义》的书评人几乎无例外地将目光集中在《简·奥斯汀与帝国》这个章节。《纽约时报书评》《伦敦书评》《国家》和《异议》都出版过凸显萨义德对《曼斯菲尔德庄园》批评的文章；奥斯汀这部小说的女主角范妮·普莱斯在姨妈一家位于英国乡间的大宅邸中长大，供养大家庭舒适生活的是她姨夫在安提瓜制糖种植园中的奴工。《纽约时报书评》刊登的整版的书评中，迈克尔·戈拉发问，"谁在支付曼斯菲尔德庄园的开支？"约翰·列奥纳德则在《国家》杂志上写道："看着简端坐在曼斯菲尔德庄园宁静而有序的环境中，她的聪明脑袋不会过多烦扰这个事实，即托马斯·伯特兰爵士乡间宅邸的这份和谐的'社会空间'，是由奴工维系的。"[1]

因为在曼斯菲尔德庄园和安提瓜的奴隶贸易之间勾勒出了某些联系，萨义德的批评常常被误读为试图削弱简·奥斯汀的文学重要意义。但萨义德的论点根本不在抨击奥斯汀的文学价值，某种欧文·豪伊发表在《异议》上关于《文化与帝国主义》的书评中感到困惑的事实。相反，萨义德的这篇文字首先在于回应雷蒙·威廉斯在《乡村与城市》中对简·奥斯汀有影响力的解读。[2] 威廉斯对奥斯汀小说《曼斯菲尔德庄园》那座秩序井然得无可指摘的乡村宅邸的殖民地基础是忽略了的，萨义德将它重新归置到其殖民主义的地理和历史情境，而小说本身对殖民主义欲言又止。"在赋予《曼斯菲尔德庄园》所有重要意义之后，我们就不应该……把世界的地理划分看作中立的，而是带着政治意味恳求得到相当于同等比例所需的关注和说明。问题因此不仅是如何理解奥斯汀的道德性，以及用什么与奥斯汀的道德性和社会基础相联系，而是从奥斯汀的道德性中究竟解读出什么。"

V. G. 基尔南（Kiernan）说，"帝国必有一套得以源源流入的观念模式或条件性的本能反应，年轻的国家梦想雄踞世界之林，一如年轻人梦想名望与财富"，[3] 我们与这一看法完全一致。若因此论辩欧洲或美国文化中的一切都在准备或巩固这一帝国大业的理念，未免失之简单和化约。但不论在叙事、政治理论，还是在图绘技法上，完全忽视启动、激励、或在其他方面保障西方随时承接和享受帝国经验的倾向，以历史眼光看亦不准确。对于帝国使命这一概念，即便存在文化上的抵抗，这种抵抗也未从文化思想的主要部门那里获得多少支持。约翰·斯图亚特·穆勒在这点上就是一个能说明问题的例子，他尽管是自由派人士，但仍会说，"文明国度因彼此的独立和国籍所承担的神圣义务，对那些国籍和独立是某种恶、或充其量属于某种不可靠的善的国度是没有约束力的"。类似的观念非穆勒所发明；十六世纪英国征服爱尔兰时业已盛行，且如尼古拉斯·坎尼（Nicholas Canny）有说服力地展示的那样，在英国对美洲殖民的意识形态中，这套观念也同样好使。[4] 几乎所有的殖民谋略都起源于一种假设，即原住民是落后的，普遍不足以言独立、"平等"与适应。

何以如此？为什么约束一方的神圣义务不能约束另一方，为什么一方接受的权利不能赋予另一方？这些问题放在一种文化的语境下就能够得到很好解释，这种文化深深根植于道德、经济甚至形而上学规范，它们被设计成认同符合要求的当地秩序，即欧洲秩序，却又允许废除海外同类秩序的权利。这样一种主张也许显得荒谬或极端。但事实上它滴水不漏地构成了两方的连接：一方是欧洲的福祉和文化认同，另一方是帝国对海外领域的征占。今天我们若还能承认任何这种连接的部分困难在于，我们习惯于将这件复杂的事物还原为表面上简单的因果关系，这样反过来就产生一套责备和辩护的说辞。我并不是在说早期欧洲文化的主要因素造成了十九世纪晚期的帝国主义，我也不是在暗示前殖民地社会的所有问题都应责备欧洲。我想说的是，欧洲文化即使不总是，也经常让自己典型地在坐实它自身偏好合法性的同时，在遥远的帝国统治中发扬这些偏好。穆勒显然是这么做的：他一直建议不要让印度独立。当十九世纪八十年代后，因为各种原因欧洲对帝国统治越来越关注，这种矛盾分裂的习惯也变得非常有用。

现在首先要做的，是在思考欧洲与非欧洲世界的关系过程中多少捐弃简单的因果关系方式，并使我们的思维不再固定在同样简单的时间顺序上。比如我们不可能同意这种想法，认为华兹华斯、奥斯汀或柯勒律治在1857年之前的写作，实际造成英国政府在1857年之后对印度建立正式统治。相反，我们应该在英国人写英国的显著模式和讲述英伦三岛以外的世界之间努力辨析出一种对位的关系。这种对位关系的内在模式不是时间的，而是空间的。在大规模公开的、有计划的殖民扩张——比如"争夺非洲"——时期之前的作家是如何在更大世界中自我定位并看待自己的作品的？我们会发现他们使用了有力却非常谨慎的策略，其中大量来自预期中的源头——对家乡、民族及其语言、公序良俗、体面行为、道德价值等的积极观念。

但这类积极观念不单局限在证实"我们"世界的合法性上。它们还倾向于贬低其他世界的价值，从回顾角度看，也许最重要的是它们没有防止、抑制或抵抗极度不受欢迎的帝国主义行径。的确，像小说或戏剧这样的文化形式不会引发人民走出国门实施帝国主义——卡莱尔并未直接驱策罗得斯（Rhodes），他当然不能因今天的南非问题受到"责难"——但令人真正困惑的，是看到英国伟大的人文主义思想、制度和不朽的文艺作品在阻挡帝国的加速进程中做得是多么少，而我们至今仍在称颂这些人文精神不受历史影响地博得我们赞许的力量。我们有资格追问，这个人文思想的主要内容是如何安然无恙地与帝国主义共存的，还要问为什么——直到非洲、亚洲、拉丁美洲人民在帝国的领地内展开抵抗——此前在英国本土几乎没什么起眼的反对或制止帝国的情况。也许将"我们"与"他们"的乡土和秩序区别对待的习惯已经发展为牢固的政治规则,让"他们"更多地积聚起来为我们统治、研究和征服所用。在欧洲主流文化颁布的伟大的、人性的观念和价值观中,我们恰能发现基尔南所说的"观念模式或条件性的本能反应",源源流入日后的整个帝国大业中。

雷蒙·威廉斯内容丰富的《乡村与城市》一书的主题,就是讨论在有着地理差别的不同地方之间这些观念的投入程度。他关于英国乡村和城市之间相互作用的论点,为极不寻常的转型——从朗兰(Langland)的田园平民主义,经过本·约翰逊(Ben Jonson)的村舍诗和狄更斯的伦敦小说,一直到二十世纪文学中的殖民地宗主国各种见解——留出了空间。当然这本书主要是关于英国文化如何处理土地、对土地的所有权、想象、组织等等。虽然威廉斯也提及英格兰对殖民地的输出,但如我之前所说,他的方式远没那么集中,范围也比实践既已见证的小得多。在《乡村与城市》差不多结尾的地方,他主动说到"至少从十九世纪中叶,甚至还有较早的重要例子,就存在这种更大的语境〔英格兰和各殖民地之间的关系,而殖民地对英国的想象产生的效用"已经深远得不容易追溯"〕,在此语境下,每一个观念,每一个形象,都受到有意识和无意识的影响"。他很快接着征引了"向殖民地移民的观念",一个普遍存在于狄更斯、勃朗特三姐妹、盖斯凯尔不同小说中的意象,并颇为恰当地显示"新型乡村社会"——它们都与殖民地有关——通过吉卜林、早年的奥威尔、毛姆进入了英国文学想象中的宗主国经济。十九世纪八十年代之后,出现了"风景和社会关系的戏剧性的延伸":这与帝国的强盛期倒是差不多完全对应得上的。[5]

与威廉斯的观点相左是危险的,但我斗胆说一个人如果在英国文学中寻找像世界帝国版图这一类东西,结果会发现早在十九世纪中叶之前很久它们就已经以神奇的强调态度和频率露面了。而且这种稳定的规律不仅暗示着一些东西是理所当然的,而且更有意思的是,这些东西一以贯之,形成语言学和文化习惯法肌理的一个重要部分。自十六世纪以降，在爱尔兰、美洲、加勒比地区以及亚洲，就存在英国既已建立的海外利益，即便扫一眼目录就会看到那些以持续关切态度珍视、爱惜、追踪这些利益的诗人、哲学家、史学家、戏剧家、政治家、小说家、游记作家、年鉴作家、士兵、寓言作家等等。（彼得·休姆［Peter Hulme］的《殖民遭遇》［*Colonial Encounters*］一书对此多有详细讨论。）[6] 类似的看法也可能适用于法国、西班牙和葡萄牙，它们不仅凭本国实力跻身海外列强，更是成为不列颠的竞争对手。我们应如何审视在前帝国时代，也即是说在1800至1870年间，这些利益相关者在现代英格兰所起的作用？

我们跟着威廉斯的线索，先看向英国十八世纪末大规模圈地运动之后的危机时期。旧有富于生机的乡村社群瓦解，新的社群在议会活动、工业化和人口迁移的推动下形成，但同时也形成一个在更大范围的世界版图上重新定位英国的崭新过程（法国同理）。十八世纪上半叶，英法在北美和印度的争夺非常激烈；至下半叶，英法之间在南北美洲、加勒比地区、黎凡特地区，当然也在欧洲本土，均发生过无数暴力冲突。前浪漫主义时期法英的主要文学都包含海外领地这个反复出现的指涉关系：其中不仅有各种类型的百科全书编纂人如雷纳尔神父（Abbé Raynal）、德·布罗斯（de Brosses）和沃尔内，还有埃德蒙·伯克、贝克福德、吉本、约翰逊和威廉·琼斯。

1902年，J.A.霍布森将帝国主义描述为国籍的扩张，意思是说这个过程可以理解主要是考虑到扩张这个概念比国籍更重要，因为"国籍"是一种完全成形的、固定的数量，[7] 而一百年前无论在本土还是海外，它都尚处于正在形成的过程当中。在《物理学与政治学》（*Physics and Politics*）（1887）一书中，沃尔特·白芝浩（Walter Bagehot）以极大的适用性谈到"国家建构"。十八世纪末在法国和英国之间存在两种竞争：一种是海外的战略收益比拼——在印度、尼罗河三角洲、西半球——另一种是优胜的国籍比拼。这两种竞争都将"英国性"与"法国性"对立起来，无论预想的英国或法国的"本性"看上去多么亲近和私密，它几乎总被认为是建构的（相对于已有而言），而且是通过与另外那个强大对手的一决雌雄才能奠定的。比如萨克雷笔下人物蓓基·夏泼,与其要把她描写成新贵,不如说因为她有一半的法国血统。该世纪早些时候,威尔伯福斯(Wilberforce)和他的盟友摆出的正直的废奴主义姿态,部分原因是很想让法国人在安的列斯群岛的霸权日子没那么好过。[8]

这些原因突然为《曼斯菲尔德庄园》(1814)这本奥斯汀小说中意识形态和道德主张最明显者提供了奇妙的延展维度。威廉斯又一次在大面上完全正确:在获得金钱和财产、建立道德差异、做天时地利的合适选择、实施正确的"改良"、对有着微妙差别的语言进行确认并将它们分类等方面,奥斯汀的小说都表达了一种"可达致的生活品质"。然而威廉斯继续说:

> (克贝特[Cobbett])[①]在道路骑行时点名的是阶级。虽然简·奥斯汀把社交圈描写得错综复杂,但她从那些宅邸里,永远看不到这一点。她的所有歧视都来自内部并且排外,这也不难理解。她关心人们的行止,这些人在改进的复杂过程中,不断试图使自己跻身某个阶级。但是只出现一个阶级的时候,阶级其实是遁形的。[9]

这番话如果只是一个对奥斯汀如何做到将某些"道德歧视"提升为"独立价值"的泛泛描述,是很精彩的。但就《曼斯菲尔德庄园》说来,威廉斯的概括论述之外尚需更多讨论以增加明晰度和广度。也许经过讨论,奥斯汀,以及很可能一般而言的前帝国主义时代小说,都会在帝国主义扩张的这套基本理义中比它们第一眼看上去的要有更深的影响。

卢卡奇和普鲁斯特之后,我们对小说情节和结构主要在时间轴上发展这一点习以为常,以至于忽略了空间、地理和位置的功能。因为不仅是十分年轻的斯蒂芬·迪达勒斯,就连他之前的其他每个年轻主人公,都把自己看作在英国本土、在爱尔兰、在世界的一个越来越宽的螺旋通道里。像其他许多小说,《曼斯菲尔德庄园》正是关于一系列大大小小

[①] 18—19世纪英国政治家,著有《乡村漫游》。——译注

空间迁移和重新定居,它发生在外甥女范妮·普莱斯面前,在小说结尾,她成为了曼斯菲尔德庄园精神上的女主人。奥斯汀将该场域本身安置在各方利益和关注之弧的中心位置,连接它的是整个半球,两片重要海域,四个大洲。

与奥斯汀其他小说一样,最终通过婚姻和合乎体统的"神授"而现身中心地位的组合并不完全依靠血统关系。她的小说上演了对某些家庭成员依附关系的解除(文字意义上),又在其他人和一两个经过选择、经过考验的外人之间建立起依附关系。换言之,血统关系不足以保证延续性、等级关系、权威等等,无论是家庭内部还是国家之间。于是范妮·普莱斯——这个家境贫寒的外甥女,离开父母的朴茨茅斯边远城市的孩子,受冷落、拘谨却正直的不善交际的人——渐渐获得了一种地位,不但与她大部分幸运的亲戚相当,甚至比他们更高。在这个依附关系模式以及她权威加身过程中,范妮·普莱斯是相对被动的。她挡住其他人的过失和强求,很少放胆采取自己的行动:总之,人们感到奥斯汀设计范妮·普莱斯时,令角色本人几乎都不能理解,正如小说自始至终,每个人都认为范妮是"慰藉"和"不可多得的人",无论她怎么看自己。和吉卜林的吉姆·奥哈拉一样,在更大的格局中范妮既是设计出来的手法和工具,又是一个有血有肉的小说人物。

范妮与吉姆一样,需要指导,需要她自身的贫乏经验不能提供的栽培和外部权威。她对于某些人和某些地方有自觉的联系,但小说显示了另外一些她意识非常模糊的联系,却要求她在场并起作用。她一开始就面对一个要进行很多复杂变动的环境,放在一起的话,需要理顺、调节、重新安排。托马斯·伯特兰爵士被沃德姐妹中的一个俘获,其他人则没那么幸运,于是产生"某种决绝的睽违";她们的"圈子变得如此不同",她们之间的距离如此巨大,甚至十一年来彼此不通音问;[10] 普莱斯夫妇迫于生计艰难,找到伯特兰夫妇求助。范妮虽说不是最大的孩子,渐渐却成了关心的焦点,因为要送她去曼斯菲尔德庄园,在那儿开始她的新生活。类似的是,伯特兰一家放弃了伦敦(为了疗愈伯特兰夫人的"微恙和甚多倦情")而完全居住在乡间。

物质上维持这种生活靠的是伯特兰在安提瓜的家产，而它的营运状况出了问题。奥斯汀用了些心机给我们展示表面上看毫无瓜葛的两件事，其实汇集在同一个进程之中：范妮对伯特兰一家经济，包括安提瓜的重要性在增长；范妮面对无数挑战、威胁和意外，其自身的坚定性也在增长。奥斯汀在这两件事中的想象力都极其严格地在一个我们或可称之为地理和空间澄清的模式中完成。范妮刚到曼斯菲尔德时只是一个惶惶不安的十岁的孩子，她的无知是由她不能"将欧洲地图拼在一起"表现出来的，[11] 小说的前半部分的很多时候，人物行为都与一连串有着公分母的问题有关，无论是否误用或误解，这个公分母就是空间：不仅在安提瓜的托马斯爵士能让那里的情况及家中的情况好转，而且在曼斯菲尔德，范妮、埃德蒙、她的姨妈诺里斯讨论的是她在哪里住，在哪里阅读，在哪里干活，在哪里生火等等；朋友和表兄弟姐妹也都关心庄园的改善，小教堂（即宗教权威）对家庭生活的重要性也慢慢展开，得以辩论。作为设计成要搞出一些动静的人物，克劳福德兄妹建议演一出戏（他们的背景令人怀疑地沾染上一丝法国气息是意味深长的），范妮对此事的难堪显得极为突出。她不能参加，不能轻易接受将生活用的房间转化为舞台空间，虽然经历角色和议题的一大堆混乱场面，这部科茨布的《海誓山盟》还是排演了。

我认为可以推测在托马斯爵士离家处理他的殖民地园林时，会不可避免地出现一些错误尺度（特别与女性的"不守妇道"联系在一起）。这些不仅表现在三对年轻男女无伤大雅地在公园漫步，有时他们彼此会出其不意地淡出和回到别人视野，还特别清楚地表现在年轻男女间各种轻浮行为和约会订婚这些事情，因为他们失去了真正的家长管制，伯特兰夫人不关心，诺里斯太太不合适。各种争执、拐弯抹角、危机四伏的角色人选：所有这一切当然都在排练戏剧时具体化了，这个活动险些到了佻挞放荡的地步（但永远不会这么发生）。范妮从她第一次完全离家产生的疏隔、距离、恐惧的早期感觉，现在变成了某种关于孰是孰非以及何处为适可而止的边界这样的替代意识。但她没有能力令她不安的意识发挥效用，如果不是托马斯爵士突然"从海外"返回家中，这种无舵的漂移还会继续。

当他的确现身时，这出戏的排演戛然而止，下面这个段落奥斯汀以其干净利落的执行力，叙述了托马斯爵士重新建立当地治理的场景：

> 这天上午他很忙。和任何人说话都用时很短。他得让自己重新掌控曼斯菲尔德生活的大小事务，见掌事和管家——分别要查验和计算——而且在谈事情的间隙，还看了马厩和园圃，以及就近的种植园；他既敏捷又有章法，还没到晚餐坐回一家之主的席位时，不仅已经做完了这一切，还让木工拆除了台球房不久前搭建起来的布景，并让布景画师结账走人，想着过了这么久这家伙现在至少已经远离北安普顿了，还算有点儿痛快。布景画师走了，他只是弄脏了一个房间的地板，糟蹋了马车夫的所有海绵，让五个干粗活的下人无所事事并感到不满；托马斯爵士希望再有一两天就能消除曾经出现过的每一点外表上的纪念物，甚至清掉家中每一份《海誓山盟》的未装订剧本，他现在是见一份烧一份。[12]

这段描述的效力毋庸置疑。它描述的不仅是一个克鲁索，把事情处理得井井有条，它还是一个早期新教徒，杜绝一丝一毫的浮薄行为。如果我们假设托马斯爵士在他安提瓜的"种植园"——以更大规模——用同样的手法处理事情，在《曼斯菲尔德庄园》中我们也找不到任何令人对此感到矛盾之处。那里无论什么出现问题——沃伦·罗伯茨（Warren Roberts）收集到的内部证据暗示经济萧条、奴隶制、与法国竞争等问题[13]——托马斯爵士都能解决，从而维持他对殖民领地的掌控。奥斯汀在小说的这个环节以直白的方式将家庭与国际权威同步起来，让人明确看到与某些较高等级事物有关的价值观念，比如圣职、法律、礼仪，必须牢固地建立在对领土的实际统治和占有上。她看得很真切，拥有并管理曼斯菲尔德庄园，就是拥有并管理一个与之有着即便不说必然联系，也是紧密联系的帝国的庄园。一个庄园的生产力和规范约束正是保证另一个庄园家庭安定、魅力和谐的因素。

但在这两者都显得完全有把握之前,范妮必须更活跃地参与正在徐徐展开的剧情。她逐渐从担惊受怕的、常常受欺负的穷亲戚转变为曼斯菲尔德庄园中伯特兰家庭事务的一个直接参与者。我相信奥斯汀为此设计了这本书第二部分的情节,不仅包括埃德蒙-玛丽·克劳福德浪漫关系的失败,还有莉迪亚和亨利·克劳福德的有辱门楣的不检点,还包括范妮·普莱斯对她朴茨茅斯老家的重新发现和拒绝、汤姆·伯特兰(长子)的受伤和失能,以及威廉·普莱斯的海军职业生涯的起步。这部分整个关系和事件的汇集最后以埃德蒙迎娶范妮圆满结束,范妮在伯特兰夫人家务中的位置由她妹妹苏珊·普莱斯接手。将《曼斯菲尔德庄园》的最后几个章节解释为期待中的英国秩序核心某种颇不自然的(或至少不合逻辑)原则的加冕礼大概也不为过。奥斯汀的大胆观点被她的表达稍稍遮盖住了,她的表达,尽管偶尔有些狡黠,是低调和明显谦逊的。但我们不应误解那些对外部世界有限的提及,她对职业、过程、阶级略施强调的指涉,她对"一种与其社会基础最终分离的日常不妥协的道德性"显著的抽象能力(雷蒙·威廉斯语)。事实上奥斯汀远没那么羞怯,远更硬气。

范妮身上就能找到线索,或说我们能够在何种严格程度上看待她。诚然,她对朴茨茅斯原生家庭的探访——那儿还住着她的亲人——破坏了她在曼斯菲尔德庄园培养起来的习焉不察的审美和情感的平衡,而且她已经开始将曼斯菲尔德庄园的优渥上乘生活视为理所当然,甚至觉得必不可少。这些都是慢慢熟悉一个新地方之后很常见且自然的后果。但奥斯汀在表述的是两个其他问题,我们不应混淆。第一点是范妮对在家意味着什么有了更大范围的新感受;她认真看待到达朴茨茅斯后的一件件事,这不仅仅是空间延伸了的情况。

> 范妮几乎愣在那里。因为房子小,墙又薄,所有东西都一股脑儿逼到跟前,再加上旅途劳顿,近来种种烦恼,她都不晓得要如何承受。在房间里面,一切倒是足够平静的,因为苏珊已经不见,去找其他人了,很快房间里只有父亲和她两个;他拿出一份报纸——通

常是问某个邻居借的,仔细看了起来,似乎忘了她的存在。唯一的一支蜡烛放在他和报纸之间,丝毫没有顾及她的需要;但她无事可做,乐得有东西挡着烛光,照不到她发疼的脑袋,她就这样茫然坐着,陷入一阵一阵伤心的耽想。

她在家里。可是天呐!这不是那样一个家,她没有受到那样的欢迎,就像——她控制住自己的胡思乱想;是她不近情理……一两天后情形也许会不同。合该怪**她**自己。然后,她想到如果在曼斯菲尔德情况肯定不会是这样。不会的,在她姨夫家中,凡事都得考虑时机季候,调控主题,遵行礼仪,关注到每个人,可这里是没有这些的。14

在太小的空间,你看不清楚,想不清楚,你没什么调控或关注的合宜种类。奥斯汀细节的精到("唯一的一支蜡烛放在他和报纸之间,丝毫没有顾及她的需要")将不善社交、孤独褊狭、意识萎缩的危险表现得非常准确,这些危险在更大的和管理得更好的空间是会得到纠正的。

这些空间对范妮并不与生俱来,不法定拥有,也不在亲近、接触或毗邻的范围(曼斯菲尔德与朴茨茅斯之间有好几个小时的旅程),这正是奥斯汀的要点。为赢得踏入曼斯菲尔德庄园的权利,你必须首先离开家庭,像某种契约在身的仆人,或用极端一点的表述,像某种运输的商品——这点很显然就是范妮和她哥哥威廉的命运——但这样你的未来才有富足的希望。我认为奥斯汀将范妮的所为当作一种家庭的或小规模的空间活动,它与她的导师、她将继承其家业的托马斯爵士的更大的、更公开的殖民地活动是呼应的。两种活动相互依存。

奥斯汀表述的第二点更其复杂,虽然并不直接,却提出了一个有意思的理论问题。奥斯汀的帝国意识与康拉德或吉卜林显然很不一样,她指涉帝国概念时比他们随意得多。她所在的年代,英国在加勒比海和南美洲,主要是巴西和阿根廷,是极其活跃的。奥斯汀似乎只是模糊地意识到这些活动的细节,虽说向外延伸的西印度群岛种植园这种意识在宗主国英格兰已经颇为深入人心。安提瓜和托马斯爵士去那里的旅行在

《曼斯菲尔德庄园》中是有明确作用的，如我前述，它既不经意出现，只在故事中一笔带过，但对剧情发展又绝对关键。我们如何评估奥斯汀寥寥数笔提及安提瓜的情节，又能从中做出怎样的解释？

我的论点是，通过随意和强调这种非常老式的结合，奥斯汀显示她自己在推定（范妮也常常推定，这个词还有承载之意）帝国之于家乡境况的重要意义。容我进一步解释。既然奥斯汀以那样的方式在《曼斯菲尔德庄园》中提到并利用安提瓜作为元素，作为她的读者就需要花相称的努力具体理解这个参照点上的历史效价；换句话说，我们应该理解她指涉的究竟是什么，为什么她要赋予这个参照点此等重要性，以及为什么她真的要选择这个背景，因为她大可以换另一种写法来描述托马斯爵士的财富来源。让我们仔细校验一下《曼斯菲尔德庄园》中涉及安提瓜的象征力量；它们如何占据现在的位置，它们在那个位置上起什么作用？

按奥斯汀的想法，我们会得出结论，无论英国地方（例如曼斯菲尔德庄园）多么孤立和隔绝，它还是需要海外的供养的。托马斯爵士在加勒比海群岛上的财产很可能是一个由奴工维持的糖蔗种植园（奴隶制直到十九世纪三十年代才废除）；奥斯汀当然清楚，这在当时不是沉寂的历史故事，而是鲜活的历史现实。英法争霸之前西方诸帝国（罗马、西班牙、葡萄牙）的主要特点，是早期帝国意在掠夺，如康拉德所言，意在将殖民地的财富运至欧洲，很少关注殖民地本身的发展、组织或系统建设；英国，加上较低一点程度上的法国，都想让他们的帝国长久维持，有利可图，成为不断发展的业务，他们在这一举措上竞争最激烈的要数加勒比海群岛的殖民地了，在那里奴隶的运输，大型糖蔗种植园的运行，以及后来引发保护主义、价格垄断等等问题的糖业市场的兴起——所有这一切都总是处于经常不断的竞争之中。

在简·奥斯汀的时代，英国在安的列斯群岛和背风群岛的殖民地财产是英法殖民地争夺战的一个重要背景，完全不是无足轻重地"在那边"。法国的革命思潮输出到了那里，英国的利润每况愈下：法国糖蔗种植园能够以更低廉的成本生产出更多的糖。但海地岛内外的奴隶叛乱使法国穷于应付，这刺激英国利益各方进行更多直接干预并获得更大的当地势力。然而，十九世纪英国的加勒比蔗糖生产在英国本土市场已不再像早期那么风光显赫，它得和来自巴西和毛里求斯的糖蔗供应商竞争，和欧洲新兴的甜菜糖业竞争，还得和逐渐占据主导地位的自由贸易思想体系及其做法竞争。

在《曼斯菲尔德庄园》——既是它的形式特色又是它的内容——几种潮流汇集了起来。最重要的是殖民地对宗主国公开的彻底顺服。托马斯爵士，在他离开曼斯菲尔德庄园期间，从来没见他在安提瓜出现过，在小说中至多也就提到几次他去了那个地方。这里有一段话，出自我之前引用的约翰·斯图亚特·穆勒《政治经济学原理》，抓住了奥斯汀对安提瓜利用的实质。现在我全文引述：

> 这些［我们的边远殖民地］几乎不能看作国家，可与其他国家开展商品交换，而比较恰当是看作边远的农业或制造业的地产，属于一个更大的共同体。比如我们的西印度群岛殖民地，就不能看作是一些拥有自己的生产资本的国家……［而只看作］英格兰认为是从事食糖、咖啡和几种热带商品生产的便利之地。所有利用的资本都是英国资本；几乎整个产业都供英国使用；除大宗商品外极少生产其他物品，而大宗商品运往英国，在英国销售，由产业所有权人获利了结，不作为出口到殖民地供殖民地居民消费的商品交换。与西印度群岛的贸易大可不必看作外贸，而更像城镇与乡村间的往来。[15]

在某种程度上，安提瓜就像伦敦或朴茨茅斯，一个比曼斯菲尔德这种乡村庄园更撩不起人欲望的背景，却又生产出物品供所有人消费（到十九世纪初，每个英国人都在消费食糖），虽然拥有和维持它的只是很小一部分贵族和绅士。《曼斯菲尔德庄园》中伯特兰一家和其他人物角色是一个少数人群中的亚群，对他们来说，这个海岛代表财富，也就是奥斯汀视为可以被转换成礼仪、秩序以及在小说最后所指的安心，一种追加的好处。但为什么是"追加"的？因为奥斯汀在最后章节直截了当告诉我们,她想要"让每一个本身没有犯什么大错的人重新回归差强人意的安心,其余的事就让它们自行了结吧"。[16]

这可以解释为,首先这部小说对"每个人"的生活所造成的不稳定因素已经足够多了,必须让他们安顿下来:其实奥斯汀这么说是很直白的,带了些许超越小说的迫不及待,仿佛小说家评论自己作品已经走得太远,现在需要让它有个了断。其次它也可以意味"每个人"也许到头来终于有可能认识一下什么才是举止得当地安生过日子,不必在外游荡或来回奔波。(这不包括年轻的威廉,我们推测他将继续在海上游弋,受任于英国海军仍应尊奉的无论何种商业和政治使命。这一类事最后只在奥斯汀那里得到一个简单表示,一句关于威廉的顺手交代,"继续他的良好表现和上升的令名"。)至于最终长久生活在曼斯菲尔德庄园里的人,他们得到了更多的安居乐业的好处,这些人现在完全适应了这一方水土,其中获益最大的是托马斯爵士。他第一次了解到自己一生中在对子女教育上错失的东西,而了解的契机竟然很吊诡地来自各种外部力量,比方说安提瓜的财富和范妮·普莱斯这个输入的榜样。请注意这里的外部和内部奇特的轮流作用,是如何遵从穆勒认定的外部变为内部这个模式的——通过运用,按奥斯汀的说辞,通过"性情":

> 这里〔因为他管教的缺陷,令诺里斯太太承担了某种过于重要的角色,让他的孩子言行虚伪和感情压抑〕存在非常严重的处理不当;但尽管很糟糕,他慢慢感到他的教育规划中这还不是最可怕的失误。某些东西必然从**内部**就一直是缺失的,否则上面所说的坏影响随着岁月推移也应该消弭泰半了。他认为一直缺失的恐怕是原则,主动的原则,从来没有正规地教导他们要用责任感控制自己的癖性和脾气,单凭责任感就可以解决很多问题。他们只是在宗教上受到了理论的指导,但从不曾要求他们在日常生活中身体力行。在众人中表现高雅和富有学识——这是他们年轻时被认可的目标——并没有在那方面产生有益的影响,没有在心灵中带来道德的效力。他一直是想教他们做体面的人,但他的关注点导向了思维能力和举手投

足上，而没有放在对性情的培养；至于自我克制和谦卑恭让的必要性，他恐怕他们未曾从那些令他们受益的人口中听到分毫。[17]

事实上，内部缺失的东西倒是由西印度群岛种植园的财富和一个不谙世事的穷亲戚提供了，两者都出现在曼斯菲尔德庄园并起了作用。但以他们本身的条件，两者中的任何一个都不足用；它们需要相互协同，且更重要的，它们需要有执行力性情的人实施，反过来可以帮助改进伯特兰圈子里其他人。所有这些奥斯汀都留待她的读者以文学阐释的方式去弥补。

而这是阅读她的作品所需要的方式。但所有这些涉及从外部引入的事物，在她暗示和抽象的语言的联想中似乎不容置疑地存在着。"内部缺失"的原则，我相信，有意唤起我们关于托马斯爵士在安提瓜缺席的种种记忆，或就性格有着不同缺陷的沃德三姐妹说来，那些情绪化的、心血来潮的古怪念头，在她们中间一个外甥女被带到另一户家庭抚养。但伯特兰一家后来的确在改进，如果还说不上完全改好的话，他们得到了某些责任的教育，他们学会管理自己癖性和脾气，将宗教融入日常行为，他们"指导着性情"：所有这一切的确在发生，因为外部因素（或毋宁说边远的因素）被恰如其分地植入了内部，成为曼斯菲尔德庄园本土的东西，终场时外甥女范妮是庄园女主人的灵魂人物，次子埃德蒙则是庄园男主人的灵魂人物。

一个额外的好处是诺里斯太太搬走了；书中将此描写为"对托马斯爵士的生活是不可多得的安抚"。[18] 一旦原则深入人心，慰藉之事接踵而至：范妮被安排住在桑顿莱西，"她的舒适得到无微不至的关照"；她的家后来变成了"恩爱和舒适的家"；苏珊在家中的作用也"首先是范妮的一个慰藉，其次是一个帮手，最后是她的替身"，[19] 这个新引进的人儿代替范妮在伯特兰太太身边尽侍奉之职。这一从小说开头建立的模式显然得到了传承，只不过现在更有了奥斯汀一直有意赋予的某种内化了的和既往确保的理性基础。这种理性基础也是雷蒙·威廉斯所描述的"与其社会基础最终分离的日常不妥协的道德性，而且在其他情况下还会与之产生对立"。

我试图说明道德性其实并未与其社会基础分离:直到最后一个句子,奥斯汀都在肯定并重复地理上包括贸易、生产、消费的扩张进程,它先于道德性,支撑和确保道德性。扩张,如加拉格尔(Gallagher)提醒我们的,"通过殖民地统治,不论令人欢迎还是反感,其有利因素总是以一种或另一种模式受到普遍认可。在这种情况下很少听闻国内对扩张的约束"。[20] 大部分批评家倾向于遗忘或忽略那种进程,与批评家相比,反倒是奥斯汀本人更看重其重要性。但解释简·奥斯汀的作品取决于谁在解释,什么时候作的解释,以及同样重要的,在什么地方作的解释。如果从女权主义者、从威廉斯这样对历史和阶级敏锐的伟大的文化批评家、从文化和风格的诠释者们那里,我们已经对唤起他们兴趣的问题变得敏感,我们现在也可以从世界的地理划分这点着手——在赋予《曼斯菲尔德庄园》所有重要意义之后——并非中立地提出问题(不比阶级和性别更不中立),而是带着政治意味恳求得到相当于同等比例所需的关注和说明。问题因此不仅是如何理解奥斯汀的道德性,以及用什么与奥斯汀的道德性和社会基础相联系,而是从奥斯汀的道德性中究竟解读出什么。

再看一眼小说提到安提瓜时的种种不措意,那是满足托马斯爵士英格兰之需的一段加勒比的旅居,提到安提瓜时都是语气平平的,草率的(提到地中海或印度也一样,印度是伯特兰太太在一阵心不在焉的思绪中认为威廉应该去的地方,那样"我就可以有一条披巾了。我想我应该要两条")。[21] 它们代表"在那边"的某种含义,成为在这边真正重要行为的架构,但又不代表重要的含义。然而这些"在海外"的符号包含着,尽管它们也抑制着,一段丰富而复杂的历史,这段历史一直以来所占据的地位是伯特兰一家,普莱斯一家,以及奥斯汀本人不愿、不能认识的。称这种海外符号为"第三世界",只是开始面对现实,还完全不能说详细论述了政治和文化历史。

我们还是得首先盘点一下《曼斯菲尔德庄园》对以小说形式表达日后的英国历史预示着什么。《曼斯菲尔德庄园》中为伯特兰一家所用的殖民地可以解读为指向日后的《诺斯托罗莫》中查尔斯·古尔德的桑·托梅银矿，或福斯特的《霍华德庄园》中威尔考克斯的帝国和西非橡胶公司，或《远大前程》，简·里斯的《藻海无边》，《黑暗之心》中那些遥远而又方便的财富来源的任何一处——那是可以为家庭原因、为宗主国利益而巡视、谈论、描述、或欣赏的资源。如果我们能预先想到其他这些小说，托马斯爵士的安提瓜就很容易获得比在《曼斯菲尔德庄园》中那几处不连接的、讳莫如深的现身稍微更多一点的密度。我们对这本书的阅读已经开始揭开这些要点，具有讽刺意味的是奥斯汀在这些地方最为惜墨如金，而她的评论家又最为（一个人是否敢说？）视而不见。她的"安提瓜"，因此不再是轻巧的手笔，而是某种明确的方式，标识出威廉斯所谓国内改善的外部边界，又或是一个快速指喻，暗示那种征占海外领土作为本地财富来源的商业冒险，又或是许多参照点中的一个，证明她的历史感受力不仅围绕着礼节和仪注，更充满各种观点的碰撞，与拿破仑治下法兰西的争战，在世界历史的革命时期中对剧烈动荡的经济与社会变迁的意识。

其次，我们应该让"安提瓜"处于奥斯汀道德地理和她波澜不惊的讲述中的一个准确位置，因为她的小说像一艘船在历史变迁这片浩渺的海洋中航行。伯特兰一家的用度离开奴隶贸易、蔗糖、殖民地种植园主阶级是无法维持的；作为一种社会类型，托马斯爵士对于十八和十九世纪的读者来说一定熟悉不过，那个时代的人通过政治、戏剧（如坎伯兰[Cumberland]的《西印度群岛人》[The West Indians]）和许多其他公开活动（大型邸宅，著名的宴饮和社会仪节，路人皆知的商业企业，名门的婚姻）十分了解阶级的巨大影响力。随着保护垄断的旧制度逐渐消亡，殖民者-种植园主新阶级取代了过去的不在地拥有制度，西印度群岛式权益丧失了主导地位；棉花生产，甚至更开放的贸易系统，以及废止奴隶买卖都降低了像伯特兰这样的权贵势力，他们去加勒比巡居的次数也因此减少。

由是，托马斯爵士作为不在地的种植园业主对安提瓜并不密集的旅行，反映了他的阶级影响力下降，这种式微在罗威尔·拉加茨（Lowell

Ragatz）的经典作品《1763—1833年间英属加勒比种植园主阶级的衰落》（*The Fall of the Planter Class in the British Caribbean, 1763—1833*）（1928）有很直接的表述。但奥斯汀闪烁其词或喻指之处在一百多年后的拉加茨那里是不是就表达得足够清晰了？这本1814年的名著中艺术上的沉默或谨慎，是不是经过整整一百年，在另一本重要的历史研究中就获得了充分解释？我们能不能推断解释的进程已经结束，还是它有可能随着新发现素材而继续下去？

尽管拉加茨学识了得，他仍能在自己的作品中找到谈论"黑人种族"时包含的特征："他偷窃，他说谎，他头脑简单，疑心重，效率低下，无责任心，懒惰，迷信，并且在两性关系上过于随便。"[22] 这样的"历史"因此很乐意让位给了其他加勒比历史学家如艾里克·威廉斯（Eric Williams）和C.L.R.詹姆斯（James）经过修订的著作，以及更晚近的罗宾·布莱克本（Robin Blackburn）的《推翻殖民地奴隶制，1776—1848》（*The Overthrow of Colonial Slavery, 1776—1848*）；这些著作显示奴隶制和帝国支撑着资本主义的兴起和巩固，远远超出了旧日种植园的垄断，它们一直维持着一套强大的意识形态体系，也许它们与特殊经济利益集团在根源上的联系如今已消失，但它们的效用几十年来都仍继续存在。

> 时代的政治和道德观念必须在与经济发展非常密切的关系中受检验。……
> 某种过时的利益，从历史眼光看其落败充满恶臭，却能行使某种蓄意阻挠的和破坏的作用，这只能由它之前造就的有势力的公职部门以及之前得到的权利保证来解释。……
> 基于这些利益关系产生的观念在利益关系瓦解后不但长期继续存在，还会故伎重演，因为其对应的那些利益关系已不复存在，所以这一切变得愈发有害。[23]

这是艾里克·威廉斯（Eric Williams）在《资本主义和奴隶制》

(*Capitalism and Slavery*)(1961)所写的。解释的问题，的确还有写作本身的问题，都与利益关系的问题息息相关，我们看到它们过去和现在都在审美和历史写作中起作用。我们不能说由于《曼斯菲尔德庄园》是小说，它所附丽的一段不光彩的历史就无所谓或可以超越地看待，不仅因为这么做不负责任，还因为我们深知这么说是充满诚意的。将《曼斯菲尔德庄园》当作扩张的帝国主义冒险的结构之一部分来解读，人们就不会仅仅将此小说简单归置为"伟大文学杰作"的经典——它当然很肯定属于文学经典——但不能只停留在那里。我反倒认为，这部小说慢慢地，可以说是不显山露水地打开了一片本土帝国主义文化的广阔地带，没有这种文化，英国后续的领土征占就难以为继。

我在《曼斯菲尔德庄园》上花时间说明了主流解释中不常遇见的分析类型，或仅就此事而言说明了基于一种或另一种资深理论学派严格意义上的阅读不常遇见的分析类型。然而，只有在简·奥斯汀以及她塑造的角色隐含的全球眼光中，这部小说令人颇为意外的总体立场才会显现。我将这种阅读看作是与其他阅读构成完整的或互补的阅读，而不是对其他阅读造成折损或替代它们。值得强调的是因为《曼斯菲尔德庄园》将英国海外势力与伯特兰庄园内的本土纠葛种种现实联系在一起，若非慢慢细析这部小说，则难以得出我这样的解读，也理解不了"立场和参照的结构"。不全面地看这本书，我们就不能把握那种结构的力量，以及它在文学中得以激活和维持的方式。但若仔细阅读，我们可以感受关于属国的种族和领土的观念是如何既在英国外交部决策者、殖民地官僚和军事战略家中间，又在道德评价、文学平衡和风格打磨等精妙细微处进行自我教育的智识型小说读者中间扎下根来的。

阅读简·奥斯汀，我一直感到一种无法解决的悖论。所有证据都证明，西印度群岛糖蔗种植园的蓄奴制，即使在其最日常的方面也充满残酷的本质。而我们所认识的奥斯汀与她的每一点价值观都与奴隶制的残酷性相抵触。范妮·普莱斯提醒她的表哥，她在向托马斯爵士打听关于奴隶买卖的故事后"其他人默默无言，一片死寂"，[24] 仿佛意味着这个世界和另一个世界之间是毫不相通的，因为彼此没有共同语言。这的确道出了真相。但是令这种巨大差异进入生活的，是英帝国自身的兴盛、衰微和倾圮，以及作为余波的后殖民意识的出现。为了更准确解读类似《曼斯菲尔德庄园》这样的作品，我们应大致将它们视为对另外那种环境的抵抗或回避，它们形式上的包容，历史上的诚实，以及先知式的暗示不会完全掩藏。再往后，当说起奴隶制时，不会出现一片死寂，而这个主题对欧洲为何的一种新理解变得十分重要。

期望简·奥斯汀会以充满激情的废奴主义者或刚获自由的奴隶那样的态度去看待奴隶制是很不明智的。而我称之为责难的话术，现在频繁被位卑者、少数者或处于劣势者使用，以今人的角度对过去的她和像她一类作家进行攻击，指责其白人特征、高高在上、麻木不仁、沉瀣一气。不错，奥斯汀生活在一个蓄奴的社会，但难道我们就得将她的小说弃之于许多艺术上捉襟见肘的三流习作堆里吗？我认为这是万万使不得的。如果我们还严肃看待自己的智识和阐释使命的话，我们就应该发现关联，尽可能多地讨论证据，全面和实际地解读作品里有什么和没有什么，最重要的是领会它们的互补性和相互依存性而非孤立的、崇拜的或形式化的体验，那种体验排斥和禁止了人类历史的交汇型侵入。

《曼斯菲尔德庄园》是一部层次饱满的作品，因其艺术思想的复杂度要求作更长和更慢的分析，这也是因其地理上的问题引起的，这部小说中，英伦风格依靠坐落在加勒比的一个海岛维系。托马斯爵士往返他有着财产物业的安提瓜，与他往返曼斯菲尔德庄园是不同的，在后者中，他的存在、抵达、离开都产生着不容小觑的后果。但恰恰由于奥斯汀对前者寥寥数笔，对后者不厌其详，恰恰由于这种不平衡，我们能够向这部小说靠得更近，揭开并强调个中相互依赖的关系，而这在它的文采飞扬的页面上几乎是不会提及的。一部没这么出色的作品处理它的历史依附关系时就会直白得多；其尘世性简单明了，就像马赫迪起义（Mahdist uprising）期间或1857年印度民族起义（Indian Rebellion）期间一支沙文主义的歌谣，直接与创作它的环境和支持者挂钩。《曼斯菲尔德庄园》则将这种经验编成了密码而不是简单重复它们。以我们后来的眼光，我们可以解释托马斯爵士在安提瓜的往返能力来自个人身份、行为、"授圣职"等无声的民族经验,它们以这样一种反讽和风格在曼斯菲尔德庄园发生。而我们要做的,是始终看到两者,既不失去前者的真实的历史感,又不失去后者的完整欣赏或评鉴。

选自《文化与帝国主义》

14

知识分子的流亡：放逐者与边缘人

（1993）

　　1993年6月，爱德华·萨义德在英国广播公司电台享有盛誉的瑞思系列讲座（Reith Lectures）中演讲。（这些论文后结集成书出版。）瑞思系列讲座1948年由伯特兰·罗素首讲，是英国知识分子生活的重要活动，约翰·肯尼斯·高伯瑞（John Kenneth Galbraith）、J. 罗伯特·奥本海默（Robert Oppenheimer）和阿诺德·汤因比（Arnold Toynbee）等名人都曾是演讲人。萨义德的演讲主旨是知识分子的象征，一个有着双重含义的题目，既包括知识分子对一种文化而言代表了什么，又包括知识分子如何由一种文化体现。

　　自受邀伊始，反对给予萨义德这份荣誉的声音就一直不断，所有反对声音都因巴勒斯坦人对他怀有信任而指责他是狂热分子和煽动者。然而不无讽刺的是他的这些演讲所反对的，恰是这类心胸狭窄的思维。演讲中萨义德表示知识分子的作用，是提出令人难堪的问题，拒绝正统观念说辞，并"站在弱势群体和未被代表群体一边"。他旁征博引，从文学、学术和政治来源解释真正的"知识分子"要习惯成为令当权势力感到"尴尬、悖逆、甚至不快"的存在。

　　英国广播公司1993年瑞思系列讲座共六讲，其中第三讲《知识分子的流亡：放逐者与边缘人》是萨义德对精神生活和现代流亡环境之间关系的思考。（此文亦发表在《大街》[*Grand Street*]和后来的《知识分子论》一书中。）通过审视德国哲学家T.W.阿多诺和其他作家的写作生活,萨义德探究了观察流亡的两种方法,即实际的放逐环境和喻指意义上生活在某个给定文化的特权、荣誉、诱惑、影响力之外的环境。在这个意义上,作为流亡者的知识分子,与实际流亡者一样,学会通过"双重视角"看世界。换句话说,"一种观念或经历总是对照着另一种观念或经历,令它们常以全新的和不可逆料的方式同时出现。"这篇文字延伸了"世俗批评"和"理论旅行"的关键概念,就传播未被归化的批评意识精神而言,其中一种是警惕被驯服或干脆待价而沽。"一个知识分子要像真正踏上流亡之路的人那样身居边缘和不受驯化,"萨义德写道,"就必须异于常人地回应旅行者而非在位者,回应暂时的、不确定的事而非安常履顺的事,回应创新和实验而非权威认定的现状。"

　　流亡是最悲惨的命运之一。在前现代时期,放逐是一种尤为可怕的惩罚,它不仅意味经年累月背井离乡漫无目的地游荡,还意味着成为某种被永久抛弃的人,从不感到安适,总是与环境抵牾,对既往难以释怀,对现状和未来满腹愤懑。人们想到流亡,就会联想到害怕得麻风病,害怕成为一个社会和道德的麻风病人。二十世纪期间流亡更是发生转变,之前还是对某些特定个人专门设计的惩罚,有时只针对个人——如伟大的拉丁诗人奥维德从罗马放逐到黑海边陲小镇——而今却成了对整个社群和民族的残酷惩罚,常常因各种非人力量如战争、饥荒、疾病酿成不测之果。

　　此类型中就有亚美尼亚人,一个有天赋却频遭驱遣的民族,他们大量生活在地中海东岸地区(特别是安纳托利亚),但在遭遇由土耳其人发动的种族清洗攻击后,拥入附近的贝鲁特、阿勒颇、耶路撒冷和开罗,结果在第二次世界大战后的各种革命剧变中再度被驱离。我一直深切关注着那些为数众多的遭离者或流亡社群,他们从前聚集在我儿时所在地巴勒斯坦和开罗。其中自是有很多亚美尼亚人,但也有犹太人、意大利人、希腊人,他们曾经定居在黎凡特一带,已经扎下丰厚的根基——这些社群中毕竟产生过像埃德蒙·雅贝斯(Edmond Jabès)、朱塞培·翁加雷蒂（Giuseppe Ungaretti）、康斯坦丁·卡瓦菲斯（Constantine Cavafy）这样一些优秀作家——然而在1948年以色列建国和1956年苏伊士运河之战后，他们被野蛮地连根拔起。对埃及和伊拉克新成立的民族主义政府以及阿拉伯世界其他政府来说，象征战后欧洲帝国主义新侵略的外国人是必须离开的，而对许多老社群，这变成了一场极其不幸的厄运。他们中的一些适应了新居住地的环境，但对很多人，就是被迫再一次流亡。

有一种流行的却完全基于误解的推断，即处于流亡状态与你的原住地是彻底割裂的、隔绝的、无望地分离的。要是真有那种外科手术般干净的分离也罢，至少如果知道你留在身后的东西在某种意义上不克思量，一去不复返，那倒不失为一种安慰。事实上大部分流亡者觉得困难在于流亡不仅意味被迫流离失所，而且意味着在今日世界，你必须生活在这样的状态下：周遭有许多事物提示你在流亡，你的故乡其实离得没那么远，而且每日生活的正常往来使你与故地保持一种长在联系，却又咫尺天涯，可望不可即。流亡于是处于一种中间状态，既不能全心全意投入新环境，又不能断然摆脱旧环境的牵扯，深陷若即若离的情绪，一层是乡愁和伤感，另一层是巧妙的模仿或秘密的放逐。善于生存成了王道，但生活过于舒适安稳又带来危险，那是流亡者常常要提防的威胁。

V.S. 奈保尔小说《大河湾》的主角萨林姆就是现代知识分子流亡的一个有感染力例子。他是印度裔的东非穆斯林，离开沿海一路到非洲腹地，在一个新国家（以蒙博托的扎伊尔为原型）朝不保夕地生存下来。作为小说家奈保尔以其非凡的探知能力描绘了萨林姆在某个类似于无主之地的"大河湾"的生活，来到这片土地上的有欧洲知识分子顾问（接续殖民时代理想主义的传教士），还有雇佣兵、牟利的商贾，以及其他第三世界的凋敝畸零之人，而萨林姆被迫生活在这些人的环境中，在不断加剧的混乱中渐渐丧失了自己的财产和气节。到小说结尾——这当然是奈保尔引发争议的意识形态观点——统治者"大人物"的奇思异想如此荒诞不经和飘忽靡定，甚至连本地人在自己的国家也变成了流亡者，书中"大人物"被奈保尔影射为所有后殖民政权的象征。

第二次世界大战之后的时期，领土的大规模重新划分产生了巨大的人口迁移，比如1947年印巴分治后印度的穆斯林搬去了巴基斯坦，或在以色列建国期间，巴勒斯坦人被大举驱散以安置从欧洲和亚洲进入的犹太人；这些转变反过来又催生了各种混杂的政治形式。在以色列的政治生活中，不仅包含犹太人大流散的政治，还包含流亡的巴勒斯坦人缠结和竞争的政治。在巴基斯坦和以色列这些新成立的国家，晚近的移民被视为人口交换的组成部分，但在政治上，他们也被视为过去受压迫的少数派如今变作多数派成员生活在他们的新国家。然而新国家的分治和分离主义的意识形态非但没有解决宗派问题，还重新点燃并常常使这些问题激化。我在这里更多关注的，是那些大体上不能适应的流亡，比如巴勒斯坦人，或去欧洲大陆的穆斯林新移民，或在英国的西印度群岛人和非洲黑人，这些人的出现使他们生活的新社会原先认定的同质性变得复杂。自视为影响被移置民族社群这个更广义环境一部分的知识分子，因此很可能不是文化适应和调节的源头，而是变化和动荡的源头。

这当然不是说流亡不会出现调适的奇迹。今日美国就有非比寻常的表现，其晚近几届总统行政部门中担任极为重要职务的两位前高官——亨利·基辛格和兹比格涅夫·布热津斯基——一度是（现在仍可能是，取决于观察者的角度）流亡的知识分子，基辛格来自纳粹时期的德国，布热津斯基来自共产主义时期的波兰。此外基辛格还是犹太裔，这将他置于一个极为奇特的处境，因为按以色列的回归基本法，他有资格移民以色列。但基辛格和布热津斯基二位至少在表面上似乎都将他们的过人天分全部奉献给了接纳他们的国家，结果他们的功成名就、物质回报、国家影响，即便不说世界影响，都是生活在欧洲或美国处于无闻边缘的那些出身第三世界的流亡知识分子望尘莫及的。如今这两位效力政府数十载的卓著知识分子仍在为公司和其他政府出谋划策。

倘若回顾其他流亡者——如托马斯·曼——将二战的欧洲舞台视为一场捍卫西方命运、西方灵魂的战役，布热津斯基和基辛格也许在社会上就没有人们想象的那么例外。在这场"正当的战争"中，美国扮演了救星的角色，也向整整一代学者、艺术家、科学家提供了避难所，这些人逃离西方法西斯主义,去往西方新的统治权力中心。在人文科学和社会科学的学术领域,为数众多极优秀的学者来到美国。其中一些人如杰出的罗曼语历史语言学家和比较文学家列奥·斯皮策(Leo Spitzer)和埃里希·奥尔巴赫,以他们的天赋和旧大陆的经验充实了美国的大学。另一些人,其中有爱德华·泰勒(Edward Teller)和韦恩赫尔·冯·布劳恩(Werner von Braun),以新美国人身份进入冷战的竞技场,专注于赢取对抗苏联的军备和太空竞赛。战后这个顾虑压倒一切,以致最近有人揭露在社会科学界有相当地位的美国知识分子设法招募有反共资历的前纳粹分子来美国工作,作为这场伟大圣战的组成部分。

随着那种政治上四平八稳颇为暧昧的诀窍——即不必采取明确立场却仍能活得游刃有余的技巧——的出现,一个知识分子如何制定一套与新生的或不断上升的支配权力相处的适应模式,是我在下两讲中将会讨论的话题。这一讲我想集中在这个话题的反面,那些处于流亡的知识分子不能,或更准确地说,不愿做出这一类迁就,相反他们更偏向立足于主流之外,不去通融,不予合作,保持抵抗态势。但首先我需要作几点基本说明。

第一点,流亡当然是一种现实的情境,但为了讨论目的,它也是一种隐喻的情境。这么说的意思是我对流亡知识分子的判断源自本讲开始时提到的背井离乡和迁居移民的社会和政治历史,但又不限于此。即便是毕生都属于某个社会成员的知识分子,在某种意义上说,也有局内人和局外人之分。一些人完全属于这个实际社会,他们亨通发达,从无失调或异见的压迫感,这样的人可谓"奉顺之人"(yes-sayers);另一方面则有"扞格之人(no-sayers)",即与社会格格不入的个体,就特权、势力、荣誉而言,他们属于局外人和流亡者。设定知识分子为局外人走向的模式在流亡的环境中表现得最为充分,那是一种永远都无法完全契合的状态,可以说总感觉处于当地人居住的热络的、熟悉的世界之外,倾向于避免、甚至厌恶迁就通融和国家福利的虚饰。在这种形而上学的语境下,知识分子的流亡就是动荡不安,经常处于不稳定的状态,也令其他人感到不稳定。你回不到早前故乡那种也许更为可靠的环境;但令人慨叹的是，你永远都不能完全抵达，不能完全与新的家园或环境协调一致。

第二点——这个观察甚至我自己都感到意外——作为流亡者的知识分子渐渐会认可不快乐这个念头，以至于那种近乎消化不良的不满、那种乖戾的不和悦，不仅能变成一种思想风格，而且能变成一种新的、即便是临时性的栖息方式。知识分子也许像那个咆哮的瑟赛蒂兹（Thersites）。我脑子里浮现的伟大历史原型人物是十八世纪大名鼎鼎的乔纳森·斯威夫特，1714年托利党下台，他在英格兰的影响力和威望也一落千丈，余生流亡爱尔兰，但他从未善罢甘休。他几乎是尖刻和怨忿的传奇人物——"义愤填膺"是他自撰的墓志铭——斯威夫特对爱尔兰大发雷霆，却又为它反对英国暴政辩护，他那些异军突起的爱尔兰著作《格列弗游记》和《布商的信》展现出从这种有创造力的怒火中燃起一种旺盛的心智，即便不说是受益于这种怒火的话。

某种程度上，早期的V.S.奈保尔也是现代知识分子流亡者的一个形象。这位断断续续住在英国的散文作家和游记作家总是在漫游，一再探寻他的加勒比和印度之根，在殖民主义和后殖民主义的瓦砾中筛检，无情地评断独立国家和新的笃信者的种种幻想和残酷。

比奈保尔更严格、更坚定的流亡者是西奥多·魏森格伦德·阿多诺。他既令人生畏又永远令人着迷，对我来说，他是二十世纪中期占主要地位的知识分子的良知，终其一生都在绕过法西斯主义、共产主义、西方大众消费主义的危险并与它们进行斗争。他与奈保尔不同，奈保尔游历的是他在第三世界的故地，阿多诺则是个不折不扣的欧洲人，完全受上流文化的精华浸润，包括在哲学、音乐（他是贝尔格和勋伯格的学生，亦是崇拜者）、社会学、文学、历史、文化分析上都有惊人的专业能力。因其部分的犹太裔背景，他在三十年代中纳粹上台不久就离开了出生地德国，先是前往牛津大学读哲学，在那里写了本关于胡塞尔的艰涩难懂的书。但他在一个普通语言和实证主义哲学家的圈子中似乎感到落落寡欢，因为他的气质带有斯宾格勒式的忧愁，和以最好的黑格尔精神体现的形而上学辩证法。他回德国待了一小段时间，是法兰克福大学社会研究所的成员，但为安全之故，不得不逃亡美国，先住在纽约（1938—1941），后来住在南加州。

虽然阿多诺在1949年回到法兰克福，重拾他的教授旧职，但他在美国的岁月为他永远打上了流亡者的烙印。他对爵士以及流行文化的所有元素都很反感，对风景完全无动于衷，似乎以自己的方式刻意保持着士绅的学究气；而且因为他既往受马克思-黑格尔哲学传统熏陶，美国的电影、工业、日常生活习惯、基于事实的知识、实用主义态度这些对世界产生影响力的一切，无不令他愠怒。其实阿多诺在去美国之前，就很有意向地处于形而上学的流亡状态了：他对那些被认为是欧洲资产阶级品位的东西已经持极为挑剔的态度，例如他的音乐标准是根据深奥无比的勋伯格的作品而设立的，阿多诺断言这些高山流水的作品，注定默默无闻，难得知音。阿多诺是那种典型的知识分子：矛盾、反讽、批评不留情面；他憎恶一切体制，无论是我们这边还是他们那边，其讨厌程度不分伯仲。对他来说，以汇总面貌出现的生活是最虚假的形式——整体永远是不真实的，他曾这么说——这种情况，他接着说，反而将主体性、个人意识，以及全面管控的社会中无法严格约束之事物置于更高的地位。

但正是在美国的流亡中阿多诺写出了他的杰作《最低限度的道德》，此书于1953年出版，含一百五十三个片断，副标题是"对受损生活的反思"。这本书以片段和神秘的奇特形式构成，既不是连续的自传，又不是专题的沉思，甚至不是作者世界观的系统阐述，在此形式中，我们会再次想到屠格涅夫在十九世纪六十年代描述俄国生活的小说《父与子》里巴扎罗夫生活的各种特质。屠格涅夫并没有将巴扎罗夫这位现代虚无主义知识分子的原型安排在一个叙事的语境中；他简单地出现，便又消失。我们见他与年迈的父母待了很短一段时间，但显然他是有意与他们分离的。我们这么推断，是因为这个知识分子按不同的准则生活，他没有故事，有的只是某种去稳定性的结果；他引起轩然大波，他令人们不安，但无论他的背景还是他的朋友们都不能为他作出解释。

屠格涅夫本人其实对这一点也缄口不言：他只是让一切在我们眼前

发生，仿佛在说这个知识分子不仅是一个与父母和子女分离的存在，而且他的生活模式，他参与生活的步骤必然是喻指性的，也只有作为一系列不连贯的行为才可能在现实中得以表述。阿多诺《最低限度的道德》似乎也遵循同样逻辑，虽说奥斯维辛之后，广岛之后，冷战开始以及美国胜利之后，诚实地再现知识分子比屠格涅夫一百年前再现巴扎罗夫要曲折得多。

阿多诺同等灵巧地避开新老两种表现手法，他对于知识分子再现为永久流亡者的核心，是重塑一种形式极端的写作风格。首先它是片断的、变化突兀的、不连贯的；没有情节，也没有可循的既定章法。它代表知识分子的意识：在任何地方都不得安生，常常提防着成功的巧言令色，而这对本就反其道而行的阿多诺来说，更是故意不让人们轻易或立即理解。但完全退却到私域也不可能，正如阿多诺在多年之后的职业晚期所说，知识分子的希望，不是他对世界将要造成什么样的影响，而是某时某地某人将会按他所写的毫厘不爽地进行解读。

《最低限度的道德》的一个片断，编号第18，颇为精确地捕捉到了流亡的意义。"栖居，按其本意，现在已不可能，"阿多诺说，"我们赖以成长的传统居所已变得不堪忍受：其中每一种安适都以知识背叛为代价，每一丝庇护所的痕迹都带着家族利益契约的陈腐气息。"纳粹未成气候时长大的人所过的战前生活本也乏善可陈。社会主义和美国消费主义亦半斤八两，在它们治下的"人们如果不住棚舍、平房，第二天也许就住茅屋、拖车、汽车、帐篷，或露天"。阿多诺于是又说："房屋已是过去……对此，最佳行为模式看来仍是不受约束、悬而不决的那种……住在自己家里而感觉不到在家的舒适，这是道德的组成部分。"

但他刚下完一个显著的结论，旋即又予以逆转："但这个矛盾的论点会招致毁灭，对器物的无情漠视，必然同时也针对人类；而且这种对立结构一旦得以表述，就为那些希望保持既有之道而心里有鬼的人提供了一种意识形态。人们不能正确地过一种错误的生活。"[1]

换言之，即便对于试图维持悬置状态的流亡者来说，都无法真正逃脱，因为这样的中间状态本身变成了一种刻板的意识形态立场，变成一类居所,其虚假性随时间被遮蔽了,人们对此太容易习焉不察。然而阿多诺又紧逼道,"带着疑问的探索总是有益的",尤其就知识分子的写作范围而言。"对一个再无家园的人来说,写作就是他的栖身之地",但即便如此——这也是阿多诺的润色之笔——仍不能放松严格的自我分析:

> 要求一个人硬着心肠不去自怜自艾,意味着以最大的警觉用技术的必要手段去对付任何智识张力的松懈,并清除开始让工作[或写作]蒙上一层痂皮或懒散地随波逐流的任何事物,它们,比如闲言碎语,在早期或许能造就有利于生长的和煦氛围,但现在则变得落伍,呆滞乏味。最终,作家甚至不能生活在他的作品里。[2]

这是其性格特有的悲观和桀骜。流亡的知识分子阿多诺对人们从自己的作品中得到安慰这种念头嗤之以鼻,包括人们认为这是一种替代的生活类型,可以略微舒缓完全失去"居所"的焦虑和边缘性。但阿多诺的确没有提到的,是流亡的快乐,那些不同的生活安排以及有时提供的偏离中心的视角,它们活跃了知识分子的使命,却不见得纾解每一份焦虑或深刻的孤独感。所以我们固然可以正确地说流亡刻画了知识分子作为边缘人物的处境,远离特权、势力、自由自在(姑且这么认为)的各种舒适,但强调这种处境带有某种报偿,甚至令他们享有独尊的地位这点也很重要。因此当你既没有获奖,也不受那些自我称庆的名流社团待见——这些社团常会剔除那些不循规蹈矩的、令人难堪的招惹是非者——你其实是从流亡和边缘性中获取了一些积极的东西。

自然,快乐之一是学会接受意外,任何事都不会想当然,且在大多数人感到束手无策、惶恐不安的杌陧环境下还能安之若素。一个知识分子根本上追求的是知识和自由。但知识和自由所具备的意义并不抽象,不似那种所谓"你必须接受良好教育方能欣赏美好生活"的陈词滥调,而是各种实际亲历的经验。知识分子有如海难中的幸存者,他在某种意义上要学会如何与陆地共存,而不是靠陆地生存,不像鲁滨逊·克鲁索,他的目的是在这片弹丸之地上殖民,而更像马可·波罗,永远保持惊奇感，永远是个旅人、过客，而非白食者、征占者、劫掠者。

流亡者从两方面看待事物，既看到他所抛诸身后的，又看到此时此地正在经历的，因此他具有双重视角，从不孤立地看问题。在新国度的遇见的每一场景或环境，必然带出旧国度的对应场景或环境。从智识上说，这意味着一种观念或经历总是对照着另一种观念或经历，令它们常以全新的和不可逆料的方式同时出现：在并置的关系中，人们可获得更好的、或许更普世的观念，例如通过与另一种情境作比较，来思考其中一种情境中的人权问题。我感到西方对伊斯兰原教旨主义的惊悚的、有很深缺陷的讨论在知识界让人反感，正是因为这些讨论没有与犹太教或基督教的原教旨主义作比较，而以我在中东的经验看，这两者都同样盛行并应受谴责。通常认为是一个判定为公认敌人的简单问题，从流亡者视角或双重视角，会令一个西方知识分子看到一幅广阔得多的图景，这个图景要求对所有神权政治的倾向采取一种世俗主义者的（或不是世俗主义者的）立场，而不是单单反对传统认定的那几种。

流亡知识分子立场的第二个实际有利因素，是你倾向于不会简单地看事物的表象，而是看它们是如何发展成那样的。将各种局面都看作视情形变化而非不可避免，将它们看作男女大众所作出一系列历史选择的结果，是人们创造的社会事实，并非自然或神赐因而无法改变、永远如此、不可逆转。

这类知识分子立场的伟大原型由十八世纪意大利哲学家詹巴蒂斯塔·维柯树立，他很早就成为我心目中的英雄。维柯有个伟大发现——此发现部分源于他身为默默无闻的那不勒斯教授的孤独，与教会和周遭环境多有违逆，几乎难以为生——理解社会现实的恰当途径是将其作为从原点产生一个过程去理解，人们总是能够将此放在极端卑微的环境中。他在其伟大著作《新科学》中说，这意味着从确定的起点进化那样观照事物，一如成人从牙牙学语的孩童进化。

维柯坚称，这是面向世俗社会唯一值得采取的观点，他三番五次强调它是历史的，有其自身规律和过程，而非神授。这赋予人类社会尊重而非敬畏。哪怕是拥有最高权势之人物，你都可以审视其起源及其走向；你不会对威严的名人或名噪一时的高人诚惶诚恐，但一个当地人，他总是看到宏大显赫（因此心生崇拜），而看不到其必然更为低下、衍生自人的根源，他不得不表示沉默和懵懵懂懂的顺从。流亡的知识分子很可能是反讽的、怀疑的、甚至戏谑的——但不会是犬儒的。

最后一点，任何真正的流亡者都会证实，一旦你离开故乡，无论落脚何处，都不能径直继续生活，摇身一变而成新住地公民。即使你这么做了，努力过程中也会经历大量尴尬处境，仿佛不那么值当。你可能花很多时间追悔你失落的一切，羡慕周围那些靠近亲友、一直身处故乡的人，他们生于斯长于斯，从来不必体验丧失原本属于他们的东西，尤其不必体验梦魂萦绕的再也回不去的生活。但另一方面，如里尔克所言，你可以在你的环境中成为一个初学者，这令你具有一种不落俗套的生活方式，尤其是职业上与众不同，多半偏离中心。

对于知识分子，放逐的颠沛流离意味着从常规职业生涯中解放出来；常规职业中，"事功有成"和步武传人是重要里程碑。流亡则意味你总是身处边缘地带，意味着你以知识分子为业的举措必须另辟蹊径，因为没有现成的路可走。如果你不以一种受剥夺的、可悲叹的方式体验命运，而将其体验为一种自由，一个凭自己模式行事的发现过程，让各种兴趣占据你的注意力，让你为自己设定的具体目标主宰生活：那就是别具一格的乐趣。在特立尼达文论家和历史学家 C.L.R. 詹姆斯（James）的崎岖之路中就能看到这点，他在两次世界大战之间以板球球员身份来到英国，他的学术自传《超越边界》(Beyond a Boundary) 讲述了他与板球有关的生活以及板球与殖民主义有关的生活。他的其他著作包括《黑人雅各宾派》(The Black Jacobins)，描述十八世纪晚期杜桑·卢维杜尔（Toussaint L'Ouverture）领导海地黑奴起义的激荡历史；在美国他是一位演说家和政治组织家，写出研究赫尔曼·梅尔维尔的书《水手，叛徒，漂流者》(Mariners, Renegades, and Castaways)，各种不同的泛非主义作品，以及数十篇关于大众文化和文学的论文。他走的是一条偏离主流的坎坷之途，与我们今天称为稳定的职业生涯大相径庭，但它蕴含着勃勃生机和不断的自我发现。

我们大部分人也许难以复制如阿多诺或C.L.R.詹姆斯这些人的流亡者命运，但他们对当代知识分子的影响仍深中肯綮。对一个被通融、奉顺、安适等好处诱惑，围困，甚至吞噬的知识分子，流亡是一种模型。即便不是真正的移民或迁居国外者，仍有可能把自己当作流亡者，排出障碍去想象和探究，并总是远离庙堂的权威，去向江湖的边缘，在那里你看到的事物在从不越出传统和舒适之雷池半步的头脑中是留不下痕迹的。

边缘性的处境，也许听起来有点不负责任或轻率，但它能让你从唯恐打乱计划、唯恐令同事不满的战战兢兢的行事方式中解脱出来。当然，没人能彻底免除情感和观点的干扰。我此处指的也不是所谓随波逐流的自由知识分子，可以向任何人出借或出售他们的技能。我所说的是，一个知识分子要像真正踏上流亡之路的人那样身居边缘和不受驯化，就必须异于常人地回应旅行者而非在位者，回应暂时的、不确定之事而非安常履顺之事，回应创新和实验而非权威认定的现状。令流亡的知识分子作出反响的，不是因袭的逻辑，而是大胆的勇气，是代表变化，是行进，而不是裹足不前。

选自《知识分子论》

15

中东"和平进程"：误导的意象和残酷的现实
（1995）

  最初以删节版刊登在 1995 年 10 月《国家》杂志上的《中东"和平进程"》一文清楚表明了萨义德对《奥斯陆协议》的反对态度。该协议于 1993 年 9 月 13 日在白宫草坪由亚西尔·阿拉法特和伊扎克·拉宾充满仪式感地签署，其"原则宣言"准予巴勒斯坦人自治权但没有准予巴勒斯坦人对以色列自 1967 阿以战争以来非法占领的土地行使主权。萨义德是为数不多持反对意见的巴勒斯坦知识分子，认为这是"有严重缺陷和不完整的和平"。萨义德说，奥斯陆是"弱者的和平"，是巴勒斯坦领导人为维护其权威和确保其政治存续的一种举措。

  阿拉法特签署的协议不提结束以色列的占领，甚至不提加沙和约旦河西岸以外的三百五十万巴勒斯坦难民，这些难民被驱逐出他们的故乡，被剥夺了他们 1948 年前拥有的土地。按《奥斯陆协议》的条款，以色列维持约旦河西岸地区 97% 和加沙地带 40% 的控制；而且以色列还有权管辖边境、安全以及空中和水域，到了这种程度，萨义德说，"甚至亚西尔·阿拉法特本人都必须从以色列获得批准才能进出加沙"。该协议造成的后果令人震惊。巴勒斯坦失业率超过 35%；以色列定居点继续动工，而在以色列军事占领法的威逼下，巴勒斯坦人的家园不断被摧毁。

  萨义德对《奥斯陆协议》的批评不出意料使他在巴解组织领导人那里领受骂名。1996 年 8 月 22 日巴勒斯坦当局官员冲入西岸城市拉马拉和加沙的几家书店,收缴了萨义德的书,其中包括阿拉伯语翻译的《中东"和平进程"》。

希伯伦(Hebron)的巴勒斯坦居民抗议即将签署的协议会给四百五十个定居在市中心的以色列人分处的权利并派兵保护他们,在此压力下,亚西尔·阿拉法特戏剧性地离开与西蒙·佩雷斯进行了长达十一小时的谈判席。"我们不是奴隶!"阿拉法特大声喊。几分钟后,他接听了负责中东和平进程的美国国务院"协调员"丹尼斯·罗斯打来的电话。"如果你现在不签字,"据称罗斯在电话中说,"就不会有那一亿美元"——指的是美国答应用于西岸巴勒斯坦发展项目的年度拨款。阿拉法特签了协议,希伯伦的抗议继续着。

这种转折出现在谈判桌上并不罕见。没有自己的地图,不掌握周密细致的事实或以色列人占有的数据,又不能笃实地尊奉原则,巴勒斯坦谈判者在以色列人和美国人的压力下节节让步。在埃及的塔巴(Taba)草签的这份最新协议中,巴勒斯坦人获得的是被以色列在外部控制住的一连串班图斯坦①式的地方自治职权。而以色列却获得了巴勒斯坦官方同意它的继续占领。

令人错愕的是这份协议——周知为奥斯陆协议 II——如今在西方广受好评,认为是以色列从被占领土的"撤退",向和平迈出令人称颂和重要的一步,而事实上既没机会也没理由令这种欢呼名副其实。距 9 月 28 日在白宫草坪上以"历史性的握手"完成签署并接受致敬的奥斯陆协议 I 过去几乎两年的这份协议,仅仅令以色列重新部署了它的部队驻防——即从约旦河西岸主要城镇(不包括希伯伦)的中心转移到了这些城镇的郊区——而已。在重新部署驻防的过程中,以色列还将在西岸新建六十二个军事基地。正如伊扎克·拉宾总理所说:"问题不在于

---

① Bantustan,原指 20 世纪 40 年代南非为不同黑人种族建立的"自治家园",后亦指为特定种族创立的国家或地区,常含贬义。——译注

[军队]能不能长期驻扎,而在于它们能不能行动自由。"以色列因此将保留进出这些城镇的控制权,与它们把守着进出西岸的所有道路一样。

巴勒斯坦人将在这些被以色列警戒线分别围起来的城镇和约四百个村落建立地方政府管理,但他们并没有真正的安保职权,也不对人口聚集区以外的资源或土地享有权利,对以色列的定居者、警察、军队更是没有丝毫的管辖权限。以色列继续控制约五十或六十个巴勒斯坦村落。以色列定居者将不受影响,自有一套道路系统将他们相互连接起来,就像白人在早前的南非,避免与班图斯坦上的人接触或根本看不到他们,这样巴勒斯坦人完全不可能管理连成一体的领土。

诉诸数字的话,巴勒斯坦人最初只对西岸约5%的地区实行民事管理权——而不是主权。以色列将对8%的地区具有完全独立的控制权(这还只是定居点,东耶路撒冷周边那些非法侵占的地区没有计入),加上对整个地区的实际控制——安保、水域、土地、空间和无线电波段、道路、边境,等等。

政治和经济上更具有灾难性,没有谈判和协议只会强于迄今为止的这些决定,我认为提出上述说法是绝对有理的。奥斯陆协议 II 给予巴勒斯坦民族权力机构附属权利,但没有给予他们现实——这只是一个虚幻的王国,实际由以色列牢牢把持着。在新协议下,任何西岸的城镇都可能被以色列人任意封锁,就像八月最后几天的杰里科,以及九月的加沙。加沙和西岸自治地区之间所有的商业往来都受制于以色列人。这种情况下,从加沙开往西岸纳布卢斯的一卡车西红柿必须在边境停下,卸下货物,装到以色列的卡车上,而进入纳布卢斯时,又得再次卸下货物,装到巴勒斯坦的卡车上。这一番折腾要花三天时间,其间卡车里的西红柿已经腐烂,交易成本如此之高以至于人们根本买不起。(在西岸,从西班牙进口西红柿比从加沙运来更便宜。)

这个意思,自然是以尽可能羞辱的手法在巴勒斯坦人中造成印象:以色列控制着他们的经济。同样,以色列也控制着他们的政治进程。立法委员会明年春季应选出八十二位成员,而候选人是要先经以色列人审核的。"种族主义者"和"恐怖分子"都排除在外。(反观以色列一方,却没有对应的禁制,比如 1982 年入侵黎巴嫩的战犯、把巴勒斯坦人叫作"蟑螂"的拉斐尔·埃坦［Rafael Eitan］,就稳坐在以色列议会中。）以色列有权否决委员会制定的任何一项立法,委员会既没有从东耶路撒冷选出的代表,对东耶路撒冷也没有司法权。不管怎么说,阿拉法特为他自己赢得了主席/总统的名声,虽然以色列人坚持要他指定一位副主席/副总统。他似乎不愿这么做,任何地位低于他的人都只能称作发言人（mutahaddith）。

奥斯陆协议 II 对巴勒斯坦人作出如此不利之规定的大部分内容——从长远来看,对以色列人亦不利——是由奥斯陆协议 I 开始引发的。你不会从在西方的常规"专家"意见那里获知这一点。支持大部分分析的一边倒的信念——从伯纳德·刘易斯、朱迪斯·米勒（Judith Miller）、史蒂文·埃默森（Steven Emerson）、丹尼尔·派普斯（Daniel Pipes）等人——都认为现在通向和平的唯一重大障碍就是伊斯兰原教旨主义和恐怖主义。这点上,专家意见完全随从政治家意见。英国记者罗伯特·费斯克（Robert Fisk）在 1994 年 10 月 30 日的《独立报》上撰文,注意到了克林顿总统在一次中东之行中使用"恐怖主义"和"暴力"的词频:

> "恐怖"那个有腐蚀力的词……出现在总统的每次演说。他对侯赛因国王关于"面向恐怖和极端分子"的说教;他在大马士革谈及"恐怖主义的渗透"和"恐怖的谋杀行为";他在以色列议会发言用了"恐怖批发商",将这个说法与他的以色列演说中所谓"反犹主义的祸害"相提并论。

关于这种"和平"——令许许多多巴勒斯坦人对真正的自由丧失了希望——也许是对社会有危害的状态,也许迫使某些人走向自杀式暴力,这点几乎从来不被看到,更不说讨论和承认了。

考虑一下奥斯陆协议 I 签署两年来的局势。加沙的失业率几乎高达 60%。以色列继续控制大约 40% 的加沙土地。它还单边控制着与加沙的边境，现在除了约8000个在以色列工作的、必须持有通行证的加沙居民，任何人不得过境。在奥斯陆协议I签署前的1993年，往返边境的人有30000；而这个数字在1987年是80000。萨拉·罗伊（Sara Roy）可说是在美国记录以色列对加沙的发展造成系统制约最为详尽的人，她在今年4月12日的《基督教科学箴言报》的文章中说：

> 以色列不让任何原材料进入加沙地带。比如就在当前，加沙没有水泥。4000万美元的捐赠款躺在加沙的银行无用武之地，因为需要的项目物资运不进该地区。
> 以色列目前只允许某些食品和消费品进入加沙，包括苯、厨用燃气以及砂石。加沙的2000辆卡车，只有10%得到进入以色列的通行证。

阿拉法特本人没有通行证就不能进入加沙；在加沙和杰里科之间亦没有任何自由通道。1100条军事法规仍适用于"自治的"加沙，而适用于西岸的有1400条。为防巴勒斯坦人由北向南穿越西岸，形成了整套系统的五十八处道路封锁，特别是耶路撒冷"犹太化"（设想一下让犹太人忍受"阿拉伯化"会出现怎样的强烈抗议！），禁止阿拉伯人进入这座城市的地盘现在不断扩大。比尔宰特大学的四百名加沙学生和十二名教授约三个月时间不能进学校。东耶路撒冷不仅被迫与西岸和加沙切断联系，像一所巨型监狱一样向外部世界关闭，而且在旧城的阿拉伯人的生活也处于窒息状态。那里的人被武力驱逐出他们的房屋；在贝特哈尼纳（Beit Hanina）、舒法特（Shoufat）、西勒万（Silwan）等边远地区的居民则眼睁睁看着定居者的安居工程向他们的住所不合比例地肆意逼近，破坏了城市的自然轮廓、空气和环境。今年在东耶路撒冷城外掀起了这类建筑的一个高潮：与1994年全年建造的324个单元相比，1995年仅第一季度就新增了1126个单元。发生这一切，是因为蓄意将阿拉伯城市改造成犹太城市的局面几乎是无法抵抗或防止的。

二十八年的军事占领，对巴勒斯坦经济和基础设施建设的蓄意破坏,对一个民族全员的活生生的羞辱,对巴勒斯坦人的大量谋杀(仅巴勒斯坦大起义期间就杀害 2000 人,在 1982 年以色列入侵黎巴嫩期间杀害巴勒斯坦人达 18000—20000 人),考虑到以上事实,人们感到惊奇的不是存在恐怖主义,而是没有发生更多的恐怖主义。

以色列小说家大卫·格罗斯曼(David Grossman)在 4 月 4 日的《国土报》上撰文,谴责犹太左派的浅薄见识及自从奥斯陆协议 I 签署后的"几乎完全瘫痪"的局面:

> 对以色列的后几代人来说,我们的沉默本身是否构成某种历史范围的、将会显示苦涩后果的玩忽职守?……我倒认为我们不应轻视巴勒斯坦人的焦虑,我与他们有过交流。他们对现场实际发生的切身感受也许远远早于我们:拉宾乐意"赋予"他们的"实体",其实是一个混合了自治和邦联的怪胎,他们被纵横交错的"以色列"的道路和栅栏,以及用一种永久方式在战略要地上安置的星罗棋布的定居点分隔。这只是一个仿佛存在的国家。

现在有了奥斯陆协议 II,这种"仿佛"的状态被证实。但每个为它的问世负有责任的领导人——无论是以色列方面,巴勒斯坦方面,还是美国方面——包括他们的知识分子附庸,公开坚称一系列支离破碎的行政区划就是一个可统治的"实体",而从属就是自决。整个问题的不诚实触目惊心。

例如以色列的定居点政策就不在讨论之列;如同耶路撒冷问题,它被置于幕后,等待假定始于 1996 年 5 月的最终地位谈判。但它与"自治的"地区的命运有着千丝万缕的联系,如希伯伦的情况所示。希伯伦由于有 450 个以色列定居者占据着城中心阿拉伯人的楼房,已经导致这座城里 10 万名巴勒斯坦居民遭受大规模惩罚——各种宵禁(一次持续了三个月)、命案、房屋拆毁、关押等等。其他地区的情形也许没那么剧烈,但通过征用,对树的除叶和连根拔起,不准许阿拉伯人建房或不准许现有阿拉伯房屋进行修缮等等强占土地的模式继续影响着阿拉伯人的生活。

如果包括东耶路撒冷周围地区，以色列已经窃取和强占了约75%的被占领土。殖民定居人口大约在32万。从1993年10月到1995年1月这段时间内，共录得九十六宗没收和袭击巴勒斯坦人土地的案件，这之后还有更多没有记录在案的事件。《纽约时报》在1995年4月28日报道以色列没收了东耶路撒冷贝特萨法法（Beit Safafa）街区和贝特哈尼纳街区的135英亩土地（后称临时"冻结"），但很典型地忽略了阿拉伯报业和《箴言报》提及的情节：这135英亩其实是一个更大的土地掠夺项目的一部分，整个项目涉及的土地面积将近450英亩。根据基于华盛顿非以色列来源但具有权威性的《以色列定居点报道》(*Report on Isaeli Settlements*)，拉宾是将不断建造和添加定居点作为一个政策问题对待的。

根据《以色列定居点报道》的杰弗里·阿伦森（Geoffrey Aronson）说，拉宾政府中由国防部一名高官纳赫·基纳尔蒂（Nach Kinarti）领导的"例外委员会"，"已经准许在每一个定居点兴建住房"，阿伦森进一步报道：

> 大规模建设在拉宾政府的庇护下正由私营承包商着手进行，基于住房部提出的招投标要求制作项目方案。在大耶路撒冷和定居点沿绿线的大部分居住楼盘都采取这一方式。比如在马阿勒阿杜明（Ma'ale Adumim），根据以色列每日的《新消息报》(*Yediot Aharanot*)一则报道，"住房部正不遗余力推进该市的发展"。
> 建筑工程是基于住房部或总理本人颁布的原则所作出的决定推进的。例外委员会稍后会同定居点规划委员会批准正式方案。政府随即为建房分拨"国家用地"……［并］援助基础设施发展。

杰宁是奥斯陆协议II涵盖的城镇之一，在贴着城外的一个定居点，以色列最近刚批准一项扩张工程，要在那里新建五个工厂，土地无偿提供给投资人，且投资人还享受大量减免税赋的优惠。这个工业区是否最后回归巴勒斯坦,还是就此被以色列吞并,工厂主同时利用巴勒斯坦的廉价劳动力?巴勒斯坦人是否可以为此地区和其他所有被以色列侵占着非法攫取的用地提出补偿?在其他国际和平协议中普遍存在的赔款问题,在巴勒斯坦从来都不能作为问题提出。

其间克林顿政府对以色列这些政策睁一只眼闭一只眼,即使美国纳税人每年仍在向以色列提供约50亿美元的资助,加上100亿美元的贷款担保,却不带任何附加条件。美国大使马丁·因迪克(Martin Indyk)就任前是美以公共事务委员会(AIPAC)的说客、亲以的华盛顿近东政策学院负责人,他在今年的听证会期间被问到美国是否有过针对与以色列定居点活动的政策。他说他认为定居点只是使谈判"复杂化了",而"恐怖主义的影响要复杂得多"。过了一会儿,有人问他拉宾政府自1993年后是否增加了或允许新增加定居点,他回答"没有",一个弥天大谎。

在1993年的国会听证会上,国务卿沃伦·克利斯多弗(Warren Christopher)甚至拒绝将这些领土描述为被占领土。一年后,他部门的代理新闻秘书克莉丝汀·雪利(Christine Shelley)面对记者提问美国对定居点是否有"明确的政策说明"时,回答是这样的:

当然了,时不时会在,你知道,那种背景下提出一些证据和其他什么事情。我们的确——情况通报人的确会时不时被问到这些问题。至于——你知道,关于我们的立场是没什么变化的,你知道,我认为这是——你知道,我可以让你参考,你知道,也许参考以前的官员们对这个问题的说明。但我没有任何——你知道,我的意思是,你知道,我们的——我想——我——你知道,我——我们——通常会试图在这个问题上,你知道,做一点点努力。我不确定这就是,你知道,是你特别想了解的东西。你知道,一般说来,我们对定居点的立场,那是巴勒斯坦人和以色列人同意的,最后状态的谈判会包括这些问题,你知道,那就是——那也是我们的观点。

这类搪塞和以色列在没收土地上的大胆是有因果关系的。的确,沉默以及在"和平进程"这个表达中对语言明显的肆意践踏,都在以色列(以及美国)的计划中起了重要的作用。如同佩雷斯今年1月说:"我们要造房子,但不必大张旗鼓宣传……工党向来知道怎么悄悄地把事情做了……可惜现时,人人都在公开场合宣布他们做的每一件事。"就因如此,以色列中央统计局在1993年估计定居点人口净增长数为10900人;1994年10月定居者理事会对于占领土地上(除耶路撒冷外)定居点的总人口发布了一个更大的数字(比哥伦比亚广播公司报道的还多23600)。以色列的"现在和平"组织(Peace Now)报道,在著名的握手的翌年,对定居点政府的及私营的投资增加了70%。

在华盛顿,没人对此在意。的确,奥斯陆协议 II 过后,一名驻首都的阿拉伯记者对我说,在关于被占领土的问题上,要想得到美国政策立场的直接回答根本没有可能。

华盛顿一直忙于在这些议题中削弱联合国的作用并使其边缘化,因为联合国历史上是一个支持巴勒斯坦人抗议的论坛。美国驻联合国大使玛德琳·奥尔布赖特(Madeleine Albright)对成员国软硬兼施,让它们废止、修改或不然就无视某一类决议——即对以色列和亚西尔·阿拉法特双边谈判有害或在某方面有影响的决议。这些决议旨在敦促考虑巴勒斯坦人的民族自决诉求,或谴责以色列占领的非法行径(其占领行径大部分都违反了《日内瓦第四公约》,也违反了禁止吞并战争所得领土的联合国原则)。虽然只是书面上的决议,但对作为民族的巴勒斯坦人来说,这些决议代表唯一的国际保证,使他们的各种诉求不至于置若罔闻。

请注意受到剥夺的巴勒斯坦人口半数以上——约三百五十万人——不住在约旦河西岸或加沙地带,根据和平进程,这些人几乎没有返乡的希望,或对他们所丧失的或所遭遇的进行补偿。许多人沦为无国籍的难民,困在黎巴嫩、约旦和叙利亚的难民营,在不足维持基本生存需求的状况中挣扎,既没有工作权利也不能离开。(他们无处可去的现实正在痛苦地清晰展示:刚被利比亚驱逐的35000名巴勒斯坦人在进入加沙时又被以色列禁止,流离失所,黎巴嫩也拒绝接受他们。)可以认为,奥斯陆协议将这些人的命运扔给了最终地位谈判，但损害已经切实造成。在历尽艰辛将所有巴勒斯坦人团结在一起之后，包括聚合流散在世界各地的巴勒斯坦人、以色列境内的八十万巴勒斯坦公民，以及被占领土上的居民，巴解组织在谈判中大笔一挥，就使得这三个组成部分各不相干，接受了以色列指定的巴勒斯坦人，即仅限制在领土上被困住的居民。二十世纪其他地区还没有一场解放运动得到的是如此之少，只涵盖约5%的领土。也没有一场解放运动的领导人会接受将他们的人民实际置于永久从属地位这样的结果。

现在虽说许多巴勒斯坦人似乎对眼前的现实有些气馁，但我相信巴勒斯坦民族仍将继续争取与他们的邻居以色列犹太人享有同等的权利。哈马斯和伊斯兰圣战组织的出现是不断抗议的一部分，应该在这样的背景下去理解。他们的自杀式使命，投掷炸弹，以及挑衅的口号主要是不服的行为，拒绝接受以色列人的占领和巴勒斯坦人协同制造的有严重缺陷的条件。无论如我这般世俗的人们如何哀叹他们的方法和他们的观点（如实所示的观点），无疑在许多巴勒斯坦人看来，这些人对强加在作为一个民族的巴勒斯坦人身上的屈辱、贬损和拒绝表达了一种愤怒抗议。讽刺的是，以色列在八十年代怂恿哈马斯的发展，将其作为破坏巴解组织和巴勒斯坦大起义的工具，现在回过神把它提升到罪大恶极的等级。

当然，对恐怖主义的最好回应是伸张正义，而不是更多镇压。巴勒斯坦的深重悲剧在于整个民族的历史和抱负遭遇如此全面打击——不单来自以色列（及其保护人和合作者美国），也来自阿拉伯政府，以及自从奥斯陆协议之后阿拉法特领导的巴解组织。

这里有必要试图描述如今被占领土上支配着巴勒斯坦人生活的情感和现实的复杂混合。诚然，阿拉法特1994年7月1日进驻加沙，让当地民众感到他们不像从前那么束手束脚了。他们可以去沙滩，不必在日落后就困在室内，并且他们能和某个巴勒斯坦的（不是埃及的，也不是以色列的）警察部门建立一些良性关系。但在其他方面，生活比过去更糟。以色列采取一种犬儒的政策,让阿拉法特成为一个小型独裁者与以色列的利益是一致的。他们因而容忍阿拉法特的警察部门和情报部门人数扩张,现在已达19000人(奥斯陆协议Ⅰ和随后的开罗协议将此限定在9000)。

阿拉法特的政治力量是由他武装起来的政党法塔赫,现今在被占领土各处扮演执法者的角色。阿拉法特本人在缺乏真实律法或宪法的情况下实行单一管理。在以色列和美国的敦促下,他成立了军事法庭,在无法定诉讼程序的情况下可对民众进行逮捕、拘押和审判。(沃伦·克利斯多弗和艾尔·戈尔三月访问自治地区时称赞阿拉法特成立这些法庭的决定。)拉吉·苏拉尼(Raji Sourani),这位毕生都在因以色列的同类举措为巴勒斯坦人辩护的杰出的加沙律师,对阿拉法特的法令表示抗议,今年二月受到拘捕并且未见审理就被关押了一小段时期。在阿拉法特的巴勒斯坦民族权力机构的默许下,他最近被剥夺了他自己的人权组织的主席职务。

巴解组织——这个在巴勒斯坦人大流散中曾经作为代表他们民族志向的唯一组织——现在被实际分化了,围绕阿拉法特身边的是一张坚实的网络,由一些清客、趋炎附势者、经纪人、间谍、告密分子等组成。他任命的所有十八名部长级阁员(其中十七名男性)都因各自的预算,当然也因各自的政治前途,对他仰仗甚深。在那些工作和职权都主要存在于书面文件的部门,他仍不断任命副部长(加上约750名根本没有实际工作可执行的"总干事")。在巴勒斯坦民族权力机构中,由阿拉法特直接雇用的总人数估计高达48000人,包括19000名警察和约29000名文职行政人员。阿拉法特从捐款人那里得到的钱(每月约合一千万美元),加当地税收和以色列人为他征来的税(总计每月将近三千万美元)是他能花出去的款项。留给改善排污、医疗服务或就业的钱寥寥无几。

即便巴勒斯坦人在经济和工程中能胜任业务,阿拉法特一贯使用的却是些疑点重重的人物,如摩洛哥人加布里埃尔·巴农,和黎巴嫩人皮埃尔·里兹克,一个摩萨德在黎巴嫩的前长枪党联络人,又或一个叫作卡利德·斯兰姆(又名穆罕默德·拉希德)的库尔德人,此人来路不明，但以善于安排速成的交易而声名狼藉。这些都是他的中间人和顾问，外加一个新的美国商务咨询集团，功能上据称是他的经济参事。

此外他们不存在财务责任制。根据大卫·赫斯特4月15日为《卫报》撰写的文章，阿拉法特的检察长是"一个曾经因为偷盗用于巴勒斯坦大起义的钱款而被法塔赫判了死刑的人"。阿拉法特随性行事，随性花销，一切按他感觉对其利益可能有帮助的方式处置。尤其是，如朱利安·奥赞在《金融时报》中写道，阿拉法特与以色列的契约"使巴勒斯坦的经济大面上落入了以色列总体宏观经济贸易和税收政策的范围内，承认所辖领土在可见的未来对其相邻的经济巨人的依附性"。巴勒斯坦人使用的所有石油和石油产品无一例外供自以色列的石油管理部门。当地的巴勒斯坦人要支付一种特许消费行为税，该税种的净额以阿拉法特的名义存入以色列的银行账户中。只有他才能进入这个账户，也只有他才能动用这笔钱。今年4月在巴黎召开的一次捐赠人会议上，一名国际货币基金组织观察员对我说，该基金会投票通过对巴勒斯坦人提供1850万美元的援助，其中1800万直接付给阿拉法特，只有50万放在公库里。这些钱款将如何分配，完全取决于阿拉法特的个人定夺。

一群巴勒斯坦富商（他们中大部分都是在波斯湾发的财）声言他们不想再受制于阿拉法特的做法，并设计出了一系列电力、电信等等项目。这些项目由他们称为"公众"募集股票的方式融资，虽然真正的公众实在太穷，根本不可能参与这种规划的投资。这些人（他们还投资房地产，获利颇丰）无论如何还得与阿拉法特直接打交道。他们与他私下见面，不必像政府规划部门或监管当局那样需要看脸色。他们自有一套行事方式，一切为自己负责。

关于这类活动，阿拉法特的幸运在于国际媒体大都不予追查。奥斯陆协议前就有几十种关于巴解组织财务，以及资助恐怖主义等等的书和文章。而这期间，巴勒斯坦当地是没有出版自由的。市面上对阿拉法特的批评极为罕见。5月5日《生活报》（*al-Hayat*）报道，设在耶路撒冷的反对派报纸《民族报》（*al-Ummah*）的办公室被蓄意烧毁；报纸拥有人指责是巴勒斯坦警方所为。反对派的各种意见都受到严重压制。哈楠·阿什拉维（Hanan Ashrawi），现在已是国际知名人士，她的书是不能阅读或看见的，也不能在半官方的巴勒斯坦日报《圣城》(al-Quds)上谈及，因为她被认为过于独立。

阿拉法特和他的巴勒斯坦当局对巴勒斯坦人来说慢慢变成了类似维希政府那样的存在。那些在奥斯陆协议前为巴勒斯坦而战的人们是为一个事业而战的，我们相信这个事业会激励正义秩序的到来。如今这一理想的实现从未显得如此遥不可及。阿拉法特已经堕落。哈马斯和伊斯兰圣战都不是出路。而大部分巴勒斯坦知识分子过于焦虑以至于难以支撑起自己的事业，只能跟随阿拉法特和他的副官们，为了求得西方确认，为了受到布鲁金斯学会（Brookings Institution）的邀请和在美国电视出镜，不惜抛弃原则和历史。

以色列人牢牢把握他们的权力和既往政策，阿拉伯人停止抵抗并向他们的赢家示好，全无骨气或尊严。从长远看，以色列没有在明智地行事。如以色列评论员哈伊姆·巴拉姆（Haim Baram）在1994年3月18日《圣城报》(Kol Ha'ir)中说：

> 某种戈尔达·梅厄风格的领土折中概念仍是拉宾的特色。但他将定居点坚实盘踞在属地上的愿望对和平、对解救政治和军事灾难的对策都构成了一道难以逾越的障碍。他把拉斐尔·埃坦和他的朋友弄进联合政府的愿望亦直接来源于此。拉宾把定居者武装起来，不顾沙巴克（Shabak）(以色列国家安全局）警告，多年来允许卡汉主义者（Kahanists）不断胡作非为。拉宾应该退出政坛。
>
> 鸽派的主张，即他们只是利用拉宾的名义来实行佩雷斯的政策，也证明了这个主张本身长期而言是没有价值的。和平只能开放地缔造，展示领导和智慧这两种能力。拉宾的能力与这一机遇不相配。他是个心胸狭隘的人，一个在工党运动中从塔本金（Tabenken）流派而来的鹰派人物，现在要面对一个比他本人眼界更大的格局。其他一切都是不足称道的公共关系。

到最后将会出现难以预料的各种反应,正如巴勒斯坦大起义发生之前对此事件难以预料一样。

对于目前称之为"和平进程"的局面,我不能假装有什么快速解决方案;但我知道对于绝大部分巴勒斯坦难民、打零工的人、农民、小镇上和帐篷里的居民、那些无法轻松完成交易的人以及那些意见从不曾被倾听的人,对于他们,这个进程使问题变得每况愈下。尤其是他们也许就此失去希望。这也适用于一般意义上巴勒斯坦人的政治觉悟。

我们都知道,因为其侵略行径,其继续推行的占领、定居点和宰制政策,以色列并没有与我们走在一条和平之路上,而是走上一条持久的敌对之路,在这条路上,作为国家、文化和民族,阿拉伯人就得屈从于以色列的势力。无论是本质上参与了这一计划的美国政府,还是媒体——除了希望在各个地方发几篇报道,絮叨几句仅存在于与他们自己无甚相关的评论"缔结和平"的范式——都没有为真正的和平提供什么。巴勒斯坦人则因被禁止回忆他们被剥夺和受苦难的历史,如今已成了一个受遗弃的民族,这个事实不但由他们自己渐渐悟出,也被许多埃及人、约旦人、叙利亚人和黎巴嫩人悟出,他们还渐渐觉知他们领导人的背弃和漠然。这是我记忆中第一次发现各国政府认为不再有必要掩饰他们对此事的真实态度。比如《生活报》在1995年4月揭露,哈菲兹·阿萨德于1976年寻求并接受当时以色列总理拉宾先生的准许,将他的军队开进黎巴嫩;牵线搭桥者则是侯赛因国王。这一切发生在人们曾经认为如此宿敌之间是不可能有交流的年头。话说叙利亚军队现在仍在黎巴嫩,而且因为叙利亚当时进入黎巴嫩的使命是削弱巴勒斯坦人,我们还知道作为一个民族和领导地位的巴勒斯坦人的确是更虚弱了。

人民生活在水深火热之中,不称职的领导人却在领取诺贝尔和平奖,这只会带来更多盘剥,而说出真相变得非常重要。作为巴勒斯坦人我们必须追问我们百年奋斗的目标竟然不是一个国家,也不是一个民主政体,而是变成这两者的某种可怕的讽刺漫画,由世界上唯一没有正式界定国境线的国家费力地取得,由一个其手法和金主都与其他阿拉伯专制君主毫无二致的人操纵。

这个政策不能成为继续错误报道、错误代表现实的借口。如果只是出于大众传媒的怠惰或疏忽，情况就已经够糟的了。但精英阶层、饱学之士组成的权威集团，比如外交关系协会及其机关主办的刊物《外交事务》杂志，也总是默认中东最终已经接受了美国范式这样的虚构故事。看一下这本期刊1994年7月/8月号登载的关于"巴勒斯坦未来"的三篇文章；其中两篇是由以色列人撰写的（两人都不以主张和平见称），另一篇则出自前美国国家安全委员会的官员之手。更早一些时候（1993年11月/12月号），该期刊登载了两篇关于"和平计划的余波"的文章，均由美国人执笔，其中一人（评论伊斯兰武装人员的作者）是研究中世纪伊朗的专家。而后又有两期一部分集中讨论主题为"伊斯兰是威胁吗？"和"伊斯兰之釜"的专刊（1993年春季号和1995年5月/6月号），两期的文章中没有任何一篇是穆斯林写的，其作者大都是信息不全的记者、政论家、特别辩护人。

其实关于现场的真实情状，目前是有大量不同渠道的资料来源的，它们都是英语，且报道和细节的覆盖范围都更有质量、更具代表性、更全面。在以色列，"另类新闻中心"（the Alternative Information Center）出一种月刊，也出每周公告：这两份出版物均提供出色的分析和报道。伊斯雷尔·沙哈克仍在产出最令人信服的、严密的报道和从希伯来语新闻而来的翻译（带着他独有的犀利评论）；这些资料在弗吉尼亚州伍德布里奇（Woodbridge）的中东资料中心（the Middle East Data Center）很容易获得。《中东镜报》（*Middle East Mirror*）从阿拉伯和以色列的报纸、杂志、广播中获取新闻，提供一份每日的传真报道。《中东国际》（*Middle East International*）我认为是关于中东的最好的双周刊杂志。除此之外，法国的、英国的、阿拉伯总部设在伦敦的新闻机构都提供着大量素材，但这些素材从来没有被美国媒体用来改变附在和平进程上误导的意象，以及基本上属于倒退的设计。

这个和平进程试图做的，首先是将阿拉伯国家分隔，然后个别安抚，目的是让以色列成为地区的经济和军事强国——以色列显然也清楚它不可能永远从美国这个靠山中获得如此丰厚的赞助——而阿拉伯人拿得出的，只是挥霍过后少得可怜的财富，以及源源不断的劳动力。我对那些曾经悲叹大屠杀和发生在波斯尼亚、车臣、卢旺达的杀戮事件的美国自由派人士，无论犹太人与否，在所有这次和平进程中扮演的角色感到尤为沮丧。沉默不是回答，而一边看着以色列定居点和军队仍在当地驻守并行使控制权，一边不温不火地表示支持一个巴勒斯坦国也不是回答。我相信只有它的人民，而非它的军队或幕后操纵者，真正成为中东的一部分，以色列才有前途。我认为我们的眼光必须超越排外主义和分裂主义的民族主义，看到整个地区实际发生的那些更细微处为民主和权利进行的斗争：看到每个阿拉伯国家都在展开一场妇女运动，最重要的，是看到一个自愿与每一种宗教不宽容和极端主义交战的世俗社会。以色列人和他们的美国支持者的利害关系存在于这些斗争中，而不存在于那种扭曲了希望和正当渴求的所谓和平进程里。的确，以色列内部正出现一场世俗与宗教之争，以色列、被占领土以及其他地方都存在一种危险，令此可能变成一场公开的内战。

这一和平进程必须去神秘化，并让人真诚而清晰地讨论。巴勒斯坦/以色列不是地理上的一个普通地域：它比地球上任何地方都饱含更多宗教、历史以及文化上的重要意义。目前这一地域上，无论两个民族愿意与否，都必须经历有着千丝万缕联系的生活——因为历史、战争、日常接触、苦难而联系在一起。不论是宏大的地缘政治话语，还是漫不经心的"分开"他们之类的说法，提供的处方无异于对暴力和堕落推波助澜。不能取代的首先是必须将这两个社群作为拥有相互平等的权利和前程的双方来对待，从这点出发，去为他们的生活现实伸张正义。但不论一个人怎么做，在我看来，绕不开的一点是要承认基于美国支持的这种和平进程是不会带来真正与长久和平的：它已经激烈伤害了值得拥有更好生活的巴勒斯坦人和以色列人。而且以目前的形式，我相信，它是经不起时间考验的：它必须以完全不同的方法重新思考，并制定更有希望的一条路线。所谓的奥斯陆协议 II 并未提供这种重新思考：它使得以色列能从原封不动的定居点和沿边的支路上统治被占领土。我敦请志同道合的巴勒斯坦人、阿拉伯人、以色列人、欧洲人和美国人切勿在令人不悦的真相面前退缩，大家一起要求那些肆无忌惮的领导人及其宠臣们出具一份清算，这些人无视或摒弃事实，糟践了太多太多正派人们的生活了。

选自《和平与不平》

第三部分

晚期风格

16

论注定失败的事业

(1997)

本文最初作为坦纳讲座(Tanner Lectures)的一部分,描写了萨义德对"晚期风格"的艺术兴趣与1993年9月奥斯陆协议的政治后果之间的关系,他把奥斯陆协议看作对以色列在巴勒斯坦被占领土上不断推进的军事占领的一种投降主义以及对巴勒斯坦民族自决的一种几乎难以跨越的障碍。虽然"论注定失败的事业"只是扼要地使萨义德的"后奥斯陆"转向西奥多·阿多诺(1903—1969)著述,这篇论文将阿多诺的晚期风格理论与格奥尔格·卢卡奇的《小说理论》共冶一炉,目的在展示米盖尔·德·塞万提斯、居斯塔夫·福楼拜和托马斯·哈代的小说如何以艺术形式呈现幻灭、去魅和失落。

在小说中,萨义德说,构成暴露"现实和更高目的之间的差异"的时代反讽,正是作家得以将失落的体验植入某种文学形式里的东西。"这个人要么服从这个世界卑劣的法则,因而抛弃任何崇高事业的希望;要么像裘德、爱玛·包法利或堂吉诃德那样最终消殒殆尽。"萨义德写道。当小说和戏剧"试图再现成功与失败的事业之间的全面战斗",那么它们"倾向于承认正当的事业很少有成功的机会"。

当文学和戏剧形式适合将"人类现实表达为……特别眷顾无望的努力",萨义德同时也注意到"这种注定失败事业的艺术表达和不存在仪式感或典范性的更为个人的、主观的经历"之间是有差异的。从文学领域转到公共政治领域——真正的人类斗争在现实中发生,它们的成败关系到真实的人类命运——萨义德追问在现实中是否存在与幻灭的小说同样的"被嘲讽的宿命"的失落。反过来,他也在考量"主观的希望"是否能将注定失败的事业中感受的体验转化成为失败主义和政治退却之外的某些元素。面对一项注定失败的事业时,他的回应,他表述清晰的拒绝退缩,也许是关于"作为政治活跃的巴勒斯坦人的个人经验……,特别是 1993 年 9 月奥斯陆协议的分水岭以近随着这些[经验]开始结晶"的最深思熟虑和专注的一次讨论。

一桩"注定失败的事业"("a lost cause")这个说法在政治和社会评论中时有出现。比如最近报道关于波斯尼亚的苦难时,英国作家杰里米·哈定(Jeremy Harding)就顺手用了这个短语,将"波斯尼亚民族主义这一注定失败的事业"与英国的某个政治分析联系起来。一桩注定失败的事业不论在思维中还是实践上,都令人想到一种无望的努力:换言之,你支持或相信的某些事情不再是你相信的样子,你只能把它当作无望获得成功的东西。信仰坚定的时代已经消逝,为之奋斗的事业一度充满合法性,充满前途,现在这两者似乎都成了明日黄花。但时机和信念当真只是关乎解释和感觉,还是它们应该从客观环境中产生?这一点,我认为是关键问题。对争取夏威夷当地人权利的事业,或吉普赛人权利,或澳大利亚原住民权利,我们常常感到现在未到信念上的恰当时机,但有朝一日,假如条件成熟,时机就可能回转,其事业就可能振兴。但如果某人是个严格的决定论者,认为只有强大的国家和民族才有生存空间,那么夏威夷人、吉普赛人、原住民争取权利事业就永远只会是一桩注定失败的事业:它不但先天不足失败,而且因为相信了权力的总体叙事,也需要失败。

但不能回避的事实是,一桩事业似乎是失败的或感觉是失败的,这是判断的结果,而造成这个判断,要么是信念的丧失,要么在挫败感还能激发新的希望和期许的情况下,则会感到这件事时命多舛,错过了,结束了。甚至像"天生输家"这种说法冠在一个人头上,并非因为那人的遗传——一个人遗传了什么事先不可能知道——而是因为一系列事件导致了这种判断。这里，叙事扮演了一个重要角色。当我们说吉姆生来就是个失败者，这句话是在呈现了吉姆的悲惨记录之后说出的：他的父母很穷，他们还离了婚，他寄生在收养家庭，他在早年就受到了犯罪生活的诱惑，等等，等等。一个输家的叙事暗含着与赢家的成功故事映衬，后者或克服了所有困难（胜过对手），又或出生在优渥的家庭环境，聪明才智尽数开发，斩获诺贝尔化学奖或物理奖。当某桩事业与一个民族国家或一个人的叙事联系在一起时，我们也会利用叙事来逐一呈现证据，随后做出判断。

另外两个因素亦值得强调：一是作判断的时间，通常出现在人生的重要转折点。我也可能即将开始第六次婚姻，这时我恐怕得考虑自己是否适合婚姻生活，或婚姻制度本身是否一件注定失败的事，因其无望的不便和复杂，即使是最低限度的成功也难指望。同样，人们还能想象像约翰·麦肯罗这样了不起的网球运动员在大满贯赛季开始时，要决定是否参加又一年的赛事，渐渐老去的身体，精力旺盛的新人辈出，都很有可能将他意在夺得更多锦标赛胜利的活动变成一件注定失败的事。这种选择困境更容易出现在一个人生命的晚年，也许因为严重疾病，或因年迈导致能力或精力的衰竭。随着疾病治愈的可能性或继续有效工作的可能性越来越渺茫，就会出现感到人生成为注定失败的事业这样的情况：得过且过，变得退避和萎靡，连自杀都成为选项，因为这时举步维艰，我们自问还能不能坚持，是不是真的无望到答案只是绝望。这里举的例子不是重大的、公众的事业，比如国家存亡或争取民族独立，但也许更直接，赌注也看似更高。现在我们已经有能力在遗传学上很快预测一个人是否会得阿尔茨海默症或患某种恶性癌症：生物伦理上的问题是，在尚无有效疗法的情况下，是否告知这个人命定如此，还是以慈悲心不透露这些信息，静观随缘。

第二个因素是谁在作判断，是对这桩事业有信念的人，还是站在这桩事业之外、甚至是激烈反对的人，或是职业历史学专家、哲学家、社会学家，又或是袖手旁观者？在政治事业范围内，对手普遍使用的心理攻略是暗中削弱对方对事业的信心；一场意志的战争接踵而至，一方会罗列一项项成就或"实际情况"以挫败对方阵营的士气，让对方的民众看到他们取胜无望。在这样的境况中，"心神"是成败的关键。安东尼奥·葛兰西争夺霸权的政治理论为这类竞赛在现代政治中提供了一个重要位置，并解释题于他的《新秩序》(*L'Ordine nuovo*)杂志上那句（引自罗曼·罗兰的）箴言"智识上悲观，意志上乐观"的含义。然而无论形势多么令人感到忧患，一个人的事业要能下最后决心，能维持主动，保有独特权利。

发端，终结，居间——这些不同的叙事时段或界标，这些节点上会作出各种判断：胜利，成功，挫折，败局，无望，等等。对我来说特别感兴趣的是私人与公共领域之间的相互影响，看似极度主观与普遍认为客观这两者之间的相互影响，情感上的、强烈的"本能冲动"与基于历史预兆作出判断之间的相互影响，所有这些都是思考注定失败的事业时需要弄清楚的。虽然我们可以随便套用这个说法来描述高度确定的个人情况——比如"让约翰戒烟是一件注定失败的事"——我会将讨论的场景限定在能代表更广义环境中的个人。毕竟，"事业"这个词，是从我们认识的事业大于个人这种感受中获得力量和公众关注的；它的重要意义在于这种计划、追求和努力超越了一个个单独的人，他们必须逼出能量，集中投入，激励奉献。旨在寻求圣杯是一桩事业；买一辆新车或置一身新衣则不是。投身事业的人们常常不能穷尽一桩事业的各种方法，但这些个人却常常在一桩事业中令自己精疲力竭，这种情况非常典型地归纳为：在个人面前，某些东西比自己要更伟大、更崇高，为了实现它们，艰苦奋斗和牺牲都在所难免。阿尔弗雷德·丁尼生在"尤利西斯"最后几行句法上很是乖张的诗中抓住了这个要点；在这里年迈的英雄思索他为事业效命的顽强意志。

> 虽然如今我们的膂力不似曩昔
> 撼天动地，我们仍是我们——
> 同等气概的英雄之心

被时间和行旅磨弱,但意志弥坚
去奋斗,寻觅,发现,而不屈从。

早年在学校或家庭受的教育养成中,有很多出自那种需要,即令年轻人意识到生活不只是自我满足和随心所欲。我所知的每一种文化都或扬或隐地强调生活本意远比功成名就范围来得大;每个人所受的教诲都是去追求"更高境界",包括忠于民族事业,服务他人,侍奉上帝、家庭、传统。所有这些都是民族认同的组成部分。出人头地,那种自立模式和个人改善模式,通常依附在社群利益和本民族提升的话语上。作为在两处英国殖民地长大并在帝国日薄西山之时求学的孩子,我很快就注意到我的教育中既定的——然则有分歧的——方案中的内在矛盾:一方面我作为精英阶层一员,受教育是为了服务于我所属的民族事业,帮助同胞提升至独立的地位,但另一方面,我却没有受到阿拉伯文化的熏陶,而受的是英国或欧洲的文化熏陶,更多推动的是那个较为先进和具有现代文化的异族的事业,学术上也更习惯于他们那套体系而非我们自己的体系。

独立后,随着整个众神殿的开国功臣、各种文本和事件由赢家故事串起并被新近阿拉伯化的体制收纳,再次涌现的欢欣鼓舞的民族主义召唤和融入了我这一代人。这桩新事业即泛阿拉伯主义(al-'urûbah)本身;它逐渐包括了军事安全国家概念,强大中央军队在国家发展中的地位,一党集体领导思想(支持伟大领袖的意识形态),一种对西方极深的批判甚至是妄想型的怀疑,以及将大部分问题都归咎于西方的执迷,而说到以色列,则处于敌对状态夹杂着一种既不想了解也不想与它新建成的社会和人民发生任何关系的意愿。我提到这些早期事业并不只是作为一种方法去批评它们——它们在当时似乎不可避免,我这里的篇幅不足以展开这个话题——而是作为一种方法去标识知识分子精英阶层从那时起走过的历程。如今泛阿拉伯主义想来已经名存实亡,它的位置被一众格局更小的、更无事业面貌的民族主义取代;阿拉伯领导人大多从不受欢迎和孤立的少数派以及从寡头政治集团中产生,虽说公共话语中还残留着某些反西方的说辞，但无论国家还是国家机构，现在已经普遍愿意融入美国的领域。在过去二十年间伊斯兰反派话语的产生，我认为是由于缺乏一种具战斗性的、世俗的和独立的政治远见所致；因为缺乏远见，寄望建立根植于七世纪汉志的伊斯兰国这种逆转和倒退就会冒出来。

事情发生变化的另一个标识，是我们将阿卜杜·纳赛尔（他逝世二十五周年的纪念活动在埃及和其他地方都做得非常低调）与他的主要对手哈希姆家族的侯赛因国王和沙特阿拉伯的在位国王作对比。纳赛尔是一个有家室的人，知名度很高，温和，没有个人腐败，文化上代表着谈不上有财产和阶级特权的大多数平凡的埃及逊尼派穆斯林；而他的对手（比他多活了四分之一个世纪）是些大部落的首脑，单单是哈希姆和沙特家族的姓氏都可以用来命名他们统治的国家。他们代表的是封建的统治概念和对美国的忠诚。纳赛尔一件最有代表性和空前的行为，就是他在1967年6月9日被以色列打败后引咎辞职：这对今天的阿拉伯统治者来说是一个难以想象的姿态。无论如何，在当今的阿拉伯世界中，除了伊斯兰教的事业，要辨识出一项类似阿拉伯主义这种广义事业的存在，是极为困难的。我稍后还会回到这个广义事业的主题。

从年轻时受到耳提面命一腔热情追求崇高事业到年长后的幻灭，这一过程不限于现代中东历史。该轨迹的艺术形式可见于伟大的现实主义小说，其中典型例子是居斯塔夫·福楼拜的《情感教育》(*Education sentimentale*)。年轻的弗雷德里克·莫罗来到巴黎，怀揣外省青年的雄心，决意在各种职业和事业上都有成就。他和他的朋友戴洛立叶一心成为有名望的文人、知识分子和政治人物，弗雷德里克先是要当法兰西的沃尔特·司各特（Walter Scott），后来又想做最好的律师；戴洛立叶计划掌握一套宏大的形而上学体系，后又想成为重要的政治家。小说是以1848年巴黎革命期间发生激烈动荡的各种事件为背景的，其中充满暴发户、江湖骗子、机会主义者、波希米亚艺术家、妓女、商人，里面似乎只有一个诚实的人，一个卑微的理想主义的工人，所有这些人在一个个漩涡般的舞场、赌场、起义、暴乱、拍卖会、社交聚会上相互碰撞。

小说结尾时，革命和法国双双受到背叛（拿破仑三世，拿破仑大帝那个有心计的侄儿，已经掌控了法国），两个年轻人一事无成，没有实现任何抱负。弗雷德里克"开始旅行。他尝到了乘坐轮船时的忧郁，在帐篷中冻醒的感觉，风景和废墟的索然无味，断裂友情的苦涩。他再次回来。他出入社交场所，结交其他新欢……他才智上的雄心也已灭失。岁月蹉跎，他忍受着精神的惰怠和心情的麻木"。（411，括号中数字为原书页码，下同）昔日事业无一幸存。弗雷德里克曾经爱过的一个女人造访他；他燃起对她的欲望，但又克制住了，因为他担心他也许过后会感到厌恶。他什么都没做，就这样，福楼拜说。戴洛立叶则不断换工作，有过一次服务国家的机会也被革职了。"这之后，"福楼拜说，"他做过阿尔及利亚的殖民官吏，给一个帕夏当过秘书，还做过报纸的经理和广告代理；现在受雇于一家实业公司做律师。"（416）

格奥尔格·卢卡奇在他的《小说理论》中，将《情感教育》称为幻灭的浪漫主义的一个例子，它体现在小说的每一种形式中。按卢卡奇的说法，小说与史诗不同，表达的是被上帝抛弃世界的困境，在小说中时代是作为反讽感受的，单个的主人公为永远不能实现之事奋斗，呼应着他的理念和现实世界。在抽象理想主义的小说中，卢卡奇用来与幻灭的浪漫主义并列对比的主人公是堂吉诃德，一个精神比外部世界刻板的人物原型，他的主要驱力来自一头推动个人实现理想或事业的魔鬼：

> 使灵魂变刻板的魔鬼信仰就是抽象理想主义的魔鬼信仰。它的心态是选择那条径直而一贯的实现理想的道路；魔鬼使之目眩，看不见理想与理念之间、精神与灵魂之间存在任何距离；靠着最真实和不可撼动的信仰，得出的结论是因为理念应该如此，就必然如此，并且因为现实不能满足这种先验的要求，便认为现实被邪恶的魔鬼蛊惑了，认为通过找寻一个奇幻的密钥或无畏地与邪恶势力搏斗，就能打破魔咒，拯救现实。（97）

虽然读者大都会判断堂吉诃德的恢复骑士时代的事业是一桩彻头彻尾的注定失败的事业，卢卡奇却大胆地另抒它见，认为它获得了某种片面胜利，因为堂吉诃德设法"维持意图的纯洁性未受玷染，且还能够向胜利的对手散发洋洋得意的、即便不可否认是自嘲的诗意的喜色"。（104）当然堂吉诃德没能恢复高卢的阿玛迪斯和骑士时代，但他信念的力量如此坚固，甚至令我们这个极度非英雄世界的肮脏现实——且看小店主、牧羊头人、行商无赖的行为——暴露在某种理想主义的影响之下，这种理想主义的自信和狂热回望一个已经陨落的年代：

> 于是世界文学的第一部伟大小说在基督教上帝开始抛弃世界的时代问世；这个时代的人变得孤独并只能在自己的灵魂深处寻找意义和本质，无处为家。……塞万提斯生活在最后的、恢宏的和绝望的神秘主义时期，这个时期有人疯狂试图从内部为垂死的宗教续命；这个时期新的世界观从神秘形式拔地而起；这是已经显示迷茫的、不确定的、复杂的、隐秘的各种志向真正生活过的最后时代。（103—104）

卢卡奇认为，小说取代了史诗。史诗讲述的是英雄和神祇彼此平等生活的宗教世界，并不会出现问题意识，也没有丝毫自我意识，而小说则不同，小说讲述的是一个堕落的世界，上帝已经将其抛弃。英雄逐渐转化为世俗之男女，屈从于内在的逐离、迷失和癫狂，卢卡奇管这种状态叫作"先验的无家可归"。观念和现实之间打开了一道罅隙。这就是为什么所有经典的小说人物，从堂吉诃德到弗雷德里克·莫罗，都不能使自己真正适应世俗的、历史的世界，因为他们被既已丧失的记忆缠绕，徒劳地追寻一桩无法维系之事业的自我实现和成功。在这方面，同为朋友、海德堡圈中人、社会学家和美学家的卢卡奇和马克斯·韦伯都将现代社会标识为一个祛魅之地。韦伯说"终极和最崇高的价值已从公共生活中隐退，或遁入神秘生活的先验领域，或遁入兄弟情谊这类直接、私己的人际关系"。（《学术作为一种志业》155）于是出现堂吉诃德，其事业有着某种无处可去的个人梦想的效应,或弗雷德里克·莫罗和戴洛立叶,他们除了友谊之外一切都落空了。我们的世界不是一个快乐的盛夏时光,而是,按韦伯的说法,"一个寒冷的黑暗和艰苦的极地之夜"。(《政治作为一种志业》128)

但即使在韦伯和卢卡奇哀叹和批评的宗教的世界观中,也存在一个庇护着注定失败的事业的守护神圣犹大。在基督教纪元早年,犹大[①]一般被描述为雅各的兄弟犹大;与传道者约翰一起,三兄弟都是耶稣的门徒,虽然圣犹大有可能不幸与加略人犹大(Judas Iscariot)混淆,他有时也被称作隐者犹大(Jude the Hidden)。他和圣西门一起在美索不达米亚传教并在那里殉道。一本现代朝圣的书说,犹大是继彼得和雅各(圣地亚哥)之后"被朝圣者供奉的圣者,在使徒中排行第三,欧洲有至少九座供奉他的圣祠。圣犹大在北美至少也有五座圣祠。这位使徒取代了加略人犹大在原团体中的地位,人们对他的崇拜慢慢多了起来,而且只是到了二十世纪地位才变得重要。"(Nolan, 137)甚至像我这样的对圣徒传并不熟悉的人,圣犹大似乎也是使徒世界中的一位必要人物。他的周围都是些有英雄传奇色彩的形象——中坚人物圣彼得,神秘主义者和神学家圣约翰,朝圣者守护神圣雅各,也被称为摩尔人杀手(圣地亚哥马塔莫罗斯)——还有出了名的背叛者加略人犹大投下的遮蔽,隐者犹大逐渐象征所有那些无缘扬名的人,那些希望无缘实现的人,那些心血和事业无缘成功的人。这样一种人格最终验证了基督教仁慈和谦卑的眼界:圣犹大仿佛在说,尘世间每个人都有一方立足之地,未必只为成功者独有。有意思的是,在一个最后一线希望应该反映在中心人物的宗教里,圣犹大反倒提供了最后一线希望;因为一个人即使对基督的信仰产生动摇,圣犹大总让信者有另一次机会。

托马斯·哈代所作首次出版于1895年的最后一部小说,我认为也是他最出色的小说《无名的裘德》,仿佛给予任何这种安慰一记重创。裘德·福莱是个平凡的乡下青年,有着某些敏感的愁绪和值得钦佩的、如果不说是自不量力的野心,他的一生自始至终都生活在自我提升

[①] Jude 或 Judas,即"犹达·达陡"。——译注

的抱负之下。我们见他刚出场时才十岁,就与他的小学老师分手,因为老师要动身去基督堂镇——一个牛津与剑桥的混合地——去完成他的大学学业。裘德深受这个信念的影响,也立志走同样的路,于是贯穿整部小说,他都在基督堂镇载沉载浮,追求学问、成功、更高目的。然而他所遭遇的一切都是挫败、失望、越来越深的纠纷,将他引向绝望的失格。无论何时他试图用尽可能直接的方式去改变命运,等待他的总是无法抗拒的阻力。当他费力弄到一套希腊和拉丁文入门教材希望自学这两门经典语言时,他发现这两门语言根本不可能通过读一本书习得;于是他放弃了。两个进入他生活的女人,阿拉贝拉和苏·柏瑞海,令他心力交瘁。他不断换工作,越来越穷,而每一次灾难——他孩子们的自杀,苏与费乐生(裘德那个早年偶像小学老师)的关系——都将他推向更卑微的境地,特别是他和苏发现,为追求他们之间那种电光石火的激情之爱,两人都承受风险且招致社会的排挤放逐,以致更加落魄。裘德的死正赶上基督堂镇的"寄思赛会",家徒四壁的窗外满是活动声;而无论是裘德打造他不幸的职业生涯伊始那些基本无害的鸿鹄大志,还是他现在奄奄一息的最后关头,城镇上所有宗教和教育团体都不闻不问,麻木不仁。哈代通过让这个可怜人在咽气时刻回忆《约伯记》里那些只与他有关的片段,把欢呼的喝彩声和赛会的雄壮音乐谱写成一曲:

"嗓子——水——苏——宝贝——一……口……水——劳驾——唉——求你了!"
没人递水,管风琴的音符轻得像蜜蜂的嗡嗡声,不断飘进屋里。
他没动,脸开始变色,河那边的方向人声鼎沸,欢呼喝彩。
"啊——是了!寄思日赛船呐,"他喃喃道,"我在这儿。苏也背着坏名声呐!"
欢呼声又起,淹没了微弱的管风琴音符。裘德脸色变得更厉害:他说得又慢又轻,干渴的嘴唇几乎不动:
"愿我生的那日,和说怀了男胎的那夜,都灭没。"
("好哇!")

"愿那日变为黑暗;愿神不从上面寻找他;愿亮光不照于其上。瞧,愿那夜被黑暗夺取,不在年中的日子同乐。"

("好哇!")

"我为何不出母胎而死?为何不出母腹绝气?……不然我就早已安静躺卧。早已安睡:得享安息!"

("好哇!")

"被囚的人同得安逸;不听见督工的声音。……大小都在那里;奴仆脱离主人的辖制。受患难的人,为何有光赐给他呢?心中愁苦的人,为何有生命赐给他呢?"(《无名的裘德》,321)

这里所有一切要点都在反复强调裘德处境的彻底绝望,同时——这是哈代的作为异教徒的品质标识——让世人看到即使是圣犹大(Saint Jude)这位失败事业的保护神,对他的现代同名人裘德·福莱(Jude Fawley)也无能为力。

这个反讽点远远超出了我之前提到的小说家(塞万提斯和福楼拜)的笔法。首先,约伯取代了圣犹大的地位;在堂吉诃德和弗雷德里克·莫罗身上,都尚余能力取得一些成果,一个成为游侠,另一个相对富裕的年轻人受过教育,而在裘德身上,从一开始就是无力作为的。哈代就是要写出环境和自身的无能损害了他做的每一件事。现在上帝不仅抛弃了整个世界;而且无论早先的世界还强留何种回忆或残余,这些回忆或残余或者只是漠然嘲弄着个人的悲惨遭遇(一如裘德引用约伯的话,却无法得到那位《圣经》人物在他痛苦诅咒后体验的结果;没有提幔人以利法服从神的意志,献上七只公牛和七只公羊作燔祭,恢复约伯的福分和公义),或者故意令人无缘救赎、无缘疗愈,如江湖郎中韦伯或乡间丫头阿拉贝拉,后者最初就是向裘德扔了一块猪的那话儿去勾引他的。

但塞万提斯、福楼拜和哈代的共同之处是这些属于他们成熟作品的叙事,是他们接近职业生涯的晚期才写出的,正是个人感到需要对少年抱负和志向是否成功进行总结、作出判断、厘清证据的时刻。他们以小

393

说方式来做此番总结,比平时更直白地强化了小说形式本身潜在的反讽和压抑的紧急条件成为一种受制于经验和隐蔽之神的叙事,在此叙事中,时代反讽地揭露了现实和更高目的之间的差异,而且个人的确只能大致接受两种灰心丧气的选项之一:一人要么服从这个世界卑劣的法则,因而抛弃任何崇高事业的希望;要么像裘德、爱玛·包法利或堂吉诃德那样最终消殒殆尽。因此,小说提供的是一种无救赎的叙事。它的结尾没有安排那种包圆了的落幕,罪责一颗痛悔的心,让它得以在圣犹大的庇护下重新接受神的终极权威,而是尽显衰败的悲凉,虽然以反讽和特定的艺术形式表现,却是结论性的。就理想主义而言,小说本质上与之对立。剩下的唯有那些注定失败事业的废墟和灰飞烟灭的抱负。

如果没有邻近又或平行的胜利做对比,注定失败的事业则难以想象。世上总有赢家和输家,但这似乎取决于你看事物的角度。许多正统文化中的大部分都致力于证明,如果你像苏格拉底,求仁得仁,视死如归,德行未受玷污,你便胜出,你的事业胜出,反过来说当然,那些显然是赢家的人活得很潇洒。"取决于你看事物的角度"这个说法有点儿圆滑,仿佛那个真正的赢家只是表面的赢家,或道德情操低下根本不配做赢家。"唔……尽管我们败了阵,我们其实还是赢了,因为我们活下来继续再战,"对此言最具摧毁性的反驳是乔纳森·斯威夫特的《格列佛游记》,一本当然不能看作小说,而是政治讽刺的书,它的结尾也无比压抑。格列佛到利立浦特的航行令他发现那是一个小人国,他的力气毋庸置疑是个强项——他可以让皇后的精骑兵队在他的手帕上操练——同时又是一个奇怪的弱项,令他陷入利立浦特人的政治纠纷,并在一次急中生智的营救中,撒尿就扑灭了宫廷大火,却得罪了皇后。他是这么个无足轻重的侍臣,尽管有巨大的身材和力气,还是沦为宫廷阴谋的牺牲品,他告诉我们最后结果是要么把他眼睛弄瞎,要么慢慢把他活活饿死。他去了邻国不来夫斯库寻求避难,但还是成了利立浦特要求捉拿引渡的对象。他得以逃脱,回到英国,但不多久又出海了。

他落到了巨人国布罗卜丁奈格,像一个微型的类人动物,无论是他比较灵活,还是他的伟大经历都帮不上忙。他只能央人领情地试图劝国王相信欧洲在文化上和现实政治上都更进步，这么做的时候把自己当成了一个他同类同族的代表。国王的回答很厉害，令格列佛所言没一丁点儿可取之处：他所谓高贵或体面的一切，在布罗卜丁奈格人看来，都是骇人听闻的腐败：

> ……你对你的国家发表了一通极为美妙的赞辞。你已清楚证明无知、惰怠和劣习正是造就一个合格立法者的确切成分；解释、诠注和应用法律最精当的，正是那些有兴趣和能力曲解、混淆和逃避法律的人。我注意到你们那里某些制度的思路本初尚可容忍，但这一半已覆没，其余全被腐败玷污。就你所言种种，你们那里谋取任何地位似乎毋需任何精湛成就，更不必说人得凭他们的懿德才能封为贵族，牧师得凭他们的虔敬或学识才能晋升，士兵得凭他们的行为或勇武，法官得凭他们的正直，议员得凭他们对国家之爱，或参事得凭他们的智慧。至于你（国王接着说）花了生命多半的时间在旅行，我很倾向希望你迄今为止逃脱了你那个国家的诸多恶习。但就我从你讲述中所得到的，以及那些我煞费苦心从你那里挤出逼出的回答，我只能下结论说你的同胞中的一多半，是大自然迄今所遭遇的爬行在地球表面讨厌的小害虫中最有害的种类。（132）

斯威夫特揭露人类的幻觉还没完，特别是隐含在社会改良论中的幻觉，即只要前景正确，正当的事业就有可能获胜。他已经让格列佛在周遭环境中一会儿太大、一会儿太小，这还不够，相对于直接环境中大而有理想或小而有经验的个人，他干脆铲除了任何使他们有可能发展和兴盛的隐蔽的、潜在的善因。在最后那段航行中格列佛成为一只野胡，也就是一种堕落的野人，生来就会说谎、欺骗、虚伪、不诚实，而这个社会其他成员都是马，叫作"慧骃"，他们的社会既没有文字又没有传统意义上的知识。"慧骃"的高贵体面、温存善良，以及不具有冒犯别人（如果不说有些乏味的话）的生活习惯令格列佛深信野胡——也就是说人类——代表着一种从根本上说必定失败的事业，这个意识对于马来说没有作用，他们的代表大会发布了一项"劝告"，要求格列佛流放出境。他最终回到英国，对作为人的存在自惭形秽，甚至连他妻子和家人都难以忍受。斯威夫特笔调坚定，毫不留情，格列佛的道德状态还原得如此彻底，杜绝了任何缓解的可能性。完全没有赢家；也没有前景或合适的时机，或响起任何形式的救赎欢呼的最终时刻；整个困境，正当的事业以及失败的事业，都因原本的无比混乱状态而受谴责。与斯威夫特《格列佛游记》中对社会生活的非难相比，连 W.B. 叶芝的诗句"在兽畜之地失控的神秘"也显得很是温和甚至虔诚了。

斯威夫特讽刺的言外之意在于，当总结最终到来之际，我们必须做好准备毫不含糊地说人类生存方式简直会挫败一切事业，无论正当与否。按他坚持自己观点的严格意义来说，他与我上述援引的几位小说家同属一个阵营，但比他们更无慈悲，更少宽恕。斯威夫特、福楼拜、塞万提斯和哈代让我们察辨正当的事业何以表述和何以失败；我引证他们，是为了作为一种盛行的世界观的反例，这种观点在西方传统中很有市场，他们宣称只要时机成熟，正当的就一定胜出，邪恶的就一定落败。我本人的思维中当然不具备如此单纯的乐观主义态度，就像伏尔泰在《老实人》中所冷嘲热讽的自然神论；我更愿意参照那些诗人和戏剧家在他们职业生涯晚期写出的伟大艺术作品。晚期风格这一现象我已经研究了多年，因为它关乎作家在他们最后几部作品中直面道德观念的方式，关乎一个独立的、充满个人标识变化的晚期风格（Spätstil 或 style tardif）是如何相应浮现的。两类不同的晚期作品之间可以观察到巨大的差异：一类是《暴风雨》和《冬天的故事》，或《俄狄浦斯在科罗诺斯》，这类作品中会出现冲突的解决或调停和解，另一类是亨里克·易卜生的《我们死而复苏时》(*When We Dead Awaken*) 和欧里庇得斯（Euripides）的《酒神的伴侣》(*The Bacchae*)，这类作品生活中的所有的矛盾和不能解决的二律背反都原封不动留在那里，任何一种收获季节的成熟都不能改变它们。西奥多·阿多诺就是晚期风格悲观论的那一类高僧，按他的说法，晚期风格就是末日灾难——他说此话时指贝多芬的第三阶段的杰作。

我先前一直在讨论的，都是第二类后期作品——那些有明确矛盾的、无法和解的作品——形成的风貌，此类作品中，每一项正当意向和每一桩值得敬佩的事业都走向溃败，折戟沉沙，无望再起。当然我承认我援用的都是艺术领域的概念去努力解读失败事业的性质和构造；这些最终取决于一个人如何表达一桩事业从立意到实现的叙事过程，但有一点很清楚，当小说和戏剧企图表达成功与失败的事业之间完整的冲突时，它们亦倾向于承认正当事业的成功机会非常渺茫。作为一个读文学的学生，我认为这是有说服力的，因为一种反思和省悟的意识很可能将人类现实表现得格外容易成为失败的事业，也容易成为失败的男女主角。但关键是我们应提醒自己，在它们的顺序中，起源，成熟，死亡，小说和叙事的镜像是人类生育和繁衍的过程，小说正是通过关注男女主角的生平，他们生活的一步一步，以及他们后续的成熟、婚姻和死亡，来进行反讽模拟的。

纵使幻灭和失败的命运形成西方叙事传统的一个重要部分，但与日本传统相比，实乃小巫见大巫；在一篇非常优秀的散文中，玛格丽特·尤瑟纳尔喻指这种传统为"失败的尊贵"，这也是伊万·莫里斯（Ivan Morris）论述"日本精神的英雄和暴力面向"一书的标题。与《哈德良回忆录》的作者身份颇为相符，尤瑟纳尔阐述了一种独特的日本传统：在主人公面对必败的命运时，描绘甚至上演他的自我灭失行为，其原型可追溯至贫困的中世纪武士，他们的最后行为是一个有仪式感的自杀。莫里斯的书是注定失败的事业的一个纪事，所记的都是日本人，他认为"尽管此书完全无用，或很可能因其完全无用"，这些由他（还有痴迷于此的尤瑟纳尔）讲述的日本人的故事反倒是有意思的；这份记录讨论到三岛由纪夫和第二次世界大战中的"神风敢死队"飞行员，这些（在我们看来）极为骇人的自我牺牲，似乎属于古代武士精神的象征，这种精神"已经失去了它的最后的光辉"。（82）但尤瑟纳尔加了她的见解（我认为是正确的）：

> 但是，与之相对的是，对注定失败事业的热爱以及对那些以身殉

道之人的尊重，我认为是属于所有国家和所有年代的。像戈登（Gordon）在喀土穆遭遇的那种荒诞的胡作非为并不多见，而戈登在十九世纪的英国历史里也是一位英雄。罗谢雅克林和巴尔扎克《舒昂党人》里的"勒·加尔"当然是失败的，他们的起事也是失败的，除非有人硬将路易十八和查理十世在位的那些年看作胜利：但他们对我们的想象却仍产生极大吸引力。另一个同样适用的例子是吉伦特派分子和那些在热月9日被送上断头台的人，他们的政治观点很难说有什么胜出之处，但这些人却被认为是法国大革命中的伟大人物神话之一。说到拿破仑，很可能滑铁卢和圣赫勒拿岛要远比瓦格拉姆战役更能令十九世纪诗人们将他化作如此受人爱戴的主题。我曾借一位我描绘过其故事的罗马皇帝之口说，当某个时刻来临，"生活，对于每个人，都是一个接受了的失败"。我们都明白这个道理，这也是为什么我们如此钦慕那些自觉选择失败的人，以及那些很早就尝过失败滋味的人。（83）

话虽如此，失败事业的艺术表达和没有仪式感或典范性的更为个人的、主观的经历之间是有很大差异的。我们花点力气探索公共政治领域的失败事业看看会怎样，在那里代表各种事业的奋斗真实发生着。在那里会出现同样反讽的结局吗？又或主观的希望和更新的努力会让人们拒绝将失败的事业归为失败主义么？在此我只能以一名政治活跃的巴勒斯坦人的个人体验为证据，特别是这些体验在1993年9月奥斯陆协议这道分水岭之后已经非常具体化了。

五十年代我从中东来美国上中学和大学，最初注意到的现象之一是南方白人会怀旧地提及"南方邦联"，或浪漫地谈论南方独立、骑士精神、尊贵情操这一类"注定失败的事业"。在普林斯顿，有个南方人对我说，"我们被商业伦理打败了"，虽然他们谈论南方事业几乎从不提及对南方事业甚为重要的遭受系统性压迫的黑人奴工。而我是到了1956年和1967年分别发生苏伊士运河事件和六月战争后，才开始相信我们民族为光复失地和权利而斗争的事业也岌岌可危地接近一桩注定失败的事业。但这个意识持续的时间相对比较短。1968年，巴勒斯坦运动从我经历过的三次阿以战争的灰烬中重生，我已经变得比以往都更强烈地意识到巴勒斯坦人作为一个民族，有着与越南人、古巴人、南非人、安哥拉人以及为民族解放而战的其他第三世界人民共同的命运。在巴勒斯坦民族运动复兴发展迅疾的头几年，将我们等同于另一些被剥夺被遗忘的民族，比如亚美尼亚人、美洲印第安人、塔斯马尼亚人、吉普赛人和澳大利亚原住民，似乎既不合适也无法真正做到。我们反而会把自己塑造成抵抗美国干涉的越南人，这更符合我们承担的事业。

到那个十年结束时，"人民战争"和"武装斗争"这类词语，加上许多从弗朗兹·法农和武元甲的文章段落作为补充支持，在巴勒斯坦人开展政治活动的地区随处可见。但我现在回顾那段时期，所强调的其实是斗争的象征意义，而不是组织和动员。没有一个或另一个阿拉伯国家支持，这一切都难以做到。亚西尔·阿拉法特彼时已是最高领导人，他对在对手之间，以及在那些今日为友明日为敌的阿拉伯领导人之间进行调度操纵方面不愧为天才。尤其是，这段时期正值石油黑金大量涌入——说财源滚滚亦不为过；转眼就冒出一整批只喝黑方威士忌、坐头等舱、开欧洲豪车的干事，四周围着助理、保镖和清客。在1971到1982年间贝鲁特提供的环境中，巴解组织——此时被以色列军队逐出该市，领导人流亡突尼斯——想要与越南、古巴和南非的环境作出真正的、而非幻想中的对比，在实际上是不可能的。虽说实际参与武装斗争的巴勒斯坦人只占很小的百分比，且巴勒斯坦人蒙受的伤亡比以色列多出数倍，但伟大的解放运动、独立运动和类似运动仍然坚持推进，不考虑代价或胜利的可能。

回顾以往几十年有组织的巴勒斯坦民族主义的历史，人们现在就能从中辨识出必会有的输家和赢家，而在斗争如火如荼之时却难以甄别。举个与我同代的巴勒斯坦朋友的例子，他在美国受过优异教育，在哈佛读的博士，又在西海岸某大学谋了份很好的教职，但他在1968年为了参加安曼的运动，将这一切悉数放弃。我与他时有见面，直到他1976年去世。他是一位有着极大奉献精神和超强原则的人，在运动中赢得声望是凭他无私的工作和投身理想为流离失所的巴勒斯坦人——难民、帐篷居民、劳工、残疾人——所做的贡献；随着时间流逝，他被大多数人看作是一位忠诚却又是严厉的批评家，批评领导人的方法和靠不住的盟友。回溯地看，我感觉正因为他对事业保持了那份未被玷污的执着信奉，他慢慢成为了领导人眼中难以招架的人，虽然我对后来发生的事并无实据，但我相信在1976年，黎巴嫩内战期间，是有人派他去执行一次无用任务的，他再也没回来。

维持一场运动，希望是很重要的，每一个政治理论家和分析家都强调这点。世界已经忘记了1948年英属托管地巴勒斯坦上的巴勒斯坦人占总人口的70%；之前的很多年间犹太移民开始成气候地移入时，也只占用了这片土地面积的大约6%。而在四十年代，特别是第二次世界大战之后——正是我的儿童时代——很少有人理解这个局面或为此作准备；我的回忆中，对从欧洲拥入的异乡人的状况没有任何紧迫感或警觉心，更不能评估他们可能的计划以及他们日后会如何执行这些计划。1948年战事一起——称之为以色列的独立战争——对巴勒斯坦人无异于灭顶之灾：三分之二的人口被逐出家园，逐离祖国，很多人死于非命，他们的财产被没收，几乎在一切方面他们都不再作为一个民族存在。我亲眼见证我的大家庭中，无论是父系家族还是母系家族，每个人都沦为难民，无人幸免，每个人都被连根拔起，完全措手不及，至今仍带着不堪的动荡岁月留下的创伤。彼时，原先的社会中人们尚能拥有私家财产、从事一份职业或打一份工、生儿育女、上学、祈祷、耕作，甚至还能以一个公民身份入土为安（不否认这是在英国治下），但所有这一切在一夜之间面目全非，我认识的大多数人的生活都变得生不如死。这是我刚才谈论的1967年战后情形的背景，这段时期对于作为总体的民族而言，希望被激发，并令人似乎觉得有可能恢复部分巴勒斯坦人身份和实际的领土。

希望，越过了我们作为民族面临的巨大障碍。现在来看这些障碍：我们是第一个民族——不但土地被殖民，人民被宣布为不受欢迎的人，财产被剥夺，而且民族生存的各种痕迹都被那些取代我们的移入者成系统性地抹除。这种抹除不是对阿尔及利亚人的剥削型,亦不是对南非人的种族隔离型,更不是对塔斯马尼亚人的群体灭绝型。而我们独特的类型,是迫使我们变得不在那里,不可见,大部分人被驱离并被称为"非人"(nonpeople);一小部分人留在以色列境内,他们在司法上受的待遇不是称他们为"巴勒斯坦人",而是"非犹太人"。其余的巴勒斯坦人则正式地不复存在,其中很多人去了阿拉伯国家,大部分都困在难民营,为他们特别制定出令人反感的法律,他们就这样成了无国籍的难民。无论在国际社会还是伊斯兰世界,我们的历史和我们民族的存在要么不被承认,要么就当作一个局地的问题。当你眼睁睁看着自己一步步灭绝,连"巴勒斯坦"这个词都不允许用,而一个后来的国家和民族在全世界的瞩目中崛起,被奉为开路先锋、民主之岛、奇迹之国等等,这的确是浇灭希望的纲领性影响因素。略带讽刺的是1967年阿拉伯军团败在以色列手下之后——阿拉伯军团存在的目的是防御并打败以色列——而在那时,竟然出现了希望的复活,这里的念想与其说希望恢复到过去,不如说希望将巴勒斯坦解放运动融入正在非欧洲的和非大西洋世界的许多地区发起运动的进程中。于是诞生了一桩具有普世主义性质的巴勒斯坦事业,因为我们作为民族有可能从一个不同于战败的阿拉伯军团的悲戚背景中看待自己。我们把自己看作受制于殖民主义和压迫的第三世界民族,现在承担起摆脱宰制的自我解放使命,并解放我们被敌人侵占的领土。

然而——继续那些障碍的冗长说辞——我们在哪里都没有自己的地盘;而在我们想建立自己地盘之处(比如约旦或黎巴嫩),我们又使得当地政体陷入混乱,遭致武力打击,结果宣告失败。此外,没有领土主权我们也失去根据地或避风港;凸显的事实是我们的人民被驱遣流亡,在此环境中,地理因素成了我们的主要敌人。而使事情变得更糟的,以色列人不是在阿尔及利亚或南非正统的白人定居者。他们是犹太人——西方社会长期的经典受害者——有着受压迫和针对他们进行种族灭绝的历史;他们主要是欧洲人,与移出的国家关系非常密切,充盈着某种既令他们团结又赋予他们智谋的意识形态激情。与我们相比,他们更现代，更有组织有纪律，以及完全的集体行动能力。与我们不同，他们总有一个权力在当时称霸世界的战略合作伙伴，1967年后这个战略伙伴便是美国。他们散居世界各地的社群也与我们不同，我们主要是些穷困的、无组织的难民，而他们的人根基牢固，能源源不断提供支持。我们与他们之间的对比是发达国家的人民和不发达国家的人民之间的对比。

话虽如此，一个民族和一场日渐被称为巴勒斯坦事业的运动的确出现了越来越大的清晰度。在现代历史上，1974年联合国第一次承认我们是一个民族的身份。一整套制度的网络正在逐渐形成，由巴勒斯坦人管理，并处理巴勒斯坦人的健康、教育、军事训练、社会福利、妇女和工人权益问题。1988年，我们经巴勒斯坦民族委员会（我当时是其中一个成员）——一个流亡的议会——承认以色列，并选择在历史的巴勒斯坦土地上分治。一场称为阿拉伯人大起义（intifada）的民族起义已经在1987年后期展开并将持续四年；它吸引了许多关注，甚至提升了巴勒斯坦人的国际形象，因为它展现了正面迎向以色列坦克和枪炮的勇气和意愿，以及它有能力将社会组织成小型的、自我存续的、独立的单元，以设法避开某些、但绝非所有以色列占领造成的破坏。而在这整个阶段，以色列继续推进定居点的扩建，以极其残酷、代价高昂的占领手法，拒不承认巴勒斯坦民族主义。由于我们自身的一些主要失误，在世人眼中我们长期被视为恐怖分子，虽然在大起义期间这种命名和以色列颇受青睐的形象开始出现逆转，变得对我们有利。

巴勒斯坦意识当然有了进步；一种感受是虽然我们被分成了完全割裂的三大群体——以色列境内的巴勒斯坦人，约旦河西岸和加沙地带的巴勒斯坦人，以及占据我们民族总人口一半以上、流散在世界各地的巴勒斯坦人——但我们仍作为一个民族团结在一起，并让为数可观的国家把我们看作一个民族；我们作为一个民族的地位已经有所上升，已经能够发出争取国土的真实诉求。这些都是积极的成就。但是，自1982年以来，国际体系中发生的每一次变化，都令以色列占上风，我们尽占下风。苏联的解体，随即而来东欧的变革，美国联军在海湾战争的胜利（我们的领导人此间因公开支持萨达姆·侯赛因而作出的灾难性误判），巴勒斯坦人因更多同胞沦为难民、获得的支持日益不足，自身能量也在消减。即便如此，仍是有可能相信巴勒斯坦事业继续代表一种公正和平等的理念，这个理念能够激励其他许多人团结在它周围。我们为巴勒斯坦人主张权利的立场是消除歧视，是社会正义和平等，是开明的民族主义。我们的目标当然是一个独立的主权国家。即便我们经历过失败，我们能接受一种妥协，即我们在1948年输给以色列的（包括在1967年战争之前的界定）是永远失去了的，但我们换来的应该是在被占领土上建立自己的国家。我们过去一直认为（我记不得这一未来特别选择获得过广泛讨论的机会）我们的国家是有主权的，我们的难民是有权利享受某种归国或补偿的选择的，而我们的政治与其他寡头政治、军事独裁、暴力警治的阿拉伯国家相比是体现某种明显进步的。

这个阶段因1993年奥斯陆协议的签订而实际终止了，我还颇为清楚回忆起当时大部分知识分子、职业人士、政治活动家（无论是否领导人）以及普通个人都生活在至少两个平行的世界里。第一个在不同程度上是困难的世界：因为巴勒斯坦人生活在不同的司法管辖区，当然其中哪一个也不是巴勒斯坦人自己掌控的，所以有一种普遍的无力感和游离感。第二个世界的生活则是由巴勒斯坦人斗争的形形色色的愿景维持着，虽然有可能显得乌托邦或不现实，但都是基于牢固的正义原则，以及——至少从八十年代后期开始——与以色列进行和平谈判。西方世界存在一种极为扭曲的观点，他们认为我们作为一个民族就是一门心思要将以色列打败，其实这和我经历或认知的现实可以说毫不相干。我们中的绝大多数人事实上最关心的是承认和确认作为民族的生存权，而不是惩罚报复；我认识的每个人都对以色列还能在世人面前不断申诉他们没有安全感这件事非常震惊和气愤，他们在1948年摧毁了我们的社会，霸占了我们的土地，又在1967年占领了剩余的领土，他们对我们进行轰炸、屠杀和以其他方式对我们中庞大数目的人群进行压迫，就不说他们与我们相较巨大的武力优势了。几乎没什么西方人认真考虑过我们的不安全感和真实的剥夺感；可以说以色列过分强调其不安全感和安全需要——他们的士兵在占领二十八年后仍每天毒打巴勒斯坦人——已经远排序在我们承受的苦难之先。自1992年秋以后,在美国艺术与科学研究院的支持下(我还是这个组织的成员),一群特许的巴勒斯坦知识分子与以色列安全官员秘密会晤,开始讨论为在被占领土上的以色列定居者和军事人员提供安全保护,为一旦出现某种巴勒斯坦人自治活动做准备,我现在还真切记得起当初听到这个消息时我内心的愤怒。这就是奥斯陆协议的前奏,但接受以色列的议事和忽略巴勒斯坦人切实损失这样的事实令我感到一种不祥之兆:已经开始显示投降的迹象了。另一个投降迹象是伊斯兰运动的兴盛,它们的反动信息(其目的是在巴勒斯坦建立一个伊斯兰教统治的国家)证实了世俗的民族主义事业的绝望。

让我直接跳到奥斯陆协议和此后发生的事。在我看来唯一费思量的神秘之处,在于一个过去一百年间不停在与英国人和犹太复国主义者抗争的民族(诚然,双方不处于势均力敌状态,也没有太多成果可言),是如何被说服——也许被国际和地区的力量制衡,其他领导人的甜言蜜语,长期和明显无果的斗争造成的疲劳——在实际上承认他们希望的真正意义的民族重建和真正意义的民族自决成了一桩必败的事业。如此一百八十度转向的好处之一,是人们可以在当时的和隔了些距离的背景中考察究竟发生了什么事。历史上当然不乏放弃事业的民族,他们听从劝诱接受一种受役于人的生活;这些人几乎被遗忘,他们的声音大都湮没,他们生活的踪迹难以判读。历史对他们无慈悲可言,时至今日这类人也是输家,即便有时人们也可能认为,用瓦尔特·本雅明的话说,"如今无论谁以胜者姿态加入凯旋的队列,当权的统治者都从匍匐在他脚下的人身上踏过"。(《启迪》,256)

某个民族、文化或个人的事业是如何变得无望的?我们一度相信作为一个民族在命运的汇合处会有我们的一席之地。在我刚才讨论的例子中,的确有一种集体情绪渐渐发酵认为时机不再对我们有利,认为现在是美国及其盟友的上升期,其他国家都必须影从华盛顿的发号施令。对前景看法的缓慢变化透露给集体意识,再以那种早期形成在主权、正义和自决问题上的长期不妥协立场为巴勒斯坦民族主义事业奋斗是难以为继的:必须有一个战略转变,即这个民族应该收敛它必须赢取事业的特性，转而作更多退让，承认作为一个民族在某种程度上被对手和被国际权威打败。当然，对巴勒斯坦人而言，他们在其他阿拉伯人中的孤立感一直无情地增长。曾经是巴勒斯坦的大阿拉伯事业已经如此萎缩，它在埃及和约旦等国家的手中沦为一张讨价还价的牌，这些国家非常需要美国这个财主的金钱和赏赐，因此试图把自己定位在开导巴勒斯坦人要有现实感这件事上。以往巴勒斯坦人从其他民族的斗争中获得希望和乐观主义（比如从南非反种族歧视的斗争中），现在却反过来看了：他们成功是因为他们的环境更有利；因为我们不具有相同的条件，我们于是需要更多去迁就。过去各种解放运动引为真理的东西，现在不再适用于我们的情形。苏联的帮助也不复存在，并且时代也变了。解放不再是一个合时宜的事业——民主和自由市场才是，而申请加入民主和自由市场的运动最佳地点非华盛顿莫属。大起义并没有结束占领，所以必须基于失败的理念迅速而出人意表地采纳一种新的战略。

我必须向你们坦白，自从以色列和巴解组织宣布奥斯陆协议并于1993年秋签署之后，我一直在尝试理解一个民族及其领导人究竟如何戏剧性地降低巴勒斯坦事业的目标和背离巴勒斯坦事业的，那个目标至少是光复1967年的被占领土，结束军事占领、吞并和定居点，以及或许更重要的，开始真正的民主和自决进程（包括对一国领土的资源、边境、主权、侨民回乡、民族统一的自决权）。那样的事业才能将自己当作世界上为自由和平等而斗争的一部分。而现在的局面：

1. 我们在争取解放的历史上第一次同意被继续占领。

2. 我们的人口被再次划分——难民、西岸和加沙地带的居民、以色列巴勒斯坦人。

3. 以色列保留边境和定居点，它重新部署军队，但保留在加沙和西岸的驻军，而且继续对耶路撒冷、各种资源、整体安全进行控制。

4. 阿拉法特像当地执法者一样成为向以色列负责的人。

5. 他建立了一个独裁政权。

在我和我认识的每个巴勒斯坦人看来，这些协议意味着失败，不只是军事和领土上，而且更重要的是在道义上。我们的事业一直是拒绝和反抗施加在我们身上作为一个民族的不公。现在我们承认准备在自己的土地上不以享有主权的民族存在,而这个民族是四散的、被剥夺了权利的,其中一些人被以色列人授予了地方性的权力,但几乎不能进一步遏制以色列对我们的侵害,也不能防止他们令我们陷入违反别有用心的讼棍设置的协议。美国学者诺曼·芬克斯坦(Norman Finkelstein)最近描绘了切诺基印第安人失败的一幅悲惨画像,并暗示类似的命运现在也许会降临在巴勒斯坦人身上。阿拉法特从自由战士和"恐怖分子"向帮以色列执法的人和(相对受欢迎的)白宫客人的突然转型,对于巴勒斯坦人来说是难以消化的,而我确信尽管有那种短暂的欣喜和称许的媒体关注,这个前恐怖分子的象征如今得益于他在华盛顿胜利庆典上昂首阔视的出席,他与伊扎克·拉宾以及西蒙·佩雷斯、约翰·梅杰、雅克·希拉克的一一拥抱,他的眼光和勇气被各路权威人士和犹太复国主义院外游说人士的赞美,而这批赞美者此前职业的所有能量都集中在诋毁他和他的民族这件事上——尽管有这一切,大多数巴勒斯坦人将这个新阿拉法特看作一个失败象征,象征大势已去的事业,因为他现在被迫说他首先考虑的不是巴勒斯坦人的自决,而是以色列人的安全。

阿拉法特现在还代表一种对损失和牺牲的遗产一笔勾销的态度:例如他的白宫发言大量充斥着对以色列人和美国人认可的感激,从头到尾绝口不提他的人民永远丧失的土地、在占领下苦难深重的岁月以及在野年代巴勒斯坦人民为巴解组织承受的各种巨大负担,而巴勒斯坦人民将他们的付出看作是合法地支持一桩正义的事业。所有这些都被认为是不相干的和令人尴尬的,于是从记录中如数清除。而一个民族事业政治上的失败在公众眼中如此明显,下一步能做的最多就是聚集在民族权力机构这个最后剩下的符号周围,看看还能不能从一桩糟糕的交易中找到可资利用的。

失败的事业可能成为被人遗弃的事业,战争的瓦砾被历史和胜利之师扫到一边,而战败的队伍全面撤离。这种情况下集体和个人仍是一齐行动的,同意所有无望、损失、溃败都表明事业的终结,其历史失败,土地被夺走,民众流离失所、远走他乡,而领导人被迫服侍另一拨主人。而后各种叙事坐实了那个决定，追溯——如我在此——这一切是如何始于希望和乐观心态，终于幻灭和失落痛苦。人们可能会辩说任何事业都不会完全彻底和万劫不复地失败，个人和集体的意志是能够留存的，还可以举例说犹太人不也曾经失败过和遭毁灭性打击嘛，他们日后不也班师凯旋了嘛。但我认为这是一个极端例子。难道很多人相信吉普赛人或美洲印第安人能够拿回他们失去的东西吗？

但意识到事业挫败乃至败绩的现实是否必定招致失败感和屈从感？——令我们想起投降的失魂落魄，以及胁肩谄笑的幸存者的耻辱，他们对征服者投机取巧地打躬作揖，以博得新统治的欢心。难道落败者就必然意志消沉、悲观泄气？我认为不必如此，虽说选择另一种态度非常困难，也极其危险，至少在个人层面。我认为阿多诺以下分析是最到位的，他分析了如果对失败的事业不选择无助地顺从，那么其他选项面临何种困境。在失败的时刻：

> 对于个人，降服于他认准的那个集体，生活便会比较容易。他免除了对自己无能力的认识；在同伴的圈中，少数变成了多数。正是这一动作——而非清晰的思考——谓之顺从。自我利益和自我归属的集体利益之间的关系大体是模糊的。如果要共享集体的命定之运，就必须废除自我。康德定言命令的某种余响明确显现：必需有你的个人识别标志。新的安全感通过牺牲自主思考交换而得。认为处于集体行动语境下的思考是某种改进，此类慰藉证明具有欺骗性：思想，若只作为行动的工具，其变麻木的方法和所有工具理性是一样的。（167—168）

与这种意识的废止相对，阿多诺假设向失败事业降服之外的一种选择，即独立思考的人的不妥协，他们的表达力本身就是实力——无论对于行动力或胜利而言显得多么不起眼与局限——它展现了一种生命力的运动，一种反抗的姿态，一份希望的声明，其"不快乐"和俭薄的生存强于沉默，亦强于加入失败主义者的大合唱：

相反，不妥协的批判性思想者，既不会将他的良知刻在外表，也不会让自己吓得胡乱行动，他是那个真正不投降的人。此外，思考不是对存在状态的精神复制。只要思考不停顿，它对可能性就能有力把控。它不知足的品质，对小富即安的抗拒，排斥着愚谬的顺从智慧。（168）

我在试探性的结论中将此提为一种确证个人智识使命的方法，既不致被政治挫败感弄得瘫痪，又不致被无根基的乐观主义和虚幻的希望弄得神迷。抵抗之可能性的意识只能存在于个人意志，它由智识的严密和不衰退的信念得以巩固，这个信念就是需要重新开始，无任何担保，只有如阿多诺说的，甚至是最孤独最无力的思想都坚信"曾经被中肯地思考过的东西，必然也会在其他地方被其他人思考"。以此方式，思考或能获得并表达总体原则的动力，因而平息由失败事业带来的苦闷和沮丧；萎靡不振正是对手巴不得你陷入的状态。

我们很是应该从这个角度发问，任何一桩注定失败的事业是否真的注定失败。

选自《关于流亡的思考》

17

关于撰写回忆录

（1999）

1994年，爱德华·萨义德诊断出白血病的三年后，他开始撰写回忆录《格格不入》。该回忆录是关于他早年生活的一个主观记叙，讲述了他经历的每个动荡的阶段，包括在英国托管地耶路撒冷、殖民地开罗、黎巴嫩以及美国。"对我而言，"他说，"塑造我的生活特征最痛苦、以及探寻我的生活特征最矛盾之处，莫过于来自国家、城市、居所、语言、环境等种种迁移错置，它们令我这些年都处于漂泊的状态。"《格格不入》有一丝普鲁斯特的底蕴，"是本质上失去了的或遗忘了的世界的记录"。

虽然这部回忆录获得广泛好评，它出版的时间却与《评论》杂志刊出的一篇抨击长文重合，后者断言萨义德歪曲他的耶路撒冷早年生活以及他的巴勒斯坦人身份。[1] 该文令人想起其他由政治驱动的各种对巴勒斯坦人经历的流离失所现实的否认。记者亚历山大·科克伯恩观察到《评论》的作者是以色列司法部前雇员，其人在任期间利用职务否认以色列在被占领土上侵犯人权行为的确凿证据。科克伯恩指出："称萨义德不是巴勒斯坦人，就和戈尔达·梅厄夫人多年前恶名昭彰地称世上不存在一个巴勒斯坦民族的实体，只存在无权利的阿拉伯移居者一样肆无忌惮。"[2]

《评论》杂志的文章充满谬误和捏造。英国记者克里斯多弗·希钦斯在《国家》杂志上罗列了《评论》杂志文章"信口开河的不实之言加费解之语"。[3] 但媒体不顾该文的构陷性质，对一个著名巴勒斯坦知识分子杜撰身世这种无根据的指控津津乐道。例如《华尔街日报》就刊发了《评论》文章的节录，却不给萨义德提供回应的机会。具有讽刺意味的是，只有以色列日报《国土报》登了萨义德的反驳文章。萨义德写道："我一直提倡巴勒斯坦民族和犹太民族相互承认对方过去遭受的苦难。只有这种方式他们才能在将来和平共处。[《评论》杂志的作者]更感兴趣的是利用过去——无论是个人还是集体的过去——来阻碍理解与和解。他花费如许时间、金钱和恶意，却不能用于达成一个更好的目的，实乃令人遗憾之事。"

但许多读过萨义德回忆录的书评人都超越了争议，将此书看作流亡叙事长期而重要传统的一部分。"离散、流亡、无根的大都市生活的体验已经成为本世纪几乎所有阿拉伯作家和知识分子的命运，"阿米埃尔·阿尔凯莱写道，"回望地看，爱德华·萨义德的《格格不入》在丰富了我们自己文化视野可能性的同时，本身也明白无误地成为那种充满战斗气息的、常常是英勇无畏的、总的来说受到忽视的传统。"[4]

所有家庭都创造了它们的父母和孩子，赋予每个人一份历史、性格、命运，甚至一种语言。关于我如何被创造、被指望融入我父母和四个妹妹的世界，总有些不对劲的地方。无论这是因为我常常误读自己的角色，或因为我本身存在的某种深度缺陷，在早年生活中我大多无从判别。有时我决不妥协，还据此为荣。但另一些时候在内心仿佛又几乎性格尽失，羞怯，犹疑，缺乏意志。而压倒性的感觉就是我永远都不在那个妥当的位置。如前所言，我用了差不多五十年的时间才习惯别人叫我"爱德华"，或准确地说，才对"爱德华"这个不知所措的英国名字套在一望即知属于阿拉伯姓氏的"萨义德"前不感到那么别扭。诚然，"爱德华"取自威尔士亲王，他在1935年，我出生的那年成了这么个异彩附身的名人，而"萨义德"则是我各个叔伯和堂兄弟姐妹们的姓氏。但当我发现我的祖辈中并没有人叫作"萨义德"，这时再将这个华而不实的英国名与阿拉伯姓联袂的基本合理性就瓦解了。多年来，取决于不同环境，我要么避开"爱德华"强调"萨义德"，要么反其道而行之，要么匆匆连着发音，两个词都不甚分明。我不能忍受、但常常又不得不忍受的，是那种难以置信的、暗中造成更大伤害的反应：爱德华？萨义德？

与这样一个由姓名带来困扰的事有得一比的，是由语言带来的同样令人不安的难堪。我从不知自己开口说的第一门语言是什么。是阿拉伯语还是英语，或究竟哪一门才是我确切的语言。有一点我是知道的，那就是这两种语言在我生活中总是一体两面，一种呼应着另一种，有时这种呼应颇含讽刺，有时又带有怀旧的感伤，而更多的情况，则是用一种修改或评论另一种的表达。每一种都绝对像我的母语，其实两者都不是。我在我母亲那里追溯到这种最初的不确定性，我记得她对我说话时是英语和阿拉伯语并用的，虽然她只用英语给我写信——每周一封，终其一生，我亦如此，在她活在世上的时候。她的某些口语表达，像"保佑你"（tislamli），或"不知道我还有什么盼头"（Mish 'arfa shu biddi 'amal?），"别在我面前晃悠"（rouh'ha）——有那么数十句——就都是阿拉伯语，而我从没意识到需要翻译它们，或在"保佑你"这样的话中，我甚至从没意识到它究竟有什么确切意涵。这些话是她无边的母性氛围的一部分，在我承受很大压力的某些时刻，会发现自己渴望地发出那个轻柔的声音"哎，妈妈"，永远有一种梦幻般的诱惑，但又在瞬间遁形，留下某些期许，却又最终从未兑现。

但交织在她的阿拉伯言语中是英文的词汇，比如"淘气包"，当然还有我的名字，她发成"爱德沃"这样的音。直到现在，她在同一时间同一地点唤我作"爱德沃"的嗓音还是会萦绕着我，拂过黄昏的气息，那是在鱼园（Fish Garden）闭园时分，而我，还不确定是回应她，还是继续再躲藏一阵，享受着被呼唤、被盼望的快乐，我心中"非爱德华"的部分在不回应的过程中发现了奢侈的短暂休憩，一直到我自身的沉寂变得难以承受。她的英语所遭用的那种声明和规范的修辞风格从未离我远去。我母亲一旦不用阿拉伯语而改用英语，她的口气就变得客观严肃起来，挤掉了她的母语阿拉伯语中很多宽恕性和音乐性的亲昵。在我五六岁的光景，我知道我的"淘气"已经不可救药，在学校凡是不讨好的行为举止，比如说一个人瞎扯胡编和浪费时间，我都有份。那时我清楚自己能说一口流利英语，即便用词不总是正确，比如我说自己时就不说"我"，而是说成"你"。她会对我说："妈妈不爱你了，淘气包。"我回嘴，半是哀怨的模仿，半是挑衅的论断："妈妈不爱你，但是梅里亚姨婆爱你。"梅里亚姨婆是她年长的未结过婚的姨母，我从小就被姨婆惯着。"不，她不爱。"母亲不松口。"那好吧，萨勒爱你。"我最终说——萨勒是梅里亚姨婆的司机——从快快失意中捞取安慰。

我那时尚不知我母亲的英语是怎么学的，连她是谁——即民族意义上的归属——都没有概念：这种奇怪的无知状态一直持续到我长得相对比较大的阶段，那时我已经在读研究生了。在我年轻时待过的地方之一开罗，她的阿拉伯语是流畅的埃及语，但在我敏锐的耳朵听来，或在许多她认识的埃及人听来，她说话的口音，即便不是地道的沙姆人（Shami），也能听得出有沙姆人的音调变化。沙姆人（大马士革的）是集合形容词和集合名词，被埃及人用来描述一个操阿拉伯语的非埃及人，而且这个人来自大叙利亚地区，即叙利亚本土、黎巴嫩、巴勒斯坦、约旦这些地区；但这个词也用来特指操这种黎凡特阿拉伯语的人所说的方言。我父亲的语言能力与我母亲相比是很粗浅的；我母亲能够非常纯熟地驾驭古典用语和通俗用语。但对通俗用语的使用还是有些露怯，无法完全掩饰她不是埃及本地人，这也无可奈何，她原本就不是。她在拿撒勒出世，在贝鲁特的寄宿学校读了中学和大专，她是巴勒斯坦人，虽说她的母亲穆妮拉是黎巴嫩人。我从不认识她的父亲，不过后来我发现他是拿撒勒的浸信会牧师，原籍萨法德（Safad），在得克萨斯旅居过。

我不仅无法消化，遑论明了所有一波三折的细节，它们打断了一种简单的朝代接续法；我无法理解她为什么不干脆是一个英国妈咪。我一生都存有这种多重身份的不确定感——这些身份大多互不相容——并清楚记得那种极为强烈的愿望，即我们本来可以就是阿拉伯人，或就是欧洲人和美国人，或就是基督徒，或就是穆斯林，或就是埃及人，等等。我发现自己有两种解决方法对付各种质疑、辨识和揭露过程，比如被这样的问题和看法拷问："你是什么人？""可萨义德是个阿拉伯姓啊。""你是美国人？""你是美国人却没有美国的姓，你都从没去过美国。""你看着就不像美国人！""为什么你生在耶路撒冷，又住在这儿？""说来说去，你还是阿拉伯人，可是你是哪一类阿拉伯人呢？"

  对这样的刨根问底，我不记得我说出口的回答中哪一个令我满意，甚至值得记取。我的解决方法完全是自己想出来的：在学校可能管用，但和朋友在教堂或在街上就不管用了。第一个方法是采取我父亲的不管三七二十一的肯定语气对自己说："我就是美国公民，爱信不信。"他成为美国人是因为当时住在美国，又于第一次世界大战期间在军中服役。我觉得这种方法远不令人信服，部分原因是这么说不仅站不住脚，而且是强加于我的。在英国学校的背景下说"我是个美国公民"，又是在英国军队控制的战时开罗，且放眼望去周围清一色的埃及人，未免鲁莽，只有在正式被质问我的公民身份时才值得在大庭广众面前冒冒险；私底下，我自己都不会长时间维持这种想法，这种断然态度在基于经验的审视下很快会不攻自破。

  我的第二个方法更无成功可言。这种方法是在我搜集得到了真实历史和身世时，让自己直接面对它们的高度无序状态，并设法从中整理出某些意义。但我收集到的资料总是不够；在已知的元素或无论用什么手法挖掘到的元素之间，总是缺了什么有效连接的东西，总是凑不到那个对的数目；完整的图景永远拼不起来。问题似乎从我父母的过去和他们的名字开始。我父亲瓦迪后来又叫威廉（我之前一直以为这个早期的不符点只是他的阿拉伯名字英语化了，但很快我疑心地发现这像一个作假身份的例子，他的名字"瓦迪"除了妻子和姐姐，再无其他人用了，而不用的理由也很勉强）。他于1895年生于耶路撒冷（我母亲说很可能是1893年），关于他的过去，他告诉我的事情顶多十件或十一件，从来都是严丝合缝的那几个方便使用的词，几乎传递不出什么意义。我生下来的时候，他至少四十岁了。

他憎恨耶路撒冷，虽然我生在那儿，我们也在那儿生活了几段蛮长的时间，他对耶路撒冷唯一的说法是这地方令他想到死亡。他的父亲在生活的某个阶段做过译员，因为他懂德语，据说他还向威廉皇帝介绍巴勒斯坦。人们提起他时从不指名道姓，只有从没见过他的我母亲会把他称作"阿布·阿萨德"，我祖父的姓是易卜拉欣。因此我父亲在学校时的姓名应该是瓦迪·易卜拉欣。我仍然不知"萨义德"是打哪儿冒出来的，似乎谁也没法解释。我父亲觉得关于我的祖父唯一一个值得向我传达的相关细节，是阿布·阿萨德用鞭子抽他，比他抽我要狠多了。"那你怎么受得了？"我问，他回答时嘿嘿笑了几声："我大都拔腿就跑。"我倒从不曾跑，甚至从不曾动念一跑了之。

一天我母亲宣告约翰·吉尔古德（John Gielgud）要来开罗在歌剧院演《哈姆雷特》。"我们一定得去看。"她说得坚决而有感染力，而的确，观剧如约成行，尽管我根本不知约翰·吉尔古德是何许人。我当时九岁，只是几个月前的圣诞节刚好得到一本查尔斯和玛丽·兰姆合著的莎士比亚戏剧故事集，对剧情略有所知。母亲的意思是她和我应该一起慢慢将剧本读一遍。为此精致的莎士比亚一卷本从书架上取了下来，此书由漂亮的红色摩洛哥山羊皮装订，加上纤薄的洋葱皮般的纸张，在我眼中已是一本书能够包含的全部奢华和兴奋了。而里面描写剧情的铅笔画或炭笔画使它的丰赡性达到高潮，《哈姆雷特》在亨利·菲斯利（Henry Fuseli）笔下呈现出特别紧凑的舞台画面，丹麦王子、霍拉旭和鬼魂似乎在彼此搏斗，支配他们的是谋杀迹象的显露和对此急剧的反应。

我们两人坐在前客厅，她坐一张大扶手椅，我则坐在她身边的小凳，壁炉在她左侧，半燃着飘出烟的火，我们一起读着《哈姆雷特》。她扮演乔特鲁德和奥菲莉亚，我扮演哈姆雷特、霍拉旭和克劳狄斯。她还串演波洛涅斯，仿佛与我父亲同声同气，他常常引用"不要向人告贷，也不要借钱给人"，作为对给我钱让我自己花的一种风险提示。我们略过了整个戏中戏的连续片段，因为对我们两人而言这里的言辞过于华丽而复杂了。

这样的安排至少四次，也可能有五六次，这时我们一同看着书，边读边努力理解剧情，完完全全只有我们两人在一起，与开罗、我的几个妹妹和父亲完全分隔。

很多台词我都不明其意，虽说哈姆雷特的基本处境，他对父亲遇害和母亲再嫁的愤慨，他没完没了话语冗长的彷徨游移，的确令我有种似懂非懂的意识。我不知什么是乱伦和通奸，但也不能问母亲，她的注意力全部集中在剧里，仿佛离我而去。我记得特别清楚，她平素的声音也随乔特鲁德的角色变成了一种新的舞台声音：音高骤升，圆润悦耳，变得尤其流畅，而且最要紧的，它有一种使人陶醉的挑逗和怡情的声调。"好哈姆雷特，"我记得她一字一句对我说，而不是对着哈姆雷特，"抛开你阴郁的神情吧，对丹麦王应该和颜悦色一点。"我感到她在对着那个更好的我在说话，那个也是有血有肉的我没那么无用，她希望也许能把我从钝怠的少年顽劣生活中提振起来，这种生活已经背负了忧愁和焦虑，一准威胁着我的未来。

读《哈姆雷特》是我童年的一个重要时刻，因为在她眼里这是对我地位的一种肯定，我不再是某个无用之人，像我眼里的自己。我们对彼此来说是两个声音，两个在语言中达到幸福结盟的灵魂。我一点儿也意识不到在戏的本质上绝望的王子和犯通奸罪的王后之间有什么内在动力把他们联结在一起，也没真正弄清波洛涅斯被哈姆雷特刺死和乔特鲁德被严厉斥责那一幕他们之间的狂暴情绪是怎么回事。我们将这些通通读了一遍，对我来说重要的是以某种奇特的不那么哈姆雷特的方式，我可以指望她的情和爱与我的情和爱相投契，而她也只需用细腻的母性保护和安慰我就绰绰有余了。我一点儿也没感到她用某种手段改动了对儿子的义务，相反我感到这些阅读证实了我们彼此关系的深厚；多年来我在头脑中留存着她高于往常的声音，态度从容的举手投足，舒缓的、包容耐心的身影，就像那些不惜一切代价都要拥有的私人财产，而随着我青少年叛逆之事越做越多，这份财产也变得越来越罕见，她的破坏性的、引起混乱的能力对我造成的威胁也在增加。

在歌剧院看戏时，当我听到吉尔古德朗声念白"天使和慈悲的执行者保佑我们"，我从座位上弹了起来，它传达的一幕正是我和母亲秘密阅读的奇迹般的确证。他声音发出的嗡嗡回响，月黑风高的舞台，若灭若没闪现的鬼魂身影，这一切都将我细察已久的菲斯利插图展现得栩栩如生，它唤起我感官上的理解力所到达的高度，我觉得日后都不曾再次体验。但我又感到气馁，因为我和台上那些男人的体格悬殊，他们绿色和猩红的紧身衣裤裹出浑圆的、外形完美的腿，对我笨拙的姿态、不灵动的举止、纤弱而无线条的腿似乎都是嘲弄。吉尔古德和那个扮演雷欧提斯的金发男子传递出某种身心的从容和自信——毕竟他们是英国的角儿——相形之下我降到了虫豸的状态，大大削弱了我欣赏这部剧的能力。没过几天，一个叫作托尼·霍华德的英裔美国同学邀我去他家见吉尔古德，我极尽所能做出的动作只是弱弱地、沉默地和他握手。吉尔古德身着灰色服装，也是一言不发；他挤捏了一下我的小手，脸上挂着奥林匹斯山神般的微微一笑。

我母亲想必是回忆起了很久以前在开罗那些《哈姆雷特》的下午，她在去世前两三年对我们一起看戏再次表现出热情。最值得怀念的一次——那时她癌症缠身的状况已经明显——她从贝鲁特到达伦敦，再继续前往美国请专家问诊；我到机场将她接至布朗旅馆暂过一夜。我问她想不想去干草剧院看《安东尼与克莉奥佩特拉》，是凡妮萨·瑞德格雷夫和提摩西·达尔顿主演的，但只剩下不到两小时准备时间，还得提早用晚餐，她毫不犹豫地说"想"。那是场低调、朴素的演出，她对该长剧着迷的程度令我意外。连年的黎巴嫩战争和以色列入侵，她已经变得心烦意乱，常常怨声载道，担心身体健康，也不知应该如何自处。但这一切暂时都抛在脑后，我们看着演出，听着莎士比亚的台词（"我们嘴唇和眼睛里有永恒的快乐，我们弯弯的眉毛里有天堂的幸福"），仿佛听出了战时开罗的口音，我们又回到了那个小小的茧房，只有两个安静而专注的人，品味着语言和感情交流——尽管我们有年龄差异，且我们是母亲和儿子——那是最后一次抛开一切烦恼。八个月后她最后缓慢陷在吞噬她的疾病里，癌细胞的转移摧残了她的神志，她惊恐地提到周围的阴谋诡计，而去世前两个月她陷入了完全的沉默。我听到她对我说的最后一句清醒的亲昵话是"我可怜的小孩儿"，这是一位母亲最后与儿子诀别的话，带着如此忧伤的无可奈何。十八个月后，我自己也诊断出了白血病，很可能在她去世时我就已经得病了。

在我长大的过程中，我总是希望她是那个来看我踢足球或打网球的人，希望她一个人就能与老师交谈关于我的情况，免除以我父亲伴侣身份共同实施对我重塑和改良计划的责任。她去世后，我不再每周给她写信，也不会每天和她直接通电话，但我还是将她当作一位无声的同伴。小时候，她想拥抱爱抚我时就把我揽入怀中，这的确是一件幸福的事，但这类关注是可遇不可求的。她的情绪左右着我的情绪，我还记得我童年和少年时代最痛苦的状态之一，就是想方设法使她摆脱管教者的角色，哄她给我认可和支持，可惜没人点拨，也看不到什么成功希望。一个对的行为，体面的分数，弹得好钢琴段落，可能会令她喜上眉梢，用一种戏剧性的高调，惊人地张开双臂，将我一把抱住："太棒啦，爱德华，我的乖孩子，太棒啦，太棒啦，让我亲你一下。"

但大部分时候她被自己作为母亲和家务主管的责任感不断驱策，那些年我耳畔响起的声音一直都是命令："爱德华，练琴去！""接着做你的作业。""别浪费时间：开始做作文。""你喝牛奶了吗，喝番茄汁了吗，吃过鱼肝油了吗？""把你盘子里的东西吃干净。""谁吃了巧克力？一整盒都不见了。爱德华！"

时间似乎永远对我不利，除了早晨有短暂的片刻感受接下来这天有某种可能之外，我被进度、杂务、功课框得死死的，再无瞬息闲暇来享受或反思。十一二岁时我得到第一只手表，一只外貌平平的天梭牌；一连几天我都几个小时地盯着它，很迷惑为什么我不能觉察指针的移动，老担心它是不是停了。最初我怀疑它不是全新的，因为它看上去总有点不明就里的陈旧，但我父母确保它是新的，表面上那种泛黄的颜色（些许橙色）就是这一款式的特点。讨论就此结束。但我对手表的痴迷未完。我先是将它与同学戴的表比较，除了那些本来就与我无关的、代表美国符号的米老鼠和大力水手款式，我发现其他人的表都不如我的。这又引发不同戴法的早期实验：表面朝里；戴在袖外；藏入袖里；表带紧绷；表带松垮；推上手腕；戴在右手。最后我决定还是戴在左手腕，很长一段时间这给我一种无疑是穿戴整饬的积极感觉。

但令我印象深刻的是手表向前运动从不停止，几乎以每一种方式在我感到落后的情况下不断加码，使我完不成我的责任与承诺。我记忆中自己从来不算睡得多的人，但我的确记得清晨起床号的分秒无误，以及下床那一刻便有的焦灼急切之感。没任何时间让你磨蹭或做闲事儿，而我又倾向于这两招。那时起我就终生都习惯体会到什么叫浪费时间，又通过在铁定的截止期限到来之前的几分钟内做更多事（偷读一会儿书，向窗外远眺，找一件非必需的东西如袖珍折刀或昨日的衬衣）来抵抗这种浪费。我的手表对我有帮助是因为它让我知道还有时间可以虚掷，但更多情况下，它像哨兵一样监护我的生活，和父母、老师以及不能变更的规定任务一起维持着外在秩序。

少年时代的我，既快乐又不快乐，完全受时间流逝即一连串任务截止期的控制——这种体验现在都还伴随着我。每日的重要时刻是那个年代较早期就设定了的，并沿用至今。六点半（如果事情很急迫，会提前到六点——我现在都还这么说"我会六点起床把这事儿做了"）是起床时间，七点半计时器开始运行，遂进入了以小时或半小时为单位的作息，规定这些时段的是一节节课、去教堂、课外辅导、做作业、练钢琴、体育活动，乃至晚上就寝。这种将每天划分为规定任务时段的意识从不曾远离我，而且还日益强化。上午十一点仍会在自己身上灌注一种负疚的意识，因为一上午过去我却没做成什么——我写这句话时是 11:20——而晚上九点，仍会代表一种"迟滞"，这个时候意味一日将尽，有必要赶紧考虑上床睡觉，超过这个时间还在工作的话，就意味作息出错、疲劳，那种所有事都泡了汤的感觉漫过心头，时间逐渐越出它的正常阶段，迟滞的感觉无孔不入。

我的手表提供了一个支持所有这一切的基本动机，一种无论如何保持系统按秩序运作的客观约束。优哉游哉是行不通的。现在回忆起来，父亲对我的早期训导仍如雷贯耳，清晨时段一过，绝不能再穿睡衣晨袍；穿拖鞋尤其体面尽失。我至今都完全不会披着晨袍做哪怕一丁点儿闲事：浪费时间的罪过和懒散的不正经这两种感觉合起来，足以让我无地自容。有一种方法可以规避约束，那就是生病（有时在装病，有时则夸大病情），这时可以合情合理不去学校。我有时得以在手指、膝盖或胳膊上缠一道毫无必要的绷带，特别心满意足，甚至恳求这么做，成为家中笑料。而今我患上了凶险的不治之症白血病，端的是莫大讽刺，而我对这一疾病的态度像鸵鸟一样，把它从头脑中一逐了之，旨在颇为理性地活在自己的时间体统内，继续工作，体会迟滞、截止期以及成就不足感等我五十年前就已知晓并成功内化的东西。但从另一个奇特的反转角度看，我暗中思忖这种责任和截止体系有没有可能现在正在拯救我，虽然我知道我的病情阒无声息地发展着，比我第一只手表所昭告的时间更隐秘、更阴险，我当时戴着那只表，丝毫不曾意识它以数目计算着我的大限，把时间划分成完美的、固定的间隔，以为那不曾使用的时间会天长地久。

1991年9月初，在马德里和谈会议前夕，也是我离开中东前往美国四十周年的日子，我在伦敦参加一个由我邀集的巴勒斯坦知识分子和活动家研讨会。海湾战争和巴勒斯坦领导人支持萨达姆·侯赛因的不幸立场，使我们处于一个非常弱势的谈判地位。这次集会的想法，是试图阐述一套有助于我们向民族自决方向发展的共同主题。我们来自被驱散的巴勒斯坦世界的各个地方——西岸和加沙、巴勒斯坦人外流到的不同阿拉伯国家、欧洲和北美。研讨会的结果令人非常失望：烂熟的论点无休止重复，我们没有能力确立一个集体目标，人们显然只愿意听自己的。总之，会议毫无进展，却给人一种诡异的不祥预感，在奥斯陆谈判的巴勒斯坦人会失败无疑。

辩论到半途，在一个预定的休息时间里，我打了个电话回纽约给我的妻子玛利安姆，问她我年度体检中验血结果是不是都还好。我担心胆固醇指标有问题，她说那个指标没事，但犹犹豫豫地加了句："查尔斯·哈齐"——我们的医生——"等你回来后想和你谈谈。"她声音里的某种迹象表明情况不妙，所以我马上给在办公室的查尔斯打了电话。"没什么紧张的，"他说，"我们在纽约谈吧。"他再三拒绝告诉我哪里出了问题，最终把我弄得不耐烦了。"你必须告诉我，查尔斯，我不是小孩，而且我有权利知道。"他先是一阵支吾——不严重的，一个血液学家就能很容易解决问题，说到底是慢性病——这才告诉我，我得的是慢性淋巴细胞性白血病（CLL），虽则我也花了一个星期来化解这个诊断最初的打击。我还没什么症状，需要更精密的诊断技术来证实初步发现。过了一个月，我才理解这把悬在头上的"达摩克利斯之剑"（一个医生这么叫它）对我的扰动有多大，又过了六个月，我找到康提·拉伊这位了不起的医生，我从1992年6月至今一直由他诊疗。

确诊之后的一个月，我发现自己在给母亲写信，其时她已离世一年半了。那种想和她交流的冲动莫名其妙胜过她已仙去的事实，句子写到半截，我停了笔，抑制住耽想的冲动，有点儿不知所措，也有点儿窘迫。我的内心似乎有一股叙事的暗流涌动着，但实在是被白血病的焦虑和紧张牵绊住而无暇顾及。1993年那段时间，我思量对生活作几处变化，因为我意识到现在生命会缩短，而且变得困难，但我并不感到恐惧。我考虑搬去波士顿，回到那个我在学生时代生活和欣赏的地方，但我很快承认那个地方与纽约相比太安静了，我在退一步想找个好的地方往生。我打消了这个念头。

许多的回归，试图回归从前的生活点滴，或回归那些早已不在的人：这些回归的念头对我疾病日益增加的体罚形成一种稳定的反应。1992年我和妻子和孩子们一同去了巴勒斯坦，四十五年来的第一次。1993年7月，我在一次报道任务中独自到开罗，属意重访了那些从前常去的地方。这段时期我还没有进入治疗，只是由拉伊医生监控着，他偶尔会提醒我到了某个阶段需要接受化疗。到1994年3月开始化疗时，我很清楚至少已经进入即使不是生命的最后阶段，也是一个再也回不去从前生活的阶段了,就像亚当和夏娃被逐出了伊甸园。在1994年5月,我动笔写这本回忆录。

这些细节是重要的,因为它是一种解释方式,让自我和读者了解回忆录的时间如何与疾病时间、阶段、起伏、变化等等密切交织。我日渐虚弱,随着感染次数和一轮一轮的副作用增加,回忆录就愈发成为我用文字构建一些东西的方法,这时在我的身体和情感生活中,我努力与退化带来的烦躁和痛苦搏斗。这两项任务都分解为诸多细节:写作是一个字一个字码出来的,患病则经历从一种状态到另一种状态的无数步骤。我一边做着其他种类的工作如论文、讲座、教学、报道,一边跨越疾病,让各种截止期和各种包括起始、中间、结尾的循环几乎强行将它打断。写这部回忆录时,我被每个疗程、住院、身体疼痛和精神困苦裹挟,让那些事件支配我如何写、何时写、何处写、写多久。旅行期间常常写得更多,因为我无论去哪里都带着手稿,对每一间旅馆和朋友的家都善加利用。正因如此,即便我已经有了如何写的确切计划,我也很少急匆匆地完成一个章节。不可思议的是,写回忆录和我生病的各个阶段共用了完全同一段时光,虽然病痛的大部分痕迹在我早年生活故事中都被抹除了。不妨这么说,记录一段生活和仍在不断发展的病程是同一件事;相同却又蓄意不同。

这种关系越发展,对我就越重要,我的记忆——除了集中思想并像考古学家一样窥探缅邈而本质上无可复原的过去,并无他助——对我显得常常是不依不饶的袭扰似乎也越来越友好和慷慨。尽管病疾缠身,又受制于已离开了我的早年生活之地,我还是能以诗人自况:"也不在这个凉亭,/这个小小的椴树凉亭,难道我没有记下/这许多让我舒心的东西。"曾有一度我回想过去就感到难以释怀,特别不堪回想开罗和耶路撒冷,这两个地方都出于各自原因令我不能访问。后者是因为被以色列接替,前者向我关闭则因法律理由,被那些冷酷的巧合之一所限。1960—1975年这十五年间我不能入境埃及,只能一份一份地回忆我在那里的早年生活(切得颇为细碎,与我所感受纽约生活的艰辛疏离相比,传达着满满的暖意和舒适气氛)以为助眠法宝,随着时间推移,这类回忆变得日益困难，而且时间也逐渐瓦解了围绕我早年生活的幸福光环，任其显现为更复杂和困顿的日子。为了把握它，我意识到，我必须保持极度警觉，保持清醒，避免梦幻般的迷糊。我曾经想过，回忆录在某种本质中是关于无眠状态的，是关于清醒时的沉默的，在我的例子中，是关于需要以自觉的回忆和表述作为睡眠的一个代用品。不仅替代睡眠，还替代假日和休闲，替代那些中上层人士的"悠游自在"，我约在十年前就下意识地背离这种状态了。作为对应疾病的主要手段之一，我写回忆录也找到新的挑战：不仅是新的清醒状态，而且对我来说也是一项让我尽可能远离专业和政治生活的课题。

我的潜在主题有两方面，一是长期蛰伏的第二自我开始浮现，它埋在凭专门功夫修得并运用的社会性格下，表面是属于我父母试图塑造的、那个我断断续续提到的"爱德华"；二是对那种非常次数的离开方式的理解，它们从最初的开端就令我的生活感到不确定。对我而言，塑造我的生活特征最痛苦、以及探寻我的生活特征最矛盾之处，莫过于来自国家、城市、居所、语言、环境等种种迁移错置，它们令我这些年都处于漂泊的状态。十二年前我在《最后的天空之后》一书中写到我在旅行时总是带很多行李，即便进一趟城，也要在手提包中塞满各种东西，数量之多，体积之大，都与旅行的实际时长不相称。我分析得出结论，我有一种秘不可宣且根深蒂固的恐惧，害怕一出门就回不去了。这之后我还发现，尽管有这份恐惧，我仍会构设各种离开的场合，自愿让恐惧发生。这两者对我的生活节奏似乎都是绝对不可或缺的，而且在我患病期间又大大强化了。我对自己说：如果你不做这趟旅行，不能证明你有流动性，不放纵你自己不知所措的恐惧，不以更大决心打乱当下家庭生活的正常节奏，你在最近的将来就一定再没能力这么做了。我还体会到旅行的焦虑情绪（福楼拜叫作"游轮忧郁症"；德文则为"火车站心情"），夹杂着对待在原地之人的羡慕，待我返回时看到他们披着舒适的服装和雨衣，快乐地和家人厮守，脸上毫无错位的阴影，也没有那种看似强迫的流动性的东西，这些人人都一目了然。有些东西让你感到不应考虑某种先前的、自我创立的逻辑，以及一种忘情的感觉，那些东西即离开之人的不可见性，失踪的状态，也许还有被思念的状态，加上夺走你所有已知而赖以获得舒适之事的强烈、重复、可预期的放逐感。而在所有情况下，即使你是那个主动离开的人，那种被遗弃的状态仍成为"离开"之最大恐惧。

我母亲在世的最后数月常常哀怨地向我诉说失眠的痛苦。她身在华盛顿，我在纽约，我们频繁通话，大约每月见一次面。我清楚她的癌症已经扩散。她拒绝化疗："我不要受这份罪。"多年之后，我自己也经受了四年化疗而无果，而她坚持己见，甚至从没听医生的反复劝告，一次化疗都没做过。但她晚上难以入睡。镇静剂、安眠药、安神饮品、亲朋好友的建议、看书、祈祷：都不管用。她有次对我说："爱德华，帮我睡着吧。"声音里有种见怜的微颤，我现落笔之际仍得辨听。但不久其病入脑，最后六星期她昏睡不已。我和妹妹格雷丝守在她床边等她醒来，成为我和母亲的交往中最心力交瘁和悖谬的感受。

现在我憬然有悟，我自己的失眠可能是她留给我的最后遗产，是她努力入睡的反作用。对我而言，睡眠是那种要尽快熬过去的事情。我只能很晚上床，但一到平明即起。和她一样，我也没有长睡的秘诀，但和她又不一样，我到了那种自己不想睡觉的地步。在我看来，睡去即死去，和任何意识消退的原理相同。在我上一次治疗中——十二周的艰难历程——我被用来抵挡高烧和寒战的药物弄得很是沮丧，显然，我感到心神不宁是因为大人变得像婴儿一样无助，好似很多年以前，我的孩提时代，我向母亲呈现这种无助，也向父亲，但形式略有不同。我拼命抵抗药物催眠，仿佛我的身份依靠这种抵抗才存在。

不休不眠对我来说是一种值得珍惜的状态，可谓求之若渴；我感到最焕发活力的时候，就是拂晓在即，抖落夜间所失的半梦半醒朦胧意识，令自己重新熟悉早前很可能完全丢失了数小时的东西。我偶尔会感到自己像一团涌动的水流。我更喜欢这个比喻而不是很多人会赋予更多意义的那个"坚实自我"的身份认同。这一团团水流，一如人生中的不同主题，是随着清醒时刻奔涌向前的，在它们最佳状态中，不需要调解，不需要融通。它们不见得每每正确，但至少它们永不止步，适天时地利，以各种奇崛的组合方式运动，不是非得向前，也可能相互碰撞，复调演绎，不设唯一中心主题。我愿意把它说成是一种自由的形式，尽管我也不能完全确信这就是自由的。怀疑精神，也是我特别想要坚持的品质之一。我的生命中有这许多不和谐音为伴，庶几学会宁愿不那么中规中矩，宁愿格格不入。

选自《格格不入》

18

定义的冲突

（2000）

《定义的冲突》是萨义德对塞缪尔·亨廷顿《文明的冲突》不妥协的批判，亨廷顿这篇非常有影响力的论文最初刊登在1993年的《外交事务》杂志上，后扩展为《文明的冲突与世界秩序的重建》一书，1995年出版。（书名去除了原论文标题的问号。）亨廷顿该文在知识分子、决策者、媒体专家和任何寻求简化、流行的概念框架的人那里产生了广泛影响，此概念框架绘制了美国在反共产主义不再成为美国外交政策的当务之急之后新面临的威胁。亨廷顿此文写于苏联解体后，他提出"世界政治进入新阶段"的论点，此阶段中，国际冲突的主要来源不再是经济或意识形态，而是文化。"文明的冲突，"亨廷顿认为，"将成为现代世界冲突演进的最新阶段。"[1]

作为理解冷战后地缘政治的对策，亨廷顿将他大部分论点都建立在对东方主义者观念的重新利用之上，历史上西方对外国文化进行分类、管理和支配，靠的就是这套使他们的统治与征服名正言顺的观念。与东方学家伯纳德·刘易斯一拍即合，亨廷顿因读了刘易斯1990年的文章《穆斯林怒气的根源》[2]而拟出《文明的冲突？》标题；萨义德在本文中认为亨廷顿也同样在贩卖经过"草率的歪曲"的"伊斯兰"。亨廷顿将文化和文明看作铁板一块，看作同质和均质的实体。他反复使用毫无必要的模糊抽象概念，如"伊斯兰"或"西方"，将整个地区、人口、宗教和族裔压缩成意识形态的客体，为的是动员"我们"的集体激情去对抗"他们"。忽略多样性和人类经验的种类,亨廷顿文明冲突的表述是靠"管理用的诗学"(萨义德语)形成的,这种行文风格和思维模式只看见冲突、碰撞、交战,而不去观察重叠和共享的文化历史之间的关联,即意识到这是创建新认知、相互理解、达成和解的环境。

刊于《外交事务》杂志1993年夏季号塞缪尔·P.亨廷顿的论文《文明的冲突?》,第一句话便宣布"世界政治正在进入一个新阶段"。他的意思是不久前的过去,世界冲突仍是不同意识形态派别之间将第一、第二与第三世界组成不同阵营,新的政治形式则将冲突变成了不同的——很可能会发生冲撞的——文明之间的冲突:"人类的重要区分和主要冲突来源将会是文化的……文明的冲突将主导全球政治。"亨廷顿其后解释主要的冲突将发生在西方文明和非西方文明之间,他的确在文中用了大量篇幅讨论了他所谓的以西方为一边,以伊斯兰和儒教文明为另一边的不同文明潜在的和实际的主要差异。就细节而言,针对伊斯兰的关注点比其他文明,包括西方文明,都要多得多。

亨廷顿论文中大部分后来令人感兴趣的地方,以及那本在1995年出版的冗赘低效的书,我觉得都是源于它的时机,而不仅仅源于它实际上说了什么。诚如亨廷顿本人注意到的,冷战结束以来有过几次学术和政治的尝试,想详细绘制新兴的世界局势版图;这包括弗朗西斯·福山有关历史的终结的论点,和布什政府较后期宣扬的命题,即所谓新世界秩序理论。更晚近的,保罗·肯尼迪(Paul Kennedy)、康诺·克鲁兹·奥布莱恩(Conor Cruise O'Brien)和埃里克·霍布斯鲍姆(Eric Hobsbawm)——所有这些看向新千年的人——都将相当大的注意力集中在未来冲突的原因中;他们有足够理由对冲突的原因保持警觉。亨廷顿观点的核心(最早的出处未必是他)认为冲突是永无止息的;这种冲突概念很容易莫名其妙滑入那个由剑拔弩张两极观念和价值之战,即无人为之悔恨的冷战清空的政治空间。因此我倒不认为这么说是不准确的:亨廷顿在他的文章中提供的——尤其因为此文主要针对基于华盛顿的意见,以及那些订阅《外交事务》这份讨论外交政策的美国重要期刊的决策人——是一种冷战命题的循环回收利用版本,即目前和未来的世界冲突主要不会停留在经济或社会层面,而是意识形态层面;而且如果这种说法成立,那么一种意识形态,即西方意识形态,就是那个静止的定格点或亨廷顿流派所有人围绕的中心。于是,实际上冷战仍在继续,只不过这次开辟了多条阵线,涵盖了更多争取统治力、甚至超越西方的严肃和基本的价值和观念体系(比如伊斯兰教和儒家学说)。不出所料,亨廷顿因此在论文结尾提示了一个扼要的审视,事关西方应做些什么来保持强势并让假想敌处于弱势和分裂(它必须"利用儒家文明和伊斯兰国家间的差异和冲突;……支持同情西方价值和利益的其他文明集团;……强化反映西方利益和价值并赋予它们正当性的国际机构……提升非西方国家在那些机构中的参与程度")。

亨廷顿关于其他文明必然与西方发生冲突这个概念是如此强烈和迫切,他提出的西方继续胜出的应对策略又是如此无情地咄咄逼人和充满沙文主义性质,我们不禁得出结论,他真正感兴趣的理念,不是推动对当前世界舞台的理解或试图与不同文化和解,而是延续并扩大冷战。他所说的东西,几乎从不表现出哪怕是最小的不确定或怀疑态度。他在第一页开宗明义地说冲突不但一定会继续,而且"文明之间的冲突将会是现代世界冲突发展的最后阶段"。这是一份非常简要且颇为概略表述的手册,深谙在美国人和其他有必要理解亨廷顿文章之人的头脑中维持一种战时状态的技巧。我甚至可以再推进一步说,它的论点代表了那些在冷战结束后一时无所事事的五角大楼谋略家和国防工业执行官的立场,这下他们为自己找到了新的使命。亨廷顿强调文化元素在不同国家、传统、民族之间关系的重要意义,对此至少也有功劳。

可悲之处是利用"文明的冲突"作为夸大和制造各种棘手的政治或经济矛盾的手段。比如很容易看到在西方政府发言人会用诉诸日本文化中威胁和阴险的面向为打压日本的做法助势,又或诉诸陈年旧说的"黄祸论"来动员对朝鲜地区或中国不断发生的问题的讨论。反过来也一样,蔓延在亚洲和非洲的西方主义也将"西方"看作一个整体的类别,认为它对非白人的、非欧洲人的和非基督徒的文明只会表达敌意。

也许亨廷顿更在意开出政策处方,而不是研究历史或仔细分析文化形成,我认为他说的内容和他说这些内容的方式方法都很有误导的嫌疑。他的大量论据采纳的是二手和三手的观点,这类观点缺失了我们具体地、理论地理解文化如何发挥作用、如何变迁、如何可能完整地得以领会或觉知这些方面的巨大进展。简单观察一下他引用的人和观点就会发现其主要来源是新闻行业和当红的民意煽动话术,而非学术或理论研究。因为如果你引用倾向性很强的政治评论家、学人和新闻记者,如查尔斯·克劳萨莫(Charles Krauthammer)、西尔盖·斯坦科维奇(Sergei Stankevich),以及伯纳德·刘易斯,你已经偏向于支持冲突和争论的一方,而非我们星球上各民族亟须的那种真正理解和合作。亨廷顿的权威不在于各种文化本身,而在于他精选了一小部分权威,这些人在不同陈述中都以所谓某个文化发言人的身份强调这种文化潜在的好战性。我感到他在论文的标题上泄露了天机,"文明的冲突"不是他的原创之句,而是出自伯纳德·刘易斯。在1990年9月号《大西洋月刊》(该期刊偶尔会登一些旨在描述阿拉伯人和穆斯林危险的病态、疯狂和精神错乱之类文章)所载刘易斯的文章"穆斯林怒气的根源"中的最后一页,刘易斯谈论伊斯兰世界目前的问题:"时至今日,我们应该明白我们面对的是一种情绪和一场运动,远远超越了问题和政策的水平,超越了旨在解决问题的政府。这丝毫不亚于一场文明的冲突——它也许是非理性反应,但肯定是历史性反应,我们古老的对手攻击我们犹太-基督教的遗产,我们世俗的现状,以及在世界范围内这两者的延伸。至关重要的是,我们这个阵营的人不应被激怒从而对那个对手做出同等的历史性反应,更不应做出同等的非理性反应。"

我不想花很多时间讨论刘易斯长文中那些拙劣特点;我在其他文章中讨论过他的方法——仓促的概括,对历史草率的歪曲,将文明整体贬抑到可以像非理性和被激怒这样的范畴,不一而足。如今只要是理智之人,很少会像刘易斯那样,对分散在至少五大洲、使用几十种不同语言、拥有样态各异的传统和历史的、人数在十亿以上的穆斯林,自愿去提出一套统揽一切的性格描述。他所说的关于穆斯林的一切，就是他们全都被西方的现代性给激怒了，仿佛这十亿人只是一个人，而西方文明也没什么复杂的，一个简单陈述句就定义了。但我在这里想着重指出的，是亨廷顿如何先是从刘易斯那里拾得文明是一个整体并且同质匀质这样的概念，其次，也还是从刘易斯那里，推断出"我们"和"他们"之间具有永远不变的二元对立本质。

换言之，我认为强调这点绝对有必要：塞缪尔·亨廷顿和伯纳德·刘易斯一样，写的不是中立的、描述性的、客观的文字，他本人是这样一个辩手——他的话术不但严重依赖关于一场所有人反对所有人的战争这样一些先在的论点，还在实际上使这些论点永远存续。因此他扮演的根本不是文明之间仲裁者的角色，而是党同伐异，鼓吹的论调是一种所谓文明压倒了其他一切文明。和刘易斯一样，亨廷顿以还原论手法定义伊斯兰文明，仿佛关于该文明最重要的事只是它被假定的反西方主义。就刘易斯而言，他试图为他的定义提供一连串理由——伊斯兰从未进行过现代化，它从未进行过政教分离，它没有能力理解其他文明——但这些不是亨廷顿要操心的。对亨廷顿来说，伊斯兰、儒教，以及其他仍存于世的五或六种文明（印度、日本、斯拉夫-东正教、拉丁美洲和非洲）都是彼此无关的，所以它们之间也潜在地处于冲突状态，他要做的是管理冲突，而不是解决冲突。他以一个危机管理者的身份在写作，不是文明的研习者，也不是文明之间的调解人。

这篇论文的核心，亦即拨动后冷战时期决策者的那根快速响应之弦的东西，是它绕开了很多不必要的细节，绕开了繁复的学术研究和大量的经验，把一切都直接浓缩为几个朗朗上口的、容易引用容易记住的观念，这些观念随即被奉为实用的、可行的、合理的和清晰的。但这难道是理解我们生活的世界的最好方式吗？作为知识分子和专家学者，炮制一种简化的世界地图，然后交与军官们和民事立法者们，变为这些人首先领悟世界并对世界采取行动的成文定见，这难道明智吗？难道这种方法实际不是在延长、恶化和加深冲突吗？它对于缩小文明冲突做了什么？我们难道想要文明冲突吗？它难道不是在动员民族主义情绪从而置民族主义于危险之地吗？我们难道不应该追问，一个人为什么要做这样的事：理解还是刺激、减缓还是加剧冲突的可能？

在开始对这个问题的世界形势作考察时，我先来评述一下现在人们在宏大的抽象概念名义下说话已经变得何等普遍，在我看来这种抽象概念模糊到不知所云的地步且易受操纵，诸如西方文化或日本文化或斯拉夫文化，又如伊斯兰或儒家学说，这些标签将宗教、人种和族裔一股脑儿折叠成意识形态，比一百五十年前戈平瑙和勒南使用的标签所显出的违和与挑衅有过之而无不及。也许有点奇怪，但群体心理疯狂滋生的例子绝非新鲜事物，它们当然没有任何启智作用。其出现年代背后是极深的不安全感，也即是说当时一些民族格外接近并相互形成推力，比如扩张、战争、帝国主义、移民遗留的后果，或突如其来的、空前的变革产生的影响。

我举几个例子说明。从十九世纪中叶到末叶，随着欧美列强对非洲和亚洲领土数十年的国际争霸达到高潮，群体认同语言也发出了特别刺耳的声音。在抢占非洲——黑暗大陆——的"无主"空间的争战中，法国和英国，外加德国和比利时，倚仗的已不仅是武力，而是为使其劫掠合法化出台的一整套理论和话术。其中最有名的恐怕是法国的文明使命（la mission civilisatrice），此概念言下之意是一些种族和文化比另一些种族和文化具有更高的生活目的；因此更强大的、更发达的、更文明的人被赋予权利对其他人进行殖民，打出的旗号不是野蛮的武力或巧取豪夺，虽然这都是殖民活动中的标准元素，而是崇高的理想。约瑟夫·康拉德最著名的作品《黑暗之心》就是展示这个论题讽刺的、甚至是恐怖的例子，按他的叙述者马洛的说法，"征服世界，大概意思就是把它从皮肤颜色不同的人或鼻子比我们扁一点的人那里夺过来，你把这事儿往深里看，就知道不那么漂亮。要说补偿，也就是个理念。是个支持这事的理念，可不是什么自作多情的借口，的确是理念哩；还有就是对这个理念的无我的相信——那是你真能树立的东西，能对它顶礼膜拜，对它供奉牺牲"。

回应这一类逻辑时发生了两件事。一是有竞争力的列强会对文化或文明命运发明一套自己的理论，用来对他们的海外行动自圆其说。英国有英国的理论，德国有，比利时有，当然在彰显的命运概念下美国也有。这些施行救赎的理念使得竞争和冲突的行径变得冠冕堂皇，而它们的真正目的，一如康拉德颇为精准地看出，是自我扩张、权势、征服、财富以及放纵的自傲。我甚至会说如今我们叫作身份认同的话术，即一个人种或宗教或民族或文化群体的成员将这个族群置于世界的中心，就是从十九世纪末帝国主义争霸的时期衍生的。而它又反过来刺激着很明显占据亨廷顿文章中心的"敌对的各个世界"的概念。在H.G.威尔斯的寓言故事《世界之战》(*The War of the Worlds*)中，此概念获得最惊悚的未来主义应用，记得是将此概念扩大到包括了这个世界和一个遥远的星际世界之间的一场战争。在政治经济学、地理学、人类学和史学等有关领域，这套理论，即每个"世界"是自我封闭的，有其自定的边界和特殊地盘，被用在世界地图、文明结构、以及每个种族有其特定命运、心理、精神等等概念，不一而足。所有这一切观念都不是基于各个世界之间的和谐共处而是基于各个世界之间的矛盾和冲突，几乎无一例外。这在古斯塔夫·勒庞（Gustave LeBon）的著作（试比较《觉醒的世界》[*The World in Revolt*]）和那些相对已被遗忘的著作如F.S.马文（Marvin）的《西方种族和世界》(*Western Races and the World*，1922)以及乔治·亨利·莱恩·福克斯·皮特–里弗斯（George Henry Lane Fox Pitt-Rivers）的《文化的碰撞和种族的接触》(*The Clash of Culture and the Contact of Races*，1927)中可以看得很清楚。

发生的第二件事是，如亨廷顿本人也承认的那样，所谓重要性较低的民族，帝国主义注视的对象，是在以抵抗手段回应着武力操控和殖民。我们现在知道，在阿尔及利亚、东非、印度和其他地方，白人踏足这些土地的那一刻，积极的原始抵抗就开始了。其后，原始抵抗被第二级抵抗，即有组织的政治和文化运动接续，决意从帝国主义控制走向独立和解放。正是在十九世纪那套文明自我辩护的话术开始在欧洲和美国列强中传播之际，殖民地人民回应的话术，一种关于非洲或亚洲或阿拉伯等民族统一、独立和自决的语言也在发展。比如在印度，1880年组织了国大党，至世纪之交，印度的精英已经相信唯有支持印度人的语言、工业和商业，政治上的自由才有可能到来；这些是我们的，只有我们才拥有，这套话语的论点是，只有支持我们的世界，与他们的世界作斗争——注意此处建构出来的"我们"与"他们"——我们才能最终站稳脚跟。在现代日本的明治维新中起作用的亦属于相似的逻辑。这一类大同小异的归属话术也深藏在每场民族主义独立运动中心，二战结束后不久，它就大获成功，不但瓦解了传统的帝国，而且许许多多国家从此赢得了独立。印度、印度尼西亚、大部分阿拉伯国家、印度支那诸国、阿尔及利亚、肯尼亚，等等：所有这些国家有些和平地站上了世界舞台，有些则作为内部发展的结果（如在日本的例子中），丑恶的殖民地战争的结果，或民族解放战争的结果。

在殖民的和后殖民的语境下，有关一般文化或文明特征的话术朝着两种潜在方向发展，一种是乌托邦类型，坚持总体的整合模式和各民族间的和谐，另一种类型则认为所有文明实际上都是特殊的、猜忌的、一神论的，因此也是排他的、与其他所有文明为敌的。第一类的案例代表是联合国的语言和机构，该组织在二战余波中成立，而联合国后续发展中针对世界政府的各种尝试都建立在共存、主权的自愿限制以及各民族和文化的和谐整合的基础上。第二类例子则见于冷战的理论和实践，而更晚近的例子就是文明冲突论，认为对一个由诸多不同部分组成的世界而言，冲突即使不是必然发生，也是确定发生的。根据这一派观点，文化和文明基本是相互分离的。我在这里不想因厚此薄彼而招致骂名。在伊斯兰世界重新出现了一种强调伊斯兰和西方势不两立的话术和运动，而在非洲、欧洲、亚洲和其他地方也出现了一些运动，强调有必要将特定的异族排斥为不受欢迎的人。白人种族隔离过去在南非是这样一种运动，现在则分别有在非洲出现的非洲中心主义以及在美国出现的完全独立的西方文明。

文明冲突论这段短暂的文化史观的关键在于，亨廷顿这一类人正是这一历史的产物并在他们的书写中被历史塑造。而且用以描述冲突的语言是与权力考虑的问题交织在一起的：有权有势者利用冲突的语言保护他们之所有和他们之所为，无权者或权力较少者则利用它获得平等、独立或一种相对于统治权力的优势。因此围绕"我们相对于他们"这种说法搭建一个概念上的框架，效用上看似主要来自认识论的和自然的因素——我们的文明为人周知并接纳，他们的文明不同且陌生——但真正将我们和他们区隔开来的框架，却与交战状态的、结构的、形势的因素有关。在每个文明阵营内部，我们都会注意到他们的官方代表，那是些把自己变成该文化或文明喉舌的人，以及让自己扮演阐释"我们的"本质（或因事而论"他们的"本质）角色的人。这总是会使相当数量的压缩、还原、夸大成为必要手段。因而在最初和直接的层面上，关于"我们的"文化或文明是什么或应该是什么，肯定牵涉对于定义的争夺。这对于亨廷顿当然也成立，他写这篇论文正值美国历史上对西方文明的定义本身出现大量混淆之时。记得美国许多大学校园在过去数十年间都受到何为西方文明的经典，以什么为教科书，哪些书该读或不该读、该包括或以其他形式给予关注等等产生的巨大分歧困扰。像斯坦福和哥伦比亚这样的大学对此问题展开辩论，不仅因为惯常的学术关注需要，还因为西方的定义，因而也是美国的定义，都处于风雨飘摇中。

任何人，只要对文化如何起作用这件事有少许了解，都知道定义一种文化，言明这种文化对于它的成员是什么，永远是一个重大的民主争议，甚至在非民主的社会也是如此。经典的权威被推举出来并常常修改、辩论、重新遴选或抛弃。根据实际需要，善与恶的观念、有或没有归属感（相同与不同）、价值排序等的确定、讨论、再讨论、决定或推翻，都会发生。此外每一种文化都会定义它的敌人、它不包含的东西以及对它造成威胁的东西。始于希罗多德的希腊人，谁不说希腊语，谁就自动成为野蛮人，成为一个遭唾弃和反对的"他者"。法国古典学家弗朗索瓦·哈托格（François Hartog）最近写的优秀作品《希罗多德之镜》（*The Mirror of Herodotus*），就展现了希罗多德如何处心积虑、不厌其烦地着手建构一个野蛮人的他者西徐亚人（Scythians），甚至比建构波斯人更用力。

官方的文化是教会、学院、国家的文化。它提供爱国主义、忠心、边界以及我称之为归属的种种定义。正是这种官方的文化以全体人民的名义言说，它表达普遍意志，普遍风貌和观念，包括官方过去保留的东西，开国元勋和各种文本，英雄和奸雄的名人堂，等等，但不包括过去异域的、不同的或不受欢迎的东西。这里有各种可说与不可说的定义，各种禁忌和褫夺，这些对于有权威把持的任何文化都是必然存在的。

在主流的、官方的或经典的文化之外，也存在包含许多反权威品质的、与官方文化相抗衡的异见、另类、非正统的文化。这些可称之为反文化，集各种局外人——穷人、移民、不羁的文人、工人、叛逆者、艺术家有关的实践之大成。从反文化又发展出对权威的批判以及对官方和正统性的抨击。当代阿拉伯伟大诗人阿多尼斯写过阿拉伯文化中关于正统和非正统关系的大量记述，显示了它们之间经常的对立和张力。如果不能体会此类从非官方向官方展示创造性挑衅的恒在源泉，任何文化都难以理解；忽略各个文化内部这种躁动不安的感受，臆断文化和身份之间完全同质，失去的其实是活力和丰赡。

在美国，关于什么是美国人的辩论也经历了好几次转型甚至是夸张的移位。我长大的时期，西方电影还在将其称为"红印第安人"的北美原住民描绘为恶魔，要将他们赶尽杀绝或驯服，至于他们在一般文化还有什么功能的话——无论电影还是研究历史的作品——也只是白人文明进程中的一个陪衬。如今这个观点已经完全改变。北美原住民在这个国家的西化过程中是受害者，而非坏人。对于哥伦布的地位甚至都有变化。戏剧化反转最明显的是对非洲裔美国人和妇女的刻画。托妮·莫里森评论道，在美国经典文学中一直有一种对白色人种的执迷，梅尔维尔的《白鲸》和坡的亚瑟·戈登·皮姆都是雄辩的证明。然而她说，塑造我们现在所熟悉的美国文学正典的十九和二十世纪主要男性和白人作家在创作他们的作品时，是将白人属性作为一种手段，在我们的社会中对非洲裔的存在采取一种回避的、遮蔽的、视而不见的态度。托妮·莫里森的小说写作和批评写作如此杰出和成功的事实本身，正强调了从梅尔维尔和海明威的世界向杜波依斯（Du Bois）、鲍德温、兰斯顿·休斯（Langston Hughes）、托妮·莫里森的世界变动的程度。哪一种眼光才是真正美国的呢？谁能认领代表和定义美国的权利呢？这个问题很复杂，也极有意思，但整件事不能简单化约为几句陈腔滥调。

牵涉对象为一个文明的定义这类文化争论的诸种困难中，最近一个观点可见于亚瑟·施莱辛格的一本小书《美国的分裂》(*The Disuniting of America*)。不难理解施莱辛格作为主流历史学家，面对美国新兴群体和移民群体就官方的、一元化的美国寓言——由这个国家杰出的经典历史学家如班克罗夫特（Bancroft）、亨利·亚当斯，以及晚近的理查德·霍夫斯塔德（Richard Hofstadter）等作为代表——提出争议这件事本身感到不安。新兴群体认为历史写作不仅应该反映由贵族和地主设想和统治的美国，还应该反映奴隶、仆役、劳工、贫穷的移民起了重要作用但不被承认的美国。这些人的故事，之前被迫在以华盛顿、纽约投资银行、新英格兰地区学府、中西部大企业命脉等为资源的宏大话语中禁音，渐渐打断了缓慢推进和从容不迫的官方故事。他们提出问题，插入社会不幸者的经历，为实在的弱势群体——妇女、亚裔和非裔美国人、其他各种族裔和性取向的少数群体——主张权利。人们是否同意施莱辛格的"内心呼号"姑且不论，他们不会不同意他潜在的命题，即历史的书写是通向如何定义一个国家的捷径，而一个社会的身份特征在很大程度上是历史解释的一个功能，历史解释则充满争议不断的权利主张和反权利主张。今日的美国就处于这种紧张的局势。

今日的伊斯兰世界内部也存在相似的辩论，在一片声嘶力竭地强烈抗议伊斯兰威胁的情况下，伊斯兰的原教旨主义，以及人们在西方媒体中经常看到的恐怖主义，却通常完全不知所踪。如同世界上任何其他主要文化，伊斯兰本身囊括了种类数量惊人的流派和相反的流派，对于那些倾向将伊斯兰看作恐怖和敌意的对象的东方学者来说，或对于不懂伊斯兰各种语言或相关历史、却又满足于依靠从十世纪起就盘踞在西方思维中固有的刻板印象的记者来说，上述流派中的大部分都是无法辨识的。今日的伊朗——已经变成了美国一个政治上的机会主义者攻击的目标——正在就关于法律、自由、个人责任、传统等话题经历非常积极而艰苦的辩论过程，西方的记者却没有对此进行报道。很多富有魅力的演讲人和知识分子——神职人员和非神职人员都有——继承了沙里亚蒂（Shariati）的传统，挑战各种权力中心和免责的传统势力，而且看来取得了很广泛的成功。在埃及，两宗牵涉宗教侵入性干预的重要民事案件，一宗关于一位知识分子的生活，另一宗关于一位著名电影制作人的生活，均以对传统势力的胜诉告终（纳西尔·阿布·扎伊德［Nasir Abu Zeid］案和尤素福·沙欣［Yousef Chahine］案）。我本人也在最近一本书中（《流离失所的政治》，1994）提出，与西方媒体用还原论方法刻画的伊斯兰原教旨主义高涨的状态不同，世俗社会对伊斯兰原教旨主义其实是有大量反对声音的，这表现为在法律、个人行为、政治决策等等事务中，存在各式各样的争夺"圣训"（sunnah）解释权的形式。此外，我们常常忘记像哈马斯和伊斯兰圣战等运动主要是针对巴解组织投降主义策略的运动，以及调动人们对以色列侵占行径、强征土地等等的抵抗意愿。

令我意外且的确引发不安的，是亨廷顿在文章中没有一处言及他意识到这些复杂争端的存在，或他认识到一个文明的本质和身份特征从来都不是不能被本文明中每个成员质疑的金科玉律。过去几十年完全不能说冷战就是定义的界限，相反我认为无论东方还是西方，正是遍布各地对古老权威的质问和怀疑的态度形成了战后世界的特征。在白人殖民者离开后的年代，民族主义和去殖民化通过令全部人口考虑自己的民族性来强行解决问题。比如现今阿尔及利亚成了伊斯兰主义者和一个衰朽而名誉扫地的政府之间发生流血冲突的战场，在那里辩论演变为暴力形式。但那是真实存在的辩论和激烈对抗。1962年打败法国人后，阿尔及利亚民族解放阵线（FLN）宣布自己是新解放的阿尔及利亚人、阿拉伯人和穆斯林身份特征的使者。在该地的现代历史上，阿拉伯语第一次成为教学用语，国家社会主义成为其政治信条，不结盟成为其外事姿态。但在把自己作为一党制代表来实施这一切的过程中，民族解放阵线慢慢演变为一个庞大而颟顸无能的官僚体系，它的经济枯萎，领导人在尾大不掉的寡头政治职位中停滞不前。反对派不但从穆斯林神职人员和领导人中诞生，而且也从少数民族柏柏尔人（Berber）中诞生，后者曾经埋没在设想为单一阿尔及利亚人身份特征的万能话语里。过去几年的政治危机于是代表一种几条阵线同时对权力、对决定阿尔及利亚人身份特征权利的开展争夺，包括什么属于伊斯兰以及哪一种类型的伊斯兰、国民是什么、阿拉伯人和柏柏尔人是什么，等等。

在亨廷顿看来，他称之为"文明特征"的东西是固定和不变的，就像你屋子里一房间的家具。这极不符合事实，不但在伊斯兰世界中完全不是这样，纵观整个地球表面都不是这样。强调各种文化和文明中的差异部分——顺便提一下，我发现他对"文化"和"文明"这两个词的使用非常不严谨，恰恰因为对他来说这两个词代表的是一成不变和物化的对象，而不是动态的、永远处于跌宕起伏中的事物，如它们真实所示——意味着完全无视在那些文明内部，包括不同的"西方"文明内部，实际存在永无休止的关于定义文化或文明的辩论或竞争（取这两个词中更活跃和有能量的部分）。这些辩论完全削弱了一种固定身份特征的观念，也因此削弱了不同身份特征之间关系的观念，亨廷顿将身份特征之间的关系认为是政治存在的某种本体论的事实，即文明的冲突。你不必成为研究中国、日本、韩国、印度的专家才明白个中原理。我先前提到的美国人的例子就能说明。还可以举德国人的例子，在这个例子中，自二战结束就一直存在对德国文化的实质究竟是什么的大辩论，发展到讨论纳粹主义是否能逻辑地从其文化核心中推导出来，或它只不过是一次偏逸常轨。

但身份特征问题甚至不止于此。在文化和修辞风格的研究领域，最近一系列的发现和进展给我们更清晰的省察力，不仅看到文化特征中竞争的、动态的性质，而且深入了解身份特征这个概念本身涉及的幻想、操纵、发明、建构的范围。在七十年代，海登·怀特出版了一本影响力巨大的著作《元史学》(*Metahistory*)。该书研究了几位十九世纪历史学人，其中有马克思、米什莱（Michelet）和尼采，研究他们如何依靠一种或一系列比喻（修辞格）决定他们历史眼光的本质。以马克思为例，他的写作就致力于一种特殊的诗性，这种诗性使他得以按照一套特殊的叙事模式去理解历史中进步和异化的本质，强调社会中形式和实体的差异。怀特对马克思和其他历史学人极度严谨而出色的分析的关键,是他向我们展示理解这些人的历史观的方式不是去套一个"真实"标准,而是看他们内在的修辞风格和话语策略是如何运作的。托克维尔或克罗齐或马克思的观点依凭这些修辞风格和话语策略形成实际的运作系统,不是依凭我们所说现实世界的外部来源。

怀特著作的作用,以及米歇尔·福柯研究的作用,是让注意力从自然社会能提供的可证实的观念存在中抽离,去聚焦到作家使用的某种特别语言,而这种语言恰塑造了作家眼光的成分。冲突的这个观念就是例子,它并不来自世界上的真实冲突,而是来自亨廷顿的行文策略,反过来他的行文策略又依赖一种我叫作管理用诗学的东西,它假定存在叫作"文明"的以比喻意象来定义的稳固实体,作家可以继续从中以感情操控,诸如"新月形的伊斯兰阵营,从非洲鼓出的部分到亚洲腹地,有一道血色的边界"这一类话。我并不是说亨廷顿的语言诉诸情绪且不应如此,而是它自我揭示为这种状况,用一种如海登·怀特所分析的整个语言都在行使诗学手段的功能。从亨廷顿的语言中显见的,是他使用比喻言辞的方法,强化"我们的"世界——正常的、公认的、熟悉的、符合逻辑的——与其他世界的距离,比如在特别惹眼的伊斯兰世界的例子中,就是血色的边界、鼓出的外形,等等。这与其说是代表亨廷顿的分析,不如说是一系列的裁定,如我前述,生造出他在论文中发现并指向的冲突本身。

过分关注管理和澄清不同文化冲突,会抹杀不同文化之间大量的、常常是无声的交流与对话。如今哪一种文化——不论日本、阿拉伯、欧洲、韩国、中国或印度——没有与其他文化经历长期的、密切的、内容极为丰富的接触?这种交流毫无例外。人们希望冲突管理者不如将注意力放在理解不同音乐混合这件事的意义上,比方说,奥利维埃·梅西安(Olivier Messiaen)或武满彻(Toru Takemitsu)的音乐作品。尽管有各种实力和影响力都极为强悍的国族流派,但当代音乐中最令人印象深刻的,是没有人能够在任何一种音乐周围划一条界限;文化本身最自然的状态也常常是它们与另一种文化结为伙伴关系的时候,一如在音乐中，人们对其他社会和大洲的各类音乐发展也有着惊人的接受度。文学的例子亦然，比如加西亚·马尔克斯、马哈福兹（Mahfuz）和大江健三郎的读者都远远超越了语言和民族强行赋予的界限而存在。在我的本行比较文学，对不同文学之间的关系、对它们的和解与和谐，是要有一种认识论上的承诺的，无论它们之间是否横亘着强大的意识形态和国族的障碍。如果一个人活在宣称文化冲突至死的话语中，这类合作的、集体的事业就告缺失。而在所有的现代社会中，都有一些学者、艺术家、音乐家、先知和具远见卓识之人，他们毕生的奉献就是努力接受"他者"——其他看似与他们有着天壤之别的社会和文化。我们立刻想到李约瑟（Joseph Needham）毕生对中国的研究，或在法国，路易·马西农在伊斯兰中的朝圣。我认为除非我们强调和放大合作与人文交流的精神——我所指的合作交流不是追求简单而没有知识含量的快乐，或追求猎奇的业余爱好，而是站在其他文化立场上进行深刻的、存在层面上的工作和付出，否则我们最后就会陷入"我们"文化的肤浅和刺耳的鼓噪，与所有其他文化对立。

近期另外两个文化分析的重要作品也与此话题相关。在特伦斯·兰杰和埃里克·霍布斯鲍姆这两位称得上当代最优秀的历史学家编辑的《传统的发明》论文集中，几位作者认为传统并不是传承的智慧和实践这一类不可撼动的秩序，而常常是在诸如家庭、村落、部族等有机组织的团结消解时，大型社会为创造身份认同感而发明出来的一套实践和信念。因此十九世纪和二十世纪对传统的强调是统治者能够声称拥有合法性的一种途径，即便合法性或多或少是制造出来的。在印度有一个很能说明问题的例子，英国人为庆祝维多利亚女王1872年接受印度女皇的头衔，发明了一组声势浩大的仪式。通过这组仪式，也就是说通过宣扬印度王公贵族聚会纪念这类事件，或大型游行队列朝觐已有悠久历史，英国人便能为女王的统治找到一种事实上不存在的血统标志、但终究作为被发明的传统的形式而存世。在另一种背景下，运动会的仪式，比如较近代才出现的足球赛，被认为是一个体育活动古老庆典的高潮，尽管事实上它们只是娱乐为数众多的人的近代方式。所有这些的关键都在于大量过去认为早已是停当的事实，或传统，被揭露出只是一种此时此地以大众消费为目的的虚构。

满口只说文明冲突的人对这种可能性毫无感知。在他们眼中，文化和文明无论怎样变化、发展、倒退、消失，都会神秘而牢固地依附于其特征，这种特征本质仿佛是刻在石头里的，仿佛天地间有一种共识，都同意亨廷顿在他论文开始假设的那六种文明。我的论点是，不存在这种共识，或说即便存在，也经不起类似霍布斯鲍姆和兰杰提供这样的分析所给予的推敲审视。所以在阅读文明的冲突中，我们不太会同意冲突的分析，而更可能会提问，为什么要将文明捆绑在一个这么无法改变的信条之上，为什么它们的关系要描述为一种根本冲突的关系，而它们之间的相互借鉴和重合部分不能是更有意味和更重要的特征？

最后，我第三个文化分析的例子告诉我们是有大量可能忽视成功交配和混合的证据，基于回忆去实际创造一种文明并将此创造转化为僵化的定义。《黑色雅典娜》（*Black Athena*）的作者，康奈尔大学的政治学家马丁·贝尔纳（Martin Bernal）认为我们今天关于古典希腊的概念完全不符合那个时期的希腊作者们所表述的情况。自十九世纪初以来，欧洲人和美国人伴随着一幅阿提卡文化的和谐与优雅的理想化画面发展壮大，将雅典想象为如柏拉图和亚里士多德这些启蒙的西方哲人传授智慧的场所、民主的滥觞，而且在任何可能的重要意义上，那里占支配地位的是一套完全有别于亚洲或非洲的西方生活模式。但准确阅读为数甚众的古代作家，会注意到他们中许多人评述过阿提卡文化中存在的闪米特和非洲的元素。贝尔纳更进一步巧妙运用大量资料展示，希腊最初是非洲——更具体即埃及——的一个聚居群落，腓尼基和犹太商人、水手和教师占据了我们今天谓之古典希腊文化的大部分，贝尔纳因此将古典希腊文化看作非洲人、闪米特人和其后来自北方的各种势力的一个融合体。

在《黑色雅典娜》最有说服力的部分，贝尔纳继续展示随着欧洲人、特别是德意志人的崛起，民族主义这幅原来一直到十八世纪都以混合的阿提卡希腊存世的图画，如何逐渐被擦除所有非雅利安元素，如同很多年后纳粹分子决定将那些认定为非德意志的、非雅利安的作者的书籍烧毁和禁售。这样,原本为来自南方——即非洲——的侵入性产物,事实上也的确如此,古典希腊一步一步演化为来自北方雅利安的侵入性产物。那些棘手的非欧洲元素被如数清洗后,希腊就站在了西方自我定义——无疑是某种对自己有利的计策——中发祥地的位置,是温文尔雅的源泉。贝尔纳强调的原则是变更世系、王朝、血脉、先人等以适应一个后续年代政治需要到什么样的程度。就这个自创雅利安欧洲白人文明产生的不幸后果的例子而言,我们都已经很信服了。

在我看来,关于宣扬文明冲突论者的更大问题,是我们现在认作历史学家和文化分析家的人偏偏会完全忘记这些文化本身定义如此具有争议。我们不应该接受文明仅仅等同于它们自身这种天真得不可思议和蓄意以还原论方法设立的概念,而必须追问何种文明是由何种人为何种理由属意、创立和定义的。晚近历史中这样的例子层出不穷,维护犹太-基督教价值观迫切成为镇压不同意见或非流行观点的工具,让我们被动地推断"每个人"都熟知这些价值观是什么,它们本意是如何解释的,它们在社会中如何能够推行或不能推行。

很多阿拉伯人可能会说他们的文明的确是伊斯兰,但也如一些西方人——澳大利亚人和加拿大人和某些美国人——可能不想被囊括在"西方人"这样一个庞大而定义含糊的类别中。当一个像亨廷顿这样的人论及想当然地存在每一种文化中的"共同客观因素",他把分析的和历史的世界都一并置之脑后,只愿意在某些大而终无意义的类别内部寻找避难。

我在我的几本书中都提到,在当今的欧洲和美国,被描述为"伊斯兰"的东西属于东方主义的话语,一种人为营造的建构,用于激发对世界一部分地区的敌意和嫌恶之情,这个地区恰巧因其石油、其带威胁性地毗邻基督教世界、其与西方相争的顽强历史而具有战略上的重要地位。然而,对于生活在这个领域中的穆斯林来说,真正的伊斯兰与这种描述不是同一件事。印度尼西亚的伊斯兰和埃及的伊斯兰简直是两个世界。出于同样原因,在今日埃及,争夺伊斯兰意义的此消彼长非常明显，埃及社会的世俗势力与各种伊斯兰抗议运动以及对伊斯兰本质进行改革的人冲突不断。在这种情况下，最便捷、最不精准的事情莫过于说：看看他们全都是恐怖分子和原教旨主义者，再看看他们和我们多么的不同，那就是伊斯兰世界。

但文明冲突论真正薄弱的部分是在各个文明中那种想象的刻板区隔，全然不顾大量事实证明今日世界的确是一个混合的世界、移民的世界、跨越的世界。对法、英、美诸国产生影响的重大危机之一，就是大家都渐渐明白所有文化或社会都不是一个纯粹的事物。有一定规模的少数族裔——法国的北非人，英国的非洲裔、加勒比族裔和印度裔人口，美国的亚洲和非洲元素——都在对一种观念展开争论，即以同质性为荣的文明是否还能继续坚持下去。世上不存在绝缘的文化或文明。任何意在将文明分离为如亨廷顿指称的密闭空间都损害了它们的品系，它们的多样性，它们各种元素的绝对复杂性，它们根本的杂交性。我们对各种文化和文明的分离越执着，我们对关于我们和其他人的认知就越不准确。一种排他性文明的概念在我的思维方式中是不可能的。真正的问题其实是我们是否愿为独立不相连接的文明效力，或我们是否应该走一条更综合多样、也许更艰难的道路，尝试将这些文明视作一个巨大整体的部分，人们不可能精确把握它们的边际线，但它们的特定生存状况是我们可以直觉地意会和感知的。无论如何，多年以来一些政治学者、经济学者和文化分析学者不断谈论一体化的世界体系，诚然这大部分关乎经济，但它仍是相互交织的，超越了亨廷顿如此仓促而轻率地认定的很多冲突。

亨廷顿令人惊讶地忽略的，是文献中常常引用的资本全球化现象。1980年，威利·勃兰特（Willy Brandt）和一些同事出版了《南北：生存计划》(*North-South: A Program for Survival*) 一书。这些作者提出现时世界被划分为两个极不均衡的区域：一个是包括主要的欧洲、美洲和亚洲有实力的经济体组成的小部分工业化的北方，另一个是广袤的南方，成员为前第三世界加上大量新出现的极度贫穷的国家。未来世界的政治问题是如何想象彼此的关系，因为北方会越来越富有，南方会越来越贫困，而世界会越来越相互依赖。让我引用一段杜克大学政治学家阿里夫·迪厄里克（Arif Dirlik）论文中的论述，这段话涉及亨廷顿谈到的很多方面，但谈论的方式更准确，也更有说服力：

> 全球资本主义营造的局面有助于解释过去二三十年间，尤其是自八十年代以来某些日益明显的现象：各种人口在全球范围的流动（因此也是文化的流动）；边界的弱化（包括社会的边界和社会类别的边界）；社会内部不平等和不一致的复制，这种不平等过去是与社会内和跨越社会间的殖民差异、同步匀质化和碎片化联系在一起的；全球与地方的相互渗透；根据三个世界或民族国家术语构想出来的整个世界的瓦解。这些现象中有几个也促进了社会内和跨越社会间差异均衡化的出现，以及社会内和社会之间民主化的出现。具有讽刺意味的是，这种世界局势的管理者本身就承认他们（或他们的组织机构）现在有权力将本地资金调拨到全球使用，将不同文化纳入资本的王国（为的是破坏文化然后按照生产和消费的需要重新塑造它们），甚至跨越国家边界重新建构主体，创造一批更能响应资本运作的生产者和消费者。那些无法响应之人，或那些对于资本运作无足轻重的"废人"——按经理们的估算这些人占全球人口的五分之四——都不需要去殖民；他们径直就被边缘化了。新型的灵活生产能够做的，是不再需要运用明白的胁迫手法去对付国内或海外殖民地的劳动力。那些对资本的需求（或要求）不响应，或条件太差不能"有效地"响应的人口或地区，会发现他们直接就出局了。而且这一招据信比殖民主义或现代化全盛期理论甚至来得更容易：都是他们自己的错。（《批评探索》1994冬季号，351）

鉴于这些令人郁闷又或令人警醒的现实，我的确觉得，在欧洲和美国的我们如果以牵制其他文明来维持我们的文明不啻鸵鸟政策，只会为了延长我们的支配而不断加深民族间的裂痕。实际上这就是亨廷顿坚持的，人们不难理解他的论文何以发表在《外交事务》期刊上，何以有这么多决策人接受他的观点,任由美国将冷战思维带入一个不同的时代并培养一批新的受众。较之更有成效和益处的,是一种新的全球心态,站在全人类的立场看待我们面临的危险。这些危险包括全球多数人口的贫困化;在地区、民族、种族和宗教中煽动的有害情绪,如在波斯尼亚、卢旺达、黎巴嫩、车臣和其他地区出现的情况;读写能力的下降以及基于电子通信模式、电视以及新式全球信息高速通道的出现而产生的新的文盲;解放和启蒙等宏大叙事的碎片化和濒临消失。面对这种惨淡的传统和历史转型,我们最宝贵的财富是要涌现出一种共同体、理解、同情和希望之感,这与亨廷顿论文中诱发引发的情绪是截然对立的。请允许我在此摘录我近年出版的《文化与帝国主义》一书中引用过的马提尼克伟大诗人埃梅·塞泽尔的几行诗:

> 其实人的工作才刚刚开始
> 人类仍需克服一切
> 楔入他激情深处的禁制
>
> 而一切种族皆不可垄断美好,
> 垄断智慧,垄断力量,终有一处
> 是所有人的胜利会师之地。

这些诗句所蕴含的情愫开辟了清除文化壁垒之道,也消解了那种妨碍良性全球化的文明自傲,我们已经在一些方面看到了这种良性全球化的例子,如环境保护运动、科学合作、对人权的普世性关怀以及强调社区共同体和跨越种族、性别或阶级优势的共享精神等全球思维概念。因此在我看来,将文明的共同体退回到孤芳自赏的原始争斗阶段的种种做法,都不能理解为对这些文明实际作用的描述,它只会煽动造成损耗的冲突和无益的沙文主义。而这些恰恰是我们不需要的。

选自《关于流亡的思考》

19

作为知识分子的演技大师

（2000）

    事乖常径的加拿大钢琴家和知识分子格伦·古尔德（1932—1982）因对巴赫《哥德堡变奏曲》的诠释，也因他的钢琴演奏具有与贝内德蒂·米凯兰杰利、弗拉基米尔·霍洛维茨、毛里奇奥·波利尼等钢琴家齐名的精准清晰的非凡技巧而遐迩闻名。古尔德在公开场合的演奏风格独树一帜。在他每每售罄的音乐会演出中（这类演出他从1964年起就突然停止了，转而选择在录音棚的私密空间演奏），姿势是坐在一张低矮的琴凳上，眼睛和琴键几乎平齐。他的演出曲目也与传统大相径庭。有别于五十年代他的同辈演奏家更多演奏浪漫时期的曲目，古尔德却对巴洛克时期和现代作曲家情有独钟。他会选择瓦格纳、韦伯恩、理查德·斯特劳斯较为冷僻的键盘作品。但最重要的是他将自己的职业生涯建立在演奏巴赫作品上，如萨义德在本文中所评述的，古尔德将巴赫的作品演绎成并令人惊叹地转化为某种不仅是音乐的，而是知识分子的批评实践——这种批评实践，萨义德认为，对约束和窒息人类创造力的通行常规发出了挑战。

    音乐史上只有少数人物，只有寥寥无几的演奏家，堪与加拿大钢琴家、作曲家和知识分子格伦·古尔德在音乐界以外的丰富和复杂的声誉齐名，古尔德1982年因卒中去世，得年五十。人数之所以少，也许同古典音乐自身的世界（当然不包括音乐商业演出）与更大的文化环境之间日见扩大的隔阂有关，这种隔阂要远远大于比如文学界与绘画界、电影界、摄影界、舞蹈界之间的那种相当紧密的关系。如今，文学的或普通的知识分子极少拥有作为一门艺术的音乐的实际知识，也几乎没有演奏任何乐器或研习视唱练声或乐理的体验，除了购买唱片或收集几个如卡拉扬和卡拉斯（Callas）这样的名字外，在音乐的实际知识应用中——无论是鉴别一种演奏、诠释、风格与另一种之间关系的能力，还是辨识莫扎特、贝尔格和梅西安的和声与节奏的特色之间的差异——客观上都不具备保持一贯水准的某种文化素养。这一隔阂是很多因素的或然结果，包括音乐作为一门学科在通识教育中的式微，业余者演奏（钢琴或小提琴课程一度作为青少年成长时期的常规）的减少，以及接触当代音乐界的困难。考虑到所有这些情况，那么跳出脑际的就是几个重要的流行名字：当仁不让是贝多芬；莫扎特（多半因为萨尔茨堡和影片《莫扎特传》）；鲁宾斯坦（部分因电影，部分因他的双手和头发）；李斯特和帕格尼尼；自然还有瓦格纳；晚近的有皮埃尔·布列兹和利奥纳德·伯恩斯坦。或许还有其他一些人，如通常与歌剧和公众注意力有关的三大男高音，但即便是我们时代优秀的和重要的音乐人物，如艾略特·卡特（Elliott Carter）、丹尼尔·巴伦博伊姆、毛里齐奥·波利尼、哈里森·伯特威斯尔（Harrison Birtwistle）、利盖蒂·捷尔吉（György Ligeti）、奥利弗·克努森（Oliver Knussen），也是作为例外流传的，正因是例外，证明了现在音乐家不处于文化中心才是普遍规律，而享有如此声誉的音乐家理应是处于文化中心的。

关于古尔德的要点是，在他去世二十多年后，他似乎仍攫取着大众的想象力且未见消减。比如他是一部智识型专题片的拍摄对象，而在各种论文和虚构作品中他也多以乖违时常的方式出现，可见于乔伊·威廉斯（Joy Williams）的《鹰》("Hawk")，和托马斯·伯恩哈德（Thomas Bernhard）的《失败者》(*Der Untergeher*)。他制作的录音录像以及关于他的录音录像都不断面世与销售：他的第一张《哥德堡变奏曲》唱片被《留声机》杂志收录在世纪十佳唱片名单中，关于他作为钢琴家、作曲家和理论家的传记、研究和分析以稳定数量出现，这些作品在与专业媒体相对的主流媒体中获得相当的关注度。对于大多数人而言，他几乎就代表了巴赫，与卡萨尔斯（Casals）、史怀哲（Schweitzer）、兰多夫斯卡（Landowska）、卡尔·里希特（Karl Richter）、唐·库普曼（Ton Koopman）这样的卓越人物相比甚至更当之无愧。我认为我们值得花点时间来探索古尔德与巴赫的关系，力图理解他毕生与那位伟大的对位天才的联结如何建立一种奇特且颇堪玩味可塑的艺术空间，而这个空间是靠古尔德主要作为知识分子和演技大师营造的。

然则在这些反思中我不想忽略的，首先很重要的一点，是古尔德不仅在演奏家和名人的行为中，而且在他生活和作品似乎能够无止境激发的那类智性活动中，总能传播很高程度的愉悦。如我们将见到的，这部分由于他独特的精湛技艺的直接作用，我稍后试做阐释，部分也是这些作用产生的结果。古尔德与他同类型的其他大部分在手指弹奏上炫技的奇才不同，他的精湛技艺不是用来简单地给听众／观众留下深刻印象却最终令他们疏远，而是吸引受众靠拢，用的是激诱、打乱期待以及开创新的思维类型，这在很大程度上均基于他对巴赫音乐的解读。"新的思维类型"系梅纳德·所罗门（Maynard Solomon）对贝多芬在谱写第九交响曲的首创方法时所作的有分量的反思，我改而用之——意为不仅探索秩序，而且探索理解的新模式，借诺斯罗普·弗莱的语义，甚至是一种新的神话体系。古尔德作为一个二十世纪晚期现象的独特之处——他的活动时间，从五十年代中期到他1982年的离世，包括1964年离开音乐会平台以后——在于他几乎凭一己之力为艺术大师级演奏家（我相信他成年后终身都维持了这个水准）的活动开创了一份真正有挑战性的和复杂的智性内容，即我上文称之为理解的新模式。但我并不认为必须了解古尔德所做这一切才能欣赏他，正如许多人现仍非常欣赏他的那样；然而一个人越清楚理解他身为完全有别于寻常类型的知识分子演技大师的总体成就和使命的一般性质，这种成就即越显得令人瞩目地丰富。

回想演技大师在欧洲音乐生活中作为独立势力出现，是李斯特和帕格尼尼之后，并作为二位垂范的职业生涯的结果，此二位都是作曲家和神乎其技的器乐演奏家,在十九世纪中期的文化想象中担纲主要角色。他们主要的前辈、同辈和后辈——莫扎特、肖邦、舒曼乃至勃拉姆斯——本身都是重要的演奏家,但与他们作曲家的声望相比终归还是居于其次的。李斯特是他那个时代的最了不起的人物,但他的闻名主要是因为在独奏的舞台上被一众崇拜的、有时是不敢置信的人群观摩、景仰和赞叹,即便不说扣人心弦,也的确可说是一个极其引人注目的角色了。技艺大师,毕竟是资产阶级的造物,是新型自治的、世俗的和公民的表演空间的造物(音乐会和独奏大厅,公园以及特别建造的艺术宫殿,为的是完美陪衬新兴的演奏家而非作曲家),它们取代了曾经孕育了莫扎特、海顿、巴赫以及早年贝多芬的教堂、宫廷、私人宅邸。李斯特提倡的理念,是演奏家成为中产阶级付费民众惊叹的专业对象。这段历史的大部分都包含在詹姆斯·帕拉基拉斯(James Parakilas)编辑的《钢琴角色》(*Piano Roles*),一本关于钢琴和钢琴家历史的妙不可言的文集里。我在别处写过,我们去听身怀绝技的神童们表演的现代音乐厅,其实是一处绝壁,一种处于危险和兴奋边缘的场所,在那里,不作曲的演奏家受到出席活动的观众的致敬,我把这种活动叫作极致场合,既非寻常,又不能重复,虽说在一个密闭空间,却是一种充满潜在灾难和不断冒险的濒危体验。与此同时,到了二十世纪中,音乐会体验已经精细化和专业化,与日常生活产生了巨大疏离,不再是满足个人愉悦的乐器演奏活动,完全只和其他竞技的演奏家、票房、经纪、监制、出品人、以及越来越多有控制手段的唱片公司和媒体公司的执行官员这样稀薄人群的世界发生关系。古尔德既是这个世界的产物,又对这个世界发生反应。如果在他职业的关键时刻不能随时得到哥伦比亚唱片公司和斯坦威钢琴公司提供的服务,何况他的整个成年生活都与之合作的电话公司、音乐厅经理、才智出众的唱片出品人和工程师,乃至医疗网络,他就根本无法达到他现在的卓越程度。但他亦有一种超凡的天赋,在那个环境中出色地起作用,同时还能超越那个环境。

并无必要仔细琢磨令古尔德之所以是个极为古怪的人的特征:低矮的琴凳,口中发出的喃喃哼唱,手舞足蹈,在演奏过程中沉湎于不当的鬼脸扮相和指挥动作，就他不喜的作曲家如莫扎特说些莫名其妙的放肆话，而且的确有一套非常人所选的演奏曲目，包括巴赫和他认为特别的作曲家——如比才、瓦格纳、西贝柳斯、韦伯恩和理查德·斯特劳斯——人们并不广泛认为键盘是他们的首选工具。但绕不过去的事实是，自从古尔德录制发行了《哥德堡变奏曲》这张唱片，演技大师的历史就来到一个真正的新时期：他在公众面前显示他把对表演的完全掌控提升到一个空前的高度，亦可谓之另辟蹊径或偏离正道。使他成为更加显著的原创事件出现，是他在音乐史上没有知名的前人（能想到的是布索尼，但一旦人们看见或听见古尔德演奏，就很快并有理由放弃与那位意大利-德国的思想家和钢琴家作比较），不属于任何师承或国族流派，而演出过的曲目（例如伯德［Byrd］、斯韦林克［Sweelinck］和吉本斯［Gibbons］）以前从未被认为可以在钢琴独奏中作为备选曲目。除此之外，古尔德演奏人们熟知曲目时的极速灵活、紧张节奏、以及具有挑战意义的手法，加上他对赋格曲和夏空舞曲（chaconne）形式——完美体现在萨拉班德（sarabande）咏叹调和《哥德堡变奏曲》三十首变奏的曲目中——的核心依附，最初你至少看到一个完全出乎意料的奇才冒犯了一贯平静而被动的观众，这类观众已经对靠在椅背上仅仅等候奉上一份短暂晚餐的做法习以为常——他们就像在一个上好的餐厅里享受晚间服务的食客。古尔德1957年那张由卡拉扬指挥的贝多芬第三钢琴协奏曲的唱片中的几个小节，或他演奏赋格曲的影像中一两个场景，立刻告诉我们音乐会演技大师以外的某些尝试正在发生。还应该加一句，古尔德的钢琴家基本才能的确非常了得，当然可以与霍洛维茨的才能媲美，霍洛维茨似乎一直是古尔德认为他高估的那个钢琴家对手。论及表现手法的敏捷与清晰；演奏双手三度、双手八度、双手六度，以及半音模进的一种非凡天赋；雕琢得妙不可言的表情滑音，使钢琴听上去有大键琴的风采；在对位的谐和统一感中展示脉络完全透明的独特力量；在钢琴上对各种复杂的当代管弦乐、古典管弦乐和歌剧总谱进行即读即弹、记忆、演奏的无与伦比的能力（例如观看他对斯特劳斯歌剧中各声部和总体的演绎）；古尔德的确都处于一个非常非常高的地位，在技巧上很容易将他归入米凯兰杰利、霍洛维茨、巴伦博伊姆、波利尼、阿格里奇这些艺术家的水平。所以说人们能够边听古尔德边得到由老派或现代演技大师提供的某些同等的愉悦，即便我的要点是他总还有其他一些行为使他如此卓然地与众不同。

我不想在此再概述很多古尔德演奏的有趣报道和分析：我们有比如杰弗瑞·裴赞（Geoffrey Payzant）开创性研究的一个更新的版本；有彼得·奥斯特沃德（Peter Ostwald）关于古尔德演奏及情感生活中施虐受虐心理成分敏感的精神病学的论述；有凯文·巴扎纳（Kevin Bazzana）的《格伦·古尔德：创作中的演奏家》（*Glenn Gould: The Performer in the Work*）这一完整成熟的哲学和文化研究。此外，奥托·弗里德里克（Otto Friedrich）优秀的人物传记，也都绵密周至、明智忠实地刻画了古尔德超越演技大师的实践活动。而我所提示的，是将古尔德的创作置入一个特殊的知识分子批评传统中去解释，在此传统中，他对演技大师颇为自觉的重新规划和重新表述意在得出那些通常不是由演奏家追寻而是由仅使用语言的知识分子追寻的结论。换言之，古尔德在整体中的创作——人们不应该忘记他是个多产的作家，制作广播纪录片，还做自己录像的舞台监督——提供了一个艺术大师的样本，旨在超越表演和展示的狭隘范围而进入一个话语王国，在那里表演和展示呈现为一个关于知识分子解放和批评的内容，令人肃然起敬且与现代音乐会观众理解和接受的演奏审美在根本上是有抵牾的。

阿多诺关于听力退化的研究充分说明那样一些环境是何等缺乏创造性，他特别剖析了艺术大师（Meisterschaft）类型，以及在当代演奏实践中与音乐演技大师崇拜相关的支配优势。阿多诺发现这类演技大师在指挥家托斯卡尼尼的人物形象中颇具典型，他认为托斯卡尼尼是由某种现代企业创造的，它将音乐演奏压缩、控制、精简成声音，攫取听者的注意而不顾听者的意愿。我从收录于《声音画像》（*Klangfiguren*）中"艺术大师的征服力"（"The Mastery of the Maestro"）摘引下面一小段文字：

潜藏在他的自信态度背后是焦虑,哪怕他仅仅放弃了一秒钟的控制,听者也许就会厌烦这个表演,一走了之。这是一种与民众脱节的制度化票房理想,错误地看到自身有一种激发观众灵感的坚定能力。它对部分和全体之间的辩证关系造成困扰,而这种辩证关系正是运行在伟大音乐中的东西,也体现在各种出色的诠释里。反过来,我们从一开始就有整体的抽象概念,几乎像一幅画的素描,可以说是用音量在补笔,其短暂的雄壮感觉灌满了听者的耳朵,以致剥夺了它们自身恰当律动的细节。托斯卡尼尼的音乐性在某种意义上是视觉的,与时间不相容。赤裸的整体形式上装饰了些互不相干的刺激物,这个形式的塑造是为了更方便与文化产业结合的原子化的倾听。[1]

当然,古尔德于1964年在他职业巅峰放弃了音乐会舞台这件事,他多次说过,要逃避的就是这种人工作用和扭曲,与阿多诺尖锐反讽的描述异曲同工。古尔德的演奏风格处于全盛状态时,传达的是阿多诺所谓托斯卡尼尼原子的、枯竭的音乐性的反面,在某方面说来阿多诺对托斯卡尼尼的这种归类也有失公允,因托斯卡尼尼处理得最好的威尔第和贝多芬演出同样具有古尔德演奏巴赫的那种清澈和简练的相互联系。无论如何,古尔德避开了他认为那种典型的满足舞台呈现之需要的扭曲效果,即一个演奏家必须抓住剧院高层楼厅中听众的注意力并使之保持下去。所以他干脆逃离了舞台。但这种遁逃终向何处,古尔德自己认为他向何处去?还有,为什么巴赫的音乐对古尔德作为演技大师的知识分子轨迹来说具有如此举足轻重的地位?

回答这些问题前,我们先来看一下古尔德1964年11月对多伦多大学毕业生演讲中的一席话。他以忠告形式表达的此番说辞,我认为其实概括了他本人作为演奏音乐家的程式。他对年轻的毕业生说道,有必要认识音乐"是纯粹人工构建的系统思考的产物",人工这个词表达的不是否定的东西而是肯定的,"它[音乐]确实与某个正面相关",完全不是一种"可分析的商品",而是"从否定中切割,是一个微小的保障,抵御围绕在其四周否定的虚无"。他又继续说，我们应该心怀尊敬，即是说，在与系统作比较时认真考虑否定具有何等威严，新毕业生唯记这点，才能受益于"创意所依赖的发明补给，因为发明其实是从稳固安顿于系统中的某个位置谨慎地探索处于系统之外的否定"。[2]

考虑到各种不完美地运用隐喻之间带来的一定混淆，我们可能会对古尔德在此试图阐述的观念作出这样的破解：音乐是一种理性的、构建出来的系统；它是人工的，因为它是在人力所及的范围内构建的，而非天然的；它是对抗"否定"或对抗我们周围无处不在的无意义的某种断言；最重要的，它依靠创造发明作为冒险离开系统进入否定的某种东西（这是古尔德描述音乐以外的世界的方法），而后再回到由音乐表达的系统内。无论这一描述的其他意义是什么，它都不是由器乐演技大师主动提供的意料之中的职业忠告，那些演技大师也许更会给予的建议是勤学苦练，一丝不苟照足乐谱，诸如此类。古尔德正在做一件困难而在志向上出人意表的事，他要陈述一种信条，在思考音乐作为一种表达和解释的艺术中争取体现连贯、系统和创新。我们当记得他说这些事时，是与巴赫这种特殊类型的音乐密切接触了多年之后，在此同时他已经长久地、匝致地反复声明拒绝他称之为"纵向的"浪漫主义的音乐，这种音乐在他诚心作为职业音乐家出道时，就已成为高度商业化并被广泛接受的钢琴演奏保留曲目的主要内容，特点是风格主义的钢琴演奏效果，而这是他大部分的演奏（特别是演奏巴赫）都在极力避免的。此外，他不喜紧跟时代步伐，而偏爱过时的作曲家，比如理查德·斯特劳斯，他的兴趣落在借由他的演奏、并在演奏过程中制造一种引起陶醉的自由状态，他完全退出了常规的音乐会模式——所有这一切都对古尔德可以说是舞台之外非比寻常的演技大师功业添加了实质内容。

随着他在完全私密的录音工作室（晚上他就住在那里）不断创作，他弹奏风格的高纯度标志的确首先显现为传达了一种理性的连贯和系统的感觉，其次为了这个目的，它专注于演奏体现这种理想的巴赫的复调音乐。说起来，要理解巴赫（以及受巴赫理性主义强烈影响的十二音作曲体系的音乐）并使古尔德本人处于五十年代中期钢琴生涯奠基的地位,不像人们想象得那么容易;毕竟与他同一时期如范·克莱本(Van Cliburn)和弗拉基米尔·阿什肯纳齐(Vladimir Ashkenazy)等强劲的钢琴家声名如日中天,而且他们演奏音乐的巨大成功是伴随李斯特、肖邦和拉赫马尼诺夫等标准浪漫主义演奏曲目来达成的。对于一个年轻的、实际是地方的加拿大钢琴家,从出道起即放弃那种材料,放弃的就很多;我们还应记得不仅《哥德堡变奏曲》是不熟悉的音乐,而且巴赫的钢琴演奏本身亦是极为罕见的,在公共领域中演奏大多要么是与古物研究有关,要么是学校里的练习,而无奈的钢琴学生是不喜欢巴赫的,他们认为巴赫是个又难弹又"干巴巴"的作曲家,硬被老师作为训练强加于他们,没什么乐趣。古尔德在写巴赫时和演巴赫时向前推进得更深,他断言某种"终极的喜悦"包含在演奏时产生"再创作的丰沛的、铺张的努力"的成就中。我们在此应稍作停歇,试图理解古尔德1964年那些说辞和他在演奏巴赫时阐述的钢琴理念背后的推论,以及从一开始就选择巴赫的原因。

首先是复调网络本身,它以几个声部向外发散。在古尔德创作早期,他强调巴赫的键盘乐作品主要不是针对某一种乐器而作,而是针对几种乐器——管风琴,大键琴,钢琴——或不针对任何一种乐器而作,如在《赋格的艺术》中的情形。巴赫作品因此仿佛可以在显著拉开与时代精神(Zeitgeist)之仪式、常规、政治正确的距离的环境下被演奏,而古尔德当然在每个机遇对时代精神都是排斥的。其次,是巴赫在他自己时代作为作曲家和演奏家的声誉的事实,无论在回到古老教堂的形式和严格对位的规则,还是有时出奇现代地过分坚持作曲程式和半音的大胆运用,两者都是不合时宜的。古尔德很是刻意地以这些为基础,自我呈现为与惯常的独奏法则相抵牾:他的台风绝不墨守成规,他的演奏回到前浪漫主义的巴赫,而且在无装饰的、无惯用表达的、无钢琴术的音质中,以一种完全当代的方式尝试使乐音不成为消费主义的素材,而成为严格分析的素材。

阿多诺在1951年发表的一篇得到恰当称颂的文章——《巴赫防备着他的乐迷》——系统阐述了某些我此间提到古尔德关于隐藏在巴赫技巧

最核心的某种矛盾，即对位法之间的关联或结合，或曰"通过主观反思此间包含的乐旨动机构设而对既有主旋律素材进行分解"，之于"批量制造的出现，其本质在于将旧式手艺活动分化到其更小的组成行为。如果这导致素材生产的理性化，那么巴赫就是第一个令理性构造作品这个概念结晶的人。……他将他主要的器乐作品按他音乐理性化最重要的技术成就来命名，并不是偶然的。也许巴赫最深刻的真实是，迄今支配着资产阶级时代的社会风气在他身上不仅保存了下来，而且通过在意象中体现，与人性之声达成了和解，而在现实中人性之声是甫一发出就被这股风气扼杀的。"3

我认为古尔德未必读过阿多诺，甚至未必听说过他，但他们两人观点的偶合是很显著的。古尔德演奏的巴赫，具有一种深刻的——并常常是对抗的——特立独行主观性的风格变化，然而它的表现方式是矛盾的，听上去非常清晰，有种说教式的坚持，并且对位严格，不带任何虚饰。这两极在古尔德身上统一起来，有如阿多诺所言，它们在巴赫身上是统一的。"巴赫，作为最资深的通奏低音大师，同时又作为过时的复调音乐作曲家声明放弃服从时代风气［比如在莫扎特作品中体现的喜悦或轻快优雅风格］，一种他过去塑造的风气，目的是促使［音乐］达到其最深刻的真实，即主体在一个连贯的整体中向客观性的解放，而主体本身正是这个整体的源头。"（BDA142）①

巴赫的核心并不符合时代特征，它是过时的对位设计和现代理性主体的一种结合，而这种融合产生了阿多诺所说的"音乐的主体-客体乌托邦"。因此为了在演奏中体会巴赫的作品，意味着"音乐质地的完整丰富性，巴赫的力量之源的这种综合性，在演奏中必须放在一个突出位置，而不能受害于某种僵硬的、固定的单调性，那种忽略了应该体现和超越多重性的虚假的大一统外表"。（BDA145）阿多诺攻击当时对特有乐器的真实性弄虚作假这一点当然并不对每个人的胃口，但他有一点绝对正确，那就是坚持认为巴赫体现的创新和有影响力的手法不应该被浪

---

① BDA 数字为《巴赫防备着他的乐迷》原文页码，下同。——译注

费或退到"恚怨和蒙昧主义"的范围；阿多诺又说，对巴赫作品的"真正解释"是"对作品进行 X 光透视：其任务是在感官现象上阐释通过深度研究乐谱而得到实现的所有特征和相互关系的完整性……乐谱与作品永远都不会一模一样；忠于文本意味着不断努力领悟它藏匿的东西"。（BDA144）

在此定义下演奏巴赫既是披露也是增色，其间巴赫有一类特殊的发明创作被演奏者领悟，并以现代术语辩证地重新阐述。这类演奏的中心是古尔德令人赞叹的先见和对巴赫的创意几乎属于直觉的理解，就像在某种复调写作中展示的那样，同时在话语意义上呈现艺术鉴赏力和理解力这两个层面。为了对我的说法作一点简单的解释，我援引了劳伦斯·德雷福斯（Laurence Dreyfus）1996 年出版的《巴赫和创作模式》（*Bach and the Patterns of Invention*）一书中的研究。我认为德雷福斯率先在一个新层次上理解了巴赫的基本创作成就，其结果改变了我们对古尔德本人作为演奏家能够做的程度的鉴识。很遗憾德雷福斯研究中没有提到古尔德，因为他们二人的共同元素是"发明"这个词，巴赫本人也用过这个词，德雷福斯恰当地将它与修辞传统联系在一起，一直上溯到昆体良和西塞罗。拉丁语发明（inventio）有一层意思是重新发现和恢复，不是现在发明新的东西——比如像发明电灯泡或晶体管这样的用法。"发明"这个词古老的修辞学意义是论据的发现和阐释，在音乐王国中意味着找到一个主题并将它对位地发展，以便所有其可能性都被说明、表现、推敲。维柯也常用这个词，比如说在他的《新科学》中发明就是个关键的术语。他用它来描述天赋（ingenium），即能够将人类历史看作由足以成事的人类思维正在不断发展壮大的能力所制造的东西；因此对维柯来说，解释荷马的诗不应将其变成一个理性主义哲学家的贤明智慧，而应看作某种必然丰足精神在发明上的迸发，后世的解释者将他们自己放回那个荷马古早时期的迷雾和神话中，是能够有创造力地复原的。因此发明是创意的重复和不断经历的一种形式。

这种将解释和诗看作发明的观念可以通过审视巴赫复调音乐作曲的特殊品质赋予它一种音乐上的延伸。他的天赋异禀体现在他发明的赋格作曲法能够于一个主题提取其暗含的一切可能的排列与组合，通过精妙的练习，令其作为一个对象呈现给创作的头脑，一如荷马诗歌的素材，为充满技巧的演奏和发明之用。德雷福斯是这么说的：

> 与其将音乐结构设想为无意识的发展——一种艺术模型，假定为一种不受明确意图的人类行为掌控的自发创作——我更愿意强调可预期的、历史决定的方法，此方法中音乐被作曲家"深深影响"了。如果意在猜度巴赫率性而为，会令我们想象他的音乐没有什么必然的路径，只是在常规和制约可伸缩的情况下一种设计和修改思绪的音感结果……虽然的确在巴赫作品中部分和全体以一种常常是缺乏神来之笔的方式凝聚在一起……但我发现抽去音乐的"奇迹"其实是获益更多的……取而代之的是追寻巴赫的意愿，他遵奉某些律法为圭臬，但认为另一些可违逆，承认某些范围不受亵渎，另一些则拘于限制，判定某些技术富有成效，另一些则徒劳无功，赞佩某些理念值得尊崇，另一些则陈旧过时。总之，……捕捉了巴赫作为一位有思考力作曲家的分析。[4]

因此巴赫的天赋将自身转化为一种发明的能力，从一套早已存在的音符和一种无人具备如此才艺卓越运用的组合技术（ars combinatoria）中创造了一个新的艺术结构。允我在此就巴赫在《赋格的艺术》中所做的事再次引用德雷福斯：

> 从许多不同类型的赋格发明这个特别角度检视这些曲目，令人惊奇的是，在单主题作品的语境下，巴赫竟然从不关心提供这些亚属流派的"教科书"例子，包括它们可能想象的以一种有示范效用的、合理解释的秩序拟定每个作品的排列。他比较典型的做法反而是做出一套高度与众不同的作品，展示赋格的发明是如何在非常大的范围内可以通过追求和谐的顿悟来达成……这是《赋格的艺术》的乐曲常常不厌其烦地阻挠教学主导的定义赋格程式的原因，同时这些

乐曲又坚持将赋格程式的超自然状态作为一种最受灵感激励的发明的源头。[5]

简而言之，这正是古尔德选择演奏的那种类型的巴赫：一个长于思考的作曲家的曲目向某种长于思考的、有理解力的演技大师提供了一次机会，使其尝试以自己的独有方式解释和发明、或修订和重新思考，每次演奏对于速度、音质、节奏、色调、音品、乐句、声部引导和风格变化都是一种做决定的机会，上述各项从来不会盲目或自动重复较早前的决定，而是巨细靡遗地传递出一种对巴赫原本对位作品的重新发明和重新加工的意识。富有戏剧效果的是，观看古尔德的实际做派和将这一切付诸行动，在他钢琴弹奏之外又添加了一个维度。人们可以从他早年和晚年的《哥德堡变奏曲》演奏中看出很重要的一点——两场演出诡异地塑造了他的职业生涯，一场在他出道之初，一场在他生命晚期——借助并经由他自身的演技大师的炼成的途径，古尔德挖掘了作品中高度提纯的对位结构和夏空舞曲结构来宣布一种对巴赫创意发明的永不停止的探索。

此处古尔德似乎在努力充分实现一种延展的、持续的对位发明，即通过演奏揭露、论证、推敲，而不仅是简单呈现。因此他终其职业生涯都在坚持演奏行为本身必须从音乐厅中移除并植入录音工作室，因为在音乐厅，演奏被限制在无法调和的时间顺序和演奏的既定节目程序中，但在录音工作室，录音技术重要的"二次录音"（古尔德最喜爱的术语之一）能够在那个词最完整的修辞学意义上服从于发明的艺术（重复的发明，重复的录音）。

于是在其他现象之外，古尔德对巴赫的处理，比我们直到现在才开始意识到巴赫巨大而独特的天赋要提早了许多，人们看到巴赫的天赋自1750年他去世后迄今的两百五十年，培育了一个完整世代的艺术追随者，从莫扎特经肖邦到瓦格纳、勋伯格以近。古尔德的演奏风格，他的文字，以及他众多录像和录音印证了他对巴赫创造力深层结构的透彻理解，同时展示了他完全意识到作为演技大师的这个职业也应有一种严肃的智性和戏剧成分，即演奏巴赫以及在某种意义上由巴赫发明的其他作曲家时，是要将那种类型的作品传承下去。

我发现有一点尤其富有戏剧性，甚至有点辛酸，在某些重要场合（比如他的《哥德堡变奏曲》唱片衬套的短文）他会将巴赫这部重要作品，这部他选择以他自己的方式成就的作品，当作是一条有生殖力的根系，一种"行使父母责任的倾向"，一下从中繁衍出三十个变奏的孩子。古尔德本人令每个认识他的人，也令他的听众和他去世后的受众蓦然想起他是个茕茕孑立的形象，奉行独身，常有疑病症，诸多习惯上都乖俗一时，不喜欢过家庭生活这个表达的各种形容都符合他，聪明有脑筋，又不为人熟悉。几乎每一种意义古尔德都难以归类，无论是儿子、公民、钢琴家团体的成员、音乐家，还是思想家：他身上的一切都表明了一个在演奏中而不是常规住所里安身立命之人的那种离群索居的超脱，如果他还有一个住所的话。他对丰饶和有再生殖力的巴赫音乐的感受和他自己的那种无再生殖力的孤绝之间的差异，我认为通过他的演奏风格和他所演奏的内容，被极大地缓解而且已经克服了，无论风格还是内容都出于他决意的自我创造，并如巴赫的做法一样不按时代常理行事。在此，古尔德艺术造诣的戏剧效果显示他的演奏不仅传达了毋庸置疑的修辞风格，而且传达了某种特定类型的陈述论据，这是大部分音乐表演者所不愿尝试，或没有能力尝试的。我相信在专业分工的、反人性的原子化年代，这不亚于给出一个关于连续性、理性之智和艺术之美的论据。以一种独有的半即兴方式，古尔德的演技大师能力首先拓宽了演奏的局限，让正在演绎的音乐展现、提示、开启了主要乐旨的流动性、创作能量以及由作曲家和演奏家对它进行平等构建的思想进程。换言之，对古尔德而言，巴赫的音乐是理性系统浮现的一种原型，该系统的内在动力在于，不妨这么说，它被精心编排出来以坚决抵制围绕在我们周遭的否定和无序。而将它在钢琴上体现时，演奏家本人是与作曲家站在一起，而不是与消费大众站在一起的，它由演奏家的卓绝演技驱策，注意力与其说是放在演奏上，像一种被动地看到和听到的表现，毋宁说是放在理性活动上，以智性的方式，通过听觉和视觉传播给其他人。

古尔德演技大师的张力仍未解决：意思是说凭他演奏的怪诞，他并不企图以演奏本身取悦他的听众，或缩减演奏孤独神游的明晰和日常世界的惶惑之间的距离。但它们有意试图呈现的，是某个艺术类型的批评模式，既是理性的，同时也是愉悦的，这种艺术试图向我们展示，唯其有演奏，它的作曲仍作为一种活动得以继续进行。它达到的目的是扩展演奏家据以演奏的框架，并且——如知识分子应该做的那样——它详细说明了一个另类的论点，以替代风靡一时的传统作派，后者已经使人类精神丧失活力、去人性化并重新合理化。这不只是一个知识分子的成就，也是一个人文主义者的成就。而这正是为什么古尔德还在继续吸引和激励他的听众的缘由，它远胜过古尔德常常提及的那种电子乐的随心编玩，误导未来听众以为这是创意机会。

选自《论晚期风格》

20

巴伦博伊姆和瓦格纳禁忌

（2002）

《巴伦博伊姆和瓦格纳禁忌》作为一篇随笔收录在《平行与悖论：在音乐和社会中探寻》（2002）这本由萨义德和他的朋友、著名艺术大师丹尼尔·巴伦博伊姆合作完成的书后。本文的背景是关于巴伦博伊姆2001年7月作出的一个决定。2001年7月，巴伦博伊姆指挥柏林国家歌剧团在耶路撒冷总共进行了三场演出，其中有一场，他选了理查德·瓦格纳的歌剧《特里斯坦和伊索尔德》中的一小段作为返场曲目。巴伦博伊姆此举打破了在以色列长期形成的不演瓦格纳作品的一个禁忌，因瓦格纳作为作曲家，其音乐和歌剧渐渐变成象征大屠杀和德国反犹主义的历史。该场演出立刻引起争议，促发以色列议会的教育和文化委员会建议以色列文化机构一律抵制巴伦博伊姆，"因为他演奏了希特勒偏爱的作曲家的音乐……直到他道歉"。萨义德在这场演出后一个月写了这篇《巴伦博伊姆和瓦格纳禁忌》，审视了在文化抵制中文化和政治的复杂关系，以及这些关系对批判性理解的新形式发展所造成的挑战。

在以色列公开演出理查德·瓦格纳的音乐一直非正式地受到禁止，虽然他的音乐偶尔会在电台播出，以色列商店也能看到他的唱片。对许多以色列犹太人来说，瓦格纳的音乐——赡丽，极其繁复，在音乐世界产生过巨大影响——渐渐成为德国反犹主义恐怖事物象征。但就舞台和音乐而论，他的确是一位伟大天才。他在歌剧概念上引起了重大变革；他完全改变了调性音乐系统；他还提供了十部大师级杰作，这十部歌剧始终处于西方音乐巅峰作品之列。他不只对以色列犹太人，也是对每一个人提出挑战，即如何一方面欣赏和演奏他的音乐，另一方面将他的音乐与他令人反感的文字及纳粹的利用分开。诚如丹尼尔·巴伦博伊姆常常指出的那样，瓦格纳的歌剧中并无直接的反犹素材；更不避讳地说，他憎恨的、在小册子里写过的犹太人是完全不会以犹太人的身份或作为犹太人的角色出现在他的音乐作品里。许多批评家将瓦格纳在歌剧中对一些角色带有轻蔑和嘲弄的处理归罪为某种反犹表现；但这类指控只能作为反犹主义的归罪，并不是反犹主义的实例，虽说当时常见对犹太人的漫画式处理与贝克梅瑟这个出现在瓦格纳唯一一部喜剧《纽伦堡名歌手》中的可笑角色之间实际很相似。但贝克梅瑟在歌剧中是一个德国基督徒的角色，极不可能是犹太人。显然，瓦格纳对现实中的犹太人和他音乐中的犹太人作了区分，因为他在文字中对前者多有饶舌之处，对后者却保持沉默。

出于一致同意，在以色列因此没有上演过瓦格纳的作品，直到2001年7月7日。率柏林国家歌剧团到以色列巡回演出的丹尼尔·巴伦博伊姆，在耶路撒冷的连续三场音乐会中原本计划7月7日这一场演瓦格纳歌剧《女武神》第一幕，但被以色列艺术节的总监要求更换。巴伦博伊姆于是换上了舒曼和斯特拉文斯基的曲目，而在这些曲目演奏完毕，转向观众提议作为返场节目演奏一小段瓦格纳的《特里斯坦和伊索尔德》。他是开放给观众讨论的，人们随即有支持也有反对。最后巴伦博伊姆说他会演这一段，但说明那些感到被冒犯的人可以退场，有人的确离开了。大体上，瓦格纳这个片段仍受到约两千八百名着迷的以色列观众的欢迎，而我相信也一定是演得极好的。

然而此举引发了一股怒潮，对巴伦博伊姆的攻击持续了好几个月。报道说以色列议会文化和教育委员会7月25日"敦促以色列的文化机构对这个指挥发起抵制直到他道歉……因为该指挥在以色列重要的文化活动中演出了希特勒偏爱的作曲家的音乐"。文化部长和其他要人对巴伦博伊姆的攻击都十分恶毒,即使巴伦博伊姆向来将自己看作以色列人,尽管他生在阿根廷并在那里度过早年岁月。他在那里长大,就读于希伯来学校,持有以色列和阿根廷护照。而且他很久以来在以色列的音乐生活中都是一个核心人物,被认为是国家重要文化财富,无论事实上他从十几岁始即主要生活在欧洲和美国。这大部分是因为他的工作,使他能不断在世界各地如柏林、巴黎、伦敦、维也纳、萨尔茨堡、拜罗伊特、纽约、芝加哥、布宜诺斯艾利斯和其他许多城市从事指挥和钢琴演奏。

巴伦博伊姆是一个复杂的人物,这也解释了他的举动何以招致愤怒。构成一切社会的大多数都是遵循所有既定模式的普通公民,而依凭自己才华和独立意愿行事的极少数则不在普通人之列,在很多方面这极少数对通常百依百顺的大多数构成了某种挑战乃至冒犯。当归顺的大多数人的看法试图对复杂的、不循规蹈矩的极少数人进行还原、简化和纳入规范时,矛盾就产生了。这种冲突无法避免——数量庞大的群体无法轻易容忍有些人与他们相比明显不同、更有天赋、标新立异——最终在大多数人中会引起愤怒和非理性。看一下雅典人对苏格拉底的态度:因为苏格拉底异于常人,教导青年独立思考、有所怀疑,于是他被判死刑。阿姆斯特丹的犹太人将斯宾诺莎逐出教门,因为他的理念超出了他们的理解能力。伽利略被教会惩罚。哈拉杰(Al-Hallaj)因为他的睿见而受酷刑处死。这种现象千百年来延续着。巴伦博伊姆是个有天赋、不世出的人物,他跨越多个专业,违犯了太多以色列社会遵循的诸种禁忌。

巴伦博伊姆具备一个有意成为伟大独奏家和指挥的每一种天赋——完美的记忆,在技术方面不但胜任而且堪称优异,在公众面前志在必得的风格,特别是他对这一事业倾注着极大热忱。音乐上任何事都难不倒他,也没什么他掌握不了的东西。过着巡演的生活并取得了现有的认可,这都不是因为他刻意迎合普通人设定的标准,恰恰相反,是因为他常常无视清规戒律和各种藩篱。如果过的是在边界之内既已设定校正的社会和政治生活，在艺术和科学方面就鲜见能取得重要成就。

因为巴伦博伊姆生活在国外且频繁旅行，因为他有语言天赋（能流利地说七种语言），某种意义上他是个四海为家的人，但也可以说无处是家。他每年在以色列的日子屈指可数，但他以通电话和看新闻的方式保持与当地联系。另一个说他处处无家处处家的理由，是他似乎在许多环境反差强烈的城市都如鱼得水，不仅在美国和英国，而且在他目前住得最多的德国。人们会认为在许多犹太人眼中，德国仍是邪恶和反犹的代表，巴伦博伊姆住在那里想必很煎熬，尤其是他选择的音乐表演领域是古典的奥德剧目，其中瓦格纳的歌剧处于正中地位。自然，从艺术角度上看，古典音乐家将精力投注在这个领域中，即便不说万无一失，也相当安全可靠：它包括莫扎特、海顿、贝多芬、勃拉姆斯、舒曼、布鲁克纳、马勒、瓦格纳、理查德·施特劳斯等等的伟大作品，当然还加上许多其他法国、俄国和西班牙作曲家的剧目，巴伦博伊姆对这些都十分擅长。但奥地利和德国的音乐仍是核心，而对一些犹太哲学家和艺术家而言，特别是自第二次世界大战以来，这些音乐有时是呈现出极大问题的。大钢琴家亚瑟·鲁宾斯坦，巴伦博伊姆的朋友和导师，就几乎拒绝去德国演出，因为他说作为犹太人很难身处一个屠杀了这么多同胞的国家。其实巴伦博伊姆的许多以色列崇拜者对他住在柏林已经滋长出一种疏远的情绪，许多今天活着的犹太人仍认为这个第三帝国故都内部带着旧日邪恶的烙印。

所有大作曲家在不同方式上都有其政治倾向并会表现出强烈的政治观念；其中一些人身上的例子，比如贝多芬早年极力颂扬拿破仑为伟大征服者，或法国右翼民族主义者德彪西，以今日眼光来看都是应该受到谴责的。另一个例子海顿，则是其贵族赞助人埃施特哈奇亲王俯首听命的雇员，即便是天才之冠约翰·塞巴斯蒂安·巴赫，也常常在大主教或公爵的筵席或宫廷逢迎。

我们现在不太会关注这些事，因为它们属于一个相对陌生久远的年代。这些人中任何令我们感到冒犯的，都远远比不上十九世纪六十年代托马斯·卡莱尔写的关于黑人的种族主义文札令我们感到的冒犯，但这里还有其他两个值得考虑的因素。一是音乐作为一种艺术形式，与语言很不同：音符不具有固定意义，不像单词"猫"或"马"是有固定意义的。二是音乐大部分都是跨国的；它超越了一个国家、民族或语言的范围。你欣赏莫扎特不必先学德语，你读柏辽兹的乐谱也不必是个法国人。你必须懂音乐，这是一门很专业的技术，所下的极为磨人的工夫非比像历史或文学这类学科，虽然我会说为了真正领悟和解释的目的，一定要理解单个音乐作品的语境和传统。在某些方面，音乐像代数，但瓦格纳的例子却又证明了并非如此。

如果他是一个小作曲家，那种在封闭环境中创作或至少安静创作的人，瓦格纳的矛盾会显得比较容易接受和容忍。但他是个表现欲极度旺盛的人，令欧洲充满他的宣言、剧目和音乐，所有这些都汇合在一起，与任何其他作曲家相比，所有这些都更有英雄传奇色彩、更令人震撼、更有折服力和驱动听众的设计感。他所有作品的中心都是那个极度自我关注、乃至于自恋的自我化身，他不无坚定地认为这个自我化身体现了德意志灵魂、命运、特权的本质。瓦格纳寻求争议，引起人们注意力，为德国和他自己的事业竭尽所能，而他是以极端革命的术语来构想这个事业的。他的音乐是新的音乐、新的艺术、新的审美，目的是体现贝多芬和歌德的传统，而且要典型地以新的、普遍的综合方法去超越他们。在艺术史上从未有人引来更多关注、更多书写、更多评论。瓦格纳被纳粹当作现成利器（他死于1883年），但他也被理解他的其他音乐家当作英雄和伟大天才，认为他的贡献完全改变了西方音乐的进程。在他生前，拜罗伊特这座小城有一个专属于他的特殊歌剧院，几乎像一座神庙，为他而建，只在里面演出他的歌剧。拜罗伊特和瓦格纳家族在希特勒心中占位甚深，而理查德·瓦格纳的孙子沃尔夫冈仍然掌控着夏季音乐节，近二十年巴伦博伊姆常常来音乐节指挥，这令事情添加了更加复杂的意味。

巴伦博伊姆绝不是那种羽翼丰满的政治人物，但他对以色列的占领表现出不满是有目共睹的，所以1999年初他就成为第一位在约旦河西岸比尔宰特大学的一场免费音乐会上演奏的以色列人。我同意他的说法,无知对一个民族不是充分的政治策略。因此每个人都应该根据他自己的方式理解和认知那个受禁制的"他者";成就一位公民之道是理性、理解和智识的分析,而不是组织和鼓动集体情绪,比如驱动原教旨主义者的那类情绪。

非理性的谴责和以笼统总括的方式痛斥像瓦格纳这样复杂的现象,不问青红皂白,最终也难以令人接受,正如很多年来阿拉伯人用"犹太复国主义实体"这种短语,完全拒绝理解和分析以色列和以色列人,原因是他们造成1948年巴勒斯坦人的大逃亡灾难,所以要否定他们的生存,这样一种政策是不明智的,也是无效的。历史是一个动态事物,如果我们期望以色列犹太人不以纳粹大屠杀为由使他们对践踏巴勒斯坦人权的恐怖行为合法化,我们也不应该支持这一类愚妄的言语,如说纳粹大屠杀从来没有发生过,说所有以色列人,男女老少,都注定永远是我们不共戴天的仇敌。政治家们尽可以说些习以为常的无聊话,做些随心所欲的事,职业煽动者也不妨如此。但对于知识分子、艺术家以及自由的公民,就应该总是保留异议的空间,保留另类观点,保留挑战多数暴政的方法和可能性,同时更重要的,是推进人类的开明和自由。

此观念不应轻易排斥为"西方"舶来品而认定不适用于阿拉伯人和穆斯林,或就刚才讨论,不适用于犹太人的社会和传统。这是一种普世价值,在我所知的每个传统中都能发现。正义和非正义、无知和认识、自由和压迫这些对立面之间的冲突在每个社会都存在。问题是不能简单根据命令站队一边或另一边,而是应该认真选择和判断,提出公义的、于各方面情况都适当的观点。教育的目的不在于积攒事实或记忆"正确的"答案,而在于学习如何批判性地独立思考。

在以色列人关于瓦格纳和巴伦博伊姆的例子中,如果作家、音乐家、诗人、画家的作品是根据他们的道德行为来评判的,那还有多少人能站在众人面前?在任何一位艺术家创作的艺术作品中,谁又能决定何种程度的丑陋和失德是能够容忍的?一个成熟的头脑应该能兼容这两个相互矛盾的事实:瓦格纳是个大艺术家,同时瓦格纳是个讨厌的人。可惜人们不能将这两个事实择一弃一。这并不是说艺术家的失格或恶劣行为不应受到道德审判,而是说艺术家的作品不能据其道德性作为判断的唯一标准,并据此进行封杀。

一年前以色列议会就以色列高中生应不应有选择权读马哈茂德·达尔维什进行过一次激烈辩论,我们很多人都强烈认为不让读马哈茂德·达尔维什象征着正统犹太复国主义的褊隘之见。在哀叹反对意见即以色列青年会从阅读一位重要的巴勒斯坦作家获益时,很多人指出历史和现实不能被永远隐瞒,那一类审查制度不应存在于教育课程设置中。瓦格纳的音乐带来了类似的问题。不否认这样的事实,即他的音乐和主张所引发的恶劣联想对那些有意认为作曲家向纳粹提供了现成手段的人来说是一种真实的创伤。但在另一种意义上,对于像瓦格纳这种重要的作曲家,屏蔽他的存在是行不通的。即使没有巴伦博伊姆2001年7月7日在以色列演奏他的音乐,迟早也会有其他人这么做。一个复杂的现实总会突然破坏封锁的企图。问题与其纠缠于承不承认它的存在,不如讨论如何理解瓦格纳现象,因为不承认其存在是不够的,显然也是贫乏的回应。

在阿拉伯语境中,反对与以色列关系"正常化"的运动有着和以色列对巴勒斯坦诗人、对瓦格纳的禁忌相似的特征,而且紧迫性和实际挑战更大——毕竟是以色列在采取各种方式日复一日针对整个民族进行集体迫害惩罚,而这个民族的土地被以色列非法占领长达三十四年。我们的问题是阿拉伯政府与以色列有着各种经济和政治的关系,但个人组成的团体却试图以一种笼统的禁止行为阻断与以色列人的所有接触。对正常化的禁止是缺乏凝聚力的,因为其存在理由,即以色列对巴勒斯坦人的压迫,并未因这个运动而减缓:有多少巴勒斯坦人的家因为反正常化的措施就免遭拆毁了呢,又有多少巴勒斯坦大学因反正常化的存在就能够给学生上课了呢?一个都没有,呜呼,这就是我说的请一位著名的埃及知识分子来巴勒斯坦,与他或她在巴勒斯坦的志同道合者联合起来,无论教书、演讲,还是在诊所治病,都比端坐家中阻止其他人有所作为要强。完全反正常化的行为对无权无势者不是什么利器:它的象征价值非常低,而它的实际效果却是被动和负面的。弱者的成功武器——无论在印度、美国南方、越南、马来西亚,还是其他地区——都是积极行动,勇于进取。关键是使有权势的压迫者无论在道义上还是政治上,都感到芒刺在背,岌岌可危。自杀式爆炸达不到这种效果,反正常化也达不到,南非解放斗争的例子中,抵制学术访问伴随着一整套不同的其他手段。

这是为什么我相信我们必须以我们所能支配的一切,努力去洞察以色列的意识。对以色列观众的言说和写作会打破他们针对我们的禁忌。这种惧怕有人向他们讲述他们集体记忆中被压制的东西,正是激起整个关于阅读巴勒斯坦文学之辩的东西。犹太复国主义试图排斥非犹太人,而我们又以不加选择的抵制,甚至抵制"以色列"这个名字,实际上是帮助而非阻止他们排斥非犹太人的计划。在另一种境况中,这也是为什么巴伦博伊姆演出瓦格纳的效果是有益的,虽然它对许多仍然遭受着反犹种族灭绝具体创伤的人而言会引起真实痛苦,但它使得伤悼可以走向下一个阶段,也即是说,走向践行生命本身,生活必须向前继续,不能凝固在过去。关于这个复杂的问题集,也许我不能捕捉到诸多细微差别的全部,但关键的要点必须是现实生活不能被反对批评理解、反对解放体验的禁忌和制约所管束。批评理解和解放体验应该总是给予最高的优先排序。无知和回避均不是目前状况下充分的指导方针。

选自《平行与悖论》

21

弗洛伊德与非欧洲人

（2003）

西格蒙德·弗洛伊德虽在生命晚期终于参加了犹太复国主义运动，他职业生涯大部分时间其实对此事态度颇为暧昧，他在好几封写给犹太人领袖的书信中都表达了他政治上的保留意见。比如1930年在回应一份质疑英国限制犹太人移民以及进入耶路撒冷宗教场所的呼吁时，弗洛伊德写信给犹太机构的负责人哈伊姆·科富勒说："我对将希律一世时期的一堵墙转化为民族遗址，从而冒犯［巴勒斯坦阿拉伯人的］感情这种误导的虔诚完全无法激发同情。"

维也纳弗洛伊德学会取消了原本邀请爱德华·萨义德2001年以《弗洛伊德与非欧洲人》为题的讲座发言，理由是爱德华·萨义德在维也纳出席会议或可能在即将到来的选举中扩大自由党反犹主义候选人约尔格·海德的公众支持度，这一决定极具讽刺意味，因为萨义德借弗洛伊德的晚期著作《摩西与一神教》(*Moses and Monotheism*) 阐述的是反犹主义和现代东方主义共有的欧洲起源。他的通篇文稿都在反复邀请读者理解犹太人和巴勒斯坦人的共同历史，将它们看作一个你中有我、我中有你的经历的整体。"共同解读巴勒斯坦人和犹太人的历史，不但让大屠杀的悲剧以及后续发生在巴勒斯坦人身上的悲剧得以充分体现，"萨义德写道，"而且揭示自从1948年以来，在巴勒斯坦人和以色列人生活相互交织的进程中，一个民族，即巴勒斯坦人，如何承受着痛苦和丧失的不成比例的份额。"

伦敦弗洛伊德博物馆作为对取消讲座决定的回应，向萨义德发出邀请，请他去完成本该在维也纳发表的讲话。在伦敦之行中，萨义德检视了弗洛伊德的《摩西与一神教》如何提请人们理解流亡和迁移赋予犹太人和巴勒斯坦人**双方共有**的重合历史和经历的特征。精神分析学家和作家克里斯托弗·波勒斯（Christopher Bollas）在本论文以书的形式出版时写了导言，就此事明显反讽地评论道："对于爱德华·萨义德，流亡不是什么新的体验，于是他（在某些方面）跟随弗洛伊德的脚步，到伦敦这里而不是在维也纳那里开讲。"[1]

本讲座中，我会以两种方式使用"非欧洲人"这个词语——一种适用于弗洛伊德在世的时期；另一种适用于他1939年去世后的时期。两种用法均与现今对他著作的某种解读深切相关。第一种当然是对弗洛伊德自身世界以外的简单指称，他的世界是作为维也纳人-犹太裔科学家、哲学家和知识分子在奥地利或英格兰居住和工作了一辈子的世界。所有阅读过弗洛伊德的杰出作品以及受其影响的人，无不被他广博淹贯的学识折服，尤其在文学和文化史学方面。但出于同样的原因，人们还对另一事实印象深刻，即在欧洲范围之外弗洛伊德对其他文化（也许一个例外是埃及）的意识是有变化的，并的确因其犹太-基督教传统教育所塑造，特别是受带有特殊"西方"烙印的人文和科学的推定所塑造。这件事与其将弗洛伊德局限于一种乏味的方式，不如将他归属于一个地点和时间，这个地点和时间当时尚未受到如今通行的后现代的、后结构主义的、后殖民主义的学术行话中我们称之为"他者"的问题的巨大困扰。当然弗洛伊德受到处于理性范围、常规范围、无疑还有意识范围之外的事物的深深吸引：在那种意义上他的全部研究都是关于"他者"的，但永远都是关于主要是他的读者能辨识的"他者"——他的读者们深谙希腊罗马经典和希伯来古风以及后来从这些经典古风中衍生的内容，它们体现在形形色色的现代欧洲语言、文学、科学、宗教和文化中，弗洛伊德本人对这些语言文化亦烂熟于心。

有如他的大多同侪，弗洛伊德认识到世界上存在另一些值得重视的文化并应该了解它们。比如他曾提及印度文化和中国文化，但只是顺便提及，例如只是在从事梦的解析之时，认为可能会引发这个课题的欧洲研讨者进行比较的兴趣。弗洛伊德参考得更为频繁的，乃是各种"原始的"非欧洲文化——很多是通过詹姆斯·弗雷泽（James Frazer）——他利用这些文化来讨论早期的宗教活动行为。这些参照物为《图腾与禁忌》(Totem and Taboo)[2]这本书提供了大量实质内容，但弗洛伊德对人种学的好奇心也止于观察和引用这些文化的某些面貌（有时以一种机械的重复形式），以作为证据来支持他的论点，比如与奸污、禁止乱伦、异族通婚和同族通婚的各种样式等有关问题。对弗洛伊德而言，从太平洋岛国、澳大利亚和非洲的文化中得来的大量内容，如同原始游牧部落，在文明征程中也都很快被抛弃或遗忘；尽管我们知道弗洛伊德的著作有很多专注于恢复被遗忘的或承认不被接纳的那一类东西，我不认为在文化的语境中，非欧洲的原始民族和文化对他的魅力和古代的希腊、罗马和以色列的民族和故事可以等量齐观。后者从精神分析的意象和概念上，都是他的真正的祖先。

然而鉴于当时占主导地位的种族理论，弗洛伊德对非欧洲的局外人可说是有一套自己的见解，最突出的是摩西和汉尼拔。当然两人均为闪米特人，且都（尤其是汉尼拔）因为胆量、坚韧和勇气成为弗洛伊德心目中的英雄。读《摩西与一神教》[3]，人们会非常讶异弗洛伊德几乎属于随意的推断（对汉尼拔亦适用），即闪米特人大多肯定不是欧洲人（事实上汉尼拔毕生都在无果地对罗马进行征服，但从未到达那里），但同时闪米特人又作为早前的外来者对欧洲文化进行了某种程度上的同化。这与勒南这样的东方学者以及戈平瑙和瓦格纳这样的种族主义思想家所提出的关于闪米特人的理论有很大出入，他们的理论强调的是犹太人对于希腊-日耳曼-雅利安文化来说具有的异族性和排他性——在这个问题上和阿拉伯人一样。我认为弗洛伊德将摩西既看作局内人又看作局外人极其意味深长，也很有挑战性，容我稍后再来讨论这个问题。无论如何，我相信，认为弗洛伊德持欧洲文化中心论者的观点是符合事实的——为什么不应该如此？他的世界尚未被全球化、快速旅行或去殖民化触及，有了这些才使许多早前默默无闻或备受压制的文化得以被宗主国欧洲了解。他生活到大规模人口版图变化的前夕，人口变化将使印度人、非洲人、西印度群岛人、土耳其人和库尔德人以务工者身份进入欧洲中心，这些人也常常被认为是不受欢迎的移民。当然，他去世时，同时代的伟大作家如托马斯·曼和罗曼·罗兰正用传神之笔描写着德奥和罗马的世界，很快这里会变成废墟，他的数百万犹太同胞则被纳粹帝国杀害。实际上，这也是埃里希·奥尔巴赫在《摹仿论》中纪念的世界，奥尔巴赫这位伟大学者和历史语言学家在战争年代的伊斯坦布尔写下这部成熟的流亡之书，书中概括了一种传统的逝去，使世人最后一次得见连贯的整体性。

我提请注意"非欧洲人"的第二种用法——具有更多的政治意涵——是第二次世界大战之后的时期历史性渐渐浮现的文化，即是说，在传统的帝国瓦解之后，非洲、亚洲和中南美洲出现许多新解放的民族和国家。显然我不能深入解读由此产生的权力、人民和政治的许多新格局，但我可以着重解读其中的一个，它在我看来提供了一个非常吸引人的视角，也的确增强了弗洛伊德著作中论人类身份特征的极端性。我想到的是战后世界中，围绕欧洲和西方一系列词语和效价（valences）在欧洲和西方以外的观察者眼中获得了一种更为令人忧虑的甚至令人反感的意义。因为冷战，先是出现了两个欧洲，东欧和西欧；其后在经历去殖民化阵痛的众边缘地区的世界，过去是欧洲即各大帝国的代表，现在各种动乱沸反盈天，最后发展到欧洲和西方无法控制的斗争局面。我在其他场合描述过那些表述清晰有力的反殖民志士对欧洲的新的看法，在此就不展开了，但还是想简单引用一下法农——他无疑是弗洛伊德最好辩的继承人——从他去世后才出版的最后一本书《大地上受苦的人》[4]的末几页。我引用的这个章节是该书附录之一，题为《殖民地战争和精神障碍》，其中你能回忆起法农对一系列他研究过的案例进行了编目和评论，这些案例可说是从殖民地战场上发端的。

首先他评论道，对于欧洲人来说，非欧洲人的世界只是原住民，

471

"头戴面纱的女人、棕榈树以及骆驼构成风景,它是陪衬法国人作为人类在场的自然的背景"[5]。在罗列了原住民如何被欧洲临床精神科医生诊断为一种野蛮杀手,因为他们会无理由杀戮之后,法农举了一位叫作A.波罗特(Porot)教授的例子,该教授深思熟虑的科学信念是原住民的生活由"间脑的冲动"支配,这种冲动的最终结果是不可发展的原始状态。下面看看法农引用这位精神分析技术的饱学之士波罗特教授本人的一个令人不寒而栗的段落:

> 这种原始状态不只是由特别的抚养手段造成的某种生活方式;它有远为更深刻的根源。我们甚至考虑它在某种体系学结构的特殊习性中,或至少在神经中枢动态级差排序中,必然有赋予属性的基础。呈现在我们面前的是一套连贯的行为和连贯的生活,是可以从科学的角度解释的。阿尔及利亚人没有大脑皮层;或更准确地说他像低等脊椎动物一样,是受间脑支配的。大脑皮层在他们身上的功用,如果还有的话,也是非常微弱的,而且实际上无法汇入生存动态中。[6]

虽则有可能在此类说辞中读出对弗洛伊德《图腾与禁忌》描述原始行为的某种原教旨主义的变态歪曲,表面上看没有涉及弗洛伊德最终含蓄拒绝在非欧洲人的原始生态和欧洲人的文明之间立起某种无法逾越的障碍;但我阅读弗洛伊德论点中的要害,反倒是按说早已成为历史的事物,如今在这样一些普遍行为中对我们重新产生不利影响,比如禁止乱伦,或——如他在《摩西与一神教》中刻画的——受压抑的回归。当然,弗洛伊德假设原始的和文明的之间存在一种使后者占优的性质上的差异,但那种差异,正如他同时代同等天赋却很反骨的约瑟夫·康拉德的小说里反映的那样,并未赦免他对文明本身作出苛严的分析或在任何程度上手下留情,他以一种非常暧昧甚至悲观的态度看待那种差异。

而法农的观点,是当你不仅将弗洛伊德,而是将所有欧洲科学界取得的研究成果都延伸到殖民主义实践的时候,欧洲关于原住民就不再占据一个标准地位了。因此法农疾呼：

> 离开这个欧洲，这个他们没完没了高谈阔论人类的地方，而只要在任何发现人的地方就要将他们赶尽杀绝，不论在他们自己街上的每个角落，还是在地球的每个角落……。欧洲以热情、犬儒和暴力当起了世界的领袖。看看她的各个宫殿的阴影伸展得如何无远弗届！她的每一举手投足，都会迸裂空间和思想的界限。欧洲拒绝了所有谦逊和虚心；又坚决反对所有关怀和温存……。当我以欧洲的技术和风格寻找人类，我看到的只是对普通人的连续否定，以及雪崩式的谋杀。

法农因此全盘拒绝欧洲模式不足为怪，即便他的文体和一些推理仍有赖于欧洲模式，他要求的是全人类一起协作，走出一条新路，开创他称之为"欧洲无法成功地令其横空出世的新人"。[7]

对于这些他头脑中的新的道路，法农本人很少向他的读者提供任何有关蓝图；而他的主要目的，是控诉欧洲将人类分门别类纳入一套种族的等级制度，从而减少低等人种并将他们非人化，令他们同时置于高等人种的科学凝视和意志之下。这套规划的落实当然是帝国领域的殖民体系中提出的内容，但我认为法农的抨击要旨包括了整座欧洲人文主义大厦本身这种说法也是成立的，他认为欧洲人文主义证明无法超越自身眼光中不公正的局限。正如伊曼努尔·沃勒斯坦（Immanuel Wallerstein）一针见血指出的，[8] 二十世纪最后四十年，陆续有对欧洲中心主义不满的评论家将这种抨击又推进了一步，他们视为较量的目标包括欧洲的史料编纂法、欧洲的普世救赎说、欧洲的文明定义、欧洲的东方主义及其不加甄别地接受的一套进步范式——中心是亨廷顿及其阵营命名的"西方"，周围是蠢蠢欲动的较低等文明试图挑战西方的至上地位。

姑且不论人们究竟在多大程度上同意法农或沃勒斯坦的论点，有一点是肯定的，那就是文化差异一整套观念本身——尤其在今天——与弗洛伊德认为理所当然的那种不活跃的事物相比早已不可同日而语。欧洲文化之外还并存着其他文化，这一引人思考的理念体现在法农的著述中，但它的确不是弗洛伊德著述的驱动原则，也不是他的同时代人托马斯·曼、罗曼·罗兰和埃里希·奥尔巴赫主要著述的驱动原则。这四人中，奥尔巴赫是那个几乎一直活到后殖民时代的人，但他被可能提示即将到来的前景这件事神秘化了——甚至还有一点感到压抑。在他后期的论文《世界文学的语言学》中，他带着挽歌的语气谈论他过去职业生涯一直受其滋养的罗曼语族研究范式被一大堆他称之为"新"语言和文化的东西替代，没有意识到在亚洲和非洲这些语言和文化中的很多比在欧洲的更古老，而且已经有了成熟的典章规范和文献，像他这一代欧洲学者对此竟然闻所未闻。无论如何，奥尔巴赫很有能力地感觉到一个新的历史时代就要诞生，而且他能够预知它的轮廓和结构是人们不熟悉的，正是因为其中太多东西既不是欧洲的也不是以欧洲为中心的。

我感到有必要在此加几句额外的话。我常常被人解释为回溯性地攻击大作家和思想家，比如简·奥斯汀和卡尔·马克思，因为他们的一些见解以我们时代的标准看起来似乎政治不够正确。那是个愚蠢的说法，我必须直截了当回应，从不曾写过这样的文字或说过这样的话。相反，对我景仰的历史人物我一直在努力理解他们，即使我指出在对其他文化和民族的态度上，他们是如何仅仅局限于自己文化中重要意义这一角度的。于是我还要特别说明一点，对于今天的非欧洲或非西方读者——常常认为他们有非人化问题或对被殖民的人民没有足够认识（如奇努阿·阿契贝评论康拉德对非洲的描写）而对他们全盘抛弃，又或者以一种"跳出"历史场景的方式去读，不顾他们恰恰构成了历史场景里的很大一部分——是有必要将他们的作品当作本质上有价值的东西来读的。我的方法是力图在他们所处的环境中尽可能准确地理解他们，但其后我会以一种对位法的方式看待他们——因他们是些很不寻常的作家和思想家，他们的著作会对其他的、另类表达的作品和阅读造成影响，而于此发展的新情况又是他们当时不可能意识到的。对位法的意思是说这些人物的作品以各种不可预知的方式跨越时间、文化和意识形态的边界，与其后的历史和继发的艺术一同显现为新的合奏曲中的一个声部。所以比方说与其将康拉德笔下令人信服的对利奥波德的刚果的描写留在故纸堆里，贴上种族主义者思维的标签扔进胡同尽头的垃圾桶，在我看来用另一些方式阅读康拉德十九世纪末期的作品会有意思得多，它可以是各种意想不到的预期方式，但所暗示和挑动的不完全是刚果后续历史悲剧的扭曲，还有在非洲写作中发出响应的回音，即重新运用康拉德的旅行主题作为文学创作的一个传统题材，呈现后殖民动态中的发现和认识，其中很大一部分可与康拉德作品形成仔细对比。因而——简单举个对比的例子，你对包含在塔耶布·萨利赫（Tayib Salih）的《移居北方的时节》（*Mawsim al Hijra illal Shimal*）和奈保尔的《大河湾》的东西会感到截然不同的回应。这两本书彼此风马牛不相及，但可以这么说，如果没有康拉德此前富于想象的技法结构引领和推动作者进入新的忠实于看待体验的精确表述方式，就不能想象他们中一个能在二十世纪六十年代写出苏丹的阿拉伯人的故事，另一个能在几年后写出特立尼达印度裔人的故事。有趣的结果是，不仅萨利赫和奈保尔如此倚重解读康拉德，而且康拉德的故事也进一步得以发挥出潜力和变得生动，因为有些侧重和语调的变化显然是他自己没有意识到的，但又因他的写作成为可能。

因此，后来的历史重新揭开并质疑某位早前的思想人物的那些似乎已经成为定论的东西，将它与作者从未想到过的——尽管也在历史环境下依附于作者的——文化、政治、认识论的形成发生接触。每个作者，当然都是他或她前辈作者的读者，但是我想强调的是人类历史每每出人意表的动力——诚如博尔赫斯在寓言《吉诃德的作者皮埃尔·梅纳尔》中巧妙论辩的——能将在早前年代潜伏着却突然烛照现世的人物或形式戏剧化地表现出来。康拉德刻画被贬得一钱不值、饱受迫害的黑人脚夫和化外之民所用的确切词语令阿契贝大为反感，其实这些词语不仅包含迫使他们沦为奴役和惩罚状态的凝固本质，康拉德将此看作他们当下命运，而且预言性地指出了整个系列的默认发展，日后的历史对此予以一一揭示，无论是否因为、或即使因为、或悖谬地说正是因为康拉德看透本质的目光具有根本的严酷性和令人敬畏的孤独感。后代作家不断返回康拉德的这一事实，意味着他的作品借助不妥协的欧洲中心论的视野，恰恰给了作品字里行间唯信仰论者的（antinomian）力量、强度和影响，这就要求一份同等力度、针锋相对的回应去迎头反击，对它们呈现的东西进行确证、反驳或仔细破解。在康拉德笔下非洲的控制下，你会被它十足令人气短的恐怖驱动着艰难地向前推进，将其范围扩大，有如历史本身将毫不退让的静止状态转为过程，转为探索更大程度的澄明、纾难、解决或否定。当然在康拉德，与在那些同样卓著的人物身上，最深刻的危机在于那种能感受到的张力，一边是难以忍受的处境，与之对称的另一边是极欲逃离此处境的冲动——阅读和解释如《黑暗之心》这类作品就是关于这种张力的。惰怠的文字停在了那个时代；而那些不惜拂逆历史藩篱的文字，我们则一直守在身边，代代相传。

弗洛伊德是思想家的一个卓著之例，他认为，也常这么说，科学工作就是对尘封的、遗落的、压抑的、否定的过去的某种考古式的发掘。施里曼（Schliemann）成为他的榜样不是没有缘由的。[9] 弗洛伊德当然是意念的探索家，但从哲学的意义上说，亦是一个推翻或重绘公认的或既定的地理学和谱系学的人。他因此使自己特别关注对不同背景的重新解读，因为他的所有工作都是关于生活历史如何通过追忆、研究和反思，在个体的和集体的双重意义上，将它自身供奉给不断构造与再构造。而我们，生活在不同历史时期、有着不同文化背景的不同读者，竟能步武弗洛伊德对他的作品做此类解读，在我看来不亚于他作品力量的一份实证，这种力量鼓动新的思想，亦辉映着他本人都未曾梦想过的各种情境。

弗洛伊德对摩西的高强集中思考占据了他生命的最后几个月，他写的这本最后的重要著作《摩西与一神教》是几个文本、无数意图、不同时期的复合体——所有这一切都与他个人的困境有关，当时他正面对自己的病痛，国家社会主义的来临，以及他生活在维也纳的政治动荡，这意味着他必须与不时出现的矛盾甚至混乱不安的实际状况作抗争。[10] 任何人只要对晚期风格（Spätstil）这个话题感兴趣，都会发现弗洛伊德的《摩西与一神教》是个几乎经典的范本。如同贝多芬在他生命最后七八年谱写的带有桀骜不驯色彩的作品——最后五首钢琴奏鸣曲，最后几首弦乐四重奏，《庄严弥撒曲》，合唱交响曲，作品119号和121号钢琴小品曲——《摩西与一神教》似乎也是一部弗洛伊德为他自己而写的作品，很少顾及频繁出现以及常常显得拖泥带水的重复，也不顾及文体和说明的优雅简洁。在这本书中，作为科学家的弗洛伊德在他的查究中寻找客观结果，和作为犹太知识分子的弗洛伊德通过其古老信仰鼻祖的历史和身份去探索他自己与这一信仰的关系，这两者一直不能真正协调，相互投契。论文的一切都暗示着没有那种在其他一些晚期作品——如《暴风雨》和《冬天的故事》——中的决议与和解，有的却是更多的复杂性，以及一种让作品不可调和的元素保留其不可调和性的意愿：作品呈现一种插曲的、碎片的、未完成的（即未润色的）样态。

在贝多芬和弗洛伊德的案例中，如我希望呈现的，由晚期作品传达的知识分子轨迹是不妥协性，以及某种躁怒的冒犯行为，仿佛作者本该安顿情绪进入一种和谐的宁静，那是于一个人的桑榆暮景相适宜的，但他就是反其道而行之，更愿表现为桀骜放恣，充斥各种新的主张和挑衅。弗洛伊德在《摩西与一神教》靠前的一个注释中就对这种不相适宜作了明确的告白，毫无愧色地提及他对《圣经》证据专断的、任性的甚至肆无忌惮的解释方法。读者还得到一些明确的提示，作者是个老人，也许不胜任他的任务；在第二篇的结束和第三篇的开始，弗洛伊德特别提到他精力不济，以及创造力的衰退。但他的告白并未阻挡他，或在任何意义上妨碍他得出困难的、很多情况下是一些神秘莫测地得不到满足的结论。像贝多芬的晚期作品，弗洛伊德的晚期作品也痴迷于复归，不仅回到摩西的身份问题——当然这是他这些论文的核心——而且回到构成身份本体的元素，宛如这个对精神分析如此关键的问题，这个学科的中心，也能够采纳像贝多芬的晚期作品回归调性和节奏这些基础元素同样的回归途径。此外，弗洛伊德对当代的兴趣表述为对原始的时常神秘挖掘的这种结合，与贝多芬在《庄严弥撒曲》等作品中使用中世纪模式与令人惊奇的高级对位法的结合，是非常相似的。尤其是，晚期风格给读者或听众带来的效应相当隔膜，换种说法，弗洛伊德和贝多芬呈现的素材对他们自己而言具有迫在眉睫的意义，但他们很少考虑满足读者对结局的需求，更不用说迎合读者了。弗洛伊德在写其他书时，脑子里会有一个教学或师范的目的，《摩西与一神教》则完全没有。读这些论文，我们会感到弗洛伊德希望我们理解存在着另一些岌岌可危的问题——比起能寻求慰藉的，或提供某种安居方案的问题，这些准备揭露的问题更加紧迫。

评论弗洛伊德《摩西与一神教》几本最有意思的书之一，是约瑟夫·耶路沙尔米（Josef Yerushalmi）的《弗洛伊德的摩西：可终止和不可终止的犹太教》(*Freud's Moses: Judaism Terminable and Interminable*)[11]——耶路沙尔米对弗洛伊德探索摩西的故事在专业层面作了弗氏个人犹太背景的补充，包括他长期痛苦地意识到反犹主义的存在，反映在这样的情节中，比如他和卡尔·荣格变了味的友谊，他对他父亲不能抵抗侮辱的失望，他对精神分析也许会沦为一种"犹太的"科学的忧虑，以及很重要的，他本人与他自身犹太性那种复杂的，在我看来解决无望的关系，他对此似乎一直怀着骄傲和蔑视两种态度的混合。然而弗洛伊德一次又一次地反复说虽然他是犹太人，但他不信上帝，他如果有任何宗教的感受，也只能说保持在最低的程度。耶路沙尔米精明地指出弗洛伊德似乎曾经相信，也许跟随拉马克，"埋藏在犹太人精神的性格特征本身是通过系统发生的方式传输的，不再需要宗教来维系。依据这样一种终结性的拉马克推论，甚至不信神的犹太人如弗洛伊德，亦不可避免继承并共享了那些性格特征"。到此都没有问题。但耶路沙尔米话锋一转，将某种几近绝望的神旨之跃附会在弗洛伊德身上，在我看来大抵不必如此。"如果一神教，"他说，"从起源意义上是埃及的，从历史意义上也一直是犹太民族的。"遂又引用弗洛伊德之语："对犹太民族来说，这种传统得以保存至今并繁衍出愿意为它弘道之人，已经足够荣耀了，即使最初激励产生它的源头来自外部，来自一个伟大的异乡人。"(着重号系我所加)[12]

这是弗洛伊德论据中一个很重要的点，值得进一步探讨；当然，我认为耶路沙尔米对何为历史意义的犹太人所下的结论，其实弗洛伊德本人并没有得出，因为正如我将要指出的，从摩西身上衍生而来的真正的犹太性远非一目了然的事情，而且事实上也是大有可商榷之处的。弗洛伊德对此坚决保持着留有分歧的态度；的确，我甚至愿意说他在其信仰中刻意持唯信仰论者的态度。你可以看一下弗洛伊德在书中的开场白，它对他过去做的和在本书接下来要做的事是一种惊人的混合式的庆祝，不亚于此句"对一个民族否认他们奉为最伟大的儿子那个人"；弗洛伊德随即说，这样一类的壮举不可欣然为之，亦不可草率为之，"尤其对一个本属于这个民族的人，更是如此"。他这样做是为了追求真理——他毫不讳言——这比"应该［成为］的民族利益"远更重要。最后这个短语中的挖苦意味很是令人震撼，既因其傲慢，又因其将整个民族的利益置于从属地位，与之相比更重要的，竟然是将一个宗教的源头从志趣相同的信徒社会和历史内部的现有地位中去除。[13]

我不欲在此排演弗洛伊德论据的所有要点——我也希望自己做一点武断决定——但我会回顾他强调的重要部分。首先当然是摩西的埃及人身份，以及他关于单一神祇的观念完全来源于当时那位埃及法老——普遍认为法老创立了一神教——这样的事实。与耶路沙尔米不同，弗洛伊德以他的一己之见将此观念归于埃赫那吞（Akhenaton），坚称这是埃赫那吞的发明，在他之前不曾存在；虽然弗洛伊德说一神教在埃及并没有生根，但他应该很清楚知道一神教回到埃及首先是以原初的基督教形式出现的（直到今天还存在于科普特人［Coptic］的教堂），而后又通过伊斯兰教，这在他后面的文本中的确简单提到。近来的埃及古物学研究其实有相当多的迹象表明远在埃赫那吞统治之前就有一神教存在，这反过来也暗示埃及在发展一神崇拜中的作用比向来认为的要重要得多。耶路沙尔米比弗洛伊德更急于刮除埃赫那吞死后埃及一神教的所有痕迹，他暗示这门宗教后来发展得如此精细，完全超越了埃及人的认知，正是犹太教的天才之处。

弗洛伊德反而更复杂，甚至更矛盾。他承认犹太人从继承的埃赫那吞的宗教中去除了太阳崇拜，但又以两点说明更加削弱了犹太教的原创性：（a）割礼是一种埃及人的观念而非希伯来人的观念；（b）一直被传统确定作为犹太教一个部落存在的利未人，是摩西的埃及人随从，正是他们跟随摩西到达了新的土地。

至于发生的地点,弗洛伊德背离传统象征的以色列人的地理位置就更远了,他认为那个地方是麦里巴-卡代什(Meribat-Qades):"在巴勒斯坦南部区域,处于西奈半岛东端和阿拉伯半岛西端之间。他们在彼接受了对一神耶和华的崇拜,很可能受到邻近阿拉伯米甸人(Midianites)部落影响。假设邻近其他部落的人也信奉这个神。"[14] 就这样弗洛伊德首先恢复了犹太教起源的地域元素,过去随着这位对于所有宗教都是共同祖先的英雄父亲遇害,这些元素或被遗忘或被拒绝,然后他又展示——通过潜伏期的理论和被压抑的回归——犹太教如何自我构设为一种永久建立的宗教。这个论证特别微妙,也不连贯,任何读过《摩西与一神教》的人都很快能证明这点。压抑,否认,回归,这些词在读者面前掠过,从个人体验几乎是魔幻般地就变成了集体体验:它们被弗洛伊德以一系列叙事方式道出,紧接着是沉浸式的、后又变成显明的实证,所有这些不但导向犹太性,也导向共生的反犹主义。我想说的要点是,首先弗洛伊德将这一切都设置在完全世俗化的背景下,我承认找不到神迹的部分或历史以外的东西;其次,弗洛伊德对他故事的平顺或铺设一条清晰轨迹这些事上毫不作为。这也许是因为在他在记录摩西遗产的余波时发现要讨论研究的太多材料是不均匀的,它们是两极对峙的,就像外来的创始者和他建立的群体(也是杀了他的那个群体)之间的强烈对比那样,也像他早几十年研究和著述的最重要的一些词一样。

在一个层面,这仅仅说了历史身份的元素似乎总是合成的,特别是当重大事件,如杀父和出埃及记等事件本身与更早前的事件紧密相关的时候。至于摩西对接受他为一族之父的犹太人来说究竟能不能算"异族的"这件事上,弗洛伊德的态度很清楚,甚至很坚决:摩西是埃及人,也因此异于认他作为领袖的民族——换言之,这个成为犹太人的民族是摩西后来似乎当作他的民族来建立的。如果只是说弗洛伊德与犹太教的关系有龃龉,很可能是轻描淡写了。他有时会对自己的归属引以为豪,即便他的反宗教态度不可救药;但另一些时候他对犹太复国主义表达出反感和明确无误的不赞同。比如在三十年代关于犹太人代理机构工作的一封著名的信中，他拒绝参加向英国人请求增加犹太人向巴勒斯坦移民的活动。事实上他甚至谴责这是将"希律一世时期的一堵墙转化为民族遗址，从而冒犯原住民的感情"。五年后，他这时已经接受了希伯来大学的校董职位，则对犹太民族基金会说"在我们父辈们的古老土地建立一个新家园……这种努力是个了不起并受祝福的……手段"。[15] 耶路沙尔米也小心翼翼地排演了弗洛伊德的这种来来回回的态度，并下足功夫证明弗洛伊德的犹太性覆盖了全部范围，从他的犹太身份，初起是对"致密的多数"的顽固抵抗，经历了唤起和接受自摩西发展而来的传统的整个过程（因此也与被杀的奠基之父和解了），再到最宏大的观念：在为一神教（从埃及借来：弗洛伊德无法抗拒插入这个短语）所独有的升华的行为中，犹太人将精神排在感官知觉之前，鄙视魔法和神秘主义，受邀于"先进的知性"（我用的这个短语是斯特雷奇［Strachey］的翻译，因为琼斯故意把它遗漏了：德语这个词是"灵性"［Geistigkeit］），并"满怀鼓舞在精神性和各种升华中不断进步"。但这种进步的其余部分，来日出现的是一种颇不均衡的快乐形式："这个民族，他们因拥有真理的信念感到快乐，被受到拣选的意识慑服，开始高度评价一切知识的和伦理的成就。我还将展示他们伤悲的命运，以及现实为他们预留的各种失望，是如何加强所有这一切倾向的。"[16]

弗洛伊德的犹太身份和他与犹太复国主义面对面时错综复杂的态度以及行为之间关系，在杰奎·切穆尼（Jacquy Chemouni）的《弗洛伊德与犹太复国主义：精神分析之地，应许之地》（*Freud et le sionisme: terre psychanalytique, terre promise*）中有更具体的分析。[17] 虽然切穆尼的结论是赫茨尔和弗洛伊德将犹太人世界在他们之间分成两部分——前者令犹太性坐落在一个特定的地域，后者则选择将它置于普世王国——此书提出了一则关于罗马、雅典和耶路撒冷的时代特征的论点，与弗洛伊德关于历史和未来的犹太身份的对立观点颇为接近。当然，罗马对弗洛伊德有吸引力的地方也许是看得见的建筑立面，切穆尼说，因为他从这个城市中看到了耶路撒冷殿堂的崩毁以及犹太人流亡的象征，开始产生在巴勒斯坦重建殿堂的欲望。雅典是一个思想的城市，它在一般意义上更适合代表弗洛伊德对学术成就的毕生心血。以此角度看，具体的耶路撒冷是一个精神苦行者理想的日渐稀薄，即便这亦是一种认识，即失去的可以通过人们齐心协力的努力去满足，实际上那也就是犹太复国主义而已。

不论我们是否接受耶路沙尔米对故实精微细致的再利用，即弗洛伊德作为一个生活在法西斯欧洲且特别在反犹年代的维也纳的犹太人，被迫加入他同胞的现实，或接受切穆尼在某种意义上更复杂（有一点天马行空？）以及大体上未解决的流亡的两难和归属的三角关系，我感兴趣的是一个反复纠缠的元素，对思考这些身份问题的人挥之不去，无论用的统一为正面的还是反面的词汇。那个元素就是非犹太人的问题，弗洛伊德在《摩西与一神教》的最后松散地提到这个问题。犹太人，他说，总是招来普遍嫉恨，不完全是因为指责他们将基督送上十字架［那么正当］的理由。其中两个反犹的理由其实是互为变异的：他们是外来人，而且他们与他们的东道主"不一样"；第三个理由弗洛伊德给的是无论犹太人如何受到压迫，"他们违抗压迫，以至于最残酷的迫害都没能消灭他们。反过来，他们在实际生活中显示了坚守自我的一种能力，在接纳他们的地方，他们都会为周遭的文明作出有价值的贡献"。关于犹太人被指是外来人（当然，隐含的背景是欧洲人）这一点，弗洛伊德认为没有说服力，因为在德国这样反犹主义盛行的国家，犹太人比德国人住得更久，犹太人是与罗马人一起来的。关于犹太人与东道主不同这一点，弗洛伊德闪烁其词地说他们也没有"根本性的不同"，因为他们不是"一个外来的亚洲的种族，而大多是由地中海各民族的后裔组成的，继承了他们的文化"。18

按照弗洛伊德早先不断申说的摩西是埃及人的思路，他这里的区分令我觉得非常疲软，既不能满意也不能被说服。弗洛伊德在几个场合，就语言来说，都把自己说成是德国人，也是犹太人；而在他的通信和科学著作中，他始终对文化、种族和民族的差异这件事非常敏感。对第二次世界大战前的欧洲人而言，可以说"非欧洲人"是一个相对不会引起注意的用词，只是指那些从欧洲以外来的人——比如亚洲人。但我相信弗洛伊德应该意识到，提及犹太人时，单单说他们是地中海文明的后裔，因此与欧洲没有真正的差异，就已经和他用力展示的关于摩西的埃及祖先的性质非常抵牾地不和谐了。难道说，也许反犹的阴影在他生命最后十年的世界里如此不祥地四处扩散，使得他保护性地将犹太人聚拢在里面，或者说纳入欧洲人这个庇护的王国之中？

但如果我们快速从二战前一直来到二战后的时期，我们会立刻注意到像"欧洲人"和"非欧洲人"这些称谓如何比弗洛伊德表面上意识到的获得更加戏剧性的有害共鸣。之前，当然有国家社会主义出台的纽伦堡法令，指控犹太人是外族人，因此是可以牺牲的。大屠杀就是这种称谓和附于这种称谓的所有苦难的一个极其可怕的纪念碑，如果这是一个恰当的词。而后，又有几近一模一样的字面解释给了犹太人之于非欧洲人这样一种二元对立，出现在犹太复国主义定居巴勒斯坦不断展开叙事的高潮篇章里。突然间，《摩西与一神教》的世界在地中海以东这片弹丸之地活过来了。到了1948年，有关的非欧洲人具体指的就是巴勒斯坦本土的阿拉伯人，以及支持他们的埃及人、叙利亚人、黎巴嫩人和约旦人，他们都是不同的闪米特部落的后代，包括阿拉伯米甸人，那是以色列人第一次在巴勒斯坦南部遇到的部落，与他们发生过丰富的交流。

自1948年后，当以色列在巴勒斯坦作为一个犹太国而成立，从前那种多样性的、多人种构成的来自不同民族的人口——欧洲人和非欧洲人，这个例子中正巧如此——突然变成了重新规划的种族和民族模式，这一幕在那些研究十九至二十世纪欧洲现象的人看来，不啻之前那出含有如此谋杀成分的隔离歧视大戏拙劣的再度上演。在现在这个背景中，以色列在国际上被大西洋的西方接纳（其实在1917年《贝尔福宣言》中就被准予对巴勒斯坦的早期所有权），实效上成为了一个准欧洲国家，其命运似乎——以一种法农式论据森然的郑重断言表示——就是要尽一切可能长久地控制非欧洲人的本地各族原住民。

阿拉伯人加入了不结盟世界，这是由法农、卡布拉尔、恩克鲁玛、塞泽尔等人描述的全球反殖民主义斗争加持的。在以色列内部，主要的分类规定称这是犹太人的国家,凡是非犹太人,无论他是否在当地居住——有很多人是住在以色列的——都在司法上认定为外来人,哪怕他先前一直是当地居民。自从第二圣殿被毁以来,这个古老的地域第一次出现强化的犹太身份,其间如同《圣经》记载的年代它一直由其他几个不同的国族、种族、民族占据,现在这些其他民族或被归类为外国人,或被驱逐踏上流亡之路,或两者兼而有之。

你大概明白我想说什么了。对于弗洛伊德,就二十世纪三十年代中期的写作和思考而言,非欧洲人的现实在摩西这个人物身上是某种分裂的构成性存在——他既是犹太教的始祖,却依然是未受到重新构建的非犹太的埃及人。耶和华可以追溯到阿拉伯半岛,这个地方同样是非犹太人的和非欧洲人的。但与弗洛伊德同时代的埃及现实,加上埃及丰富的古老历史——和威尔第写《阿依达》的情形如出一辙——使他发生兴趣,因为它们都经过了居间的解释并由欧洲学术呈供,主要通过恩斯特·塞林(Ernst Sellin)的书,而《摩西与一神教》对塞林的线索有过大量的借用。[19] 另一个几乎完美的对称是埃及的伟大叙事天才纳吉布·马哈福兹关于埃赫那吞的小说《真实居民》(*Dweller in Truth*)[20] 这个事实,该书与马哈福兹写过的其他故事同样复杂,但虽然其中许多观点的探索旨在回溯性地理解埃赫那吞究竟何许人,在摩西这个人身上却只字未提最初犹太影响的存在。小说毫无悬念是关于埃及的,好比以色列是关于犹太的。

我很怀疑弗洛伊德想象过他会有非欧洲的读者,或在争夺巴勒斯坦的背景下,他会有巴勒斯坦的读者。但他过去和现在都的确有。让我们从这一系列新的动荡起伏并相关性极强的角度,很快看一下他所发掘(既指实际也指隐喻意义)的东西都遭遇了什么。我看到的是,首先,特别在欧洲的反犹主义的阵痛后,以色列在一片非欧洲领土上立国,从政治上将犹太身份整合在一个国家里,这个国家采用非常特殊的法律和政治地位,剔除一切非犹太因素,有效地封存了那种身份。通过将它本身定义为一个国家,并且是一个为犹太民族而建立的国家,以色列只允许犹太人有权移民和拥有土地,即使这片土地上还有早前生活于此的非犹太居民以及现在仍生活于此的非犹太公民,他们的权利——前者被回溯性地废除,而后者被极大地削弱。那些1948年以前生活在此巴勒斯坦人既不能返回(如在难民的情形中),又不能像犹太人一样可以得到土地。与弗洛伊德刻意激起人们注意犹太教的创始人是一个非犹太人以及犹太教始于埃及的、非犹太的一神教王国这种精神非常不同,以色列立法部门违逆、压制甚至取消弗洛伊德细心维持的从犹太身份通向其非犹太背景的可能机会。可以这么说,过去复杂的层次被官方的以色列消除殆尽。如果我在以色列意识形态主导的政策背景下读弗洛伊德,就看出他是反其道而行之的,弗洛伊德留下相当的空间去适应犹太教的非犹太前人和同代人。换句话说,在对犹太身份的考古发掘中,弗洛伊德坚持认为这种身份不是自发开始的,而是与其他身份(埃及和阿拉伯半岛)一起开始的,这些他在《摩西与一神教》中都走了很长的路去发现,并因此重新实行审慎观察。现在这种其他类型的非犹太人、非欧洲人的历史统统被抹杀了,在一种官方的犹太身份中不知所踪。

更具有相关性的部分,我认为是这样的事实:以色列建国通常被忽略的后果之一,即非犹太人——这里特指巴勒斯坦人——被移置到了其他某个地方,本着弗洛伊德发掘之物的精神,他们会追问远在以色列建国之前他们与巴勒斯坦实际生活息息相关的历史足迹现在都去哪儿了?为寻求答案,我想从政治和法律的王国转向另一个领地,它更接近弗洛伊德关于犹太一神教如何发源的叙述。我想我有理由推测弗洛伊德调动非欧洲人的过去,目的是削弱任何令犹太身份的基础变得更坚实的教义企图,无论在宗教层面还是在世俗层面。于是不出意料,我们发现当犹太身份因以色列的建国而被神圣化,只有考古学这门学科能够用来满足在世俗年代巩固这种身份的任务;拉比,还有精通"《圣经》考古学"的专家,他们的领域都变成了《圣经》记载的历史。[21] 请注意,一大批考古评论员和考古从业者——从威廉·奥尔布赖特(William Albright)和埃德蒙·威尔逊到伊加尔·雅丁(Yigal Yadin)、摩西·达扬、甚至阿里埃勒·沙龙——都指出考古学是那一门出类拔萃的有特殊地位的以色列科学。如以色列著名的考古学家马根·布罗什（Magen Broshi）说的那样：

> 以色列现象，一个民族回归它的既老又新的土地，是独一无二的。这个民族还处于不断更新它与自己土地的熟悉过程中，其间考古学起到了一种重要的作用。在此过程中，考古学是一个叫作 yedi' at ha-Aretz，即"土地知识"的更大系统的一部分（这个希伯来术语很可能源于德语"区域研究"[Landeskunde]一词）……欧洲移民发现了一个他们感到看似矛盾的国家，既有血缘关系，又很陌生。考古学在以色列处于自成一格的状态，用它当作一种手段驱除其新公民的疏离感。22

就这样，考古学成了犹太-以色列身份认同的康庄大道，其中有一个断言被反复强调，那就是因为有了考古学，《圣经》的素材已然在当今的以色列土地上实现，历史变丰满，过去被追回，朝代顺序井然。这一类断言，当然，让我们不可思议地返回不但是弗洛伊德探索犹太身份的档案现场，而且返回其官方裁定（我们不惮明确说是用武力裁定）为合法的地理现场，即现代以色列。我们所发现的，是某种超乎寻常的和修正主义者的企图，用一种新的正面的犹太历史结构取代弗洛伊德审查同一件事时的那种不断坚持更为复杂和不连贯的晚期风格的努力，尽管他以一种完全离散的精神得出不同的、去中心化的结果。

说到这里必须提一下，我对一位年轻学者纳迪娅·阿布·艾尔-哈吉（Nadia Abu el-Haj）的研究工作受惠良多，特别是她的主要研究成果《地上的事实：考古学实践和以色列社会领土的自我塑造》（*Facts on the Ground: Archeological Practice and Territorial Self-Fashioning in Israeli Society*）一书。她首先提供的是始于十九世纪中期英国人在巴勒斯坦开展系统性殖民地考古勘探的一段历史。而后她继续讲述以色列建国前这段时期的故事，将现实中的考古实践与新生国家的意识形态连接起来——这种意识形态通过重新命名和重新安置设定重新占有土地的规划,大多作为犹太身份的某种图式的提取赋予考古上的自圆其说,完全不顾当地存在的阿拉伯名字和其他文明的各种迹象。这些做法,她有力地论辩道,从认识论的方法上奠定了1948年后全面的以色列-犹太身份认同感,根据就是将毫无关联的考古细节——石工、牌匾、骨头、墓碑等等四散残余的东鳞西爪——全部组装为某种空间的形成记载,以色列就从中以"可见的和语言学上的形式"浮现为"犹太人的民族家园"。[23]

更重要的,她认为这种准叙事的土地形成记载激活了——如果不说由它实际造成了——某一种特殊的殖民定居态度,或它们是相辅相成的,这种态度管治着某些具体做法,如对推土机的使用,不愿开发非希伯来人(例如哈斯摩尼王朝)的历史,以及习惯将零星发现的废墟和掩埋的碎片这些断续的、分散的犹太人存在,说成是一个王朝的连续体,不顾相反的证据,也不顾同族通婚的非犹太人历史的证据。只要出现其他历史多样性的大量而无可避免的证据,比如耶路撒冷中拜占庭的、十字军东征时期的、哈斯摩尼王朝的、希伯来人的、穆斯林的建筑等大量覆盖的重新记录,定出的规则就是把这些作为以色列开放文化的一个方面去构设和容忍,但要断言以色列的国族卓越性,方法是打击犹太教正统派不赞同现代犹太复国主义的观念,甚至使耶路撒冷变成更加犹太民族的场所。[24]

阿布·艾尔-哈吉对以色列考古学的仔细解构,也是一段记录否定阿拉伯巴勒斯坦的历史,这段历史出于显而易见的理由一直认为不值得得到类似的考察。但在八十年代的以色列,随着后犹太复国主义修正历史的出现,同时过去二十年来巴勒斯坦考古学作为解放斗争中的一种常规工作也在逐渐兴起,于是那种只认《圣经》考古的"遗产模式"态度受到了挑战。但愿我有时间在这里讨论这个问题,并讨论将以色列和巴勒斯坦历史分开的民族主义论点是如何开始影响在约旦河西岸考古学上争议的,还可以讨论比如巴勒斯坦人关心的大量丰富积淀的村落历史和口述传统是如何潜在改变现存物件之地位的,这些物件有最终进博物馆的过时的碑石和文物制品,有得到批准的历史主题公园,也有仍在继续的原住民生活的留存和可持续的人类生态系统中巴勒斯坦人鲜活的实践。[25]

民族主义者的议题其实彼此都很相似,特别是领土争端中不同阵营对峙,双方都会在可延展的活动中寻找合法性,比如重新塑造过去和发明传统。阿布·艾尔-哈吉因此很确当地指出,尽管到处都流行支持推行各种科学联合的教化,但它们的实际运行都在各行其是。你很快就意识到在以色列和巴勒斯坦背景下的考古学根本不是同一学科。对一个以色列人来说,考古学要在实质上体现以色列国内的犹太身份,并使某一类型的殖民定居点合法化(也即是说,一个地上的事实);对一个巴勒斯坦人来说,考古学必须受到质疑,这样赋予其某种科学的纯种谱系的那些"事实"和惯用做法才能向其他历史和声音多样性的存在环境敞开检验。分隔(1993年奥斯陆协议后进程之所见)并未消除两个竞争的民族叙事之间的对抗:反而倾向加大了一方与另一方的不兼容性,从而增强了丧失的感受并使冤屈不平的清单不断变长。

最后让我回到弗洛伊德和他对非欧洲人的兴趣所在,因为这与他试图重建最初犹太身份的历史有关。我被强烈吸引的部分是弗洛伊德似乎做了某种特殊努力,永远不去削弱或贬低摩西是一个非欧洲人的事实——尤其是,在他论辩的措辞中,当现代犹太教和犹太人主要被认定为欧洲人的时候,或至少属于欧洲而不是属于亚洲和非洲的时候。我们不禁要再问一次:为什么?当然弗洛伊德并没有像几十年后法农和欧洲中心论的批评者那样把欧洲想成有毒害性的殖民势力,除了他关于给予犹太人纪念遗址过度重视会激怒巴勒斯坦阿拉伯人这类先知般的评论外,他根本不可能知道1948年后会发生什么——巴勒斯坦人逐渐看明白了,那个来自海外攫取了他们的土地并在其上定居的民族和来到阿尔及利亚的法国人是一样的:他们是欧洲人,比当地非欧洲人的原住民有更高等的权利拥有这片土地。除了极为短暂的时刻,弗洛伊德也并没有停下来想一下,那些命定为非欧洲人的阿拉伯人强烈并常常是暴力的反应,多大程度上有可能是一直以来犹太复国主义运动强行推进代表犹太身份在犹太教的民族主义实现的原因。他景仰赫茨尔,但我认为在犹太复国主义这个问题本身,应该说他大部分时候都是犹豫踟蹰,的确也是模棱两可的。从一种工具的观点看,摩西必须是一个非欧洲人,这样因为谋杀了他,以色列人在他们的海外重建以色列伟大冒险进程中才有可以压抑的东西,也才有可以回忆、提升并使之精神化的东西。这是一种解释方法,解释耶路沙尔米口中的弗洛伊德永无止境的犹太教为何物:被迫记住那些不得轻易相忘的情事,然而这种巨大压力也令以色列人更坚强有力。

但我觉得这不是唯一的解释选项。另一个更像世界大同的解释是艾萨克·多伊彻(Isaac Deutscher)提出的非犹太化的犹太人概念。多伊彻认为在犹太教中一个主要的反对传统是由旁门左道的思想家,如斯宾诺莎、马克思、海涅、弗洛伊德这样的人构成的;这些人是先知和叛逆者,他们最早受到自己人迫害并被逐出教门。他们的观念对社会形成有力批判;他们是悲观主义者,相信科学定律支配人类行为;他们的思维是辩证的,现实在他们头脑中呈动态而非静态,而且人类现实对于他们来说(比如弗洛伊德就认为)典型的是些感觉平均的普通人(homme moyen sensuel),"这些人的欲望和渴求,忌惮和抑制,焦虑和困境,本质上是一样的,无论他属于何等种族、宗教、国家";他们"一致同意道德标准的相对性",不会赋予某个特定种族,或文化,或上帝去垄断理性或德性;最后多伊彻说,他们"相信终极的人类团结",即便在二十世纪晚期我们时代的各种恐怖事件迫使犹太人拥抱民族国家理念(这是"犹太人悲剧悖谬地圆满实现");即便如此,作为犹太人,他们一度传道建立"平等的国际社会,这样犹太人得以摆脱所有犹太的和非犹太的保守传统和民族主义"。[26]

弗洛伊德与他自己的社群中正统派的不适关系很大程度上是多伊彻已经详尽描述了的观念体系的一部分,但他没有提及一个我认为是重要的元素,即它的无法挽回的离散的、无家可归的特征。这个主题已被乔治·斯坦纳(George Steiner)以极大的热忱颂扬了多年。但我想说多伊彻忽略这个问题也是情有可原的,因为这不必看作是一个仅为犹太人所独有的特征;在我们大规模人口迁移的年代,这个难民、流亡者、驻外工作者和移民的年代,这种特征可以被识别为某个人身上四海为家的、漂泊流浪的、无法决定的、世界主义的潜质，他或她之于其社群，既在其内，又在其外。如今这是一种相对广泛的现象，尽管大家对这种环境意味着什么的理解莫衷一是。弗洛伊德从一个犹太人的观点出发，对非欧洲人这个问题的深入思考和坚持，我认为提供了一幅值得佩服的简笔略图，它必然带有的要素，是通过某种方式拒绝将身份归结为民族主义群体或宗教群体的某个部分，的确很多人拼死都想参与到群体中。更大胆的是弗洛伊德的洞见所给出的深刻例证，这个洞见认为即便是最适合定义、最容易辨别、最坚固的共有身份——在他具体来说即犹太人的身份——都有各种内在局限，防止它被完全合并为单一身份，也就是说变成唯一的身份。

弗洛伊德所言那些局限的象征是：犹太身份的创始者本人是非欧洲裔的埃及人。换言之，身份不能仅仅通过其本身受认定或起作用；若无那个将不会受到压抑的根本的本源断裂或错误，身份本身便难以构成，甚至难以想象，因为摩西是埃及人，因此总是处于这个内部有如此多人认同、受苦——日后也许还会庆祝胜利——之身份的外部。这一思想的力量，我相信，在于它在深陷困扰的其他身份中也能清晰得到表述和证明——并非通过提供镇痛剂，比如容忍和同情，而是把它（身份）当作棘手的、失能的、破坏稳定的世俗的伤口来认真处理——这是世界主义者的本质，有可能无法从中痊愈，无法获得果断或斯多葛式的平静状态，甚至无法在其自身之内达成乌托邦式的和解。弗洛伊德说这是一个必要的心理实验，但问题是他没有片言只语提到这种状态要容忍多久，或恰当地说，它是否有过真实的历史——考虑到历史总是事后形成的，而且极为常见的是它或推翻或压抑了那个错误。于是弗洛伊德留给我们的问题是：这样一种全无定见的、极度不明确的历史难道曾经被人记载过吗？用什么语言、什么类型的词汇？

它是否能激发流散生活的政治环境？它是否能在犹太人和巴勒斯坦人双民族国家的土地上终究成为不那么摇摇欲坠的基础，使以色列和巴勒斯坦都互为其中的组成部分而不是互为各自历史和潜在现实的宿敌？我本人信以为然，不仅因为弗洛伊德不确定的身份感的垂范果实如此丰硕，同样也因为他矻矻以求阐明的这种状况其实在非欧洲人的世界中比他猜测的更普遍。

选自《弗洛伊德与非欧洲人》

22

尊严与团结

（2003）

《尊严与团结》最初为2003年提交给华盛顿特区美国-阿拉伯反歧视委员会的一份讲座报告，后发表在2003年7月2日的《生活报》上。在这篇论文中，萨义德痛切而深刻地反思了蕾切尔·科瑞（Rachel Corrie）之死，这位美国活动家同年早些时候在加沙地带为保护一户家庭的房屋不受拆除而被以色列推土机司机杀害。这篇论文是对勇气和承诺的深入思考，也是萨义德本人2003年9月25日去世前最后发表的文章之一。

五月初，我在西雅图讲学数日。其间一晚我与蕾切尔·科瑞的父母和妹妹共进晚餐，他们都还深陷蕾切尔3月16日倒在加沙一台以色列推土机下遇害的震惊之中。科瑞先生告诉我，他本人也开过推土机，但故意杀害他女儿——当时蕾切尔正勇敢地试图保护拉法赫一户巴勒斯坦的人家不被拆毁——的推土机是卡特彼勒公司专为拆除房屋而设计的重达六十吨的庞然大物，比科瑞先生见过或开过的任何机器都要远远大得多。与科瑞先生一家这次短暂见面中两件事给我留下深刻印象。一是他们讲述的带着女儿遗体回到美国之后的故事。科瑞夫妇当即找到本州的美国参议员、同为民主党人的帕蒂·默里和玛丽亚·坎特韦尔，告诉了她们这件事，她们果然表示出震惊、激怒和愤慨，并承诺进行调查。但两位女士回到华盛顿后，科瑞夫妇就再也没有听到她们的消息，承诺的调查石沉大海。正如预料中的那样，以色列院外活动集团向她们解释了现实问题，两位女士就这样偃旗息鼓了。一位美国公民被美国庇护国的士兵肆意杀害，官方一个过问的动作都没有，甚至连承诺她家人所要进行的礼仪形式的调查都免了。

第二件事，也是蕾切尔·科瑞故事中更重要的部分，是这位年轻女性行为本身同时体现出的英勇与尊贵。她在西雅图以南六十英里的小城市奥林匹亚出生和长大，参加了国际团结运动组织（International Solidarity Movement），并奔赴加沙支持那些于她素昧平生、正在受苦受难的人。她给家里的通信是真正不一般的文件，记录了她的朴素人性，读来令人既难过又感动，特别是她讲述遇到所有巴勒斯坦人对她展示的善意和关心，他们都欢迎她，把她当自己人，因为她和他们同吃同住，分担他们的生活与忧虑，她还讲述了以色列占领带来的各种恐惧，以及对即使是最小的孩童造成的后果。她理解难民的命运，并认为将这个特殊群体的人逼到几乎无法生存的地步，是以色列政府某种种族灭绝的险恶企图。她与难民休戚与共的行为令人动容，以致一个名叫丹尼的不愿服役的以色列后备役军人写信给她说："您正在行一桩义举，我为此感谢您。"

她的家书后来被伦敦的《卫报》刊载，贯穿所有这些信件的闪光点是巴勒斯坦人民作出的令人惊叹的抵抗，这些水深火热中的普通人，忍受着痛苦和绝望，依旧继续生存着。我们近来耳旁萦绕的是路线图与和平前景，但我们忽略了最基本的事实，那就是巴勒斯坦人拒绝投降或屈服，尽管他们身处美国和以色列这两股强大合力施与的集体惩罚之下。正是这个了不起的事实，路线图和之前所有各种所谓和平计划才得以存在，而完全不是美国和以色列以及国际社会被说服出于人道主义必须制止杀戮和暴力。尽管这些抵抗出现失败和错误，但如果我们看不到巴勒斯坦抵抗这个真相（我指的抵抗绝不是有害无利的自杀式炸弹袭击），我们就什么都没看到。巴勒斯坦人对犹太复国主义者的计划永远是个问题，所谓的解决方案一直都只是建议如何将减轻问题，而不是解决问题。以色列的官方政策,不论阿里埃勒·沙龙是否使用"占领"这个词,或是否拆除了一两个锈蚀废弃的塔楼,他从来都拒不接受巴勒斯坦人民和他们处于同等地位这样一个现实,也从来不承认巴勒斯坦人的权利一直遭受以色列的恶劣侵犯。这么多年来,诚然有几个勇敢的以色列人试图面对这类被外掩藏的历史,但大部分以色列人,包括似乎属于美国犹太人中的多数,都竭力拒绝、回避或否定巴勒斯坦的实际状况。这就是为什么没有出现和平的原因。

再者,路线图只字不提正义,不提长久以来强加于巴勒斯坦民族的历史惩罚。蕾切尔·科瑞在加沙的工作所承认的,恰恰是巴勒斯坦人民厚重浓密的鲜活历史,他们是一个民族共同体,而不只是一群无家可归的难民。她与之站在一起的也正是这个民族共同体。我们有必要记住这一类的休戚与共不再局限于少数零星出现的勇敢的灵魂,而已经受到全世界的承认。过去半年中,我在四大洲为数千人举办过讲座。把他们联系在一起的,是巴勒斯坦和巴勒斯坦民族的斗争,现在这是一个解放和启蒙的象征,无论他们的敌人如何处心积虑诽谤他们。

一旦真相大白,就会立刻出现承认巴勒斯坦人代表的巴勒斯坦正义事业和英勇斗争并对其表达最深切的支持。巴勒斯坦分别成为今年阿雷格里港(Pôrto Alegre)反全球化会议和达沃斯和安曼会议上的中心议题是件非同寻常之事,这些会议涉及世界政治光谱的两极。大部分美国人对阿拉伯人和巴勒斯坦人的评价很差事出有因,我们的美国公民同胞都被媒体提供的某种令人发指的偏见的膳食喂哺着,充满无知和歪曲——媒体在描写可怕的自杀式袭击时,从来不提占领这件事,从来不提以色列建造的二十五英尺高、五英尺厚、三百五十公里长的隔离墙,它甚至从未出现在美国有线新闻网或电视联播的镜头里(那份路线图里死气沉沉的文字更是只字不提,哪怕一笔带过也不会),而且每日新闻中从来不播报以色列的战争罪行,从来不提他们强加在巴勒斯坦平民头上的无缘无故的摧残和羞辱、身体伤害、房屋强拆、农业破坏等等,乃至死亡,这些苦难的场景实实在在是司空见惯的。说到底,请记住所有主要的新闻媒体机构,从左翼自由派一直到极右翼,在反阿拉伯人、反穆斯林、反巴勒斯坦人方面如出一辙。看看这场既不合法又不正义的攻打伊拉克战争的造势中媒体有多懦弱,涉及因制裁对伊拉克社会造成巨大破坏的新闻报道微乎其微,相对于世界范围铺天盖地的反战言论,这方面的报道也是少之又少。除了海伦·托马斯,几乎没有一个新闻记者在战前批评政府就伊拉克对美国构成紧迫的军事威胁这件事编造了离奇的谎言和炮制了东拼西凑的"事实";而同一批政府宣传官员之前愤世嫉俗地杜撰和操纵关于大规模杀伤性武器的"事实"现在已经忘得差不多或因不重要而不甚了了,在严肃的报刊讨论伊拉克人民目前身陷由美国不负责任地一手制造出这种根本不可原谅的糟糕局面时,这些人将责任全都推得一干二净。无论人们在其他问题上如何怪罪萨达姆·侯赛因是个恶名昭彰的暴君,他是暴君,这不假,但他为伊拉克人民提供了所有阿拉伯国家中最好的基础设施,如水、电、医疗、教育等等。现在这一切都荡然无存。

所以这一切都不足为怪——因为批评以色列对巴勒斯坦手无寸铁的无辜平民每日犯下战争罪行会顶着貌似反犹罪名的惶恐,或批评美国政府发动不合法战争及其恶劣的军事占领会被扣上"反美"帽子,以伯纳德·刘易斯和丹尼尔·派普斯等极为保守的宣传家和东方学家为首的恶意媒体和政府发起对阿拉伯社会的、文化的、历史的、心理的攻击阵势唬住了我们太多的人,令他们相信阿拉伯人真就是一个落后的、无能的和命定失败的民族,而且因为民主与发展的失败,这个世界上唯有阿拉伯人行动迟滞,跟不上时代,无法进入现代化,抱残守缺。正是在这里,必须调动尊严和批判性历史思维,看清什么是真相,什么是宣传。

没人否认如今大多数阿拉伯国家仍在不受欢迎的政权统治下,为数众多贫穷弱势的阿拉伯年轻人受到原教旨主义宗教各种冷酷无情的影响。但如果像《纽约时报》常说的那样,阿拉伯社会受到绝对控制,没有发表意见的自由,没有民事机构,没有民治民享的正在运作的社会团体,则纯属谎言。尽管有新闻法,你今天仍可以在安曼市中心买到共产党的报纸,也可以买到伊斯兰教的报纸;埃及和黎巴嫩有各种各样的报纸和期刊,引起的争鸣讨论远比我们认为这些社会具有的能力要大得多；卫星频道里播出五花八门的观点，令人目不暇接；在许多层面都与社会服务、人权、联合组织、研究院有关的民事机构，很可能遍布整个阿拉伯世界。我们距离民主的合宜水平还有很长的路要走，但我们正在途中。

仅在巴勒斯坦，就有超过一千个非政府组织，正是这一份生命力和这一类活动使得社会不断向前，尽管美国和以色列日复一日竭尽各种手段对其进行中伤、阻止或损毁。巴勒斯坦社会在最恶劣的环境下从未被打垮，也从未完全破碎。孩子仍旧上学，医生和护士仍旧救死扶伤，男男女女仍旧做工，各种机构仍旧召集会议，人们仍旧过日子，这对于沙龙和其他一心想要将巴勒斯坦人囚禁起来或驱逐出去的极端主义者来说不啻一种冒犯。军事解决方案至今行不通，将来也行不通。为什么以色列人看清这点这么困难？我们必须让他们明白这个道理，但不是通过自杀式炸弹，而是通过各个地方理性的辩论、大规模的温和抵抗以及有组织的示威。

我想说明一点，我们应该以更具比较和批判的方法来看待广义的阿拉伯世界，尤其是巴勒斯坦，而完全不是像刘易斯《哪里出了错？》（*What Went Wrong?*）这本态度轻蔑的浮议之书和保罗·沃尔福维茨（Paul Wolfowitz）关于将民主引进阿拉伯和伊斯兰世界的无知说辞暗示的那样。无论对阿拉伯人的其他描述有多站得住脚，他们作为一个真实民族生活在形形色色正反意见的真实社会里，是有一种活跃的动力在起作用的，不能轻易被丑化为一群激愤盲从的暴徒。巴勒斯坦人为正义而战这件事，特别需要人们表达的是团结，而非没完没了的批评，使人烦躁和困顿的灰心，和造成破坏的分裂。记住拉丁美洲、非洲、欧洲、亚洲、澳洲各地的团结，还要记住尽管面临艰难险阻，许多人都投身了一项事业。为什么？因为这是一项正义的事业，一个崇高的理想，一种对于平等和人权的道德求索。

现在我来谈谈尊严，在历史学家、人类学家、社会学家和人文主义者所知的每一种文化中，尊严当然都有其特殊地位。我首先直截了当地说，认为阿拉伯人不如欧洲人和美国人，他们没有个体意识，不尊重个人生活，没有表达爱、亲密关系和理解的价值观，认为上述这些特质只有经历了文艺复兴、宗教改革、启蒙运动的欧洲和美国文化才独享，这是一种根本错误的东方主义甚至种族主义的命题逻辑。此类人中，庸俗空泛的托马斯·弗里德曼一直在兜售这套垃圾，可叹的是一些同样无知和自欺的阿拉伯知识分子也拾人唾余——我在这里就不指名道姓了——这些人把"9·11"暴行看作一个标志，认为阿拉伯和伊斯兰社会某种意义上比其他社会都更病态、功能更失灵，而恐怖主义就是这个比其他文化扭曲得更厉害的标志。

我们可以一边倒地说在伊斯兰世界和欧美世界之间，二十世纪以来是欧美造成了人数最多的暴力死亡，伊斯兰世界只占很少一部分。在这一切似是而非的、不符合科学精神的关于错误文明和正确文明的奇谈怪论背后，笼罩着塞缪尔·亨廷顿这位了不起的假先知的荒诞阴影，他令很多人相信世界可以被分为永远相互攻讦不止的各各不同的文明。相反，亨廷顿提出的每个观点都大错特错。没有一种文化或文明可以独立存在；没有一种文化或文明的组成元素诸如个体性和启蒙思想等等是完全排他的；也没有一种文化或文明可以离开诸如社群、爱、生命价值以及所有其他的人类基本特征而存在。认为相反的论点，如亨廷顿之所谓，就与令人反感的纯粹种族主义者所辩称的非洲人天生智力低下，亚洲人天生带着奴性，欧洲人天生是个优秀种族等等同属一个类型。这也是当今时代独特地导演成针对阿拉伯人和穆斯林的一出希特勒学说的讽刺剧，我们一定要非常坚定，甚至不能和稀泥地反驳。那些说法纯属一派胡言。与之相对的是可信而严肃得多的契约，即和其他每个民族的生活一样，阿拉伯人和穆斯林的生活也有着内在的价值和尊严，这些价值和尊严通过阿拉伯人和穆斯林独特的文化风格得以表达，而这些表达不必与他人相似，也不必成为一个公认适合每个人效仿的范本。

关于人类多样性的整个要点，归根结底是个体性与经验性极为不同模式之间的一种深刻的共存形式，它们不能全然被还原为一种更优越的形式：哀叹阿拉伯世界的发展和知识缺失，是学究们强加给我们的不实之词。不妨看一眼从摩洛哥到波斯湾由阿拉伯人创造并为阿拉伯人创造的种类繁多的文学、电影、戏剧、绘画、音乐和流行文化。无疑，那也应该成为评价阿拉伯人是否发展成熟的一项指标，而不是根据任意一天工业生产的数据表来判断这是一个发展的合适水平还是落后失败。

然则我想强调的更重要的一点，是今天我们的文化和社会与目前统治这些社会的一小部分人之间存在巨大的分歧。偌大的权力如此集中在不同的国王、将军、苏丹和总统这样极少数人手里支配着阿拉伯人的命运，这在历史上很罕见。最糟的是作为一个集团，他们几乎无一例外地无法成为最好的民众代表。这还不仅仅是一个缺乏民主的问题。这关系到他们从根本上低估了他们自己与本国人民，因为他们与人民隔绝，使他们变得不能容忍变革、担心变革，惧怕向民众开放他们的社会，最令他们惊恐的，是不小心得罪了他们的老大，即美国。他们不是将自己的公民看作潜在的国家财富，反而将他们全都看作争夺统治者权力的罪恶同谋。

这才是真正的失败，在针对伊拉克人民发动的那场恐怖的战争中，没有一个阿拉伯领导人能够充满自尊和自信地对最重要的阿拉伯国家之一遭受掠夺和军事占领这件事表态。不错，萨达姆·侯赛因可怕的政权不复存在，这是件大好事，但谁任命美国来当阿拉伯人的导师？谁要求美国据称是代表阿拉伯公民接管阿拉伯世界，并带来所谓"民主"，尤其是当美国的学校系统、医疗保健系统和整个经济都退步到1929年大萧条以来最差水平之际？为什么阿拉伯人没有集体发出声音反对美国明目张胆的非法干预，令其对整个阿拉伯民族造成如此伤害并引发如此屈辱？这的确是勇气、尊严、自我团结的一次重大挫败。

布什政府口口声声说如何受全能的神指引，有没有一个阿拉伯领导人勇敢站出来说，作为伟大的民族，我们也受我们自己的思想、传统和宗教指引的吗？可惜没有，没有只言片语，眼睁睁看着可怜的伊拉克平民经历骇人听闻的苦难，这个地区的其余部分都在集体颤抖，每个人都深恐下次轮到他的国家遭殃。上周主要阿拉伯国家的领导人联合拥护乔治W.布什，而此人发动的战争无端摧毁了一个阿拉伯国家，这是何等的不幸。那些人中就没有一个有胆识提醒乔治W.布什，他的所作所为比他的所有前任都使阿拉伯人民屈辱、遭受更大苦难吗？难道总是应该向他致以拥抱、微笑、亲吻、深深鞠躬？在约旦河西岸和加沙维持的反侵占运动所需的外交、政治、经济援助去了哪里？人们听到的，反而都是外长们在训导巴勒斯坦人，要他们谨言慎行，避免暴力，保持和谈，尽管有目共睹沙龙的和谈兴趣差不多就是零。这些阿拉伯领导人对隔离墙，对暗杀，对集体惩罚都不能做出一致回应，说的只是些陈词滥调，重复着美国国务院核准的那套千疮百孔的方案。

也许一件事使我意识到阿拉伯国家无力把握巴勒斯坦事业的尊严已经到了一个低点，这反映在巴勒斯坦民族权力机构目前的状态上。阿布·马赞（Abu Mazen），这个在本族民众中几乎得不到什么政治支持的次要角色，被阿拉法特、以色列和美国选中任职，恰恰因为他没有选民，他既非演说家，又非出色的组织者，除了对亚西尔·阿拉法特言听计从，其他什么都说不上，而且他们选中他恐怕还因为他会听命于以色列。在亚喀巴（Aqaba），阿布·马赞怎能站在那里宣读由美国国务院某个官僚替他写的讲稿，像个做口技表演的木偶，讲话中可敬地谈到犹太人的苦难，但令人惊诧的是接下来他闭口不言以色列施与自己民族的苦难？他怎能让自己接受如此无尊严、受操纵的角色？他又怎能仅因为美国和以色列叫他必须如何，他就忘记了作为一个为争取自己权利英勇奋斗了上百年的民族代表的自尊？而且当以色列只是说将来会有一个"临时的"巴勒斯坦国，对过去造成所有骇人听闻的损害、无数的战争罪行、令每一个巴勒斯坦男女老少遭受纯粹的虐待和系统的羞辱这一切没有丝毫悔意，我必须坦白说我完全不理解为什么那个苦难深重的民族的领导人或代表竟然对此无动于衷？难道他彻底失去尊严的感知了吗？

他是否忘记了在这个特殊的关键时刻他不只代表个人，而是肩负着本民族的命运？他完全未能在那种场合堂堂正正面带尊严，面带所在民族的经历和事业赋予的尊严，未能自豪地证明这种尊严，未能做到不妥协、不含糊，未能放弃巴勒斯坦领导人惯常在乞求某些完全不值当的白人大爷施予一星半点恩惠时表现出半是窘迫、半是赧然的态度——有谁能对这一切不感到深深失望？

可惜那就是巴勒斯坦统治者自从奥斯陆协议以来的行为举止，其实自从阿明·侯赛尼以来就已经是这样了，结合的是一种不当少年挑衅和哀怨恳求。这些人究竟为什么总认为非得读由他们的敌人为他们撰写的讲稿不可？作为在巴勒斯坦、在整个阿拉伯世界以及在美国的阿拉伯人，我们生活的基本尊严在于我们属于自己的人民，继承了一份文化遗产、历史、传统，尤其是有一种足以表达我们真正抱负的语言，而这些抱负源于1948年以来强加于每个巴勒斯坦人身上那种流离失所、饱经沧桑的体验。我们没有一位政治发言人——阿卜杜勒·纳赛尔时代以后整个阿拉伯世界都是如此——能够充满自重与尊严地说出我们是什么、我们要什么、我们做了什么以及我们欲向何处去。

诚然，形势在一点一滴发生变化，那个由阿布·马赞们和阿布·阿马尔（阿拉法特）们组成这个世界的旧政权正在过去，将来逐步取而代之的，是整个阿拉伯世界一批新崛起的领导人。最瞩目是组成巴勒斯坦民族倡议组织（Palestinian National Initiative）的成员；他们都是草根活动家，他们主要的工作不是把文件堆在办公桌上，不是操纵银行账户，也不是招徕记者关注，他们是各行各业的专职人员、工人阶级、年轻的知识分子和社会活动家、教师、医生、律师——维持社会运转的劳动人民，同时抵御以色列的日常进犯。其次，这些人投身的民主和大众参与是巴勒斯坦民族权力机构未曾想象到的，民族权力机构的民主理念无非是本身的稳定和安全。最后，他们向失业人群提供社会服务，向未投保者和贫困人群提供医疗保健，向必须接受现代世界各种现实的新一代巴勒斯坦人提供适当的世俗教育，而不是只守着昔日世界的珍异价值。对于实现这些计划，巴勒斯坦民族倡议组织约定，摆脱占领是唯一出路，为臻此目的，必须自由选举一个全国性有代表意义的统一领导以更替过去百年中一直困扰巴勒斯坦领导人的裙带关系、作风陈腐和效率低下。

我们只有以阿拉伯人和美国人的身份自我尊重，理解我们斗争的真正尊严和正义，只有在那时我们才能充分领会为什么全世界这么多人，包括蕾切尔·科瑞和一起受伤的其他两位国际团结运动组织的年轻人汤姆·赫恩道尔和布莱恩·艾弗瑞,几乎不由分说地感到要和我们团结在一起。

我在结尾最后再用一次反讽。巴勒斯坦和阿拉伯人接收到的一切广泛的团结迹象都是我们自己团结和尊严显示的迹象所比不上的——其他人佩服我们、尊重我们远胜于我们佩服自己、尊重自己——这是不是件令人讶异的事?现在是不是到了一个时刻,我们应该了解自己的处境,确保我们在世界各地的代表都能首先认识他们正在为一个公义和崇高的事业奋斗,他们不必感到歉然或赧然?相反,他们应该为他们的人民骄傲,也为能成为这样的人民的代表骄傲。

选自《从奥斯陆到伊拉克及路线图》

23

回归历史语言学

（2004）

　　萨义德的《回归历史语言学》原为他在哥伦比亚大学莱昂内尔·特里林讲座系列中的一部分（整个讲座是关于人文主义主题的，共分三讲，此为最后部分）。萨义德此稿略微作了修改，提到了"9·11"和伊拉克战争等事件。这篇文章之所以重要，是因为它具体展示了萨义德投身人文主义的范围，而一些批评家错误地认为他的人文主义之根与东方主义是同构的，同属他在《东方学》和其他地方撰文讨论的欧洲思维影响力。这部分讲座内容在萨义德去世后作为《人文主义与民主批评》的第三章出版，清楚包括了非欧洲的历史语言学根源，特别聚焦于伊斯兰圣书典籍解释学的历史。在这个问题上，萨义德远非建议我们回到福柯和其他人已经显示为对普世人类解放而言不完备的欧洲中心论的人文主义。萨义德呈现的，是艾米莉·阿普特（Emily Apter）所评述的各种未来人文主义的姿态，在引用非欧洲历史语言学传统的解释策略的同时，也拒绝来自该传统一切形式的宗教教条、正统观念、东方主义的和反犹主义的假设。

　　与人文主义有关的学识分支中，历史语言学差不多算是最不时髦、最不性感、最不现代的，而且在二十一世纪之初，也最没可能出现在与生活实用性相关的人文主义讨论中。但我暂且令这沮丧的念头搁置一旁，尝试以昂扬的态势进入我的主题，也希望你们的耐力够强。我想先提一件事或有助于降低将历史语言学看作过时的古董学科那种不受待见念头的抵触情绪，过去一百五十年间西方思想家中也许是最激进和智识上最大胆之人尼采就首先是一位历史语言学家，而且他也向来如此自我标榜。这应该立刻消除历史语言学作为一种极端保守学识形式的残留概念，即体现于乔治·艾略特《米德尔马契》中卡苏朋学究的人物特征——无生气，无效用，与生活完全脱节。

历史语言学，按字面的解释，就是对文字的热爱，但作为一个学科，它于不同时期在所有主要的文化传统中都获得了某种准科学的智识和精神上的声望，包括形成我自己发展框架的西方和阿拉伯-伊斯兰传统。只需简单回忆一下，在伊斯兰传统中，知识是以对语言的一种历史语言学式的关注为前提的，它首先从《古兰经》，非创造的上帝话语开始（的确"古兰"这个词的本义是阅读），而后通过海利勒·伊本·艾哈迈德（Khalil ibn Ahmad）和希伯维（Sibawayh）的科学语法出现，再到伊斯兰法学（fiqh）以及法学解释学（ijtihad）和阐释（ta'wil）的分别出现。后来，语言解释学（fiqh al lugha）的研究在阿拉伯-伊斯兰文化中兴起，具有与伊斯兰学问的实践同等可观的重要性。所有这一切都牵涉给予作为关联的语言一种详尽的科学关注，在此关系中一个种类的知识完全受限于语言发挥了什么作用和没有发挥什么作用。我在上一讲提到，支撑着人文主义教育系统的某种阐释科学的整合本身，到十二世纪就已经在南欧和北非的阿拉伯大学里建立起来了，远远早于基督教西方的对应部分。相似的发展也出现在与犹太教传统紧密关联的安达卢西亚、北非、地中海东部沿岸、美索不达米亚。在欧洲，詹巴蒂斯塔·维柯的《新科学》（1744）在某种历史语言学的英雄主义基础上发起了一场阐释的革命，其结果是要揭示，如同尼采一个半世纪后说的那样，与人类历史有关的真相是"一支隐喻和转喻的机动大军"，它们的意义是以文字形式作为现实的载体通过阅读和阐释行为得到不断解码，那是一个隐匿的、误导的、抵抗的和困难的现实。阅读的科学，换言之，对人文主义知识是至关重要的。

爱默生提到语言时说它是"化石诗",或如理查德·波里尔将这个概念阐述为"在语言中可以发现那种原始生长力量的痕迹,我们凭借这种力量将自己塑造成自然中独一无二的形态"。(135)波里尔接着又说:

当爱默生在[他的随笔]《论谨慎》中说,"我们靠志向和对抗来写作,也靠经历来写作",他的意思是说我们有志于说一些新东西的时候,手头的材料表明不论我们说什么,都只能因其相对熟悉而被人理解。我们于是与语言惯例发生了对抗,即使我们需要这些惯例[需要理解它们如何运作,要达此目的,非专注的历史语言学阅读不办]。的确,那些要求我们服从的社会和文学形式,本身也都产生自对更早时代惯例的抵抗。甚至现在看来那些已经疲弱或废弃的文字,我们还是能在其中发现它们曾经注入的转型欲望。任何文字,在它林林总总乃至自相矛盾的意义中,都可以看出早前相反用法的证据,正是这种情况鼓励我们再度转向它们,改变它们的意义,或令它们的转义继续向前推进。(138)

一种真正的历史语言学阅读是积极的;它事关进入本已以文字形式存续的语言进程内部,并使其揭示先于我们的任何文本中可能处于隐匿状态的、不完整的、被遮蔽的、被歪曲的意义。以这种观点看待语言,于是乎,文字就不再是消极的标识或能指,低调地替代更高层面的现实;而是现实形成本身不可或缺的部分。波里尔在更早前的论文中说:

文学对我的注意力发出最强的吁求,因为与其他任何艺术形式或表达形式相比,它更能通过某些大家共享的东西,某些人人都在日常生活行为中使用的东西,且某些在自身范围内承载着微妙却能观测的东西,它的语汇和句法,一个社会中属于社交、政治和经济活动的居支配地位的预设等等,展示什么能够创造出来,什么能够加以利用……但[不似音乐、舞蹈、绘画或电影等作品]文学就其原则或主要资源依赖的各种素材必须以完全群聚性的方式与整个社会及其历史共享。没有什么比文字对我们的影响，以及反过来我们可能对它们的影响教给我们更多，我们对它们的影响也许会修改万物的秩序，而文字正是依靠万物秩序决定它们的意义的。留给文学的特殊礼遇，是它邀请读者进入一段与文字的辩证关系，其强度非其他形式所允许。(133—134)

从这一切很明显看到阅读是不可免除的行为，是最初始的姿态，没有阅读，历史语言学就没有可能。波里尔简单而高妙地指出，文学通过传统惯例和原始创作这两者，比社会上任何地方都更善将文字进行复杂和幽微的运用。我认为他这么说一语中的，所以接下来我将保留他的这个概念，即文学提供了我们拥有的现役文字的最强范例，并且因此——出于形形色色的理由——成为文字实践最复杂和有回报的形式。最近在思考这件事的过程中，我发现美国各个地方的文学教授中都遇到了惊人的反对声浪，正像存在性别歧视、精英主义、年龄歧视、种族主义，也有一种应受谴责的东西叫作"阅读主义"(readism)，即阅读被如此严肃和幼稚地看待，以致构成了一种根本缺陷。于是按此论点，一个人不应被阅读欺骗，因为读得过细，便会被影响力和权威的结构误导。我发现这个逻辑（如果的确有逻辑的话）非常诡异，倘若它本意是想带领我们以自由的方式摆脱向权威卑躬屈膝的态度，那么我只能说，呜呼，这是另一头愚蠢的喀迈拉嵌合怪物。只有阅读行为变得越来越细，像波里尔所建议的，越来越专注，越来越广泛，越来越容易被人接受和遭遇抵抗（但愿我能生造出一个词表达这两重意思），才有可能为人文主义提供对其核心价值充分演练的机会，特别是考虑到我在上一讲中谈到的人文主义已经发生变化的情况下。

对于一位文本读者，从快速、表面的阅读一下子跳到有关权力庞大结构的一般乃至具体的声明，或（对那些相信文学使你变好的人而言）跳到有益救赎的不置可否的治疗结构，都等于放弃了所有人文主义实践的长久基础。那个基础，本质上就是我一直称之为历史语言学的方式，亦即对文字和修辞风格细致的、耐心的审读，以及对它们的终生专注，语言即以此方式得以被生活在历史中的人类使用：于是有了我所用的"世俗的"（secular）一词，以及"尘世"（worldliness）一词。我们藉这两个概念考虑的，不是永恒稳定或因超自然形成的价值体系，而是人文主义实践不断变化的基础，关乎当今在新世纪扑面而来的价值观和人类生活。再次借用爱默生和波里尔，我想论证阅读涉及当代人文主义者两项非常关键的活动，我称之为接受和抵抗。接受，是使自己有见识地服从文本，并在一开始暂时将它们当作不连贯的对象（因为这是最初遭遇它们的状态）；然后，从这个状态出发，凭着扩展和厘清在文本中存在的那些常常显得扑朔迷离或藏而不露的架构，进入它们的历史情境，它们的态度、情感和修辞的特定结构与它们语境中某些潮流、某些历史和社会的系统表述剪不断理还乱的方式。

只有以其全部复杂性并带着变化的批判意识（我在上一讲对此有过描述）接受文本，人们方能以整体和综合的方法从特殊过渡到一般。因此对文学文本的仔细阅读，无论读一部小说、一首诗、一篇论文或一出戏剧，实际上都将逐渐确定该文本在其时代中的位置，它是整个关系网中的一部分，这些关系网的轮廓和影响都在文本里扮演了传递信息的角色。并且我认为有必要说，就人文主义者而言，阅读行为因此首先也是将自己设身作者位置的行为，对于作者，写作是以文字表达的一系列决定和选择。毋庸讳言，没有一个作者是完全拥有最高主权或凌驾于他或她生活的时代、地域、环境之上的；所以若人们有同情心地代入作者位置，这些因素也应该得到理解。于是，面对作者如康拉德，首先要仿佛是透过康拉德本人的双眼那样去读他的作品，也即是试图将每一个字词、每一个隐喻、每一个句子都理解为康拉德在无数其他选择的可能性中有意识地做出的这一个选择。我们当然通过看他的手稿得知他的写作和选择过程如何费尽心力和时间，因此我们作为读者也很有必要付出相当的努力，争取进入他的语言系统内部去理解为什么他要用这个特别的表述方式，理解文本被创造出来的原本面目。

请让我在这个论证过程中稍作中断，讨论一下艺术问题，因为我的学术生活大多奉献给了理解和讲授文学艺术和音乐艺术的杰出作品，同时也奉献给了参与和承担社会和政治活动的职业——这两种奉献彼此有别——作为这一类人，我发现一个人阅读的质量往往和他最初怎样读和为什么读同等重要。虽然我知道不可能在所有读者中事先建立一种关于构成一部艺术作品的约定，我在这几讲中不断论述的这一部分人文主义企划，无疑是从这个概念开始的，即每个人，不论以常规习俗、个人环境和努力，还是教育诸方面来看，都具备认识艺术品质和特性的能力，这些品质和特性即使不能完全被理解，却是可以通过阅读或体验的过程被感受的。这在我所知的每一种传统中都成立——恰似文学机制在所有传统中都存在——我想没有必要再花时间论证这个观点。我认为还有一点也是成立的：艺术作为一个范畴，在一个深刻意义上是有别于我们所有人日常平凡的生存体验的。阅读托尔斯泰、马哈福兹或梅尔维尔，聆听巴赫、埃灵顿公爵（Duke Ellington）或艾略特·卡特（Elliott Carter），与读报或你的电话公司播放的、你的医生让你在线等时听到的背景音乐是截然不同的体验。这并不是说新闻报道或政策文牍就可以浮皮潦草地读，我提倡所有这些阅读都带着专注态度，这点我稍后还会提到。但总的来说，我同意阿多诺的说法，艺术和非艺术作品之间存在一种本质上的不可调和性，这是我们作为人文主义者的工作必须维持的一个必要条件。艺术不是简单存在的：它深度存在于一种不可调解的对立状态，对立的另一边是日常生活的蹂躏，兽居之地不可控的神秘。人们可以将这种艺术的强化地位称为表演的结果、长期苦心孤诣阐发的结果（比如一部伟大小说和诗歌的结构）、别开生面的制作和省察的结果：我自己也离不开这一类艺术范畴，归根结底它提供的抵抗不仅针对我身为读者所作理解、澄清和阐释等种种努力，也是对日常经验夷平一切的压力的逃脱，而艺术又悖谬地源自日常经验的各种压力。

然而，这种艺术存在绝非意味着终极的超凡脱俗，就像一些理论家和艺术家坚持认为的那样，让艺术作品彻底逃脱有意义的讨论和历史反思。亦非如伊莱恩·斯凯瑞（Elaine Scarry）的论点所示将热爱艺术美与为人正直等同起来，尽管这个论点有诱惑力，但我仍不敢恭维。相反，重复我在《文化与帝国主义》一书中的论点，伟大作品的引人入胜之处,在于它产生了更多而非更少的复杂性,假以时日,就变成了雷蒙·威廉斯所说的一整张包含了常常是相互矛盾的文化概念之网。便是如简·奥斯汀用高超技巧编织的小说故事,也得依附于她的时代所处环境;这就是为什么她不惜笔墨提到那些龌龊的行径,比如奴隶制和争夺财产。但还是要再说一遍,她的小说永远不可能还原成为只反映社会、政治、历史和经济的影响力,而是以一种对照的方法,呈现与这些影响力的一种无法解决的辩证关系,处在一个明显有赖于历史但又不能将历史还原的位置。因为我认为我们必须假定艺术活动总有伴生的现实,如果这部分缺失,我在此涉及的人文主义类型就缺失了重要的意义,徒剩一种工具的作用。

将此称为一种特殊信念,或按我偏爱的说法,一种在创造人类历史事业时能够发挥作用的信念:对我来说,这就是人文主义实践的基础,如我方才提到,艺术的在场要求异乎寻常的仔细阅读和接受,我相信对这个问题的最好阐释可以从列奥·斯皮策(Leo Spitzer)那里以具有非常强直观性的历史语言学描述中找到。他将此接受过程描述为通过反复阅读一路披荆斩棘与作者,那个精神的词源,结合在一起。斯皮策解释必须要求学者-人文主义者-读者

> 由表及里地研究艺术作品的"内向生活中心":首先,观察关于具体作品表面现象的各种细节(一位诗人表达的"起念"也只是一部艺术作品中的表面品质之一);然后,将这些细节分组,谋求将它们整合到一种创作原则,也可能就此呈现出艺术家的灵魂;最后,作一次折返旅行,回到观察的所有其他分组,目的是评估我们临时建构出来的"内向发展形式"是否能解释作品整体。经过三到四次这样的"往返旅行",研究者就有把握表述他是否已经找到那个赋予生命的核心,即太阳系中的那个太阳[按照斯皮策的说法,这是作品的写作原则]。(19)

他稍后又说,这个过程其实是在阅读行为中发生的,在阅读时,一

个人"被细节打动,接着读者会产生一个信念,即这个细节与这部艺术品在根本上是有关联的"。(27)不能保证建立这样的关联就一定正确,没有科学证据说明必然如此。有的只是人文主义者内心的信仰,"相信人类心智被赋予了对人类心智进行探究的能力",以及相信一种持久感觉,即一个人在作品中发现的东西是真正值得探究的。而这一点,当然也不能保证,只是一种深切的主观意识,没有任何代用品、指南、权威人士能对此保证。一个人只能靠自身作决定,并为此承担责任。让我继续引一段斯皮策的话:

> 尽管我在过去岁月中积累了所有这些方法的理论经验,仍有不知几多时我茫然盯着书的一页,和我的某个初出茅庐的学生颇为相似,而书页并没有产生什么奥妙。唯一能走出这种效率低下状态的办法,就是带着耐心与信心阅读、再阅读,可以这么说,努力变得像完完全全浸泡在这部作品的氛围中。突然,一个词、一行字[或一组字词和诗行,]冷不防就跳将出来,这时我们会意识到该诗和我们已经建立了一种关系。从这个节点起,我通常会发现,随着之前一轮一轮经历的介入,随着之前教育累积起来的联想,那些后来的其他观察是如何附诸第一个观察之上的……[这里我不妨加一句,还有之前的各种承诺和习惯,其实已经将我们塑造成生活在这个社会中的公民,无论是局内人还是局外人],不需很久,那个有特色的"灵光乍现"就发生了,它表明细节和整体找到了一个公分母——它赋予了写作的词源。回顾这个过程……我们的确明白了这个道理:所有阅读都功不唐捐,努力理解会等同恍然大悟的。(27)

这段出色描写关于仔细阅读的同义反复之处,我认为正是需要强调的内容。因为阅读的过程始于读者也终于读者,而使阅读成为可能的,在于对阅读和解释作了某种不可还原的个人承诺行为,这是接受的姿态,包括向文本开放自我,同样重要的是愿意就文本的含义以及该含义本身还可能附着的意思进行有知识依据的陈述。E.M. 福斯特说,只须将某种奇妙的指令连上仔细阅读繁衍出来的陈述和意义之链。这是 R.P. 布莱克穆尔所说的将文学变成表演。而爱默生则说："每个头脑都必须清楚其本身的全部经验教训——必须考虑所有情况。它所看不见的，它所经历不到的，就无从得知。"

回避对个人阅读承担最终同道责任的这个过程，我认为，恰能解释那些终结于（正如它们起始于）不可判定性和不确定性的各种德里达式解构阅读显示的某种严重局限。所有写作中，显露摇摆和犹豫在某个范围内是有帮助的，正如在福柯的语境中，到处都可能看到知识最终服务于权力这点也是有帮助的。但这两者都迟迟不能发表一份声明，即阅读的实际情况，究其竟是一种算得上温和的人类解放和启蒙行为，改变和增强了人的知识，而非出于还原性质、犬儒主义或置身事外的目的。当然，我们阅读时，比方说读约翰·阿什贝利的一首诗或福楼拜的一篇小说，对文本注意力的强度和集中程度都远远超过读报或读杂志上关于外交和军事政策方面的文章。但在这两个例子里，阅读的注意力需要警觉，需要将可能在文本中深藏不露或模糊不清的东西联系起来，比如在读一篇关于是否参战这类政治决定的文章时，就要求我们带着公民的责任心和严谨态度进入文本。否则何必要读呢？至于究竟什么是仔细阅读的启蒙以及解放的目的，我很快就会谈及。

我们不要求效仿难以效仿的斯皮策，或就这种情况而论，效仿另一位对我们这个国家阅读西方经典产生过深远影响的值得敬佩的历史语言学家埃里希·奥尔巴赫（他的伟大著作《摹仿论》我将会在本书下一章讨论）。但有必要意识到仔细阅读一定始于批判的接受性，也始于一种信念，即使伟大的艺术作品最终抵御完全理解，但仍存在一种批判理解的可能性，也许永远不会全面，却能暂时得到确定。所有阅读当然都因日后的再次阅读发生变化，这是不言自明的道理，但记住另一点也很重要，初次阅读是能够有一种崇高体验的，这种体验激发随后的一次次重复阅读。谁会忘记阅读托尔斯泰，或聆听瓦格纳或阿姆斯特朗所产生的那种丰富性的冲击，谁又会忘记由此发生的自身变化的感觉。从事伟大的艺术实践，体验《安娜·卡列尼娜》、卢巴人弥撒（Missae Luba）、泰姬陵等"创造"时震撼的迷茫，是需要某种英雄主义气概的。对于人文主义事业，我认为，读者将感受到作者的英雄主义作为效仿、敬佩、渴望的对象是正常的，诗人、小说家、戏剧家也同样如此。可以这么说，驱动梅尔维尔追赶莎士比亚和弥尔顿的，或激励罗伯特·洛厄尔继承艾略特的，或驱使史蒂文森超越法国象征主义作家大胆尝试的，或在评论界，最近去世的伊恩·瓦特（Ian Watt）超越利维斯和瑞恰慈的，都不仅仅是出于焦虑。当然这里会有竞争，但亦有对将要成就之事业的憧憬和激情：直到自己步武前贤，走上先辈开拓的道路才能安心。同样，应该提到和必须提到的人文主义的英雄主义，还包括令自己在体验时带着这份事业的原初动力和增长见识的能力。我们不是小文人或小书吏，而是有才智的人，我们的行为会变成人类集体历史的一部分，它就在我们周围发生。

　　理想情况下，使人文主义者保持诚笃就是这种与他人共享相同事业的感受，接受自身创立的约束和规训。我总能在伊斯兰的传统中找到上述概念的优秀范式，这鲜为奉行欧洲中心论的学者们所知，他们埋头揄扬的是某种预设中排他的西方人文主义理想。因为在伊斯兰教中，《古兰经》是真主圣训，因此，即便它必须反复诵读，也是永远不可能完全掌握的。但它存在于语言中这个事实已经赋予读者义不容辞的责任，首先必须尽力理解字面意义，并时时深刻意识到在他们之前的其他人也在试图完成同样艰巨的任务。这样，其他人的存在被寄予了一个见证者共同体的角色，他们对于当代读者触手可及，有如保持了一根链条，每位见证者在某种程度上都依靠上一环节的人。这种环环相扣的阅读系统叫作"isnad"（"关联链条的行为"）。共同目标是力争接近文本的基础，即它的原则，或称 usul（根基），而这里永远有一种个人承诺和尽力而为的元素，阿拉伯语叫作 ijtihad（伊智提哈德，又译创制）。（如果不了解阿拉伯语，很难知晓这个"伊智提哈德"与臭名昭著的圣战（jihad）一词共享同一词源，而圣战一词主要也不是指神圣的战争，而指的是代表真理的某种首先是精神上的努力。）毫不奇怪，自十四世纪以来，关于"伊智提哈德"是否允许，到什么程度，有什么范围，激烈的争论从未停止。伊斯兰解读的正统教义观点辩称伊本·泰米叶（Ibn-Taymiyya）（1263—1328）是正确的，只有虔诚的先驱（as-salaf al-salih）才应该受追随，于是可以说对个人的诠释关上了大门。但这个观念向来受到质疑，特别是自十八世纪以降，而"伊智提哈德"的提倡者至今不曾言败。

与其他解释性宗教传统一样，所有这些术语和它们可接受的意义积累了大量的争议，也许我危险地简化或忽略了许多论点。但这么说大抵没错：在任何个人努力理解一个文本的修辞和语义结构的允许的范围，往窄里说，是法理的各种要求，往宽里说，还要加上时代的风俗惯例和心态。法律（qanun），在公共领域，哪怕处于表达自由可以颇为体面获得的时候，也是支配或凌驾于个人主动权之上的。若以责任论，一个人不能想说什么就说什么，也不能想怎么说就怎么说。这种责任感和接受度，不仅令人印象深刻地严格控制了斯皮策关于历史语言学的归纳，而且还对爱默生和波里尔所言之物设定了范围：我提到的三个例子，分别来自阿拉伯、历史语言学-解释学以及实用的美国传统，使用了不同的术语来界定类似传统习俗、语义框架、社会甚或政治共同体等特征，对否则会出现失控的主观狂热作了部分约束，那就是斯威夫特在《木桶的故事》中所无情戏仿的现象。

在持续实行严格承诺为意义而阅读——不只是为话语结构和文本惯例，但也不是说这些不重要——和阐述意义作为积极促进启蒙和解放的要求之间，存在着一个人文主义能量运行的偌大空间。大卫·哈兰（David Harlan）最近一项研究在其内容和标题《美国历史的退化》（*The Degradation of American History*）都不无准确地喟叹美国历史和理论写作中重力和承诺的缓慢耗散。我并不同意他对美国应该向自己的历史学习什么这个话题有些伤感的例外主义者的结论，但他对学术写作当前的抑郁状态的诊断是切中要害的。他认为在一大堆正统思想之外，还有反基础主义、话语分析、自动化和标记化相对主义、专业主义等影响，都改变和挫伤了历史学者使命的本性。我相信，在很大程度上人文主义的文学活动也同样如此，一种新的教条主义将一些文学专业人士不仅与公共领域分隔开来，而且与不使用同一套学术行话的其他专业人士也分隔开来。现在出路似乎都很贫乏：要么成为技术官僚式的解构主义者、话语分析师、新史学家等等，要么隐退到某种对昔日荣光的怀旧庆祝，伤感地唤起叫作人文主义的东西。这里完全缺失的，是人文主义实践组成中与单纯技术相对的智性成分，而人文主义实践有可能将它恢复到一个与我们时代相适的地位。这正是我现在尝试做的事，也即是要摆脱贫瘠的二分法。

最终说到抵抗的概念。若非先前有了各种讨论"接受"这个概念的铺垫，尽管这些讨论不够完备和过于简略，我看不出有更好的方法引入"抵抗"这个概念：阅读过程和历史语言学上的接受是不可简化的核心。扼要重复一下：接受是基于"伊智提哈德"、仔细阅读、阐释学意义的归纳，它赋予一般语言在个人独有的批判性语言中进一步转义，充分认识有争议的艺术作品必须保持在最后一层间距中，不能调解并处于个人力图理解或利用的一种不可分的整体状态。但这个过程绝非到此为止。因为我相信，如果现在我们社会上全球化、新自由派价值观、经济上的贪婪（委婉的说法是自由市场）以及帝国主义野心种种令人失去尊严的势力发起对思想本身的攻击，更不用说攻击民主、平等、环境，人文主义者是一定要提供另类解决方案的，而现在这些方案被消了音，或在目前被极少数新闻机构操控的交流渠道中无从获得。

我们被这个篡取了意识以及挤兑了民主批评空间的世界经过预先包装和物化的表述狂轰滥炸，按 C. 赖特·米尔斯（C. Wright Mills）正确的说法，知识分子人文主义者的工作应该全力以赴推翻和拆解这些异化离间的对象。而现在情况仍属幸运的是，美国的大学依旧维持着那种可以利用的公共空间使知识分子进行真正另类选择方案的实践。如今世界任何地方都不存在如此大规模的机构做这件事了，而我一生中大部分时间，也是最长时间都是美国大学的一部分，我对此深感自豪。大学的人文主义者在从事他们的工作中处于享有高度特权的地位，但他们的优势不仅仅表现在他们是专家学者的身份。反而是因为学院——奉行反思、研究、苏格拉底式教学法，以及一定程度的怀疑中立——得以摆脱某个频频索要和紧急催促的雇主所制定的各种截止期限和职责，也摆脱了必须定期生产的压力，那些条件困扰着我们这个充斥着各种政策智囊团年代的许多专家。出现在大学中关于反省和思考的不是最没价值的事，就是人们有时间去进行反省和思考。

讨论中直接提到的一个问题，是关于使用什么语言进行抵抗活动，使用什么惯用法，什么风格向一个人的学生、同行、公民同胞发表看法。在学术和大众媒体关于所谓文字好坏一向都有大量争议。对这个问题我自己的实用回答就是避免学术行话，因为那只会令一个潜在的广大支持群体感到生疏。诚如朱迪丝·巴特勒所言，那种公认文体的预包装风格是有风险的，它隐藏了自身赖以存在的意识形态预设；她引用阿多诺难懂的句法和棘手的表达模式为证，认为它们是一种先例，避开甚至攻击了话语为掩盖其与政治渎职的同谋关系而对不公和苦难进行文饰。不幸的是，阿多诺的诗意洞见和辩证天赋，即使在一心模仿他的风格的人中间，也是罕见的稀缺之物；一如萨特在另一套语境中说，瓦莱里是个小资产阶级，但不是每个小资产阶级都是瓦莱里。不是每个令人着恼的语言杜撰者都是阿多诺。

无论大学内外，使用专门行话对人文科学造成的风险很明显：它们只是用一套预包装的特色惯用语代替了另一套。为什么我们不去反过来预设人文主义的阐释作用是使去神秘化和质疑——对我们事业如此重要的两件事——尽一切可能透明和有效？为什么将"坏的写法"当作一个问题——它只会让人落入圈套，无益地纠结于某事是怎么说的，而非更重要的，它究竟说了什么？我们周围有太多可资利用的清晰易懂的语言模式，它们基本的明了性和有效性涵盖了从艰涩的到相对浅显的，比如从亨利·詹姆斯和W.E.B.杜波依斯之间的整个表达范围。没有必要荒唐地运用古灵精怪的、被人排斥的特色惯用语作为显示独立和原创的一种方式。人文主义应该是一种公开披露的形式，不是秘传的形式或宗教的神启。现在专家意见作为一种离间的手段已经失控，特别在某些学术表达形式中，它们已经到了一种反民主乃至反智的程度了。我所呼吁的人文主义抵抗运动——它的第一部分是接受和阅读——的核心是批判，而批判总在求索自由、启蒙、更多能动作用的过程中不断进行自我澄清，它们追寻的一定不是这些概念的对立元素。

这一切都不容易达成。首先，支配我们思维模式（设计出来劝诱或哄骗人们服从而非激活思想和吸引才智的媒体、广告、官方声明、意识形态政治言论）的预包装的信息倾向于以短小精悍的形式出现。美国有线新闻网和《纽约时报》都是以大标题或声音片段剪辑的方式推送信息，紧接着的信息则以稍长的时段出现，既定目的是知会我们"现实中"发生了什么事。但所有选择、排除和强调的部分——更不说该主题在手边的历史——都是看不见的，作为不相干的事情被忽略了。我称之为人文主义的抵抗，则需要以更长的形式出现，更长的论文，更长的反思时段，比如萨达姆·侯赛因的政府（永远被刻意称作他的"政权"）的早期历史，就会浮现出所有肮脏的细节，包括美国对他形式广泛的直接支持。应该有人能够呈现那段历史，在我们趾高气扬地从战争到"重建"的路上作为一种引导，因为大多数的美国人对伊拉克本身、它的历史、它的体制，以及我们在过去几十年间与它做的无数交易都统统蒙在鼓里。所有这些都不可能以短促爆发呈现信息的形式完成，比如关注"邪恶轴心"，或声称"伊拉克拥有大规模杀伤性武器并对美国和我们的生活方式构成直接威胁"，此类短语是需要花费巨大心力去拆解、检索数据、提供文件证据、反驳或证实的。这些都是美国人文主义者面临最重要的情事，他们是世界上唯一超级大国的公民，在做出对这些知情的公民来说至关重要的决定时，需要得到他们的同意（或沉默）。因此人文主义者的反思必须实际打破短小的新闻标题或声音片段剪辑的格式对我们的束缚，争取对正在讨论的案例促发更长、更审慎的思考、研究和论据调查过程。

关于语言问题还可以说很多，但我想继续讨论其他值得关注的事宜。毫无疑问的一点首先是不管一个人进行何种阅读，它都落在一个特殊的时间和地点，正如一个人在人文主义研究过程中看到的文字，都坐落在一系列源自传统、文本的传播和变异、累进的阅读和解释的框架内。而同样重要的是社会较量，广义上说，我会描述为艺术领域和历史领域之间的较量。不妨冒险简而化之地说,这两种情况是相互作用的:一种是人文主义读者在现场的情况,另一种是文本在框架内的情况。每一种都要求仔细分析,每一种都同时栖息于局部和更大的历史结构,每一种都必须由人文主义者孜孜以求地进行质疑。诚然,文学文本的产生假定出于个体作家的私衷和孤独,但作家的特权地位和社会地位之间的张力永远存在,无论这个作家是历史学家如亨利·亚当斯,或相对孤立的诗人如艾米莉·狄金森,或名满天下的文人如亨利·詹姆斯。如果不去检视每个作家如何为我们所想起,究竟是经由课程正典,某主持权威(比如一度由佩里·米勒[Perry Miller]运作的)提供的知识或批评架构,还是一场关于这是谁的传统、为何种目的等等的大范围辩论,单纯聚焦在无论他们的原始私域还是他们的公共地位都行不通。接着很快就会讨论传统的构成和可资利用的过去,回过头来又不可避免将我们引向身份认同和民族国家。在美国和英国两地,斯图亚特·霍尔(Stuart Hall)和雷蒙·威廉斯作的若干很有用的分析就对这些问题展开了讨论:包罗万象的民族故事及其精心设计的开头、中间、结尾,它的各种时期和历史时刻,荣耀,失败,胜利,等等。

于是我试图描述的,是那片创造出来的民族范围,人文主义研究包括其所有内部运动、有争议的解读、辩难以及理智的推论,都会在此范围出现。现在我想提请注意的是,谨防从私人的"伊智提哈德",或仔细阅读,过快地、突兀地、缺乏省思地进入这个宽阔的范围。毫无疑问,对我来说人文主义作为一种世俗实践,与作家的原始私域或相对比较私密的空间如课堂或圣所内室相比,是能够走得比上述两者更远并栖居于更大地盘的,虽然这两者对于我们作为人文主义者想做之事毕竟非常必要。教育包括扩大意识圈层,每一个圈层都在分析意义上清晰可辨,同时与其他圈层通过世俗现实发生连接。一个读者在某个特定时间必处于特定空间,处于一所院校或大学、一个工作场域、一个具体国家等等此类环境。但这些不是被动的框架。在扩大人文主义范围、扩大其达成内省和理解的过程中,这个框架需要人们主动理解、建构并解释。这就是抵抗所在:它是一种能力,辨别什么已经直接给定,什么有可能被保留，无论因为文科专业学者囿于有限空间的自身环境，超出其范围则难以冒险，或因为长期受到灌输只堪认识被教导看到的事情，又或因为假设只有政策专家才有资格谈论经济、医疗卫生或对外政策和军事政策这些其实作为公民的人文主义者应该密切关注的话题。一个人是接受这种已普遍存在的范围和限制，还是像人文主义者那样去挑战这些范围和限制？

我相信此亦人文主义对当代美国以及其为一员的那个世界的社会适用性应该加以讨论和理解之处，倘使这种社会适用性在教育我们的学生和同胞如何更好阅读之外尚有意义的话。当然这本身就是一项值得称道的任务，但凭着它自身的创造能量还应该使一个人从甚至最值得珍惜的内心接受再一步步向外推进。不错，我们需要时时回到我们阅读书本的文字和结构，但正如这些文字本身被诗人从世界中以强有力的方式征用并从沉默中唤醒，没有这些方式也就没有创作可言，读者也必须将他们的阅读延伸到我们栖居的每一个不同的世界中。对于当代的人文主义者，特别有必要培养对多重世界和各种复杂而相互作用的传统的感受，培养我提到过的那种归属和超脱、接受和抵抗的最终结合。人文主义者的任务不仅是占领一个阵地或一片场域，也不仅是在某个地方找到归属，而是对于我们的社会或其他人的社会或对方的社会中引发争议的流行观念和价值观，既要成为局内人，又要成为局外人。就此而论，（我在其他场合也说过）回顾艾萨克·多伊彻不算闻名的文集《非犹太化的犹太人》(*The Non-Jewish Jew*) 是很令人鼓舞的，他在书中讲述了伟大的犹太思想家——其中最主要的斯宾诺莎，以及弗洛伊德、海涅，还有多伊彻本人——是如何既处于他们的传统之中，同时又声明放弃他们的传统的，他们保留原初的联结是通过将传统置于苛刻的质疑之下，而这种质疑已经令他们远远超越了该传统，在此过程中会令他们时常被逐出社群。我们中没有多少人能够或愿意追求这种辩证的忧虑，成为如此敏感地安身立命的一类人，但如果以同类命运看待美国人文主义者的具体作用，又是很有启迪意义的，在某种程度上，这仿佛可以说是"非人文学科化的人文主义者"了。

换言之，如果我不得不为自己承担的人文主义者角色选边站队，一边是爱国式的对我们国家的"矢志维护"，如同理查德·罗蒂最近宣说的（他用的词不是"矢志维护"，而是"达成"，但最后的结果差不多指同一件事），另一边是非爱国式的质疑，我毫不犹豫地会站在质疑者角色的一边。人文主义，如同布莱克穆尔在另一语境中谈到现代主义时说的那样，是一种棘手的方法，而且目前时期须按此状维系，这是国内和国际的界限范围正在发生大规模转型和重新配置的时期。该任务本质上是永无止境的，它不应追求那种终局，即含有令一个人锁定在一种身份中的必然推论和结果（在我看来是有害的结果），人们得为这种身份去战斗、防御、辩论，而我们的世界里大量有意义、值得投入精力的事情却被搁置一旁。在冷战后的世界，身份和区隔的政治（我涉及的只是进攻性的身份政治，并非那种濒临灭绝威胁时的身份防卫，如巴勒斯坦人的例子）造成比它们价值更大的麻烦和苦难，而当它们和那些据称恰由身份政治捍卫和保障的事物如人文学科、传统、艺术、价值观等等发生关联时，造成的麻烦和苦难也一样深重，此过程中领地与自我的构建需要的似乎是杀戮而非生存。在美国，自从"9·11"事件以来，这类情况已经屡见不鲜，结果对"我们的"角色和传统所进行的深思熟虑，最终总像是落在巩固了那场美国看似正在进行的对全世界的战争。

接受维持而非解决艺术和民族之间紧张关系的责任，在那些缓慢却是理性的接受和理解的模式中利用前者（艺术的）来挑战、重新检视和抵抗后者（民族的），这是人文主义的方法，还有什么比它更适合美国的人文主义者呢？至于建立那些让我们看清局部和整体的联系，主要的问题是：与什么发生联系？如何发生和不发生联系？

讨论体现在戏剧或小说里充满论争的道德世界并在此类艺术体验中看到一种冲突和选择的灼热化身是有必要的。但我认为对发生在我们身边为正义、解放和减轻人类苦难战斗的类似戏剧冲突视而不见，那种解读也就废除了。举个例子，经济学被误解为仅是一批财政要人、首席执行官和专家每年在达沃斯聚首的领域（即便在那里，人们也怀疑会引发某些骚乱），但经济学家如约瑟夫·斯蒂格利茨和阿马蒂亚·森关于权利、分配、贫困、饥馑、公平、自由等绝对基础的工作，则对几乎统治了每个角落的市场经济提出了大规模的挑战。我以这两位诺贝尔奖得主作为启迪性示例，说明人文科学各方面在知识界发生着什么，它们通过发起运动、重新配置和保持抵抗这样的态势，针对着过度操控的全球化范式及各种虚假二元对立，比如托马斯·弗里德曼在《凌志汽车与橄榄树》(*The Lexus and the Olive Tree*)或本杰明·巴布尔在《伊斯兰圣战对决麦当劳世界》(*Jihad Versus McWorld*)这类书中提供的各种粗糙的安抚方案。1999年11月西雅图发生之事或医保系统动乱的后果使医院服务中断，是因为卫生维护组织（HMO）的企业不平等达到甚至医生都无法忍受的程度，更不必说数以百万计没有医疗保险的、完全得不到关爱的病人了——这些都是人文主义范围的问题，而我们常常以无为主义的规训来教导人们不要进行干预，但这些问题需要用到我一直建议的审慎参酌之道检视和抵抗，尽管我的建议也显得扼要和含蓄。而且在"9·11"之后，与已经遭遇疏远甚至威胁的前异见知识分子鼓动这个国家的总体行为相比，我们显然需要对咄咄逼人地"捍卫"我们价值观的行为持更多关注和怀疑态度。

美国在世界民族之林和各种文化中的地位，对于人文主义者而言一直是美国的一个极其重要的面向，因为这时作为世界上最后一个超级大国，我们的外交政策——基于大量军事、政治和经济资源而规划和配置——已经达到基本无人挑战的国际干涉主义一个新变种。此时此地在美国当一名人文主义者与在巴西、印度或南非当一名人文主义者是不一样的，甚至与在主要欧洲国家也不一样。当夜间新闻评论员客气地问国务卿"我们"对萨达姆·侯赛因的制裁是否值得，当实际上数百万无辜平民，而不是那个可怕的"政权"的成员遭受杀戮、残害、饥饿、轰炸，为的是我们能够彰显我们的力量，这里的"我们"是谁？又或者当一位新闻读者问现任国务卿，以我们一腔怒火起诉伊拉克拥有大规模杀伤性武器（最终也没有发现），"我们"会不会也应用同样的标准去质询以色列的武器时，没有得到任何回答。

"我们"这一类代词亦是用于唱词、颂诗、挽歌和悲剧中的材料，所以我们变得很有必要在训练中提出责任和价值观的问题、自豪和过于傲慢的问题、令人诧异的道德盲区的问题。在我们轰炸伊拉克平民百姓，或对抢劫掠夺伊拉克的惊人遗产不屑一顾地说，"事情总会发生"，或"自由本来就会带来混乱"，这个"我们"究竟是谁？一个人应该能够在某个场合最终说，我不属于这个"我们"，"你们"所做的事，不要以我的名义做。

人文主义关涉阅读，关涉视野，并在我们作为人文主义者的工作中，关涉人类经验从一个王国、一个领域向另一个过渡。它还关涉身份认同的实践，但不是那些由旗帜或轰轰烈烈的国族战争赋予的身份。另类身份的展开，发生在我们阅读的时候，我们将文本的一些部分与另一些部分连结起来的时候，我们继续扩大关注领域以涵盖不断拓宽的相关圈层的时候。我所说的关于人文学科和人文主义的每一件事，都建立在一个坚定的信念之上，那就是必须始于、也只能始于具体的个人，没有这样的个人，就没有真正的文学，就没有值得的、可珍视的表达，就没有适宜保护和倡导的人类历史和动因。但一个人可能是唯名论者，是现实主义者，同时谈论向着动员起来的集体的自我纵身一跃——并无谨慎的过渡或周全的思虑，或只有未经中间介入的断念——这些集体的自我证明比任何它们想要保卫的东西都更具有破坏性。人们应该极其认真严肃地看待那些无过渡的纵身一跃。它们会导向卢卡奇曾经称为总体性的东西，于存在意义上不可知，却有着强大的动员力。它们拥有强大的力量恰恰因为它们是团体的，能够不合理地替代本应周密地、慎重地、人道地实施的行为。奥尔布赖特夫人说"我们的观点认为这些制裁是值得的"，这里，值得的那个行为发一句话即以种族灭绝的形式杀戮和摧毁无数平民。要打断向着团体强盗行径这种纵身一跃，唯一的词语是"人性"，人文主义者如果没有一种推陈出新的、殚精竭虑的、去神秘化的普通人性，像上述那句话，则空余喧阗的铙钹之声。自然这会令我们提出公民身份的问题，但那正是理所当然的事。

当有人责令或呵斥人文主义者回到他们的文本，把世界留给一些原本的工作就是使世界得以运转的人们，这不但有益，而且迫切，它提醒我们这个时代和国家的象征不仅是那些已经安顿和在此永久居住的人，还总是有且经常有尚未安顿和居无定所的流亡者、移民、季节打工者或受奴役者等无证人口的涌动，对这些人来说，没有证明文件、不存在充分的表达足以注意到他们经受了什么。在其笃深不安的能量中，这个国家需要有超越学术专业的不断拓宽的意识，即整个年轻一代的人文主义者表明他们是世界主义的、世俗的、流动的。

讽刺的是，在这个极端的时期，即使是纪实文件扩展得最迅猛的年代，也是历史上沟通最快捷的——无论多么扁平和单维度——的年代，这个年代我相信比以往任何时候都有更多体验因为边缘化、合并化、同质化文字处理正在丧失，特别是现在被漫游的帝国记者们傲慢地描述为居住在地球天涯海角的无证族群的体验。我强烈相信，人文主义必须挖掘出那些沉默的声音，记忆的世界、季节打工者和三餐难继的这些群体的世界，排外的和隐蔽的地方，那种进入不了报道内容的证言，但越来越关系到某种过度开发的环境、可持续的小型经济体和弱小民族、大都市中心巨大区域外部和内部的边缘化人群是否能够在磨损、碾平和移置这类全球化最显著的特征中生存下来。

我想用一种思考来作总结，它一直是我在美国作为人文主义者不断变化的、我愿意认为是接受和抵抗这种实践的至关重要的特征，那是我构想人文主义考虑关注问题领域的方法：用空间和地理上的表达，而非仅用时间表达。我们时代和国家的运动是进出领地的运动：在场域和换置的一种执拗的动态中迁移进来，迁移出去，尝试留下，尝试建立新的定居点，如此不断往复，而在我们这个永无止境的流动的国家，疆界的定位不论在隐喻意义上还是在真实意义上都从来没有确定下来，那种动态仍饱受争议。

当下这个时刻对我来说似乎承载了人类历史上的重要事实，也许因为我们作为移民、朝圣者、流浪者在埃里克·霍布斯鲍姆短暂的"极端的世纪"——这个世纪刚刚过去——中的亲身经历，为我们对过去的看法蒙上了如此一层决定的、政治的和存在判断的色彩。如布尔迪厄所言，场所或地点——无论是麻烦不断的郊区或隔都，又或车臣、科索沃、伊拉克，还是南非——往往都是幻象，靠的是由或多或少不受控制的文字和图像刺激作用的情绪体验，比如那些小报、政治宣传或谣言传播的东西。但是脱离这套公认的观念和普通人的话语（在一个深远的层面上这就是关于人文主义阅读的要素）是不够的，如我们有时会想到的，去"亲自看看"世界究竟在发生什么。实际上，经验主义的错觉（构成了当今世界媒体报道的大多标准）无疑变得前所未有的强悍，在这种情况下，与现实发生直接碰撞需要承受某种困难，甚至危险，因此也值得某种称道。然而依然有着强大的原因令人相信那些经历过的、在实情中出现的根本原则发生在别处。

于是我们比任何时候都需要实践一种在普通认知以外的（paradoxal）思维模式（doxa的意思是"常识""公认的理想"），对正常判断力和细腻情感保持同等怀疑的态度，它有一定风险，即在两边心智健全的人看来都有问题，一边会认为这是出于"动摇资产阶级"意愿激发的立场，另一边会认为这是置我们社会大部分弱势群体的苦难于不闻不问的冷漠。该建议是已故的皮埃尔·布尔迪厄提出的，但对美国的人文主义者也同样适用。"一个人，只有通过对社会空间结构和物理空间结构之间关系的严格剖析，才能摆脱误导的表象，摆脱刻写在实体论［亦即我之前提到的那种未经中间介入的、无调制的过渡］思想关于场域的错谬。"（123）

人文主义，我认为，是我们拥有的手段，也许是我们拥有的意识，在文字的空间和它们在物理场域及社会场域中各种起源和配置之间提供那种最终的唯信仰论的或对立的分析，从文本到不管是挪用的现场还是抵抗的现场，到传播，再到阅读和解释，从私人到公共，从沉默到详尽阐述和表达，然后复原，那是我们遭逢自身的沉默和死亡——所有一切都发生在这个世界里，根据的基础是日常生活、历史和希望，还有对知识和正义的求索，也许还有对解放的求索。

选自《人文主义与民主批评》

适时与晚期

（2006）

在1993年9月白宫草坪充满仪式感的奥斯陆协议签署之后，萨义德开始将他的大部分注意力转向研究西奥多·阿多诺的总体音乐写作，并特别研究了他"晚期风格"的理论。阿多诺最早展开阐释晚期风格这个概念是在1937年的一篇标题为《晚年贝多芬》的文章里，专门讨论了贝多芬晚期作品（后五部钢琴奏鸣曲、第九交响曲、《庄严弥撒曲》）的形式性质——这位作曲家的早期作品展现的是连贯和条理性，但晚期作品则显得完全摒弃了沟通，产生了一种从社会中彻底异化和疏离的调性和节奏。这一看法对萨义德是有生成作用的。贝多芬，早已"对于音乐方法操控得心应手"，萨义德写道，"居然放弃了与既已建立的、他身为其中一部分的社会秩序的交流，而去与它达成一种矛盾的、疏离的关系。"贝多芬的晚期作品并没有表现（与早期作品的）一致性，即没有他年轻时呈现的更有机而充满活力的决断和完成的感觉。相反贝多芬的晚期作品显现为某种未能同化的遗存物，它们曾努力在音乐或社会中实现某种类型的综合但没有成功。

虽然批评家常常将萨义德对晚期风格的关注归因为他与白血病的抗争，其实他对这个主题的介入要深得多，并延及1993年9月的奥斯陆协议签署。萨义德著名且有预见性地称"原则宣言"为"巴勒斯坦人的凡尔赛条约"，因为巴勒斯坦领导人已经成为自愿的协作者，从以色列继续占领中获益。巴勒斯坦抵抗运动在奥斯陆协议以及其后戴维营峰会、塔巴谈判造成的创伤中，所剩下的完全是巴勒斯坦人作为民族求生的非凡能力，尽管他们仍在经受半个多世纪以来无法安居的生活和非人道的军事占领。以一种与阿多诺看待贝多芬类似的方式，萨义德看待巴勒斯坦民族运动亦作为有别于既往的、缺乏连贯性的疏离行为。巴勒斯坦人的斗争正在进入它自身的晚期风格，而其领导人已经造成某种难以处置和难以服从的局面，远离了任何合法和正义的决议。

身体状况和艺术风格之间的关系，乍看似乎是个无关的话题，且很细微，比不上生命、死亡、医学和健康有那么严肃的影响力，所以很快会遭弃。但我的论点是：我们所有人，凭着具备意识这一简单事实，会经常需要思考生活并希望有所作为；历史学上杰出的奠基人伊本·赫勒敦（Ibn Khaldun）和维柯都认为，自我塑造作为历史基础之一，本质上是人类努力工作的产物。

重要分野是一边落在自然领域，另一边则落在世俗的人类历史领域。身体，其健康、其护理、组织、功能、活力、其疾病与死亡，都属于自然秩序；但我们如何对那种自然进行理解，如何在意识中观察和体验，如何以个人和集体的方式、主观的方式以及社会的方式创立我们的生命觉知，如何将身体分成若干时期，这些大致说来是属于历史秩序的，我们反思这种秩序时，我们能够回忆、分析、深思，在过程中经常改变其体现形式。历史和自然这两个王国之间有着千丝万缕的联系，但我现在暂且将它们分开，只着眼于其中之一，即历史王国。

作为一个高度认同世俗化的人，多年来我一直在通过三个重要的疑难问题，三个对于所有文化和传统来说都共有的重要的人类经历，来研究这类自我塑造的进程，而这些问题中的第三个就是我想在本书中特别讨论的。但为清晰讨论起见，容我快速总结一下第一和第二个疑难问题。第一是整个开始的概念，诞生和起源的瞬间，即于历史背景下，所有素材都集中在思考一个特定的进程、其制定和设立、生命、规划，诸如此类，是如何得以开始的。三十年前我出版过一本名为《开端：意图与方法》的书，论述思想在某些特定时期如何发现有必要回溯性地为它自身确定一个原点，以探索事物如何在最初级意义上开始诞生。在历史和文化研究这样的领域，记忆和回顾将我们引向重要情事的肇始——比如工业化开端、科学医学开端、浪漫主义时期开端，等等。在个人层面，发现的编年史对一个科学家非常重要，对像第一次读到大卫·休谟的伊曼努尔·康德这样的人来说也非常重要，康德回忆道，他从教条主义的沉睡中猛然回过神来。在西方文学中，小说形式的出现与十七世纪后期资产阶级的兴起恰巧同步，而这也说明为什么此后一百年间的小说都围绕诞生、可能的孤儿身份、寻根、新世界、职业以及社会的创立等展开，试看《鲁滨逊漂流记》《弃儿汤姆·琼斯史》《项狄传》。

在回溯性的年代里确定一个开端，就是将一个项目（如一项实验，或一个政府委托的任务，或狄更斯计划写作《荒凉山庄》）置于那个时刻，它总是处于修改之中。这一类的开端有必要包括一种意图，在随后的时间里得到部分实现或全部实现，或看作是彻底的失败。这样就说到第二个重大的疑难问题，即关于诞生之后的连续性，从一个起点依次在时间内推陈出新：从诞生到早年，到有繁殖力的生产，乃至成熟。每一种文化都提供和流传着各种意象，有的被奇妙地称作化身的辩证关系，或按弗朗索瓦·雅各布（François Jacob）的用语"活体逻辑"。不妨再看看小说史中的例子（我们现有的提供最大型、最复杂的关于我们自己意象的西方艺术形式），有成长小说或教育小说类的，理想主义和幻灭类的（《情感教育》《幻灭》），还有关于不成熟性和社群性小说（如乔治·艾略特的《米德尔马契》，英国评论家吉莲·比尔［Gillian Beer］告诉人们这部十九世纪英国社会的杰出小说的结构受到她称之为达尔文世代繁衍模式设计情节的强烈影响）。其他在音乐和绘画中的艺术形式也跟随类似的模式。

但也有例外，有些例子总体上偏离了人类生活预设的模式。人们会想到《格列佛游记》《罪与罚》以及《审判》这类作品，它们似乎打破了人的接续不同年龄阶段的概念（如在莎士比亚作品中所见）与它们本身的审美反思、对它们的审美反思之间那种极为一致的基础契约。值得明确一提的是，无论在艺术还是在我们的一般观念里，关于人生的阶段总会有一种普遍坚持的适时性，我所指的是适合于人生早期的东西并不适合于晚期，反之亦然。比如你可以回想《圣经》中关于万物皆有季节和时辰的严格评述，为天下万物各自目的，生有时，死有时，等等等等："故此，我见人莫强如在他经营的事上喜乐；因为这是他的分：他身后的事，谁能使他回来得见呢？……凡临到众人的事，都是一样。义人和恶人，都遭遇一样的事；好人，洁净人，不洁净人。"

换言之，我们推断人生的重要健康状态与其时机、相互适配的状态以及合宜性或适时性有着极大的关联度。比如喜剧，就是在不适宜的行止中寻找素材，老年男子爱上了少妇（十二月中的五月天），如莫里哀和乔叟的作品中所写，举动像孩子的哲人，装病的健康人。但也有一种形式的喜剧，通过戏剧高潮中"主要角色和合唱团的轮唱"(kommos)，通常以年轻爱侣的婚姻结束作品，使适时性得以恢复。

我终于进入最后那个疑难问题，显然因为我的个人原因，这个问题成为了此文主题——生命中的最后阶段或晚期，身体的衰败，疾病的侵袭，或其他因素，甚至年纪更轻的人也会引起不合时宜的早逝可能。我将聚焦在大艺术家身上，观察他们接近生命尾声时他们的作品和思想如何获得新的表达习惯，我会将此称作晚期风格。

一个人会老来更聪明吗？艺术家到了他们职业生涯后阶段，是否会因年岁日增在认知和形式上获得独特的品质？我们在某些晚期作品中会遇见公认的年龄和智慧的概念，它们反映出特殊的成熟性，一种和解和安详的全新风貌，常常表现为普通现实出现奇迹般的改观。莎士比亚在《暴风雨》或《冬天的故事》这些晚期戏剧中都回归了浪漫和寓言的形式；类似地，在索福克勒斯的《俄狄浦斯在科罗诺斯》中，年迈的英雄被刻画成为终于获得了一种卓然的神圣和决断感。又可举威尔第的著名例子，他在暮年创作的《奥赛罗》和《法尔斯塔夫》，散发的并非太多聪明的达观，而是更多复活的、几乎像年轻人那样的能量，见证艺术家创作活动和力量的一个顶峰。

我们每个人都随时可以提供证据，表明晚期作品如何达到毕生艺术奋斗的至高点。伦勃朗和马蒂斯，巴赫和瓦格纳。但那些不能取得和谐与果断，而是表现为不妥协、困顿、不能化解的矛盾等的晚期艺术，则当如何？因年龄与病弱不能产生"成熟即一切"的安宁，又当如何？易卜生就是这样的例子，他的最后作品，特别是《我们死而复苏时》，将他的事业与艺术家的技巧统统击碎，重新开启艺术家晚期本该超越了的对意义、成功、进步的追问。就这样，易卜生在他最后一批戏剧中远远未能获得坚定信念，反而令人联想到一个愤怒和心绪不宁的艺术家，对他来说戏剧这一媒介提供了一个机会激发更多焦虑，不可挽回地篡改了终局的可能性，并使观众比从前感到了更多的困惑与忡惕。

作为一种风格成因，我被这第二类晚期深深吸引。我想探索这类包含不和谐、不平静张力的晚期体验，尤其是一种以示逆反的故意徒劳的生产……

最堪记取阿多诺使用"晚期风格"这个词组出现在题为《晚年贝多芬》的文章片段里，此文撰写日期为1937年，后收录在1964年的音乐论文集《音乐的瞬间》（*Moments musicaux*），又收录进身后出版的论贝多芬的《音乐文集》（*Essays on Music*）（1993）一书中。[1]与很多提及贝多芬后期作品的人相比，阿多诺非常强烈地认为，周知属于第三阶段的贝多芬晚期作品（最后五首钢琴奏鸣曲，第九交响曲，《庄严弥撒》，最后六首弦乐四重奏，十七首钢琴小品曲）构成了现代文化史上的一个事件：这时，对于音乐方法操控得心应手的艺术家居然放弃了与既已建立的、他身为其中一部分的社会秩序的交流，而去与它达成一种矛盾的、疏离的关系。它的晚期作品构成某种放逐的形式。阿多诺最出色的文字之一，亦收录在关于晚期风格片段的同一文集里，讨论了他称之为异化的杰作（verfremdetes Hauptwerk）《庄严弥撒曲》，因为该曲艰深而古风古意，又对弥撒曲有一番奇特的主观重新评价。（EM569-83）①

纵观阿多诺卷帙浩繁的写作（阿多诺1969年去世），他关于晚年贝多芬必须进行的探讨显然是一种哲学上的建构，将其当作他后续所有音

---

① EM数字为《音乐文集》原文页码，下同。——译注

乐分析的一个起始点。阿多诺眼中这是个非常有说服力的文化形象:作曲家老去的身躯,失聪,孤隔,甚至成了阿多诺对托马斯·曼的《浮士德博士》(*Doktor Faustus*)起的部分促成作用,在那本书里,年轻的阿德里安·莱韦屈恩深受文德尔·克雷齐马尔所作的一个论贝多芬最后时期的报告的影响,你能感觉到下面这个段落中一切显得有多不健康:

> 贝多芬的艺术已经发展得过头了,甚至在错愕的众目睽睽中,从培育它的传统宜居地带发展到了彻头彻尾的——纯粹属于个人的——自我领域,在绝对中痛苦地孑然自处,这种隔绝也是由于他丧失了听力;精神王国的孤独王子,从他身上仅存一丝凛冽的气息,发出来是为了吓唬他最愿意交流的同辈,他们被这些交流弄得目瞪口呆,要说对此有一丝一毫的理解,也只是转瞬即逝的例外。[2]

这算得上不折不扣的阿多诺了。个中既透出英雄主义,也透出不妥协。关于晚年贝多芬的本质一点儿都没有还原到艺术作为文献的概念——即是说,还原成强调音乐在历史形式中"现实突破",或作曲家对渐渐向他逼近的死神的感知的解读。因为"以此方式",阿多诺说,如果人们只强调作品中贝多芬表达自我个性的话,"晚期作品就被归类到了艺术的外围,接近于文件记录。事实上对甚晚期的贝多芬的研究很少会不参考他的传记和命运。这就仿佛面对人之将死的尊严,艺术理论卸下了它的权利并向现实拱手相让。"(EM564)晚期风格则是如果艺术不向现实拱手相让时呈现的样态。

步步紧逼的死亡当然是存在的,不能否认这一点。但是阿多诺的着重点放在贝多芬最后作曲模式体现的形式规律,他指的是美学的专有权。这一规律自我揭示为主体性和传统惯例的一种特殊混合物,在"装饰的颤音模进,收束,即兴装饰音"等技巧上表现得很明显。(EM565)在作这种主体性为何的详细阐述时,阿多诺说:

> 这一规律的显露恰恰在死亡的思考中。……死亡只能强加于受造之

物,而不能强加于艺术作品,因此它出现在艺术中只能以一种折射方式,如讽喻。……在晚期艺术作品中主体性的力量呈暴躁的姿态,借此它逃逸出作品本身。它打破了它们的束缚,不是为了自我表达,而是为了抛开艺术的表象,不去表达。它只留下作品的一些碎片,令自我的显露像一份密码,只是经由它已脱身的空白空间进行。经死神触碰,大师的手放开了他曾经组织的大量素材;它的撕裂和分歧,见证主观自我(the I)面对神(Being)有限的无力感,是它的最后作品。(EM566)

贝多芬晚期作品中明显吸引阿多诺之处,是它那种由松散片段组成的特征,其对自身连续性的显见漠视。若将它中期的作品如《英雄交响曲》和他的作品110号奏鸣曲作一比较,我们就会对前者完全紧凑贴切和整合的驱动逻辑印象深刻,而感到后者有某些凌乱的、常常极为疏宕以及重复的特点。第三十一首奏鸣曲[①]的开始主题间隔就很不顺畅,在颤音之后向前推进时,其伴奏部分——一种就像学生习作般几乎笨拙的重复音型——按阿多诺的中肯评论,"粗糙得毫无愧色"。这种情况不断出现在晚期作品中,大量玄奥艰深的对位创作夹杂着阿多诺称之为"传统惯例"的东西,即那种常常是无动机的修饰技巧如颤音或倚音,它们在曲中所起作用似乎未能融入整体结构。阿多诺说:"他的晚期作品仍在处理过程中,但不是在写展开部;而是在两端点火,这样很快就不再有安全的中间地带或自发性的和谐了。"正如克雷齐马尔在《浮士德博士》中说,贝多芬的晚期作品常常向人传达一种未完成的印象——正是阿德里安·莱韦屈恩的这位热情的老师不厌其烦且巧妙地在他的学术演讲中讨论关于作品111号两个乐章的内容。

阿多诺的论题是,所有这一切都可以从两种原因预测:第一,贝多芬身为年轻作曲家时,他的作品充满活力,是有机的整体,而现在则变得更加桀骜不驯和偏离中心;第二,身为面对死亡的老人时,贝多芬意

[①] 即作品110号奏鸣曲。——译注

识到他的作品表明,用萝丝·苏博特尼克的话说,"任何综合都难以想象,[除了实际上是]一种综合的残留物,一个痛苦地意识到整体性、其后意识到幸存状况的独立个人主体的痕迹,而整体性之于个体已经永远不知所踪。"[3]因此贝多芬的晚期作品,除了它们的乖戾,还传递出一种悲剧的气息。阿多诺这方面准确而犀利的发现,在他关于贝多芬晚期风格的论文结尾是很容易看出来的。他注意到在贝多芬身上,如同在歌德身上,有着过多"未能征服的素材,"他继续评说例如在晚期的奏鸣曲中,传统惯例从作品的要旨中"碎裂"了,"脱落而被抛弃。"至于(在第九交响曲或《庄严弥撒曲》中的)那些了不起的齐唱部分,它们几乎等同于大型复调合奏曲。阿多诺又接着说:

> 正是主体性在那个时刻将两端强行合在一起,使密实的复调音乐充满张力,用齐唱将主体性打碎,使它自身脱离束缚,抛下裸露的音调;那样将纯乐句作为一个典范之物安顿在既有地位,将某种主体性标识成为里程碑。乐句的主要停顿,即那种突然中止,在最晚期的贝多芬音乐中成为比任何特点都更鲜明的标志,就是那些强行挣脱束缚的时刻;作品在那个留在原地的瞬间是沉默的,而且将它的空无性暴露在外。(EM567)

阿多诺在这里描述的,是贝多芬的手段,他似乎以一种悲叹的性格进驻晚期作品,而后似乎将作品或乐句置于一种未完成的、突然停顿的状态,就像在 F 大调或 A 小调弦乐四重奏的起首部分。这种弃置的感觉显得尤为强烈是与第二时期作品进行比较得出的,后者受到驱策的、不屈不挠的品质影响,如在第五交响曲第四乐章结尾时的那些时刻,贝多芬没有可能将他自己抽离作品。所以阿多诺总结道,晚期作品的风格既是客观的,也是主观的:

> 客观是崎岖的地貌,主观是光——单独地——照进了生命。他没有带来和谐的综合。他作为离析的力量,最终将它们撕裂开,也许为

了在永恒中保存它们。在艺术史中，晚期作品是灾难。（EM567）

正如阿多诺一贯认为的，关键难题在于试图说出凝聚作品、统一作品、使作品不仅仅是一堆片段的这个东西是什么。此处他面临着最大的悖论：一个人，除非借助于"那个它们共同创造的音型"，否则就说不出是什么东西将曲式中的各音段结合起来。他也不能将各音段的差异最小化，而且似乎实际上真的说出这个结合体的名字，或赋予它一个特殊身份，就会降低它的灾难力度。如此说来贝多芬晚期风格的力量是否定的，或不妨说它就是否定性：在人们期待宁静和成熟的地方，反而发现了林立的、困难的、强硬的——也许甚至是非人的——挑战。"晚期作品的成熟，"阿多诺说，"不像人们看到的水果成熟那样，它们……不圆润，而是皱痕斑驳，甚至饱受蹂躏。它们缺乏甜度，苦涩而多刺，它们不想让自己有哪怕是可口的滋味。"（EM564）贝多芬的晚期作品一直无法被一个更高综合体的吸收、同化：它们无法纳入任何系统，且它们不能调和或化解，因为它们的无法决断和无法综合的碎片性系其本质构成，不是其他东西的装饰或象征。贝多芬的晚期作品事实上是关于"迷失了的整体性"，因此也是灾难的。

这里我们必须回到晚期这个概念。是何意义上的"晚"？阿多诺认为，晚这个概念是超出了可以接受和正常的范围却存活了下来；此外，"晚"还包括另一层意思，一个人已经完全不能真正走出这个晚的状态，不能使自己超越或脱离晚的状态，只能不断深化这个晚的状态。不存在超越或统一。阿多诺在《新音乐哲学》（*The Philosophy of New Music*）一书中说勋伯格本质上延长了晚年贝多芬的非调解性、否定性和非流动性。当然，"晚"还保留一层在一个人生命后期的含义。

两个进一步的观点。贝多芬的晚期风格对阿多诺写作始终产生如此巨大影响的原因是，完全以悖论出现的贝多芬的后期作品，不随波逐流而且对社会发出抵抗，正是我们这个时代现代音乐中新元素的核心。在贝多芬的中期歌剧《菲岱里奥》——中期作品的典型——人性观念自始至终都彰显无误，且伴随着世界会更好的观念。黑格尔也有类似的说法，不可和解的对立面是可以通过辩证法解决的，即最终与对立之物调和，达成总括的综合。体现晚期风格的贝多芬单独保持了他的不和解立场，在此过程中"音乐从气度恢宏的意义转化得越来越晦暗——甚至只孑然存在。"4 因此晚期风格的贝多芬把控着音乐对新兴资产阶级秩序的拒绝并预告了勋伯格绝对本真和新颖的艺术，他的"先声夺人的音乐没有求助权，只能坚持自己固定下来的东西，不向它已经看穿的那些叫作博爱主义的东西让步。……在当前情况下［音乐］被限制于明确的否定。"(PNM20) ① 第二个观点，贝多芬的晚期风格远非只是一种偏离中心和不着边际的现象，他冷静无悔的疏离和隐晦，成为了现代审美形式的原型，并凭着它与资产阶级社会的距离和对资产阶级社会的拒绝，乃至凭着一种宁静的死亡，它开始获得甚至更大的意义和挑战性。

　　阿多诺感到在许多方面，晚期的概念——以及同时出现对一个老去的艺术家地位进行这些非常大胆和严峻的反复思索——仿佛成了审美和他作为批评理论家、哲学家著书立说最为重要的根本样貌。我对阿多诺的解读，重点关于他对音乐的反思，是看他为马克思主义注射了一剂疫苗，作用如此之大，以至于几乎完全消解了它的鼓动力。在马克思主义中出现的先进和高潮的概念，不仅在他严格否定的嘲弄中坍塌，而且凡是指向运动的任何事物都一并坍塌。死亡和衰颓在他的眼前，而有前途的创始之年已落在身后，阿多诺运用晚年贝多芬的典型，忍受以晚期形式代表自身的结局，就晚期论晚期，不为任何其他事物作铺垫或抹杀任何其他事物。晚期是处于终止时的存在状态，意识清醒，有着完整的记忆，而且对当下有着非常（甚至超常）的感悟。阿多诺，像贝多芬一样，因此成为晚期本身的一个象征，一个对当下不适时的、有中伤意味的、甚至引起灾难的解说人。

　　毋需提醒任何人阿多诺是极难读懂的，无论是他的德语原文，还是大量的译文。弗里德里克·詹姆逊很地道地评论过他遣词造句体现的智性，这些句子不可比拟的精炼，它们有着复杂纲领的内部运作，它们几

---

① PNM 数字为《新音乐哲学》原文页码，下同。——译注

乎要每每挫败第一、第二或第三种对其内容重新措辞的企图。阿多诺的散文风格违背了各种成规：他推定在他与听众之间几乎没有理解的共同体；他很缓慢，非报刊模式，不能组合，不能略读。即便是自传体的文本如《最低限度的道德》，也是对有连续性的传记、叙事或轶事体的反攻；它的形式严格复制了它的副标题——对受损生活的反思——接踵而来的不连贯的片段，所有的片段都以某种方式抨击了值得怀疑的"整体"，即黑格尔主张的虚构的统一体，其总括性综合对个体是一种嘲讽的轻蔑。"整体性的概念以其全部对抗状态强迫他［黑格尔］在整体设立中分配给个人主义一个较低等地位，无论这个过程中他为它指定多大的驱动力矩。"[5]

阿多诺对虚假的——在黑格尔的例子中是站不住脚的——整体性持反对态度，不止说它们不真实，而且用流亡和主体性实际写出一种、存在为一种另类方案，虽然流亡和主体性针对的都是哲学上的议题。再者，他说，"社会分析能够从个人经验中获悉的，比黑格尔所承认的不知多几许，而反过来，大的历史门类……对于欺骗也不再持毫无可疑的态度了。"（MM17）[①] 在运用无法和解的个人批判性思维时，存在一种"抗议的力量"。不错，这种如同阿多诺般批判性思考具有很强的个人气质，常常很隐晦，但如他在最后一篇文章《顺从》（"Resignation"）中写的："不妥协的批判性思想者，既不会将他的良知刻在外表，也不会让自己吓得胡乱行动，他是那个真正不投降的人。"在沉默和裂缝中艰难前行，就是要避免包装与经营，且在实际上接受并履行其立场的晚期状态。"无论思想曾经是什么，它都会受压制、遗忘，甚至消失。因为思想有着一般观念的动力。［这里阿多诺既指个人的思想是时代一般文化的一部分，又指因了它的个体性，会生产自身的动力，而偏转或背离一般观念。］曾经被中肯地思考过的东西，必然也会在其他地方被其他人思考：这种信心甚至可以伴随最孤独和无力的思想。"[6]

因此晚期是一种自我施行的流亡，离开普遍接受的情境，在它之后

[①] MM 数字为《最低限度的道德》原文页码，下同。——译注

显现，在它之外生存。阿多诺评价晚年贝多芬以及他本人对他读者的教益也是如此。阿多诺认为晚期风格代表的灾难，在贝多芬的例子中显示为音乐是松散的、碎片的、撕裂的，充满缺席和沉默，既不能提供某些一般方案去填补，又不能忽略和减弱它的存在而说"可怜的贝多芬，他聋了，他正走向死亡，这些缺陷我们就当没看见吧"。

在阿多诺第一篇关于贝多芬的论文发表，以及对他论新音乐之书的某种强烈反对浪潮出现的若干年后，阿多诺又发表了一篇题为《新音乐的衰老》("Das Ältern der neuen Musik")的文章。他在文中谈到这种继承了第二维也纳学派的发现成果并继续通过变成集体化的、肯定的、安全的途径"展示虚假满足的症状"的前卫音乐。新音乐是否定的，"是令人痛苦的和使人困惑的东西"。（EM181）阿多诺回忆，贝尔格的《阿尔滕伯格歌曲》(Altenberg Songs)和斯特拉文斯基的《春之祭》(The Rite of Spring)第一次演出时，他们的听众经历了多大的创伤。那才是新音乐的真正力量，无所畏惧地彰显贝多芬晚期风格作品的结果。反观今日，所谓的新音乐已经直接变得比贝多芬衰老多了。"一百多年前，克尔凯郭尔以神学家的身份说，曾经只是跨越可怕深渊的铁路桥现在已经大大延长，旅客们可以坐在车上惬意地看向深渊。[老化的现代]音乐情境也一模一样。"（EM183）

正如晚年贝多芬否定力量的源头是与第二阶段积极发展目标的不和谐关系，韦伯恩和勋伯格不和谐音的发生也"被一种颤栗包围"；"它们令人感到离奇神秘，并由其作者以恐惧与战栗的态度引介到世上。"（EM185）但过了一代人之后，再以学术或制度的方法重新生产这种不和谐而不加任何情感上或现实中的风险或赌注，阿多诺说，将会完全丧失那种新事物的冲击力。如果你只是欣然编出几行音列，或你只是像过节那样庆祝前卫音乐，你已经丢失了如韦伯恩成就的核心，那是准备并置"十二音技术……[和]它的对立参照物，音乐上个人的爆发力"；如今现代音乐变成了与晚期艺术相对立的老化艺术，它几乎等同于"一趟空洞的却又兴高采烈的旅行，经由可想而知的复杂乐谱，其实这中间什么都没有发生"。（EM185, 187）

因此在晚期风格中存在一种内在张力，它弃绝单纯的资产阶级的老化，并坚持不断增长的特立独行、流亡和不迎合时代的意识，晚期风格表达这类意识，且更重要的，应用这类意识从形式上维系其自身。人们在阅读阿多诺时会有印象，从收录在《文学笔记》(*Noten zur Literatur*)中论标点符号和书的封面这一类事物的警句式随笔，到宏大的理论著作如《否定的辩证法》和《美学理论》，他在风格中寻觅的，正是他在晚年贝多芬那里找到的证据，包括持续的张力，无法通融的固执，晚和新相互紧靠，由"无情的钳制力将同样强劲的要分道扬镳的东西硬合在一起"。(EM186) 尤其是贝多芬和勋伯格作为范例的那种晚期风格是不能通过邀约而复制的，也不能通过草率的再造，或仅仅通过朝代或叙事的再造而复制。这里有一个悖论：并非职业早期，而是职业晚期才写就的、本质上不能重复的、阐释独特的艺术作品，如何能够依然对此后的作品产生影响？这种影响又如何进入和渗透批评家的活动，他们全部任务就是顽强地推重自身的不妥协性和不合时宜？

如果没有卢卡奇的《历史与阶级意识》提供这座高耸的灯塔，阿多诺在哲学上是难以想象的，但如果他对早期作品的必胜主义和隐含的超越没有作出拒绝，也是难以想象的。如果对卢卡奇而言，主体-客体的关系及其二律背反、碎片化和迷失、反讽的现代性透视法学说，这些都在叙事体形式比如以小说和无产者的阶级意识改写的史诗中卓著地得以识别、体现和完成，对阿多诺而言，那种特殊的选择，他在一篇著名的反对卢卡奇的文章里说，是在胁迫下呈现的一种虚假的和解。现代性是一种堕落的、未得到救赎的现实，而新音乐，乃至阿多诺自身的哲学实践，承担的任务就是不断呈现对那种现实的提示。

如果这种提示仅仅在反复说不，或这样做行不通，晚期风格和哲学就会变得索然无趣和讨厌的重复。重要的是必须有一种建设性的元素，使这个程序充满活力。阿多诺在勋伯格作品中发现令他大为钦佩的东西是他的严谨，以及他为音乐提供了关于调性和声学和古典乐的转调、音色、节奏的另类选择的技术创新。阿多诺描述勋伯格的十二音法时，几乎逐字用了卢卡奇戏剧的主-客体困境中的术语，但每次只要遇到综合统一的机会，阿多诺就让勋伯格拒绝了。我们所看到的，是阿多诺建构了一个令人叹为观止的倒退的序列，通过一道终局的程序，他将卢卡奇走的路又退回去走了一遍；卢卡奇为了将自己拽出现代绝境的泥淖而煞费苦心志愿设计的所有解决方案，恰恰由于阿多诺阐述了勋伯格究竟是什么而同样煞费苦心地将它们拆解并作废了。阿多诺的注意力集中在新音乐对商业领域的绝对拒绝，他的话语从艺术脚下将社会基础切断。因为在与装饰、幻觉、和解、交流、人道主义、成功这些概念的厮杀中，艺术慢慢败下阵来：

> 所有在艺术作品中无功用之物——因此也是所有超越单纯存在的规律之物——都退出了。但艺术作品的功用恰恰在于超越其单纯存在。……因为艺术品毕竟不能取代现实，消除所有幻觉的特征愈加醒目地突出了其存在的幻觉性质，这个过程无可遁逃。（PNM70）

我们最后会问，贝多芬和勋伯格的晚期风格果真如此吗，他们的音乐果真在与社会比对中如此孤立吗？或有没有这样的可能，阿多诺对他们的描述是典型、范式、构念，旨在强调某些特征，从而在阿多诺自己的写作中并为阿多诺的写作赋予这两位作曲家一种特别的面貌、特别的形象？阿多诺所做之事是纯理论的——即是说，他的建构不应作为真实情况的复制物，如果他有此企图，只怕会变成包装和驯化的拷贝。阿多诺著述的定位是理论，一个他可以建立去神秘化的否定辩证法的空间。无论阿多诺写音乐、文学、抽象哲学还是社会，他的理论著作总是以一种独特的方式变得极为具体——即他的写作反映的是长期的经验视角而不是革命性的开端，他所写的都深深浸润在文化里。阿多诺晚期风格和终局的理论家立场是极度心照不宣的，和卢梭是相对的两个极端。其中也有对财富和特权的假设（的确属于推断），也就是我们今天所说的精英主义，和更晚近的政治不正确。阿多诺的世界是魏玛的世界，现代主义如日中天，品味奢侈，业余主义激扬，不妨说有一点点过腻。在《最低限度的道德》的第一个片段，即题为"致马塞尔·普鲁斯特"的文字中，他这种夫子自道可谓一览无遗：

> 这位双亲富裕的儿子，无论他由于天赋还是羸弱，从事了一个所谓知识分子的行业，艺术家也罢，学者也罢，都有一段特别艰难的时间得去对付那些冠以不愉快头衔的同行。这不仅因为他的特立独行遭受嫉妒，他的严肃意图得不到信任，而且他还被怀疑是当权势力的秘密使者。这类怀疑，虽然泄露出某种私怨，却常常证明是有根据的。但真正的阻力在于别处。脑力劳动的职业本身到了这个分上已经成了"注重实效"的事，它是一个有着精密劳动分工、部门分工和严格准入的营生。富有独立手段的人意味着他因为对挣钱之不体面感到厌恶而选择从事这个行业却又无须倾向承认这个事实。他因此受到惩罚。他不是一个"专业人士"，无论他在自己的研究专题上有多强，在竞争的梯队中只能算个外行，而且他如果要建立自己的职业，就必须表现出比最固执的专家还要更决意的狭隘。（MM21；着重号系我所加）

这里重要的家门事实是他父母很富有。同样重要的是这句话中阿多诺已经描述了他的同僚的嫉妒和怀疑他与"当权势力"的关系，却还添加说这些怀疑是有根据的。意思是说巴黎圣奥诺雷市郊一个知识分子圈层发出的诱惑，与来自道德相当的工人阶级联盟发出的诱惑，两者相比阿多诺还是取了前者而不是后者。在某个层面，他的精英主义偏好当然是他阶级背景的作用。但在另一个层面，在大部分脱离了其社会地位的情况下，他喜爱其中的东西是那种自在和奢侈的感觉；这一点，他在《最低限度的道德》中暗示，让他对经典的作品、杰出的大师、伟大的观念有一种贯通的熟悉，不是作为专业学科，而是作为频繁光顾某个俱乐部的常客浸淫的不断的练习。然而这也是为什么阿多诺不能同化于任何体系，即便是上层阶级感觉舒适的体系的另一个理由：他实际上是藐视可预见性的，以疏远而极度玩世不恭的目光看待落入眼界中的几乎一切事物。

然而阿多诺和普鲁斯特一样,终其一生都紧随西方社会长久基本的连贯整体生活和工作,甚至就是这种连续体的一部分:家庭、知识分子社团、音乐和音乐会的生活、哲学传统,以及大量的学术机构。但他总是靠在一边,从不完全成为任何组织的一部分。他是个音乐家,但从没将音乐作为志业,他是个哲学家,而他的主要议题又是音乐。阿多诺与许多学术界或知识界的同侪不一样,他从不假装一种非政治的中立。他的著作就像对位音乐的声部,缠绕着法西斯主义、资产阶级大众社会以及共产主义,没有它们就变得很费解,而又永远在批评和讽刺它们。

因此,阿多诺毕生对贝多芬第三时期的强烈关注,我认为有理由看作是他选择慎重维系的一种批评模式,一种对他自身现实有益的建构:作为哲学家和文化批评家,强制地从最初成就他的社会中放逐出来。进入晚期因此意味着错过(并拒绝)许多提供了在社会内部感觉舒适的奖赏,其中一个非常不错的奖赏是被一大群读者轻松地阅读和理解。另一方面,阅读阿多诺的人,甚至是仰慕他的人,内心不免感到得承认他多少有点刻意不讨人喜欢的特点,仿佛他不只是一个严肃的经院哲学家,还是一个老迈的、不懂施惠的、甚至直率得令人难堪的旧同事,即使他已经离开了这个圈子,还是锲而不舍地给每个人添堵。

我以这种方式谈论阿多诺是因为围绕着他颇为独树一帜并不可模仿的研究中,合并了几种终结的一般特征。首先,和他钦佩和认识一些人——霍克海默、托马斯·曼、斯托尔曼(Steuermann)——一样,阿多诺也是一个世俗的人,即法语词 mondain(尘世的,上流社会的)里的意思。他惯于城市生活,文质彬彬,深思熟虑,有趣话题随手拈来,连分号或感叹号这种不起眼的事也能侃侃而谈。伴随着这些特质的,是晚期风格——一个年岁渐长但精神活跃的欧洲文化人,绝不向守节的安适或圆润的成熟就范:他没多少要东征西集参考文献、注释或学究式的引文,但总有着非常自信和涵养十足的能力,毫不逊色地谈论巴赫与他的信徒、谈论社会与社会学。

阿多诺很大程度上是一个晚期的形象,因为他做的事大都与他的时代产生剧烈抵触。虽然他在许多不同领域都写了大量文字,但他对所有领域中的重大进步都是抨击的,像在这个地块泼下倾盆硫酸雨。他反对生产力这个概念本身,把自己变成了过多素材的作者,哪一件都无法真正压缩进阿多诺的系统或方法里。在专业细分的年代他却兼收并蓄,几乎遇到什么写什么。在他的地盘——音乐、哲学、社会趋势、历史、传播、符号语言学——阿多诺对其文体繁复毫无愧疚。不需要向读者让步,没有梗概、寒暄、帮助的标识、方便的简化。也从来没有只言片语的安慰或假惺惺的乐观主义。你阅读阿多诺所得到的印象之一,他像是一台马力十足的机器,将自身拆解成越来越小的零件。他有那种工笔画家的倾向,无情地展现细节:他挑出最后的瑕疵,张布出来,带着学究式的小小窃喜详加审视。

"时代精神"为阿多诺所百般厌憎,他所有写作都竭力对其进行袭扰。在五六十年代成年的读者看来,阿多诺周围的一切都是战前的,因此也是不时尚的,甚至还有些可笑,比如他对爵士乐的评论,以及对世人公认的作曲家如斯特拉文斯基和瓦格纳的评论。晚期对他而言等于倒退,从现在向原来回归,那时人们带着对克尔凯郭尔、黑格尔和卡夫卡的直接知识讨论他们的作品,而不是根据情节梗概或手册的介绍。他描写的那些事仿佛从孩提时代就烂熟于心,它们不是大学里才学到的,也不是从经常光顾的时尚晚会上听来的。

对我来说阿多诺尤为吸引人的地方,在于他是二十世纪的一个特殊类型,不合时宜的十九世纪晚期的无望或幻灭的浪漫主义者,他的存在几乎出神入化地脱离了新而怪异的现代形式,然而又可以说是与这些形式同谋——法西斯主义、反犹主义、极权主义、官僚主义,或阿多诺称之为受到行政管理的社会和意识的产业。他非常世俗化。像他常常提及艺术品时讨论的莱布尼兹的单子,阿多诺——以及与他大致同时代的一些人如理查德·施特劳斯、兰佩杜萨(Lampedusa)、维斯孔蒂(Visconti)——持坚定的欧洲中心论立场,不合现代时尚,抵制任何起同化作用的计策,但他又奇特地反思了终结的困境,不耽于幻想的希望或制造出来的顺从。

也许最终正是阿多诺无与伦比的技术性才如此富有深意。他在《新音乐哲学》中对勋伯格方法的分析是在用语言和概念讲述另一媒介中极为复杂的新观点的内在结构，而他这么做时，对词语和音调这两种媒介技术上的精准意识令人叹为观止。换更好的方式说，即阿多诺从不让技术问题挡道，从不对它们生畏，无论是其玄奥性，还是它们要求的那种明显的精通能力。他能够从晚期的角度来解释技术，比如从后来法西斯的集体化看斯特拉文斯基的原始主义，这时他的技术含量愈加浓厚。

晚期风格既存在于、又奇妙地远离当前现状。只有少数艺术家和思想家足够在乎他们的职业，以致相信它也会慢慢变得衰老，且在感觉和记忆都不断退化的情况下面对死亡。正如阿多诺谈论贝多芬时说，晚期风格不承认明确的死亡节奏；反之，死亡是以折射的方式呈现的，有如反讽。但在那一类有着充足的、断裂的、在某种意义上前后不一的严肃性的作品，如《庄严弥撒曲》，或如阿多诺自己的文章中，反讽的是晚期特征作为主题，作为风格，如何向我们不断提示着死亡。

选自《论晚期风格》

注　释

引言

1. "Secretary-General Mourns Death of Palestinian Writer Edward Said," *UN News*, September 25, 2003. Online: https://news.un.org/en/story/2003/09/80572-secretary-general-mourns-death-palestinian-writer-edward-said.

2. Roger Owen, "Edward Said: A Legacy of Emancipation," *The European Legacy*, Vol.19, no.4 (2014):519.

3. Noam Chomsky, "Fifth Annual Edward Said Memorial Lecture, Heyman Center for the Humanities, Columbia University," December 9, 2009. Online: https://www.youtube.com/watch?v=ckPsXWmclNE.

4. Akeel Bilgrami, *Secularism, Identity, and Enchantment* (Cambridge: Harvard University Press, 2014), 339.

5. Edward Said, *Humanism and Democratic Criticism* (New York: Columbia University Press, 2004), 135. Rob Nixon, a former student of Said's, eloquently extends these aspects of Said's work in *Slow Violence and the Environmentalism of the Poor* (Cambridge, Mass.: Harvard University Press, 2013).

6. Justus Reid Weiner, " 'My Beautiful House' and other Fabrications by Edward Said," *Commentary*, September 1, 1999. For rebuttals of Weiner's assertions, see Christopher Hitchens, "*The Commentary* School of Falsification," *The Nation* (September 2, 1999). Also see, Alexander Cockburn, "Defending the Integrity of Edward Said," *Los Angeles Times*, August 29, 1999, and Andrew N. Rubin, "Edward W. Said (1935–2003)," *Arab Studies Quarterly* 26:4 (2004):36–53.

7. Edward W. Said, *Orientalism* (New York: Vintage, 1979), 328.

8. Edward W. Said, *The World, the Text, and the Critic* (Cambridge, Mass.: Harvard University Press, 1983), 29.

9. Edward W. Said, "Opponents, Audiences, Constituencies, and Community," in Hal Foster, ed., *The Anti-Aesthetic: Essays on Postmodern Culture* (Seattle: Bay Press, 1983), 157.

10. Edward W. Said, *Representations of the Intellectual*: The 1993 Reith Lectures (New York: Pantheon, 1994), 12.

11. Theodor Adorno, *Minima Moralia: Reflections for Damaged Life*, trans. E. F. N. Jephcott (New York: Verso, 1974), 39.

12. Edward W. Said, "The Mind of Winter: Reflections on Life in Exile," *Harpers* (September 1994):55.

13. Mary McCarthy, "Exiles, Expatriates and Internal Émigrés," *The Listener* (November 25, 1971):706.

14. Quoted in Maya Jaggi, "Out of the Shadows," *The Guardian* (September 11, 1999).

15. Said, *Representations of the Intellectual*, 12.

16. Said, *Out of Place*, 215.

17. Said, *Out of Place*, 12.

18. Said, *Out of Place*, 9.

19. Said, *Out of Place*, 42.

20. Said, *Out of Place*, 90.

21. Said, *Out of Place*, 115.

22. Edward W. Said, *After the Last Sky: Palestinian Lives* (1986; reprint, New York: Columbia University Press, 1999), 116.

23. Said, *Out of Place*, 120.

24. Said, *Out of Place*, 278.

25. Said, *Out of Place*, 124.

26. Said, *Out of Place*, 126.

27. Said, *Out of Place*, 293.

28. Edward Said, "The Arab Portrayed," *The Arab-Israeli Confrontation of June 1967: An Arab Perspective*, ed. Ibrahim Abu-Lughod (Evanston, Ill.: Northwestern University Press, 1970), 5.

29. Edward W. Said, *The Politics of Dispossession* (New York: Vintage, 1994), xiv.

30. Hayden White, "Beginning with a Text," *Diacritics* 6, no.3 (Fall 1976):19.

31. Edward W. Said, *Beginnings: Intention and Method* (New York: Columbia University Press, 1985), 349.

32. Edward W. Said, "Vico on the Discipline of Bodies and Texts," *MLN* 91, no.5 (October 1976):820.

33. Edward W. Said, "Arabs and Jews," *The New York Times*, October 14, 1973.

34. "Summary of Statement," "Prepared Statement of Edward W. Said," (with Abu Lughod) "Questions and Discussion." In U.S. Congress. House. Special Subcommittee on Investigations of the

Committee on International Relations. *The Palestinian Issue in Middle East Peace Efforts*. 32. 94th Cong., 1st sess. September 30, 1975.

35. Nubar Hovsepian, "Connections with Palestine," *Edward Said: A Critical Reader*, ed. Michael Sprinker (Boston: Blackwell, 1992), 13.

36. Said, *Orientalism*, 12.

37. Leon Wieseltier, *The New Republic* (April 7, 1979):29.

38. Bernard Lewis, "The Question of Orientalism," *The New York Review of Books* (June 24, 1982):49–55.

39. Talal Asad, *English Historical Review* 95 (376):648.

40. Edward W. Said, "Orientalism: An Exchange," *The New York Review of Books* (August 12, 1982):44. Cf. Said, "Afterword," *Orientalism*, 341–45.

41. Edward W. Said, *The Question of Palestine* (New York: Vintage, 1992), 69.

42. Edward W. Said, "Opponents, Audiences, Constituencies and Communities," *Critical Inquiry*, 9:1 (September 1982):25.

43. "Reflections on American 'Left' Literary Criticism," *The World, the Text, and the Critic*, 163.

44. Ibid,159.

45. David Gilmour, *Lebanon: The Fractured Country* (New York: St. Mar-tin's Press, 1983).

46. Tabitha Petran, *The Struggle over Lebanon* (New York: Monthly Review Press, 1987), 288.

47. Said, *The Politics of Dispossession*, 249.

48. Quoted in *The Politics of Dispossession*, 256.

49. Edward W. Said, "The Essential Terrorist," *Blaming the Victims* (New York: Verso, 1988), 153.

50. Norman Finklestein, *In These Times*, September 11, 1984. See also, Finklestein, *Image and Reality of the Israel-Palestine Conflict* (New York: Verso, 1995).

51. Edward W. Said, "Conspiracy of Praise," *Blaming the Victims*, 30.

52. Edward W. Said, *After the Last Sky*, 2d ed. (New York: Columbia University Press, 1999), 4.

53. Said, *After the Last Sky*, 6.

54. Said, *After the Last Sky*, 4.

55. Said, *After the Last Sky*, 24.

56. "Reflections on Exile," *Granta* 13 (Winter 1984):159, 172.

57. "Glenn Gould's Contrapuntal Vision," *Vanity Fair* (May 1983):98.

58. W. J. T. Mitchell, "In the Wilderness," *The London Review of Books* (April 8, 1993):11; Michael Wood, "Lost Paradises," *The New York Review of Books* (March 3, 1994):44–47; Michael Gorra, "Who Paid the Bills at Mansfield Park," *The New York Times Book Review* (February 28, 1993):11.

59. John Leonard, "Novel Colonies," *The Nation* (March 22, 1993):383.

60. Said, *The Politics of Dispossession*, 305.

61. Said, *Representations of the Intellectual*, 101.

62. Edward W. Said, *The Pen and the Sword: Conversations with David Barsamian* (Monroe, Me.: Common Courage Press, 1994), 110.

63. Edward W. Said, "The One State Solution," *The New York Times Magazine* (January 10, 1999):36.

64. Gayatri Chakravorty Spivak, "Can the Subaltern Speak?" *Colonial Discourse and Postcolonial Theory: A Reader*, eds. Patrick Williams and Laura Chrisman (New York: Columbia University Press, 1994), 66–111.

65. "Interview with Andrew Rubin and Moustafa Bayoumi," *The Edward Said Reader* (New York: Vintage, 1999), 419.

66. Edward W. Said, "On Mahmoud Darwish," *Grand Street* (Winter 1994):115.

67. Said, *Humanism and Democratic Criticism*, 81–82.

68. "Statement of Stanley Kurtz, Testimony before the Subcommittee on Select Education, Committee on Education and the Workforce," U.S. House of Representatives, June 19, 2003.

69. Ibn Warraq, *Defending the West: A Critique of Edward Said's Orientalism* (New York: Prometheus, 2007). Robert Irwin, *Dangerous Knowledge: Orientalism and Its Discontents* (Woodstock, NY: Overlook Press, 2008).

70. See Andrew N. Rubin, "Orientalism and the History of Western Anti-Semitism: The Coming End of an American Taboo," *History of the Present*, Vol.V, no.1 (Spring 2015):95–108.

71. Edward W. Said, *Freud and the Non-European* (New York: Verso, 2003), 23.

72. Ibid., 23.

73. Edward W. Said, "Orientalism Reconsidered," *Reflections on Exile* (Cambridge, Mass.: Harvard University Press, 2000).

74. Michel Foucault, *The Order of Things* (London: Routledge, 1970), 280–303.

75. Said, *Freud and the Non-European*, 53.

76. Ibid., 54.

77. See the work Judith Butler, *Parting Ways: Jewishness and the Critique of Zionism* (New York: Columbia University Press, 2013). Aamir Mufti, *Enlightenment in the Colony: The Jewish Question and the Crisis of Postcolonial Culture* (Princeton, N.J.: Princeton University Press, 2007). Gil Anidjar, Semites: *Race, Religion, Literature* (Stanford, Calif: Stanford University Press, 2007).

78. We have been limited to drawing upon Said's books for the selections we have chosen to include in *The Selected Works of Edward Said*.

79. "Judith Butler and Cornel West Honoring Edward Said," Columbia University, November 7, 2013. Online: https://www.youtube.com/watch?v=jF5mYvjDp3U.

80. *The Selected Works of Edward Said* is an updated and expanded edition of *The Edward Said Reader*, which we edited and published in 2000. As per Edward Said's wishes, none of the contents that were included in *The Edward Said Reader* (New York: Vintage, 2000) were edited, altered, or redacted.

Our choice of texts was limited to the material that had been published in *The Edward Said Reader* and to other works of Said's that were later published in the following books from which we have drawn: *Reflections on Exile and Other Essays* (Cambridge: Harvard University Press, 2000); Edward W. Said and Daniel Barenboim, *Parallels and Paradoxes: Explorations of Music and Society* (New York: Pantheon, 2002); *Freud and the Non-European* (New York: Verso, 2003); *From Oslo to Iraq And the Road Map* (New York: Pantheon, 2004); *Humanism and Democratic Criticism* (New York: Columbia University Press, 2004); *Late Style: Music and Literature Against the Grain* (New York: Pantheon, 2006); and *Music at the Limits: Three Decades of Essays and Articles on Music* (New York: Columbia University Press, 2008). We are indebted to Mariam Said, Shelley Wanger, Diana Secker Tesdell, and Jacqueline Ko for giving us the opportunity to publish this updated and expanded edition. The editors would thank to Emily Apter, Phyllis Bennis, Akeel Bilgrami, Timothy Brennan, Paul Bové, Noam Chomsky, Carolyn Forché, Ferial Ghazoul, Stathis Gourgouris, Nubar Hovsepian, Jacqueline Loss, Anne McClintock, Joseph Massad, Aamir Mufti, Rob Nixon, Bruce Robbins, Lecia Rosenthal, Najla Said, Wadie Said, Diana Takieddine, Gauri Viswanathan, and Michael Wood for their insights along the way.

1 个性的主张

1. Edward Said, "Between Worlds," *London Review of Books* 20:9 (May 7, 1998):3.

2. "Henry James to Joseph Conrad," in *Twenty Letters to Joseph Conrad*, ed. G. Jean-Aubry (London: First Edition Club, 1926).

3. Richard Curle, *The Last Twelve Years of Joseph Conrad* (London: Sampson Low, Marston, 1928), 25.

4. Jean-Paul Sartre, *The Emotions: Outline of a Theory* (New York: Philosophical Library, 1948), 48.

5. 康拉德书信中的痛苦和忧患因此形成他小说的自由思辨的、挣扎的背景。海德格尔随笔《真理之本质》中有几句话阐释了这种关联。下面的引文中，"任由-存在 (letting-be)"可代入我说的康拉德的痛苦，而"阐明"(exposition)则可代入康拉德个人惯用语中由此产生的结果："任由某物存在 (Seinlassen) 实际上与该物是发生关系的 (sich einlassen auf)……任由存在之物是其所是，意味着共享某种明显之物和此物的明显性，其间，每一种'存在'之物各据其位，并使这种明显性成为必须……'任由-存在'，即自由，在其本身便是'显-露'(aussetzend)和'实有的'(ek-sistent))。'自由之本质，从真理之本质的角度看，现在将其自身展示为一种'阐明'，化入存在之物的某种被揭示的本质。" Martin Heidegger, "The Essence of Truth" (trans. R. F. C. Hull and Alan Crick), in *Existence and Being* (Chicago: Henry Regnery Co. 1949), 307–8.

6. *Letters of Joseph Conrad to Marguerite Poradowska, 1890–1920* (New Haven: Yale University Press, 1940), 84.

7. Joseph Conrad, "A Personal Record," *Complete Works*, vol.VI (Garden City, New York: Doubleday, 1925), 17.

8. Joseph Conrad, "Notes on Life and Letters," *Complete Works*, vol.III (Garden City, New York: Doubleday, 1925), 13.

9. R. L. Megroz, *A Talk with Joseph Conrad: A Criticism of His Mind and Method* (London: Elkin Matthews, 1926), 54.

10. Johan Huizinga, "The Idea of History," in *The Varieties of History*, ed. Fritz Stern (New York, 1956), 292.

11. Georg Lukács, *Histoire et conscience de classe* (Paris: Le Edition de Minuit 1960). See also Lucien Goldmann, "Introduction aux prémiers écrits de Georges Lukács," *Les Temps modernes*, no.195 (August 1962), 254–80.

12. R. P. Blackmur, *The Lion and the Honeycomb* (New York: Harcourt, Brace and Company, 1955), 123.

2 巴勒斯坦人的经历

1. Edward W. Said, *The Politics of Dispossession* (New York: Pantheon, 1994), xiii.

2. Erik Erikson, Young Man Luther (New York: Norton, 1962), 14. Chapter 3: Molestation and Authority in Narrative Fiction.

3 叙事小说中的干扰和权威

1. J. Hillis Miller, ed., *Aspects of Narrative* (New York: Columbia University Press, 1971).

2. See, for example, Edward Said, "A Configuration of Themes," review of J. Hillis Miller, *Poets of Reality, The Nation* (May 30, 1966): 659–61. Miller was of the second generation of the Geneva circle.

3. Said, *Beginnings*, 194–95.

4. Said, *Beginnings*, 319.

5. See Levin's discussion of this throughout his *Gates of Horn: A Study of Five French Realists* (New York: Oxford University Press, 1963). See also his essay "Literature as an Institution," *Accent* 6, no.3 (Spring 1946):159–68.

6. In Alain Robbe-Grillet, *For a New Novel: Essays on Fiction*, trans. Richard Howard (New York: Grove Press, 1966). Originally published as *Pour un nouveau roman* (1963).

7. Eric Partridge, *Origins: A Short Etymological Dictionary of Modern English* (New York: Macmillan, 1966), 32.

8. Sören Kierkegaard, *The Point of View for My Work as an Author*, trans. Walter Lowrie (London: Oxford University Press, 1939), 17.

9. Ibid., 40.

10. Ibid., 65.

11. Kierkegaard, *Fear and Trembling: A Dialectical Lyric*, trans. Walter Lowrie (Princeton: Princeton

University Press, 1941), 6.

12. Wayne Booth, *The Rhetoric of Fiction* (Chicago: University of Chicago Press, 1961).

13. Gilles Deleuze, *Différence et répétition*, (Paris: Presse Universitaires de France, 1968), 14.

14. Kierkegaard, *Repetition: An Essay in Experimental Psychology* (Princeton: Princeton University Press, 1941), 6.

15. Kierkegaard, *The Concept of Irony: With Constant Reference to Socrates*, trans. Lee M. Capel (London: William Collins, 1966), 270.

16. Ibid., 276.

17. Mark Twain, *The Adventures of Huckleberry Finn* (Hartford: American Publishing Company, 1899), 15.

18. Marx, *Capital and Other Writings*, ed. Max Eastman (New York: Modern Library, 1932), 183−84.

19. Vico, *The New Science* (Ithaca, N.Y.: Cornell University Press, 1948), 121.

20. Ibid., bk. 2, "Poetic Wisdom," 109−297.

21. See Lukács, *The Theory of the Novel*, 120 ff.; also see Paul de Man, "The Rhetoric of Temporality," in *Interpretation: Theory and Practice*, ed. Charles Singleton (Baltimore: Johns Hopkins University Press, 1969), 173−209.

22. See Lévi-Strauss, *The Savage Mind* (Chicago: University of Chicago Press, 1966), 17, for a description of Wemmick as *bricoleur*.

23. Dickens, *Great Expectations* (New York: Charles Scribner's Sons, 1902), 562.

24. Ibid., 540−41.

4 东方学

1. V. G. Kiernan, *The Lords of the Human Kind: Black Man, Yellow Man, White Man in the Age of Empire* (Boston: Wiedenfeld and Nicolson, 1969).

2. Said, *Orientalism*, 12.

3. Antonio Gramsci, *The Prison Notebooks: Selections*, trans. and ed. Quintin Hoare and Geoffrey Nowell Smith (New York: International Publishers, 1971), 324.

4. "In Search of Palestine," narrated and written by Edward Said (London: British Broadcasting Company, 1998).

5. Edward Said, "The Arab Portrayed," *The Arab-Israeli Confrontation of June 1967: An Arab Perspective*, ed. Ibrahim Abu-Lughod (Evanston, Ill.: Northwestern University Press, 1970), 5.

6. Said, "Afterword," *Orientalism*, 337.

7. Said, "Afterword," *Orientalism*, 339.

8. Leon Wieseltier, *The New Republic* (April 7, 1979):29.

9. Bernard Lewis, "The Question of Orientalism," *The New York Review of Books* (June 24,

1982):49–55.

10. Talal Asad, *English Historical Review* 95 (376):648.

11. Edward Said, "Orientalism: An Exchange," *The New York Review of Books* (August 12, 1982):44. Cf. Said, "Afterword," *Orientalism*, 341–45.

12. Gyan Prakash, "Orientalism Now," *History and Theory* (October 1995):199.

13. Thierry Desjardins, *Le Martyre du Liban* (Paris: Plon, 1976), 14.

14. K. M. Panikkar, *Asia and Western Dominance* (London: George Allen & Unwin, 1959).

15. Denys Hay, *Europe: The Emergence of an Idea*, 2d ed. (Edinburgh: Edinburgh University Press, 1968).

16. Steven Marcus, *The Other Victorians: A Study of Sexuality and Pornography in Mid-Nineteenth-Century England* (1966; reprint, New York: Bantam Books, 1967), 200–19.

17. Principally in his *American Power and the New Mandarins: Historical and Political Essays* (New York: Pantheon Books, 1969); and *For Reasons of State* (New York: Pantheon Books, 1973).

18. Walter Benjamin, *Charles Baudelaire: A Lyric Poet in the Era of High Capitalism*, trans. Harry Zohn (London: New Left Books, 1973), 71.

19. Harry Bracken, "Essence, Accident and Race," *Hermathena* 116 (Winter 1973):81–96.

20. In an interview published in *Diacritics* 6, no.3 (Fall 1976):38.

21. Raymond Williams, *The Long Revolution* (London: Chatto & Windus, 1961), 66–67.

22. In my *Beginnings: Intention and Method* (New York: Basic Books, 1975).

23. Louis Althusser, *For Marx*, trans. Ben Brewster (New York: Pantheon Books, 1969), 65–67.

24. Raymond Schwab, *La Renaissance orientale* (Paris: Payot, 1950); Johann W. Fück, *Die Arabischen Studien in Europa bis in den Anfang des 20. Jahrhunderts* (Leipzig: Otto Harrassowitz, 1955); Dorothee Metlitzki, *The Matter of Araby in Medieval England* (New Haven, Conn.: Yale University Press, 1977).

25. E. S. Shaffer, *"Kubla Khan" and The Fall of Jerusalem: The Mythological School in Biblical Criticism and Secular Literature, 1770–1880* (Cambridge: Cambridge University Press, 1975).

26. George Eliot, *Middlemarch: A Study of Provincial Life* (1872; reprint, Boston: Houghton Mifflin Co., 1956), 164.

27. Antonio Gramsci, *The Prison Notebooks: Selections*, trans. and ed. Quintin Hoare and Geoffrey Nowell Smith (New York: International Publishers, 1971), 324. The full passage, unavailable in the Hoare and Smith translation, is to be found in Gramsci, *Quaderni del Carcere*, ed. Valentino Gerratana (Turin: Einaudi Editore, 1975), 2:1363.

28. Raymond Williams, *Culture and Society*, 1780–1950 (London: Chatto & Windus, 1958), 376.

29. Quoted by Henri Baudet in *Paradise on Earth: Some Thoughts on European Images of Non-European Man*, trans. Elizabeth Wentholt (New Haven, Conn.: Yale University Press, 1965), xiii.

30. Gibbon, *Decline and Fall of the Roman Empire*, 6:289.

31. Baudet, *Paradise on Earth*, 4.

32. See Fieldhouse, *Colonial Empires*, 138–61.

33. Schwab, *La Renaissance orientale*, 30.

34. A. J. Arberry, *Oriental Essays: Portraits of Seven Scholars* (New York: Macmillan Co., 1960), 30, 31.

35. Raymond Schwab, *Vie d'Anquetil-Duperron suivie des Usages civils et religieux des Perses par Anquetil-Duperron* (Paris: Ernest Leroux, 1934), 10, 96, 4, 6.

36. Arberry, *Oriental Essays*, 62–66.

37. Frederick Eden Pargiter, ed., *Centenary Volume of the Royal Asiatic Society of Great Britain and Ireland 1823–1923* (London: Royal Asiatic Society, 1923), viii.

38. Quinet, *Le Génie des religions*, 47.

39. Jean Thiry, *Bonaparte en Égypte décembre 1797–1724 août 1799* (Paris: Berger-Levrault, 1973), 9.

40. Constantin-François Volney, *Voyage en Égypte et en Syrie* (Paris: Bossange, 1821), 2:241 and *passim*.

41. Napoleon, *Campagnes d'Égypte et de Syrie, 1798–1799: Mémoires pour servir á l'histoire de Napoléon* (Paris: Comou, 1843), 1:211.

42. Thiry, *Bonaparte en Égypte*, p.126. See also Ibrahim Abu-Lughod, *Arab Rediscovery of Europe: A Study in Cultural Encounters* (Princeton, N.J.: Princeton University Press, 1963), 12–20.

43. Abu-Lughod, *Arab Rediscovery of Europe*, 22.

44. Quoted from Arthur Helps, *The Spanish Conquest of America* (London, 1900), p.196, by Stephen J. Greenblatt, "Learning to Curse: Aspects of Linguistic Colonialism in the Sixteenth Century," in *First Images of America: The Impact of the New World on the Old*, ed. Fredi Chiapelli (Berkeley: University of California Press, 1976), 573.

45. Thiry, *Bonaparte en Égypte*, 200. Napoleon was not just being cynical. It is reported of him that he discussed Voltaire's *Mahomet* with Goethe, and defended Islam. See Christian Cherfils, *Bonaparte et l'Islam d'après les documents français arabes* (Paris: A. Pedone, 1914), 249 and *passim*.

46. Thiry, *Bonaparte en Égypte*, 434.

47. Hugo, *Les Orientales*, in *Oeuvres poétiques*, 1:684.

48. Henri Dehérain, *Silvestre de Sacy, ses contemporains et ses disciples* (Paris: Paul Geuthner, 1938), v.

49. *Description de l'Égypte, ou Recueil des observations et des recherches qui ont été faites en Égypte pendant l'expédition de l'armée française, publié par les ordres de sa majesté l'empereur Napoléon le grand*, 23 vols. (Paris: Imprimerie impériale, 1809–1828).

50. Fourier, *Préface historique*, vol.1 of *Description de l'Égypte*, i.

51. Ibid., iii.

52. Ibid., xcii.

53. Étienne Geoffroy Saint-Hilaire, *Histoire naturelle des poissons du Nil*, vol.17 of *Description de l'Égypte*, 2.

54. M. de Chabrol, *Essai sur les moeurs des habitants modernes de l'Égypte*, vol.14 of *Description de l'Égypte*, 376.

55. This is evident in Baron Larrey, *Notice sur la conformation physique des égyptiens et des différentes races qui habitent en Égypte, suivie de quelques réflexions sur l'embaumement des momies*, vol.13 of *Description de l'Égypte*.

56. Cited by John Marlowe, *The Making of the Suez Canal* (London: Cresset Press, 1964), 31.

57. Quoted in John Pudney, *Suez: De Lesseps' Canal* (New York: Frederick A. Praeger, 1969), 141–42.

58. Marlowe, *Making of the Suez Canal*, 62.

59. Ferdinand de Lesseps, *Lettres, journal et documents pour servir á l'histoire du Canal de Suez* (Paris: Didier, 1881), 5:310. For an apt characterization of de Lesseps and Cecil Rhodes as mystics, see Baudet, *Paradise on Earth*, 68.

60. Cited in Charles Beatty, *De Lesseps of Suez: The Man and His Times* (New York: Harper & Brothers, 1956), 220.

61. De Lesseps, *Lettres, journal et documents*, 5:17.

62. Ibid., 342–33.

5 从其受害者立场看犹太复国主义

1. Eqbal Ahmad, "An Essay in Reconciliation," *The Nation* (March 22, 1980):341.

2. I. F. Stone, "Confessions of a Jewish Dissident," in *Underground to Palestine, and Reflections Thirty Years Later* (New York: Pantheon Books, 1978).

3. George Eliot, *Daniel Deronda* (London: Penguin Books, 1967), 50.

4. Ibid., 592.

5. Ibid., 594–95.

6. Edward W. Said, *Orientalism* (New York: Pantheon Books, 1978), 153–57, 214, 228.

7. Arthur Hertzberg, ed., *The Zionist Idea: A Historical Analysis and Reader* (New York: Antheneum Publishers, 1976), 133.

8. Ibid., 134.

9. See Sabri Jiryis, *The Arabs of Israel* (New York: Monthly Review Press, 1976), pass.; a powerful case is made also by *The Non-Jew in the Jewish State: A Collection of Documents*, ed. Israel Shahak (privately printed by Shahak, 2 Bartenura Street, Jerusalem), 1975.

10. See *Imperialism: The Documentary History of Western Civilization*, ed. Philip D. Curtin (New

York: Walker & Company, 1971),《帝国主义：西方文明文献史》包含近两百年间帝国主义文学的一个翔实的选集，我在《东方学》第二和第三章中对该时期知识和文化背景作了概括论述。

11. Quoted in Desmond Steward, *Theodor Herzl* (Garden City, N.Y.: Doubleday & Co., 1974), 192.

12. Antonio Gramsci, *The Prison Notebooks: Selections*, ed. and trans. Quintin Hoare and Geoffrey Nowell Smith (New York: International Publishers Co., 1971), 324.

13. See Hannah Arendt, *The Origins of Totalitarianism* (New York: Harcourt Brace Jovanovich, 1973), 129.

14. Harry Bracken, "Essence, Accident, and Race," *Hermathena* 116 (Winter 1973):81–96.

15. See Curtin, *Imperialism*, 93–105, which contains an important extract from Knox's book.

16. George Nathaniel Curzon, *Subjects of the Day: Being a Selection of Speeches and Writings* (London: George Allen & Unwin, 1915), 155–56.

17. Joseph Conrad, *Heart of Darkness*, in *Youth and Two Other Stories* (Garden City, N.Y.: Doubleday, Page, 1925), 52.

18. Ibid., 50–51.

19. Agnes Murphy, *The Ideology of French Imperialism*, 1817–1881 (Washington: The Catholic University of American Press, 1948), 110, 136, 189.

20. 以色列主要作家（"鸽派"人物）阿摩司·奥兹 (Amos Oz) 说得很妙："我只要活着，就会被所有来到应许之地的人们刺激着神经，他们或把这片土地改造成田园牧歌的天堂，或改造成托尔斯泰的平权主义者公社，或改造成受过良好教育的中产阶级的中欧飞地，那是奥地利和巴伐利亚的翻版。还有些人一心要建设马克思主义的天堂，或在《圣经》现场建设集体农庄，并暗中渴望有朝一日斯大林亲临赞许：'讨厌的犹太人，你们干得比我们还漂亮！'" *Time* (May 15, 1978):61.

21. 我引用的这些段落全部出自纽约市立大学亨特学院研究生米利亚姆·罗森 (Miriam Rosen)1976年提交的一篇优秀而有价值的硕士论文："The Last Crusade: British Archeology in Palestine, 1865–1920," 18–21。

22. See Neville J. Mandel, *The Arabs and Zionism before World War I* (Berkeley: University of California Press, 1976), and Yehoshua Porath, *The Emergence of the Palestinian-Arab National Movement, Vol.*1 1918–1929 (London: Frank Cass and Company, 1974).

23. See the forthright historical account in Amos Elon, *The Israelis: Founders and Sons* (1971; reprint, New York: Bantam Books, 1972), 218–24.

24. Maxime Rodinson, *Israel: A Colonial-Settler State?* trans. David Thorstad (New York: Monad Press of the Anchor Foundation, 1973), 39.

25. Ibid., 38.

26. Quoted in David Waines, "The Failure of the Nationalist Resistance," in *The Transformation of Palestine*, ed. Ibrahim Abu-Lughod (Evanston, Ill.: Northwestern University Press, 1971), 220.

27. Ibid., 213.

28. Chaim Weizmann, *Trial and Error: The Autobiography of Chaim Weizmann* (New York: Harper & Row, 1959), 371.

29. Ibid., 125.

30. Ibid., 128–29, 253.

31. Ibid., 128.

32. Yehoshafat Harkabi, *Arab Attitudes to Israel* (Jerusalem: Keter Press, 1972). 哈卡比是军情局的主管，1959 年被本·古里安免职。他后来成为希伯来大学教授和阿拉伯事务专家，也的确是以色列反阿拉伯人和／或巴勒斯坦人的重要宣传鼓动者。可参见他出言不逊的反巴勒斯坦图书（免费在以色列驻美大使馆发放）《巴勒斯坦人和以色列》(*Palestinians and Israel*)(Jerusalem: Keter Press, 1974)。最近哈卡比将军意外地变成"鸽派"人物，支持"立即实现和平"运动 (Peace Now Movement)。

33. 由 1974 年 5 月 15 日《这个世界》(*Haolam Hazeh*) 周刊重新刊登。该周刊编辑尤里·艾弗纳瑞写过一本有趣而带些惑众的书 *Israel Without Zionism: A Plea for Peace in the Middle East*(New York: Macmillan Publishing Co., 1968)。此书值得一读，可从中了解以色列政治。该书包含严厉抨击摩西·达扬等人的内容，即被艾弗纳瑞描述为本质上是"反阿拉伯人斗士"（比较美国西部扩张时的"反印第安人斗士"）的一类人。

34. Weizmann, *Trial and Error*, 130.

35. Ibid., 188.

36. Ibid., 215–16.

37. Ibid., 130.

38. C. L. Temple, *The Native Races and Their Rulers* (1918; reprint, London: Frank Cass and Company, 1968), 41.

39. Weizmann, *Trial and Error*, 156–57.

40. On the army as a matrix for organizing society, see Michel Foucault," *Questions á Michel Foucault sur la géographie,*" *Hérodote*, 1, 1 (first trimester 1976), p.85. See also Yves Lacoste, *La Géographie ca sert, d'abord, á faire la guerre* (Paris: Maspero, 1976).

41. Details taken from Walter Lehn, "The Jewish National Fund," *Journal of Palestine Studies* 3, no.4 (Summer 1974):74-96. 值得在此一提的是莱恩这位退休的语言学教授于 1977—78 学年在约旦河西岸被占领土上唯一——所阿拉伯高等学府比尔宰特大学做访问学者。这一时期他继续他的犹太国家基金研究，并于 1 月 6 日在一封公开信上签字，（作为证人）抗议以色列士兵毒打两名巴勒斯坦年轻学生（其中一人不支倒地送医）。1978 年 5 月初，莱恩和其他六名教授的工作许可被西岸的军事当局拒绝。美国没有一家媒体报道此事。还可参见 Uri Davis and Walter Lehn, "And the Fund Still Lives," *Journal of Palestine Studies* 7, no.4 (Summer 1978):3–33。

42. 一个例子是乌姆阿法姆 (Umm al-Fahm) 村落的命运，根据罗得岛停战协议，约旦国王阿卜杜拉于 1949 年将此大型阿拉伯村落给了以色列。1948 年之前，这个 5000 人口的村落拥有 140000 德南的土地。到 1978 年，乌姆阿法姆的阿拉伯居民约 20000，土地面积却减少为 15000 德南，几乎所有土地都是岩石地，难以耕作。所有最好的土地均被各种不同的"法令"没收，包括1953年颁布的《土地、保险和赔偿法》。最为反讽的也许是两个社会主义的集体农场——梅吉多（Megiddo）和吉瓦特奥兹（Givat Oz）——都建在没收的阿拉伯土地上。余下的没收土地则移交给一个莫夏夫（moshav），即以色列农业合作定居点。

43. Joseph Weitz, *My Diary and Letters to the Children* (Tel Aviv: Massada, 1965), vol.2, 181–82.

44. Jon and David Kimche, *A Clash of Destinies: The Arab-Jewish War and the Founding of the State of Israel* (New York: Praeger Publishers, 1960), p.92. See also the two important articles by Walid Khalidi, "The Fall of Haifa," *Middle East Forum*, 35, no.10 (December 1959):22–32; and "Plan Dalet: The Zionist Blueprint for the Conquest of Palestine," *Middle East Forum*, 35, no.9 (November 1961):22–28.

45. 迄今所作的最详尽的关于巴勒斯坦人出走的研究调阅了那个时期每天的阿拉伯报纸和广播，只发现敦促巴勒斯坦人留在自己的国家的证据，完全没有发现任何"命令出走"的证据。不幸的是，对于手无寸铁的居民来说当时气氛过于恐怖。参见 Erskine Childers, "The Wordless Wish: From Citizens to Refugees," in *The Transformation of Palestine*, ed. Ibrahim Abu-Lughod (Evanston, Ill.: Northwestern University Press, 1971), 165–202。该文的研究者柴尔德斯（Childers）是爱尔兰人，以自由撰稿记者身份从事这项研究；他的发现对于犹太复国主义的陈词是一个致命打击。

46. 参见 Avnery, *Israel Without Zionism*。

47. Weitz, *My Diary*, vol.3, 293.

48. Ibid., 302.

49. Tawfiq Zayyad, "Fate of the Arabs in Israel," *Journal of Palestine Studies*, 6, no.1 (Autumn 1976):98–99.

50. 然而《纽约时报》在1976年5月19日的社论中竟称以色列对约旦河西岸和加沙的占领是两个民族之间"未来的合作模型"。以色列摧毁阿拉伯人住所，虐待阿拉伯人，把他们驱逐出境，谋杀他们，对他们进行拘押管理，所有这些行径都受到"大赦国际"组织、红十字会乃至1978年度国务院侵害人权报告的谴责。但镇压一如既往，既用到我提及的明目张胆的、野蛮残酷的手段，也用到其他手段。集体惩罚的现象非常普遍：1969年军政府总督下令在拉马拉禁售羊肉作为对整个城镇的惩罚；1970年的葡萄季中，除非知名人士出面谴责巴解组织宣传，否则有关葡萄销售、采摘等等一切活动都被禁止。1978年4月则强行在纳布卢斯进行七日宵禁，因为"居民不与警察合作"。

51. Quoted in Jiryis, *The Arabs in Israel*, 70.

52. 参见 Saul Bellow, *To Jerusalem and Back* (New York: The Viking Press, 1976), 152–61 and *passim*。

53. John Cooley, "Settlement Drive Lies Behind Latest Israeli 'No,'" *Christian Science Monitor*, July 25, 1978,［该文］清楚表明以色列官方计划到2000年使犹太人在西岸占人口的多数（125万），而在西奈半岛埃及被占领土拉法赫（Rafah）凸角在建一个计划中的以色列重要城市雅米特（Yamit）。按犹太事务局主席阿耶·杜津的说法，雅米特必须以1903年犹太复国主义执行机构的预想"总是置于犹太人主权之下"。这些定居点中的很多会计划接收来自南非、美国,当然还有俄罗斯的犹太人(因此以色列与南非有着密切的军事合作——实为核能合作——尤其与南非总理约翰·沃斯特[John Vorster]关系亲近,后者曾被定罪为纳粹分子)。

54. Jiryis, *Arabs in Israel*, 70.

55. The full text of the Koenig Report was printed in an English translation in *SWASIA*, III, 41 (October 15, 1976).

56. 一个例子是 1974 年 5 月巴勒斯坦人对马阿洛特的袭击。这一事件现在成为巴勒斯坦恐怖主义的同义语,但没有一家美国媒体注意到这个事实,即该袭击发生前,以色列炮兵部队和空军力量连续两个星期对黎巴嫩南部不断狂轰滥炸。200 多名平民在凝固汽油弹爆炸中丧生,至少 1 万人无家可归。然而只有马阿洛特屡被提起。

6. 作为新闻的伊斯兰

1. Edward W. Said, *Covering Islam* (New York: Vintage, 1997), xlviii.

2. 参见 Edward W. Said, *Orientalism*, 49–73。

3. 参见 Norman Daniel, *The Arabs and Medieval Europe* (London: Longmans, Green & Co., 1975); also his earlier and very useful *Islam and the West: The Making of an Image* (Edinburgh: University Press, 1960。There is a first-rate survey of this matter, set in the political context of the 1956 Suez War, by Erskine B. Childers in *The Road to Suez: A Study of Western-Arab Relations* (London: MacGibbon & Kee, 1962), 25–61。

4. 我在《来自第三世界的痛苦报道》中讨论过奈保尔,*The Nation* (May 3, 1980):522–25。

5. Maxime Rodinson, *Marxism and The Modern World*, trans. Michael Palis (London: Zed Press, 1979)。还可参见 Thomas Hodgkin, "The Revolutionary Tradition in Islam," *Race and Class*, 21, no.3 (Winter 1980):221–37。

6. 一位当代突尼斯知识分子对这个主题做了简洁的说明:参见 Hichem Djaït, *L'Europe et l'Islam* (Paris: Éditions du Seuil, 1979)。欧洲文学中对一个"伊斯兰"主题——后宫闺房——的某种精神分析/结构主义的精彩解读,可参见 Alain Grosrichard, *Structure du sérail: La Fiction du despotisme asiatique dans l'Occident classique* (Paris: Éditions du Seuil, 1979)。

7. 参见 Maxime Rodinson, *La Fascination de l'Islam* (Paris: Maspéro, 1980)。

8. Albert Hourani, "Islam and the Philosophy of History," in *Europe and the Middle East* (London: Macmillan & Co., 1980), 19–73.

9. As an instance, see the penetrating study by Syed Hussein Alatas, *The Myth of the Lazy Native: A Study of the Image of the Malays, Filipinos, and Javanese from the 16th to the 20th Century and in the Ideology of Colonial Capitalism* (London: Frank Cass & Co., 1977).

10. 并不是说这类文字就一定平庸迂腐,也有作为提供信息的一般说明,主要回应政治急迫问题而非泛泛回应关于伊斯兰需要增长的新知识:Martin Kramer, Political Islam(Washington, D.C.:

Sage Publications, 1980)。此书为乔治城大学战略与国际研究中心而作,因此属于政治类别,而不是"客观"知识。另一个例子是 the January 1980 (vol. 78, no.453) special issue on "The Middle East, 1980" of *Current History*。

11. *Atlantic Community Quarterly*, 17, no.3 (Fall 1979):291–305, 377–78.

12. Marshall Hodgson, *The Venture of Islam*, 3 vols. (Chicago and London: University of Chicago Press, 1974). See the important review of this by Albert Hourani, *Journal of Near Eastern Studies* 37, no.1 (January 1978):53–62.

13. 一项指征是美国卫生、教育和福利部在1967年委托撰写的《中东和非洲研究:发展和需求》报告,撰稿人为时任中东研究协会主席的普林斯顿大学教授莫罗·伯格。在这份报告中伯格断言中东"不是一个伟大文化成就的中心……因此对于现代文化而言,本身不构成奖励。……[它]对美国逐渐失去即时的政治重要性"。对这份不寻常文件和该文件产生之时代背景的讨论,参见 Said, *Orientalism*, 287–93。

14. Quoted in Michael A. Ledeen and William H. Lewis, "Carter and the Fall of the Shah: The Inside Story," *Washington Quarterly* 3, no.2 (Spring 1980):11–12. Ledeen and Lewis are supplemented (and supported to a degree) by William H. Sullivan, "Dateline Iran: The Road Not Taken," *Foreign Policy* 40 (Fall 1980):175–86; Sullivan was United States ambassador to Iran before and during the revolution. 还可参见 the six-part series by Scott Armstrong, "The Fall of the Shah," *Washington Post* (October 25, 26, 27, 28, 29, 30, 1980)。

15. Hamid Algar, "The Oppositional Role of the Ulama in Twentieth Century Iran," in Nikki R. Keddie, ed., *Scholars, Saints, and Sufis: Muslim Religious Institutions since* 1500 (Berkeley, Los Angeles, and London: University of California Press, 1972), 231–55. 参见 Ervand Abrahamian, "The Crowd in Iranian Politics, 1905–1953," *Past and Present* 41 (December 1968):184–210; also his "Factionalism in Iran: Political Groups in the 14th Parliament (1944–46)," *Middle Eastern Studies* 14, no.1 (January 1978):22–25; also "The Causes of the Constitutional Revolution in Iran," *International Journal of Middle East Studies* 10, no.3 (August 1979):381–414; and "Structural Causes of the Iranian Revolution," *MERIP Reports* no.87 (May 1980):21–26. 还可参见 Richard W. Cottam, *Nationalism in Iran* (Pittsburgh, Pa.: University of Pittsburgh Press, 1979)。

16. 这尤其反映在 Fred Halliday, *Iran: Dictatorship and Development*(New York: Penguin Books, 1979)一书中,无论如何它已经称得上二战以来两本最好的研究伊朗的著作之一了。Maxime Rodinson, in *Marxism and the Muslim World* 对穆斯林宗教对立几乎只字未提。只有 Algar(参见注释15)似乎在这个问题上切中要害——一项了不起的成就。

17. This is the argument put forward in Edward Shils, "The Prospect for Lebanese Civility," in Leonard Binder, ed., *Politics in Lebanon* (New York: John Wiley & Sons, 1966), 1–11.

18. Malcolm Kerr, "Political Decision Making in a Confessional Democracy," in Binder, ed., *Politics in Lebanon*, 209.

19. 无比丰富、详实的佐证可参见 the Moshe Sharett *Personal Diary* (Tel Aviv: Ma'ariv, 1979);

Livia Rokach, *Israel's Sacred Terrorism: A Study Based on Moshe Sharett's Personal Diary and Other Documents*, introduction by Noam Chomsky (Belmont, Mass.: Association of Arab-American University Graduates〔AAZG〕, 1980). 还可参见 the revelations about the CIA role in Lebanon by former CIA advisor Wilbur Crane Eveland, *Ropes of Sand: America's Failure in the Middle East* (New York: W. W. Norton & Co., 1980)。

20. Élie Adib Salem, *Modernization Without Revolution: Lebanon's Experience* (Bloomington and London: Indiana University Press, 1972), 144. Salem is also the author of "Form and Substance: A Critical Examination of the Arabic Language," *Middle East Forum* 33 (July 1958):17-19. The title indicates the approach.

21. Clifford Geertz, "The Integrative Revolution: Primordial Sentiments and Civil Politics in the New States," in *The Interpretation of Cultures* (New York: Basic Books, 1973), 296.

22. 关于"专家"对内战前夕的黎巴嫩所产生幻觉的一个有意思的描述，参见 Paul and Susan Starr, "Blindness in Lebanon," *Human Behavior* 6 (January 1977):56-61。

23. I have discussed this in *The Question of Palestine*, 3-53 and *passim*.

24. 关于这一集体错觉的一段精彩阐述，参见 Ali Jandaghi (pseud.), "The Present Situation in Iran," *Monthly Review* (November 1973):34-47。还可参见 Stuart Schaar, "Orientalism at the Service of Imperialism," *Race and Class* 21, no.1 (Summer 1979):67-80。

25. James A. Bill, "Iran and the Crisis of '78," *Foreign Affairs* 57, no.2 (Winter 1978-79):341.

26. William O. Beeman, "Devaluing Experts on Iran," *New York Times*, April 11, 1980; James A. Bill, "Iran Experts: Proven Right But Not Consulted," *Christian Science Monitor* (May 6, 1980).

27. 伊朗专家与越战时期的学者相比，前者没有受到后者所受到的咨询重用，了解这点是有帮助的，下面的文章可以看出越战时期的学者找出更强理由证明自己属于一群志在服务国家的"科学家"（虽然后果一样具有灾难性），参见 Noam Chomsky, "Objectivity and Liberal Scholarship," in *American Power and the New Mandarins: Historical and Political Essays* (New York: Pantheon Books, 1969), 23-158。

28. 参见 Said, *Orientalism*, 123-66。

29. 关于学者和政治之间的联系对殖民世界造成的影响，参见 *Le Mal de voir: Ethnologie et orientalisme: politique et épistémologie, critique et autocritique*, Cahiers Jussieu no.2 (Paris: Collections 10/18, 1976). 对于研究"领域"与国家利益重合之手段的讨论，参见 Special Supplement: Modern China Studies," *Bulletin of Concerned Asia Scholars* 3, nos.3-4 (Summer-Fall, 1971):91-168。

30. 参见 Edmund Ghareeb, ed., *Split Vision: Arab Portrayal in the American Media* (Washington, D.C.: Institute of Middle Eastern and North African Affairs, 1977)。For the British counterpart see Sari Nasir, *The Arabs and the English* (London: Longmans, Green & Co., 1979), 140-72。

31. James Peck, "Revolution Versus Modernization and Revisionism: A Two-Front Struggle," in *China's Uninterrupted Revolution: From* 1840 *to the Present*, Victor G. Nee and James Peck, eds. (New York: Pantheon Books, 1975), 71. 还可参见 Irene L. Gendzier, "Notes Toward a Reading of *The Passing*

of Traditional Society," *Review of Middle East Studies* 3 (London: Ithaca Press, 1978), 32-47。

32. 对巴列维"政权"现代化的论述见 Robert Graham, *Iran: The Illusion of Power* (New York: St. Martin's Press, 1979)。还可参见 Thierry A. Brun, "The Failures of Western-Style Development Add to the Regime's Problems," and Eric Rouleau, "Oil Riches Underwrite Ominous Militarization in a Repressive Society," in Ali-Reza Nobari, ed., *Iran Erupts* (Stanford, Calif.: Iran-America Documentation Group, 1978)。也可参见 Claire Brière and Pierre Blanchet, *Iran: La Révolution au nom de Dieu* (Paris: Éditions du Seuil, 1979); this book has an interview with Michel Foucault appended to it。

33. 就媒体部分，它们向来极不愿意发表任何与以色列内部明显属于宗教的立场和政策阐释的评论，尤其这些立场和政策针对非犹太人。忠信社群的文献，或不同的拉比头面人物发布的宣言，诸如此类发现都是令人产生兴趣的资料。

34. 参见 Garry Wills, "The Greatest Story Ever Told," subtitled "Blissed out by the pope's U.S. visit— 'unique,' 'historic,' 'transcendent' —the breathless press produced a load of papal bull," *Columbia Journalism Review* 17, no.5 (January-February 1980):25-33。

35. 参见详尽、卓越的研究：Marwan R. Buheiry, *U.S. Threats Against Arab Oil*: 1973-1979. IPS Papers no.4 (Beirut: Institute for Palestine Studies, 1980)。

36. 这是一种特别的美国综合征。在欧洲，就整体新闻报道而言情况相对比较正常。

7　旅行的理论

1. Frank Lentricchia, *After the New Criticism* (Chicago: University of Chicago Press, 1980), 24.

2. Georg Lukács, *History and Class Consciousness: Studies in Marxist Dialectics*, trans. Rodney Livingstone (London: Merlin Press, 1971), 90.

3. Ibid., 105.

4. Ibid., 186.

5. Ibid., 199.

6. Lucien Goldmann, *The Hidden God: A Study of Tragic Vision in the "Pensées" of Pascal and the Tragedies of Racine*, trans. Philip Thody (London: Routledge and Kegan Paul, 1964), 15.

7. Ibid., 15.

8. Ibid., 99.

9. Raymond Williams, *Problems in Materialism and Culture* (London: Verso, 1980), 13.

10. Ibid., 21.

11. Ibid., 21; emphasis added.

12. Williams, *Politics and Letters: Interviews with New Left Review* (London: New Left Books, 1979), 252.

13. Williams, *The Country and the City* (1973; reprints, New York: Oxford University Press, 1975), 141.

14. Lentricchia, *After the New Criticism*, 351.

15. Fredric Jameson, *The Political Unconscious: Narrative as a Socially Symbolic Act* (Ithaca: Cornell University Press, 1981), 74, 102.

16. E. P. Thompson, *The Poverty of Theory and Other Essays* (London: Merlin Press, 1978).

17. Ian Hacking, "The Archaeology of Foucault," *New York Review of Books* 28 (May 14, 1981):36.

18. There is much evidence of this in the Winter 1980 issue of *Humanities in Society*, vol.3, entirely devoted to Foucault.

19. The distinction is made by Foucault in *Radical Philosophy* 17 (Summer 1977).

20. Michel Foucault, *The History of Sexuality, I: An Introduction*, trans. Robert Hurley (New York: Pantheon, 1978), 93.

21. Foucault, *Discipline and Punish: The Birth of the Prison*, trans. Alan Sheridan (New York: Pantheon, 1977), 26–27.

22. Nicos Poulantzas, *State, Power, and Socialism*, trans. Patrick Camiller (London: Verso, 1980), 148.

23. Ibid., 150ff.

24. A transcript is to be found in *Reflexive Water: The Basic Concerns of Mankind*, ed. Fons Elders (London: Souvenir Press, 1974). 关于此书和电视节目最令人好奇的一点是——"人类基本事务"中的"人类",完全是欧美白人男性的视角。似乎没人对欧美白人男性作为人类代表感到有问题。

25. Noam Chomsky, *Language and Responsibility* (New York: Pantheon, 1979), 80.

26. *Reflexive Water*, 184–185.

8 世俗批评

1. There is a good graphic account of the problem in Noam Chomsky, *Language and Responsibility* (New York: Pantheon, 1977), 6. See also Edward W. Said, *Covering Islam* (New York: Pantheon, 1981), 147–64.

2. 纳粹分子既读里尔克又对在集中营的下属写出各项种族灭绝命令的例子知道的人还不够多。否则防长读达雷尔的佚事就不会让我这位热情的朋友如此关注。

3. 参见 Hayden White, *Metahistory: The Historical Imagination in Nineteenth-Century Europe* (Baltimore: Johns Hopkins University Press, 1973), and his *Tropics of Discourse: Essays in Cultural Criticism* (Baltimore: Johns Hopkins University Press, 1978)。

4. 参见我的文章 "Opponents, Audiences, Constituencies, and Community," *Critical Inquiry* (Fall 1982), 分析文本性崇拜与里根主义取得支配地位之间的关联。

5. Erich Auerbach, *Mimesis: The Representation of Reality in Western Literature*, trans. Willard Trask (1953; reprint, Princeton: Princeton University Press, 1968), 557.

6. See the evidence in Samuel C. Chew, *The Crescent and the Rose: Islam and England During the*

Renaissance (New York: Oxford University Press, 1937).

7. Auerbach, "Philology and *Weltliteratur*," trans. M. and E. W. Said, *Centennial Review* 13 (Winter 1969):17.

8. Hugo of St. Victor, *Didascalicon*, trans. Jerome Taylor (New York: Columbia University Press, 1961), 101.

9. 参见 *Orientalism* (New York: Pantheon, 1978), 尤其是第一章。

10. A. L. Kroeber and Clyde Kluckhohn, *Culture: A Critical Review of Concepts and Definitions* (1952; reprint, New York: Vintage Books, 1963).

11. See *Orientalism*, 153−56; also the important study by Bryan Turner, *Marx and the End of Orientalism* (London: Allen and Unwin, 1978).

12. See my *Beginnings: Intention and Method* (New York: Basic Books, 1975), 81−88 and *passim*.

13. 这一信息可参见 Lyndall Gordon, *Eliot's Early Years* (Oxford and New York: Oxford University Press, 1977)。

14. T. S. Eliot, *Selected Essays* (1932; reprint, London: Faber and Faber, 1953), 343−44.

15. Georg Simmel, *The Conflict in Modern Culture and Other Essays*, trans. and ed. K. Peter Etzkorn (New York: Teachers College Press, 1968), 12.

16. Ian Watt, *Conrad in the Nineteenth Century* (Berkeley: University of California Press, 1979), 32.

17. John Fekete, *The Critical Twilight: Explorations in the Ideology of Anglo-American Literary Theory from Eliot to McLuhan* (London: Routledge and Kegan Paul, 1977), 193−94.

18. 对于解释性群体角色的深入分析，参见 Stanley Fish, *Is There a Text in This Class?* (Cambridge: Harvard University Press, 1980)。

19. Raymond Williams, *Politics and Letters: Interviews with New Left Review* (London: New Left Books, 1979), 252.

9 叙述的许可

1. Tabitha Petran, *The Struggle over Lebanon* (New York: Monthly Review Press, 1987), 288.

2. David Gilmour, *Lebanon: The Fractured Country* (New York: St. Martin's Press, 1983).

3. "The Permission to Narrate: A Reconstruction of the Siege of Beirut," *London Review of Books* (February 16−29, 1984).

4. Books discussed: Sean MacBride et al., *Israel in Lebanon: The Report* of the International Commission (London: Ithaca, 1983). Amnon Kapeliouk, *Sabra et Chatila: Enquête sur un massacre* (Paris: Seuil, 1982). John Bulloch, *Final Conflict: The War in the Lebanon* (London: Century, 1983). David Gilmour, Lebanon: *The Fractured Country* (Oxford: M. Robertson, 1983). Jonathan Randal, *The Tragedy of Lebanon: Christian Warlords, Israeli Adventurers and American Bunglers* (London: Chatto, 1983). Tony Clifton and Catherine Leroy, *God Cried* (London: Quartet, 1983). Salim Nassib and Caroline Tisdal,

Beirut: Frontline Story, with photographs by Chris Steele-Perkins (London: Pluto, 1983). Noam Chomsky, *The Fateful Triangle: Israel, the United States and the Palestinians* (London: Pluto, 1983).

5. MacBride et al., *Israel in Lebanon*, 222.

6. Michael Adams and Christopher Mayhew, *Publish It Not ...: The Middle East Cover-Up*. (London: Longman, 1975).

7. Yoav, Karni, "Dr. Shekel and Mr. Apartheid," *Yediot Ahronot* (March 13, 1983)."

8. In *Critical Inquiry* (autumn 1980).

9. 其中一个例外是马克·海勒（Mark Heller），一位在特拉维夫大学战略研究中心的以色列政治学家所做的有说服力的研究：*A Palestinian State: The Implications for Israel* (Cambridge, Mass., & London: Harvard University Press, 1983)。海勒认为在西岸和加沙成立一个巴勒斯坦国其实对以色列也是最有利的，比吞并或归还约旦都能获得更理想的结果。

10. In *Commentary* (September 1982).

11. Richard Poirier, "Watching the Evening News: The Chancellor Incident," *Raritan* 2, no.2 (Fall 1982):8.

12. Lenni Brenner's *Zionism in the Age of Dictators: A Reappraisal* (London: Croom Helm, 1983)，该书研究了犹太复国主义团体与不同的欧洲法西斯分子勾结的背景。

13. Chomsky, *The Fateful Triangle*, 106.

14. Ibid., 102.

15. 有一个值得注意的例外：Lina Mikdadi, *Surviving the Siege of Beirut: A Personal Account* (London: Onyx Press, 1983）。该书讲述了一位黎巴嫩-巴勒斯坦妇女在贝鲁特围困期间的生活经历。

16. Kamal Salibi, *The Modern History of Lebanon* (Delmar, N.Y.: Caravan Books, 1977) and *Crossroads to Civil War: Lebanon* 1975—1976 (Delmar, N.Y.: Caravan Books, 1976).

17. Elie Salem, *Modernization without Revolution: Lebanon's Experiences* (Bloomington, Ind.: Indiana University Press, 1973).

18. Jacobo Timerman, *The Longest War* (London: Chatto & Windus, 1982).

11 叶芝与去殖民化

1. Declan Kiberd, *Inventing Ireland: The Literature of the Modern Nation* (Cambridge, Mass.: Harvard University Press, 1995), 99.

2. Angus Calder, *Revolutionary Empire: The Rise of the English-Speaking Empires from the Eighteenth Century to the 1780's* (London: Cape, 1981), 14.［另一本书］提供了一个哲学和意识形态的伴生物（用了一个来头很大的术语［欧洲中心主义]）：Samir Amin, *Eurocentrism*, trans. Russell Moore (New York: Monthly Review, 1989)。作为对比，还有一本——同样以世界为尺度——站在解放主义者立场论述的书：Jan Nederveen Pietersee, *Empire and Emancipation* (London: Pluto Press, 1991)。

3. Calder, Revolutionary Empire, 36.

4. Ibid., 650.

5. Eqbal Ahmad, "The Neo-Fascist State: Notes on the Pathology of Power in the Third World," *Arab Studies Quarterly* 3, no.2 (Spring 1981):170–80.

6. James Joyce, *A Portrait of the Artist as a Young Man* (1916; reprint, New York: Viking, 1964), 189.

7. Thomas Hodgkin, *Nationalism in Colonial Africa* (London: Muller, 1956), 93–114.

8. Alfred Crosby, *Ecological Imperialism: The Biological Expansion of Europe*, 900–1900 (Cambridge: Cambridge University Press, 1986), 196–216.

9. Neil Smith, *Uneven Development: Nature, Capital, and the Production of Space* (Oxford: Blackwell, 1984), 102.

10. Ibid., 146. 对空间的进一步分化而伴随艺术和休闲结果的，出现在国家公园的景观和项目。参见 W. J. T. Mitchell, "Imperial Landscape," in *Landscape and Power*, ed. W. J. T. Mitchell (Chicago: University of Chicago Press, 1993), 以 及 Jane Carruthers, "Creating a National Park, 1910 to 1926," *Journal of South African Studies* 15, no.2 (January 1989):188–216。还可比较 Mark Bassin, "Inventing Siberia: Visions of the Russian East in the Early Nineteenth Century," *American Historical Review* 96, no.3 (June 1991):763–94。

11. Mahmoud Darwish, "A Lover from Palestine," in *Splinters of Bone*, trans. B. M. Bannani (Greenfield Center, N.Y.: Greenfield Review Press, 1974), 23.

12. Mary Hamer, "Putting Ireland on the Map," *Textual Practice* 3, no.2 (Summer 1989):184–201.

13. Ibid., 195.

14. Seamus Deane, *Celtic Revivals: Essays in Modern Irish Literature* (London: Faber & Faber, 1985), 38.

15. Ibid., 49.

16. Ibid.

17. Wole Soyinka, *Myth, Literature and the African World* (Cambridge: Cambridge University Press, 1976), 127. 还可参见 Mudimbe, *Invention of Africa*, 83–97。

18. Ibid., 129, 136.

19. Fanon, *Wretched of the Earth*, 203.

20. Césaire, *Collected Poetry*, 72.

21. Ibid., 76 and 77.

22. R. P. Blackmur, *Eleven Essays in the European Novel* (New York: Harcourt, Brace & World, 1964), 3.

23. Mahmoud Darwish, *The Music of Human Flesh*, trans. Denys Johnson-Davies (London: Heinemann, 1980), 18.

24. Pablo Neruda, *Memoirs*, trans. Hardie St. Martin (London: Penguin, 1977), 130. 这个段落也许对那些曾受 Conor Cruise O'Brien's essay "Passion and Cunning: An Essay on the Politics of W. B.

Yeats," collected in his *Passion and Cunning* (London: Weidenfeld & Nicolson, 1988) 影响的人来说会感到意外。该文的主张和信息是不充分的，特别是与伊丽莎白·库灵福德的著述作对比 Elizabeth Cullingford's *Yeats, Ireland and Fascism* (London: Macmillan, 1981); 库灵福德亦提到聂鲁达这一段落。

25. W. B. Yeats, *Collected Poems* (New York: Macmillan, 1959), 146.

26. Pablo Neruda, *Fully Empowered*, trans. Alastair Reid (New York: Farrar, Straus & Giroux, 1986), 131.

27. Yeats, *Collected Poetry*, 193.

28. Fanon, *Wretched of the Earth*, 59.

29. Gary Sick, *All Fall Down: America's Tragic Encounter with Iran* (New York: Random House, 1985).

30. Chinua Achebe, *Things Fall Apart* (1959; reprint New York: Fawcett, 1969).

31. Lawrence J. McCaffrey, "Components of Irish Nationalism," in *Perspective on Irish Nationalism*, eds. Thomas E. Hachey and Lawrence J. McCaffrey (Lexington: University of Kentucky Press, 1989), 16.

32. Yeats, *Collected Poetry*, 212.

33. Ibid., 342.

34. Quoted in Hachey and McCaffrey, *Perspectives on Irish Nationalism*, 117.

35. Ibid., 106.

36. 参见 David Lloyd, *Nationalism and Minor Literature: James Clarence Mangan and the Emergence of Irish Cultural Nationalism* (Berkeley: University of California Press, 1987)。

37. For a collection of some of their writings see *Ireland's Field Day* (London: Hutchinson, 1985). This collection includes Paulin, Heaney, Deane, Kearney, and Kiberd. See also W. J. McCormack, *The Battle of the Books* (Gigginstown, Ireland: Lilliput Press, 1986).

38. R. P. Blackmur, *A Primer of Ignorance*, ed. Joseph Frank (New York: Harcourt, Brace & World, 1967), 21–37.

39. Joseph Leerssen, Mere Irish and Fior-Ghael: Studies in the Idea of Irish Nationality, Its Development, and Literary Expression Prior to the Nineteenth Century (Amsterdam and Philadelphia: Benjamins, 1986).

40. Fanon, *Wretched of the Earth*, 210.

41. Ibid., 214.

42. Yeats, *Collected Poetry*, 343.

43. R. P. Blackmur, *Language as Gesture: Essays in Poetry* (London: Allen & Unwin, 1954), 118.

44. Ibid., 119.

12 作为极致场合的表演

1. Richard Poirier, *The Performing Self: Compositions and Decompositions in the Languages of*

Contemporary Life (New York: Oxford University Press, 1971), 87.

2. Ibid., xiv.

3. Theodor W. Adorno, "On the Fetish Character in Music and the Regression of Listening" (1938), in *The Essential Frankfurt School Reader*, ed. Andrew Arato and Eike Gebhardt (New York: Urizen Books, 1978), especially 286–99.

4. I have discussed this in *The Nation* (December 25, 1989):802–4.

5. Carl Dahlhaus, *Nineteenth Century Music*, trans. J. Bradford Robinson (Berkeley: University of California Press, 1989), especially 137–42.

6. Adorno, "Spatstil Beethovens" (1937), in *Gesammelte Schriften* 17 (Frankfurt: Suhrkamp, 1982), 13-17. 迄今对阿多诺观点重要性最出色的英语论述可见于 Rose R. Subotnik, "Adorno's Diagnosis of Beethoven's Late Style: Early Symptoms of Fatal Condition," *Journal of the American Musicological Society* 29 (Summer 1976):251–53。

7. This is the theme of Adorno's *Philosophie der neuen Musik* (1949), whose English translation is *Philosophy of Modern Music*, trans. Anne G. Mitchell and Wesley V. Blomster (New York: Seabury Press, 1973). 该书暗含了阿多诺关于晚期贝多芬和瓦格纳的概念。

8. Adorno, Philosophy of Modem Music, 102.

9. Ibid., 131.

10. Ibid., 133.

11. 阿多诺的论点是，对勋伯格而言十二音作曲体系是一个历史和哲学危机的设定，但对当今的组成而言整个迫切性都不复存在。"Modern Music Is Growing Old," *The Score* 18 (December 1956):18–29.

12. "Quelques souvenirs de Pierre Boulez," *Critique* 471–72 (Aout–Septembre 1986):745–47.

13. A perspicacious example is Alan Durant's *Conditions of Music* (London: Macmillan, 1984).

14. Subotnik, "The Historical Structure: Adorno's 'French' Model for the Criticism of Nineteenth-Century Music," *19th Century Music* 2 (July 1978):36–60.

15. The full title is *Understanding Toscanini: How He Became an American Culture-God and Helped Create a New Audience for Old Music*. I reviewed the book in some detail in The New York Times Book Review (March 8, 1987).

16. Adorno, "Die Meisterschaft des Maestro," in *Gesammelte Schriften* 16 (Frankfurt: Suhrkamp, 1982), 66 and *passim*.

17. Otto Friedrich, *Glenn Gould: A Life and Variations* (New York: Random House, 1989); 关于古尔德不玩弹子球、不愿用手接一个网球等这类故事见该书 15—16 页。

18. *The Glenn Gould Reader*, ed. Tim Page (New York: Alfred A. Knopf, 1984).

19. B. W. Powe, *The Solitary Outlaw: Trudeau, Lewis, Gould, Canetti, McLuhan* (Toronto: Lester and Orpen Dennys, 1987).

20. *The Glenn Gould Reader*, pp.331–57. See also Payzant, note 22, below.

21. Jonathan Cott, *Conversations with Glenn Gould* (New York: Little, Brown, 1984).

22. Geoffrey Payzant, *Glenn Gould, Music and Mind* (1978; reprint, Toronto: Key Porter Books, 1984).

23. *Glenn Gould: Non, je ne suis pas de tout un excentrique*, montage et presentation de Bruno Monsaingeon (Paris: Fayard, 1986).

13　简·奥斯汀与帝国

1. Michael Gorra, "Who Paid the Bills at Mansfield Park?" *The New York Times Book Review* (February 28, 1993):11; John Leonard, "Novel Colonies," *The Nation* (March 22, 1993):383; W. J. T. Mitchell, "In the Wilderness," *The London Review of Books* (April 8, 1993):11; Michael Wood, "Lost Paradises," *The New York Review of Books* (March 3, 1994):44−47.

2. Raymond Williams, *The Country and the City* (New York: Oxford University Press, 1973), 112−19.

3. V. G. Kiernan, *Marxism and Imperialism* (New York: St. Martin's Press, 1974), 100.

4. John Stuart Mill, *Disquisitions and Discussions*, vol.3 (London: Longmans, Green, Reader & Dyer, 1875), 167−68. For an earlier version of this see the discussion by Nicholas Canny, "The Ideology of English Colonization: From Ireland to America," *William and Mary Quarterly* 30 (1973):575−98.

5. Williams, *Country and the City*, 281.

6. Peter Hulme, *Colonial Encounters: Europe and the Native Caribbean*, 1492−1797 (London: Methuen, 1986). See also his anthology with Neil L. Whitehead, *Wild Majesty: Encounters with Caribs from Columbus to the Present Day* (Oxford: Claredon Press, 1992).

7. Hobson, *Imperialism*, 6.

8. This is most memorably discussed in C. L. R. James's *The Black Jacobins: Toussaint L'Ouverture and the San Domingo Revolution* (1938; reprint, New York: Vintage, 1963), especially Chapter 2, "The Owners." See also Robin Blackburn, *The Overthrow of Colonial Slavery*, 1776−1848 (London: Verso, 1988), 149−53.

9. Williams, *Country and the City*, 117.

10. Jane Austen, *Mansfield Park*, ed. Tony Tanner (1814; reprint, Harmondsworth: Penguin, 1966), 42. 对小说最精当的分析见 Tony Tanner's *Jane Austen* (Cambridge, Mass.: Harvard University Press, 1986)。

11. Ibid., 54.

12. Ibid., 206.

13. Warren Roberts, *Jane Austen and the French Revolution* (London: Macmillan, 1979), 97−98. 还可参见 Avrom Fleishman, *A Reading of* Mansfield Park: *An Essay in Critical Synthesis* (Minneapolis: University of Minnesota Press, 1967), 36−39 and *passim*。

14. Austen, *Mansfield Park*, 375–76.

15. John Stuart Mill, *Principles of Political Economy*, vol.3, ed. J. M. Robson (Toronto: University of Toronto Press, 1965), 693. The passage is quoted in Sidney W. Mintz, *Sweetness and Power: The Place of Sugar in Modern History* (New York: Viking, 1985), 42.

16. Austen, *Mansfield Park*, 446.

17. Ibid., 448.

18. Ibid., 450.

19. Ibid., 456.

20. John Gallagher, *The Decline, Revival and Fall of the British Empire* (Cambridge: Cambridge University Press, 1982), 76.

21. Austen, *Mansfield Park*, 308.

22. Lowell Joseph Ragatz, *The Fall of the Planter Class in the British Caribbean, 1763–1833: A Study in Social and Economic History* (1928; reprint, New York: Octagon, 1963), 27.

23. Eric Williams, *Capitalism and Slavery* (New York: Russell & Russell, 1961), 211. 还可参见同作者所著 *From Columbus to Castro: The History of the Caribbean, 1492–1969* (London: Deutsch, 1970), 177–254。

24. Austen, *Mansfield Park*, 213.

14　知识分子的流亡：放逐者与边缘人

1. Theodor Adorno, *Minima Moralia: Reflections from Damaged Life*, trans. E. F. N. Jephcott (London: New Left Books, 1951), 38–39.

2. Ibid., 87.

17　关于撰写回忆录

1. Justus Reid Weiner, "My Beautiful House and Other Fabrications by Edward Said," *Commentary* (September 1999).

2. Alexander Cockburn, "The Attack on Said," *Counterpunch* (September 1, 1999).

3. Christopher Hitchens, "Whose Life Is It Anyway?" *The Nation* (October 4, 1999):9.

4. Ammiel Alcalay, "Stop-Time in the Levant," *The Nation* (December 20, 1999).

18　定义的冲突

1. Samuel P. Huntington, "The Clash of Civilizations," *Foreign Affairs* (Summer 1993):22.

2. Bernard Lewis, "The Roots of Muslim Rage," *The Atlantic* (September 1990).

19 作为知识分子的演技大师

1. Theodor W. Adorno, *Sound Figures*, trans. Robert Livingstone (Stanford, Calif.: Stanford University Press, 1999), 47.

2. *The Glenn Gould Reader*, ed. Tim Page (New York: Knopf, 1984), 4-5.

3. Theodor W. Adorno, "Bach Defended Against His Devotees," in *Prisms*, trans. Samuel and Shierry Weber (Cambridge, Mass.: MIT Press), 139.

4. Laurence Dreyfus, *Bach and the Patterns of Invention* (Cambridge, Mass.: Harvard University Press, 1996), 27.

5. Ibid., 160.

21 弗洛伊德与非欧洲人

1. Christopher Bollas, "Introducing Edward Said," *Freud and the Non-European* (New York: Verso, 2003), 3.

2. Sigmund Freud, *Totem and Taboo*, trans. James Strachey, Standard Edition, Volume XIII, (London: Hogarth Press, 1955).

3. Sigmund Freud, *Moses and Monotheism*, trans. Katherine Jones (New York: Vintage, 1967).

4. Frantz Fanon, *The Wretched of the Earth*, trans. Constance Farrington (New York: Grove Press, 1968).

5. Ibid., 250.

6. Ibid., 301.

7. Ibid., 311-12, 313.

8. Immanuel Wallerstein, "Eurocentrism and Its Avatars: The Dilemmas of Social Science," *New Left Review* 226 (November/December 1997):93-107.

9. See Richard H. Armstrong, "Freud: Schliemann of the Mind," *Biblical Archaeology Review* (March-April 2001).

10. See Janine Chasseguet-Smirgel, "Some Thoughts on Freud's Attitude During the Nazi Period," *Psychoanalysis and Contemporary Thought* 18:2 (1988):249-65.

11. Josef Hayim Yerushalmi, *Freud's Moses: Judaism Terminable and Interminable* (New Haven: Yale University Press, 1991).

12. Ibid., 52, 53; emphasis added.

13. Freud, *Moses and Monotheism*, 3.

14. Ibid., 39.

15. Yerushalmi, *Freud's Moses*, 13.

16. Quoted in ibid., 108-9.

17. Jacquy Chemouni, *Freud et le sionisme: terre psychanalytique, terre promise* (Malakoff, France:

Solin 1988).

18. Freud, *Moses and Monotheism*, 116.

19. Ernest Sellin, *Moses und Seine Bedeutung für die israelitische-jüdischer Religionsgeschichte*, (Leipzig: A. Deichert, 1922).

20. Naguib Mahfouz, *Akhenaten: Dweller in Truth*, trans. T. Abu-Hassabo (New York: Anchor Books 1988).

21. See Keith W. Whitelam, *The Invention of Ancient Israel: The Silencing of Palestinian History* (London: Routledge 1996).

22. Quoted in Nadia Abu el-Haj, *Facts on the Ground: Archaeological Practice and Territorial Self-Fashioning in Israeli Society* (Chicago: University of Chicago Press, 2002), 48.

23. Ibid., 74.

24. 这部分内容参见 Glenn Bowersock, "Palestine: Ancient History and Modern Politics," in *Blaming the Victims: Spurious Scholarship and the Palestinian Question*, Edward W. Said and Christopher Hitchens, eds. (London and New York: Verso, 1987). 奇怪的是阿布·哈吉没有提到这个方面，否则她的研究论文堪称完备。

25. See also the dramatic story told in Edward Fox, *Palestine Twilight: The Murder of Dr. Albert Glock and the Archaeology of the Holy Land* (London: HarperCollins, 2001).

26. Isaac Deutscher, *The Non-Jewish Jew and Other Essays* (New York: Hill and Wang, 1968), 35, 40.

24 适时与晚期

1. "Late Style in Beethoven" has been published more recently in Theodor W. Adorno, *Essays on Music*, ed. Richard Leppert, with new translations by Susan H. Gillespie (Berkeley, Los Angeles, and London: University of California Press, 2002). Further references are cited in the text as "EM," followed by a page number.

2. Thomas Mann, *Doctor Faustus*, trans. H. T. Lowe-Porter (New York: Vintage, 1971), 52.

3. Rose Rosengard Subotnik, "Adorno's Diagnosis of Beethoven's Late Style: Early Symptom of a Fatal Condition," *Journal of the American Musicological Society* 29, no.2 (1976):270.

4. Theodor W. Adorno, *Philosophy of New Music*, trans. Anne G. Mitchell and Wesley V. Blomster (New York and London: Continuum, 2004), 19. Further references are cited in the text as "PNM," followed by a page number.

5. Theodor W. Adorno, *Minima Moralia*, trans. E. F. N. Jephcott (London: Verso, 1974), 17. Further references are cited in the text as "MM," followed by a page number.

6. Theodor W. Adorno, *Critical Models: Inventions and Catchwords*, trans. Henry W. Pickford (New York: Columbia University Press, 1998); translation slightly modified.

附录　爱德华·萨义德作品

《康拉德与自传的虚构》(*Joseph Conrad and the Fiction of Autobiography*)

《开端：意图与方法》(*Beginnings: Intention and Method*)

《东方学》(*Orientalism*)

《巴勒斯坦问题》(*The Question of Palestine*)

《文学与社会》(编辑)(*Literature and Society*)(editor)

《报道伊斯兰》(*Covering Islam*)

《世界，文本，批评家》(*The World, the Text, and the Critic*)

《最后的天空之后》(与让·摩尔合著)(*After the Last Sky*)(with Jean Mohr)

《归罪受害者》(*Blaming the Victims*)

《音乐的阐释》(*Musical Elaborations*)

《文化与帝国主义》(*Culture and Imperialism*)

《流离失所的政治》(*The Politics of Dispossession*)

《知识分子论》(*Representations of the Intellectual*)

《和平与不平》(*Peace and Its Discontents*)

《笔与剑》(*The Pen and the Sword*)

《在战争与和平之间》(*Entre guerre et paix*)

《格格不入》(*Out of Place*)

《和平进程的终结》(*The End of the Peace Process*)

《关于流亡的思考》(*Reflections on Exile and Other Essays*)

《平行与悖论》(*Parallels and Paradoxes*)

《弗洛伊德与非欧洲人》(*Freud and the Non-European*)

《从奥斯陆到伊拉克及路线图》(*From Oslo to Iraq and the Road Map*)

《人文主义与民主批评》(*Humanism and Democratic Criticism*)

《论晚期风格》(*On Late Style*)

《音乐的极境》(*Music at the Limits*)